[제2판]

회 사 법

이범찬 · 임충희 · 이영종 · 김지환

三 英 社

2판 머리말

이 책을 출간한 후 상법은 2014년 5월 20일에 그때까지 유명무실하던 무기명주식 제도를 폐지하였다. 2015년 12월 1일에는 기업의 인수·합병을 원활하게 할 수 있도록 삼각조직재편제도를 도입하는 개정이 있었다. 그리고 회사법 관련 대법원 판례는 매년 6건 내외 나오고 있으며, 하급심이지만 회사법에서 다루어야 할 판례도 다수 있다. 뿐만 아니라 학자들의 계속되는 연구 성과물이 쏟아져 나오며, 국내외의 법령 개정도 살펴 볼 필요성이 생겼다. 이와 같은 내용을 종합 반영하기 위하여 이번 개정판을 출간하게 되었다.

또한 개정을 하는 김에 불필요한 한자는 한글로 많이 대체하였다. 이번 개정판이 아무쪼록 독자 여러분이 회사법을 이해하고 실무에 적용하는 데 도움이 되었으면 하는 바램뿐이다.

이번 개정판을 위해 애써 주신 삼영사 고 덕환 사장님께 진심으로 감사를 드린다. 또한 실무 책임을 도맡아 주신 고성익 사장님께도 감사 드리며, 교정과 편집에 바쁘신 시간을 할애해 주신 임진숙 과장님과 직원 여러분들께도 고맙다는 말씀을 전해 드린다.

2018년 2월

저자 씀

머 리 말

2011년 개정상법은 무려 260여개의 조문이 신설되거나 내용이 변경되었다. 당연히 새로운 해설서가 필요하게 되어 필자들은 새로운 교재로 「회사법」을 출간하게 되었다. 특히 법학전문대학원의 개설 이후 회사법의 강의와 교재는 이론보다 판례와 사례 중심으로 옮겨 가는 경향이 있다. 따라서 법학전문대학원뿐만 아니라 일반 대학의 법학과나 경영학과의 학생들, 나아가 회사의 실무가들을 위해서 회사법의 기본이론을 해설하면서도 분량으로도 부담이 적은 책이 필요하다고 생각했다.

필자들은 이번 「회사법」을 집필하면서 종래 출간된 「한국회사법」을 근간으로 삼았다는 점을 밝혀 둔다. 각자 분담 부분의 집필을 완성한 후 상호 토론함으로써 이론과 체계의 일관성을 도모했다. 혹 미진한 부분이 있다면 독자의 기탄없는 비판에 힘입어 향후 개정 상법에 관한 논문과 판례, 그리고 실무계의 활용 상황 등을 면밀히 검토하면서 계속 보완해 나가고자 한다.

이번 개정상법의 주요 내용을 보면, 회사 설립이나 운영에 따르는 부담을 경감해 주고 정관자치의 범위를 확대하여 기업의 자율성을 최대한 부여하려는 뜻이 담겨 있다.

신설된 유한책임회사제도를 비롯하여 무액면주식제도의 도입, 자기주식취득제도의 개선, 소수주식의 강제매수제도, 주식 및 사채의 전자등록제, 주금납입의 상계허용, 배당제도의 개선 및 합병대가의 유연화 등은 기업 운영의 편리성을 도와주는 제도이고, 정관의 규정에 따라 다양한 종류주식의 발행과 활용, 이사의 책임감경, 집행임원제도의 도입, 사채제도의 개선 등은 기업의 자율성을 제고시킨 제도라 할 수 있다. 그러면서도 기업 경영의 투명성을 높이기 위해서 이사의 자기거래 승인 대상 확대, 회계관련기준의 국제화, 회사의 사업기회 유용금지제도의 신설 및 준법지원인 제도를 도입하였다.

기업이 글로벌 경쟁에서 패하면 사회와 국가의 생존이 위협받게 되는 것이 현실이다. 우리 회사법제가 외국 자본의 신뢰를 얻을 수 있고 세계 시장에서 경쟁하는 기업에게 든든한 버팀목이 될 수 있다는 측면에서 이번 개정상법은 그 의의가 크다고 본다. 그러나 일시에 많은 조문의 개정이 이루어지다 보니 몇몇 입법 오류와 미비점이 보이기도 한다. 계속 입법상 체계와 내용의 보완 작업이 요구된다. 이와 관련한 내용들은 해당 부분에서 서술하여 독자의 이해를 돕고자 하였다.

점점 어려워져 가는 출판 환경에도 불구하고 새 「회사법」의 출간에 지속적인 독려와 관심을 쏟아주시고 도움을 주신 삼영사 고덕환 사장님께 진심으로 감사를 드린다. 그리고 책 출간을 위해 늘 연락을 취해 주신 고성익 부사장, 교정과 교열 작업에 수고를 아끼지 않으신 임진숙 과장과 직원 여러분께도 감사의 말씀을 전한다.

2012년 4월

저자 씀

차　　례

제 1 부
會社法의 基礎理論

제1장 經濟와 會社

제 2 장 會社制度와 會社法의 歷史

제 3 장 會社法 通則

제2부
株式會社

제1장 總 說

제2장 株式會社의 設立

제 5 장 株式會社의 資金調達

제 6 장 株式會社의 計算

제 7 장 株式會社의 규모변경

제8장 株式會社의 解散・清算 및 繼續

제9장 會社의 回生

제 3 부
合名會社, 合資會社, 有限責任會社, 有限會社

제 1 장 合名會社

제3장 有限責任會社

제4장 有限會社

제 4 부
글로벌企業

제 1 장 外國會社

제 2 장 多國籍企業

제 5 부
會社의 벌칙

참고문헌

저자	서 명	약어

저자·서명	약어
徐燉珏·鄭完溶, 第四全訂 商法講義(上), 法文社, 1999	徐
鄭熙喆, 商法學原論, 博英社, 1989	鄭(熙)
孫珠瓚, 第13訂增補版, 商法(上), 博英社, 2002	孫
李範燦·崔埈璿, 商法(上), 三英社, 2001	李·崔
崔埈璿, 會社法(12판), 三英社, 2017	崔(埈)
梁承圭·朴吉俊, 第3版 商法要論, 三英社, 1984	梁·朴
姜渭斗·林載鎬, 商法講義(上), 螢雪出版社, 2006	姜·林
鄭鎭世, 프랑스 會社法論, 三知院, 1996	鄭(鎭)
崔基元, 新會社法論, 博英社, 2005	崔
鄭茂東, 商法講義(上), 博英社, 1996	鄭(茂)
鄭東潤, 第六版 會社法, 法文社, 2000	鄭(東)
林泓根, 會社法, 法文社, 2000	林
朴相祚, 新會社法論, 螢雪出版社, 2000	朴(相)
李哲松, 第25版 會社法講義, 博英社, 2017	李
李基秀·崔秉珪, 第9版 會社法學, 博英社, 2011	李(基)
李炳泰, 全訂 新商法(上), 法元社, 1988	李(炳)
鄭燦亨, 會社法講義, 弘文社, 2011	鄭(燦)
蔡利植, 改訂版 商法講義(上), 博英社, 1996	蔡
權奇範, 現代 會社法論, 三知院, 2001	權(회)
______, 第二版 企業構造調整法, 三知院, 1999	權(기)
정경영, 상법학강의, 박영사, 2009	정(경)
김동훈, 회사법, 한국외대출판부, 2010	김(동)
송옥렬, 상법강의, 홍문사, 2011	송(옥)
田中誠二, 會社法詳論(上) 1982	田中
河本一郎, 現存會社法 1995	河本
大隅健一郎·今井宏, 會社法(上) 1991	大隅·今井
石井照久, 會社法(上) 1967	石井
末永敏和, 會社法 2000	末永
北澤正啓, 會社法 1998	北澤

저 자	서 명	약 어

鈴木竹雄・竹内昭夫, 會社法 1981	鈴木・竹内
龍田 節, 會社法 1998	龍田
加美和照, 會社法, 1996	加美
森本 滋, 會社法 2001	森本
坂田桂三, 現代會社法, 1995	坂本
江頭憲治郎, 株式會社法, 2011	江頭

A.Kraft・P.Kreutz, *Gesellschaftsrecht*, 10.Aufl., Luchterhand, 1997.

Adolf A. Berle, JR. & Gardiner C. Means, *The Mordern Corporation and Private Property.*

American Bar Association, *Model Business Corporation Act*, Section of Business Law American Bar Association, 1998.

B. Grunewald, *Gesellschaftsrecht*, 2. Aufl., J.C.B.Mohr, 1996.

Bruno Kropff & Johannes Semler, *Münchener Kommentar Aktiengesetz* Ⅰ~Ⅷ, C. H. Beck・Franz Vahlen, 2000.

F.Kübler, *Gesellschaftsrecht*, 4. Aufl., C.F.Müller, 1994.

G.Henn, *Handbuch des Aktienrechts*, 5. Aufl., C.F.Müller, 1994.

G.Hueck, *Gesellschaftsrecht*, 19. Aufl., C.H.Beck, 1991.

H.W.Ballantine, *Ballantine on Corporations*, rev. ed., Callaghan, 1946.

H.Würdinger, *Aktienrecht und das Recht der verbundenen Unternehmen*, 4. Aufl., C.F.Müller, 1981.

Henn・Alexander, *Laws of Corporations*, 3rd ed., West, 1983.

J.E. Parkinson, *Corporate power and Responsibility*, Clarendon Press・Oxford, 1993.

Jesse H. Choper・John C. Coffee, Jr・Ronald J. Gilson, *Cases and Materials on Corporations*, Aspen Law & Business, 2000.

K.Schmidt, *Gesellschaftsrecht*, 3. Aufl., C.Heymann, 1997.

L.C.B.Gower, *Principles of Modern Company Law*, 5th ed., Sweet & Maxwell, 1992.

M.A. Eisenberg, *The Structure of the Corporate*: A Legal Analysis, 1976.

M.Hoffmann-Becking et al., *Münchener Handbuch des Gesellschaftsrecht*, Band 4(Aktiengesellschaft), 2. Aufl., C.H.Beck, 1999.

R.W.Hamilton, *The Law of Corporations*, 4th ed., West, 1996.

Stephen W. Mayson, Derek French & Christopher Ryan, *Company Law*, Blackstone P. Lit., 1996.

U.Hüffer, *Gesellschaftsrecht*, 4. Aufl., C.H.Beck, 1996.

■ 참고: 웹사이트 디렉토리 ■

[국 내]

공인회계사회 http://www.kicpa.or.kr
공정거래위원회 http://www.ftc.go.kr
국회도서관 http://www.nanet.go.kr
금융감독원 http://www.fss.or.kr
금융위원회 http://www.fsc.go.kr
대법원 http://www.scourt.go.kr
법무부 http://www.moj.go.kr
법제처 http://www.moleg.go.kr
상장회사협의회 http://www.klca.or.kr
선물시장 http://www.krx.co.kr
금융투자협회 http://www.kofia.or.kr
자산관리공사 http://www.kamco.or.kr
기획경제부 http://www.mofe.go.kr
한국거래소 http://www.kse.or.kr
증권금융 http://www.ksfe.co.kr
자본시장연구원 http://www.kcmi.re.kr
예탁결제원 http://www.ksd.or.kr
증권전산 http://www.koscom.co.kr

[국 외]

국제결제은행 http://www.bis.org
국제증권거래소 연맹 http://www.fibv.com
미국 뉴욕증권거래소 http://www.nyse.com
미국 연방법원 http://www.uscourts.gov
미국 연방준비위원회 http://www.federalreserve.gov
미국 연방증권거래위원회 http://www.sec.gov
미국 의회도서관 http://www.loc.com
미국 재무부 http://www.ustreas.gov
미국 전미증권업협회 http://www.nasd.com
미국 증권거래소 http://www.amex.com
영국 국립도서관 http://blpc.bl.uk
영국 금융서비스청 http://www.fsa.gov.uk
영국 런던증권거래소 http://www.londonstockexchange.com

영국 증권업협회 http://www.sfa.gov.uk
일본 경제신문 http://www.nikkei.co.jp
일본 국회도서관 http://www.ndl.go.jp
일본 금융감독청 http://www.fsa.go.jp
일본 동경증권거래소 http://www.tse.or.jp
일본 재무성 http://www.mof.go.jp
일본 증권업협회 http://www.jsda.or.jp
일본 최고재판소 http://www.courts.go.jp

《법령약어표시》

법령	약어
공증인법	공증
국세기본법	國稅基
기업회계기준	기회
대법원판례	대판
독일 주식법	AktG
독점규제및공정거래에관한법률	독규법
미국 모범사업회사법	MBCA
민법	民
민사소송법	민소
법인세법	법세
보험업법	保
비송사건절차법	비송
소득세법	所稅
신탁법	信
유가증권상장규정	有上規
은행법	銀
인지세법	印稅
일본상법	日商
일본회사법	일회
일본최고재판소판례	日最判
주식회사외부감사에관한법률	外監
자본시장과금융투자업에관한법률	자시법
지방세법	地稅
형법	刑
채무자회생및파산에관한법률	회파

제 1 부
會社法의 基礎理論

제1장 經濟와 會社

제1절 현대 경제에서의 기업과 회사

Ⅰ. 현대 경제에서의 기업

1. 국민경제와 기업

우리의 경제생활은 여러 가지 경제활동들로 구성되어 있는데, 크게 보아서 생산과 소비의 이분법에 따라서 그 두 가지 활동 중의 하나로 규정짓는 것이 일반화되어 있다. 경제학에서는 한 나라의 경제를 '국민경제'(national economy)라고 부르고, 그에 속하는 경제활동의 주체로 '기업'(enterprise), '가계'(household) 그리고 '정부'(government)를 제시하는데, 기업은 생산의 주체로서 생산활동을 하고, 가계는 소비의 주체로서 소비활동을 하며, 국가는 생산 및 소비의 주체로서 두 가지 활동을 모두 한다고 설명된다. 이 중에서 기업은 생산활동으로서의 기업활동을 함으로써 제품이나 서비스(service)를 생산하여 소비활동을 위하여 그것을 수요하는 주체들(가계, 정부, 다른 기업)에게 공급하는 인적·물적 자원들의 조직체라고 할 수 있다.

2. 경제생활에서의 기업의 중요성

오늘날 사람들은 여러 생활영역에서 다양한 방식으로 기업과 거래를 하면서 살아간다. 이는 다시 말하면 소비자(consumer)로서 기업의 제품이나 서비스를 수요하고 이용하면서 살아간다는 뜻이다. 의식주와 관련되는 생필품에서부터 신문, 방송, 인터넷과 같은 미디어에 이르기까지 기업이 우리 경제생활과 관련을 맺지 않고 있는 영역이 없을 정도로 기업은 경제생활에서 점점 더 중요해지고 점점 더 사회적 영향력도 키워가고 있는 것이다. 실제로 기업의 성장과 쇠퇴는 그 기업의 구성원과 다른 기업 관계자들의 성장과 쇠퇴를 초래할 뿐만 아니라 그 기업이 속한 사회와 국가의 성장 및 발전과도 관련되고, 나아가서 세계경제에도 영향을 주는 것이 확인된다.

이러한 기업 활동의 대 사회적 영향은 기업의 대기업화가 진행되면서 강화하고 있으며, 이와 함께 '기업사회'나 '기업권력'과 같은 용어를 통하여 우리 사회 내에서 기업이 행사하는 힘에 대한 문제 제기가 나오고 있는 것이 오늘날의 실정이다.

3. 상법에서의 '기업'과 '영업'

기업은 회사법이 속해 있는 법역(法域)인 상법에서 핵심개념으로 통한다. 상법을 '기업법'으로 보는 것이 우리나라 상법학에서 일반적인 견해(통설)이기 때문이다. 따라서 상법과 그 일부로서의 회사법은 기업을 규율하기 위한 법인 것이다.[1] 이렇게 기업과 회사법의 관계가 구체화될 수 있는데, 문제가 하나 있다. '기업'이란 용어는 '상법'에는 등장하지 않으며 '상법학'에서 사용하는 용어라는 점이 그것이다. 상법에는 '영업'이란 용어만이 등장할 뿐이다.[2] 따라서 이 두 용어의 관계를 파악하여야 할 것인데, 실제로 상법학에서의 기업과 영업의 용례를 보면 차이가 있는데, 뉘앙스 차이는 있지만 큰 의미는 없어 보인다.[3] 이 책에서도 양자를 동일한 의미를 가지는 개념으로 보기로 한다.

이처럼 '기업'이나 '영업'이나 간에 모두 가치 창출을 위한 활동의 근거로서의 인적 및 물적 조직(체)으로도 이해되고,[4] 그 활동으로도 이해된다.[5] 이를 지칭하는데 일상에서는 각각 '기업조직'이나 '영업조직'이라는 용어와 '기업활동'이나 '영업활동'이라는 용어를 흔히 사용한다.

그런데 상법학에서의 기업과 영업 개념에서 중요한 것은 '영리성' 내지 '영리추

---

1) 회사법은 형식적으로는 상법의 제3편에 규정되어 있는 법규(法規)들의 총체이며(형식적 의의의 회사법), 그러므로 상법 전체의 맥락(context)에서 회사법을 보아야 하는 것은 당연하다.

2) '기업법' 외에도 '기업 인수합병(M&A)' 같은 표현에서나 상법의 이념을 논할 때 '영업유지의 이념'이라고 하지 않고 '기업 유지의 이념'이라고 하는 경우에 그 예를 찾아 볼 수 있겠다. '영업'이 등장하는 대표적 예로는 상법 제41조 이하에서 규율하는'영업양도'를 들 수 있다.

3) '기업'과 '영업'의 의의와 양자의 관계에 관한 자세하고 포괄적인 이해를 위해서는 다음을 참조할 것: 이영종, 기업과 영업, 비교사법 제15권 4호, 2008, 제249면 이하.

4) 상법학에서는 이를 객관적 의의의 기업 혹은 영업이라고 부른다.

5) 상법학에서는 이를 주관적 의의의 기업 혹은 영업이라고 부른다.

구'라는 개념이다. 기업과 영업은 '영리를 추구하는' 조직이나 활동으로 이해되는 것이다. 나아가서 그러한 활동은 '계속반복성'을 가지고, 그렇기에 조직은 '지속성 내지 영속성'을 가지고 있게 되는데, 이는 그러한 활동을 '업'으로 하기 위한 전제조건이 된다. 정리하면, 일정한 활동을 영리를 추구하면서 업으로 하는 경우 영업 내지 기업이 된다는 것이다.[6]

4. 개인기업과 공동기업

개념을 살펴보았으면 이제는 권리의 주체와 객체라는 축을 가지고 기업과 영업을 살펴볼 필요가 있다. 간단하게 말하면 '기업' 내지 '영업'은 상법학에서 권리주체가 아니고 단지 객체일 뿐이어서 누군가에게 귀속되고 영업양도에서처럼 거래대상이 되는 존재이다. 이는 달리 말하면 법상의 권리와 의무의 귀속점으로서 법률관계를 형성하는 존재로서 나설 수는 없다는 것이다. 그렇기 때문에 기업 내지 영업에 있어서는 누구에게 귀속 내지 소유되는지가 문제된다.

기업은 그 귀속 형태 내지 소유 형태에 따라서 '개인기업'과 '공동기업'으로 대별할 수 있다. 개인기업은 개인이 기업에 단독으로 출자하고 스스로 이를 경영하여 그로 인하여 발생하는 이익 전부를 향수하며 또한 그로 인하여 발생하는 손실도 혼자 감당하는 기업형태이다. 이처럼 원시적·기초적인 기업형태로서의 개인기업에서 더 발전된 기업형태로서의 공동기업은 복수의 개인이 공동으로 출자하여 기업을 경영하는 형태를 취한다.

이 둘의 장단점이 서로 교차한다. 우선 개인기업은 공동기업과 비교하면 기업주가 남의 간섭 없이 자신의 경영능력을 충분히 발휘할 수 있다는 점이 장점이지만, 경영에 필요한 자본과 노력의 결집에 한계가 있다는 점이나 개인 기업주의 사망이나 기타 개인적 사정이 기업에 중대한 영향을 미쳐 '기업의 유지'가 어려울 수 있다는 점은 단점이다. 이와는 반대로 공동기업은 어느 개인이 자신의 뜻대로 경영할 수는 없다는 점이 단점이지만, 개인기업에서 실현할 수 없는 대규모의 자본을 집적해내고 구성원의 노력을 결집할 수 있다는 점과 손실위험 분산도 가능해진다는 점이 장점이다. 공동기업은 결국 더 큰 규모와 경쟁력을 가지게 된다. 이처럼 기업 규모의 확대나 기업 경쟁력의 강화 그리고 기업의 유지 면에서 유리하므로 공동기업의 발전은 역사적 필연인 것처럼 보인다.

---

6) 기업 및 영업의 개념요소에 관해서는 이영종, 비교사법 제15권 4호, 2008, 제254면-제270면.

5. 기업과 그 귀속의 형태

이처럼 기업 내지 영업에 있어서 누구에게 귀속 내지 소유되는지, 즉 기업의 귀속 내지 소유의 형태에 따라서 '개인기업'과 '공동기업'으로 대별할 수 있다고 한다면, 다음으로 문제되는 것은 귀속을 위한 법형식으로서의 조직형태이다. 귀속형식에 있어서 개인기업은 문제를 노정하지 않는다. 개인상인에게 귀속되는 것으로 끝나기 때문이다. 하지만, 공동기업은 하나의 기업이 여러 명에게 귀속되므로 귀속형식 내지 소유형태가 필요하고, 이 귀속 내지 소유의 문제를 해결할 조직이 필요하다. 개인상인이든 공동기업의 귀속형식이든지 간에 기업의 귀속과 경영의 문제는 법으로 정해져 있고, 기업이 귀속되는 자가 그것을 경영한다는 것은 당연한 것이다. 재산을 소유하는 자에게 권리가 있는 것이므로 기업이라는 재산이 귀속되는 자는 그것을 처분하거나 사용 또는 수익을 할 수 있는 것이라고 할 수 있겠다.

공동기업의 귀속형식으로는 민법상의 조합,[7] 선박공유,[8] 익명조합,[9] '합자조합'도 있으나,[10] 그 전형은 회사이다.[11]

Ⅱ. 현대경제에서의 회사

1. 회사와 회사제도의 중요성

위에서 설명한 바를 정리하면, '회사'란 영업활동을 위한 영업조직의 귀속점이 형성되도록 복수인(複數人)을 조직하기 위한 법형식(Rechtsform)에 다름 아니다. 우리 회사법에서는 회사를 '영리법인(營利法人)'이라고 하는데(169조), 우리 회사법에는 5가지 종류의 회사가 규정되어 있다. 이들은 법제도의 역사 속에서 경제적 필요에

7) 수인의 개인 기업주가 공동으로 사업을 영위하는 경우이며, 민법 703조 이하에 그에 관한 규정들이 있다.

8) 이는 조합 형태를 합리화하여 해상기업에서만 이용되도록 한 것으로 상법 756조 이하에 그에 관한 규정들이 있다.

9) 공동출자자로서의 익명조합원이 영업이윤의 분배를 받고자 영업주에게 재산을 출자하되 당사자 간의 계약으로서의 내적 조합에 그치고 외부에는 드러나지 않는 경우로서 상법 78조 이하에서 규율한다.

10) 익명조합이나 합자회사와 유사한 계약으로서(이들과 합자조합은 역사상 콤멘다 계약을 공동의 조상으로 하는 법형식들이라고 할 수 있다) 2012년 상법 개정으로 새로 도입된 법형식이며, 이에 관해서는 상법 제86조의2 이하에서 규율한다.

11) 이러한 기업과 관련된 법제도 중에서 회사제도가 제일 중요하다고 할 수 있다. 그럼에도 물론 회사형태만이 아니라 회사법 밖에서 있는 공동기업을 위한 조직형태들도 함께 고려되어야 바람직하다고 여겨진다.

부응하기 위해서 발전되어 온 것이라고 할 수 있다. 역사에서 회사와 회사제도는 상인의 활동에 이바지한 바가 크며, 경제의 성장과 발전의 역사에서 중요한 역할을 하여 왔다. 회사제도는 특히 자본주의 경제를 꽃 피우는데 중추적인 역할을 담당해 왔으며, 미래의 우리의 삶의 모습도 여기에 달려 있다고 하겠다.

2. 회사의 순기능

회사제도는 자본주의 경제와 우리 경제에서 그처럼 중요한 역할을 한다면, 그것은 회사의 어떠한 기능 때문인가 하는 의문이 생긴다. 그러한 회사의 기능은 사회에 대한 회사의 순기능 측면을 말하는 것인데, 다음 몇 가지로 정리할 수 있다. 우선 회사는 기업담당자로서의 역할을 하며 이는 개인상인이 개인기업을 경영하듯이 공동기업에 기업경영의 책임자를 제공하는 기능을 한다는 말이다. 따라서 회사의 첫 번째 기능은 '기업담당기능'이라고 할 수 있겠다.

그런데 이를 위해서는 우선 기업이 형성되어야 한다. 이는 자본과 노력 등의 생산요소들을 서로 결합하여 조직화하는 것을 의미하는데, 이를 회사가 담당한다. 따라서 회사의 두 번째 기능은 '기업조직화기능'이라고 할 수 있다. 이를 통해서 하나의 산출물(output)을 낼 수 있게 되고 결국 여러 생산요소들이 시너지 효과(synergy effect)를 내게 되는 것이다.

다음으로 자본이나 노동 같은 한 생산요소를 놓고 보자면 이들을 결집 내지 집적하는 것도 회사를 통해서 이루어지는데, 따라서 이것도 회사의 기능이고, 이는 '생산요소결집기능'이라고 할 수 있다.[12] 이에는 투자자조직화기능도 포함되어 있다. 다음으로 생산요소결집기능 내지 투자자조직화기능과 자동적으로 관련된 것이 '자본집적기능'인데, 투자자가 투자하면 이를 통해서 자본이 집적되는 것이기에 그렇다. 이 자본집적기능은 특히 주식회사에서 중요한데, 이와 관련되고 또한 이에 기초하는 기능으로 '위험분산기능'이 있다. 생산요소 제공자의 입장에서 보면 성공 여부와 그로 인한 보상을 받게 될 지 여부의 불확실성은 위험을 의미하는데, 이를 분산하는 기능을 하는 것이다.

회사의 '법인성'에 초점을 두고 보면 회사의 또 다른 기능이 보이는데, 그것은 바로 '기업지속화기능'과 법적 독립성 확보 및 거래 단순화 기능이다.[13] 이는 회사에 대해서 법인격을 부여함으로써 가능해지는 기능들인데, 회사는 법인격을 통해

12) 특히 주식회사의 경우 자기자본이나 타인자본을 집적하는 기능으로 특징지워진다.

13) 통상 '영속성(perpetuity)'이나 '영속화(perpetuation)'라는 표현을 사용하는데, 사실 '영원히' 지속하는 것은 아니므로 '지속성'이 적절한 표현이라고 여겨진다.

서 거래와 법률관계를 단순화하고 구성원으로부터 독립된 법적 주체를 확보할 수 있을 뿐만 아니라, 기업활동과 기업조직을 지속시키는 기능을 하게 된다. 그 외에도 투하자본의 보전과 회수, 이윤에의 참여 같은 것도 회사의 기능으로 들 수 있겠다[李 5].

최근에는 회사의 영업이익의 일정부분을 자선·복지 등으로 사회에 환원해야 하며, 회사가 의사결정을 할 때에 주주 및 그 회사의 이익만을 추구할 것이 아니라, 그 사회에 대한 배려를 염두에 두어야 한다는 '사회적 책임론'이 강해지고 있다.[14] 이에 대하여 사회적 책임을 실현하는 활동은 회사의 본래적 활동 내지 업무가 아니고 단지 부수적으로 행해질 수 있는 것이라는 견해도 있다. 이와 관련된 논의는 1930년대 미국에서 버얼리(Berle)와 민즈(Means)의 논쟁으로 촉발된 이래 회사법학의 관심권에 들어와 계속된 것인데, 앞으로도 활발하게 전개될 것으로 보이는 바이다. 사회적 책임을 실현하는 활동을 기업 내지 회사의 기능에 속하는 것으로 볼 여지도 있는데, 사회적 책임을 위한 회사의 활동을 당연한 것으로 인정한다면 이는 회사의 사회복지적 기능을 인정하는 것이 될 것이다.

3. 회사의 역기능

회사가 일정한 (순)기능을 하고 또한 이를 위하여 존재하는 것임은 분명하다. 그런데 회사의 역기능도 주의해야 한다. 회사의 본질은 영리추구인 까닭에 회사의 역기능이 심각하게 나타난다. 회사의 남용과 폐단의 피해는 크다. 예를 들어 경제력의 집중은 독과점의 폐해를 초래할 뿐만 아니라, 대주주의 경우 재무적 투자자로서의 소액주주들의 이익을 무시하는 문제도 자주 발생하며, 경제력 집중에 의하여 형성된 우월한 힘을 남용 혹은 악용하는 경우에는 소수의 기업에 의한 국가의 지배현상을 낳을 수도 있다.[15] 특히 소유와 경영이 분리되어 있는 주식회사에 있어서는 소유자인 주주(shareholder)와 경영을 위임받은 경영자간의 이익충돌(conflict of interest) 현상도 자주 발생한다.

---

14) Jesse H. Choper/John C. Coffee, Jr/Ronald J. Gilson, *Cases and Materials on Corporations*, Aspen Publishers, INC. 2000, p. 35.

15) 이 맥락에서 '기업권력'이나 '기업사회'라는 키워드로 문제제기가 이루어지고 있다. 우리 사회에서 기업의 영향력에 대한 문제의식이 싹트고 사회적 문제제기로 이어지는 것은 기업, 특히 대기업의 힘이 갈수록 강해지는 사회경제적 상황을 배경으로 한다. 이 문제는 이미 경제영역의 문제를 넘어서 사회적이고 정치적인 의미를 갖는 것으로 판단된다.

4. 주식회사의 인기, 순기능과 역기능

이와 같은 회사의 경제적 효용은 그 종류에 따라 동일하지 않다. 합명회사, 합자회사, 유한회사, 유한책임회사, 주식회사라는 회사형태 중에서도 가장 발전된 법형식은 바로 주식회사(株式會社) 형태이다. 오늘날 주요 산업에 속하는 기업들 대부분은 주식회사에 귀속하며, 뿐만 아니라 중소기업이나 영세기업을 위해서 주식회사 형태를 이용하는 경우도 흔해서 주식회사 형태는 우리나라의 전체 회사 중에서 95% 이상을 차지하고 있다. 이와 같은 주식회사의 선호 현상은 회사 형태를 선택할 수 있기에 가능한 것인데, 주식회사라는 법형식이 주는 '위신 효과(prestige effect)'와 책임제한 등의 매력에 기인하는 것이다. 그런데 주식회사의 여러 가지 순기능과 역기능도 그러한 인기와 무관하지 않아 보인다.

주식회사도 회사이므로 회사의 순기능과 역기능은 주식회사의 그것이라고 할 수 있고, 따라서 주식회사의 순기능과 역기능을 논하자면 회사의 그것과 겹치는 부분이 있기는 하지만, 주식회사에서 특별히 부각되는 순기능과 역기능에 대해서는 특별한 주목을 할 필요가 있어 보인다. 주식회사의 경우 특별하게 주목할 만한 기능으로는 우선 자본집적기능이 있는데, 이는 그 대표적 순기능이라 하겠다. 이는 주식의 매력 내지 장점에 의존하는 것으로 주식을 구성단위로 하여 소규모자본을 대중으로부터 모아서 대규모자본을 결집해내는 것을 의미한다. 그와 동시에 물론 위험분산도 광범위하게 이루어지게 된다. 이러한 주식회사의 기능들은 대기업 형성의 기능적 조건을 형성한다. 또 하나 꼭 언급해야 할 순기능으로는 소유와 경영의 분리에 기초하여 주식회사가 수행하는 '전문경영인 양성 기능'이다. 이는 종국에는 전문경영인 체제 구축을 낳는데, 이를 통하여 합리적인 경영활동을 할 수 있게 되므로 주식회사는 기업의 계속적 성장과 이윤 추구를 가능하게 한다고 하겠다. 이처럼 주식회사는 기업의 성장과 발전을 가져오는 데 중요한 역할을 하고, 이로써 고용을 창출하고 사회의 부를 증진시키며 생산된 재화와 용역을 분배하여 인간의 풍요로운 생활을 보장해 준다. 그러한 긍정적 측면과 반대되는 부정적 측면도 발견되고, 그것은 주식회사의 역기능으로 인한 것인데, 그 중 대표적인 것이 경제력의 집중과 남용이다. 이는 주식회사가 기업집단 형성에 좋은 도구가 된다.[16]

---

16) 주식회사의 순기능과 역기능에 관한 자세한 설명은 이영종, 주식회사의 사회경제적 기능, 경제법연구 제7권 2호(2008), 145면 이하.

Ⅲ. 현대 회사법의 과제

경영자의 경영 권한은 주주의 소유권에서 파생되고 경영자의 지위는 주주의 신임에 기초하는 것이기 때문에 경영자는 주주의 이익극대화를 위하여 노력하여야 한다. 그런데 광범위한 주식 분산(dispersion of shares)과 주식회사 구조의 복잡성 및 그 영업의 전문성은 경영에 대하여 일반 주주가 비판하는 것조차 어렵게 만들었으며, 증권시장의 발달은 투하자본을 회수할 수 있는 길이 되므로, 경영성적이 저조한 기업의 주주는 자기의 법적인 권한을 행사하기 보다는 더 나은 회사로 투자대상을 전환하고 만다. 그래서 회사내부의 지배권은 소수의 대주주 또는 경영자가 전적으로 행사하는 상황이 현실이 되어 버린 것이다.

따라서 어떻게 하면 회사제도의 남용과 폐단을 제거하고 그 장점을 최대한 살려 그 나라의 기업풍토에 걸맞는 모습으로 발전시켜 나갈 것인가가 회사법에 있어서의 큰 과제이다.

한편, 오늘날에는 자본의 이동이 자유로워지고 주주모집이 국외에서도 활발히 이루어지고 있는 까닭에 회사제도의 모습은 세계적으로 통일되어 가는 경향이 강하다.

제 2 절 회사법의 개념과 특색

회사법(Gesellschaftsrecht; corporate law; droit des sociétés commercials)의 개념은 실질적 의의의 회사법과 형식적 의의의 회사법으로 나누어 고찰할 수 있다.

Ⅰ. 회사법의 개념

1. 실질적 의의의 회사법

'실질적 의의의 회사법'은 공동기업형태인 회사에 관한 조직과 경영을 규율하는 법을 말한다. 이는 공동기업을 경영하기 위한 다수인의 조직을 개개의 구성원으로부터 독립시켜 그 조직에 기업거래상의 주체성을 부여하기 위한 것으로 조직에 관한 법이라 할 수 있다. 민법에서도 이러한 조직된 단체와 관련하여 법인 규정을 두고 있으나, 회사법에서와 같이 개인의 결합이 영리를 목적으로 하지 않는 비영리법인에 관한 것이다.

실질적 의의의 회사법에는 사법법규(私法法規)뿐만 아니라 회사공법(會社公法)이나 국제회사법(國際會社法)까지도 포함하는지가 논란이 되고 있다. 이를 부정하는 견해에 의하면 회사에 관한 법규 중에는 민사소송법 · 비송사건절차법 · 행정법 · 형법적 규정도 있지만, 그 중심이 되는 것은 사법 규정이고 회사법의 핵심이 사법규정인 점, 회사성립의 계기가 공법과 사법을 구별하여 파악하는 자유경제질서의 성숙에 있다는 점 등을 고려하면, 실질적 의의의 회사법은 회사에 관한 사법법규만을 의미한다고 한다[鄭(燦) 397].

이에 대하여 회사의 공법적 규정은 사법적 규정들의 실현에 불가결한 역할을 하므로 양자의 관계는 밀접 불가분의 관련을 갖고 있어 실질적 의의의 회사법에는 회사에 관한 소송법 · 비송사건절차법 · 벌칙 등도 포함한다고 한다[孫 434, 崔 5, 李 6, 鄭(東) 54, 姜 2].

생각건대, 다수의 일반투자자를 보호하고 경제정의의 실현을 위하여 사법법규에 공법규정을 강화하지 않을 수 없는 것이 현실이며, 그러한 측면에서 공법규정도 회사법의 연구대상이 된다고 본다.

2. 형식적 의의의 회사법

형식적 의의의 회사법은 그 명칭이 「회사법」 또는 「회사편」으로 되어 있는 성문법을 말하며, 그 규정의 실질이 회사에 고유한 것인지는 묻지 않는다. 우리나라에 있어서 형식적 의의의 회사법은 상법전 제3편의 「회사」에 속한 법규정들이다. 형식적 의의의 회사법은 실질적 의의의 회사법에 속하는 벌칙규정, 비송사건적 규정, 소송법적 규정 등을 포함하고 있다.

Ⅱ. 회사법의 특성

회사법은 상법의 일부이므로 상법의 특질을 가지고 있는 것은 당연하지만, 그 밖에도 회사라는 공동기업을 담당하기 위한 법형식을 규율한다는 점에서 다음과 같은 특성을 가지고 있다.

1. 단체법적 성질

회사법의 규정 중에는 사채(社債)에 관한 규정처럼 일부 개인법적 성질을 가진 것도 있으나, 그 밖의 대부분의 규정들은 회사인 단체내부의 조직구성과 그 법률관계를 규율하기 위한 규정이다. 즉, 단체와 그 존재기초인 구성원 간의 관계 및 단체와 그 활동기초인 기관 간의 관계를 정하는 규정으로 구성되어 단체법적 성질을 가지고 있다. 따라서 개인들 간의 대등한 법률관계를 규율하는 개인법과는 다른 성격을 가지는 단체법 원리가 지배하게 되는데, 예컨대 다수결원리, 사원평등의 원칙, 단체와 그 기관 간의 대표관계, 법률관계의 획일적 확정 등이 바로 그것이다.

회사는 영리법인이므로 영리를 추구하는 존재이다. 그러므로 회사의 목적은 구성원인 사원의 영리를 도모하는 것으로 귀결된다. 회사가 영리를 추구하는 조직이므로 이를 규율하는 법에도 그러한 점은 고려되기 마련이다. 이러한 까닭에 회사법은 특히 '영리단체법적 성질'을 가진다. 물론 회사의 영리추구는 공익(public interest)에 반하지 않는 범위에서만 허용된다고 할 것이다.

회사법은 대체로 단체법적 규정들로 구성되어 있는 것은 사실이지만, 거래법적 규정들도 포함하고 있다. 회사와 제3자의 거래나 회사와 회사채권자의 관계에 관한 규정들이 바로 그것이다. 따라서 적어도 이런 범위에서는 회사법은 거래법적 성질도 띤다고 할 수 있겠다. 위의 거래법적 규정들이 지배하는 법률관계는 결국 거래법적 법률관계이고, 그에 대해서는 거래안전 보호의 원리와 같은 거래법적 원리가 적용된다고 할 것이다.

2. 강행법적 성질

단체법으로서의 회사법은 단체법 원리의 지배를 받을 뿐만 아니라 단체법적 성질로 인하여 강행법규성을 가진다. 회사의 종류에 따라 정도의 차이는 있으나 회사법의 규정은 강행법적 성격을 띠며 회사를 둘러싼 법률관계에 대하여 법원에 의한 공법적인 감독이나 벌칙에 의한 제재가 따르기도 한다.

제 3 절 會社法의 법원

회사법의 법원은 상법전 제3편의 「會社」가 그 중심이나, 그 외에도 실질적인 의의의 회사법에 속하는 특별법령·관습법·자치법규 등이 있다. 그렇지만 조리·학설·판례의 법원성은 부인되는 것이 일반적이다.

Ⅰ. 法源의 종류

1. 상법전

상법전은 1962년 1월 20일에 법률 제1,000호로서 제정·공포되고 1963년 1월 1일부터 시행되었다. 상법전의 회사편은 그 동안 독일회사법계를 계수한 依用商法上의 주식합자회사제도를 폐지하고 특별법 형태이었던 유한회사규정을 상법전의 회사편에 수용하면서 주식회사의 정리(依商 381조 이하) 및 특별청산에 관한 규정(依商 431조)을 회사정리법으로 이관하는 한편, 영미법상의 수권자본제도·이사회제도 및 주식할인발행제도를 도입하여 독일법계에 영미법을 가미하는 형태를 취하였다. 그 후 회사편은 1984년, 1995년, 1998년, 1999년, 2001년, 2009년, 2012년, 2014년, 2016년의 개정을 거치면서 더욱 더 영미회사법에 접근하는 모습을 보이고 있다.

2. 특별법령

회사에 관한 특별법령에는 상법전의 규정을 시행하고 구체화하기 위하여 상법전에 부속된 상법시행령(商附 11조, 1962. 12. 12, 법률 제1213호), 상법의 일부시행에 관한 규정(1984. 8. 16, 대통령령 제11485호), 상업등기법(2007. 8. 3. 법률 제8582호), 비송사건절차법(1962. 10. 29, 법률 제1240호) 등이 있고, 법령의 전부가 회사법의 법원을 이루는 것으로, 채무자 회생 및 파산에 관한 법률(2006. 4. 1, 법률 제7428호), 담보부사채신탁법(1962. 1. 20, 법률 제991호), 주식회사의 외부감사에 관한 법률(1980. 12. 31, 법률 제3297호)이 있다.

또한 상법전의 회사편에 관한 규정을 보충·변경하는 독립된 특별법령으로는 자본시장과 금융투자업에 관한 법률(2007. 8. 3, 법률 8635호), 은행법(1950. 5. 5, 법률 제139호), 금융지주회사법(2000. 10. 23, 법률 제6274호), 보험업법(1977. 12. 31, 법률 제3043호), 공공기관의 운영에 관한 법률(2007. 1. 19, 법률 8258호), 상호신용금고법(1972. 8. 2, 법률 제2333호), 새마을금고법(1989. 12. 30, 법률 제4152호 全改), 여신전문금융업법(1997. 8. 28, 법률 제5374호), 신용정보의 이용 및 보호에 관한 법률(1995. 1. 5, 법률 제4866호), 자산재평가법(1965. 3. 31, 법률 제1961호), 공사채등록법(1970. 1. 1, 법률 제2164호), 독점규제 및 공정거래에 관한 법률(1990. 1. 13, 법률 제4198호), 부정경쟁방지 및 영업비밀보호에 관한 법률(1998. 12. 31, 법률 제5621호), 신기술사업금융지원에 관한 법률(1988. 12. 31, 법률 제4068호), 수출보험법(1968. 12. 31, 법률 제2063호)이 있다.

그리고 특수회사법으로서 한국전력공사법(1980. 12. 31, 법률 제3304호), 한국가스공사법(1986. 5. 12, 법률 제3836호), 대한석유개발공사법(1986. 5. 12, 법률 제3835호), 대한석탄공사법(1986. 5. 12, 법률 제3835호), 한국도로공사법(1986. 5. 12, 법률 제3842호), 한국수자원공사법(1987. 12. 4, 법률 제3997호), 한국은행법(1997. 12. 31, 법률 제5491호), 금융기관부실자산 등의 효율적 처리 및 한국자산관리공사의 설립에 관한 법(1997. 8. 22, 법률 제5371호), 한국수출입은행법(1969. 7. 28, 법률 제2122호), 농수산물유통공사법(1986. 12. 31, 법률 제3887호) 등이 있다.

3. 慣習法

회사에 관한 관습법의 예로서는 주금납입영수증에 의한 주식의 양도와 상법에서 명문으로 그 효력을 인정하고 있는 기업회계관행(29조 2항)을 들고 있다. 그러나 기업회계관행은 1981년 증권관리위원회가 재무부(현재는 기획재정부)의 승인을 얻어 제정한 기업회계기준에 의해서 성문화되었다. 회사법이 강행법적 성질을 갖고 있으므로 회사법의 법원으로서의 관습법의 역할은 그다지 크지 않다.

4. 自治法

회사의 자치법으로는 정관이 대표적인 예인데, 정관은 회사의 조직과 활동을 정한 근본규칙을 말한다. 이러한 정관은 강행법규에 반하지 않는 한 회사내부자를 구속한다. 정관은 그 제정 혹은 개정 이후에 사원이 된 자에 대해서도 구속력을 갖는다. 정관 이외에도 정관의 수권에 의하여 작성된 이사회운영규정 · 주식사무취급규칙 · 주주총회의 의사규칙 등도 자치법에 속한다.

Ⅱ. 법규 적용순위

회사에 관한 법률관계에 관하여는 첫째로 자치법인 각 회사의 정관규정이 적용되고, 특별법은 일반법에 우선한다는 원칙에 따라 회사에 관한 특별법령, 상법전 순으로 적용되며, 이러한 성문규정이 없는 경우에는 회사에 고유한 관습이 있는 때에는 그 관습법을 적용한다. 요컨대, 회사에 관한 법률관계에는 ① 회사의 정관, ② 회사특별법령, ③ 상법전의 회사편, ④ 회사에 고유한 관습법, ⑤ 민법의 순으로 적용한다(1조).

제2장 會社制度와 會社法의 歷史

제 1 절 會社制度의 역사

Ⅰ. 공동기업의 맹아기(萌芽期)

고대 그리스에는 조세임차단체가 있었다고 하고, 로마에도 상인이 공동출자하여 운영하는 收稅組合(societas publicanorum)의 조합단체가 있었다고 하나, 오늘날의 회사와는 전혀 다른 채권계약의 일종에 지나지 않는 것이었다[田中(上) 12]. 그것은 당시 로마의 법사상이 개인주의적 법사상에 터잡아 있었고, 경제적으로도 대가족제도와 노예제도가 확립되어 있어서 가장은 그 가족과 노예만으로도 상당한 규모의 사업을 경영할 수 있음으로 말미암아 회사제도의 필요성을 느끼지 못했기 때문이다. 이는 장원농업을 중심으로 하는 폐쇄적인 경제구조형태인 중세의 봉건사회에서도 마찬가지이다.

오늘날의 상사회사의 기원은 중세 해운기업의 형태로 나타난 선박공유와 코멘다(commenda)계약에서 유래한 것으로 볼 수 있다. 선박공유는 선박을 상속하면서 생겨난 것도 있고 특별한 계약에 의해서 생겨난 것도 있으나, 해운업에서 요구하는 거대한 자본의 집적과 위험의 분담에 적합하였기 때문에 널리 이용되었는데, 이것이 간접적으로 주식회사의 기원이 되었다. 코멘다계약은 10세기 이후 이탈리아 해상무역에서 자주 사용되었는데, 자본가인 commendas가 금전출자 또는 상품을 위탁하고 영업자인 commendatarius가 상품을 판매 또는 매입하여 그 이윤을 분배하는 계약이었다. 합자회사, 익명조합, 합자조합은 바로 코멘다계약이 발전한 것이라고 하겠다. 그런데 선박공유나 코멘다계약은 일시적인 영리행위를 위하여 공동출자한 조합에 불과하고 계속적으로 이용되는 기업형태는 아니기 때문에 오늘날의 회사와는 다르다고 볼 수 있다.

Ⅱ. 인적인 가족기업 시대

중세시대에 상업도시가 융성하게 되자 도시에서의 商人은 확고한 지위를 차지하게 되었고 영업도 영속적인 것으로 되어 자손에게 상속되고 영위하게 되었다. 특히 독일에서의 15·16세기는 상인이 사망한 후에 상속받은 가족이 모여서 기업을 조직하고 영위할 필요성 때문에 가족적 기업조직이 생겨나게 되고 성행하게 되었는데, 이것이 오늘날 합명회사의 기원이 되었다. 이는 종래의 일시적 기업조직인 선박공유나 코멘다계약과 비교하면 계속적 기업조직이라는 점이 특색이다.

Ⅲ. 株式會社 및 有限會社의 생성

1407년 이탈리아의 제노아에서 설립된 산 조르지오(San Giorgio)은행과 1598년 밀라노에서 설립된 산 암브로지오(San Ambrogio)은행이 사원의 출자가 분할되고 그 책임은 유한이며 지분도 자유로이 양도할 수 있었다는 점에서 오늘날의 주식회사와 유사하다고 보는 견해(李 10)가 있기도 하나, 통설은 주식회사의 기원을 인도와의 무역을 위해서 1602년에 설립된 네덜란드 동인도회사에서 찾는다. 동인도회사는 네덜란드에 이어 프랑스(1604년), 영국(1612년)에서도 잇달아 설립되었는데, 모두 국왕이나 의회의 특허장(charter)에 기하여 설립되었고, 식민지에 대하여 공법적인 권력을 누렸다는 점에서 순수한 영리법인으로서의 현대 주식회사와 다르지만, 社員의 유한책임제도와 기관·주식제도 등 주식회사로서의 특질을 갖추고 있었으므로 최초의 주식회사라고 할 수 있다. 그 후에 1807년의 프랑스 상법이 주식회사를 일반 회사조직의 하나로 인정하였고, 각국 상법이 이를 도입하면서 더욱 상세한 규정을 두게 되었다. 주식회사의 수는 19세기 자본주의 경제의 발달과 더불어 비약적으로 증가하였다. 주식합자회사는 주식회사에 대하여 국가가 엄중한 감독을 하고 있던 시대에 그 제한을 회피하기 위하여 만들어졌으나, 실제로 널리 이용되지는 않았다. 한편, 독일에서는 19세기 말에 주식회사법을 대기업에 적합하게 개정한 이후에 중소기업에 적합한 회사형태로서 유한회사(GmbH)를 만들었다.

Ⅳ. 會社制度의 폐단과 수정

19세기 말부터 자본주의 경제가 더욱더 고도화 되고 기업집중현상이 심화되면서 자본단체의 문제점과 그 폐단이 나타나기 시작하였다. 더구나 20세기에 들어와서는 주식회사 이상의 자본단체기업조직을 요구하게 되었는데, 모자회사관계 · 카르텔 · 기타 콘체른 등에 의한 기업결합이 그것이다. 기업결합은 각국의 경제사정에 따라 경제불황의 극복방안으로 이용되고 조장되기도 하였는데 1933년 미국의 산업부흥법(National Industrial Recovery Act), 1931년 일본의 중요산업통제법이 그 대표적인 예이다. 그러나 기업집중현상은 자유경쟁체제를 저해하고 그 폐단도 심각하였기 때문에 이를 금지하려는 목적에서 다수의 입법이 이루어졌는데 1890년 미국의 셔먼 반트러스트법(Sherman Antitrust Act), 1914년 클레이튼법(Clayton Act), 1948년 영국의 독점 및 통제법(Monopolies and Restrictive Practice Act), 1951년 일본의 *私的獨占*의 *禁止* 및 *公正去來*의 *確保*에 관한 *法律* 등이 그것이다.

기업결합에 대한 규제의 흐름뿐만 아니라 자본단체의 폐단을 수정하기 위한 노력에서 회사법의 사회화 경향이 나타나기도 하였다. 즉, 회사법의 자본주의화가 극단적으로 진행되면 국민소득의 분배에 있어서 불평등을 초래할 뿐만 아니라, 자본에 대하여 상대적으로 노동을 경시하는 것은 사용인 및 근로자에게 결코 바람직한 것은 못되므로 사회정책적인 견지에서 회사법을 수정하려는 것이다. 1917년 프랑스의 노동자참가주식회사법과 1952년 독일의 경영조직법 및 1952년의 공동결정법 등이 그 예이다.

제 2 절 외국의 회사제도

세계적으로 회사법을 분류하자면 크게 독일주식법 · 스위스채무법을 중심으로 하는 독일법계, 프랑스 · 벨기에 · 이탈리아 상법을 중심으로 하는 프랑스법계, 영국 회사법과 미국 회사법을 중심으로 하는 영미법계로 구분할 수 있다.

Ⅰ. 독일법계

1. 독 일

독일에서는 1861년 보통독일상법전(Das Allgemeines Deutsch Handelsgesetzbuch)(獨逸舊商法)에서 비로소 회사조직에 관하여 체계적으로 규정하였는데, 제2편에서는 주식회사와 주식합자회사에 관한 규정을 두었고, 회사의 설립에 관하여는 면허주의를 채택하였다.[1] 그 후 동법률은 1870년 주식법으로 개정되면서 민사회사와 상사회사를 통합하였고 감사를 주식회사의 필요기관으로 하였으며, 1884년의 개정에서는 준칙주의에 의한 주식회사 설립의 폐단을 방지하기 위하여 설립시에 검사인의 검사 및 설립관여자의 책임을 엄격하게 하였으며, 소수주주권의 지위강화와 계산서류에 관한 상세한 규정을 두었다. 동법률은 1892년 유한회사법과 1897년 신상법으로 집대성되었는데, 1897년의 신상법(Handelsgesetzbuch für das Deutsche Reich)은 제2편에서 「상사회사 및 익명조합」이라는 제목하에 회사를 합명회사 · 합자회사 · 주식회사 · 주식합자회사로 구분하여 규정하고 있었다. 그리고 1930년대에 들어와서는 나치정권하에서 그 정치적인 영향을 받아 정치적인 주장이 주식회사에도 많은 영향을 미쳤다. 즉, 지도자원리에 기하여 대폭개정을 하였는데, 종래 신상법상의 주식회사와 주식합자회사에 관한 규정을 폐지하고 이들 규정을 포함하는 1937년 주식법을 공포하였다. 1937년 주식법은 ① 최저자본금제도를 강화하여 소규모주식회사를 억제하고, ② 지도자원리에 입각하여 이사의 지위를 강화하며, ③ 공시의 엄격성, ④ 다양한 자금조달방법을 위한 무의결권주 · 우선주 · 조건부증자 · 인허자본제의 도입 등 304개 조문으로 구성되어 있다. 이 법은 1965년에 의하여 제3편에 결합기업(Verbundene Unternehmen)이라는 제목 하에 콘체른에 관한 상세한 규정을 두었다. 1965년 주식법은 유럽공동체이사회의 지침을 시행하기 위하여 1969년 공시에 관한 제1지침에 의한 개정, 1976년 자본에 관한 제2지침에 의한 개정, 1982년 합병에 관한 제3지침에 의한 개정, 1985년 계산에 관한 제4지침에 의한 개정이 있었다. 그 이후에도 1994년 중소기업들이 주식회사제도를 용이하게 이용할 수 있도록 개정하였다.

1892년에 제정된 유한회사법은 수차의 개정을 거쳤는데, 1986년 개정에서는 1인 유한회사를 인정하고 최저자본금을 5만 마르크로 인상하였다.[2]

---

1) Bruno Kropff und Johannes Semler, *Münchener Kommentar zum Aktiengesetz(I)*, 2000, C. H. Beck/Franz Vahlen. S. 11.

2. 스위스

스위스는 1911년의 채무법 제3편에 회사법에 관한 규정을 두고 있기 때문에 별도의 회사법은 갖고 있지 않다. 여기서는 합명회사 · 합자회사 · 주식회사 · 주식합자회사 및 산업조합의 순으로 규정하고 있고, 1936년 개정을 거치면서 유한책임회사제도가 첨가되었으며 그 내용은 대체로 독일의 회사법규와 같다.

3. 일 본

일본은 1890년 Hermann Rösler에 의해서 구상법이 만들어졌으나, 이를 1899년에 폐기하고 그 해에 독일상법에 의거하여 신상법을 제정하였다. 신상법은 상법 중에 회사편을 두고 합명회사 · 합자회사 · 주식회사 · 주식합자회사 4종의 회사에 관한 규정을 두었는데, 이것이 일제시대 때 우리나라에서 시행되었던 의용상법이다. 유한회사제도는 1938년 유한회사법에서 따로 규정하고 있었다. 신상법은 제2차 세계대전을 거치면서 오늘날까지 20여차례에 걸쳐 개정되어 왔는데, 1950년 개정법은 수권자본제도 · 무액면주식제도 · 이사회제도 등을 도입하여 독일법적 기초에다 영미법적 요소를 대폭 수용하였다. 그리고 1966년 개정법은 주식의 양도제한 · 주권의 불발행과 예탁제도 · 의결권의 불통일행사 등에 관한 개정, 1974년에는 「상법의 일부를 개정하는 법률」과 「주식회사의 감사 등에 관한 상법의 특례에 관한 법률」의 시행, 1981년 개정법에서는 이사회의 권한강화 · 감사의 독립성의 보장 및 권한강화 · 신주인수권부사채제도의 신설 · 자기주식의 질취허용, 1990년 개정법은 발기인의 수의 제한폐지 · 최저자본제의 도입 · 무기명주권제도의 폐지, 1993년 개정법은 감사제도의 개정, 1997년 개정법은 회사의 합병절차의 간소화와 합리화를 위한 개정, 1999년에는 주식이전제도와 주식교환제도의 도입 · 모자회사법제의 정비 · 기업회계에서 시가주의평가제도의 도입, 2000년에는 회사분할제도의 도입 등이 이루어졌고, 2001년 개정법은 액면 · 무액면주식의 구별을 철폐하고, 금고주 · 단원주제도를 도입하였다. 2002년 개정법은 위원회 등 설치회사제도의 도입, 중요재산위원회제도의 도입, 주주총회절차의 간소화, 주주총회의 특별결의정족수의 완화, 종류주주에 의한 이사 등의 선 · 해임제도의 도입, 주권실효제도의 창설, 계산에 관한 특례규정 등을 두었다.

2005년에는 상법전에서 회사편을 분리하고 회사법을 단행법으로 제정하는 한편 유한회사제도를 폐지하였다.

---

2) 1998년도의 개정 내용 등은 Bruno Kropff und Johannes Semler, *a.a.O.*, S. 29.

Ⅱ. 프랑스법계

1. 프랑스

프랑스에서 회사법에 관한 규정을 둔 것은 1807년의 상법에서인데, 여기서는 합명회사·합자회사·주식회사·주식합자회사의 4종을 규정하고 있었다. 그 후 1867년에 회사법을 제정하였는데, 동법은 제1편 주식합자회사, 제2편 주식회사, 제3편 가변자본회사, 제4편 회사의 공시제도, 제5편 보험회사의 순으로 구성되어져 있었다. 또한 1925년에는 유한회사법이 제정되었다. 1867년의 회사법은 1940년의 개정에서 이사회제도를 채택하고, 이사회의장은 회사의 대표자로서 일정한 경우에 회사의 채무를 부담하는 등 수차례 개정이 있었다. 그리고 1966년에는 단편적으로 분산되어 있던 회사법규를 종합 정리하여 전문 509개조의 상사회사법을 제정하였는데, 동법은 합명회사·합자회사·주식회사·유한회사 및 주식합자회사의 5종의 회사형태를 규정하고 있었다. 그 후 상사회사법은 기업의 환경변화와 EC의 지침에 따라 수차례 개정되어 오늘에 이르고 있다.

2. 이탈리아

이탈리아에서는 1807년 프랑스 상법전을 모법으로 한 상법전을 1866년에 제정하고 시행하였다. 동법률은 1882년에 개정되었는데 상법 제1편 제9장에서 회사에 관한 규정을 두었고, 1923년 이후에 긴급명령에 의한 수차례의 추가적 입법이 있었다. 그러나 1942년에는 민법전 제5편 「노동에 관하여」에서 會社法을 흡수시켜 규정하고 있는데, 회사법에 관한 전반적인 내용은 독일법과 유사하다. 이와 같이 이탈리아는 民法典에 회사에 관한 규정을 두고 있는 것이 특색인데, 필요한 경우에는 그때 그때 회사에 관한 특별법을 제정해 나가면서 민법전의 회사에 관한 내용을 보완해 나가고 있는 실정이다.

3. 스페인

스페인은 1885년 상법전 제2편 상사계약 제1장에서 회사에 관한 내용을 규정하고 있는데, 주식회사에 관하여는 1908년법 및 1911년법에서 개정이 있었다. 또한 유한회사에 관하여는 1953년의 유한회사법에 의하여 규율되고 있다.

Ⅲ. 영미법계

영국과 미국은 보통법(common law)에 그 바탕을 두고 있지만, 그 간에 현저한 차이가 생겼다. 즉, 영국법은 국가의 감독이 강화되었다는 면에서 대륙법에 가까워졌지만, 미국 각 주는 회사 운영에 자율권을 인정하고 있는 편이다.

1. 영 국

17세기 식민지 개척시대에 영국에서는 회사제도 중의 유한책임제도를 악용하여 주식만 공모하고 실제로 아무 사업도 하지 않는 부실회사의 설립이 남용되고 심지어 투기화되기까지 하여 경제적인 혼란을 초래하였는데, 이를 규제하기 위하여 포말법(泡沫法: Bubble Act 1720)을 제정하였다. 동법률에서는 회사의 설립을 극도로 제한하였다. 그러던 것을 산업혁명의 진전과 자유방임주의 경제사상의 영향으로 1825년에는 포말법을 폐지하면서 회사의 설립제한을 완화하였는데, 그 이후에 1844년에 회사에 관한 일반법규인 합작주식회사법(Joint Stock Companies Act 1844) 및 수개의 단행법이 제정·시행되었고, 1862년에는 1856년의 회사법과 기타 회사에 관한 모든 법령을 총괄한 회사법(Companies Act 1862)을 제정하였다. 1862년 회사법은 새로 제정된 법령과 더불어 재차 1948년에 회사법(Companies Act 1948)으로 통합되었는데, 이것이 영국에 있어서 자본중심의 물적회사에 관한 가장 중요한 法源이라 할 수 있다.3)

조합에 관하여는 1890년 조합법(Partnership Act)과 1907년의 유한책임조합법(Limited Partnership Act)이 있다. 영국법상의 조합은 우리나라의 합명회사에 해당하고 유한책임조합은 합자회사에 가깝다.4)

영국의 회사법상 인정되는 회사의 종류는 3가지가 있다. 첫번째 유형은 무한책임회사(Unlimited Company)로서 각 사원이 회사의 채무에 관하여 무한책임을 부담하는 회사를 말하고, 두번째 유형인 유한책임보증회사(Company Limited by Guarantee)는 각 사원이 출자액 이상으로 일정한 금액을 한도로 책임을 부담하는 회사인데, 그 자본은 주식으로 나눌 수도 있고 나누지 않을 수도 있다. 그러나 이 두 종류의 회사는 현재 찾아보기 힘들다. 세번째는 유한책임주식회사(Company

---

3) Stephen W. Mayson · Derek French & Christopher Ryan, *Company Law*, Blackstone P. Lit, 1996, p. 5.

4) Stephen W. Mayson · Derek French & Christopher Ryan, *op. cit.*, p. 3.

Limited by Share)인데 가장 일반적인 형태로서 우리나라의 주식회사와 유사하고, 각 사원의 책임도 그가 인수한 주식을 한도로 부담한다. 유한책임주식회사는 공개회사(Public Company)와 私會社(Private Company)로 구분할 수 있는데, 사회사란 우리나라의 유한회사에 가까운 형태로서 부속정관(Articles of Association)의 규정으로써 주식의 양도를 제한할 수 있으며, 사원의 수는 50인 이하로 제한 가능하며, 주식 및 사채의 공모를 금지하고 사원의 책임도 유한으로 할 수 있다. 이것은 현실적으로 편리하기 때문에 널리 이용되고 있다.

1948년 회사법의 개정을 위하여 1959년에 설치된 Jenkins위원회를 필두로 영국에서는 회사법 개정을 위하여 각종의 위원회가 설치되었는데, 위원회의 보고서에 기초하여 회사법이 개정되었다. 또한 1980년과 1981년에는 유럽공동체(EC)의 지침을 실행하기 위하여, 그리고 종래부터 개정의 필요성이 있었던 부분을 모아 대폭 개정을 단행하였는데, 1985년에는 다시 이 법들을 전문 747개조와 25개 부속조항으로 통합하였다. 뿐만 아니라 1989년의 개정을 거쳐 2006년에 회사법을 대폭 확대 개정하고 이를 2008년까지 단계적으로 시행하였다.

2. 미 국

미국은 헌법에서 연방의회에 회사에 관한 입법권을 부여해 놓고 있지 않기 때문에 회사에 관한 연방 법률은 없고, 각 州마다 독자적으로 회사법전을 보유하고 있기도 하여 각주마다 회사법의 내용이 상이하다. 그리하여 각 州간의 통상이나 투자에 불편을 없애기 위하여 회사법의 통일을 시도한 법률도 있는데, 통일합명회사법(Uniform Partnership Act: 1914년, 48개주 채택), 통일합자회사법(Uniform Limited Partnership Act: 1916년, 43개주 채택), 통일주식양도법(Uniform Stock Transfer Act: 1990년, 48개주 채택) 등의 제정이 그것이다. 그 중에서도 1950년 미국변호사회(American Bar Association)의 회사법위원회가 편찬한 모범사업회사법(Model Business Corporation Act)은 다수의 주가 채택하고 있으며, 각 州의 회사법 개정 시에 영향을 미치고 있었다. 그리고 최근에는 1992년 미국법률협회(Amercian Law Institute; ALI)가 완성·공표한 '기업지배구조의 원칙: 분석과 권고'(Principles of Corporate Governance: Analysis and Recommendations)는 학계와 실무계의 회사법 전문가들이 오랜 시간에 걸쳐 노력을 경주한 결과 완성된 원칙으로서, 각 州의 회사법·증권관련법뿐만 아니라 법원의 판단에 많은 영향을 미치고 있다. 기업지배구조원칙은 회사의 운영에 관한 현존의 법규범을 분석하고 정비함과 동시에 회사관련법 및 회사실무의 바람직한 양태에 대하여 여러 가지 제안을 하고 있는데, 이는 크게 미국 법원이 제정법을 해석하거나 보통법상의 판례를 형성할 때에 존중하도록 권고하는 규정, 각 州의 제정법에서 채택할 것을 권고하는 규정 및 회사의 실무에서 채택할 것을 권고하는 규정으로 나눌 수 있다. 그러나 기업지배구조원칙은 회사법의 전반적인 내용을 취급하는 것은 아니고, 사업회사의 목적과 행위, 회사의 구조, 주의의무, 공정거래의무, 지배거래 및 공개매수에 있어서 이사 및 주주의 역할과 그 구제라는 한정된 문제만을 언급하고 있다.5)

이 외에도 회사에 관한 중요한 연방법으로는 증권법(Securities Act 1933), 증권거래법(Securities Exchange Act 1934), 투자회사법(Investment Companies Act 1940)이 있다.

Ⅳ. 유럽회사법

유럽공동체(European Economy Community: EEC)는 1957년 결성당시에 유럽공동체시장(common market)의 형성을 위하여 상품과 사람의 자유로운 이동에 장애가 되는 회원국들간의 상이한 법제를 조화시킬 목적에서 출발하였다.6) 유럽공동체는 관세연합에서 출발하여 경제연합체를 지향하고 있으며 차츰 그 가맹국 수도 증가하였는데, 1992년 2월 7일 마스트리히트조약으로 유럽공동체는 유럽연합(European Union: EU)으로 개편되었다.

유럽연합은 한편으로는 각국의 회사법과 별개의 유럽회사법안을 제정하기도 하고, 다른 한편으로는 가맹국들간의 회사법의 조화를 위하여 지침을 제정하고, 그 지침에 따라 가맹국들에게 회사법을 개정하도록 유도하고 있다. 이러한 지침에 따라서 유럽연합 가맹국들간의 회사법은 통일되어 가는 경향이 있는데 그 지침들의 주요 내용은 다음과 같다. 즉, 제1지침은 회사의 능력과 설립무효 및 공시에 관한 내용을, 제2지침은 공개회사의 설립과 그 자본유지 및 변동에 관한 내용을, 제3지침은 국내 회사간의 합병에 관한 내용을, 제4지침은 대차대조표, 손익계산서 등 재무제표의 작성원칙에 관한 내용을, 제5지침은 공개회사에 있어서 종업원의 경영참여문제에 관한 내용을, 제6지침은 공개회사의 분할에 관한 내용을, 제7지침은

5) Jesse H. Choper · John C. Coffee, Jr · Ronald J. Gilson, *Cases and Materials on Corporations*, Aspen Publishers, INC. 2000, p. 19.
6) Stephen W. Mayson · Derek French & Christopher Ryan, *op. cit.*, p. 19.

기업집단을 이루는 계열회사들간의 연결재무제표 및 그 작성에 관한 내용을, 제8지침은 감사인의 자격에 관한 내용을, 제9지침은 모자회사의 법률관계 및 소액주주의 보호에 관한 내용을, 제10지침은 국적이 상이한 공개회사간의 합병에 관한 내용을, 제11지침은 자국 내에 진출한 외국회사의 지점에 대하여 외국자회사와 동일한 정도의 공시의무를 과하는 내용을, 제12지침은 비공개회사에 한하여 1인 주주에 의한 설립을 허용하기 위한 내용을, 제13지침은 기업의 공개매수의 절차, 주주의 보호에 관한 내용을 담고 있다. 이러한 지침은 계속적으로 나올 전망이며 유럽연합 회원국들간의 회사법은 더욱 더 통일되어 갈 것이다.

유럽연합에서는 그 동안 고유의 법형식으로 유럽협동조합(EuGen; Europäische Genossenschaft)이나 유럽경제협력단체(EWIV)와 같은 회사형태를 발전시켜 왔는데, 최근에는 유럽 주식회사(Societas Europaea) 형태가 도입되어 많이 이용되고 있으며, 더 나아가서 인적 성격이 강한 회사들을 위한 유럽회사 형식도 마련하려는 입법 작업을 하는 중에 있다.

제 3 절 우리나라 會社法의 역사

회사법은 기업 환경의 변화로 인하여 잦은 개정이 필요한 법역(法域)에 해당한다. 그런 이유로 해서 우리 회사법도 제정 이래로 여러 차례 개정되었고, 계속해서 개정을 위한 검토작업을 하고 있다.

I. 依用商法(구상법)

우리나라에는 회사법이 제정되기 전부터 會社라는 상공조직이 존재하고 있었는데, 회사에 관한 최초의 규제는 1895년 4월 19일 농상공부고시 제1호 「각 會社로부터 官許章程과 商業憑票를 환수하는 건」이다. 주식회사는 1905년 12월 8일 법률 제6호 「私設鐵道條例」에서 최초로 인정되었는데, 1906년 3월 21일 칙령 제12호 「銀行條例」와 함께 공포된 칙령 제13호 「農工銀行條例」에 의하여 설립된 농공은행이 최초의 주식회사라 할 수 있다. 1908년 8월 26일에는 법률 제22호로 「동양척식

주식회사법」이 제정·공포되었는 바, 동양척식주식회사는 일본의 植民會社이어서 일본 주식회사에 관한 법규를 준용(동양척식주식회사법 7조)하도록 하였다. 결국 위의 개별법령들은 특수한 사업을 영위하는 기업을 설립하기 위하여 만든 특별법이어서 이 때까지 일반적인 회사법은 존재하지 않았다.

1910년 일본의 강제병합으로 인하여 일본의 법률이 우리나라에 依用되게 되었다. 즉, 일본은 1911년 법률 제30호 「조선에 시행할 법령에 관한 법률」에 기하여 1912년 제정된 조선총독부의 制令 제7호 「조선민사령」 제1조 제8호 및 제10호에 의하여 일본의 상법·手形(어음)法·小切手(수표)法·유한회사법·기타 상법시행법 등이 우리나라에 시행되게 되었다. 그러나 이미 공포되어 있던 「회사령」에는 일본 상법상 회사설립에 관한 준칙주의를 배제하고 허가주의를 취하고 있었기 때문에, 민족자본에 의한 회사의 설립이 억제되고 자본주의적 공업발전이 저해되었다. 1920년에 조선총독부는 일본 내의 유휴자본을 끌어 들이기 위하여 회사령을 철폐하고 회사설립에 있어서는 준칙주의로 복귀하였는데, 1940년대에 들어서 전쟁상황이 불리하게 되자 국책회사를 설립하고 민간기업을 여기에 통합하는 방침을 세워 시행하였다. 그 결과 1942년의 「중소기업정리령」에 의하여 특히 한국인 기업이 많이 정리되었다.

의용상법은 해방 후에도 제헌헌법 제100조의 경과규정에 따라 1962년 신상법이 제정되기 전까지 계속해서 시행되었다. 번역된 형태의 의용상법이 구상법이다.

Ⅱ. 상법의 제정

1948년 정부수립 후에 법전편찬위원회가 구성되고 여기서 상법초안을 작성하였으나, 정치적·경제적 혼란으로 인하여 결실을 맺지 못하고 폐기되고 말았다. 그 후 5.16군사쿠데타가 일어났고, 군사정부는 1961년에 구법령정리에관한특별조치법을 발표하고 1961년 말까지 일본의 법령을 모두 정리하기로 하면서 그 때까지 정리되지 아니한 구법령은 1962년 1월 20일을 기해 그 효력을 상실하는 것으로 하였다. 그리하여 구법령정리위원회에서 조사·심사하여 제출하였던 상법안을 1961년 9월 8일에 국가재건최고회의에 제출하고 同會議의 법제사법위원회는 이를 토대로 심의와 공청회를 거쳐 다듬어진 수정안을 1962년 1월 20일 마침내 법률 제1,000호로 어음법(법률 제1001호), 수표법(법률 제1002호)과 함께 공포하였는데, 신상법(제정상법)은 1963년 1월 1일부터 시행하도록 하였다. 신상법은 제1편 총칙, 제2

편 상행위, 제3편 회사, 제4편 보험, 제5편 해상으로 구성된 본문 874개조, 부칙 12개조의 방대한 상법전이다.

신상법이 의용상법에 비하여 가장 큰 변혁을 가져 온 부분은 회사편이며, 그 중에서도 특히 주식회사제도이다. 그 내용은 다음과 같이 요약할 수 있다. 우선 조직이 복잡하여 잘 이용되지 않았던 주식합자회사제도를 폐지하고, 단행법으로 존속하고 있던 유한회사법을 폐지하여 상법 제3편의 회사에 흡수하여 규정한 점을 들 수 있다. 그리고 주식회사의 자금조달의 편의를 제공하기 위하여 수권자본제도를 도입하고 회사경영기구의 합리화와 권한재분배를 도모하기 위하여 대표이사와 이사회제도를 비롯한 여러 가지 영미법상의 제도를 채용하면서 감사와 주주총회의 권한을 축소하고, 이에 따른 주주의 이익을 보호하기 위하여 대표소송제기권(403조), 위법행위유지청구권(401조), 회계장부열람권(466조), 회사의 해산판결청구권(520조) 등을 신설하였다. 또한 회사의 자본을 충실히 하기 위하여 주금의 전액납입주의(295조 1항, 305조)를 채용함과 동시에 자금조달의 기동성을 위해 주식할인발행제도(417조)와 상환주식제도(345조)를 신설하고, 그 밖에 사채권자집회제도를 인정하여 사채권자 이익(490조 이하)을 보호하였다.

Ⅲ. 상법의 개정

1. 1984년 개정

1962년 신상법은 3개월이라는 짧은 기간내에 충분한 검토를 거치지 않은 채 제정되었기 때문에 제정당시부터 다소의 문제점을 안고 있었다. 더구나 1970년대의 비약적인 경제발전은 기업환경에도 많은 변화를 초래하였는데, 상법이 오랫동안 개정되지 않음으로 말미암아 기업 현실과 상법 간의 괴리가 점점 커지기 시작하였다. 정부는 이러한 괴리를 특별법의 제정을 통하여 부분적으로 대처해 오긴 했으나 그것은 한계가 있었다. 그리하여 학계를 비롯한 각계에서 개정의 필요성을 역설하였을 뿐만 아니라, 1974년에는 재무부에서 상법개정시안을 발표하는가 하면 1975년에는 한국상사법학회에서 상법개정시안을 발표하였고, 公私團體로부터 다양한 개정의견이 표출되었다. 그러던 것이 1981년 12월 법무부에 민법·상법개정특별심의위원회가 발족되어 상법분과위원회에서 개정작업을 시작하였는데, 1982년 12월에 가서 정부의 상법중개정법률안이 확정되었고 동개정안은 1984년 3월에 국회를 통과하여 동년 9월 1일부터 시행되게 되었다.

1984년에 개정된 부분은 제1편 총칙(3개 사항 9개조)과 제3편 회사(40개 사항 124개조) 및 부칙(25개조)에 관한 것이었는데, 회사법의 주요 개정내용을 살펴보면 다음과 같다. 첫째, 주식회사제도의 남용에 의한 불건전한 기업의 발생을 근원적으로 배제하기 위하여 주식회사의 최저자본금을 5,000만원으로 법정하고(329조 1항), 둘째, 불합리·비현실적인 규정을 정비하기 위하여 신주의 효력발생시기를 납입기일에서 납입기일의 익일로 조정하고(432조) 자본거래로부터 생긴 잉여금은 사외유출을 방지하기 위하여 자본준비금으로 적립하도록 하였으며(459조) 주식배당제도를 도입하는가 하면(462조의2), 기타 벌금액의 인상 등 벌칙을 강화하였다. 셋째, 기업의 자금조달의 편의와 재무구조의 개선을 촉진하기 위하여 사채발행한도를 종전 자본과 준비금의 총액이었던 것을 자본과 준비금의 총액의 2배로 확대하고(470조), 주식의 유통을 원활하게 하기 위하여 기명주식의 경우에도 주권의 교부만으로 양도할 수 있도록 하였으며(336조, 359조), 자본전입의 기동성을 확보할 수 있도록 주주총회의 결의사항인 준비금의 자본전입을 이사회의 결의사항으로 하였으며(461조 1항), 신주인수권부사채제도의 도입(516조의2~516조의10)과 전환사채의 발행을 활성화하기 위하여 주주에게 전환사채의 인수권을 부여하는 경우에는 이사회의 결의만으로 전환사채가 발행될 수 있도록 하였다(513조, 513조의2). 넷째, 주식회사기관의 합리적인 재편성과 운영의 합리화를 도모하기 위하여 감사에게 업무감사권을 부여(412조 1항)하여 감사의 권한을 강화하고, 그 임기도 1년에서 2년으로 연장하여 기업의 자주적 감시기능을 강화하였고(410조), 지점의 설치·변경·폐지와 이사의 직무집행의 감독을 이사회의 권한사항으로 명시하고(393조) 그 결의요건도 이사회의 과반수출석과 출석이사의 과반수결의로 완화하였으며(391조 1항), 총회꾼의 활동을 방지하기 위하여 주주의 권리행사에 관하여 어떠한 이익공여도 금지하고 이를 위반할 때에는 처벌하도록 하였다(467조 2항, 634조 2항). 다섯째, 투자자의 이익보호를 위한 제도적 장치를 강구하기 위하여 주권상장법인에 한하여 인정되었던 명의개서대리인제도(337조 2항)와 주권불소지제도(358조의2)를 모든 주식회사에 일반화하고 회사의 성립 후 또는 신주의 납입기일 후 6월이 경과하면 주권발행전이라도 주식의 양도를 가지고 회사에 대항할 수 있도록 하였으며(335조), 의결권을 불통일행사할 수 있도록(308조, 368조의2) 하였다. 또한 총회결의부존재확인의 소의 판결에 대하여 대세적 효력을 인정하고(380조), 배당금의 지급을 지연시키는 폐해를 제거하기 위하여 財務諸表의 승인이 있은 날부터 2월 이내에 배당금을 지급하도록 그 지급기한을 명정하였다(464조의2). 여섯째, 주식의 상호보유를 금지하기 위하여 자회사에 의한 모회사 주식의 취득을 금지하였으며(342조의2), 그 밖에도 일정한 범위의 자기주식의 질취허용(341조의2), 불공정가액에 의한 신주인수인의 책임규정(424조의2) 등을 신설하였다.

2. 1995년 개정

1995년 개정법은 1994년 법무부의 주관 하에 회사편을 중심으로 한 개정안이 마련되고 국회의 심의를 거친 다음 1995년 국회를 통과하여 법률 제5053호로 공포되었는데 1996년 10월 1일부터 시행되었다. 개정법의 취지는 기업의 국제경쟁력을 제고하기 위한 것인데, 그 주요내용은 다음과 같다.

(1) 기업활동의 활성화를 도모하기 위한 방안

1) 주식회사설립절차의 합리화를 위하여 ① 발기인의 수를 7인 이상에서 3인 이상으로 감소시키고(288조), ② 발기설립의 경우에 이사와 감사에 의한 조사보고로 법원이 선임한 검사인에 의한 조사를 갈음할 수 있도록 하여 발기설립을 용이하게 하였으며(298조), 또한 개정 전에는 설립시의 현물출자자를 발기인으로 한정하고 있던 상법 제294조를 폐지하여 현물출자자의 자격제한을 없앴을 뿐만 아니라, 모집설립의 경우에 현물출자 등 변태설립사항이 있으면 법원이 선임한 검사인의 조사를 받게 하던 것을 개정법에서는 현물출자와 재산인수의 조사를 공증인이나 감정인의 감정으로 갈음할 수 있게 하였다(299조의2, 310조 3항). ③ 또한 발기설립의 경우에도 발기인에게 주금액의 납입을 취급할 금융기관과 납입장소를 지정하도록 하였다(295조 1항 후단).

2) 주주총회운영의 합리화를 도모하기 위하여 ① 주주총회의 결의방법에서 의사정족수를 폐지하고 보통결의는 출석주식의 과반수의 찬성과 발행주식총수의 4분의 1 이상의 찬성으로, 특별결의는 출석주식의 3분의 2와 발행주식총수의 3분의 1 이상의 찬성으로 개정하고, ② 주주총회소집의 통지가 주주명부상의 주주의 주소에 3년간 도달하지 않은 경우에 회사는 당해 주주에게 총회의 소집통지를 하지 않을 수 있다는 규정을 신설하고(363조 1항 단서), ③ 주주총회결의의 하자를 다투는 訴에서 기판력의 효력을 소급효로 명문화하여 다툼의 소지를 없애고(376조 2항, 380조), ④ 총회결의의 내용이 정관에 위반한 경우에 총회결의취소의 소의 원인으로 하였다(376조 1항).

3) 감사의 지위를 강화하기 위하여 ① 임시총회소집청구권(412조의3), ② 이사의 감사에 대한 보고의무(412조의2), ③ 감사의 자회사 조사권(412조의4), ④ 감사의 해

임에 관한 의견진술권(409조의2)을 신설하였으며, 감사의 임기를 2년에서 3년으로 신장하였다(410조).

4) 자금조달의 편의를 도모하기 위하여 ① 종래 발행예정주식총수의 증가는 발행주식총수의 4배를 넘지 못하도록 한 제한규정(437조)을 삭제하여 그 상한을 폐지하고, ② 사채발행총액의 제한을 완화하여 최종의 대차대조표상 현존하는 순자산액의 4배를 초과하지 못하도록 하였다(470조 1항).

5) 종래 흡수합병을 위하여는 합병당사회사 전부의 주주총회를 요구하였으나, 개정법은 소멸회사의 총주주가 동의하거나 존속회사가 소멸회사 발행주식의 전부를 가지고 있는 경우 소멸회사의 주주총회 대신에 이사회의 결의로 갈음할 수 있게 하였다(522조 1항 단서). 또한 합병잉여금 가운데 합병에 의하여 소멸하는 회사의 이익준비금 기타 법정준비금은 합병 후의 존속회사 또는 신설회사가 그대로 승계할 수 있게 하였다(459조 2항).

(2) 기업환경에 대응하기 위한 제도정비

1) 개정 전에는 각종 문서에 작성자의 기명날인만 허용하던 것을 국제교류가 활발해지고 거래범위가 넓어짐에 따라 개정법에서는 서명과 기명날인을 선택적으로 사용할 수 있도록 하였다(179조, 289조, 302조, 349조, 373조, 413조의2, 474조, 478조, 515조, 516조의5, 543조, 589조).

2) 개정법은 이연자산의 항목으로서 새롭게 개업비와 연구개발비를 추가하고 이를 일정기간동안 상각하도록 하였다(453조의2, 457조의2).

(3) 주주 등의 권익보호

1) 등기사항의 간소화와 합리화를 도모하기 위하여 ① 회사설립의 등기신청시에 대표사원 또는 대표이사 외의 사원과 이사는 성명과 주민등록번호만 등기사항으로 하고 주소를 삭제하였으며(180조, 269조 1항, 317조 2항, 549조 2항), ② 회사의 설립과 동시에 또는 성립후에 지점을 설치하는 경우에 일정기간 내에 신설된 지점의 소재지에서 종래에는 설립등기사항을 등기하면서 다른 지점의 소재지를 등기하도록 하던 것을 개정법에서는 이를 삭제하여 어느 지점의 설치·폐지 또는 이전으로 인하여 모든 지점에서 변경등기를 할 필요가 없게 되었다(181조).

2) 개정법은 소규모·폐쇄적인 주식회사에게 그 폐쇄성을 유지할 수 있도록 하기 위하여 정관에 의한 주식양도제한을 인정하는 규정(335조 1항 단서)을 신설하고, 이러한 경우에 주주가 투하자본을 회수할 수 있는 방안을 강구하였다(335조의2~335조의7).

3) 개정 전에는 증권거래법에서 주권상장회사의 주주에 한하여 일정한 경우에 주식매수청구권을 인정하여 오던 것을(증거 191조), 개정법은 주식매수청구권이 오히려 비상장회사의 주주에게 인정할 실익이 더 크다고 판단하고 영업의 양수·질취·임대 등에 관한 특별결의에 반대하는 경우(374조 1항), 합병결의에 반대하는 경우(522조의3), 주식양도제한의 정함이 있는 회사에서 주식양도승인을 거부당한 경우(335조의2 4항)에는 주식매수청구권을 행사할 수 있도록 하였다.

4) 개정법은 이익잉여금처분계산서가 총회에서 승인된 날로부터 1월 이내에 배당금을 지급하도록 하여 그 기간을 단축하였고(464조의2 1항), 주식배당 시에 수종의 주식을 발행한 경우에 각각 동일한 종류의 주식으로써 배당할 수 있도록 하였으며(462조의2 2항), 단주의 처리에 관하여도 단주를 일괄하여 매각하고 그것을 단주의 비율에 따라 금전으로 배당하도록 하였다(462조의2 3항). 또한 우선주식에 대하여는 정관으로 최저배당률을 정하도록 하고(344조 2항), 전환사채 또는 전환주식의 전환권행사, 신주인수권부사채의 신주인수권행사 또는 주주의 신주인수에 의하여 신주를 발행한 경우에 당해 신주에 대한 이익배당은 정관에 정함으로써 직전 영업연도 말에 발행된 것으로 보아 배당기산일을 소급할 수 있도록 하였다(350조 3항, 423조 1항 후단, 516조의9).

3. 1998년 개정

1997년 11월의 외환위기 때문에 IMF구제금융이 시작되면서 정부는 기업의 구조조정을 돕고 경제난국을 극복하기 위하여 여러 가지 개혁입법을 추진하였는데, 상법도 그 일환으로 개정되었다. 따라서 개정법의 주요내용은 기업구조 조정의 원활화, 기업경영자에 대한 감시·감독의 강화 및 책임의 엄격화를 통한 기업경영의 투명성 보장 등으로 요약할 수 있다.

(1) 주식액면가 인하 및 주식분할제도 신설

개정전 주식의 액면가가 5,000원 이상이었던 것을 개정법에서는 100원 이상으로 낮추고(329조 4항), 주주총회의 특별결의에 의한 주식분할을 인정하면서(329조의2) 이에 관해서는 주식병합에 관한 규정을 준용하도록 하였다(329조의3).

(2) 주주 권한 강화

1) 주주제안제도를 신설하여 의결권 있는 발행주식총수의 100분의 3 이상의 주식을 가진 주주는 이사에게 총회의 6주전에 서면으로 일정한 사항을 총회의 목적

사항으로 할 것을 제안할 수 있도록 하였다(363조의2).

2) 소수주주권의 행사요건을 완화하였다. 즉, 종래 소수주주권의 행사요건으로서 발행주식총수의 100분의 5 이상으로 되어 있던 것을 개정법에서는 총회소집청구권(366조), 이사해임청구권(385조), 회계장부열람권(466조), 업무재산상태검사권(467조)의 경우에는 100분의 3 이상으로, 위법행위유지청구권(402조), 대표소송(403조)의 경우에는 100분의 1 이상으로 완화하였다. 특히 대표소송의 경우 소제기 후에 발행주식총수의 100분의 1 미만으로 감소하더라도 제소의 효력에는 영향이 없도록 하고, 당사자는 법원의 허가를 얻어야만 소의 취하·청구의 포기·인락·화해를 할 수 있도록 하였다.

(3) 이사에 관한 사항

1) 중소규모의 주식회사에 대해서까지 3인 이상의 이사를 두도록 한 것은 합당하지 않으므로 자본금 5억원 미만인 주식회사의 경우에는 1인 또는 2인 이상의 이사를 둘 수 있도록 허용하였다(383조 1항 단서).

2) 이사의 책임강화를 위하여 이사에게 법령과 정관의 규정에 따라 회사를 위하여 충실히 직무를 수행하도록 하는 충실의무를 신설하였다(382조의3).

3) 주식회사의 이사가 아니면서 자신의 영향력을 이용하여 이사에게 업무집행을 지시하거나 직접 업무를 집행한 지배주주에게 이사와 동등한 책임을 물을 수 있는 규정을 신설하였다(401조의2).

4) 2인 이상의 이사를 선임하는 경우에 소수주주의 이익을 대표하는 이사를 선임할 수 있도록 집중투표제를 도입하였다. 즉, 정관에 다른 규정이 없는 경우에 2인 이상의 이사를 선임하려는 때에 발행주식총수의 100분의 3 이상의 주식을 보유한 주주가 집중투표제에 의할 것을 청구할 수 있다(382조의2).

(4) 합병절차 간소화

1) 소규모 합병절차를 도입하였는데, 합병 후 존속회사가 합병으로 인하여 발행하는 신주의 총수가 그 회사의 발행주식총수의 100분의 5를 초과하지 아니하는 때에는 주주총회의 승인은 이사회의 승인으로 갈음할 수 있다. 다만, 소멸회사의 주주에게 지급할 교부금이 존속회사의 최종대차대조표상에 현존하는 순자산액의 100분의 2를 초과하는 때에는 총회의 승인을 얻어야 한다(527조의3). 소규모합병에서는 합병반대주주의 주식매수청구권도 인정하지 않는다(527조의3 2항~5항).

2) 신설합병의 경우에 창립총회를 공고로 갈음할 수 있도록 하였다(527조의3).

(5) 회사분할제도 도입

기업의 구조조정을 원활히 돕기 위하여 주식회사에 한하여 총회의 결의로써 분할 또는 분할합병을 할 수 있도록 상세한 규정을 두고 있다(530조의2~530조의11).

(6) 중간배당제도 신설

연 1회의 결산기를 정한 회사는 정관의 정함에 따라 이사회의 결의로 1회에 한하여 금전으로 중간배당을 할 수 있게 했다(462조의3).

4. 1999년 개정

1999년의 개정상법은 동년 11월 12일 제208회의 정기국회에 제출되고, 법안심사 제2소위원회의 심사를 거쳐 12월 3일 제11차위원회의 소위원회심사보고에서 수정의결을 거친 후 12월 7일 국회본회의에서 통과되었다. 1999년 개정상법의 취지는 기업경영의 효율성을 제고하기 위하여 이사회의 기능과 역할을 强化하고, 기업경영의 투명성을 제고하기 위하여 감사위원회제도를 도입하며, 주주총회 및 이사회의 운영방법을 정비하는 등 기업지배구조를 개선함에 의하여 건전한 기업발전을 도모하고 궁극적으로는 기업의 국제경쟁력을 강화하는데 그 목적이 있다. 그 주요내용은 다음과 같다.

(1) 이사회 운영방법 개선

1) 이사회 결의방법 개선

이사회의 운영을 쉽게 하고 의사결정을 신속하게 할 수 있도록 이사회의 운영에 통신수단을 이용할 수 있도록 하였다. 즉, 정관에서 달리 정하는 경우를 제외하고 이사회는 이사의 전부 또는 일부가 직접 회의에 출석하지 않고 모든 이사가 동영상 및 음성을 동시에 송·수신할 수 있는 통신수단에 의하여 결의에 참가할 수 있도록 규정하였다. 이 경우에 당해 이사는 이사회에 직접 출석한 것으로 보도록 하였다(391조 2항).

2) 이사회 의사록 기재사항 정비와 열람요건 강화

이사회의 의사록은 이사의 책임을 추궁할 수 있는 수단으로서 사용된다. 개정 전에 이사회의사록의 기재사항은 「의사의 경과요령과 그 결과」라고 하여 다소 추상적이었던 것을, 개정법에서는 「의사의 안건, 경과요령, 결과, 반대하는 자와 그 반대이유」라고 구체적으로 기재하도록 하였다(391조의3 2항). 또한 이사회의 의사록의 열람·등사를 무제한으로 허용한다면 회사의 영업비밀이 유출될 우려가 있기 때문에 개정법에서는 주주의 열람청구를 거절할 수 있도록 하였다(391조의3).

3) 이사회 내 위원회제도 신설

이사회는 정관의 정함에 따라 위원회를 설치할 수 있는데(393조의2 1항), 위원회는 2인 이상의 理事로 구성되며(393조의2 3항), 위원회의 권한사항은 ① 주주총회의 승인을 요하는 사항의 제안, ② 대표이사의 선임 및 해임, ③ 위원회의 설치와 그 위원의 선임 및 해임, ④ 정관으로 정하는 사항을 제외하고 이사회에서 위임한 사항이다(393조의2 2항). 다만, 위원회의 결의는 이사회에서 번복하여 결의할 수 있도록 하였다(393조의2 4항).

(2) 감사위원회 설치

1999년 개정법에서 가장 큰 특징은 監査委員會制度의 도입이다. 1962년 상법제정 당시부터 끊임없이 감사의 지위와 권한을 강화하여 왔는데 감사에 의한 監査가 실효성이 없어 영미식의 감사위원회제도를 도입하자는 주장이 그 동안 수차례 제기되어 왔다. 더구나 IMF와 IBRD 등에서 외환위기의 구제금융 대가로 감사위원회제도의 도입을 요구하였고 정부도 형해화되어 있는 감사제도를 개선하기 위하여 감사위원회제도의 도입을 적극 추진하였다. 그러나 일시에 모든 회사에게 사외이사로서 구성되는 감사위원회를 신설하게 하는 것은 바람직하지도 가능하지도 않으므로, 상법에서는 기존의 監事制度와 監査委員會制度 양자를 모두 규정해 놓고 회사가 택일할 수 있도록 하였다(415조의2 1항). 다만, 증권거래법에서는 회사의 자산규모가 2조원 이상인 경우에 감사위원회의 설치를 강제하고 있다(증거 54조의6 · 191조의17, 은행법 23조의2).

(3) 주주총회 운영방법 개선

1) 총회의장의 총회질서유지권

개정법에서는 총회의 진행을 공정하고 원활하게 하기 위하여 총회의장에게 질서유지권을 부여하고(366조의2 2항), 총회장에서 고의로 의사진행을 방해하기 위한 발언 · 행동을 하는 등 현저히 질서를 문란하게 하는 자에 대해서는 그 발언의 정지 또는 취소나 퇴장을 명할 수 있게 하였다(366조의2 3항).

2) 서면결의제도 도입

개정전에는 주주총회에서 의결권을 행사하기 위하여 주주가 직접 출석하거나 대리인을 통하여 했던 것을(368조 3항), 개정법은 총회의 운영을 개선하기 위하여 定款으로 정함에 따라 서면결의를 할 수 있도록 하였다(368조의3 1항).

(4) 주식매수선택권제도(stock option) 도입

임직원의 업적과 연결시키는 일종의 인센티브 제도인 주식매수선택권을 개정법에서 도입하였다(340조의2~340조의5).

(5) 자기주식 취득 완화

개정법에서는 주식매수선택권행사에 따른 주식양도의 목적으로 자기주식을 취득하거나 퇴직하는 이사, 감사 또는 피용자의 보유주식을 양수함으로써 자기주식을 취득함에는 발행주식 총수의 100분의 10을 초과하지 아니하는 범위 내에서 자기주식을 취득할 수 있게 하였다(341조의2 1항). 다만, 그 취득금액은 이익배당가능액(462조 1항)의 한도를 넘지 않도록 하였다(341조의2 1항).

회사가 발행주식 총수의 100분의 10 이상의 주식을 보유하고 있는 주주로부터 유상으로 자기주식을 취득하는 경우에는 일정한 사항에 관하여 주주총회의 특별결의를 얻어야 하며(341조의2 2항), 이 경우에 주주총회소집의 통지·공고에는 주식거래에 관한 의안의 요령까지도 기재하도록 하였다(341조의2 4항, 433조 2항). 총회의 결의에 있어서는 주식거래에 관하여 이해관계 있는 주주는 의결권을 행사할 수 없고(341조의2 4항, 368조 4항), 주주는 총회의 소집통지 또는 공고가 있은 후 회사에 대하여 자기를 주식양수인으로서 추가하여 줄 것을 회일의 7일전까지 서면으로 청구할 수도 있도록 하였다(341조의2 4항 본문).

(6) 소규모 기업분할 요건 완화

1998년 개정법에서는 회사분할제도를 도입하면서 합병에서 인정하는 소규모합병과 간이합병에 관한 규정을 회사분할에도 준용할 것인지에 관하여 언급이 없었다. 1999년 개정법에서는 간이합병과 소규모합병에 관한 규정을 기업분할에서도 준용하도록 명문화함으로써 소규모형태의 기업분할을 원활히 할 수 있게 하였다(530조의11 2항, 527조의2, 527조의3).

(7) 유한회사 소수사원 권한 강화

1998년 개정법에서는 주식회사의 소수주주권의 행사요건을 대폭적으로 완화하였는데, 1999년 개정상법은 이에 맞추어 유한회사의 소수사원권을 정비하였다. 즉, 유지청구권규정을 신설하여 감사 또는 자본의 총액이 100분의 3 이상에 해당하는 출자좌수를 가지고 있는 사원은 회사를 위하여 법령 또는 정관에 위반한 이사에 대하여 그 행위의 유지를 청구할 수 있게 하였다(564조의2). 또한 대표소송의 제기요건이 100분의 5 이상이었던 것을 100분의 1 이상으로(565조) 낮추고, 소수사원에 의한 총회소집청구권(572조), 사원의 회계장부열람청구권(581조), 업무·재산상태의 검사를 위한 검사인선임청구권(582조)의 요건이 종래 100분의 5 이상이던 것을 100분의 3 이상으로 개정하였다.

5. 2001년 개정

2001년의 개정상법은 동년 6월 28일 제222회 임시국회에서 통과되고 법률 제6488호로 공포되어 2001년 7월 24일부터 시행되었다. 개정법의 취지는 기업의 구조조정을 지원하고 지주회사의 설립을 쉽게 하기 위하여 주식교환·이전제도를 도입하고, 회사의 주가관리 등 재무관리의 편의를 위하여 이익배당의 한도 내에서 정기주주총회의 특별결의를 거쳐 주식을 매수하여 소각할 수 있도록 하였으며, 기업경영의 투명성을 제고하고 국제경쟁력을 강화하기 위하여 주주총회 결의사항을 확대하고, 전자문서에 의하여도 총회소집통지를 가능하게 하며, 이사회제도의 개선, 주주의 신주인수권 강화 등 기업의 지배구조를 개선하고, 주식매수청구권 행사시 주식매수가액의 산정절차의 합리화를 도모하는 것을 들 수 있다. 그 주요내용은 다음과 같다.

(1) 주식교환·이전제도 도입

종래 우리나라의 「독점규제 및 공정거래에 관한 법률」에서는 순수지주회사의 설립을 금지하고 있었다(동법 8조 1항). 그러나 1997년 기업의 국제경쟁력을 확보하고 경제의 구조조정을 돕기 위하여 동 법률을 개정하고 순수지주회사의 설립을 허용하게 되었다. 2001년 개정상법은 주식회사가 지주회사형태로 기업을 재편성하기 쉽게 하기 위한 수단으로서 주식의 포괄적 교환·이전제도를 신설한 것이다. 즉, 회사는 포괄적 주식교환에 의하여 다른 회사의 발행주식의 총수를 소유하는 완전모회사가 될 수 있고(360조의2 1항), 포괄적 주식의 이전에 의하여도 완전모회사를 신설할 수 있다(360조의14 1항).

(2) 주식의 이익소각

회사는 경제정세, 그 회사의 업무 또는 재산상황 등을 고려하여 이익배당의 한도 내에서 정기주주총회의 특별결의로서 자사주를 매입하여 소각할 수 있다(343조의2 1항). 이 경우에 이사는 당해 영업연도의 결산기에 대차대조표상의 순자산액이 제462조 제1항 각호의 금액의 합계액에 미치지 못할 우려가 있는 때에는 이익소각을 할 수 없고(343조의2 2항), 이를 위반하여 주식을 매수한 이사는 연대하여 그 부족액을 배상할 책임을 진다(343조 6항).

(3) 기업지배구조의 개선

기업경영의 투명성을 확보하기 위하여, 중요한 자산의 처분 및 양도, 대규모 자산의 차입에 관한 사항을 이사회결의사항으로 추가하였고(393조 1항), 이사는 대표이사로 하여금 다른 이사 또는 피용자의 업무에 관하여 이사회에 보고할 것을 요구할 수 있을 뿐만 아니라(393조 3항), 이사는 3개월에 1회 이상 업무의 집행상황을 이사회에 보고하도록 하였다(393조 4항). 또한 이사회 소집권자로 지정된 이사가 정당한 이유 없이 이사회를 소집하지 않을 경우 다른 이사가 이사회를 소집할 수 있도록 하였다(390조 2항). 한편 이사에게도 비밀유지의무를 부여하여 재임 시는 물론 퇴임 후에도 직무상 지득한 회사의 영업상 비밀을 누설하지 못하도록 하였다(382조의4). 그리고 주주의 의결권을 강화하여 회사영업의 중요부분을 양도하는 경우뿐만 아니라 회사 영업에 중대한 영향을 미치는 다른 회사의 영업일부의 양수에 관하여도 주주총회의 특별결의를 얻도록 하였으며(374조 1항 4호), 주주 외의 자에게 신주·전환사채 및 신주인수권부사채를 배정하는 경우에는 정관에 의하도록 하되 신기술의 도입, 재무구조의 개선 등 회사의 경영목적상 필요한 경우로 제한함으로써 주주의 신주인수권을 강화하였다(418조, 513조, 516조의2).

(4) 주식매수가액 산정절차 합리화

주식매수청구권 행사시 종래에는 회사와 주식매수를 청구한 주주간에 협의를 하고 그 협의가 이루어지지 않는 경우에 회계전문가에 의한 산정을 거친 후 법원에 매수가액산정의 결정을 청구하도록 하였으나, 개정법은 협의가 되지 않을 경우 곧바로 법원에 가액산정을 청구할 수 있도록 하였으며, 이 경우 법원은 회사의 재산상태 그 밖의 상황을 참작하여 공정한 가격으로 산정하도록 하였다(374조의2 4·5항).

(5) 1인에 의한 주식회사·유한회사 설립의 허용

1인의 발기인·사원으로도 주식회사·유한회사를 설립할 수 있도록 하였으며(288조, 543조), 유한회사의 해산사유에서 사원이 1인으로 된 경우를 삭제하였다(609조 1항).

(6) 합병계약서 기재사항 추가

흡수합병의 합병계약서에 각 회사가 합병을 할 날까지 이익배당 또는 중간배당을 할 때에는 그 이익배당금의 한도액(523조 8항, 462조의3) 및 합병을 할 날에 존속하는 회사에 취임할 이사와 감사 또는 감사위원회의 위원의 성명·주민등록번호를 기재하도록 하였다(523조 8·9호). 또한 신설합병의 계약서에도 합병으로 인하여 설립되는 회사의 이사와 감사 또는 감사위원회의 위원의 성명 및 주민등록번호(524조 6호)를 기재하도록 하였다.

(7) 기타 사항

그 밖에도 대표소송을 제기한 주주에 대하여 소송비용의 청구를 허용하였고[부칙에서 2001년 개정법 시행당시 법원에 계속중인 사건에 대하여도 적용함(부칙 ②)], 소송비용을 지급한 회사는 이사에 대하여 구상권을 행사할 수 있도록 하였다(405조 1항). 또한 모자회사가 되기 위한 주식보유비율을 100분의 40에서 100분의 50으로 상향조정하였으며(342조의2 1항), 주식의 양도승인청구에 있어서 「선매권」이라는 용어를 「매도청구권」으로 개칭하였다(335조의5).

6. 2009년 1월 개정

「자본시장과 금융투자업에 관한 법률」이 제정됨에 따라 폐지 예정인 증권거래법상의 상장법인의 지배구조에 관한 특례규정을 상법의 회사편으로 이관하는 상법개정을 단행하였다. 그래서 상장법인의 주식매수선택권(542조의3), 주주총회공고(542조의4), 소수주주권(542조의6), 집중투표에 관한 특례(542조의7), 사외이사의 선임(542조의8), 이해관계자와의 거래제한(542조의9 및 624조의2), 상근감사 및 감사위원회(542조의10 및 542조의11), 감사위원회의 구성에 관한 규정(542조의12)이 상법으로 이관·신설되었다.

7. 2009년 5월 개정

소규모회사의 창업을 용이하도록 하고 주주총회의 소집절차를 간소화하며, 기업경영에서의 정보기술 활용(IT화)을 실현하기 위해 주주총회의 전자투표제를 도입하는 개정상법이 2009년 5월 28일 공포되었다. 그 주요내용은 다음과 같다.

(1) 소규모 주식회사 설립의 간소화

첫째, 창의적인 아이디어를 갖고 있는 사람이라면 누구나 쉽게 저렴한 비용으로 회사를 설립할 수 있도록 종전 최저 자본금 5천만 원으로 되어 있던 주식회사 최저자본금제도(329조)를 폐지하였다. 둘째, 종래 회사를 설립하는 경우 정관은 공증인의 인증을 받도록 강제하였는데, 이것은 창업에 불필요한 시간과 비용이 드는 경향이 있었다. 개정상법은 자본금 10억 원 미만인 소규모 회사의 발기설립을 하는 경우에는 창업자들의 신뢰를 존중하여 발기인들의 기명날인 또는 서명이 있으면 공증인의 인증이 없더라도 정관 및 의사록의 효력이 발생하도록 하였다(292조). 셋째, 소규모 주식회사 설립 시 주금납입금 보관증명서를 금융기관의 잔고증명서로 대체할 수 있도록 하였다(318조). 넷째, 상업등기법 제30조는 유사상호에 관한 규제를 폐지하고 동일 상호가 아닌 유사상호도 등기를 허용하였다. 종래 동일한 특별시·광역시·시 또는 군 내에서 동일한 영업을 하려는 경우 동일 상호뿐만 아니라 유사상호도 등기할 수 없도록 규정하였으나, 회사설립자가 동일 또는 유사상호여부를 조사하는데 시간과 비용이 들고 또 등기관이 유사상호여부판단을 자의적으로 한다는 우려가 있을 수 있어, 이를 불식시키고 신속하게 회사를 설립할 수 있도록 하기 위해 유사상호도 등기할 수 있도록 한 것이다.

(2) 소규모 주식회사의 기업활동의 편의 도모

첫째, 가족기업처럼 운영되는 소규모 주식회사에 대하여 복잡한 주주총회 소집절차를 준수하도록 요구하는 것은 회사의 운영에 과도한 부담으로 작용한다. 이에 자본금 10억원 미만인 소규모 주식회사의 경우 주주총회 소집통지기간을 10일 전으로 단축하고 주주전원이 동의하면 소집절차를 생략할 수 있도록 허용하며, 서면에 의한 주주총회 결의도 허용하였다(363조). 이에 따라 회사가 의안 변경 등을 단기간에 할 수 있고, 총 주주의 동의가 있는 한 주주총회라는 형식에 치우치지 않도록 함으로써 상황변화에 따라 탄력적인 경영을 할 수 있게 되었다. 둘째, 소규모 주식회사 설립의 경우 감사선임여부를 회사의 임의적 선택사항으로 하고, 감사를 선임하지 아니할 경우에는 주주총회가 이사의 업무 및 재산상태에 관하여 직접 감독·감시하도록 하고, 이사와 회사와의 소송에서 회사, 이사 또는 이해관계인이 법원에 회사를 대표할 자를 선임하여 줄 것을 신청하도록 하였다(409조 4항 내지 6항).

(3) 주주총회 전자투표제도 도입

정보통신 환경의 발달로 전자적 방법에 의한 주주총회가 가능해 졌다. 그래서 주주가 주주총회에 출석하지 아니하고도 전자적 방법에 의하여 의결권을 행사할 수 있도록 전자투표제도를 신설하였다(368조의4). 또한 주식회사가 하는 공고(289조 3항), 주주명부의 작성(352조의2), 소수주주에 의한 주주총회의 소집청구(366조 1항), 의결권의 불통일행사를 위한 통지(368조의2 1항), 의결권의 행사(369조의4), 소수주주에 의한 집중투표의 청구(368조의2)를 전자문서(E-mail)로 할 수 있게 하였다. 전자투표제도가 도입됨으로써 대주주나 친 경영진 측 주주만이 출석하여 일반 주주들의 의견이 제대로 반영되지 않는 문제가 있었는데, 전자투표제가 도입됨으로써 총회장에 직접 참석하지 않고 인터넷 등 전자적 수단을 이용하여 적극적으로 의결

권을 행사할 수 있게 되었다.[7)]

8. 2011년 4월 개정

2011년 4월 상법 개정은 무려 250여 개 조문의 개정을 낳은 대폭 개정이었다. 개정상법은 2011년 4월 14일 법률 제10600호로 공포되었고, 2012년 4월 15일부터 시행된다. 그 주요 개정내용은 다음과 같다.

(1) 회사형태 관련 개정

1) 새로운 회사형태 도입

상행위법 총칙에 익명조합과 함께 규정을 두어서 새로운 공동기업 형태로서의 합자조합(86조의2부터 86조의9)을 도입함과 동시에 새로운 회사형태로서 유한책임회사(287조의2부터 287조의45)를 도입하였다.

2) 유한회사에 대한 각종 제한 규정 철폐

사원총수를 50인 이하로 제한하는 규정(545조)을 삭제하고 최저자본금 규정(546조 1항) 을 삭제하고, 출자 1좌의 금액을 100원으로 인하하고(546조 개정), 지분양도에 대한 규정(556조)을 완화하는 등 유한회사에 대한 제한들을 철폐하였다.

(2) 설립 · 합병 · 분할 관련 개정

설립과 관련하여 현물출자시 검사인의 조사보고절차를 축소하였고(299조 개정), 합병과 관련하여 합병대가를 유연화하여 교부금합병제도와 삼각합병제도를 도입하였다(523조 4호, 523조의3). 그 외에도 소규모합병의 범위를 확대하였고, 분할에 관한 개정도 포함하였다.

(3) 회사 지배 관련 개정

회사 지배와 관련한 개정내용은 그 폭이 넓다. 우선 업무집행기관과 관련한 것으로 집행임원제도 도입(제408조의2에서 제408조의9 신설), 준법지원인 제도 도입(542조의13 신설), 이사회 결의 방법 확대(391조 개정), 이사의 책임 감경 도입(400조 2항 신설), 회사의 사업기회 유용금지제도 도입(397조의2 신설), 이사의 자기거래 승인대상 확대(398조 개정)를 들 수 있고, 감독기관과 관련한 것으로 감사와 감사위원의 권한 강화

---

7) 그러나 전자투표제도 시행을 위해서는 신원확인방식 · 시스템의 안정성 유지 · 해킹방지 · 자료의 안전한 보관 등 기술적 보완조치가 선행되어야 하므로, 전자문서제도는 2010년 5월 29일부터 시행하도록 하였으며, 특히 이를 회사의 여건에 따라 자율적으로 선택할 수 있는 임의규정으로 하고 있다.

를 들 수 있으며, 주주와 관련한 것으로는 소수주식의 강제매수·매도청구 제도 도입(제360조의24에서 제360조의26 신설)과 주주총회 관련 개정(366조 이하 관련 규정 개정)을 들 수 있다.

(4) 주식과 사채 관련 개정

주식과 사채와 관련하여 전자등록 제도 도입을 포함한 다양한 변경을 통하여 제도 개선을 도모하였다. 주식과 관련해서는 우선 그 발행의 효율성 및 자율성을 높이고 소규모기업의 창업을 원활하게 하고 확대하기 위해서 무액면주식(無額面株式)을 도입하였다(291조, 329조). 그 외에도 이익배당, 잔여재산분배에 관한 종류주식(343조의2), 의결권의 제한 혹은 배제에 관한 종류주식(344조의3), 주식의 상환과 전환에 관한 종류주식(345조 이하)를 포함하는 다양한 종류주식을 도입하였다. 또한 주금액 상계금지를 폐지하였고(334조 삭제), 자기주식 취득을 제한적으로 허용하는 것을 포함하여 주식의 분할, 소각, 주식매수선택권, 주식의 포괄적 교환 등에 관하여 폭 넓은 개정을 함으로써(340조 이하) 주식제도를 개선하였다. 나아가서 사채제도와 관련해서도 많은 법조문을 신설하거나 삭제하거나 개정하여(469조 이하; 469조 및 481조에서 485조 개정, 470조에서 473조 삭제, 480조의2와 480조의3와 484조의2 신설), 사채종류 다양화, 사채발행절차 완화와 사채 발행 총액제한 폐지 등의 다양한 개선을 도모하였다.

(5) 재무 및 회계 관련 개정

기업회계기준 및 국제회계기준과의 조화를 위하여 상법의 회계 관련 규정들을 개정하였고, 자본금 감소제도, 법정준비금제도, 배당제도, 유상증자제도 등 재무 관련 제도를 개선하였다(438조 이하).

9. 2014년 개정 상법

2014년 개정 상법에서는 무기명주식제도를 폐지하고 기명주식으로 일원화 하였다(357조 및 358조 삭제, 329조의2 및 352조 정비). 무기명주식 제도는 그 때까지 발행된 사례가 거의 없었고, 무기명 주주를 알기도 어려우며 양도세 회피 등의 문제점이 나타났다. 더욱이 미국 등 외국에서도 무기명주식 제도를 폐지하는 추세이었다.

10. 2015년 개정 상법

2015년 개정 상법에서는 첫째, 삼각주식교환제도, 역삼각합병 및 삼각분할합병제도를 도입하였다(360조의3 및 530조의6 등). 즉 주식의 포괄적 교환 시에 모회사 주식을 지급할 수 있도록 하는 삼각주식교환을 도입하고 이러한 삼각주식교환을 통하여 역삼각합병이 가능하도록 하며, 회사 분할합병 시 분할회사의 주주에게 모회사 주식을 지급할 수 있도록 하는 삼각분할합병제도를 도입하였다.

둘째, 반대주주의 주식매수청구권 제도를 정비하였는데(360조의5 1항 및 374조의2 등), 무의결권주주에게도 반대주주 주식매수청구권을 인정하였고, 이때 주주총회 소집을 통지하도록 하였다.

셋째, 소규모 주식교환의 요건을 완화하였다(360조의 10 1항 및 527조의3 1항 등). 이것은 종래 소규모합병의 요건을 완화한 것과 보조를 맞추기 위한 것이다.

넷째, 간이한 영업양도, 양수, 임대 제도를 도입하였다(374조의3 신설). 즉 영업양도 등의 행위를 하려는 회사의 총주주의 동의가 있거나, 주식 90% 이상을 그 거래의 상대방 회사가 소유하고 있는 경우에는 그 행위를 하려는 회사의 주주총회 승인은 이사회의 승인으로 갈음할 수 있다.

다섯째, 회사의 분할과 합병 관련 규정을 정비하였다(530조의5). 회사의 분할 시 분할하는 해당 회사를 분할회사로, 분할을 통하여 새로 설립되는 회사를 단순분할신설회사로, 분할흡수합병의 존속회사를 분할승계회사로, 분할신설합병으로 새로 설립되는 회사를 분할합병신설회사로 용어를 명확하게 정비하고, 분할 시 자기주식의 이전을 허용하는 등 회사 분할 관련 제도를 정비하였다.

제 3 장 會社法 通則

제 1 절 會社의 의의와 특성

상법에서는 회사(company, corporation, Handelsgesellschaft, société commerciale)를 '상행위 기타 영리를 목적으로 하여 설립한 법인'이라고 규정한다(169條). 따라서 회사라면 반드시 '영리성'과 '법인성'이라는 개념요소를 갖추어야 한다는 것이다. 그 중에서 법인성을 갖춘 점, 즉 법인격(legal personality)이 주어져 그 구성원들로부터 법적으로 독립한 존재라는 점은 다른 형태와 회사를 구별시키는 특징이자 회사의 장점이다. 회사는 법인(legal person)이고 영업의 귀속주체가 되는 까닭에 어떤 경우에서든지 상인이 된다. 이런 맥락에서 보면 '상인성'은 회사라면 당연히 부여받는 성질이고, 그런 의미에서 회사의 '특성'이라고 할 수 있겠다.

'영리성'이란 '이익을 추구하는 성질'을 뜻하는데,[1] 상법의 규율대상인 상인이 하는 '영업(기업)'에 내재된 요소이므로, 상인으로서의 회사라는 개념에 내재하는 것이라고 하겠다. 그런데 회사가 영리법인이라 해도 영리와 무관한 행위를 일체 할 수 없는 것은 아니고, 부수적으로 비영리사업을 겸할 수도 있고, 자선행위나 기부행위와 같이 사회적 존재로서의 사회적 활동을 할 수도 있다. 상법학에서는 영리성과 관련하여 그와는 대비되는 성질인 '공익성'도 회사의 특성으로 언급되며, 그와 함께 기업의 사회적 책임론의 맥락에서 '현대 회사의 사회성'을 인정하기도 한다(李 62). 사실 사회적 책임을 부담하는 데 대한 전제로서 '회사의 공익성'을 인정할 수 있을 것이다(洪 6). 이들은 회사의 특성으로 볼 것인 바, 회사에 있어서 다수의 이해관계자가 존재하고 그 관계도 복잡하며, 기업의 비중 증대로 인하여 국민경제에서의 회사의 중요성도 커지기 때문에 인정할 만하다. 공익성 내지 사회성

1) '영리'란 이익을 도모하는 것이므로 '영리성'은 이익 추구로써 인정되는 것이고 실제로 이익을 내야만 인정되는 것은 아니다.

에 대한 고려에 기초하여 인정될 수 있는 것이 기업 내지 회사의 사회적 책임일 것인데, 이에 관한 논의는 앞에서 언급한 바와 같이 역사가 깊으며, 최근에는 기업윤리 문제와 함께 회사의 성장과 사활에 결정적 영향을 미치게 되어서 회사 및 기업 관계자들에게 관심사가 되었다.

상인성과 공익성 혹은 사회성 이외에도 준칙성을 상법의 의의와 관련하여 언급하기도 하는데, 이는 회사 설립에서 준칙주의를 취하는 데 착안한 것이고, 회사의 특성의 하나로 보아야 할 것이다.

회사의 개념요소와 특성을 개관하였는데, 개념요소 문제와 관련하여 한 가지 문제가 있다. 상법 제169조에 부합하게 '법인성'과 '영리성'을 드는 것에서 그치지 않고 '사단성'을 인정할 것인지의 문제가 바로 그것이다. 아래에서 회사의 개념요소로서 법인성과 영리성 그리고 사단성 문제를 자세하게 검토하기로 한다.

I. 법인성

상법에 따라서 설립된 모든 회사에게는 법인격(Rechtspersönlichkeit)이 부여되며, 이로써 거래관계에서 생기는 법률관계를 사원 이외의 법적 주체에 귀속시키고 그럼으로써 구성원의 재산과 분리된 법인의 재산을 형성할 수 있다. 그 결과 법인은 자기 명의로 권리를 가지고 의무를 부담하며, 소송당사자로 될 수도 있고, 법인 재산에 대하여 강제집행을 할 수도 있다. 법인의 채권자에게는 법인 구성원의 재산이 아니라 법인 재산이 책임재산이 되고, 각 구성원의 채권자도 자기채권 만족을 위해서 그가 출자한 법인의 재산 전체에 대하여 강제집행을 할 수는 없다. 이러한 의미에서 법인의 재산과 그 구성원 간의 재산 분리가 실현된다.

이처럼 권리와 의무 및 재산 분리를 가져오는 독립적 법적 주체를 형성하는 것이 법인격 부여인데, 장점은 무엇이 있을까? 회사 구성원과 업무집행자의 변동에도 불구하고 단일 개체로서의 지속성을 부여할 수 있다는 점과 법률관계를 간명하게 처리할 수 있다는 점을 들 수 있다.

법인격 부여에 그와 같은 효과와 장점이 있다면, 다음으로 어떤 사회적 실체에 법인격을 부여할 것인지가 의문이다. 이에 대한 답은 그것이 각국의 입법정책에 의존한다는 것이다. 우리나라에서는 단체성이나 영리성이 그 기준이 되지는 않는다. 민법에 의해서 비영리사단법인과 일정한 목적을 위한 재산으로서의 재단(Stiftung, foundation)에 법인격을 부여하며,[2] 이와 함께 상법에 의해서는 영리성을 띠는, 회사편의 5가지 회사형태에 대해서 법인격을 부여한다. 그러나 민법의 조합이나 상법의 익명조합, 합자조합, 선박공유와 같이 법인격이 부여되지 않은 법형식도 있다. 법인격 부여 면에서 보이는 이런 차이가 조합성 여부에 의존하는 것도 아니다.[3] 회사형태 중에도 합명회사와 합자회사처럼 그 실질이 조합인 것도 있다. 독일의 경우에는 합명회사와 합자회사에 대하여 法人格을 부여하지 않으며, 영미에서도 사업조합(partnership)과 유한책임사업조합(limited partnership)에 대하여는 법인격을 인정하지 않는데 비해서 우리 상법은 프랑스 상법처럼 그 실질이 조합인 합명회사와 합자회사에 대하여도 법인격을 인정하고 있다. 결국 우리나라에 있어서 어떤 사회적 실체에 법인격을 부여할 지는 오로지 입법정책에 의존한다고 할 수 있다.

---

2) 재단(Stiftung, foundation)이란 일정한 목적을 위한 재산으로서 비영리를 목적으로 하여야 하며 그 운영은 그 설립자의 의사에 의하여 타율적으로 구속되는데 반하여, 사단은 영리를 목적으로 하고 사단의 의사에 의하여 자율적으로 활동한다는 점에서 차이가 있다. 상법상의 회사는 인적 결합체이고 영리를 추구하며 사단의 자율적인 의사결정에 따라 활동하므로 재단은 회사가 될 수가 없다.

3) 회사가 되기 위해서는 사단이어야 하는데, 사단이란 공동의 목적을 가진 사람의 단체를 말한다. 사회적으로 존재하는 사람의 단체에는 무수한 종류의 단체가 있을 수 있으나, 일반적으로 단체로서의 단일성의 짙고 옅음에 따라 사단과 조합으로 대별할 수 있다. 사단과 조합의 구별에 관하여 일반적으로 구성원의 개성이 농후하고 구성원이 상호간의 계약관계에 의하여 결합한 단체를 조합이라고 하고, 구성원의 개성이 희박하고 구성원이 단체와의 사이에 사원관계를 통하여 간접적으로 결합하는 단체를 사단이라 한다. 이에 대하여 구성원의 개성이 농후한가 희박한가는 사회학적·실질적 의의에 의한 구별이고, 구성원 상호간의 결합형식이 서로의 계약관계에 의한 것인가 아니면 사단을 통한 간접적인 결합형식(사원관계)에 의한 것인가라는 구성원 상호간의 관계를 처리하기 위한 법적 형식의 문제를 형식적 의의에 의한 사단이라 하면서, 양자의 구별은 서로 관련이 있기도 하지만 반드시 일치하는 것이 아닌 별개의 개념이라는 견해도 있다(鈴木竹雄, 「會社の社團法人性」, 商法研究 Ⅱ, 1쪽 이하). 한편 구성원의 개성의 짙고 옅음에 따라 사단과 조합을 구별하는 것은 그 기준이 애매하다는 비판을 하면서 사단과 조합의 구별은 민상법상의 구체적인 제규정(해산, 탈퇴, 업무집행 등)에 의하여 구별해야 하고,(星野英一, "いわゆる權利能力なき社團について", 「法學協會雜誌」 84卷 9號, 21쪽 이하) 위의 견해들도 이러한 민상법의 여러 규정을 염두에 두고서 그 추상적 표현으로서 구성원의 개성의 짙고 옅음과 같은 기준을 설정한 것이라고 보는 견해도 있다(河本 20).

Ⅱ. 영리성

회사는 상행위 기타 영리를 목적으로 설립된 법인이다(169조). 영리를 목적으로 상법 제46조에서 열거하고 있는 상행위를 하는 회사를 '상사회사'라 하고(4조의 당연상인), 상행위 이외의 행위를 영업으로 하는 회사를 '민사회사'(5조 2항의 의제상인)라 한다. 그런데 상사회사든 민사회사든 모두 商人이고 상업등기 · 상호 · 상업장부 · 상업사용인 등에 관한 상법총칙과 상행위편이 동일하게 적용되므로 구별의 실익은 거의 없다.

회사의 경우 영리성은 영리행위를 목적으로 하는 것에서 그치지 않고 영리활동으로 획득한 이익을 구성원에게 분배하는 것도 목적으로 하는 것으로 풀이해야 한다(崔 41, 李 · 崔 414). 왜냐하면 회사의 구성원은 회사가 획득한 이익의 분배에 참여하는 것을 회사 참여의 목적으로 삼는다고 보아야 하기 때문이다. 이익분배는 이익배당 · 잔여재산분배 또는 지분참가 등의 방법에 의해서 이루어진다.

상호보험회사 · 각종의 협동조합 등은 사업활동에서 발생하는 이익의 분배를 목적으로 하지 않고 오로지 단체의 활동에 의하여 직접 구성원의 경제적 이익을 도모하는데, 영리성이 없으므로 그것을 개념요소로 하는 상법상의 회사와는 구별된다. 또한 국가나 공공단체 기타 공익법인이 영리사업을 하는 경우 상인자격은 인정되지만 상법상의 회사는 아니다. 왜냐하면 상인개념에 있어서의 영리성(4조, 5조)은 이익추구의 의도만 요구하고 이익의 사용목적은 불문하나, 회사는 구성원에게 이익의 분배도 그 요건으로 하기 때문이다.

Ⅲ. 사단성

1. 상법 개정과 사단성 문제

2011년 4월 상법 개정 이전에는 상법 169조에서 「본법에서 회사라 함은 상행위 기타 영리를 목적으로 하여 설립한 사단을 이른다」라고 규정하였기에 사단성을 회사의 개념요소로 파악하지 않을 수 없었다. 그런데 사단의 성질을 가진 회사형태만이 아니라 조합의 성질을 가진 회사형태도 존재하였으므로 상법학에서는 해석론으로 상법 169조의 '사단'을 '광의의 사단'으로 풀어서 인적 단체로 이해하였었다.[4] 이와 같이 사단 개념 확장의 필요가 있는 것에서 더 나아가 주식회사와 유한회사 그리고 유한책임회사에 대한 1인회사의 인정으로 회사의 사단성을 인정하는 데에도 어려움이 있었다. 이러한 상황하에서 외국 입법례에서는 사단성을 회사의 개념요소로 규정하지 않는 것이 일반적이고, 회사를 정의하면서 '사단'임을 요구하지 말 것을 주장하는 견해가 제시된다. 2011년 4월 상법 개정 시 제169조의 내용을 변경한 것은 이러한 주장에 따른 것이라고 하겠다.

그런데, '광의의 사단성'은 상법 개정과 무관하게 회사의 개념 요소로서 인정할 수 있다고 본다. 뒤에서 보는 바와 같이 주식회사와 유한회사 그리고 유한책임회사에 대해서 1인회사가 인정된 사정이 있음에도 불구하고 여전히 회사법은 단체법으로서 원칙적으로 인적 단체를 위한 법이며 주식회사와 유한회사 그리고 유한책임회사의 경우도 주식, 출자좌, 지분이란 사원의 지위 내지 자격이며 '사원(社員)'이라는 용어는 '단체 구성원'이란 의미를 가진다. 그런데 사원의 지위가 복수라면 우연히 한 사람에게 귀속되는지와 무관하게 복수 구성원(사원)의 단체로서의 성격을 가진다고 할 수 있는 것이며, 오히려 1인회사의 경우에만 예외적으로 단체성이 그 '실질의 면에서' 제한된다고 보아야 할 것이다. 회사법이 단체법에서 출발하였고 단체법적 성질을 가지고 있는데, 회사는 단체가 아니라고 하는 것은 어불성설이라 하겠다. 따라서 '사단성'을 부인하지 않고도 1인회사에 대한 설명을 하는 것이 가능하고, 또한 설득력을 가진다.

회사는 일정한 목적을 위하여 결합한 인적 결합체이고 그 목적은 영리를 추구하는 구체적 사업이다. 영리 추구 활동을 위해서는 물적 기초로서 자본을 요하는데, 사원은 그 물적 기초의 형성을 위하여 출자에 참여하여야 한다. 회사, 그 중에서도 주식회사의 경우에는 자본단체적 성격이 짙은데, 다른 종류의 회사와 마찬가지로 사원의 결합체로 보는 것은 비현실적이라면서 주식회사재단설을 주장하는

---

4) 개정전 상법 제169조에 의하면 회사는 사단(Verein)이어야 하는데 상법 제195조에서는 합명회사의 내부관계에 관하여 조합에 관한 민법의 규정을 준용하도록 하고 있어, 상법상 합명회사는 사단인 동시에 조합이라는 기묘한 결과가 발생하게 된다. 따라서 이러한 모순을 어떻게 설명할 것인가에 관하여 학설의 대립이 있었다. 우리나라와 일본의 다수설은 인적결합설이었는데, 그에 의하면 상법 제169조에서의 사단이란 조합과 사단(협의의 사단)을 포함하는 넓은 의미의 복수인에 의한 결합 내지 단체를 의미하는 것이라고 한다. 다시 말하면 제169조의 사단이란 조합과 사단을 포함하는 상위개념으로서의 단체를 의미한다고 해석한다. 따라서 이 학설은 엄격한 의미에서의 회사 중에는 조합적 회사(예컨대, 합명회사 · 합자회사)와 사단적 회사(예컨대, 유한회사 · 주식회사)가 존재하는 것을 인정한다. 인적결합설의 주요한 근거는 그 연혁적 이유인데 상법 제169조 입법당시의 사단이라는 의미는(사실은 日本 商法 제52조의 입법당시인 1887년에서의 사단의 의미를 말한다) 단순한 인적결합 내지 단체를 의미하는 것이었다고 한다. 인적결합설이 우리나라와 일본의 다수설이다[孫 435, 鄭(東) 13, 李 29, 大偶 · 今井(上) 16, 石井(上) 19].

견해도 있다.[5] 또한 주주총회의 권한제한(361조), 및 一人會社의 인정 등은 주식회사를 재단법인으로 파악함으로써 그 立法이 용이하다고 한다는 견해도 있다[鄭(熙) 279]. 한편, 주식회사재단설도 합명회사와 합자회사는 조합적 단체로, 유한회사는 사단적 단체라고 보는 점에서는 사단설의 입장과 차이를 보이지 않는다. 주주가 사채권자화하는 경향이 있기는 하지만, 주주가 없는 주식회사란 존재할 수 없기 때문에 주식회사재단설은 받아들이기 힘들다.

2. 일인회사

(1) 입법적 허용

회사들 중에서 합명회사·합자회사 성립을 위해서는 2인 이상의 사원을 필요로 하며(178조, 268조), 회사성립 후에 사원이 1인으로 된다면 해산사유가 되는데 반해서(227조 3호, 269조, 609조 1항 1호), 2001년 상법 개정 이래로 주식회사와 유한회사의 경우에는 회사설립 당시부터 1인의 발기인·사원에 의한 설립을 인정하고 있으며(288조, 543조 1항), 주주·사원이 1인으로 되더라도 상법상 해산사유로는 되지 않는다(517조, 609조 1항). 2011년 상법 개정으로 도입된 유한책임회사도 유한회사와 마찬가지이다(287조의 2, 287조의 38 2호). 물론 과거에도 판례는 일인회사를 인정하는 입장이었다.(대판 1966.9.20, 66다1187; 대판 1968.2.20, 67다1979; 대판 1992.6.23, 91다19500). 그렇지만 상법 개정으로 종래 그 허부에 관하여 논란이 있었던 一人會社(one-man company; Einmanngesellschaft)가 입법에 의해서 인정되었다. 과거 부정설은 1인회사가 회사의 본질인 사단성에 반하고, 지배에 따르는 책임부담의 원칙에 위배되며, 그것을 인정한다면 유한책임의 개인회사를 인정하는 것과 같은 결과를 초래한다는 근거를 들었다[田中(上) 39].

【1인회사의 立法例】 전통적으로 회사 설립 시에는 복수의 설립자(발기인)를 요하였으나, 최근에 미국에서는 소수의 州를 제외하고 주식회사의 설립당시부터 1인에 의한 설립을 인정하고 있으며, 일본의 경우에도 1990년 개정상법에서 1인에 의한 주식회사의 설립(日商 165조)을 인정하였다. 또한 독일의 경우 종래부터 유한회사는 설립 시부터 1인회사를 인정하여 왔고(GmbHG 1조), 1994년에 개정된 주식법에서도 1인에 의한 소규모주식회사(Kleine Aktiengesellschaft)의 설립을 허용하고 있다(AktG 2조).

5) 八木 弘, 「株式會社財團論」, 有斐閣, 1963, 1쪽.

(2) 1인회사 인정의 근거

1인회사를 입법에 의하여 허용하였으나, 종래 그것을 인정하는 근거를 서술해 둔다. 인정근거로는 ① 주식회사에서는 주주가 1인으로 되어도 해산사유가 되지 않는다는 점, ② 1인회사를 금지하더라도 실익이 없고, 형식은 1인회사가 아니면서 실질적으로 1인회사를 운영할 수 있다는 점, ③ 1인회사를 인정하는 것이 상법의 이념인 기업유지의 원칙에도 합당하다는 점 등이 제시되어 있다.

2001년 개정상법에서 지주회사제도가 도입된 만큼 1인회사의 효용성은 커질 것이며, 종래 자연인에 의한 소규모의 1인회사가 많았으나, 앞으로는 법인에 의한 비교적 규모가 큰 1인회사가 널리 활용될 것으로 보인다.

1인회사를 인정한다면, 논리적으로 사단성과 어떻게 모순 없이 설명할 것인가라는 문제가 제기되어 왔는데, 이에 대하여 사단성을 인정하는 견해와 그것을 부정하는 측면에서 1인회사를 인정하는 견해가 대립한다.

1) 1인회사의 사단성을 긍정하는 설

(가) 잠재적사단설 1인회사는 전체 주식이 1인의 수중에 집중되어 있으나, 주식양도자유의 원칙에 의하여 다시 복수의 주주로 될 가능성이 있는 이상 사단성은 잠재적으로 존재하고 있다고 한다(林 4). 그러나 잠재적사단설은 고의로 1인회사를 존속시키는 경우나 계속적으로 존속하는 경우를 설명할 수 없고 잠재적 사단성이라는 것은 기교적인 관념이라는 비판을 받고 있다(姜 34).

(나) 주식사단설 주식회사에서 회사신용의 기초는 주주보다도 자본금에 있고, 자본금은 주식으로 분산되어 있기 때문에 사단이란 주주의 복수로 볼 것이 아니라 주식(사원지위)의 복수로 보아야 하고, 따라서 1인회사도 사단성을 인정할 수 있다는 것이다.

2) 1인회사의 사단성을 부정하는 설

(가) 회사재산설 1인회사의 실체는 재산이고 사단으로서의 실체는 없으므로 사단성을 전제로 한 모든 법규 및 정관 규정의 적용은 원칙적으로 정지되어야 한다는 견해이다.

(나) 주식회사재단론 주식회사 일반에 관하여 사단이 아니라 재단이라고 보는 견해이다.

3) 사 견

생각건대, 주식회사는 사원의 복수를 요하는 것이 아니라 주식의 복수를 요구하고 있고, 복수인 주식의 양도는 자유이므로, 1인회사의 사단성도 인정된다고 볼 수 있다.

(3) 1인회사의 법률관계

1인회사도 회사법 적용을 받는 것은 당연하다. 그래서 대외적인 법률관계인 회사채권자를 보호하기 위한 규정은 1인회사에도 엄격하게 적용되어야 하지만, 제3자의 이해관계를 수반하지 않는 회사의 내부관계에 관하여는 합리적인 범위 내에서 운영절차 등의 간이화 · 탄력화를 인정해도 무방할 것이다.

1) 주주총회의 소집절차와 결의방법

판례는 1인회사의 경우에는 비록 총회의 소집절차와 결의방법에 하자가 있다고 하더라도 1인주주의 출석으로 그 하자는 치유된다고 본다. 즉, 「임시주주총회가 소집권한 없는 자의 소집에 의하여 소집되었고 또 임시주주총회를 소집하기로 한 이사회의 정족수와 결의절차에 흠결이 있어 이 주주총회소집절차가 위법한 것이라 하더라도, 피고회사가 1인주주로 그 주주가 참석하여 총회개최에 동의하고 아무 이의 없이 결의한 것이라면 이 결의 자체를 위법한 것이라고 볼 아무런 이유가 없다」고 한다(대판 1966. 9. 20, 66다1187 · 1188). 또한 「실제로 총회를 개최한 사실이 없다 하더라도 그 1인주주에 의하여 의결이 있었던 것으로 주주총회의사록이 작성되었다면 특별한 사정이 없는 한 그 결의가 있었던 것으로 볼 수 있어 형식적 사유만에 의하여 결의가 없었던 것으로 다툴 수 없다」고 판시하고 있다(대판 1976. 4. 13, 74다1755). 그러나 「주식의 소유가 실질적으로 분산되어 있는 경우에는 실제의 소집절차와 결의절차를 거치지 아니한 채 주주총회의 결의가 있었던 것처럼 주주총회 의사록을 허위로 작성한 것이라면 설사 1인이 총 주식의 대다수를 가지고 있다고 하더라도 그 주주총회의 결의는 부존재한다고 보아야 한다」는 판례(대판 2007. 2. 22, 2005다73020)가 있다.

판례는 「1인주주가 대표이사로서 회사를 대표하여 회사의 중요한 영업재산을 양도하는 경우에도 따로 주주총회의 특별결의를 거칠 필요는 없다」고 하고(대판 1964. 9. 22, 63다743), 「1인회사의 소유재산을 그 회사의 대표이사이자 1인주주가 처분하였다면 그러한 처분의 의사결정은 곧 주주총회의 특별결의에 대치되는 것이라 할 것이므로 그 재산이 회사의 유일한 영업재산이라 하더라도 동 처분은 有效하다」고 판시하고 있다(대판 1976. 5. 11, 73다52).

2) 이사의 자기거래

이사가 회사와 거래를 하는 경우에는 이사회의 승인을 얻어야 하는데(398조), 1인주주인 이사가 이사회의 승인 없이 회사와 거래를 한 경우에 이를 유효로 볼 것인가에 관하여 견해가 나뉘어져 있다. 1인회사의 경우에는 이사회의 승인은 필요 없다는 승인불요설은, 1인회사의 영업은 실질적으로는 1인주주의 개인경영에 지나지 않고 이익상반관계가 없으므로 이사회의 승인은 필요하지 않다고 한다[崔 49, 鄭(東) 18, 姜 38; 대판 1992. 3. 31, 91다16310; 日最判 昭和 45. 8. 20 民集 24. 9. 1305]. 한편, 승인필요설은 회사재산은 모든 회사채권자의 담보가 되므로 1인주주인 이사라 하더라도 이사회의 승인을 요한다고 하고, 승인불요설에 따르는 경우 기관의 분화를 본질로 하는 주식회사제도의 이념에 반한다고 한다[다수설, 孫 449, 李·崔 408, 李 37, 鄭(燦) 41763].

생각건대, 이사와 회사 간의 자기거래를 제한하는 이유에는 주주를 보호하기 위한 목적뿐만 아니라 회사의 자본금충실에 기하여 회사채권자를 보호하기 위한 목적도 있기 때문에 이사회의 승인은 필요하다고 본다. 다만, 이사회의 승인 없는 자기거래는 무효가 되나, 이에 위반하여 거래를 한 이사 스스로는 그 무효를 주장할 수 없다고 본다.

3) 양도승인 없는 주식양도

주식양도에 관하여 정관규정으로 이사회의 승인을 얻도록 할 수 있는데(335조 1항 단서), 1인회사에 있어서 이러한 승인 없이 한 모든 주식의 양도는 유효하다고 본다. 1인회사에 있어서 1인주주가 보유하고 있는 주식 전부를 양도하는 것은 1인주주의 교체가 생기는 것에 지나지 않고 다른 주주의 이익보호가 문제될 여지가 없기 때문이다.

일본 판례는 「주식의 양도에 관하여 정관으로써 이사회의 승인을 요하도록 규정한 조문의 취지는, 회사에 있어서 원하지 않는 자가 주주로 들어오는 것을 방지하고, 양도인 이외의 주주이익을 보호하는 것에 있기 때문에, 1인회사의 주주가 보유하는 주식을 타인에게 양도한 경우에는 정관소정의 이사회의 승인이 없더라도 그 양도는 회사에 대한 관계에 있어서 유효하다」고 판시하고 있다(日最判 平成 5. 3. 30. 民集 47권 4호, 3439쪽).

4) 업무상 배임·횡령

회사와 1인주주는 별개의 인격자이므로, 1인주주가 자기 또는 제3자의 이익을 도모하고 회사에 손해를 가한 경우에는 배임죄가 성립한다. 이에 대하여 종래 판례는 회사의 중요재산을 주주총회의 특별결의없이 임의 처분한 경우에 회사의 손해는 바로 그 주주 한 사람의 손해인 것으로 보고 회사에 손해를 가하려는 범의가 없어 회사에 대한 업무상배임죄가 성립하지 않는다는 입장을 취하였다(대판 1974. 4. 23, 73도2611; 대판 1976. 5. 11, 75도827). 그러나 현재는 1인주주와 회사는 분명히 별개의 인격이고 그 본인인 주식회사에 재산상 손해가 발행하였을 때에 배임죄의 기수가 되기 때문에, 궁극적으로 그 손해가 주주의 손해가 된다 하더라도 이미 성립한 죄에는 아무 영향이 없다고 하여 배임죄의 성립을 인정하고 있으며(대판 1983. 12. 13, 82도2330), 1인주주가 회사재산을 횡령한 경우에 횡령죄의 성립도 인정하고 있다(대판 1989. 5. 23, 89도570).

5) 법인격부인론과의 관계

1인회사의 경우에 실질적으로는 1인주주의 개인기업형태로서 운영되거나 법인격은 형해에 불과한 경우도 있을 것이다. 이러한 경우에 후술하는 법인격부인의 법리가 적용될 소지가 크다.

Ⅳ. 법인격부인의 법리

회사제도는 남용될 소지가 매우 크다. 그런데 '법인격부인의 법리'는 회사제도 남용에 대한 대비책 중에서 가장 중요한 것이다.

1. 의 의

법인격부인의 법리(disregard of the corporate fiction, piercing the corporate veil, Durchgriffstheorie)란 어느 회사에 있어서 법인제도의 목적에 비추어 그 형식적 독립성을 관철하는 것이 정의와 형평에 반한다고 인정되는 경우에 특정한 법률관계에 한하여 개별적·상대적으로 법인격의 기능(회사의 독립성, 회사와 주주의 분리)을 부정하고 회사와 실체(주주)를 법적으로 동일시하여 그 배후에 있는 실체에게 책임을 지우려는 이론을 말한다.[6] 이 법리는 19세기 말부터 미국의 판례·학설에서 발전하여 온 것으로서[7] 독일에서도 제2차 세계대전 후 미국법의 영향을 받아 본격적으로 발전하기 시작하였다.

2. 기능: 회사제도의 남용에 대한 대응책

상법이 회사에 법인격을 부여한 취지는 사회적으로 유용한 기능 및 작용을 영

---

6) 법인격의 남용 또는 형해화된 사례에서 배후에 도사린 사원 또는 신회사를 당사자로 볼 것인가라는 문제에 관하여, 법인격부인의 일반적인 경우는 당사자의 변경으로 보고, 예컨대 상대방의 권리행사를 곤란하게 하기 위하여 구회사와 인적구성이나 영업목적이 거의 같은 신회사를 설립한 때에 한하여 당사자표시정정절차에 의하여 구회사를 신회사로 바꿀 수 있다는 견해가 있다(李時潤, 民事訴訟法, 博英社, 1996, 136쪽).

7) Jesse H. Choper · John C. Coffee, Jr · Ronald J. Gilson, *Cases and Materials on Corporations*, Aspen Publishers, INC. 2000, p. 253.

위하도록 하기 위함이다. 그런데 본래의 입법취지와는 달리 실질적 · 경제적으로는 개인기업이면서 유한책임의 이익만을 향수하고 자기의 책임을 회피하기 위한 수단으로 회사를 설립하고 법인격을 남용하는 예가 적지 않다. 회사의 법인격 남용을 규제하는 방안으로 회사의 설립무효 · 취소의 訴(184조, 328조)를 활용하고, 회사의 설립목적이 불법적인 경우에 해산명령제도(176조, 241조, 520조)를 활용하는 것을 생각해 볼 수 있다.[8] 그 외에 휴면회사 해산의제제도도 회사제도 남용에 대한 대응책이라고 할 수 있는데, 이는 영업 폐지 후에 해산등기를 하지 않아서 등기부상에만 존재하는 회사를 정리하기 위한 제도이다. 설립무효 · 취소의 소, 해산명령과 휴면회사 해산의제와 같은 제도는 모두 종국적으로 회사의 해산과 청산과 동일한 효과를 지향하는데, '법인격부인의 법리'는 그와는 달리 해산과 청산으로 회사의 법인격을 소멸시키는 방식을 취하지 않는 제도이다. 회사는 그대로 존치시키되, 다만 문제된 특정한 법률관계에 한해서만 법인격을 부인하고 그 배후에 있는 실체에게 책임을 지우고자 발전된 이론이 법인격부인의 법리이다. 해산명령 · 설립무효의 소 · 설립취소의 소는 전면적으로 법인격을 박탈하기 때문에 가혹한 면이 있고, 기업유지의 원칙에도 반하며 기업의 발전을 저해할 우려도 있다.

3. 발전과정

(1) 미국의 법인격부인의 법리

미국에서 법인격부인론의 발전단계를 시대상황과 판례이론의 변천에 따라서 다음의 3기로 나눌 수 있다.[9] 즉, 1800년대부터 1910년 전후의 제1기, 1910년 전후부터 1930년대말까지의 제2기, 1939년 이후 현재까지의 제3기가 그것이다.

제1기(남북전쟁 이후 철도의 개설로 경제권이 하나로 통일되어 가고 있는 시기로서 수차의 불황을 거친 가운데 trust problem과 corporate problem이 가장 큰 문제로 등장한 시기)에서 법인격부인론의 전형적인 판례는 United States v. Milwaukee Refrigerator Transit Co.(142 F. 247 CE. D. Wis. 1905)사건으로서 「회사는 원칙적으로 반대의 증거가 없는 한 법인으로 인정되지만, 법인의 관념이 공공의 편익(public policy)을 타파하거나, 불법을 정당화하거나 사기(fraud)를 옹호하거나 범죄를 비호하기 위하여 이용되는 때에는 법은 회사를 복수인의 組合으로 보아야 할 것」이라고 판시하였다. 이후 판례에 나타난 법인격부인론은 3유형으로 구분할 수 있는데, 제1형

8) 해산명령제도는 공익상 회사의 존속이 허용되지 않는 일정한 경우에 법원이 이해 관계인이나 검사의 청구에 의하여 혹은 직권으로 재판에 의하여 회사 해산을 명령하는 제도이다.
9) 江頭憲治郎, 會社法人格否認の法理, 東京大學出版會, 1980, 14쪽 이하.

은 법인격을 이용한 법률회피행위이고, 제2형은 법인격을 이용한 계약상의 의무회피행위이며, 제3형은 채권자의 강제집행을 방해하거나 재산을 은닉하기 위하여 법인을 설립하여 재산을 출자하는 행위이다.

제2기의 시대상황은 기업결합의 형태가 카르텔→트러스트→콘체른의 단계적 발전에 따라서 지배주주에 대한 소수주주와 회사채권자의 보호문제가 주관심대상이었으며, 그 법적 해결의 중심에 법인격부인론이 있었던 것이다. 제2기는 제1기의 사기(fraud), 남용(perversion), 공서(public policy)위반이라는 요건을 탈피하여 특정한 경우에는 형평에 맞지 않는 결과를 초래하는 것만으로도 법인격부인론을 인정하기에 이르렀다. 그 적용사례를 보면 ① 회사의 채무에 대한 주주의 책임, 자회사의 행위에 대한 모회사의 책임을 인정한 경우, ② 주주의 유한책임배제사례로서 회사파산시에 주주가 회사에 대하여 가진 채권을 일반채권자보다 열후하게 하는 경우, 회사에 대한 채권과 주주에 대한 채권과의 상계를 허용하는 경우, ③ 회사의 목적 이외의 행위에 관하여 법인격부인론을 인정하는 경우 등, 결합기업 또는 폐쇄적 소규모회사의 채권자와 지배주주 간에 발생한 문제[지배와 종속관계를 표시하는 비유로서 도구(instrumentality rule), 부속물(adjunct)이라 칭하며, 지배 = 종속관계를 도구이론이라 한다]를 법인격부인론만으로 해결하려는 경향이 있었다.

제3기는 지배 = 도구이론으로부터 탈피하여 불공평(injustice)의 요소도 세밀하게 검토하는 경향으로 바뀌었고, 과소자본금 또는 자회사에 대한 착취를 모회사채권의 열후근거(劣後根據)라고 설명한다[Taylor v. Standard Gas & Electric Co.(일명 Deep Rock사건)(306 U.S. 307, 59 S. Ct. 543, 83 L. Ed. 669(1939)사건 참조].

(2) 독일의 투시이론

독일의 투시이론(Durchgriffslehre)은 1920년대부터 발전하였는데, 라이히최고법원이 1인회사의 단독사원과 회사의 법인격이 이질적이란 것은 인정하면서도, 「법률구성이전에 생활의 현실, 사실의 힘[10]을 고려하여 어떤 법률관계에 관하여는 양자를 동일시할 수 있다」고 판시(RGZ 99, 232)한 것이 그 효시이다. 그 후 투시이론은 1955년 튜빙겐대학 교수인 제리크(Serik)가 쓴 「제법인의 법형식과 실체(Rechtsform und Realität Juristischer Personen)」[11]라는 논문에서 체계화되고 정비되었다. 다만, 제리크는 법인의 법형식은 그 배후의 자연인에 의하여, 객관적이고 주관적으로 남용되는(예컨대, 법률회피, 계약회피, 사기적 제3자 가해 등) 극히 예외적

10) 생활현실, 사실의 힘, 경제적 필요라는 용어는 법률 일반조항, 예컨대 신의성실의 원칙보다 더욱 애매한 개념이라는 비판을 받는다(江頭憲治郎, 前揭書, 1980, 50쪽).

11) Serick, *Rechtsform und Realität Juristischer Personen* 4, 1995 참조.

인 경우에만 무시되어야 한다고 하였다(이를 주관적 남용론이라 한다). 그런데 1956년 판결에서는 「법인의 배후에 있는 힘에 투시하기 위해서는 법인격의 의도적 남용의 존재는 필요하지 않고 법인격은 그 사용이 법질서의 목적에 합치하는 범위에서만 고려된다」고 판시하여(BGHZ 20, 4) 이른바 주관적 남용론을 명시적으로 배척하고 객관적 남용만으로도 법인격을 부인하였다.

(3) 우리나라 법인격부인의 법리

우리나라에서도 개인기업이면서 법인형태를 갖추고 있는 영세기업이나 모자관계의 형태를 띠고 있는 대기업이 존재하는 사회적 배경 하에서 그 회사의 배후에 숨어 있는 지배자 또는 법인에게 법인격부인론을 인정할 여지가 크다. 이러한 법리는 실무적으로는 영세기업의 경우에 지급능력이 부족한 경우가 많으므로 회사 대신에 실질적인 1인 주주에게 회사채권자가 책임추궁하는 경우를 들 수 있고, 기능적으로는 이사의 제3자에 대한 책임과 같이 법인의 그늘에 숨어서 책임을 면하려고 하는 개인을 징벌하는 작용을 하고 있다. 다만, 법인격부인론은 그 법적 근거가 없으므로 적용요건과 적용범위를 확정하는 것이 쉽지 않다.[12] 따라서 판례는 법인격부인론 적용에 소극적이었으나, 2001년 이를 인정하는 대법원 판결이 나온 이후, 그 적용범위를 확대하고 있다.[13]

4. 실정법상의 근거

법인격부인의 법리를 인정하는 실정법상의 근거규정이 무엇이냐에 관하여는 民法 제2조 제2항의 권리남용금지의 규정에서 찾으려는 견해[崔 54, 李 44, 鄭(東) 32, 鄭(燦) 418]와 상법 제169조의 법인격을 부여한 입법취지에서 구하려는 견해(孫 454)가 있다. 판례는 「회사의 법형식의 남용은 法이 추구하는 구체적·실체적 정의에 반하고 신의성실의 원칙에 위배되므로 형식에 불과한 소외회사의 명의로 거래된 채권채무관계에 관하여서는 소외회사의 법인격을 부인하고 회사라는 법률형태의 배후에 실존하는 기업주인 피고의 채무로 간주하여 피고로 하여금 그 채무를 부담하게 하는 것이 지극히 타당하다」고 판시하여(서울고판 1974. 5. 8, 72나2582) 신의성실의 원칙에 그 근거를 두고 있다. 법인격부인의 법리를 회사와 거래하는 자, 특히 회사채권자의 신뢰를 보호하기 위한 법리로 해석한다면 권리남용금지의 원칙에

12) 高平錫, 法人格否認論의 否認, 孫珠瓚博士華甲記念論文集, 商事法의 現代的 課題, 1984, 73쪽.

13) 대판 2001. 1. 19, 97다21604; 대판 2004. 11. 12, 2002다66892; 대판 2006. 8. 25, 2004다26119; .

근거한다고 보는 견해가 타당하다고 본다(龍田 節 58).

5. 적용요건

법인격부인의 법리요건으로서 법인격을 남용한 경우[14]와 형해화한 경우로 나누어 설명하기도 하고(일본의 판례와 다수설), 형해화(形骸化)의 인정기준이 명확하지 않다는 이유에서 남용사례에 한정하는 견해[崔 55, 鄭(東) 28]도 있다.

판례는 법인격 형해화와 남용의 경우로 나누고 그 요건을 달리 하고 있다.

【판례】 대법원 2016. 4. 28. 선고, 2015다13690 판결

가. 회사가 외형상으로는 법인의 형식을 갖추고 있으나 법인의 형태를 빌리고 있는 것에 지나지 아니하고 실질적으로는 완전히 그 법인격의 배후에 있는 타인의 개인기업에 불과하거나 그것이 배후자에 대한 법률적용을 회피하기 위한 수단으로 함부로 이용되는 경우에는, 비록 외견상으로는 회사의 행위라 할지라도 회사와 그 배후자가 별개의 인격체임을 내세워 회사에게만 그로 인한 법적 효과가 귀속됨을 주장하면서 배후자의 책임을 부정하는 것은 신의성실의 원칙에 위반되는 법인격의 남용으로서 심히 정의와 형평에 반하여 허용될 수 없고, 회사는 물론 그 배후자인 타인에 대하여도 회사의 행위에 관한 책임을 물을 수 있다고 보아야 한다. 여기서 회사가 그 법인격의 배후에 있는 타인의 개인기업에 불과하다고 보려면, 원칙적으로 문제가 되고 있는 법률행위나 사실행위를 한 시점을 기준으로 하여, 회사와 배후자 사이에 재산과 업무가 구분이 어려울 정도로 혼용되었는지, 주주총회나 이사회를 개최하지 아니하는 등 법률이나 정관에 규정된 의사결정절차를 밟지 아니하였는지, 회사 자본의 부실 정도, 영업의 규모 및 직원의 수 등에 비추어 볼 때, 회사가 이름뿐이고 실질적으로는 개인 영업에 지나지 아니하는 상태로 될 정도로 형해화되어야 한다. 또한 이와 같이 법인격이 형해화될 정도에 이르지 아니하더라도 회사의 배후에 있는 자가 회사의 법인격을 남용한 경우 회사는 물론 그 배후자인 타인에 대하여도 회사의 행위에 관한 책임을 물을 수 있으나, 이 경우 채무면탈 등의 남용행위를 한 시점을 기준으로 하여, 회사의 배후에 있는 자가 회사를 자기 마음대로 이용할 수 있는 지배적 지위에 있고 그와 같은 지위를 이용하여 법인제도를 남용하는 행위를 할 것이 요구되며, 이와 같이 배후자가 법인제도를 남용하

---

14) 남용된 사례로 예컨대, 갑회사의 노조의 활동이 강성인 경우 이들을 배제하기 위하여, 갑회사를 해산하고 새로운 회사를 설립하였으나, 신회사의 자본금과 영업설비 등이 갑회사의 것을 그대로 승계한 경우에 갑회사 종업원의 신회사로의 고용계약승계를 인정한 판례(日神戸地判 昭和 54. 9. 21 判時 955號)를 들 수 있다.

였는지는 앞서 본 법인격 형해화의 정도 및 거래 상대방의 인식이나 신뢰 등 제반 사정을 종합적으로 고려하여 개별적으로 판단하여야 한다(대법원 2008. 9. 11. 선고 2007다90982 판결, 대법원 2011. 6. 10. 선고 2010다31785 판결 등 참조).

나. 원심은 그 채택 증거를 종합하여 판시와 같은 사실을 인정한 다음, 이러한 사실에서 알 수 있는 다음과 같은 사정들, 즉 ① 한국모바일방송 주식회사(이하 '소외 회사'라 한다)의 주식 대부분을 피고 1과 그의 처 소외 1이 보유하고 있고 피고 1이 소외 회사 대표이사로 재직하는 동안 소외 1이 소외 회사 감사로 재직한 것은 사실이나, 이러한 사정은 소규모 주식회사에서 드물지 아니하게 볼 수 있고, 한편 소외 회사 이사들 중 소외 2를 제외한 나머지 이사들과 피고 1의 관계는 소외 회사의 직원과 대표자라는 것 외에 밝혀지지 아니한 점, ② 원고가 주장하는 소외 회사에 대한 대여금 채권의 변제기인 2010년 이후 소외 회사의 규모가 급격히 줄어들기는 하였지만, 소외 회사가 원고로부터 돈을 빌렸다는 2008년 7월경은 소외 회사의 직원이 가장 많았던 시기이고 2009년에도 비슷한 수준의 직원을 유지하고 있었던 점, ③ 소외 회사와 피고 1 사이에 금전거래가 있었음에도 소외 회사가 주주총회나 이사회를 개최한 사실이 없고 피고 1이나 소외 1의 계좌와 소외 회사의 계좌가 혼용되어 사용되기도 한 것으로 보이기는 하나, 소외 회사의 규모와 입출금 내역 등에 비추어 앞서 본 사정만으로는 소외 회사가 형해화되어 그 법인격을 부인하여야 할 정도로 소외 회사와 피고 1 사이에 심각한 재산의 혼용이 있었다고 보기는 어려운 점 등을 고려하면, 피고 1이 2007년 1월경 소외 회사를 인수한 이후 지배주주로서 상당한 영향력을 행사하여 왔다는 사정만으로는 원고가 소외 회사에 7,000만원을 대여하였다고 주장하는 2008년 7월경 피고 1이 법인의 형태를 빌려 개인 영업을 하고 있는 것에 지나지 아니하여 소외 회사가 그 법인격의 배후에 있는 피고 1의 개인기업에 불과하였다고 보기는 어렵다고 판단하였다.

2. 피고 애드모비 주식회사(이하 '피고 애드모비'라 한다)에 관한 부분에 대하여

기존회사가 채무를 면탈할 목적으로 기업의 형태 · 내용이 실질적으로 동일한 신설회사를 설립하였다면, 신설회사의 설립은 기존회사의 채무면탈이라는 위법한 목적달성을 위하여 회사제도를 남용한 것이므로 기존회사의 채권자에 대하여 두 회사가 별개의 법인격을 갖고 있음을 주장하는 것은 신의성실의 원칙상 허용될 수 없고, 기존회사의 채권자는 두 회사 어느 쪽에 대하여서도 채무의 이행을 청구할 수 있다고 볼 것이다(대법원 2004. 11. 12. 선고 2002다66892 판결 참조). 그리고 여기서 기존회사의 채무를 면탈할 의도로 다른 회사의 법인격이 이용되었는지는 기존회사의 폐업 당시 경영상태나 자산상황, 기존회사에서 다른 회사로 유용된 자산의 유무와 그 정

도, 기존회사에서 다른 회사로 이전된 자산이 있는 경우 그 정당한 대가가 지급되었는지 등 제반 사정을 종합적으로 고려하여 판단하여야 한다(대법원 2011. 5. 13. 선고 2010다94472 판결 등 참조).

법인격 남용의 요건은 다음과 같다.

(1) 주관적 요건

판례는 법인격 남용의 경우 남용하려는 의도 또는 목적을 요구한다.[15] 즉, 「친자회사는 상호간에 상당 정도의 인적 · 자본적 결합관계가 존재하는 것이 당연하므로, 자회사의 임 · 직원이 모회사의 임 · 직원 신분을 겸유하고 있었다거나 모회사가 자회사의 전 주식을 소유하여 자회사에 대해 강한 지배력을 가진다거나 자회사의 사업 규모가 확장되었으나 자본금의 규모가 그에 상응하여 증가하지 아니한 사정 등만으로는 모회사가 자회사의 독자적인 법인격을 주장하는 것이 자회사의 채권자에 대한 관계에서 법인격의 남용에 해당한다고 보기에 부족하고, 적어도 자회사가 독자적인 의사 또는 존재를 상실하고 모회사가 자신의 사업의 일부로서 자회사를 운영한다고 할 수 있을 정도로 완전한 지배력을 행사하고 있을 것이 요구되며, 구체적으로는 모회사와 자회사 간의 재산과 업무 및 대외적인 기업거래활동 등이 명확히 구분되어 있지 않고 양자가 서로 혼용되어 있다는 등의 객관적 징표가 있어야 하며, 자회사의 법인격이 모회사에 대한 법률 적용을 회피하기 위한 수단으로 사용되거나 채무면탈이라는 위법한 목적 달성을 위하여 회사제도를 남용하는 등의 주관적 의도 또는 목적이 인정되어야 한다(대판 2006. 8. 25, 2004다26119)」는 것이다.[16]

이에 대하여 남용의 의사를 요한다면 그 입증의 어려움 때문에 법인격부인론의 실용성을 반감시킨다는 이유에서 이를 요하지 않는다고 보는 견해가 있다[李 55, 鄭(燦) 417].

(2) 객관적 요건

객관적 요건으로서는 법인격의 남용과 재산의 혼융, 완전한 지배요건(회사의 배후자가 회사를 자기의 의도대로 도구로서 이용하고 있을 것), 그리고 해당 행위

15) 정영철, "판례를 통하여 본 법인격부인론", 「상사판례연구」 제22집 제2권, 2009. 6. 30, 42쪽.

16) 대판 2006. 10. 26, 2004다27082; 2011. 5. 13, 2010다94472; 대판 2010. 2. 25, 2007다85980.

를 회사의 행위로 인정하게 되면 형평에 반하는 결과를 초래하게 된다는 점을 들 수 있다.

【판례】 대법원 2001. 1. 19. 선고, 97다21604 판결
회사가 외형상으로는 법인의 형식을 갖추고 있으나 이는 법인의 형태를 빌리고 있는 것에 지나지 아니하고 그 실질에 있어서는 완전히 그 법인격의 배후에 있는 타인의 개인기업에 불과하거나 그것이 배후자에 대한 법률적용을 회피하기 위한 수단으로 함부로 쓰여지는 경우에는 비록 외견상으로는 회사의 행위라 할지라도 회사와 그 배후자가 별개의 인격체임을 내세워 회사에게만 그로 인한 법적 효과가 귀속됨을 주장하면서 배우자의 책임을 부정하는 것은 신의성실의 원칙에 위반되는 법인격의 남용으로서 심히 정의와 형평에 반하여 허용될 수 없고, 따라서 회사는 물론 그 배우자인 타인에 대하여도 회사의 행위에 관한 책임을 물을 수 있다고 보아야 한다.

【판례】 대법원 2008. 9. 11. 선고, 2007다90982 판결
회사가 외형상으로는 법인의 형식을 갖추고 있으나 법인의 형태를 빌리고 있는 것에 지나지 아니하고 실질적으로는 완전히 그 법인격의 배후에 있는 사람의 개인 기업에 불과하거나, 그것이 배후자에 대한 법률적용을 회피하기 위한 수단으로 함부로 이용되는 경우에는, 비록 외견상으로는 회사의 행위라 할지라도 회사와 그 배후자가 별개의 인격체임을 내세워 회사에게만 그로 인한 법적 효과가 귀속됨을 주장하면서 배후자의 책임을 부정하는 것은 신의성실의 원칙에 위배되는 법인격의 남용으로서 심히 정의와 형평에 반하여 허용될 수 없고, 따라서 회사는 물론 그 배후자인 타인에 대하여도 회사의 행위에 관한 책임을 물을 수 있다고 보아야 한다. 여기서 회사가 그 법인격의 배후에 있는 사람의 개인기업에 불과하다고 보려면, 원칙적으로 문제가 되고 있는 법률행위나 사실행위를 한 시점을 기준으로 하여, 회사와 배후자 사이에 재산과 업무가 구분이 어려울 정도로 혼용되었는지 여부, 주주총회나 이사회를 개최하지 않는 등 법률이나 정관에 규정된 의사결정절차를 밟지 않았는지 여부, 회사 자본의 부실 정도, 영업의 규모 및 직원의 수 등에 비추어 볼 때, 회사가 이름뿐이고 실질적으로는 개인 영업에 지나지 않는 상태로 될 정도로 형해화되어야 한다. 또한, 위와 같이 법인격이 형해화될 정도에 이르지 않더라도 회사의 배후에 있는 자가 회사의 법인격을 남용한 경우, 회사는 물론 그 배후자에 대하여도 회사의 행위에 관한 책임을 물을 수 있으나, 이 경우 채무면탈 등의 남용행위를 한 시점을 기준으

로 하여, 회사의 배후에 있는 사람이 회사를 자기 마음대로 이용할 수 있는 지배적 지위에 있고, 그와 같은 지위를 이용하여 법인 제도를 남용하는 행위를 할 것이 요구되며, 위와 같이 배후자가 법인 제도를 남용하였는지 여부는 앞서 본 법인격 형해화의 정도 및 거래상대방의 인식이나 신뢰 등 제반 사정을 종합적으로 고려하여 개별적으로 판단하여야 한다.

(3) 법인격 형해화의 요건

법인격의 형해화란 회사의 사업이 주주의 개인영업 또는 모회사 영업의 일부분이고 실질상 동일시될 수 있는 경우를 말한다. 형해화의 요건으로서는 배후자인 주주가 직접 회사에 실질적 지배력을 가지는 것 외에 실질상의 1인회사, 재산・업무의 혼용, 회계구분의 결여, 사단조직 규정의 무시를 요건으로 한다. 이 경우에는 목적요건이 불필요하다. 그러나 주식회사와 유한회사에서는 1인회사가 인정되므로, 단순히 1인회사라는 이유만으로 법인격이 형해화하고 있다고 볼 수는 없다.

한편, 회사의 자본금이 사업의 성질이나 규모에 상응하지 아니한 경우를 과소자본금이라 하여 학설이나 판례(대판 2001. 1. 19, 97다21604)는 법인격부인의 사유로 들고 있다. 그러나 과소자본금이라는 모호한 요건을 법인격부인론의 적용요건으로 보는 것은 부적절하다는 비판이 있다.[17]

6. 적용범위

(1) 탈법행위

이러한 사례로서 이사(397조, 567조) 등의 경업금지의무를 부담하는 자가 자기가 지배하는 회사에 경업행위를 하게 한 경우에 당해 회사의 법인격을 부인하여 이사의 의무위반을 인정하는 경우나, 모회사가 부당노동행위의 의도로써 자회사를 해산하고 그 종업원을 해고한 경우에 자회사의 법인격을 부인하여 당해 종업원과 모회사 간에 고용계약이 존재하는 것을 인정하는 경우를 들 수 있다. 그러나 탈법행위는 탈법행위 그 자체로서 책임을 물을 수 있으므로 법인격부인의 법리를 적용할 여지는 줄어든다.

(2) 계약상의 의무회피

법률상 또는 계약상 일정한 의무를 부담하는 자(주로 경업금지의무 등과 같은 부작

17) 정영철, 위의 논문. 60쪽.

위의무가 그 전형이다)가 새로운 회사를 설립하고 그 회사의 명의로, 회사의 영업으로 위장함으로써 사실상 의무를 위반하는 경우에 회사에 대한 영업의 留止 및 지배주주에 대한 손해배상청구를 하는 것을 들 수 있다.[18]

(3) 법인격 부인론의 역적용

채무자가 강제집행을 면탈하기 위하여 자기의 전재산을 현물출자하여 회사를 설립한 경우에 법인격부인의 법리를 역적용하여 회사에 대하여 채무의 이행을 청구할 수 있는가. 미국에서는 이와 같은 경우에도 법인격부인론을 적용한다. 이에 반하여 반대하는 견해는 주주의 출자지분에 대하여 강제집행하면 되므로 법인격부인론을 적용해서는 안 된다고 한다(李 53쪽). 긍정설은 비상장주식을 강제집행하더라도 시장성이 없기 때문에 실익이 없다는 측면에서 법인격부인론 적용을 인정한다(최(상) 485쪽). 판례는 「기존회사가 채무를 면탈할 목적으로 기업의 형태 · 내용이 실질적으로 동일한 신설회사를 설립하였다면, 신설회사 설립은 기존회사의 채무면탈이라는 위법한 목적달성을 위하여 회사제도를 남용한 것이므로, 기존회사의 채권자에게 위 두 회사가 별개의 법인격을 갖고 있음을 주장하는 것은 신의성실 원칙상 허용될 수 없다 할 것이어서 기존회사의 채권자는 위 두 회사 어느 쪽에 대하여서도 채무 이행을 청구할 수 있고, 이와 같은 법리는 어느 회사가 채무를 면탈할 목적으로 기업의 형태 · 내용이 실질적으로 동일한 이미 설립되어 있는 다른 회사를 이용한 경우에도 적용된다」고 판시하고 있다(대판 2011. 5. 13, 2010다94472).

(4) 불법행위

불법행위에도 법인격부인의 법리를 적용할 수 있는가에 관하여 이를 부정하는 견해도 있다(姜 41). 부정설에 따르면, 예컨대 트럭 10대를 가진 운송회사가 손해배상책임의 부담경감을 위하여 자회사 10개사를 설립하고 각 회사에 1대씩 트럭을 보유하게 하고 운송사업을 영위하게 한 경우에 1개사가 교통사고를 일으킨 경우, 피해자는 자회사의 법인격을 부정하고 모회사에게 손해배상청구를 할 수 없게 된다는 부당한 결과를 초래하게 된다[Walkovsky v. Carton(18 N.Y.2d 414, 223 N.E.2d 6, 276 N.Y.S. 2d 585(1966), 田中(上) 103].[19] 따라서 일정한 경우에 불법행위에도 법인격부인의 법리가 적용되어야 할 것이다[同旨: 林 27, 鄭(東) 29].

---

18) 日最判 昭和 48. 10. 26, 民集 27卷 9號, 1240쪽.

19) 사건에 관한 자세한 내용은 Jesse H. Choper · John C. Coffee, Jr · Ronald J. Gilson, *op. cit.*, p. 264.

(5) 회사이익의 착취

모회사가 1인자회사에게 설비나 자금을 대부하면서, 높은 임대료나 이자를 받았기 때문에 회사가 도산한 경우, 모회사는 자회사 종업원의 미지급 임금을 지급할 책임이 있다. 이는 지배의 남용이고, 법인격의 남용에 가깝다.

(6) 과소자본금

회사사업의 성질이나 규모에 비추어 극단적으로 적은 자본을 보유하는 데 그치고 지배주주가 영업자산이나 자금을 회사에 대부하고 있는 과소자본회사(inadequate capitalization)의 경우에는 반대의 견해도 있지만, 법인격부인의 법리를 인정할 여지가 있다.[20] 과소자본금회사에 있어서 지배주주의 의도는 다른 회사채권자와 동순위로 반환을 받으려는 것이다. 그러나 이의 실질은 출자에 불과한 것이다. 자본금이 과소하다고 인정되는 한, 동종·동규모의 회사의 평균자기자본비율에서 산출해 낸 합리적인 액과 비교하여 그 부족한 부분만큼의 지배주주의 회사에 대한 대부는 다른 회사채권자보다 열후한 지위라고 본다(龍田 57).

7. 효 과

법인격부인의 법리가 적용되더라도 회사의 법인격을 전면적으로 부정하는 것은 아니고, 문제된 특정사안에 한해서만 회사의 법인격을 부인하고, 그 배후의 자에게 책임을 묻는 것이다.[21] 이 경우 회사가 채권자에게 대항할 수 있는 각종 항변권은 지배주주가 이를 행사할 수 있다.

일반적으로 법인격부인의 법리는 실체법상에서만 인정된다고 보기 때문에 소송법상의 기판력과 집행력에서는 인정되지 않는다고 본다(李 54, 林 27, 대판 1995. 5. 12, 93다44531). 즉, 회사를 피고로 하여 승소한 회사채권자가 이행판결의 기판력과 집행력의 범위를 지배주주·사원에게까지 확장할 수는 없다고 본다. 이는 절차의 명확과 안정을 중시해야 하기 때문이다.[22] 이에 대하여, 회사와 주주개인이 동일하다고 평가되는 경우에는 일방이 당사자가 되어 소송을 수행하여 판결이 확정된 때에는 배후자에게 독자적인 소송수행을 허용할 필요성은 없고, 그 판결의 기판력·집행력은 타방에게도 미친다고 하는[鄭(東) 34] 견해(절충설)가 있다.

생각건대, 법인격부인의 법리의 적용에 의하여 피고인 회사와 배후자가 동일하

---

20) Jesse H. Choper · John C. Coffee, Jr · Ronald J. Gilson, *op. cit.*, p. 273.
21) Jesse H. Choper · John C. Coffee, Jr · Ronald J. Gilson, *op. cit.*, p. 262.
22) 中野貞一郎외 2인, 新民事訴訟法講義, 有斐閣, 2000, 418쪽.

다고 해석되는 경우에 법원은 당사자 표시정정에 의하여 양자를 공동피고로 하여 판결을 하든지, 법인의 의사결정과정 및 재산운용에서 법인격에 따른 구별이 되어 있지 않고 형해화된 경우에는 형식적으로만 이질적인 당사자와 제3자를 같이 취급하여 기판력을 확장하는 것이 타당하다고 본다.

【일본의 執行文附與請求의 訴에 대한 사례】 X는 소외 A주식회사에 대하여 교통사고에 기한 손해배상청구소송을 제기하고, 제1심에서 승소했다. A는 이에 불복하여 항소했으나, A회사의 대표이사인 B 등은 항소심계류 중에 예상되는 위 손해배상채무의 이행을 포함한 A회사의 다액의 채무지급을 면할 의도로, 이러한 사정을 알고 있는 C로부터 자금을 차용하여 동일업종, 유사상호, 임원구성을 동일하게 한 Y주식회사를 설립하고, A회사의 영업은 무상으로 Y회사에 양도하였다. 그 후 X는 항소심에서도 승소하여 판결확정에 의한 채무명의로써, 사실상 유명무실한 A회사 대신에 Y회사(A회사의 승계인에 준하는 자로 봄. 민소 481조 1항) 재산에 강제집행할 것을 청구하는 집행문부여의 소를 제기하였다. 제1심판결은 X의 청구를 기각하였으나, 제2심은 법인격부인의 법리를 적용하여 A회사에 대한 판결효력은 당연히 Y회사에도 확장된다고 하면서 집행문부여청구를 인용했다. 이에 대하여 최고재판소는「Y회사는 A회사와는 별개법인으로 설립절차, 설립등기를 거친 이상, 위와 같은 사실관계로부터 곧바로 양회사가 전적으로 동일한 법인격이라고 해석하는 것은 상법이 주식회사의 설립무효는 일정한 요건하에만 인정된다는 점 및 법적 안정성의 견지에서 시인하기 어렵다. …그 절차의 성격상 A회사에 대한 판결의 기판력 및 집행력의 범위를 Y회사에까지 확장하는 것은 허용할 수 없다」며 파기환송하였다(日最判 昭和 53. 9. 14, 判時 906호 88쪽).

제2절 會社의 종류

Ⅰ. 상법전상의 분류

상법이 인정하고 있는 회사의 종류는 합명회사 · 합자회사 · 유한책임회사 · 주식회사 · 유한회사의 5종(170조)이다. 이것은 사원이 회사의 채무에 대하여 회사채권자에게 어떠한 책임을 부담하는가에 따른 책임형태에 의한 분류방법이다.

1. 합명회사

합명회사(partnership, offene Handelsgesellschaft, société en nom collectiv)란 회사채권자에 대하여 직접 · 무한의 개인책임을 연대하여 부담하는 사원(무한책임사원)으로 구성되는 회사를 말한다. 전체 社員이 직접 · 연대 · 무한책임을 부담하기 때문에 원칙적으로 업무집행권과 회사대표권(소유와 경영의 일치)을 가지며(207조, 200조), 그 지분의 양도에도 전사원의 동의를 필요로 하는 등 사원의 인적 개성이 중시된다. 따라서 합명회사는 사원 상호 간에 고도의 신뢰관계가 있는 소수인의 공동기업에 적합한 형태이다.

2. 합자회사

합자회사(limited partnership; Kommanditgesellschaft)란 회사채권자에 대하여 출자액을 한도로 개인책임을 부담하는 유한책임사원과 무한책임사원으로 구성되는 이원적 조직의 회사를 말한다. 무한책임사원의 책임형태는 합명회사의 무한책임사원과 같다(269조, 212조). 유한책임사원은 정관에서 정한 출자액의 한도 내에서 직접적 유한책임을 지는 대신에 업무집행권과 대표권을 가지지 못하나(279조), 연대책임을 지기 때문에 무한책임사원의 업무집행에 관하여 강력한 감시권을 갖는다(277조). 유한책임사원 지분의 이전에는 무한책임사원 전원의 동의가 있어야 한다(276조, 282조, 283조).

합자회사는 사원의 신뢰관계가 전제로 되어 있고 출자의 회수도 용이하지 않을 뿐더러 유한책임사원도 소수이기 때문에, 기능자본가와 무기능자본가가 제휴하여 공동사업을 영위하는 회사형태로서 적합하다.

3. 유한책임회사

유한책임회사는 2011년 상법 개정으로 도입된 회사의 종류로서 일정한 출자의무를 지고 회사채권자에 대하여는 직접 아무런 책임을 지지 않는 유한책임사원만으로 구성된 회사이다(287조의3 3호, 287조의4 2항, 287조의7). 유한책임회사를 규율하는 제287조의2에서 제287조의45까지의 관련 조문들이 합자회사 규정들 바로 다음에 위치하며, 합자회사처럼 조합적 요소에 유한책임을 가미한 회사라고 설명되기도 하고, 합자회사와 가깝다는 설명도 있다. 하지만 이 회사형태의 모델은 미국의 LLC(Limited Liability Company)와 일본의 합동회사라고 하며, 실제로 유한회사와 크게 다른 점이 없으며 입법모델을 보아도 그러하다는 근거로 그 도입에 대한 비판이 있었다. 이와 같은 시각 차이에 따라서 유한책임회사를 물적회사로 보기도 하고 인적회사로 보기도 한다. 대내적으로는 합명회사와 같이 인적이고 대외적으로는 주식회사와 같이 물적인 회사라고 할 수 있다.(李, 80) 사원의 책임이 간접유한책임이란 점에서는 유한회사나 주식회사의 사원의 책임과 같다. 그런데 자본금이 일정한 단위로 분할되지 않는 점에서 주식회사나 유한회사와 다르다. 지분양도에는 다른 사원의 동의를 요한다(287조의 8 1항). 유한회사와 비교해보면, 기관 간소화로 사원총회와 감사가 없다는 점에서 다르다. 업무집행자가 업무집행을 담당한다. 내부관계에 대해서는 합명회사에 관한 규정을 준용한다(287조의 18).

유한책임회사를 통하여 사모(私募) 투자펀드와 같은 펀드나 벤처 기업에 적합한 회사형태에 대한 수요에 부응하는 것이 입법자의 의도였는데,[23] 사적 자치의 여지가 커서 부동산 투자회사, 국제적 합작투자회사(cross-border joint venture)와 같이 모험성이 큰 사업을 하는 경우나 법무법인, 회계법인, 컨설팅사와 같은 전문직에 적합한 회사형태로 상정한 것이기도 하다.

4. 유한회사

유한회사(Gesellschaft mit beschränkter Haftung, société à responsabilité limitée)란 회사에 대하여만 일정한 출자의무를 지고 회사채권자에 대하여는 직접 아무런 책임을 지지 않는 유한책임사원(553조)만으로 구성된 회사를 말한다. 사원의 책임이 간접유한책임이란 점에서는 주주의 책임과 같으나(간이화된 주식회사라고도 한다), 특정한 경우에 자본금에 대한 전보책임(塡補責任)을 진다는 점에서 다르다(550조, 551조, 593조).

유한회사는 소규모의 폐쇄회사에 적합하므로, 그 기관구성이 간소화되어 있고 내부관계에 있어서도 인적결합성을 가지고 있다. 따라서 중소기업에 적합한 회사형태이다. 그런데 사원의 수가 원칙적으로 50인을 초과하지 못하게 규정하여 사원수에 상한이 설정되어 있었다가(545조), 유한회사 제도의 활용성을 제고하기 위하여 2011년 상법 개정으로 이러한 규정이 폐지되었고, 이로써 개별 회사에 따라서 그 폐쇄성이 완화될 수 있게 되었다. 하지만 지분의 증권화가 인정되지 않고(555조), 지분의 양도가 제한되어 있는 등 자본시장의 이용을 배제하고 있는 점이 주식회사와 다르다.

23) 2011년 3월 국회 법사위의 안으로서 7개 법률안을 통합하는 안으로 제시된 상법일부개정법률안 중의 3. 개정내용을 참조할 것.

5. 주식회사

주식회사(company limited by shares, stock corporation, Aktiengesellschaft, société anonyme, société par actions)란 사원이 각자의 출자액(주식의 인수가액)을 한도로 출자의무를 회사에 부담할 뿐, 회사채권자에 대하여는 직접적으로 아무런 책임을 지지 않는 간접유한책임사원(주주)만으로 구성된 회사를 말한다(295조, 303조, 331조). 주주는 주주총회에서 다수결에 따라 회사의 기본적 사항의 결정에 참여할 수 있을 뿐이고(361조), 업무집행과 회사대표는 주주가 선출한 이사가 하며(소유와 경영의 분리, 382조 이하), 주주의 지위인 주식도 유가증권화하여 그 양도가 자유롭기 때문에(335조 1항) 투하자본금의 회수도 용이하다. 주식회사는 사원의 인적개성이 전혀 문제되지 않는 전형적인 자본금단체이므로 거대한 공동기업형태에 적합하다.

《會社의 비교》

회사 종류 / 사항	합명회사	합자회사	유한책임회사	유한회사	주식회사
사 원	무한책임사원	무한책임사원+유한책임사원	사원	사원	주주
책임형태	직접·연대·무한책임	무한책임사원은 직접·연대·무한책임, 유한책임사원은 직접·연대·유한책임	간접·유한책임	간접·유한책임	엄격한 간접·유한책임
설립절차	정관작성과 설립등기	정관작성과 설립등기	정관작성, 출자이행, 설립등기	정관작성, 출자이행, 설립등기	정관작성, 출자이행, 기관구성, 설립경과조사, 설립등기
지분양도의 요건	다른 사원의 동의	무한책임사원은 다른 사원의 동의, 유한책임사원은 무한책임사원의 동의	다른 사원의 동의	사원총회의 특별결의	자유이나 정관으로 제한 가능
청 산	임의청산 법정청산	임의청산 법정청산	법정청산	법정청산	법정청산
기 타	금전·기타 재산·노무·신용출자/최저 자본금 없음 자기기관, 전원일치에 의한 의사결정		금전·기타 재산출자만 인정 자본금의 구성단위가 없음 업무집행자	금전·기타 재산출자만 인정 자본금 구성단위로서의 출자좌 제3자기관, 다수결로 의사결정	금전·기타 재산출자만 인정 자본금 구성단위로서의 주식 제3자기관, 다수결로 의사결정

Ⅱ. 학설상의 분류

강학상 人的會社와 物的會社로 구별하는데, 인적회사는 사원의 개성을 중시하고 물적회사는 물적 시설을 중시하는 회사라 할 수 있다. 즉, 사원의 개성이 농후하고 인적구성요소가 중시되는 회사를 인적회사라 하고, 사원의 개성이 희박하고 회사재산이라는 회사의 물적 요소가 중시되는 회사를 물적회사라 한다. 합명회사는 인적회사의 전형이고, 주식회사는 물적회사의 전형이다. 합자회사와 유한책임회사와 유한회사는 그 중간에 놓여져 있는데, 합자회사는 합명회사에 더 가까우며 인적회사에 속하고, 유한회사는 주식회사에 가깝고 물적회사에 속하며, 유한책임회사는 주식회사에 가깝게 볼 수 있다.

【人的會社와 物的會社의 차이】

1) 출자 및 자본금　인적회사의 사원은 금전, 기타 재산, 노무, 신용출자가 가능하나, 물적회사의 사원은 금전, 기타 재산출자만 가능하다.

2) 사원의 책임형태와 경영참가　인적회사의 사원은 회사채권자에 대하여 직접·연대·무한책임을 지고 경영에 참가하나(자기기관), 물적회사의 사원은 간접·유한책임을 지고 소유와 경영이 분리되어 있다(제3자기관).

3) 의사결정　인적회사에서의 의사결정은 전원일치이며, 물적회사에서는 다수결이다.

4) 내외부의 법률관계　인적회사의 내부관계에 관한 상법의 규정은 임의법규이고 외부관계는 강행법규인데, 물적회사에 관한 규정은 모두 강행법규이다.

5) 기　타　인적회사는 임의청산을 인정함에 반하여 물적회사는 법정청산만 허용하고 있으며, 인적회사에서는 설립취소의 소를 인정하나 물적회사는 이를 인정하지 않고(다만 유한회사는 인정), 인적회사는 사원의 퇴사·제명제도를 인정하나, 물적회사에서는 회생제도를 인정하고 있다. 또한 인적회사는 1인회사를 허용하지 않으나 물적회사에서는 이를 허용하고 있다.

Ⅲ. 목적에 의한 분류

상행위를 목적으로 하는 회사를 상사회사라 하고, 상행위 이외의 영리행위를 함을 목적으로 하는 회사를 민사회사라 한다. 민사회사도 상사회사의 설립조건에 좇아 설립되고(民 39조), 상사회사에 관한 규정이 전부 준용된다. 또한 상법상 회사는 영리를 목적으로 하면 족하고 상행위 여부에 관계없이 상인으로 보기 때문에, 민사회사와 상사회사를 구별할 실익은 거의 없다.

Ⅳ. 法源上의 분류

상법전을 근거로 하여 설립된 회사를 상법상의 회사라 하고, 상사특별법에 의하여 설립된 회사를 특별법상의 회사라 한다. 특별법상의 회사는 다시 상법 외의 일반특별법의 적용을 받는 회사와 특별법에 의하여 설립된 특수회사로 구분할 수 있는데, 전자는 은행, 신탁회사, 보험회사 등을 예로 들 수 있고, 후자는 한국토지주택공사, 한국방송광고공사를 그 예로 들 수 있다. 이들은 자본금의 일부나 전부를 정부가 출자한 까닭에 흔히 '공기업'이라 불린다. 법원상의 분류는 법규적용의 순위를 결정하는 데 그 실익이 있다.

Ⅴ. 경제상의 분류

1. 주권상장법인 · 비상장법인 및 코스닥등록법인

회사가 발행한 주식이 한국거래소에 상장되어 매매되고 있는 회사를 주권상장법인 또는 상장회사라 하고(542조의2 1항, 시행령 8조), 그렇지 않은 회사를 비상장법인 또는 비상장회사라 한다. 또한 일정한 요건을 갖추어 증권업협회에 등록한 법인을 코스닥등록법인이라 한다. 코스닥등록법인은 세제혜택은 물론 코스닥시장(협회중개시장, 자시법 386조 1항 2호)에서 증권을 매매함으로써 직접 자금조달을 할 수 있기 때문에 투자자를 보호할 필요성이 크다. 따라서 코스닥등록법인은 주권상장법인과 마찬가지로 자본시장관련법의 적용을 받는다.

2. 공개회사와 폐쇄회사

주식의 양도가 자유롭고 공모를 통하여 일반 대중을 주주로 모집하는 회사를 공개회사(publicly held corporation)라 한다. 이에 대하여 폐쇄회사(closely held corporation, close corporations)는 주주의 수가 소수이고 주식의 양도가 제한되며 주식을 공모하지 않는 회사를 말한다.[24] 이는 주로 미국 회사법 상의 구분인데, 폐쇄회사에 대하여는 회사법에서 폐쇄성을 고려한 여러 가지 특례규정을 인정하고 있다.

---

24) Jesse H. Choper · John C. Coffee, Jr · Ronald J. Gilson, *op. cit.*, p. 710.

3. 기업집단과 지주회사

기업집단이라 함은 동일인이 회사인 경우 그 동일인과 그 동일인이 지배하는 하나 이상의 회사의 집단 또는, 동일인이 회사가 아닌 경우 그 동일인과 그 동일인이 지배하는 하나 이상의 회사의 집단 또는, 동일인이 회사가 아닌 경우 그 동일인이 지배하는 2개 이상의 회사의 집단으로서 대통령령이 정하는 기준(독금법시행령 3조)에 의하여 사실상 그 사업내용을 지배하는 회사의 집단을 말한다. 한편 지주회사란 다른 회사의 주식소유를 통하여 그 회사의 사업내용을 지배하는 것을 주된 사업으로 하는 회사로서 자산총액이 대통령령이 정하는 금액 이상인 회사를 말한다(독금법 2조 1의 2호).

4. 모회사와 자회사

상법은 모자회사관계를 주식의 보유수를 기준으로 하여 정하고 있다. 즉, 다른 회사의 발행주식총수의 100분의 50을 초과하는 주식을 가진 회사를 모회사라 하고, 그 다른 회사를 자회사라 한다. 자회사는 일정한 경우를 제외하고 모회사의 주식을 취득하지 못하고(342조의2), 모회사의 감사는 자회사에게 영업보고를 요구할 수 있으며(412조의4 1항), 자회사의 업무·재산상황을 조사할 권한도 가지고 있다(412조의4 2항).

Ⅵ. 기타의 분류

1. 내국회사와 외국회사

우리나라의 법률에 의하여 설립된 회사를 내국회사라 하고, 외국법에 의하여 설립된 회사를 외국회사라 한다. 외국회사라 하더라도 우리나라에 본점을 설치하거나 한국에서 영업할 것을 주된 목적으로 하는 때에는 내국회사와 동일하게 취급한다(617조).

외국회사가 우리나라에서 영업을 하고자 하는 때에는 우리나라에서의 대표자를 정하고 영업소를 설치하여야 하며, 이 경우에 외국회사는 그 영업소의 설치에 관하여 우리나라에서 설립되는 동종의 회사 또는 가장 유사한 회사로 본다(621조).

2. 공공적 법인

공공적 법인이란 국가기간산업 등 국민경제상 중요한 산업을 영위하는 법인으로서 대통령령이 정하는 상장법인을 말한다(자시법 152조 3항). 이러한 공공적 법인은 국가기간산업의 보호를 위하여 자본시장법상 여러 가지 특칙의 적용을 받으며, 외국인의 자본참가도 제한을 받고 있다(자시법 152조, 165조).

제 3 절 회사의 능력

Ⅰ. 회사의 권리능력

회사는 法人이므로 독립하여 권리의무의 주체가 될 수 있는 자격, 즉 일반적 권리능력을 갖는다. 그러나 회사는 자연인과 동일한 권리능력을 가질 수는 없으므로 다음과 같은 개별적인 권리능력에 제한이 따르기 마련이다.

1. 성질에 의한 제한

회사는 자연인에 특유한 권리의무를 갖지 못한다. 즉, 자연인만이 향유할 수 있는 생명·신체상의 자유권, 상속권, 친족법상의 권리를 가질 수 없다. 그러나 회사도 유증을 받을 수 있고 명예권·신용권·상호권 등은 향유할 수 있다.

회사는 직접 육체적인 노무를 제공해야 하는 지배인 등 상업사용인이 될 수 없으나, 육체적 노무를 전제로 하지 않는 유한책임사원이나 주주는 될 수 있다.

회사가 다른 회사의 기관인 이사·감사·청산인으로 될 수 있다는 견해도 있으나[鄭(熙) 290, 李(炳) 52, 孫 465, 鄭(東) 47~48], 이들의 업무는 자연인으로서의 개성과 경험이 중시되고 있기 때문에 이를 부정하는 것이 타당하다. 다만 주식회사의 발기인은 될 수 있다고 본다[李 59, 鄭(燦) 428~429].

2. 법률에 의한 제한

회사의 법인격은 법에 의하여 부여된 것이기 때문에 회사의 법인격이 법에 의하여 제한되는 것은 당연하다. 즉, 청산중의 회사는 청산의 목적범위 내에서 존속하며(245조, 269조, 542조 1항, 613조 1항), 채무자 회생 및 파산에 관한 법률상 파산회사도 파산의 목적범위 내에서 존속한다(회파 328조).

상법상 회사는 다른 회사의 무한책임사원이 되지 못한다(173조). 회사가 다른 회사의 경영결과에 대해서 무한책임을 지게 되면, 회사존립의 기초를 위태롭게 할 수 있고 법인은 그 성질상 직접 경영에 참여할 수 있는 자연인의 요소를 갖고 있지 못하기 때문에, 이러한 점들을 고려하여 입법정책적으로 다른 회사의 무한책임사원이 되지 못하도록 제한한 것이다. 그러나 법인은 그 기관을 통하여 다른 회사의 경영에 참가할 수 있을 뿐만 아니라, 대규모 회사가 여러 가지 목적으로 설립절차가 간단한 인적회사를 이용하려는 경우, 이를 허용하는 것이 더욱 바람직할 수도 있어 입법론상 재고의 여지가 있다고 본다.

3. 목적에 의한 제한

회사의 권리능력이 정관소정의 목적범위 내에서 제한 받는가 그렇지 않은가에 관하여 학설의 다툼이 있다. 민법 제34조에서는 「법인은 법률의 규정에 좇아 정관으로 정한 목적의 범위 내에서 권리와 의무의 주체가 된다」고 규정함으로써 법인의 권리능력을 목적에 의해 제한하고 있는데, 상법에서는 이와 같은 규정을 두고 있지 않기 때문에 해석상 생긴 다툼이다. 법인의 권리능력이 목적에 의하여 제한받는다는 제한설은 영국의 능력외이론(ultra vires doctrine)에서 그 유래를 찾는다.[25] 그러나 1989년 영국회사법은 「목적외의 거래를 무효로 하는 능력외원칙의 대외적인 기능에 관하여는 이를 종료시키고, 주주의 보호를 도모한다는 동원칙의 대내적 내지 제재적 기능만을 존속시키는 것」으로 개정하였다.[26]

(1) 제한설

제한설은 ① 민법 제34조의 규정은 법인 일반에 공통적으로 적용되는 일반원칙을 정해 놓은 것으로서 회사에도 당연히 유추적용되어야 하고, ② 회사는 자연인과 달리 특정한 목적을 위하여 설립된 법인이므로 그 목적의 범위 내에서 권리능력을 갖는 것은 당연하며, ③ 회사의 사원은 회사의 재산이 특정한 목적을 위하여 사용될 것으로 기대하고 있으므로 이러한 회사의 사업목적을 믿고 투자한 사원 또는 제3자의 기대이익을 보호해 주어야 하며, ④ 제한을 하지 않으면 회사는 비

25) Jesse H. Choper · John C. Coffee, Jr · Ronald J. Gilson, *op. cit.*, p. 67.

26) Stephen W. Mayson · Derek French & Christopher Ryan, *Company Law*, Blackstone P. Lit., 1996, p. 581; Amercian Bar Association, *Model Business Corporation Act*, American Bar Foundation, 1988, pp. 3-12.

영리사업도 할 수 있게 되는데, 이는 민법이 비영리법인의 설립에 관해 허가주의를 취한 입법태도와 어긋나며, ⑤ 정관의 목적은 등기에 의하여 공시되어 있으므로 회사의 권리능력을 그 목적에 의하여 제한하여도 제3자는 그러한 제한을 알 수 있어 불측의 손해를 입지는 않는다는 점 등을 근거로 들고 있다.

(2) 무제한설

무제한설은 ① 상법은 민법 제34조의 규정을 준용한다는 명문규정이 없고, 또 이는 공익법인에 대하여 정책적으로 인정한 규정으로서 영리법인인 회사에 유추적용할 것은 아니며, ② 회사의 활동범위는 실제로는 매우 넓은 것인데, 회사의 목적이 등기된다는 사실만으로 제3자에 대하여 대항력이 발생하고 그 결과 목적에 의하여 권리능력이 제한된다고 한다면, 회사와 거래하는 상대방에게 불측의 손해를 입힐 염려가 있으며, ③ 회사의 목적은 정관에 기재되고 등기되지만 그것을 제3자가 확인하는 것은 쉽지 않고 또 등기를 조사하더라도 목적범위 내의 것인가를 판단하기가 어려워 분쟁의 소지가 있으며, ④ 비교법적으로 보아도 영미에서의 능력외이론에 근거한 목적에 의한 제한은 거의 완화 내지 폐지되고 있다는 점 등을 근거로 들고 있다. 현재 무제한설이 다수설이다.

(3) 판 례

판례는 원칙적으로 제한설의 입장에 서 있는데, 종래에는 목적범위를 극히 제한적으로 해석하였으나, 오늘날은 이를 점차 확장하여 넓게 해석하고 있다. 즉, 대법원은 주식회사의 대표이사가 회사를 대표하여 그 회사의 사업목적범위에 속하지 아니하는 타인의 손해배상의무를 연대보증한 사례에서 「동 보증행위는 위 회사에 대하여 효력이 없고, 이는 위 회사의 주주 및 이사들이 위 보증의 결의를 하였다고 하여 달라지지 아니한다」고 판시하여(대판 1975. 12. 23, 75다1479) 회사의 목적을 극히 제한적으로 해석하였다. 그러다가 단기금융업법에 의하여 설립된 투자금융주식회사로서 정관상 어음의 발행·매매·인수 및 어음매매의 중개를 목적으로 하는 회사가 목적범위 외의 어음의 배서를 한 사례에서 대법원은 「회사의 권리능력은 회사의 설립근거가 된 법률과 회사의 정관상의 목적에 의하여 제한되나 그 목적범위 내의 행위라 함은 정관에 명시된 목적 그 자체에 국한되는 것이 아니고, 그 목적을 수행하는데 있어 직접 또는 간접으로 필요한 행위는 모두 포함되며, 목적수행에 필요한지 여부도 행위의 객관적 성질에 따라 추상적으로 판단할 것이지 행위자의 주관적·구체적 의사에 따라 판단할 것은 아니다」라고 판시하였다(대판 1987. 9. 8, 86다카1349).[27]

【회사의 기부행위와 정치헌금】 회사가 학술, 자선, 종교단체에 기부하는 것이 가능한가라는 문제에 관하여 학설은 대체로 이를 긍정한다. 즉, 합리적인 범위 내에서의 자선적 기부행위는 자연인과 같은 사회적 실체로서 당연한 것이며, 회사 스스로도 극단적인 이윤추구에서 벗어나 사회에 대하여 공익적 기여를 해야 할 사회적 책임을 부담한다는 것이다. 미국 모범사업회사법은 「公共福祉, 慈善 및 과학과 교육을 위한 寄附」를 할 수 있도록 규정하고 있고(MBCA 3.02조 13호), 미국법률협회(ALI)도 「공공복지사업, 인도적 사업, 교육사업, 자선사업을 위하여 합리적인 범위 내에서 재산을 사용할 수 있다」고 규정(ALI 2.01조)하고 있다. 한편 우리 법인세법에서도 법인의 소득금액계산상 법정한도 내의 기부는 손금산입을 허용하고 있다(법세 24조 1항).

회사가 정당에 정치헌금을 기부하는 것은 가능한가에 관하여 논란이 있다. 즉, 일본 야하다(八幡)제철(주)이 자민당에 정치헌금으로 350만円 정도를 기부한 것을 문제삼은 사건이 있다. 이 사건에서 동회사의 주주는 정치헌금은 동 회사의 사업목적범위(2조 「본회사는 제철의 제조 및 판매 그리고 이에 부대하는 사업을 영위하는 것을 목적으로 한다」)를 벗어나는 행위이고, 따라서 이사의 충실의무를 규정한 법령(日商 254조의3)에 위반되므로 대표이사를 상대로 손해배상을 청구하는 대표소송(日商 267조)을 제기한 것이다.

이에 대하여 제1심판결은 회사의 행위를 영리를 목적으로 하는 거래행위와 무상의 비거래행위로 나누고, 정치헌금은 비거래행위로 회사의 목적범위 외라고 하여 비거래행위에 관하여는 예외적으로 사회적 의무행위로서 총주주의 동의를 받을 수 있다고 기대되는 행위라면 이사의 책임발생원인으로 되지 않으나, 정치헌금은 이에 해당하지 않는다고 하여 목적범위 외로 판시하였다(日東京地判 1963. 4. 5, 下民集 14. 4. 657). 그러나 항소심판결은 정치헌금은 사회적 有用行爲이고 합당하다고 인정되는 한도 내에서는 이사는 회사에 대하여 책임을 부담하지 않는다고 판시하여 목적범위 내로 보았다(日東京高判 1966. 1. 31, 高民集 19. 1. 7). 최고재판소는 다음과 같이 설시하여 상고를 기각하고, 정치헌금도 목적범위 내로 결론지었다(日最判 昭和 45. 6. 24 民集 24. 6. 625, 百選 2). 즉, ① 회사도 사회적 실재로서 사회적 작용을 부담하지 않을 수 없고, 회사에 사회통념상 기대 내지 요청되는 것인 한, 이를 행할 수 있고 그와 같은 사회적 작용에 속하는 활동을 하는 것은 기업으로서의 원활한 발전에 도움이 되는 것으로 간접적으로 목적의 수행에 필요한 행위이다. 의회제민주주의에 불가결한 정당의 존재는 헌법도 예정하고 있고 그 건전한 발전에 협력하는 것은 회사에서도 기대되는 것이므로 그 협력의 일태양으로서의 정치자금의 기부도 가능하다. ② 참정권은 자연인에 한한다 하여도 납세자로서의 입장에서 정치적 행위를 할 자유는 헌법상 회사에서도 인정되고, 정당에 기부하는 것은 그 중 하나이므로 목적범위 내에 속한다. ③ 이사가 그 지위를 이용하여 개인적 이익을 추구한 것도 아니고 금액도 합리적인 범위를 초월하지 않았으므로, 충실의무위반이라고 할 수도 없다.

---

27) 同旨 : 대판 1987. 10. 13, 86다카1522; 대판 1987. 12. 8, 86다카1230; 대판 1988. 1. 19, 86다카1384.

생각건대, 회사의 정치헌금은 자칫 금권정치·정치부패 또는 정경유착으로 이어져 특정 정당 내지 특정 회사만의 편중된 성장만을 초래하고, 오히려 이것이 사회갈등요인으로 될 가능성도 배제할 수 없기 때문에 신중을 기해야 할 것이다. 더구나 정치헌금이 회사에 기대 내지 요청된다고 해석하는 것은 회사의 정치헌금의 압력을 가중시키는 결과를 초래할 수 있을 것이다. 또한 회사의 정치적 행위의 자유를 자연인과 동일시하는 것은 무리라고 생각한다.

(4) 私 見

제한설은 주주의 기대이익을 보호하고자 하는 입장에 선 것이고, 무제한설은 회사와 거래하는 제3자의 이익을 보호하고자 하는 입장에 선 것이다. 그런데 회사의 목적이란 회사가 그러한 사업을 영위하여 이익획득을 하기 위한 수단에 불과하기 때문에, 이를 가지고 회사의 권리능력을 제한하는 근거로 삼는 것은 문제가 있다. 또한 목적에 의한 능력제한을 인정한다면 남용의 소지도 있기 때문에 무제한설이 타당하다고 생각한다.[28] 다만, 정관소정의 목적을 위반하여 사원이 손해를 입은 경우에 그 구제책으로 기관의 책임을 추궁할 수 있고, 그러한 점에서 정관상의 목적은 존재 의의가 있다고 본다.

Ⅱ. 의사능력과 행위능력

회사는 자연인으로 구성된 기관이 의사능력과 행위능력을 갖는다. 즉, 기관의 의사가 곧 회사의 의사이며, 기관의 행위가 곧 회사의 행위이다. 회사의 대외적 행위를 하는 기관을 대표기관이라 하는데, 기관의 대표행위에 관한 한 법률관계에 관하여는 특별한 규정이 없으므로 대리에 관한 규정을 유추적용한다(民 59조 2항). 다만 대표기관의 행위가 직접 회사 자신의 행위인데 반하여 대리의 경우 대리인이 한 행위의 효과가 본인에게 귀속된다는 점에서 차이가 있기 때문에, 대표행위의 경우에는 본인과 대리인의 의사표시의 하자·과실 등을 분리하여 취급하는 예는 없다(民 116조).

회사는 자연인과 같은 무능력제도가 있을 수 없으므로 회사는 언제나 행위능력자이다. 기관구성자가 무능력자이더라도 회사는 능력자이다. 따라서 회사의 권리능력과 행위능력은 일치한다.

---

28) Jesse H. Choper · John C. Coffee, Jr · Ronald J. Gilson, *op. cit.*, p. 67.

Ⅲ. 불법행위능력

기관의 행위는 곧 회사의 행위가 되므로, 기관의 행위가 불법행위인 때에는 이는 곧 회사 자신의 불법행위가 되어 회사가 손해배상책임을 지게 된다. 이 때 상법은 불법행위를 한 기관구성자에게도 책임을 지워 제3자를 두텁게 보호하고 있다. 즉, 회사를 대표하는 사원 또는 이사가 업무집행으로 인하여 타인에게 損害를 가한 때에는 會社는 그 사원 또는 이사와 연대하여 배상책임을 지도록 하고 있다(210조, 269조, 389조 3항, 567조). 이 경우에 연대책임이란 회사와 기관구성자 간의 부진정연대책임을 뜻한다.

대표기관 이외의 회사의 피용자가 직무를 수행함에 있어 제3자에게 불법행위를 한 때에는 회사는 민법 제756조의 사용자로서의 배상책임을 진다.

제 2 부
株 式 會 社

제1장 總 說

제 1 절 株式會社의 개념과 기능

Ⅰ. 주식회사의 개념

주식회사(Aktiengeselschaft; corporation)는 자본단체성이 짙은 회사로서 자본금이 주식으로 분할되어 있는 회사이다. 따라서 그 주식의 인수를 통해 출자하거나 기발행주식을 취득함으로써 주주(사원)가 되고, 주주는 주식의 인수가액을 한도로 하는 출자의무를 부담할 뿐, 회사채권자에 대해서는 직접 책임을 지지 않는다(유한책임). 주식회사의 본질적 요소는 자본금·주식·주주의 유한책임이라고 할 수 있다.

Ⅱ. 주식회사의 경제적 기능

합명회사와 합자회사는 인적 구성요소에 중점을 두어 개인기업에 가까운 면이 있고, 유한회사는 자본적 구성요소가 중심이 되기는 하지만 소규모의 조직을 전제로 하기 때문에 소규모회사에 그치는 면이 있다. 그에 반해서 주식회사는 전형적인 물적회사로서 세분화되어서 주금액이 적은 주식을 도구로 해서 아주 영세한 자금을 가진 불특정 다수인으로부터 용이하게 대자본 집적과 손실 위험분산을 할 수 있고, 유한책임을 통하여 사업 손실 위험을 제한할 수 있으며, 소유와 경영의 분리를 통한 경영합리화를 기할 수 있다. 그러므로 주식회사는 대규모 회사에 적합한 것이다. 이에서 한 발 더 나아가서 주식회사 사원의 지위로서의 주식은 원칙적으로 자유롭게 양도할 수 있어서 주주가 언제든지 투하자금을 회수할 수 있게 한다.

이러한 장점들로 인해서 주식회사는 대자본금을 필요로 하고 회사설립 후에도 계속적으로 자본조달이 요청되는 철도·해운·전기·금융업·보험업 등의 대규모 사업의 경영에 알맞다.

제2절 주식회사의 본질적 요소

Ⅰ. 자본금

1. 자본금의 개념

(1) 자본금의 의의

자본금(stated capital; Grundkapital)이란 여러 가지 개념으로 사용되나,[1] 상법에서는 회사가 「보유하여야 할 순재산액의 기준」을 뜻하며[2] 계산상의 액수이다. 최근에는 무액면주식의 이용과 함께 자본금 개념[法的 資本金概念(concept of legal capital)]을 폐지하는 경향도 나타나고 있으나,[3] 2011년 4월 개정상법에서는 자본금 개념을 그대로 유지하고 있다. 자본금은 구성단위로서의 주식의 금액으로 나뉘는데, 액면주식을 발행하는 경우 발행주식의 액면총액이 되고(451조 1항), 무액면주식을 발행하는 경우 이사회에서 정한 바에 의하여 주식발행가액에서 자본금으로 계상하기로 한 금액의 총액이 되는데 이는 주식 발행가액의 2분의 1 이상이어야 한다(451조 2항). 회사가 무액면주식을 발행하는 경우 정관 규정에 의하여 주식 전부를 무액면주식으로 발행해야 한다. 액면주식에서 무액면주식으로 혹은 그 반대로 전환하는 것은 가능한데(329조 4항·5항), 전환하는 경우에도 자본금을 변경할 수는 없다(451조 3항).

자본금은 절대적 정관기재사항이 아니지만(다만 회사가 발행할 주식의 총수 및 회

---

1) Jesse H. Choper·John C. Coffee, Jr·Ronald J. Gilson, *Cases and Materials on Corporations*, Aspen Publishers, INC. 2000, p. 222.

2) Bruno Kropff und Johannes Semler, *Münchener Kommentar zum Aktiengesetz(Ⅰ)*, 2000, C. H. Beck/Franz Vahlen. S. 118.

3) 1976년 미국 캘리포니아 주와 1987년 개정모범회사법(RMBCA)에서는 전통적인 자본금(stated capital)과 額面(par value)개념을 폐지했다(Jesse H. Choper·John C. Coffee, Jr·Ronald J. Gilson, *op. cit.*, p. 223).

사의 설립 시에 발행하는 주식의 총수는 정관의 절대적 기재사항이다), 대차대조표상 「자본금」으로 기재되고, 또한 등기사항이다(317조 2항 2호).

자본금은 사원의 유한책임제도와 불가분의 관계를 갖고 있으므로 주식회사와 유한회사에서만 인정되고, 합명회사와 합자회사에서는 법에서 요구하지 않는다. 종래 주식회사의 최저자본금으로 5천만 원 이상으로 하고 있던 것을(구법 329조 1항), 2009년 5월 개정법에서 이를 폐지하였다. 현행 상법상 1주당 주식의 액면가는 100원 이상이어야 하므로(329조 3항), 발기설립의 경우 액면주식을 발행하면 자본금 100원의 주식회사 설립도 가능하다.

(2) 회사재산과의 구별

자본금은 현실적으로 보유하고 있는 순재산액으로서의 회사재산과는 구별된다. 회사재산은 회사의 경영상태에 따라서 또는 물가 등 경제요소의 변동에 따라서 항상 변동하는 가변적이고 구체적인 것이어서, 불변적이고 추상적인 자본금과는 다르다. 회사의 순재산액은 자본금 액수에 미달할 수도 있고, 반대로 초과할 수도 있는 것이다.

(3) 수권자본금과의 구별

자본금(납입자본금)은 액면주식 발행의 경우는 회사가 발행한 주식의 액면 총액을, 무액면주식 발행의 경우는 이사회에서 자본금으로 계상한 금액을 말하는 것이다. 그러므로, 「회사가 발행할 주식의 액면총액」(289조 1항 3호)을 의미하는 수권자본금과 구별된다.

2. 자본금의 기능

주식회사는 전형적인 물적회사이므로, 사원의 개성을 중시하는 사람의 결합보다는 사원이 출자하는 재산을 중시하는 자본단체의 특질을 지니고 있다. 따라서 주식회사의 자본금은 회사에 대하여는 회사성립의 기초가 되고 주주에 대하여는 출자액 및 책임의 한도를 나타내며, 회사채권자에 대해서는 회사신용 및 담보의 기능을 한다.

3. 資本金에 관한 입법주의

주식회사의 자본금에 관한 입법주의는 회사설립 시에 자본금의 총액에 해당하는 주식인수를 요하는가의 여부에 따라, 확정자본금주의(총액인수제도)와 수권자본금주의(수권자본제도)가 있다.

(1) 확정자본금주의(총액인수제도)

확정자본금주의(Prinzip des festen Grundkapitals)는 주로 대륙법계 국가에서 취하는 제도로서 자본금이 정관의 기재사항이고, 회사 설립 시에 자본금총액에 해당하는 주식 전부의 인수를 요한다.[4] 이 입법주의는 회사 설립 시에 자본적 기초를 확보하게 하여 會社債權者를 두텁게 보호하는 장점이 있으나, 회사설립과 자본금 조달에 탄력성이 없다는 단점이 있다.

(2) 수권자본주의(창립주의)

이는 수권자본금제도(authorized capital)로서 주로 영미법계의 국가에서 채택한 입법주의이다.[5] 수권자본금제도 하에서는 자본금은 정관의 기재사항이 아니고, 정관에는 다만 「회사가 발행할 주식총수」(授權株式 總數; authorized to issue)만이 기재되며, 회사설립 시에는 수권주식 총수 중 일부만을 인수하고 나머지는 회사성립 후 이사회의 결의만으로 신주를 발행하여 자본금을 조달한다. 이 제도는 회사설립과 자본금조달에 탄력성이 있다는 장점이 있으나, 회사설립 시에 자본적 기초가 튼튼하지 못하여 채권자보호에도 소홀해진다는 단점이 있다.

(3) 우리 상법의 입법주의

현행상법은 의용상법에서와는 달리 자본금을 정관의 기재사항으로 규정하지 않고(289조 1항), 정관에는 다만 수권주식 총수를 기재하도록 하고 있다(289조 1항 3호). 그리고 이러한 수권주식 총수 중 미발행주식은 회사성립 후 이사회 결의만으로 발행할 수 있다(416조). 이는 자금조달의 기동성과 편의성을 도모하는 것으로 우리 상법은 수권자본금제도에 따른 것이라 볼 수 있는데, 순수한 수권자본금제도는 아니고 적어도 설립 시에 발행된 주식에 대하여는 전액납입을 하여야 한다(295조, 303조). 이러한 점에서 볼 때 우리 상법은 수권자본금제도를 취하되, 전액납입주의도 취하고 있어서 그 점에서는 확정자본금주의제도(총액인수제도)를 가미하고 있다 하겠다(통설).

---

4) Bruno Kropff und Johannes Semler, *a.a.O,*. S. 216.

5) Stephen W. Mayson · Derek French & Christopher Ryan, *Company Law*, Blackstone P. Lit., 1996, p. 155.

4. 자본금의 3원칙

유한책임을 지는 주주만으로 구성되는 주식회사는 자본적 결합체이므로, 회사채권자에 대한 담보는 회사재산에 한정된다. 따라서 회사채권자를 보호하기 위해서는 회사재산확보의 기초가 되는 자본금을 먼저 확정하고, 그 자본금에 상당하는 회사재산을 현실적으로 보유하고, 함부로 자본금을 변경하지 못하도록 엄격한 규제를 할 필요가 있다. 이러한 필요를 반영하는 것이 바로 자본금의 3원칙이다.

(1) 자본금확정의 원칙

자본금확정의 원칙은 회사설립 당시에 회사의 자본금총액이 정관에 의하여 확정되고, 또 그 자본금의 전부에 대한 주식인수도 확정되어야 한다는 것이다. 이는 회사의 설립 시에 회사의 재산적 기초를 튼튼히 하고, 자본금 규모를 확정·공시함으로써 회사와 거래하는 자들에게 회사의 사업과 신용의 규모에 대한 예측가능성을 부여하여 그들을 보호하기 위한 것이다. 의용상법 상의 확정자본금주의 하에서는 자본금의 확정이 명확했었으나, 수권자본금제도를 채택한 현행상법의 경우에는 이 원칙이 폐기되었다고 하는 견해도 있다[鄭(燦) 516]. 그러나 현행 상법상의 수권자본금제도는 수권자본금의 범위를 제한하고 확정자본금제도를 가미하고 있으므로, 그 한도 내에서는 자본금확정의 원칙이 인정된다고 할 것이다. 즉, 우리 상법은 정관에 「회사가 발행할 주식의 총수(수권자본금)」를 기재하도록 규정할 뿐만 아니라(289조 1항 3호), 회사설립 시에 발행하는 주식 수를 정관의 절대적 기재사항이자(289조 1항 5호) 설립등기사항으로 하고 있다(317조 2항 2호). 이들 규정에 의해서 설립 시에 발행하는 주식수가 확정되고 공시된다. 액면주식 발행의 경우 1주금액을 정관에 기재해야 하고(289조 1항 4호), 주식 전부가 설립 전에 인수되어야 한다. 이처럼 1주금액과 발행주식총수가 확정되어 전체 자본금 규모로서의 자본금총액이 확정되게 된다. 무액면주식 발행의 경우는 자본금으로 계상되는 액수가 확정되고 공시되고, 역시 확정된 발행주식총수를 감안하면 자본금 총액이 확정되게 된다. 그러므로 역시 자본금확정의 원칙이 유지된다고 할 수 있다.

(2) 자본금유지의 원칙

자본금유지의 원칙이란 자본금충실의 원칙, 또는 자본금구속의 원칙이라고도 하며, 회사가 그 존속 중에 자본금에 상당하는 순자산을 현실적으로 보유하도록 하여야 한다는 내용의 원칙이다. 회사설립 당시에 자본금이 확정되었더라도 계속하여 자본금에 상당하는 재산이 유지되지 않는 한, 회사의 재무구조가 부실해지고 이로 인하여 여러 이해관계인들이 피해를 입게 되기 때문에 요구되는 원칙이다.

상법은 자본금 충실화를 위하여 많은 규정을 두고 있다. 회사설립 시에 주식의 발행가액이 전액납입되어야 하고, 현물출자도 전부 이행되어야 하며(295조, 303조, 305조 등), 현물출자 등의 변태설립사항은 엄격한 절차를 거쳐야 하고(299조, 310조, 313조, 314조, 422조), 주금의 납입은 회사의 동의가 없는 한 주주의 반대채권으로 상계하지 못한다(334조). 또한 발기인과 이사는 주식의 인수 · 납입담보책임을 지며(321조, 428조), 회사설립 시에는 주식의 액면미달발행이 금지되고 신주발행 시에도 엄격한 제한을 받으며(330조, 417조), 자기주식의 취득 및 질취가 제한되고(341조, 341조의2), 자본금감소의 경우 엄격한 제한을 받는다(438조, 439조). 그리고 불공정가액으로 주식을 인수한 자에 대한 책임을 지우고(424조의2), 총회 시에 이익공여를 금지하며(467조의2), 법정준비금제도(458조, 459조), 이익배당의 제한과 위법배당금의 반환청구(462조), 이사의 책임에 대한 대표소송제도(403조) 등이 그 예이다.

(3) 자본금불변의 원칙

자본금불변의 원칙이란 확정된 자본금은 엄격한 법적 절차(주주총회의 특별결의와 채권자보호절차; 438조, 439조)에 의하지 않고는 임의로 변경시킬 수 없다는 것이다. 자본금유지의 원칙이 실질적인 회사의 재산을 확보하려는 것인데 반하여, 자본금불변의 원칙은 형식적으로 자본금변경의 신중을 기하려는 것이므로, 양자가 함께 엄격히 적용될 때에 비로소 채권자보호의 실효를 거둘 수 있는 것이다. 그러나 자본금의 증가는 회사채권자를 위하여 유리할 뿐만 아니라, 상법상 수권자본금제도를 채택한 취지에 따라 언제든지 이사회의 결의(416조)만으로 신주발행이 가능하기 때문에, 자본금불변의 원칙은 「자본금감소제한의 원칙」이라고 할 수 있다.

Ⅱ. 株 式

주식은 사원의 지위 또는 자격을 의미한다. 그런데 주식에 대한 대가로서의 주금액은 회사 자본금의 구성단위가 되고, 사원(주주)의 출자단위가 된다. 그래서 자본금은 주식으로 분할되게 되어 있으므로(329조 2항) 주식이 주주의 지분을 나타내게 된다. 주식은 액면주식 형태로 발행될 수도 있고 무액면주식의 형태로 발행될 수도 있는데, 전자의 경우 액면액은 100원 이상이고 균일하여야 한다(329조 2항, 3항). 모든 주식에 대해서는 주식(주주)평등의 원칙이 적용되고, 사원의 권리는 보유주식수에 의해서 정해진다.

사원(주주)과 자본금과의 관계에 있어서 주식회사는 인적회사의 경우와 전혀 다르다. 즉, 주식회사는 먼저 자본금이 정해지고 특정인이 주식을 인수함으로써(출자) 사원(株主)이 되지만, 인적회사는 먼저 사원이 정해지면 이들의 출자액이 정해지고 그에 따라 사원의 지분이 정해진다.

주식회사에서 자본금을 주식으로 분할하는 이유는 자본금조달을 쉽게 하기 위함이다. 즉, 주식회사는 자본금을 소액의 단위로 분할함으로써 대중자본을 용이하게 집중시킬 수 있다. 분할된 자본금은 유가증권화(株券)되어 유통시장에서 자유롭게 거래되는데, 이는 주주의 투하자본을 쉽게 회수할 수 있게 함으로써 결과적으로 주주모집을 용이하게 한다.

Ⅲ. 주주의 유한책임

주식회사의 사원인 주주는 회사에 대하여 자기가 인수한 주식의 인수가액을 한도로 출자의무를 질 뿐(제331조), 회사 채무에 대하여는 아무런 책임을 지지 않는다. 즉, 주주는 간접유한책임을 질뿐이다. 이러한 주주의 유한책임의 원칙(Prinzip der beschränkten Haftung)은 주식회사의 본질에 관한 것이므로 정관이나 주주총회의 결의로써도 가중시킬 수 없다. 주주는 출자 시에 주금액 전액을 납입하므로(전액납입주의. 305조, 421조), 일단 주금을 납입하여 주주가 된 자나 주식을 승계취득한 자는 그 이상 회사나 회사채권자에 대하여 아무런 책임을 지지 않고 오직 회사에 대하여 권리만을 가질 뿐이다. 따라서 주주의 유한책임이란 것도 엄밀하게는「주식인수인으로서의 책임」이지「주주로서의 책임」은 아니다. 그러나 회사와 주주와의 약정에 의하여 주주가 유한책임을 포기하고 회사의 채무를 부담하거나 추가출자의무를 부담할 수는 있다(대판 1983. 12. 13, 82도735). 이와 같이 주주는 유한책임을 지는 것이 원칙이지만 법인격부인의 법리 등에 의하여 주주가 회사의 채무에 대하여 책임을 지는 경우도 있다. 또한 사실상의 이사인 지배주주의 책임(401조의2)이나 비상장법인의 과점주주가 법인이 납부해야 할 국세 및 지방세에 대하여 제2차 납세의무자로서 책임을 지는 경우가 있다(國稅基 39조, 地稅 22조).

그러나 주식회사의 주주의 책임은 원칙적으로「엄격한 간접・유한책임」이란 점에서 유한회사와 유한책임회사의 사원의 단순한「간접・유한책임」이나 합자회사 유한책임사원의「직접・유한책임」과는 다르다.

제2장 株式會社의 設立

제1절 서 설

【각종회사 설립절차의 특색】 合名會社·合資會社는 인적구성(사원) 자체가 대내외적으로 중요한 뜻을 가지므로, 이들 회사를 설립할 때에는 사원과 그 출자액이 우선 정관에 의해 확정된다. 그리고 인적회사 사원은 회사채권자에 대하여 직접·연대·무한책임을 지므로, 회사설립(등기) 전에 자본금을 반드시 납입하여야 할 필요가 없다. 뿐만 아니라 출자의 목적도 신용출자나 노무출자까지지도 가능하고, 또한 이에 대한 법원에 의한 검사절차도 필요하지 않다. 업무도 사원 스스로가 집행하므로 설립 전에 업무집행기관을 따로 구성할 필요가 없다. 따라서 인적회사의 설립은 정관작성과 설립등기에 의하여 간단히 끝난다. 그러나 물적회사의 경우에는 설립등기 전에 실체형성절차가 필요한데, 특히 株式會社의 경우에는 그 절차가 복잡하다. 설립하자의 경우에도 인적회사에서는 사원의 개성이 중시되므로 사원개인의 주관적인 하자를 원인으로 한 설립무효·취소의 소가 인정된다. 그러나 주식회사에서는 다른 회사와는 달리 발기인이 있어서 그 발기인이 회사설립절차를 밟고, 설립상의 하자에 대하여는 주관적 하자가 아닌 객관적 하자를 이유로 한 설립무효의 소만이 인정되는 점이 특징이다.

또한 주식회사에서는 회사재산이 회사채권자에 대하여 유일한 담보가 되는 만큼 설립자본금을 정관에 기재하고, 회사설립 전에 확보할 필요가 있다(有限責任會社나 有限會社도 같다). 그러나 사원은 정관에 의하여 확정되는 것이 아니므로 주주를 확정하는 절차가 필요하다. 또 주식회사에는 이사·감사 등의 타인기관이 있어야 하므로, 회사운영상의 공백을 없애기 위하여 회사성립 전에 미리 이들을 선임할 필요가 있다(유한책임회사나 유한회사의 경우도 같다). 그러므로 주식회사의 설립에 있어서는 정관작성 후 설립등기 이전에 자본금·사원·기관의 구성을 위한 제반의 절차가 필요한데, 이를 보통 「실체형성」이라고 부른다.

Ⅰ. 주식회사설립절차의 실마리

주식회사를 설립하기 위해서는 발기인이 정관을 작성하고 순차적으로 주식발행사항 등을 결정하여야 한다. 그리고 실체형성절차 후 설립등기로 끝나는데, 그 실체형성절차는 그 주식인수의 방법(주식발행사항의 결정내용)에 따라 다음과 같이 발기설립 또는 모집설립 절차로 나뉜다.

【회사설립의 실제】 주식회사의 설립절차는 인적회사에 비해 엄격하고 복잡하지만, 준칙주의를 따르는 상법하에서는 사전에 정해 놓은 규칙에 따르기만 하면 되고, 최종적으로 등기공무원이 이를 확인하여 등기함으로써 회사가 성립한다. 실무적으로는 매뉴얼에 따라 설립절차를 밟아가기 때문에, 설립상의 하자는 거의 발생하지 않는다. 또한 기간단축동의서를 활용하여 이사회개최 및 창립총회 소집을 위해 필요한 기간을 단축하고 있는 실정이다.

1. 발기설립

발기설립은 발기인들만으로 주식 전부를 인수하여 설립하는 경우를 말한다. 그리하여 발기인들이 주식 전부를 인수하고 인수한 조건에 따라 주식대금을 납입한다. 주금납입 후 이사와 감사를 선임하고, 변태설립사항이 없는 경우 선임된 이사·감사는 바로 설립경과조사를 하여 발기인에게 보고하며, 설립등기를 함으로써 회사가 성립한다

1995년 개정상법 이전에서는 법원이 선임한 검사인이 반드시 설립경과 조사를 하도록 하여 실질은 발기설립이나 형식은 모집설립 형태를 취하는 경우가 많았다. 이에 판례는 모집설립의 외형을 가장한 발기설립은 당연무효라고 하였다(대판 1992.2. 14. 91다31494). 그러나 1995년 개정상법에서는 변태설립사항이 없는 한 법원의 검사인에 의한 조사제도를 폐지하고 이사, 감사에 의한 조사로 대체하였다.

2. 모집설립

모집설립은 발기인들이 주식의 일부를 인수하고 나머지는 모집된 자에게 인수하게 하는 방식이다. 모집에 응하고자 하는 자는 주식청약서를 작성하여 주식인수를 청약하고, 발기인이 주식을 배정하며, 주식인수가 완료되면 주금을 납입해야 한다. 주금납입이 완료되면, 주식인수인들로 구성되는 창립총회를 소집하여 이사·감사를 선임하고, 변태설립사항이 없는 경우에는 이사·감사가 설립경과조사

를 하여 창립총회에 보고한다. 창립총회는 정관을 변경하거나, 설립진행을 중지할 수도 있지만, 그런 사유가 없는 한 설립등기로써 회사는 성립된다.

3. 주식회사의 변태설립사항이 있는 경우

주식회사의 변태설립사항이 있으면, 이사가 검사인의 선임을 법원에 청구하고, 선임된 검사인이 이를 조사한다. 단, 주식회사의 변태설립사항 중 발기인에게 특별한 이익·보수를 부여하거나 기타 설립비용을 지출하는 경우에는 공증인의 조사·보고로, 현물출자나 재산인수의 경우에는 현물출자나 재산인수의 대상이 된 자산에 대한 감정인의 감정으로 갈음할 수 있다.

Ⅱ. 주식회사의 최저자본금제도

종래 상법상 주식회사의 최저자본금은 5,000만원 이상이었다. 그러나 2009년 5월 개정상법은 이러한 최저자본금 규정을 삭제하였다(329조 1항). 이것은 자본금의 가장납입(假裝納入)에 의한 일시적 납입과 회사설립 후 즉시 인출하는 경우라도 이를 규제한다는 것이 사실상 어렵기도 하거니와 창업을 쉽게 할 수 있도록 하기 위한 조치이다. 그런데 무액면주식을 발행하는 경우 외에는 1주의 주금액은 100원 이상이어야 하므로, 사실상 최저자본금은 100원 이상이라고 할 수 있다.

Ⅲ. 발기인(發起委員)

1. 발기인의 의의

주식회사설립은 발기인 주도로 이루어진다. 발기인(incorporator, promoter; Gründer)이란 실질적 의미로는 주식회사의 설립을 기획하고 그 절차를 주관하는 자이다(실질적 의미의 발기인).[1] 그러나 형식적 의미의 발기인은 정관에 발기인으로서 기재되고 기명날인 또는 서명한 자에 한한다. 즉, 「정관을 작성하고 기명날인 또는 서명한 자로서, 그 정관에 발기인으로 성명·주민등록번호 및 주소가 기재된

1) Jesse H. Choper · John C. Coffee, Jr · Ronald J. Gilson, *Cases and Materials on Corporations*, Aspen Publishers, INC. 2000, p. 290.

자」가 발기인이다. 따라서 정관에 기명날인 또는 서명을 했으나, 설립사무에 어떠한 관여도 하지 않는 자도 발기인에 해당한다. 발기인여부를 형식적인 기준에 의하여 판단하는 것은 발기인으로서 책임을 부담하는 자의 범위를 명확히 하기 위함이다. 즉, 발기인은 자본금충실에 대한 무과실책임을 질 뿐더러, 설립과정에서 제3자에게 가해진 손해에 대한 책임도 진다.

정관에 기명날인 또는 서명은 하지 않았으나, 주주모집에 관한 서면 등에서 발기인으로 볼 외관이 갖추어진 경우에는 일정한 조건하에 유사발기인으로서의 책임을 부담할 수도 있다(327조).

발기인은 회사성립 후 경영자로서 종사하는 자와 회사설립을 전문으로 하는 자(professional promoters)로 구분할 수 있다.

2. 발기인의 자격과 수

발기인의 자격에는 제한이 없지만 적어도 1주 이상의 주식을 인수하여야 한다. 법인도 발기인이 될 수 있으며, 무능력자도 발기인이 될 수 있다(발기인은 무능력자 또는 법인은 될 수 없다는 반대 견해 있음). 그러나 무능력자가 발기인이 되면, 정관작성・주식인수 등의 법률행위를 하는 경우 행위능력제한에 관한 민법의 적용을 받는다.

발기인은 1인이라도 무방하다. 종래 발기인의 수는 3인 이상으로 하였으나, 2001년 개정법에서부터 1인에 의한 설립을 허용하였다(288조).

3. 발기인조합

발기인이 수인이면 이들간에는 회사설립을 목적으로 하는 합의가 있게 마련인데, 이는 민법상의 조합계약(민 703조~724조)에 해당하고, 이 조합을 발기인조합이라 한다.

발기인조합의 업무집행에 의한 결정은 민법에 의해 발기인의 과반수로 한다(민 706조 2항). 그러나 정관작성(289조 1항), 주식발행사항의 결정(291조) 등은 상법상 발기인 전원의 동의를 요구하고 있다.

조합계약의 이행으로서 정관을 작성하고, 주식인수나 기타 설립사무를 행한다. 발기인 1인의 행위는 설립중의 회사의 기관으로서의 행위가 될 뿐만 아니라, 동시에 조합원으로서의 행위로 되는 경우가 많다.

발기인조합은 설립중의 회사와 구별된다. 발기인조합이 정관을 작성하고 설립중의 회사를 만든다(설립중의 회사란 강학상의 개념으로서 인정되는 것임). 설립중의 회사가 성립되더라도 발기인조합은 소멸되지 않고 양자는 병존한다. 그 차이는 발기인조합은 발기인 상호 간의 내부적인 계약관계로서 개인법상 존재하지만, 설립중의 회사는 사단법상의 존재로서 회사법적 효력을 가진다.

Ⅳ. 설립중의 회사

1. 설립중의 회사의 의의

주식회사는 정관작성으로부터 실체형성절차를 밟아 등기에 의하여 비로소 성립된다. 회사의 성립까지는 무에서 유로 창조되어 가는 과정을 거치는데, 완성된 회사의 전신을 강학상 설립중의 회사(Gründungsgesellschaft)라고 한다. 설립중의 회사는 법인격은 없더라도 제한된 범위내에서 권리능력을 가진다고 본다. 설립중의 회사개념은 설립과정에서 발기인이 취득한 권리의무관계가 성립한 회사에 귀속되는 관계를 설명하는데 그 실익이 있다. 즉 설립중의 회사와 성립된 회사는 동일한 존재로 본다(동일성설).

다른 종류의 회사에도 설립중의 회사가 존재한다고 볼 수 있으나, 다른 회사들의 경우에는 설립절차가 단순하여 단기간 내에 종료하므로 설립중의 회사를 거론할 실익이 거의 없다.

2. 설립중의 회사의 법적 성질

설립중의 회사를 조합이라고 보는 설도 있으나,[2] 설립중의 회사는 「권리능력 없는 사단」이라고 보는 것이 상법학계의 다수설 및 판례의 입장(대판 1970. 8. 31. 선고 70다1357)이다. 그 이유는 근본규칙이 있고, 발기인 또는 주식 인수인을 구성원으로 볼 수 있으며, 또한 발기인을 집행기관으로 볼 수 있으므로 권리능력 없는 사단으로서의 요건을 갖추었다고 보기 때문이다.

설립중의 회사를 인정함으로써 발기인들이 회사설립을 위해 취득한 권리·의무가 발기인 또는 주식인수인에게 귀속하지 않고 설립중의 회사로 바로 귀속하고, 성립된 후에는 별도의 승계절차 없이 성립된 회사로 귀속한다는 것을 설명할 수 있다.

---

2) 松田二郎, 「株式會社の基礎理論」, 岩波書店, 1942, 240쪽.

한편, 독일의 학설·판례를 좇아 설립중의 회사는 조합도 아니고 권리능력 없는 사단도 아니며, 법인은 물론 아닌 특수한 성질의 단체, 독자적인 조직형태(eine Vereinigung sui generis; eigenstandige Organisationsform)라고 보는 소수설이 있다[鄭(東) 141]. 그에 따르면, 조합이나 권리능력 없는 사단은 지속적이고 종국적인 목적의 달성을 꾀하는 것임에 반하여, 설립중의 회사는 그 자체가 종국적인 목적을 가진 것이 아니고 회사라는 종국적인 조직형태에 이르는 도중에 있는 법형상에 지나지 않기 때문이라고 한다. 그리하여 설립중의 회사는 법인격이 없다는 점만 제외하고는 장래 성립할 회사와 동일한 실체를 이미 구비하고 있으므로, 성립 후의 회사에 적용되는 상법과 정관의 규정 중 법인격을 전제로 하지 않은 것은 모두 설립중의 회사에 적용된다고 한다. 특수단체설은 설립중의 회사의 외부적 법률관계를 전개할 때에 등장하는 행위자책임(Handelndenhaftung) 및 差額責任(Differezhaftung)의 이론을 설명하는 전제로서는 의미가 있으나, 우리 상법의 해석상 용인할 수 있는 이론인지는 의문이라는 비판을 받는다(林 143).

3. 설립중의 회사의 성립시기

설립중의 회사의 성립시기에 관하여는 ① 정관작성시라는 설(李·崔 471, 李 222, 崔(竣) 117), ② 발행주식총수가 인수된 때라는 설[정(동) 139], ③ 발기인이 주식을 1주 이상 인수한 때라는 설(통설·판례)[權 303, 徐·鄭 309, 孫 601, 鄭(燦) 236, 崔 144]로 나뉘어져 있다.

(1) 정관작성시설

정관작성시설은 설립중의 회사를 인정하는 실익은 설립등기전 발기인의 활동에 의해 생긴 권리·의무가 성립 후의 회사에 귀속하는 관계를 설명하는 데 있다고 볼 때, 이러한 필요성은 정관작성 후 발기인의 주식인수 전에도 존재하는 것이고, 정관작성에 의해 바로 단체법적 규율이 개시된다는 것이다. 이 설이 타당하다고 본다.

(2) 발행주식총수인수설

발행주식총수인수설은 독일주식법상 발기인에 의해 총주식이 인수되었을 때 회사가 「창립」(errichten, §29 AktG)됨을 근거로 하고 있다. 그리고 법정최저자본제 하에서 최저자본금이 없으면 회사설립이 불가능하므로 발기인이 1주씩 인수해 보아야 무의미하다는 의미에서 주식총수의 인수가 있었을 때에 설립중의 회사가 성립한다고 한다. 그러나 독일에서는 확정자본제하의 특성상 정관확정, 발기인의 주식인수, 총발행주식의 인수가 동시에 이루어져 우리와 달리 학설이 대립할 여지가 없다. 또한 법정최저자본금제도와 설립중의 회사의 성립시기에 관한 다툼은 최저자본금제도의 본질을 흐리고 있다고 하겠다.

(3) 발기인의 주식 1주 이상 인수설

이 견해는 정관작성만으로는 물적회사인 주식회사의 물적 기초가 마련되지 않지만, 발기인이 주식을 인수하게 되면 구성원의 일부나마 확정되어 장차 주식회사로 발전할 단체의 형식이 인정되기 때문이라고 한다. 판례도 같은 입장을 취하고 있다(대판 1994. 11. 18, 93누20160; 대판 2001. 1.28, 99다35737). 그러나 이 설에 의하면 정관작성 후 주식인수 전까지의 법률관계는 성립 후의 회사에 귀속할 수 없을 뿐만 아니라, 구성원의 전부 또는 일부의 확정은 사실상 이미 정관작성 시에 이루어진다는 점을 간과하고 있다. 즉, 상법상 발기인은 반드시 주식을 인수하여야 하며(293조), 발기인은 정관에 의해 확정되기 때문이다.

4. 설립중의 회사의 능력

설립중의 회사의 법적 성질은 권리능력 없는 사단이므로 원칙적으로 설립중의 회사는 권리능력을 갖지 못한다. 그러나 권리능력 없는 사단도 민사소송법상 당사자능력과 부동산등기법상 등기능력을 가지므로, 설립중의 회사도 이들의 능력을 가진다. 이외에도 설립중의 회사는 회사의 설립(등기)을 전제로 하지 아니하는 행위인 한 그 목적이 회사설립활동에 필요한 범위 내에서 그 밖의 능력, 예컨대 은행과의 예금거래능력 및 어음행위를 할 능력도 가진다고 본다.

5. 설립중의 회사의 법률관계

(1) 내부관계

설립중의 회사는 설립등기 이전에 한시적으로 극히 제한적인 목적만을 가지고 존재하므로 민법상의 일반적인 권리능력 없는 사단의 법률관계와는 그 성질을 달리한다. 따라서 상법은 설립중의 회사의 법률관계를 회사설립절차의 이행이라는 극히 제한적인 범위에서만 인정하고, 그에 필요한 사항을 자족적으로 규율하고 있다. 즉, 설립중의 회사의 업무집행에 관해서는 발기인의 업무집행에 관한 법규정을 통해 그 범위와 방법을 규율하고 있다. 그리고 창립총회에서는 임원선임, 설립경과조사 등 회사설립에 관계된 사항에 대해 결의하도록 하고 있다.

1) 창립총회

창립총회는 회사성립 후의 주주총회에 대응되는 기관으로서 모집설립의 경우에만 구성되는 기관이다. 따라서 창립총회는 설립중의 회사의 최고의 의결기관으로서 임원선임 및 회사의 설립폐지를 포함한 회사의 설립에 관한 모든 사항을 결의할 수 있다. 그러므로 창립총회의 소집절차 등에 대하여는 주주총회에 관한 규정이 준용된다(308조 2항).

2) 업무집행기관

설립중의 회사의 업무집행기관은 발기인이다. 따라서 발기인(발기설립시) 또는 창립총회(모집설립시)가 선임한 이사와 감사는 업무집행기관이 아니라, 설립중의 회사의 監査機關에 불과하다.

설립중의 회사의 업무집행기관인 발기인은 그의 권한범위 내에서 회사의 설립에 필요한 정관작성, 주식발행사항결정, 출자이행절차, 기관구성절차 등 모든 실체형성절차의 권리와 의무를 갖는다. 발기인의 업무집행은 원칙적으로 발기인 전원의 과반수로써 결정하여야 하나, 정관변경·발기인의 변경 등 중요한 사항은 발기인 전원의 동의에 의하여 결정하여야 한다.

3) 감사기관

설립중의 회사의 감사기관은 발기인 또는 창립총회가 선임한 이사와 감사이다. 이사와 감사는 설립에 관한 사항을 조사하여 발기설립의 경우에는 발기인에게, 모집설립의 경우에는 창립총회에 보고하여야 한다.

(2) 발기인의 권한 및 외부관계

발기인은 대내적으로는 설립중의 회사의 업무를 집행하고 대외적으로는 설립중의 회사를 대표한다. 이때 발기인은 각자 설립중의 회사를 대표할 권한을 갖는 것이 원칙이나, 발기인조합 등에 의하여 특정한 발기인을 대표발기인으로 선임할 수 있다. 대표발기인은 설립중의 회사를 대표할 권한과 발기인조합을 대리할 권한을 갖는다. 그리고 그 대표권의 제한은 선의의 제3자에게 대항할 수 없다.

한편, 설립중의 회사의 집행기관인 발기인이 어느 범위 내에서 설립중의 회사를 대표하여 행위를 할 수 있는가가 문제된다. 발기인의 권한범위에 대해서는 ① 회사설립 자체를 직접적인 목적으로 하는 행위에 국한된다는 설(李 224, 崔 136), ② 회사설립을 위해 법률상·경제상 필요한 행위를 포함한다는 설[鄭(燦) 525, 鄭 139, 李(基) 225], ③ 회사성립 후의 개업을 위한 준비행위도 포함된다는 설[鄭(燦) 245, 대판 1970. 8. 31, 70다1357]이 있다. 판례는 발기인이 회사 성립 후 회사의 영업을 위하여 제3자와 맺은 자동차조립계약을 발기인의 권한 범위 내의 행위로 보고 성립 후 회사의 책임을 인정하였다(대판 1970. 8.31. 선고 70다1357).

생각건대, 회사설립을 위한 법률상·경제상 필요한 행위란 그 범위가 모호하여 자칫 발기인의 권리남용을 초래하기 쉽고, 개업준비행위는 그 일종인 재산인수가 변태설립사항으로서 제한되는 상법상 취지로 볼 때, 정관에 근거가 없는 한 허용되지 않는다고 본다. 특히 회사가 불성립으로 그친 경우에는 모든 대외적인 법률관계를 원상회복하여야 하는데, 그로 인한 혼란을 줄이기 위해서도 ①설이 타당하다고 본다.

제2절 주식회사의 정관작성

Ⅰ. 주식회사의 정관작성방법

발기인은 회사의 근본규칙을 확정하고 이를 서면에 기재한 후 각자 기명날인 또는 서명을 하여야 한다(289조 1항). 회사의 설립시에 작성하는 원시정관은 회사의 설립관계를 명확히 하기 위하여 공증인의 인증을 받아야 효력이 생긴다(292조, 공증 62조·63조). 그러나 자본금 10억원 미만인 소규모 주식회사를 발기설립에 의하여 설립하는 경우에는 발기인이 상법 제289조에 따라 정관을 작성하고 기명날인 또는 서명함으로써 그 효력이 생긴다(292조). 이는 발기설립의 경우 모집주주가 없어 정관이나 의사록에 허위·위조의 위험성이 상대적으로 적고, 공증비용을 절약해 줌으로써 소규모 창업을 활성화하기 위함이다.

회사성립 후 정관변경은 주주총회 특별결의로써 그 효력이 생긴다.

Ⅱ. 주식회사의 정관기재사항

정관(memorandum)의 기재사항에는 절대적 기재사항, 상대적 기재사항과 임의적 기재사항의 세 가지가 있다. 「절대적 기재사항」이란 상법이 그 기재를 절대적으로 요구하는 사항으로서, 그것의 흠결이 있으면 정관이 무효가 되고 회사설립무효의 원인이 된다. 「상대적 기재사항」은 정관에 기재함으로써 그 효력이 발생하는 사항이다. 예컨대 현물출자는 상대적 기재사항이므로 현물출자를 하지 않을 경우에는 정관에 기재할 필요가 없으나, 반대로 현물출자를 하였더라도 정관에 기재하지 않으면 정관은 유효하나 그 현물출자는 효력이 없다. 상대적 기재사항도 일단 정관에 기재하면 절대적 기재사항과 똑같은 구속력을 지닌다. 「임의적 기재사항」은 상법에는 규정이 없으나 강행법규 또는 주식회사의 본질에 반하지 않는 사항으로 정관에 기재함으로써 그 효력이 발생하는 사항이다.

【입법례】 영미법에서는 정관을 기본정관(certificate, charter, articles of incorporation)과 부속정관(by-laws)으로 구별하고 있다.[3] 기본정관은 상호 · 설립목적 · 자본금 · 발기인 등 회사의 기본적인 사항을 규정하며 그의 변경은 엄격한 법적 규제를 받는다. 이에 비하여 부속정관은 총회 · 이사회의 소집 · 이익배당 등 주로 회사운영에 관한 사항을 규정하며 그 변경은 주주총회나 이사회의 결의로 쉽게 할 수 있도록 하고 있다.[4]

1. 정관의 절대적 기재사항

주식회사 정관의 절대적 기재사항은 ① 목적, ② 상호, ③ 회사가 발행할 주식의 총수, ④ 액면주식을 발행하는 경우 1주의 금액, ⑤ 회사설립시에 발행하는 주식의 총수, ⑥ 본점의 소재지, ⑦ 회사가 공고하는 방법, ⑧ 발기인의 성명 · 주민등록번호 및 주소이다.

(1) 목 적

회사의 목적은 회사가 그 존재이유로 삼아 수행하고자 하는 사업을 말하는데, 주주에게는 출자의 동기를 부여하고, 이사에게는 자신이 수행해야 할 업무집행의 범위를 제시한다. 따라서 이사가 그 업무집행을 함에 있어서 목적을 일탈한 행위를 할 때에는 손해배상책임을 지고(399조), 해임사유(385조)가 되며, 정관위반행위에 대한 留止請求(402조)의 대상이 된다. 회사의 목적사업은 이해관계인들에게 예측가능성을 부여할 수 있을 정도로 구체적으로 기재하여야 한다. 그리고 회사의 목적은 영리성을 실현할 수 있는 것인 한 그 범위에 제한이 없다. 그러나 불법행위나 사회상규에 반하는 행위를 목적사업으로 할 수는 없다. 또한 목적사업은 여러 개라도 무방하다. 실제 거래계에서는 회사의 목적범위에 관한 시비를 예방하고, 급변하는 경제상황에서 신사업에 투자할 때 정관을 변경해야 하는 번거로움을 덜기

3) Jesse H. Choper · John C. Coffee, Jr · Ronald J. Gilson, *op. cit.*, p. 240 이하.
4) Stephen W. Mayson · Derek French & Christopher Ryan, *Company Law*, Blackstone P. Lit., 1996, p. 48.

위해 처음부터 회사가 장래에 수행할 가능성이 있는 사업을 여러 가지 열거하고 기재하는 경우가 많다.

한편, 상법에서는 영업의 종류를 토대로 법적 규제를 하는 경우가 많이 있다. 예컨대 회사의 이사·상업사용인 등은 회사의 영업부류에 관하여 경업금지의무를 지며(17조, 397조), 영업양도인은 동종영업에 관하여 경업금지의무를 지고(41조), 타인이 등기한 상호는 동일지역에서 동종영업을 위한 상호로 등기할 수 없다. 이러한 규정들을 회사에 적용할 때에는 결국 회사의 목적을 기준으로 영업범위를 판단하게 된다.

(2) 상 호

상호는 회사의 동일성을 표시하는 회사의 명칭이다. 따라서 회사는 자신을 표시할 방법으로 반드시 상호를 가져야 한다. 그리고 주식회사는 상호 중에 주식회사라는 문자를 사용하여야 한다(19조).

종래 동일한 특별시·광역시·시 또는 군내에서 동일한 영업을 하려는 경우 동일상호뿐만 아니라 유사상호도 등기할 수 없도록 하였으나, 2009년 상업등기법을 개정하고 동일상호에 한하여 등기할 수 없도록 하고 있다(당시 동법 30조; 현행 29조; 대판 2011. 12. 27. 선고 2010다20754). 종래 회사를 설립하기 위하여 동일 또는 유사상호가 이미 등기되어 있는지 여부를 조사하고 확인하기 위하여 걸리는 시간과 비용 나아가 상호선정의 애로 사항이 있었는데, 이제 유사상호라도 등기할 수 있게 되어 신속한 창업절차를 진행할 수 있게 되었다.

주식회사 설립등기 전에 미리 선정한 상호권을 보장받는 방법으로 상호의 가등기를 이용할 수 있다(22조의2 1항).

(3) 회사가 발행할 주식의 총수

이는 발행예정주식총수(수권주식총수)로서 회사가 발행할 주식 총수를 표시하는 것이다. 여기에다 주금액을 곱하면 이른바 수권자본금이 산출된다. 회사가 발행할 주식의 총수 중에서 회사의 설립 시에 그 일부를 발행하고 잔여부분에 대하여는 회사 성립 후 이사회의 결의에 의하여 발행한다.

(4) 1주의 금액

액면주식을 발행하는 경우 1주의 금액은 100원 이상이어야 하며(329조 4항), 모든 주식에 관하여 균일하여야 한다(329조 3항). 액면가에 발행주식총수를 곱하면 자본금이 산출된다(451조). 1998년 개정상법 이전에는 1주의 금액이 5,000원 이상이었는데, 이를 100원 이상으로 하향조정한 것은 주식분할을 자유롭게 하고 신주발행시 자금조달의 편의를 도모하기 위한 것이다. 자본금충실인 원칙상 주식은 액면가 이하로 발행하지 못한다(330조). 다만, 일정한 경우 그 예외가 허용된다(417조). 액면가는 발행가와 구별되는데, 발행가가 액면가를 초과하는 경우 초과금액은 자본금에 산입되는 것이 아니라, 자본준비금으로 계상된다(459조 1호). 한편, 회사가 정관의 정함에 따라 주식 전부를 무액면주식으로 발행하는 경우에는 액면주식을 발행할 수 없고(329조 제1항), 당연히 1주의 금액이 표시되지 않는다.

(5) 회사의 설립시에 발행하는 주식의 총수

회사설립시에 발행하는 주식의 총수는 원시정관에만 기재하면 충분하고(수권자본금제도에 의하여 발행주식총수는 증가하기 때문이다) 회사성립 후 정관변경 시에는 삭제하더라도 무방하다. 종래에는 설립시의 발행주식수는 발행예정주식총수의 4분의 1 이상이어야 했는데 2011년 개정상법에서는 이를 폐지하였다.

(6) 본점소재지

본점은 주된 영업소를 의미하는데, 주된 영업소는 회사영업의 전체적인 지휘를 하는 곳이다. 그러나 경우에 따라서는 정관에 기재된 본점소재지와는 달리 실제 주된 영업은 다른 곳에서 하는 수도 있다.

본점소재지는 회사의 주소로써(171조 2항) 회사가 받는 의사표시·통지의 수령지이고, 등기 및 회사법상의 각종 訴에 있어서 관할의 표준이며(328조 2항, 186조), 주주총회의 소집지를 한정하는 의미를 갖는다(364조). 본점소재지는 단일해야 하며, 최소의 행정구획단위와 지번으로 특정하여야 한다.

(7) 회사가 공고를 하는 방법

회사의 중요사항에 관하여 주주·채권자 등 이해관계인에게 공시해야 할 필요성이 크다. 이해관계인이 공시사항을 어디에서 인식할 수 있는가를 사전에 알려주기 위하여 공시매체를 정관에서 확정하도록 하였다.

회사의 공고방법은 서면공고와 전자적 공고로 나뉜다. 서면공고는 관보 또는 시사에 관한 사항을 취급하는 일간신문에 게재하여야 한다(289조 3항). 따라서 정관에서도 관보 또는 일간신문으로 특정해야 한다.

회사는 그 공고를 정관으로 정하는 바에 따라 전자적 방법으로 할 수도 있다(289조 3항 단서). 여기서 전자적 방법이란 회사의 인터넷 홈페이지에 게재하는 것을 말한다(商施行令 3조의2). 전자적 방법으로 공고하는 경우에는 공고 후 3월이 지난 날이거나 기타 대통령령이 정하는 기간까지 계속 공고하여야 하고 공고기간 이후에도 누구나 그 내용을 열람할 수 있도록 하여야 한다(289조 4항 시행령 6조). 또한 회사가 전자적 방법으로 공고를 할 경우에는 게시기간과 게시내용에 대하여 증명하여야 하고(289조 5항), 전자적 방법에 의한 공고에 관하여 필요한 사항은 대통령령으로 정한다(289조 6항).

(8) 발기인의 성명 · 주민등록번호 · 주소

발기인은 정관을 작성하고 기명날인 또는 서명하여야 하므로, 당연히 성명은 기재되는데 소송상 등에서 신분파악을 확실히 할 수 있도록 주민등록번호와 주소도 정관에 기재하도록 하였다.

2. 정관의 상대적 기재사항

주식회사 정관의 상대적 기재사항이란 정관에 기재해야만 그 사항에 대한 효력이 발생하고, 그 사항을 기재하지 않더라도 정관 자체의 효력에는 아무런 영향을 미치지 않는 사항을 말한다.

정관의 상대적 기재사항의 종류와 효력에 관하여는 상법에 일일이 규정하고 있는데, 이는 남용을 방지하기 위해서이다. 회사설립에 있어서 특히 문제되는 정관의 상대적 기재사항은 변태설립사항(qualifizierte Gründung)이다.

(1) 변태설립사항

변태설립사항은 회사설립시에 발기인이 설립중의 회사의 기관인 지위에서 약정할 수 있는 사항(이를 위험한 약속이라고도 한다)이다. 그러나 변태설립사항이 발기인에 의해 남용되는 경우에는 자칫 회사의 재산적 기초를 위태롭게 하고, 주주와 채권자에게 불리한 결과를 미치게 할 수도 있으므로, 일정한 요건을 거쳐야만 그 효과를 인정하고 있다.

상법은 회사의 자본금충실을 위하여 변태설립사항을 정관의 상대적 기재사항으로 할 뿐만 아니라 주식청약서에도 기재하고(302조 2항 2호), 법원이 선임한 검사인에 의한 엄격한 조사를 받도록 하고 있다(300조, 310조, 314조). 하지만 발기인이 받을 특별이익과 회사가 부담할 설립비용 및 발기인 보수에 관해서는 공증인의 조사보고로, 현물출자와 재산인수는 공인된 감정인의 감정으로 법원이 선임한 검사인의 조사에 갈음할 수 있다(298조 4항 단서, 299조의2, 310조 3항). 또한 2011년 개정상법에서는 발기설립 시 현물출자와 재산인수의 경우 재산총액이 자본금의 5분의 1을 초과하지 않고 대통령령으로 정한 금액(5,000만원)을 초과하지 않는 경우, 이들 재산이 거래소 시세 있는 유가증권으로 정관에 적힌 가격이 대통령령이 정한 방법으로 산정된 시세를 초과하지 않는 경우 등은 검사인의 조사보고를 요하지 않는다(299조 2항).

변태설립사항은 정관에 기재하지 아니하거나, 정관에 기재는 하였으나 검사인 등에 의한 검사를 받지 아니하는 경우에는 그 기재사항은 원칙적으로 무효라고 본다. 판례는 당연 무효가 아니라고 한다(대판 1980. 2. 12. 79다509).

상법은 변태설립사항으로 ① 발기인이 받을 특별이익, ② 현물출자, ③ 재산인수, ④ 설립비용과 발기인의 보수 등을 열거하고 있다.

1) 발기인의 특별이익

발기인이 받을 특별이익과 이를 받을 자의 성명은 변태설립사항으로서(290조 1호) 정관에 기재하여야 한다. 특별이익(Sondervorteil)이란 회사설립사무를 기획하고 관장한 공로에 대한 대가로서 주어지는 재산적인 이익을 말한다. 예컨대 회사설비 이용의 특혜, 신주의 우선인수권, 잔여재산분배, 회사와 계속적인 거래의 약속 같은 것이다. 그러나 발기인이 소유하는 주식에 대한 확정이자의 지급, 주금액의 납입면제, 무상주·공로주와 같이 자본금충실에 반하는 이익이나 주주총회에서의 결의상의 특권, 우선적인 이익배당과 같이 주식평등의 원칙에 반하는 이익은 허용될 수 없다.

한편, 발기인이 받을 특별이익은 발기인이었던 자에 대하여 인정되는 채권자적 권리로서, 주주의 지위와는 상관없는 것이므로 이익의 성질이나 정관의 규정에 반하지 않는 한 특별이익만을 분리하여 양도 또는 상속할 수 있다.

2) 현물출자

현물출자(Sacheinlage)란 금전 이외의 재산을 출자의 목적으로 하는 것을 말한다.[5] 현물출자를 하는 자의 성명과 그 목적인 재산의 종류·수량·가격과 이에 대하여 부여할 주식의 종류와 수는 변태설립사항으로서(290조 2호) 정관에 기재하여야 한다. 이때 출자된 재산은 금전으로 평가되어 주식이 발행되고 자본금으로 구성되는데, 이 과정에서 무가치한 재산이 출자되거나 출자한 재산이 발기인들의 통모로 과대하게 평가되어 자본금충실을 해칠 염려가 있다. 따라서 상법은 현물출자를 변태설립사항으로 하여 소정의 엄격한 규제를 함으로써 출자의 공정성을 도모하고 있다.

---

5) Bruno Kropff und Johannes Semler, *Münchener Kommentar zum Aktiengesetz(I)*, 2000, C. H. Beck/Franz Vahlen. S. 649.

현물출자의 법적 성질은 대물변제, 매매, (주식과의)교환 등으로 보는 설도 있으나, 민법상의 전형계약은 아니고 상법상의 출자의 일형태라고 볼 것이다. 그러므로 출자목적인 재산의 가액이 주식의 인수가액을 초과함을 이유로 해서 이를 정산하기 위해 현물출자자에게 금전을 지급하는 것은 허용될 수 없다.

현물출자에 의해 그 재산권은 회사에 귀속되며, 발기인의 약정은 쌍무·유상계약적 성질을 갖기 때문에 위험부담·하자담보책임 등에 관한 민법규정(民 537조, 570조 이하)이 유추적용될 수 있다(통설).

현물출자의 목적은 금전 이외의 재산으로서 양도가 가능하고 대차대조표의 자산 항목에 기재할 수 있는 것이면 무엇이든 상관없다. 따라서 동산·부동산·유가증권·특허권 등의 무체재산권이나, 상호·영업상의 비결·컴퓨터 소프트웨어 등 재산적 가치 있는 사실관계와 영업의 전부 또는 일부도 가능하다.

현물출자자의 자격에는 제한이 없다. 따라서 발기인이 아닌 자도 할 수 있다.

현물출자의 이행은 납입기일에 지체없이 하여야 한다(295조 2항, 305조 3항). 그 이행은 출자목적인 재산의 종류별로 고유한 권리이전방식에 의해 그 재산권을 이전함을 뜻한다. 따라서 동산은 인도, 유가증권은 배서·교부 등의 방법을 취하고, 채권은 통지·승낙과 같은 대항요건도 갖추어야 한다. 부동산이나 기타 등기·등록할 재산은 설립중의 회사명의로 등기·등록하여야 한다. 출자목적재산의 인도·서류의 교부 등 이전행위는 발기인대표에게 하면 된다. 현물출자의 불이행이 있는 경우에는 민법상 채무불이행의 일반원칙에 의하여 강제집행을 하거나(民 389조), 출자자에게 손해배상을 할 수 있고(民 390조), 定款을 변경하여 설립절차를 속행할 수도 있다.

3) 재산인수

재산인수(Sachübernahme)란 발기인이 회사의 성립을 조건으로 하여 금전 이외의 재산을 양수하기로 하는 약정을 말한다. 발기인이 특정재산의 소유자와 회사성립 후에 회사가 그 재산을 양수할 것을 약정한다면, 그 재산의 종류·수량·가격과 그 양도인의 성명을 정관에 기재하여야 한다(290조 3호). 본래 발기인은 회사의 설립자체를 위한 행위와 설립에 필요한 행위만을 할 수 있고, 성립 후의 회사의 활동범위에 속하는 행위는 할 수 없음이 원칙이나, 회사성립 후 지체 없이 원활히 목적사업을 수행할 수 있도록 하기 위하여 그 준비행위로서 재산인수를 허용하고 있다. 그러나 재산인수를 무한정 인정한다면 발기인이 설립중의 기관인 지위를 남용하여 불공정한 재산인수의 약정을 하거나, 현물출자에 대한 제한을 회피하면서 실질적으로는 현물출자의 목적을 달성하기 위한 편법으로 악용할 수도 있다. 이를 방지하기 위하여 상법은 재산인수도 현물출자와 같이 정관의 변태설립사항으로 하고, 검사인의 조사나 감정인의 감정을 받도록 하고 있다(298조 4항, 299조의2, 310조).

재산인수의 당사자인 양도인에는 제한이 없다. 따라서 발기인·주식인수인은 물론이고 그 밖의 제3자도 양도인이 될 수 있다. 재산인수계약은 발기인이 설립중의 회사를 대표하여 체결한다.

재산인수의 대상은 현물출자의 경우와 같이 대차대조표의 자산 항목에 계상할 수 있는 것이면 무엇이든 가능하다. 그러므로 동산· 부동산·유가증권·무체재산권·상호 등은 물론이고, 영업상의 비결과 같은 재산적 가치가 있는 사실관계, 영업의 전부 또는 일부도 재산인수의 대상이 될 수 있다. 채권인수는 재산인수가 될 수 없음은 물론이나, 영업을 양수할 때와 같이 적극재산과 결부된 경우에는 허용된다고 본다.

재산인수가 정관에 기재되고 검사인의 조사 또는 감정인의 감정 등 법정절차를 경유한 때에는 설립중의 회사의 유효한 행위가 되며, 성립 후의 회사가 계약상의 지위를 취득한다.

정관에 기재되지 않은 재산인수는 무효이다[徐·鄭 316, 孫 608, 鄭(東) 108, 崔(埈) 132]. 판례는 정관에 기재하지 않은 재산인수는 무효라는 판결과(대판 1994. 5.13. 94다323) 정관에 기재하지 않은 재산인수라도 신의성실의 원칙상 무효가 아니라는 판결이(대판 2015.3.20. 2013다88829) 있다.

정관에 규정 없이 한 재산인수이더라도 민법 제130조 이하(발기인의 무권대리인)의 규정에 따라 추인할 수 있다고 보고, 성립 후의 회사는 사후설립에 준하여 특별결의로써 추인할 수 있고 추인 후에는 상대방도 무효를 주장할 수 없다는 설이 있다[鄭(燦) 253]. 그러나 이와 같은 해석은 상법 제290조의 취지를 무의미하게 하기 때문에 타당하지 않다고 본다(李 190, 林 117, 대판 1994. 5. 13, 94다323, 日最判 昭和 61. 9. 11, 判時 1215號 125). 성립 전에 선임된 이사나 대표이사는 회사를 대표할 권한이 없으므로 정관의 기재 여부를 불문하고 이들이 한 재산인수의 약정은 무효이다(대판 1989. 2. 14, 87다카1128).

4) 설립비용 등

회사가 부담할 설립비용과 발기인이 받을 보수액도 변태설립사항으로서(290조 4호) 정관에 기재하여야 효력이 인정된다.

(가) 설립비용(Gründungsaufwände, Kosten der Erichtung) 주식회사의 설립에는 복잡한 절차를 거쳐야 하기 때문에 비용이 들게 마련이며, 이 비용을 성립 후의 회사가 부담하는 것은 당연하다. 그러나 이 비용을 무제한적으로 인정한다면

발기인의 부당지출로 성립 후의 회사의 재산적 기초를 약화시킬 우려가 있다. 따라서 변태설립사항으로 규정하고 제한을 가한 것이다. 설립비용이란 회사설립절차의 실행에 소요되는 비용이므로, 예컨대 사무실의 임차료, 통신비, 정관·주식계약서 등의 인쇄비, 주주모집을 위한 광고비, 사용인의 보수, 납입금 취급은행의 수수료 등이 이에 속한다. 그러나 설립 후의 회사사업상 필요한 공장·건물·집기 등의 구입비는 개업준비비로서 이에 포함되지 않는다.

정관에 기재가 없는 경우에도 설립등기에 따르는 등록세와 같이 성질상 그 지출에 관해 발기인의 재량이 개재할 여지가 없는 비용은 회사가 전액 부담해야 할 것이다(李 191). 회사가 성립하지 못한 경우 설립비용은 발기인이 부담한다(326조 2항).

(나) 발기인의 보수(Gründerlohn) 발기인이 설립사무를 위하여 진력한 노무의 대가를 발기인의 보수라 한다. 발기인 스스로 다액의 보수를 결정할 염려가 있기 때문에 변태설립사항으로 한 것이다. 발기인의 보수는 설립비용으로 이중 계상해서는 안되고, 설립에 대한 공로로서 주어지는 「발기인이 받을 특별이익」과도 구별된다.

(2) 기타의 상대적 기재사항

그 밖의 상대적 기재사항으로서는 종류주식의 발행(344조 2항), 상환주식의 발행(345조 1항), 전환주식의 발행(346조 1항), 무기명식주권의 발행(357조 1항), 이사 임기의 총회종결까지의 연장(383조 3항), 자격주(387조), 대표이사를 주주총회에서 선임하는 것(389조 1항 단서), 이사회소집기간의 단축(390조 2항), 신주발행사항의 결정(416조), 제3자의 신주인수권(418조 1항) 등을 들 수 있다. 상대적 기재사항은 정관에 규정이 있어야만 그 효력이 있다.

3. 정관의 임의적 기재사항

정관의 임의적 기재사항이란 절대적·상대적 기재사항 외의 임의로 규정을 두는 사항으로서, 법의 강행규정·사회질서 또는 주식회사의 본질에 반하지 아니하는 한 무엇이든 상관없다(예컨대, 이사·감사의 수, 총회의 소집시기, 영업연도 등).

제3절 주식발행사항의 결정

Ⅰ. 주식발행사항의 내용

회사가 설립시에 발행하는 주식의 총수, 액면주식을 발행하는 경우 1주의 금액은 정관에 의하여 이미 정해졌지만(289조 1항), 주식발행에 관한 구체적인 계획은 발기인 또는 발기인조합이 결정하여야 한다. 즉, ① 주식의 종류와 수, ② 액면주식의 경우에 액면 이상의 주식을 발행하는 때에는 그 수와 금액, ③ 무액면주식을 발행하는 경우에는 주식의 발행가액과 주식의 발행가액 중 자본금으로 계상하는 금액이 그 내용이다(291조).

주식의 종류와 수는 회사가 우선주, 보통주, 의결권제한·배제종류주식 또는 전환종류주식과 상환종류주식 등의 발행을 정관에서 예정하고 있는 경우에 설립시에 어떤 종류의 주식을 몇 주 발행한 것인가에 관한 것이다(344조 2항, 345조 2항, 346조 2항). 회사설립시에는 액면주를 발행하는 경우 액면가액 이상의 가액으로 발행하기만 하면 되고(330조), 그 구체적인 발행가액은 발기인의 재량사항이다. 실질적으로는 액면가액을 발행가액으로 하는 것이 보통이다. 다만 액면을 초과하여 발행한 경우에는 그 초과금액을 자본준비금으로 적립하여야 한다(459조 1항).

Ⅱ. 주식발행사항의 결정방법

주식발행사항에 관해서는 발기인 전원의 동의를 얻어야 한다(191조). 발기인 전원의 동의를 얻지 못한 때에는 설립무효의 사유가 된다. 그러나 이는 설립등기시의 서류로서 증명되기(비송 203조 4호) 때문에 설립무효의 소가 제기될 여지는 거의 없다.

제4절 株式會社의 실체형성

Ⅰ. 발기설립에 의한 실체형성

1. 주식의 인수(引受)

발기설립의 경우 설립시에 발행하는 주식의 전부를 발기인만이 인수하여야 한다(295조 1항). 발기인들은 적어도 1주 이상씩 설립 시에 발행하는 주식의 총수를 안분하여 인수하게 되는데, 이를 위해서는 발기인 전원의 합의가 있어야 한다. 이 합의의 이행으로서 각 발기인의 주식인수가 이루어진다.

발기인의 주식인수의 법적 성질은 설립중의 회사에 대한 입사계약이라고 보는 것이 타당하다(同旨: 李 241). 이에 대하여 통설은 회사의 설립에 참가하려는 발기인의 일방적 의사표시가 합치된 합동행위라고 한다. 그러나 통설이 합동행위라고 보는 발기인의 주식인수라는 것은 실제로는 회사설립을 위한 발기인조합원들 간의 내부적인 출자합의에 지나지 않는다고 할 것이다. 따라서 법적 의미에서의 발기인의 주식인수란 모집설립시 응모주주의 주식인수와 같이 정관작성 후 설립중의 회사를 상대로 하는 입사계약이다.

또한 통설은 발기인의 주식인수는 정관작성 전이라도 무방하다고 한다. 그러나 정관작성 전의 발기인의 주식인수합의는 발기인조합의 조합원으로서의 내부적인 합의에 지나지 않으며, 그로부터 바로 주식인수인으로서의 지위를 취득하는 것도 아니다. 더구나 정관작성 전에는 발기인이란 지위도 생기지 않을 뿐더러 발행할 주식도 생겨나지 않는 것이므로, 이 단계에서 주식인수인의 지위를 취득하는 행위는 있을 수 없다. 따라서 발기인의 주식인수는 정관작성 이후에 이루어지는 것이다[同旨 : 鄭(東) 113, 李 241].

주식의 인수는 후일의 분쟁을 방지하기 위하여 반드시 서면으로 하여야 한다(293조). 그 서면에는 발기인이 인수할 주식의 종류와 수, 인수가액을 기재하고 기명날인 또는 서명하여야 한다. 이때 서면은 반드시 발기인별로 별도의 서면을 작성할 필요는 없고, 1매의 서면에 각자의 인수내용을 기재하고 발기인 전원이 기명날인 또는 서명하면 된다. 따라서 정관에 기재해도 무방하다. 이 서면은 설립등기 신청시에 첨부하여야 한다(비송 203조 2호). 서면에 의하지 않은 주식인수는 무효이다(통설).

2. 출자의 이행

발기인이 설립시에 발행하는 주식의 총수에 대한 인수가 끝나면 지체 없이 각 주식에 대하여 그 인수가액 전액을 납입하여야 한다(전액납입주의; 295조 1항 1문). 납입금은 금전으로 납입하게 되는데 어음·수표 납입의 경우에는 실제 지급이 된 때 납입이 된 것으로 본다. 이 경우 발기인은 납입을 맡을 납입금보관기관(은행 기타 금융기관)을 정하고 이곳에 납입해야 한다(295조 1항 2문). 이때 납입금보관자는 납입금보관증명서를 발급하게 되는데, 이 증명서는 설립등기시에 구비서류이다. 다만 자본금 10억원 미만인 회사를 발기설립하는 경우에는 납입금보관증명서를 은행이나 그 밖의 금융기관의 잔고증명서로 대체할 수 있다(318조 3항).

주식인수와 더불어 현물출자를 하는 발기인은 납입기일에 출자의 목적인 재산을 인도하여야 한다. 그러나 등기·등록 기타 권리의 설정 또는 이전을 필요로 할 경우에는 이에 관한 서류를 완비하여 교부해야 한다(295조 2항). 다만 회사가 등기·등록을 이중으로 함으로써 발생하는 비용과 노력을 절감하기 위하여 등기·등록은 회사성립 후에 하더라도 상관없다. 부동산 또는 이것과 동일하게 취급되는 물건에 관하여 설립중의 회사명의로 등기한 경우에는 이를 다시 성립 후의 회사명의로 이전등기를 할 필요가 없다. 이 경우의 부동산물권의 이전은 법률상 당연한 것으로서 민법 제187조가 규정한 바 「기타 법률의 규정에 의한 부동산에 관한 물권의 취득」에 해당하기 때문이다.

출자가 이행되지 않은 경우에는 금전출자의 경우 모집설립에서와 같은 실권절차(307조)가 인정되지 않으므로 채무불이행의 일반원칙에 따라 그 이행을 강제할 수 있다(民 389조·390조). 이를 강제할 수 없으면 회사가 성립할 수 없게 된다. 그러나 이를 간과하고 설립등기가 이루어진 때에는 납입불이행 부분이 미미하면 발기인 전원이 연대하여 납입담보책임을 지고(321조 2항), 상당부분이 납입되지 않은 경우에는 설립무효의 사유가 된다. 현물출자의 경우에도 이행강제를 하거나 아니면 회사가 성립하지 않게 된다.

3. 이사·감사의 선임

출자의 이행이 끝나면 발기인은 지체없이 의결권의 과반수로 이사와 감사(감사위원회를 두는 경우에는 감사위원)를 선임해야 한다(296조 1항). 그런데 2009년 5월 개정상법은 자본금 10억원 미만인 회사를 설립하는 경우에는 감사선임여부를 회사의 임의적 선택사항으로 하였다(409조 4항). 감사를 선임하지 않는 경우 주주총회가 감사 대신에 이사의 업무 및 재산상태에 관하여 직접 감독·감시한다(409조 6항).

이사나 감사의 선임방법은 1주1의결권의 원칙(296조 2항)에 따른다. 이때 의결권 없는 주식을 인수한 발기인도 의결권을 행사할 수 있다고 본다. 이사·감사의 자격에는 제한이 없으므로 발기인이 아닌 자도 선임될 수 있다. 발기인은 의사록을 작성하여 의사의 경과와 그 결과를 기재하고 기명날인 또는 서명을 해야 한다(297조). 이는 이사·감사의 선임을 위한 결의가 실제 발기인들의 회합에서 이루어질 것을 전제로 한 것이기 때문이다.

이사·감사가 선임되면 그 때부터 그 이사와 감사는 설립중의 회사의 기관이 되고, 설립등기와 더불어 별도의 절차 없이 회사의 기관이 된다. 이때 선임된 이사들은 정관에 달리 정한 바가 없으면 이사회를 열어 대표이사 또는 대표집행임원을 선임해야 한다(389조 1항, 317조 2항 9호). 또한 감사위원회제도를 도입한 경우, 이사회에서 감사위원회 위원을 선임하여야 한다. 최초의 임원의 임기는 정관으로 달리 정할 수도 있으나, 상법 제383조 제2항의 임기(3년) 및 제410조의 임기(취임 후 3년내의 최종의 결산기에 관한 정기총회의 종결시까지)보다 장기로 정할 수는 없다.

4. 설립경과 조사

(1) 이사·감사 또는 감사위원회의 조사·보고

이사와 감사(감사위원회를 두는 경우에는 감사위원)는 취임 후 지체 없이 회사의 설립에 관한 모든 사항이 법령 또는 정관의 규정에 위반되지 아니하는지의 여부를 조사하여 발기인에게 보고해야 한다(298조 1항). 그러나 이사와 감사·감사위원회 위원 중에 발기인이었던 자, 현물출자자 또는 회사성립 후 양수할 재산의 계약당사자인 자는 회사의 설립경과의 조사·보고에 참가하지 못한다(298조 2항). 만약 이사와 감사 전원이 그 조사·보고에 참가할 수 없는 경우에는 이사는 공증인으로 하여금 그 조사·보고를 하게 해야 한다(298조 3항).

(2) 변태설립사항의 조사

1) 검사인의 조사

정관에 변태설립사항을 기재한 때에는 이사는 그 조사를 위해 검사인의 선임을 법원에 청구해야 한다(298조 4항 본문). 이와 같이 변태설립사항이 있는 경우에는 자본금충실을 위해 보다 객관적인 조사가 필요하다. 따라서 임원에 의한 조사 외에 원칙적으로 법원이 선임한 검사인의 조사를 받도록 하고 있다.

법원이 선임한 검사인은 변태설립사항(290조)과 현물출자의 이행에 관한 사항

(295조)을 조사하여 법원에 보고해야 한다(299조 1항). 다만, 현물출자와 재산인수의 대상이 되는 재산총액이 자본금의 5분의 1을 초과하지 아니하고 대통령령으로 정한 금액(5,000만원)을 초과하지 아니하는 경우 또는 이들 재산이 거래소에서 시세가 있는 유가증권인 경우로서 정관에 적힌 가격이 대통령령으로 정한 방법으로 산정된 시세를 초과하지 아니하는 경우, 그 밖에 이에 준하는 경우로서 대통령령으로 정하는 경우에는 검사인의 조사보고를 요하지 아니한다(299조 2항). 검사인은 그 조사보고서를 작성한 후에는 지체 없이 그 등본을 각 발기인에게 교부하여야 한다(299조 3항). 이 보고서도 설립등기시에 첨부하여야 할 서류이다(비송 203조 5호). 만일 검사인의 조사보고서에 사실과 다른 사항이 있으면, 발기인은 이에 대한 설명서를 법원에 제출할 수 있다(299조 4항). 마찬가지로 공증인 또는 감정인도 조사 또는 감정결과를 법원에 보고해야 한다(299조의2 후단).

2) 공증인의 조사·보고와 감정인의 감정

정관으로 변태설립사항을 정한 때라도, 이사는 발기인의 특별이익·보수 및 설립비용에 관하여는 공증인의 조사·보고로, 그리고 현물출자의 내용과 그 이행 및 재산인수계약에 관하여는 공인된 감정인의 감정으로 검사인의 조사에 갈음할 수 있다(298조 4항, 299조의2 전단). 이 경우에도 조사의 공정을 기한다는 본래의 취지를 살릴 수 있기 때문이다. 변태설립사항별로 조사자를 달리한 이유는 발기인의 특별이익이나 설립비용의 경우는 법적 타당성의 견지에서 심사하여야 하고, 현물출자나 재산인수의 경우에는 경제적 합리성이 심사대상이므로 각기 이에 적합한 전문가를 안배하기 위함이다(李 244).

그러나 공증인·감정인의 조사로 대체하더라도 법원의 심사는 생략할 수 없다. 따라서 공증인 또는 감정인은 조사 또는 감정결과를 법원에 보고해야 한다(299조의2 후단).

3) 법원의 정관변경처분

법원은 검사인의 조사보고서 또는 공증인의 조사보고서나 감정인의 감정결과와 발기인의 설명서를 심사하여 변태설립사항이 부당하다고 인정하는 때에는 이를 변경하여 각 발기인에게 통고할 수 있다(300조 1항). 이 변경처분은 司法處分이다. 이 변경처분에 대하여 발기인과 이사는 법원의 통고에 따라 정관을 변경하여 설립절차를 속행하든지, 아니면 즉시항고(비송 75조 3항)를 하거나 설립을 포기할 수도 있다. 그리고 변경처분에 대하여 직접 이해관계를 가진 발기인은 주식의 인수를 포기할 수 있는데, 이때에는 정관을 변경하여 설립절차를 속행할 수 있다(300조 2항).

법원의 정관변경처분 통고가 있은 후 2주간 내에 주식의 인수를 취소한 발기인이 없는 때에는 정관은 법원의 통고에 따라 변경된 것으로 본다(300조 3항).

Ⅱ. 모집설립에 의한 실체형성

모집설립(Zeichnungsgründung)시에는 발기설립의 경우와는 달리 제3자도 주식인수에 참가하여 주주로 될 수 있다. 그러나 설립사무는 발기인이 전담하고 있어, 주식을 인수하고자 하는 자는 회사의 내용에 관하여 잘 알지 못한다. 따라서 상법은 응모주주에게 회사의 내용을 잘 알 수 있도록 하기 위하여 주식청약시 소정의 사항을 기재한 주식청약서를 사용하도록 강제하고 있다(주식청약서주의). 또한 모집주주가 설립경과조사와 임원선임에 참가할 수 있도록 창립총회를 개최하도록 하고 있다.

1. 주식 인수

(1) 발기인의 주식인수

모집설립의 경우에도 각 발기인은 회사가 설립시에 발행하는 주식의 일부를 인수하여야 하고, 인수는 주주모집을 착수하기 전에 하여야 한다.

(2) 주주의 모집

발기인이 인수하고 남은 부분의 주식에 한하여 주주를 모집한다(301조). 모집하는 수는 제한규정이 없으므로 1인이라도 무방하다.

주주를 모집하는 방법으로는 공모와 사모(연고모집)로 나눌 수 있는데, 어느 방법이든 상관 없다. 다만, 공모인 경우 발기인의 회사의 재산적 내용에 관한 사기적 요소가 개재될 개연성이 많기 때문에 자본시장법 등에서 정보공시의 목적과 감독기관의 감시를 목적으로 일정한 절차에 따르도록 하고 있다. 즉 공모할 때에는 자본시장법의 적용을 받아 금융위원회에 증권신고서를 제출해야 하고, 일정한 대기기간이 경과된 후에 공모절차에 들어갈 수 있다(자시법 119조, 자시법 시행령 120조).

(3) 주식의 인수

1) 주식인수의 성질

주식인수의 법적 성질에 관하여 합동행위라는 설, 합동행위와 입사계약이 병존한다는 설이 있으나, 통설은 설립중의 회사에의 입사를 목적으로 하는 계약이라고 한다[孫 575, 崔 472, 李 246]. 그러나 설립중의 회사가 아니라 장래 성립할 회사에의 입사계약이라고 보는 견해[鄭(燦) 261, 鄭(東) 126]도 있다. 후설의 경우 주식청약자가 성립할 회사의 주주가 되려는 의사를 정확히 반영했다는 점에서 평가할 만하나, 설립 중의 회사의 권리의무가 성립된 회사로 귀속되는 만큼, 설립중의 회사에의 입사계약이라고 보아도 아무런 문제가 없다. 또한 주식의 인수는 청약서에 기재된 대로 계약이 체결되기 때문에 附合契約의 성질도 가진다[同旨; 李 247].

2) 주식인수의 청약

주식인수의 청약을 하고자 하는 자는 주식청약서 2통에 인수할 주식의 종류 및 수와 주소를 기재하고 기명날인 또는 서명해야 한다(302조 1항). 반드시 주식청약서에 의하여 인수하도록 하는 이유는 손실위험이 수반되는 투자임을 감안하여 인수인에게 회사설립에 관한 충분한 정보를 제공하고, 신중히 판단하여 결정하도록 하게 하기 위한 것이다. 또한 주식인수의 청약은 부합계약(附合契約)이기 때문에 청약자는 주식청약서에 기재된 청약조건을 변경하여 청약할 수는 없다. 실무적으로는 주식청약과 동시에 납입금의 전부를 청약증거금으로 납입하게 하는 것이 일반적이다.

3) 주식청약의 하자

주식인수도 법률행위이므로 의사표시의 무효와 취소가 그대로 적용될 수 있겠으나, 개개인의 의사표시보호에 치중하다 보면 자칫 회사의 불성립 또는 설립무효를 초래하기 쉽다.

상법은 주식청약의 효력을 확보하기 위하여 2가지의 특칙을 두고 있다. 첫째, 비진의의사표시에 의한 주식인수의 청약은 발기인이 악의인 경우에도 유효한 것으로 하고 있다(302조 3항, 民 107조 1항 단서). 둘째, 회사성립 후 또는 주식인수인이 창립총회에 출석하여 권리를 행사한 후에는 주식을 인수한 자가 주식청약서의 요건을 이유로 하여 그 인수의 무효를 주장하거나 사기, 강박 또는 착오를 이유로 하여 그 인수를 취소하지 못한다(320조 1항, 2항).

주식인수가 무효 또는 취소되더라도 반드시 설립무효의 사유가 되지는 않는다. 발기인이 인수담보책임을 부담하기 때문에(321조), 그 책임을 이행하기 어려운 정도의 수량인 경우에 한하여 설립무효의 사유가 될 것이다.

가설인(假設人)의 이름으로 주식인수를 청약하거나 타인의 승낙 없이 타인명의로 주식인수를 청약하는 경우에는 실제로 주식인수의 청약을 한 자를 주식인수인으로 보고 납입의무를 지우고 있다(332조 1항).

그러나 타인의 승낙을 얻어 그 명의로써 주식을 인수한 경우에는 명의대여자와 실제 인수인(명의차용자)이 연대하여 납입할 책임을 진다(332조 2항). 이때 누가 주식인수인으로서 주주가 되느냐에 관하여 명의대여자가 주식인수인이 된다는 형식설과 명의차용자가 주식인수인이 된다는 실질설[鄭(東) 125]의 대립이 있다. 판례는「주식을 인수함에 있어서 타인의 승낙을 얻어 그 명의로 출자하여 주식인수가액을 납입한 경우에는 실제로 주식을 인수하여 그 가액을 납입한 명의차용자만이 실질상의 주식인수인으로서 명의대여자로부터 명의개서 등의 절차를 밟은 여부와 관계없이 주주가 된다 할 것이요, 단순한 명의대여자는 주주가 될 수 없다」고 판시(대판 1975. 7. 8, 75다410; 대판 2011. 5. 26. 2010다22552)하고 실질설에 따르고 있었다. 하지만 2017년 전원합의체 판결에서는「주식을 양수하였으나 아직 주주명부에 명의개서를 하지 아니하여 주주명부에는 양도인이 주주로 기재되어 있는 경우뿐만 아니라, 주식을 인수하거나 양수하려는 자가 타인의 명의를 빌려 회사의 주식을 인수하거나 양수하고 타인의 명의로 주주명부에의 기재까지 마치는 경우에도, 회사에 대한 관계에서는 주주명부상 주주만이 주주로서 의결권 등 주주권을 적법하게 행사할 수 있다. 이는 주주명부에 주주로 기재되어 있는 자는 특별한 사정이 없는 한 회사에 대한 관계에서 주식에 관한 의결권 등 주주권을 적법하게 행사할 수 있고, 회사의 주식을 양수하였더라도 주주명부에 기재를 마치지 아니하면 주식의 양수를 회사에 대항할 수 없다는 법리에 비추어 볼 때 자연스러운 결과이다. 또한 언제든 주주명부에 주주로 기재해 줄 것을 청구하여 주주권을 행사할 수 있는 자가 자기의 명의가 아닌 타인의 명의로 주주명부에 기재를 마치는 것은 적어도 주주명부상 주주가 회사에 대한 관계에서 주주권을 행사하더라도 이를 허용하거나 받아들이려는 의사였다고 봄이 합리적이다. 그렇기 때문에 주주명부상 주주가 주식을 인수하거나 양수한 사람의 의사에 반하여 주주권을 행사한다 하더라도, 이는 주주명부상 주주에게 주주권을 행사하는 것을 허용함에 따른 결과이므로 주주권의 행사가 신의칙에 반한다고 볼 수 없다(대판 2017. 3. 23. 선고 2015다248342 전원합의체 판결)」고 판시하였다.

4) 주식의 배정

모집주식의 총수에 대한 청약이 있으면, 설립중의 회사의 기관인 발기인이 배정한다(303조). 주식의 배정은 계약에 있어서의 승낙에 해당한다. 다만, 발기인은 계약에서의 승낙과는 달리 청약된 수량과 상관없이 임의로 자유롭게 배정할 수 있다(배정자유의 원칙). 따라서 청약인은 청약한 수량과 다른 수량이 배정되더라도 이에 대항하지 못한다. 그러나 청약한 주식수보다 많은 수량을 배정하거나 청약한 주식과 종류가 다른 주식을 배정하는 것, 또는 청약한 인수가액보다 높은 가액으로 배정하는 것은 무효이다.

청약에 대한 배정이 있으면 주식의 인수가 성립하여, 주식인수의 청약인은 주식인수인이 되고, 주금납입의무를 지게 된다(303조). 실무에서는 주식인수청약자에게 주식청약시에 주금액의 전부를 청약증거금으로 미리 납부하게 하고, 주식의 배정과 동시에 청약증거금이 주금액으로 대체되도록 하고 있다.

5) 주식청약인 및 인수인에 대한 통지·최고

발기인이 주식청약인에 대한 배정결과를 통지하거나 주식인수인에 대해 납입을 최고하거나 창립총회의 소집을 통지해야 하는 경우, 주식인수증 또는 주식청약서에 기재된 주소 또는 그 자로부터 회사에 통지한 주소로 하면 된다(304조 1항). 통지·최고는 보통 도달할 시기에 도달한 것으로 본다(304조 2항).

2. 출자의 이행

(1) 주금액의 납입의무

주식인수인은 배정받은 주식의 수에 따라 주식인수대금을 납입할 의무가 있으며, 발기인은 주식총수의 인수가 끝나면 지체 없이 주식인수인에게 각 주식에 대한 인수가액의 전액을 납입해야 한다[전액납입주의(Volleinzaihung), 305조 1항].

주금의 납입은 주식청약서 또는 그 첨부된 서류에 기재된 은행 기타 금융기관에서 납입해야 그 효력이 있다(305조 2항). 이는 주금납입의 충실화를 기하기 위함이다. 따라서 발기인은 미리 납입금보관자를 정하여 이를 주식청약서에 반드시 기재하여야 하며(302조 2항 9호), 만일 추후에 납입금보관자 또는 납입장소를 변경하려고 할 때에는 법원의 허가를 얻어야 한다(306조).

납입금을 납입받아 보관한 금융기관은 발기인 또는 이사의 청구가 있는 때에는 그 보관금액에 관한 증명서를 교부해야 한다(318조 1항). 납입금보관증명서는 설립등기시에 첨부해야 하는데(비송 203조 11호), 주금납입의 충실화를 도모하는 부수적인 효과가 있다.

납입은 현실적으로 이루어져야 하므로, 상계·대물변제·경개 등은 허용되지 아니한다. 만일 수표나 어음 등으로 납입되었다면, 그 수표나 어음이 결제되었을 때에 납입이 유효하게 이루어진 것으로 본다(대판 1977. 4. 12, 76다943). 따라서 어음으로 납입하고 그 만기가 도래하기 전에 설립등기를 한다면 이는 현물출자를 받은 셈이므로 허용되지 아니한다(李 202).

주식인수인이 납입을 하지 않을 때 발기인은 강제집행의 방법으로 납입을 강제할 수도 있겠으나, 소송상의 시간적 제약과 설립절차의 신속을 위해서 실권예고부 납입최고를 하고, 그래도 납입이 없는 경우에는 주식인수인을 실권시켜, 그 주식에 한하여 다른 주주를 모집할 수 있다(307조).

(2) 가장납입

설립시에 발행하는 주식의 총수가 인수된 때에는 발기인은 지체 없이 각 주식에 대한 인수가액의 전액을 납입시켜야 한다(305조 1항). 그런데 실제로는 주금을 납입하지 아니하고 납입된 것으로 가장하는 경우가 있는데, 이를 가장납입이라 한다. 가장납입행위는 회사의 설립시부터 회사의 재산적 기초를 부실하게 하므로, 상법은 납입금보관제도와 이사·발기인 등 관계자에 대한 형사제재로서 예방하고 있다(628조). 현행 상법은 최저자본금제도를 폐지하였고 액면가도 100원 이상이어서 가장납입의 필요성은 현실적으로 줄어 들 수 있지만, 설립시 규모의 자본금을 예상하는 경우 여전히 가장납입의 수단을 사용할 가능성이 있다 .

1) 통모가장납입(예합)

통모가장납입(預合)은 발기인들과 납입금보관은행이 공모하여 납입금이 없거나 부족한데도 불구하고 은행으로부터 금전을 차입하여 납입금에 충당케 하고, 납입금보관증명서를 발급받아 설립등기를 하되 차입금을 변제하지 않고는 납입금을 인출하지 않을 것을 약정하는 행위이다.

상법은 통모가장납입을 방지하기 위하여 납입금보관은행 기타 금융기관은 납입금보관증명을 발급하여 증명한 보관금액에 대하여는 납입의 부실 또는 그 금액의 반환에 제한이 있음을 이유로 하여 회사에 대항하지 못하도록 하고 있다(318조 2항). 따라서 회사설립 후 대표이사에 의해 보관금 반환이 청구될 때 보관은행은 발기인과 통모한 내용을 가지고 지급을 거절할 수 없다. 이와 같이 납입금보관증명을 떼어 주는 금융기관은 위험부담이 매우 크므로, 실제로 이 방법에 의한 가장납입은 하기 어렵다.

통모가장납입에 의한 설립은 주금의 현실적인 납입이 없고 설립 후에 납입금의 사용이 제한되므로 납입의 효력이 없다. 즉, 납입은 무효이지만 납입의 흠결이 미미한 때에는 발기인의 납입담보책임(321조 2항)에 의하여 설립무효는 치유된다. 납입의 흠결이 현저한 때에는 설립무효의 사유가 된다고 본다(同旨 : 崔 476).

2) 일시차입금에 의한 위장납입(견금)

일시차입금(見金)에 의한 위장납입(또는 가장납입)이란 발기인이 의도적으로 납입취급은행 이외의 제3자로부터 납입금 전액을 차입하여 주금을 납입하고, 설립등기를 마친 후 은행으로부터 납입금 전액을 인출받아서 변제하는 방법이다. 납입취급은행과의 공모에 의한 가장납입은 금융기관의 위험부담회피로 거의 이루어지지 않지만, 일시차입금에 의한 위장납입은 실제로 자주 일어나는 형태이다. 일시차입금에 의한 위장납입은 형식상으로는 납입취급은행에는 유효한 납입이 있는 것처럼 보이나, 실질적으로는 납입이 전혀 없는 資本空洞의 회사가 설립되게 된다. 따라서 학설은 대체로 이를 무효라고 한다(통설). 그러나 판례는 진실한 납입의사의 유무는 주관적인 문제에 불과하고 실제 돈의 이동에 따른 현실의 납입이 있으므로 유효하다고 판시한 것이 있고(대판 1989. 9. 12, 89누916 ; 대판 1994. 3. 28, 93마1916; 대판 1998. 12. 23, 97다20649), 반대의 판례도 있다(대판 2003. 5. 16, 2001다44109). 다만 발기인들이 공동불법행위를 구성하므로 회사에 대해 연대하여 손해배상책임을 지고(대판 1989. 9. 12, 89누916), 형사적으로는 가장납입죄(628조 1항) 및 공정증서원본부실기재죄(刑 228조)에 해당하는 것으로 본다(대판 1986. 8. 19, 85도2158 ; 대판 1986. 9. 9, 85도2297).

생각건대, 일시차입금에 의한 위장납입은 그 실질에 있어서 납입이 없는 것과 같으므로 납입으로서의 효력이 없음은 물론, 주식인수 자체도 무효라고 본다. 그리고 납입취급은행은 그 납입금이 일시차입금이라는 사실을 알았을 때에는 비록 발기인과의 공모가 없었다 하더라도 그에 대한 책임을 면할 수 없다고 본다(318조 2항의 유추적용).

【판례】 대법원 1983. 5. 24. 선고, 82누522 판결

「회사의 설립이나 증자의 경우에는 당초부터 진정한 주금의 납입으로서 회사자금을 확보할 의도 없이 일시적인 차입금으로 단지 주금납입의 외형을 갖추고 회사설립이나 증자절차 후 곧바로 그 납입금을 인출하여 차입금을 변제하는 주금의 가장납입 소위 '견금'에 의한 주금납입의 경우에도 금원의 이동에 따른 현실의 불입이 있는 것이고, 설령 그것이 실제로는 납입의 가장수단으로 이용된 것이라 하더라도, 이는 당해 납입을 하는 발기인 등의 주관적 의도의 문제에 불과하고 회사가 관여하는 바는 아니므로, 이러한 발기인 등의 내심적 사정에 의하여 회사의 설립이나 증자와 같은 집단적 절차의 일환을 이루는 주금납입의 효력을 좌우함은 타당하지 아니하다 …」.

【판례】 대법원 2003. 5. 16. 선고, 2001다44109 판결

주식회사의 자본충실의 원칙상 주식의 인수대금은 그 전액을 현실적으로 납입하여야 하고 그 납입에 관하여 상계로써 회사에 대항하지 못하는 것이므로 회사가 제3자에게 주식인수대금 상당의 대여를 하고 제3자는 그 대여금으로 주식인수대금을 납입한 경우에, 회사가 처음부터 제3자에 대하여 대여금 채권을 행사하지 아니하기로 약정되어 있는 등으로 대여금을 실질적으로 회수할 의사가 없었고 제3자도 그러한 회사의 의사를 전제로 하여 주식인수청약을 한 때에는, 그 제3자가 인수한 주식의 액면금액에 상당하는 회사의 자본이 증가되었다고 할 수 없으므로 위와 같은 주식인수대금의 납입은 단순히 납입을 가장한 것에 지나지 아니하여 무효이다.

(3) 납입불이행의 효과(실권절차)

발기인은 주식인수인이 주금납입을 하지 않을 경우에 채무불이행의 일반원칙에 따라서 강제집행을 할 수도 있지만, 이는 회사설립절차가 지체되어 설립자체가 무산될 수 있다. 또한 주식인수인이 주금납입의무를 해태하였다고 하여 당연히 인수인의 지위를 상실하는 것도 아니다. 이에 상법은 간편한 실권절차를 통하여 주금의 추심을 용이하게 하고, 납입의무를 해태한 주식인수인에게는 그 지위를 박탈하는 한편 주주도 재모집할 수 있게 하여 설립의 신속을 꾀하고 있다. 즉, 주식인수인이 주식에 대한 납입을 하지 아니한 때에는 발기인은 일정한 기일을 정하여 그 기일내에 납입을 하지 아니하면 그 권리를 잃는다는 뜻을 기일의 2주간전에 그 주식인수인에게 통지하고(307조 1항), 그 통지를 받은 주식인수인이 그 기일내에 납입의 이행을 하지 아니한 때에는 그 권리를 잃도록 하고 있다(307조 2항). 이를 실권절차(Kaduzierungsverfahren)라 한다. 실권절차를 밟은 후에 주금을 납입하여도 주식인수인의 지위가 회복되는 것은 아니다.

주식인수인이 실권절차에 의하여 그 권리를 상실하면 발기인은 다시 그 주식을 인수할 주주를 모집할 수 있고(307조 2항 2문), 발기인이 스스로 인수할 수도 있다. 이 경우 손해가 있으면 주식인수인에게 손해배상청구도 할 수 있다(307조 3항).

실무에서는 주식청약시에 그 이행을 담보하기 위하여 청약인으로부터 청약증거금을 받는 것이 관례이다. 청약증거금은 약정으로 배정된 주식의 납입금에 충당되고, 배정받지 못하거나 납입초과금에 한해 청약인에게 반환된다. 청약증거금에 관해서 일반적으로 이자를 지급하지 않고 있으나, 납입기일후 반환해야 할 금액에 대해서는 그때부터 이자를 지급해야 할 것이다.

3. 창립총회

(1) 창립총회의 의의

창립총회(konstitutierende Hauptversammlung, organization meeting)는 주식인수인으로 구성된 집회이고 설립중의 회사의 의결기관으로 주주총회의 前身에 해당한다. 따라서 주주총회의 소집절차, 의결권, 결의의 하자, 의사진행방법 등에 관한 규정은 창립총회에도 준용된다(308조 2항).

발기인만이 주식을 인수하는 발기설립과 달리 모집설립의 경우에는 발기인이 아닌 주식인수인이 이해관계인으로서 회사의 설립에 참가하게 되는데, 이들은 주식청약서 등의 서류와 광고의 기재를 믿고서 설립에 참가할 수밖에 없다. 그렇기 때문에 주식인수인에게 설립절차의 경과나 기타 사항에 관하여 보고를 받을 기회를 부여하고 회사설립절차가 적법하지 않거나 적당하지 않다고 여겨질 때 설립을 폐지할 수 있도록 하기 위하여 회사설립에 관한 모든 주식의 총수에 대한 납입과 현물출자의 이행이 완료된 설립의 최종단계에서 창립총회를 개최하도록 하고 있다(308조 1항).

(2) 창립총회의 소집과 결의

1) 소 집

발기인은 주식총수의 납입과 현물출자의 이행이 완료된 후에 지체없이 창립총회를 소집해야 한다(308조 1항). 소집의 통지와 장소에 관하여는 주주총회의 소집에 관한 규정을 준용한다(308조 2항). 실무에서는 창립총회소집기간단축동의서로써 소집통지를 생략하고 창립총회를 개최하기도 한다.

2) 결 의

창립총회의 결의는 출석한 주식인수인의 의결권의 3분의 2 이상이며 인수된 주식의 총수의 과반수에 해당하는 다수로 해야 한다(309조). 그 밖에 1주1의결권, 의결권의 대리행사, 의결권의 불통일행사, 종류주주총회, 의사록의 작성 등은 주주총회의 규정을 준용한다(308조 2항).

의결권 없는 주식의 인수인도 창립총회에서는 의결권을 행사할 수 있다. 이는 경영참가와 무관하기 때문이다.

(3) 창립총회의 권한

창립총회의 권한은 회사설립에 관한 모든 사항에 미친다(통설). 상법이 창립총회의 권한으로 특히 규정하고 있는 것은, ① 회사창립에 관한 사항을 발기인으로부터 서면으로 보고 받을 권리(311조 1항), ② 이사와 감사의 선임권(312조), ③ 설립경과조사권(313조), ④ 변태설립사항의 변경권(314조), ⑤ 정관변경(이 경우 다시 공증인의 인증을 필요로 하는 것은 아니다) 또는 설립폐지 결의(316조)이다.

또한 이사와 감사의 보수액을 결정할 권한도 있다고 본다.

4. 임원의 선임

창립총회에서 장차 회사의 기관이 되고 설립경과를 조사·검토·보고할 이사와 감사를 선임한다(312조). 다만 자본금 10억원 미만의 회사는 감사를 선임하지 않을 수 있다(409조 4항).

이사를 선임할 때 집중투표제도(382조의2)는 인정되지 않는다. 그것은 설립과정부터 다수파와 소수파 간에 이해대립이 존재한다고 예상할 필요성이 없기 때문이다.

대표이사나 대표집행임원은 창립총회에서 선임된 이사로 구성된 이사회에서 선임한다.

제 5 절 株式會社의 設立登記

Ⅰ. 주식회사의 설립등기의 의의

회사설립절차의 최종적인 단계는 설립등기이고, 등기에 의하여 법인격이 부여되고 회사가 성립(Entstehung)한다(172조). 특수한(특허주의 또는 면허주의에 따르는) 공법인을 제외하고는 회사설립에 관하여 준칙주의를 취하고 있으므로 국가가 개입할 여지가 없으나, 등기제도는 설립의 최종적인 단계에서 법정요건의 구비여부를 국가가 심사할 수 있는 기회가 되며, 설립등기에 의하여 회사성립시기를 명확히 할 수 있다는 점에 그 의의가 있다.

Ⅱ. 주식회사의 설립등기시기

발기설립의 경우에는 이사·감사의 설립경과조사 또는 법원의 변경처분에 따른 절차가 종료한 날로부터 2주 내, 모집설립의 경우에는 창립총회가 종료한 날 또는 변태설립사항을 변경한 날로부터 2주 내에 대표이사의 신청에 의하여(비송 149조) 본점소재지에서 등기를 하여야 한다(317조 1항).

Ⅲ. 주식회사의 설립등기사항

설립시 등기하여야 할 사항은 ① 목적, 상호, 발행예정주식총수, 액면주식을 발행하는 경우 1주의 금액, 본점의 소재지, 회사가 공고하는 방법, ② 자본금의 액, ③ 발행주식의 총수, 그 종류와 각종 주식의 내용과 수, ④ 주식의 양도에 관하여 이사회의 승인을 얻도록 정한 때에는 그 규정, ⑤ 주식매수선택권을 부여하기로 정한 때에는 그 규정, ⑥ 지점의 소재지, ⑦ 회사의 존립기간 또는 해산사유를 정한 때에는 그 기간 또는 사유, ⑧ 주주에게 배당할 이익으로 주식을 소각할 것을 정한 때에는 그 규정, ⑨ 전환주식을 발행하는 경우에는 그 전환절차에 관한 규정, ⑩ 사내이사, 사외이사, 그 밖의 상무에 종사하지 아니하는 이사, 감사 및 집행임원의 성명・주민등록번호, ⑪ 회사를 대표할 이사 또는 집행임원의 성명・주민등록번호・주소, ⑫ 공동대표이사 또는 공동대표집행임원을 정한 때에는 그 규정, ⑬ 명의개서대리인을 둔 때에는 그 상호 및 본점소재지, ⑭ 감사위원회를 설치한 때에는 감사위원회 위원의 성명 및 주민등록번호 등이다(317조 2항). 위 사항 중 ①,④,⑪,⑫는 본점에서도 등기해야 하며(317조 3항), 지점의 설치, 본・지점의 이전도 등기사항이며, 위 사항 중 변경이 있는 때에는 변경등기를 해야 한다(317조 4항, 181조~183조).

Ⅳ. 주식회사의 설립등기절차와 첨부서류

주식회사의 설립등기는 대표이사가 신청하며(상업등기법 17조 2항), 이때 회사설립에 관한 제반요건의 준수여부를 심사하는 자료로 삼기 위해 다음과 같은 서류를 첨부토록 하고 있다(상업등기법 80조 1호~11호). 즉, ① 정관, ② 주식의 인수를 증명하는 서면, ③ 주식청약서, ④ 발기인이 정한 주식발행사항(291조)을 증명하는 서면, ⑤ 이사와 감사 또는 검사인의 조사보고서와 그 부속서류, ⑥ 검사인의 보고에 관한 재판이 있은 때에는 그 재판의 등본, ⑦ 발기인이 이사와 감사를 선임한 때에는 이에 관한 서면, ⑧ 창립총회의 의사록, ⑨ 이사・대표이사와 감사・감사위원회위원의 취임승낙을 증명하는 서면, ⑩ 명의개서대리인을 둔 때에는 그와의 계약을 증명하는 서면, ⑪ 주금납입을 맡은 은행 기타의 금융기관의 납입금보관에 관한 증명서(다만, 자본금 총액이 10억원 미만인 회사를 「상법」 제295조 제1항에 따라 발기설립하는 경우에는 은행이나 그 밖의 금융기관의 잔고증명서로 대체 가능)이다.

V. 주식회사의 설립등기의 효과

주식회사의 설립등기(Die Anmeldung der Gesellschaft)의 주된 효과는 설립중의 회사가 법인격을 취득하여 회사로 탈바꿈한다는 것이다(172조). 설립중의 회사는

[그림 1] 주식회사의 설립절차순서

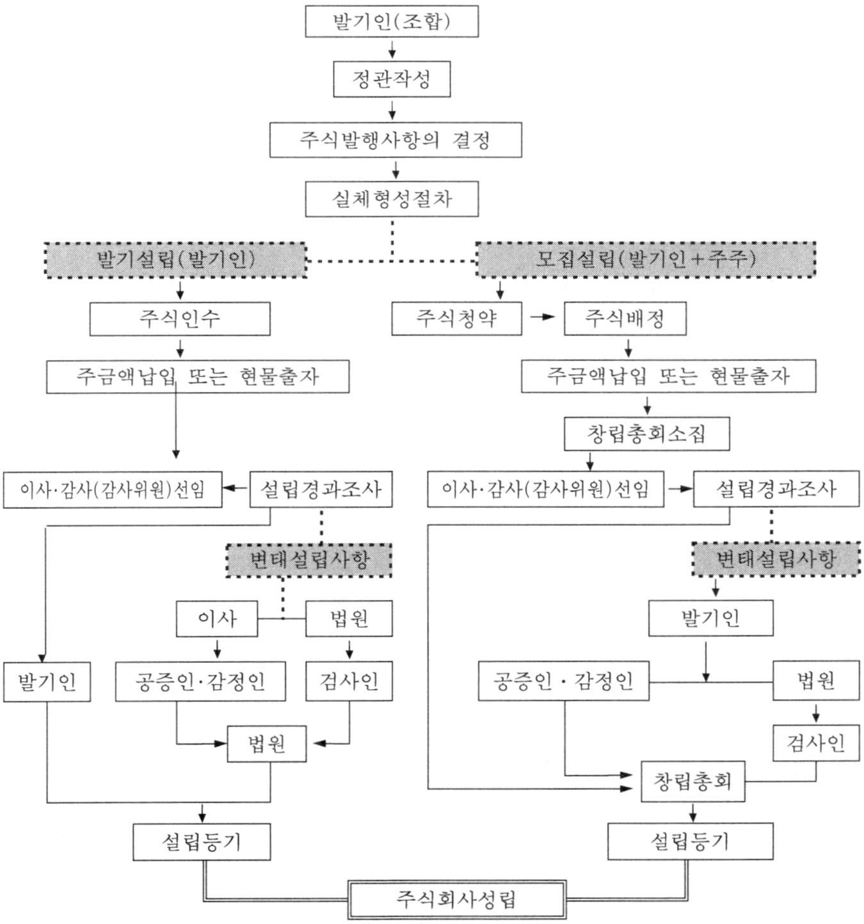

설립등기와 더불어 소멸하고 설립중의 회사가 취득한 권리의무는 당연히 성립 후의 회사로 승계되며, 주식인수인은 주주가 된다.[6]

설립등기의 부수적 효과로는 주식인수의 무효·취소의 주장이 제한되며(320조 1항), 권리주양도제한의 해제(319조), 회사의 주권발행의 허용 및 강제(355조 2항), 발기인 등의 자본금충실책임(321조), 상호권 인정 등을 들 수 있다. 또한 법인으로 인정됨으로써 법인등기부 등의 공문서가 갖추어진다. 제3자는 일정한 비용을 지불하고 상업등기소에서 자유로이 법인등기부 등본을 발급받아, 회사의 자본금 규모, 이사의 성명·주소·주민등록번호, 본점소재지, 목적사항 등에 관해서 알아볼 수 있다.

제6절 주식회사설립관여자의 책임

I. 서 설

주식회사의 설립은 그 절차가 복잡하여 과오나 부정이 생기기 쉽고 때로는 처음부터 사기의 목적으로 설립되는 경우(bubble corporation)도 적지 않아, 주식인수인 또는 회사채권자 등 이해관계인을 해칠 우려가 크다. 따라서 상법은 주식회사 설립에 관한 준칙주의의 결함을 보완하기 위하여 설립관여자(발기인·유사발기인·이사·감사·검사인·공증인·감정인·납입금보관자 등)에 대하여 엄격한 민사책임을 지우고 있을 뿐만 아니라 형사책임(특별배임죄:622조, 회사재산을 위태롭게 한 죄:625조, 부실문서행사죄:627조, 납입가장죄 등:628조, 주식초과발행죄:629조, 독직죄:630조) 또는 행정상의 책임(과태료 635조)까지 지우고 있다.

II. 발기인 책임

발기인은 발기인조합의 집행기관이며, 동시에 설립중의 회사의 기관으로서 주식회사 설립에 중추적 역할을 하기 때문에 그 책임이 아주 엄격하다.[7] 즉, 발기인은 형벌로써 특별배임과 그 미수죄(622조 1항, 624조), 회사재산을 위태롭게 하는 죄

6) Bruno Kropff und Johannes Semler, *a.a.O.*, S. 738.
7) Jesse H. Choper · John C. Coffee, Jr · Ronald J. Gilson, *op. cit.*, p. 295.

(625조), 부실문서행사죄(627조), 납입가장죄(628조 1항), 주식의 초과발행죄(629조), 독직죄[瀆職罪(630조)] 등에 의해서 처벌된다. 그 밖에도 설립에 대한 조사 또는 검사를 방해한 때, 주식청약서를 작성하지 않거나 주식청약서에 부실기재를 한 때, 또 권리주를 양도한 경우, 그리고 회사성립 전에 회사명의로 영업을 한 때에는 과태료의 제재를 받는다(635조, 636조). 다음에서는 발기인의 민사책임에 대해서 회사가 성립한 경우와 성립하지 않은 경우로 나누어 설명한다.

1. 회사성립의 경우

(1) 회사에 대한 책임

1) 자본금충실의 책임

발기인은 설립시에 발행하는 주식에 대하여 인수담보책임과 납입담보책임을 진다. 본래 주식회사는 설립시에 그 발행주식에 관해 인수와 납입이 이루어지지 않으면 설립될 수 없으나, 이를 간과하고 설립등기가 되었거나 또는 주식인수의 무효·취소로 자본금 구성에 결함이 생긴 경우에 발기인으로 하여금 전보책임(塡補責任)을 지움으로써 일반 주주 등 이해관계인의 기대와 신뢰를 보호하고 기업유지를 도모하고자 한다.

(가) 인수담보책임 발기인은 회사설립시에 발행한 주식으로서 회사성립 후에 아직 인수하지 않은 주식이 있거나, 주식인수의 청약이 취소된 때에는 이를 공동으로 인수한 것으로 본다(321조 1항). 이 책임은 일부주식의 인수 또는 납입의 흠결로 인하여 회사설립의 무효가 되는 불합리를 제거하기 위하여 법이 특별히 정한 책임으로서 손해배상책임이 아니고 자본금충실을 위한 무과실연대책임이다. 따라서 주식이 인수되지 아니하거나 주식인수가 무효·취소된 데에 대하여 발기인의 과실을 요하지 않는다. 그러나 일반적으로 회사성립 후에도 주식인수가 안 된 경우는 매우 드문 일일 것이다.

발기인이 지는 인수담보책임의 형태는 발기인 전원이 연대하여 공동 인수하는 것이다. 따라서 발기인 전원은 인수로 간주된 주식에 대하여 공유관계가 성립하고, 연대하여 주금액을 납입할 책임을 진다(333조 1항). 발기인이 인수담보책임에 따라 인수하고 주금액을 납입하면 주주가 된다. 따라서 주주권을 행사하기 위해서는 발기인 중의 1인을 주주권을 행사할 자로 정해야 한다(333조 2항). 만약 이를 정하지 않은 경우에는 공유자에 대한 통지나 최고는 발기인 중 1인에 대하여 하면 된다(333조 3항). 발기인의 인수담보책임의 발생시기는 원칙적으로 회사의 성립시

(설립등기시)이나, 예외적으로 회사성립 후 주식인수를 취소한 경우에는 그 취소시이다[李(基) 277, 鄭(東) 162, 鄭(燦) 281].

한편, 인수담보책임제도는 이미 진행된 설립절차를 존중하고 기업의 영속적 유지·발전이라는 기본적 이념에서 자본금의 경미한 흠결을 치유하여 이해관계인을 보호하고자 하는 데에 그 취지가 있다. 따라서 미인수 또는 인수취소·무효 등 자본금의 흠결이 중대하여 현실적으로 발기인에게 인수담보책임을 지우는 것이 무리일 때에는 설립의 무효사유가 된다(통설). 다만 이러한 판단은 설립무효소송의 사실심변론종결시를 기준으로 하므로, 이때까지 발기인의 인수책임이 이행되면 무효판결을 할 수 없다(李 259).

(나) 납입담보책임 발기인은 회사성립 후에 이미 인수된 주식에 대하여 인수가액의 전액이 납입되지 않은 주식이 있는 때에는 이를 연대하여 납입할 의무를 진다(321조 2항). 이 책임은 자본단체로서의 주식회사의 자본금충실을 기하기 위하여 상법이 특별히 정한 발기인 전원의 무과실연대책임이다. 따라서 발기인은 주식은 인수되었으나 납입이 안 된 부분이 있는 경우에 각자의 부담부분을 납입할 담보책임을 진다. 자기의 부담부분을 초과하여 담보책임을 진 발기인은 다른 발기인에 대하여 구상권을 행사할 수 있다(民 425조).

발기인이 납입담보책임을 이행하더라도 주주가 되는 것은 아니고, 타인(주식인수인)의 채무를 이행한 결과가 된다. 따라서 그 주식에 대한 주식인수인이 주주가 된다. 이 점이 발기인의 인수담보책임을 이행한 경우와는 다르다. 이때에 발기인은 주식인수인에 대하여 회사를 대위하여 변제를 청구할 수 있고, 회사로부터 주권을 교부받아 유치권을 행사할 수 있다(民 481조, 484조 1항). 납입담보책임의 발생시기는 인수담보책임의 경우와 같다.

(다) 현물출자의 경우 현물출자가 불이행된 경우에도 발기인이 출자자에 대신하여 자본금충실책임을 부담하는가에 관하여는 논란이 있다. 현물출자가 이행되지 않은 경우에 대체가능한 현물출자 또는 회사의 사업수행에 불가결한 것이 아닌 현물출자의 경우에는 금전으로 환산하여 발기인에게 자본금충실의 책임을 인정할 수 있다는 견해가 있다(李 260, 崔(埈) 164). 그러나 현물출자는 그 출자의 개성때문에 타인의 대체이행이 곤란하고, 또한 상법상 금전출자의 「납입」과 현물출자의 「이행」을 구별하여 규정하고 있는 점 등으로 볼 때, 발기인의 납입담보책임을 부정하는 것이 타당할 것이다[孫 640, 鄭(敬) 379, 鄭(燦) 279, 崔 200].

2) 손해배상책임

발기인이 회사의 설립에 관하여 그 임무를 게을리 한 때에는 그 발기인은 회사에 대하여 연대하여 손해를 배상할 책임이 있다(322조 1항). 이 책임은 설립중의 회사의 기관인 발기인이 선량한 관리자의 주의의무를 다하지 못한데 대한 책임으로서 법이 특별히 인정한 책임이고, 임무를 게을리 한 발기인만이 지는 손해배상책임이다. 이 점에서 발기인의 자본충실책임이 무과실연대책임인 점과 구별된다. 따라서 발기인의 자본금충실책임은 총주주의 동의로도 면제할 수 없으나, 손해배상책임은 이사 및 감사의 경우와 같이 총주주의 동의로써 면제할 수 있다(324조, 400조).

이사와 감사가 설립경과에 관한 사항(298조 1항, 313조 1항)의 조사를 해태하여 회사에 대하여 손해배상책임을 부담하고, 발기인도 손해배상책임을 지는 경우에는 발기인과 이사 및 감사는 연대하여 회사에 대하여 손해를 배상해야 한다(323조). 또한 변태설립사항에 대한 검사인 또는 공증인이나 감정인의 임무해태에 대하여 발기인이 이를 간과하고 부당한 변태설립사항을 그대로 수용한 경우에도 이로 인한 손해배상책임을 그들과 연대하여 부담한다. 그리고 발기인의 손해배상책임은 회사가 성립한 경우에만 발생하고, 회사가 성립하지 못한 경우에는 발생하지 않는다[孫 590, 鄭(東) 163, 鄭(燦) 283, 崔(埈) 166]. 그러나 회사가 성립한 후 설립무효가 확정된 경우에도 사실상의 회사가 존재하므로 일단 발생한 발기인의 책임은 소멸하지 아니한다(328조 2항, 190조).

3) 책임의 추궁·면제

회사가 발기인의 자본충실책임과 손해배상책임을 추궁하지 않을 때에는 발행주식총수의 100분의 1에 해당하는 주식을 가진 소수주주는 회사에 대하여 발기인의 책임을 추궁할 소를 제기할 것을 청구할 수 있으며, 이러한 청구에도 불구하고 30일 내에 회사가 소를 제기하지 않을 때에는 주주가 회사를 위하여 대표소송을 제기할 수 있다(324조, 403조~406조).

발기인의 손해배상책임은 자본충실책임과는 달리 총주주의 동의로 면제할 수 있다(324조, 400조). 그리고 발기인의 손해배상책임은 자본금충실의 경우와 같이 10년의 소멸시효(民 162조 1항)에 걸린다(同旨 : 李 262).

(2) 제3자에 대한 책임

발기인이 회사의 설립에 관하여 악의 또는 중대한 과실로 인하여 그 임무를 해태한 때에는 그 발기인은 제3자에 대하여 연대하여 손해배상책임을 진다(322조 2항).

1) 책임의 법적 성질

발기인이 제3자와 직접적인 법률관계를 갖지 않음에도 불구하고 회사에 대한 임무해태로 인하여 제3자에게 손해배상책임을 진다는 것은 특별한 것으로, 그 법적 성질이 무엇이냐에 관하여 견해가 나뉘어져 있다. 즉, 이를 불법행위의 일종이라고 보는 불법행위책임설[徐·鄭 335, 李(炳) 361]이 있으나, 회사설립과 관련된 제3자의 보호를 강화하기 위하여 인정된 상법상의 특수한 손해배상책임이라고 보는 견해(법정책임설)가 다수설이다.

생각건대, 이 책임은 제3자에 대한 직접적인 가해행위를 요하지 않고, 회사에 대한 임무해태가 책임의 발생원인이 되어 있는 점을 볼 때 법정책임설이 타당하다. 따라서 발기인의 행위가 동시에 불법행위의 요건을 충족하면 불법행위로 인한 손해배상책임과 경합(청구권의 경합)한다.

2) 책임의 요건

발기인이 제3자에 대해서 책임을 지는 경우는 회사설립에 관한 임무해태에 대하여 악의 또는 중대한 과실이 있는 때이다. 예컨대, 주식청약서에 허위의 기재를 한 경우, 발기인이 제3자와 재산인수계약을 체결하였으나 이를 정관에 기재하지 아니한 결과 그 계약이 무효가 된 경우, 발기인이 회사설립사무를 일부 발기인에게 위임한 결과 주식청약증거금 등을 횡령한 경우 등이다. 이때 발기인의 악의 또는 중과실은 임무를 게을리 한 데 대해 있으면 족하고, 제3자의 손해에 대해서 있을 필요는 없다.

3) 제3자의 범위

발기인이 책임을 부담하는 제3자에 주식인수인 또는 주주를 포함하는가에 관하여 다수설은 포함한다고 본다[李 262, 鄭(燦) 284, 崔 204, 孫 592]. 이에 대하여 회사가 손해를 입음으로 말미암아 주주가 간접적으로 손해를 입은 경우에는 회사가 손해를 배상받음으로써 주주도 간접적으로 배상받게 되므로, 이 경우의 주주는 제3자의 범위에 포함되지 않는다는 견해가 있다(徐·鄭 336). 또한 주식인수인 또는 주주로 입은 손해와 제3자의 자격에서 입은 손해로 나누어 후자의 경우만 부정하는 견해(林 158)도 있다.

생각건대, 설립중의 회사가 주식인수인 이외의 제3자와 직접 법률관계에 서는 일은 적고[鄭(東) 164], 주주의 대표소송으로 추궁하는 경우 그 요건을 갖추어야 할 뿐만 아니라 담보도 요구될 수 있기 때문에 제3자에 주식인수인을 포함시키는 것이 타당하다고 본다.

【주주도 포함된다는 사례】 Y는 소외 A회사의 발기인으로 주금액납입과 창립총회를 개최한 것으로 하여 설립등기를 하였고, X는 회사성립 후 B로부터 50주의 주식을 매수하였는 바, 그 후 제1회 주금액납입이 없었던 것으로 판명되어 설립무효의 소가 확정되었고, 회사는 법정청산절차에 들어 갔다. 이에 X는 취득주식

이 융통성을 상실했다고 하여 Y에게 손해배상청구를 요구하였는 바, 제1심은 이를 인용하였다. Y는 상고하면서 주주의 발기인에 대한 손해배상청구권을 인정한다면, 동일원인에 기한 회사와 주주의 이중의 책임을 부담하기 때문에 제3자에는 株主가 포함되지 않는다고 다투었다.

판례(日最判 昭和 2. 2. 10 民集 6권 1호 20쪽)는 조문에 제3자의 범위로서 명시적으로 주주를 제외하지 않고 있으며, 설령 회사가 손해배상을 받았다 하더라도 그것으로 주주 고유의 손해가 배상되는 것은 아니며, 회사가 손해배상권을 포기하는 경우 주주의 보호문제를 들어 Y의 청구를 기각하였다.

발기인이 회사에 배상한다면 동일 손해에 기하여 주주에게 배상할 필요성은 없을 것이다.

발기인이 제3자에 대하여 책임을 지는 경우, 이사와 감사도 제3자에 관하여 손해를 배상할 책임이 있는 때에는 발기인과 연대하여 손해배상할 책임을 진다(322조).

2. 회사 불성립의 경우

회사가 성립하지 못한 경우에는 발기인이 그 설립에 관한 행위에 대하여 연대하여 책임을 지며(326조 1항), 회사설립에 관하여 지급한 비용은 발기인이 부담한다(326조 2항). 여기서 회사의 불성립이란 설립절차에 착수하였으나 설립등기에 이르지 못한 것으로 확정된 것을 말한다. 회사불성립에 관한 사실상의 확정 여부는 발기인의 과실 유무와는 상관없이 설립을 방해하고 있는 사유의 성격과 그 흠결의 치유 가능성 등을 종합해서 판단해야 한다. 예컨대 발행주식의 대부분이 인수되지 아니하여 설립계획이 좌절된 경우이다. 창립총회에서 설립폐지를 결의한 경우(326조 1항)는 불성립이 법률상 확정되는 것이다.

이와 같이 회사가 성립하지 못한 경우에는 발기인은 주식인수인에 대하여 원상회복의무(예컨대 납입금이나 청약금의 반환, 현물출자의 목적물의 반환)를 지고, 설립비용을 부담한다. 이 책임은 발기인의 경솔한 회사설립행위를 막고, 주식인수인 및 설립중의 회사와 거래관계를 가진 채권자를 보호하기 위하여 상법이 특별히 인정한 책임이다. 따라서 이 책임은 상법상 특수한 책임이고, 무과실책임이며, 발기인 전원의 연대책임이다.

그러나 이 책임은 회사가 일단 성립한 경우에는 해당되지 않는다. 따라서 회사가 일단 성립한 후 무효판결이 확정된 경우에는 발기인은 상법 제326조가 아니라 상법 제322조에 의한 책임을 져야 한다.

Ⅲ. 유사발기인의 책임

1. 유사발기인의 의의

유사발기인이란 주식청약서 기타 주식모집에 관한 서면에 성명을 기재하고 회사의 설립에 찬조하는 뜻을 기재할 것을 승낙한 자를 말한다. 상법은 정관을 작성하고 기명날인한 형식적 의의의 발기인은 아니나, 실질적으로 회사설립에 관여한 외관을 갖춘 유사발기인에게 그 외관을 신뢰한 자를 보호하기 위하여 발기인과 같은 책임을 지도록 하였다(327조). 이는 회사설립과는 무관하나 주주모집을 용이하게 하기 위하여 지명도가 높은 유명인사의 이름을 빌려 허세를 꾸미는 경우, 자칫 응모주주 등 이해관계인의 판단을 그르칠 위험이 있으므로, 상법상 금반언의 법리 또는 권리외관법리에 의한 책임을 지우는 것이다.

2. 유사발기인책임의 요건

주식청약서 기타 주식모집에 관한 서면에 설립찬조의 뜻을 기재할 것을 승낙한 유사발기인은 발기인과 동일한 책임을 진다. 여기서 「주식모집에 관한 서면」이란 주식청약서에 국한하지 않고, 주주모집광고 · 회사설립안내문 · 주식인수를 권유하는 서신 등 회사설립에 관하여 응모주주 등 이해관계인의 결심을 유도할 수 있는 서면 따위를 말한다. 이때 그 서면은 반드시 인쇄된 것임을 요하지 않는다. 또한 매스컴이나 인터넷을 통한 광고 · 안내 등은 서면은 아니나, 외관창출의 효과는 다를 바 없으므로 상법 제327조를 유추적용해야 한다.

「설립찬조의 뜻」이란 직접적으로 회사설립을 지지하는 뜻을 명시하거나, 설립추진위원 · 고문 · 자문위원 등의 명칭을 사용하여 간접적으로 지지하는 경우도 포함된다(同旨 : 李 265). 그리고 「승낙」이란 명시적인 의사표시 뿐만 아니라 자기명의를 서면에 사용한 것을 알고도 방치하는 것과 같은 묵시적 승낙도 포함한다.

3. 유사발기인책임의 내용

유사발기인은 발기인과 동일한 책임을 진다. 그러나 유사발기인은 회사설립에 관한 직무권한이 없기 때문에 임무해태로 인한 손해배상책임은 있을 수 없다. 따라서 유사발기인이 지는 책임은 ① 회사성립의 경우 자본금충실책임(321조 1 · 2항)과 ② 회사불성립의 경우 주식인수인에 대한 원상회복의무, 즉 청약증거금 및 주금납입금의 반환과 설립비용에 관한 것이며, 발기인과 연대하여 책임을 진다.

4. 책임의 추궁과 면제

회사성립의 경우 유사발기인의 자본금충실책임은 소수주주의 대표소송으로 추궁할 수 있고, 이 책임은 무과실책임으로서 총주주의 동의로도 면제되지 않는다.

Ⅳ. 이사 · 감사의 책임

이사 및 감사(또는 감사위원회 감사위원)는 설립경과의 조사 · 보고임무(313조 1항)를 게을리 하여 회사나 제3자에게 손해를 입힌 경우에는 연대하여 그 배상책임을 진다. 이때 발기인에게도 책임이 있으면 발기인과도 연대하여 손해를 배상해야 한다(323조). 이사 및 감사의 제3자에 대한 손해배상책임은 발기인의 책임과의 균형상 악의 또는 중과실을 요건으로 한다[李 264, 鄭(東) 168, 鄭(燦) 286, 崔 207, 崔(竣) 169]. 따라서 이 책임은 과실책임이다.

이사 및 감사에 대한 책임도 소수주주권자가 대표소송(403조)에 의하여 추궁할 수 있다. 다만 총주주의 동의가 있으면 면제할 수 있다(324조, 403조~406조).

Ⅴ. 검사인 · 공증인 · 감정인의 책임

법원이 선임한 검사인이 변태설립사항을 조사 · 보고함에 있어 악의 또는 중대한 과실이 있었을 때에는 회사 또는 제3자에 대하여 손해배상책임을 진다(325조). 이 손해배상책임은 회사에 대한 책임의 경우에도 악의 또는 중과실이 있는 경우에만 발생하는 점에서 발기인 · 이사 · 감사의 회사에 대한 책임의 발생원인과 구별된다. 다만 모집설립시 창립총회에서 선임한 검사인의 책임은 이사 · 감사의 책임과 같다.

검사인의 손해배상책임은 상법이 인정하는 특수한 책임(법정책임)이다. 본래 법원이 선임한 검사인은 회사 또는 제3자와는 아무런 법률관계가 없으므로 책임을 질 이유가 없으나, 상법이 주식인수인과 회사채권자를 보호하기 위하여 특별히 정책적으로 그 책임을 인정하고 있기 때문이다.

한편, 공증인이나 감정인이 변태설립사항을 조사 · 평가하는 데 과실이 있는 경우에 대해서는 상법상 명문의 규정이 없다. 그러나 공증인·감정인과 회사와의 관계는 위임관계이므로 그들이 고의·과실로 회사에 손해를 가한 때에는 일반 채무불이행책임을 물을 수 있다. 다만 그들의 제3자에 대한 책임이 문제되는데, 이 경우에는 이사·감사(또는 감사위원회 위원)의 제3자에 대한 손해배상책임규정(323조)을 유추적용해야 한다고 본다[同旨 : 李 264].

제7절 주식회사설립의 하자

I. 서 설

회사설립의 하자라 함은 회사가 설립등기를 하여 외관상 유효하게 성립하였으나, 그 설립절차에 결함이 있는 것을 말한다. 따라서 회사설립의 하자는 「會社의 불성립」(설립절차에 착수했다가 중도에 좌절되어 설립등기를 하지 못한 경우)이나 「회사의 부존재」(설립절차를 밟지 않고 설립등기만 되어 있는 경우)와 구별된다.

회사설립행위 또는 설립절차에 하자가 있는데 이를 간과하고 설립등기를 하게 되면 설립의 효력이 문제될 수 있다. 이때 사원 등 이해관계인은 회사설립의 무효 또는 취소를 주장할 수 있으며, 그 효력은 주장자 개인에게만 미치지 않고 회사법의 단체법적 성격상 제3자에게도 미친다. 따라서 상법은 회사설립의 하자를 다투는 경우 다음과 같은 특별한 규정을 두고 있다. 즉, ① 하자의 주장자를 제한(184조, 269조, 328조 1항, 552조 1항)하고 있으며, ② 하자의 주장은 소의 제기에 의해서만 할 수 있도록 하고(전게 조문), ③ 제소기간을 단기로 제한하고(2년, 전게조문), ④ 관할 등 소의 절차에 관한 특칙을 두고(186조~188조, 192조, 기타 회사에 준용), ⑤ 하자의 보완을 인정하여 기업유지를 꾀하고(191조, 기타 회사에 준용), ⑥ 패소한 원고에게 과중한 책임을 부과하여 남소를 억제하고(191조, 기타 회사에 준용), ⑦ 설립의 무효·취소판결에 대세적 효력을 인정하는 한편 그 소급적 효력을 제한하고(190조, 기타 회사에 준용), ⑧ 일정한 경우 회사의 계속을 인정한다(194조, 합자회사에 준용). 특히 주식회사의 경우에는 다른 회사와 달리 주주 개인의 주관적인 하자로 인한 무효·취소를 인정하지 않고 객관적 하자, 즉 강행규정의 위반 또는 주식회사의 본질에 반하는 하자를 원인으로 한 설립무효만을 인정하는 것이 특색이다.

Ⅱ. 설립무효의 원인

주식회사에서는 다른 회사에서와는 달리 설립무효의 원인으로 사원개인의 주관적인 하자는 인정하지 않고, 객관적인 하자만을 설립무효의 원인으로 하고 있다. 객관적 하자로는 ① 설립목적이 위법하거나 사회질서에 어긋날 때, ② 설립등기가 무효인 때, ③ 정관의 절대적 기재사항이 불비(不備)된 때, ④ 발기인의 기명날인(또는 서명) 또는 공증인의 인증이 없거나 무효인 때, ⑤ 주식발행사항의 결정(291조)이 없거나 또는 그 내용이 위법한 때, ⑥ 설립시 발행주식총수의 인수 또는 납입의 흠결이 현저하여 발기인의 인수·납입담보책임만으로 자본충실을 기할 수 없을 때, ⑧ 창립총회를 소집하지 않았거나 조사·보고를 하지 않은 때 또는 결의가 무효인 때 등을 들 수 있다.

한편 다른 회사 설립취소의 소의 경우 설립취소의 원인으로는 사원의 무능력·의사표시의 하자와 사해행위로 인한 설립의 경우를 들 수 있다.

Ⅲ. 설립무효의 소의 성질 및 절차

1. 소의 성질

주식회사설립무효의 소는 형성의 소이다. 따라서 주식회사설립의 무효는 소송에 의해서만 주장할 수 있다.

2. 소의 절차

주식회사설립무효의 소를 제기할 수 있는 기간은 회사성립의 날로부터 2년 내에 한한다(328조 1항). 회사성립의 날이란 설립등기를 한 날을 뜻하며, 2년이란 시효기간이 아니고 제척기간이므로 중단이나 정지가 있을 수 없다.

원고는 주주 또는 이사·감사이고 피고는 회사이다. 이 소의 관할은 피고(회사)의 본점소재지의 지방법원의 관할에 전속한다(328조 2항, 186조). 따라서 이 소에 관한 한 합의관할이나 응소관할에 의하여 다른 법원에 관할이 생길 여지가 없으며, 관할위반의 경우를 제외하고는 이송이 허용되지 아니한다(민소 31조, 32조).

회사는 설립무효의 소가 제기되면 지체 없이 이를 공고해야 한다(328조 2항, 187조). 이는 더 이상의 피해자가 생기는 것을 방지하기 위함이다. 한편, 같은 회사에 관하여 여러 개의 설립무효의 소가 제기되었을 때에는 법원은 이를 반드시 병합심리해야 한다(328조 2항, 188조). 이는 소의 성질상 원고에 따라 상이한 판결이 나오는 결과를 피하기 위한 것이다.

Ⅳ. 설립무효판결의 효과

1. 원고승소의 경우

(1) 대세적 효력

원고가 승소한 경우는 판결의 대세적 효력에 의하여 당사자 이외의 제3자에게도 그 효력이 미치며, 누구도 이를 다투지 못한다(328조 2항, 190조). 이러한 기판력은 회사를 중심으로 한 다수의 법률관계를 획일적으로 확정하기 위한 것이다.

(2) 불소급효

설립무효의 판결이 있더라도 이는 장래에 대하여 그 효력이 있을 뿐이다. 따라서 그 때까지의 회사의 제3자에 대한 계약상 또는 불법행위상의 책임, 주주의 회사에 대한 권리, 발기인의 회사 및 제3자에 대한 책임(321조, 322조) 등은 모두 회사가 유효하게 성립한 경우와 같이 취급된다(328조 2항, 190조 단서). 이는 판결확정 전까지 회사설립이 유효함을 믿고 거래한 이해관계인들의 거래안전성을 보호하기 위한 것이다. 그 결과 판결확정 전에 마치 회사가 유효하게 존재하였던 것과 같은 법률상태가 생기는데, 이를 「사실상의 회사」라고 한다.

【사실상의 회사】

1) **사실상의 회사의 의의**　사실상의 회사(fehlerhafte Gesellschaft, de facto corporation)란 회사성립 후 설립무효 또는 취소(합명회사·합자회사·유한회사)의 판결이 확정되기 전까지 존재하였던 실체를 말한다.[8)]

2) **사실상의 회사의 요건**　사실상의 회사로 인정받기 위해서는 첫째, 정관을 작성하여야 한다. 둘째, 회사가 설립등기를 하거나 실제 회사로서 활동하였어야 한다. 설립등기조차 되지 않은 경우에는 회사의 불성립이고, 회사의 설립등기는 되었으나, 정관의 유효한 작성도 없는 경우나 주금액 납입도 없는 경우 등 회사라 인정할 만한 조직이나 실체가 없는 경우에는 회사의 부존재[9)]로서 사실상의 회사

8) Jesse H. Choper · John C. Coffee, Jr · Ronald J. Gilson, *op. cit.*, p. 296.

9) 회사가 설립등기에 의하여 형식상 존재하고 있는 경우에 원칙적으로는 설립무효의 소에 의하여 그 존재는 부정할 수 있을 것이나, 주금납입은 물론 창립총회를 개최한 사실도

와 구별된다. 셋째, 회사의 설립절차에 중대한 하자가 있어 회사설립의 무효 또는 취소의 판결이 확정되어야 한다.

3) 사실상의 회사의 법률관계　사실상의 회사는 유효하게 성립한 회사처럼 취급하여 설립무효의 판결 또는 취소의 판결이 확정되기 전에 생긴 회사의 사원 및 제3자간의 권리의무에는 영향을 미치지 않도록 하였다(328조 2항, 190조 단서). 사실상의 회사는 해산에 준하여 청산절차를 밟는다.

(3) 청 산

설립무효의 판결이 확정되면 회사는 해산의 경우에 준하여 청산해야 한다(328조 2항, 193조). 설립무효 판결의 소급효를 인정하지 않은 결과이다. 이때 법원은 이해관계인의 청구에 의하여 청산인을 선임할 수 있다(328조 2항, 552조 2항). 이에 반하여 합명회사와 합자회사에서는 설립무효·취소판결이 있더라도 그 무효·취소사유가 특정사원에 한정된 경우에는 다른 사원 전원의 동의로 회사를 계속할 수 있다.

(4) 등 기

설립무효의 판결이 확정된 때에는 본점과 지점의 소재지에서 이를 등기해야 한다(328조, 192조).

2. 원고패소의 경우

원고가 패소한 경우는 그 효력이 당사자간에만 미치므로 제소기간 내에는 다른 이해관계인이 다시 무효의 소를 제기할 수 있다. 원고가 패소한 경우 그 원고에게 악의 또는 중대한 과실이 있는 때에는 회사에 대하여 연대하여 그 손해를 배상할 책임이 있다(328조 2항, 191조). 이는 무모하게 소를 제기하여 회사법률관계를 혼란시킨 책임을 묻는 동시에 남소를 방지하려는 취지이다.

【사후설립】

1) 의 의　사후설립(Nachgründung)이란 주식회사가 성립한 후 짧은 기간 내에 그 성립 전부터 존재하는 재산으로 영업을 위하여 계속해서 사용하기 위해 취득하는 계약을 말한다.

2) 입법취지　주식회사가 성립한 후 재산을 취득하는 것은 그것이 회사의 영업활동의 범위에 속하는 한 이사회의 결의 또는 대표이사의 업무집행에 속하는 사

없고 이사 등이 회사의 기관선임행위도 없는 회사설립의 절차를 완전히 결여한 경우에는 회사의 부존재라 할 것이다(日大判 昭和 14. 4. 19, 大審院判決全集 24輯, 19쪽). 회사의 부존재의 경우는 소를 제기하지 않더라도 누구에게나 주장할 수 있다는 점에서 설립무효와 구별된다.

항이나, 사후설립의 경우에는 현물출자나 재산인수에 관한 엄격한 통제를 회피하기 위한 수단으로 사용될 염려가 있으므로[10] 주주총회의 특별결의를 받도록 상법은 규제하고 있다. 즉, 회사가 성립 후 2년 내에 그 성립전부터 존재하는 재산으로서 영업을 위하여 계속하여 사용하여야 할 것을 자본금의 100분의 5 이상에 해당하는 대가로 취득할 때는 주주총회의 특별결의를 받도록 하고 있다(375조, 374조).

3) **재산인수와 사후설립** 재산인수와 사후설립의 차이는 전자가 발기인이 회사설립과정에서 설립 중의 회사를 위하여 회사의 성립을 조건으로 주식인수인 또는 제3자로부터 일정한 재산을 양수할 것을 약속하는 계약임에 반하여, 후자는 회사성립 후에 회사의 거래행위로서 일정한 재산을 양수할 것을 약속하는 계약이라는 점이다.

4) **사후설립의 요건**

a) **기간제한** 사후설립의 규제목적이 현물출자나 재산인수에 관한 규제를 회피하는 것을 방지하기 위한 것이므로, 성립전부터 존재하는 특정한 재산을 취득하려는 의도를 숨기고 있는 것으로 보이는 합리적인 기간, 즉 회사성립 후 2년 내의 재산취득만을 규제대상으로 하고 있다.

b) **재 산** 사후설립의 대상이 되는 재산은 회사성립 전부터 현실적으로 존재하는 재산을 의미하며, 회사성립 후 창설되는 재산은 포함되지 않는다[李 571, 鄭(東) 355].

회사영업을 위하여 계속해서 사용하기 위한 재산이어야 한다. 그런 목적의 재산인 한 토지, 건물, 기계, 설비, 공장, 특허권 기타 무체재산권 등 일체의 재산이 그 대상으로 된다.

c) **대 가** 재산취득의 대가는 자본금의 100분의 5 이상에 해당하여야 한다. 취득계약에는 매매뿐만 아니라 교환, 기타 모든 유상취득을 포함한다.

d) **주주총회의 특별결의** 위 요건으로 사후설립에 해당하는 경우에는 주주총회의 특별결의를 받아야 한다. 총회의 특별결의를 받지 않고 한 재산취득계약은 무효이다. 이 경우 계약상대방의 선의·악의는 문제삼지 않는다.

---

10) Bruno Kropff und Johannes Semler, *a.a.O.*, S. 1066.

제3장 株式과 株主

제1절 株　式

I. 주식의 개념

1. 주식의 의의

주식(Aktien, share, stock)은 법률상 두 가지의 뜻이 있다. 그 하나는 자본금의 구성단위이고, 다른 하나는 회사에 대한 주주의 지위(사원권)이다. 주식회사에서는 이 주식을 매개로 물적 요소인 자본금과 인적 요소인 社員(株主)의 지위를 결부시키고 있다. '주식'이 때로는 주주권을 표창하는 유가증권의 의미로 쓰이기도 하나, 상법에서는 「주권」이라고 부르는 것을 통속적으로 표현하는 용례일 뿐이다(335조 2항, 336조).

한편, 주식은 사원의 지위를 나타낸다는 점에서 인적회사에서의 지분과 그 뜻을 같이한다. 그러나 주식이 인적회사의 지분과 법적 성격을 달리하는 것은 이른바 지분복수주의를 취하고 있다는 점이다. 즉, 주식회사에 있어서는 기업의 공동소유자로서의 지위가 주식이라는 단위로 나뉘어져 주주의 출자액에 따라 소유되므로 지분(주식)의 수와 사원(주주)의 수가 반드시 일치하는 것은 아니다. 또한 주주는 그가 가진 주식의 인수가액을 한도로 출자의무를 부담할 뿐이고, 인적회사에서와 같이 손실분담의무까지 지는 것은 아니다.

2. 주식의 본질

어느 주식회사의 주식을 가진 자를 주주라 하고 그에게 여러 권리를 부여하고 있다. 이때 주주권을 나타내는 주식의 본질이 무엇이냐가 문제된다.

종래 주식회사의 본질을 조합으로 파악하였을 때에는 주식을 회사재산에 대한 공유(합유)지분으로 보아 물권으로 보기도 하였고(주식물권설), 주주가 회사에 대하여 갖는 각종 청구권에 중점을 두어 채권이라고 보기도 하였다(주식채권설). 그러나 오늘날은 주식을 주주권 또는 주주의 지위를 뜻하는 사원권으로 보는 주식사원권설이 통설이다.

(1) 주식사원권설(주주권설)

주식사원권설은 사원인 주주가 갖는 자익권, 공익권이 개별적이고, 이러한 권리는 주식이 양도·상속 등에 의해 이전될 때 더불어 포괄적으로 이전되는 것으로, 주주가 회사관계에서 갖는 사원으로서의 지위 속에 포함되는 것이라고 한다. 이 설은 그 사원권(주주권)의 내용을 무엇으로 보는가에 따라 다시 학설이 나뉜다. 즉, ① 주주인 지위에서 갖는 권리와 의무가 합쳐져 단일의 권리를 이룬다고 하는 단일권설, ② 주주권은 주주인 지위에서 갖는 권리의무의 집합이라고 보는 권리의무집합설, ③ 주주권은 주주의 회사에 대한 권리의무관계를 생기게 하는 법률상의 지위 또는 자격이라고 하는 자격설(법률관계설) 등이 그것이다.

(2) 사원권부인설

주식의 사원권을 부인하는 견해도 주식과 주주권의 내용을 어떻게 보느냐에 따라 학설이 나뉜다. ① 단일주주지위설은 주주가 사원으로서 갖는 권리 중 공익권은 회사의 기관인 주주총회의 구성원으로서 갖는 권한이고, 자익권은 주주가 그 사원인 지위에서 갖는 독립된 권리이므로 주식이 곧 주주권은 아니고 주주의 지위일 뿐이며, 주주의 지위는 주식 수에 관계없이 회사와의 관계에서 하나만이 존재한다는 견해이다. ② 주식채권설은 주식은 이익배당의 청구를 목적으로 하는 조건부채권이고, 공익권은 원시적으로 부여되는 일신전속적인 인격권으로서 주식속에 포함되지 않는다는 견해이다. ③ 주식회사재단설은 주식회사를 영리재단법인으로 보고, 주식은 이익·이자배당 및 잔여재산분배청구권 등을 내용으로 하는 순수한 금전채권으로서 양도될 수 있으나, 기타의 자익권 및 공익권은 주주의 의사와 관계없이 주주의 이익을 보호하기 위한 주식법상의 권리로서 양도성이 없다고 한다.

생각건대, 주식이 경제적으로는 채권화하는 경향이 있음을 부정할 수는 없다. 그러나 주식이란 투자자인 주주에게 투자액에 따른 기업지배(자본적 민주주의)의 가능성을 보장해 줌으로써 주식회사의 인적 요소와 물적 요소를 융합시켜 주는 법기술이다. 따라서 주주는 당연히 수익에 대한 기대권(자익권)과 이를 확보하기 위하여 회사경영에 관여할 수 있는 권리(공익권)를 갖는 것이다(李·崔 507). 따라서 주주의 모든 권리는 주식에 근원을 두며, 주식이 이전함에 따라 주주의 모든 권리도 더불어 이전하므로 주식을 권리로 파악함은 당연하고, 또 주식회사의 사단적 본질에 비추어 이를 사원권(Mitgliedschaftsrecht)으로 설명하는 것이 옳다고 본다[同旨 : 李 220, 鄭(東) 177, 林 180].

(3) 주식과 자본금의 관계

주식은 자본금을 구성하는 단위이다. 우리 상법은 주권에 주식의 수뿐만 아니라 1주의 금액이 기재된 액면주식(par value shares, shares with value; Nennwertaktien)의 발행만을 인정하다가 2011년 4월 개정으로 무액면주식(no par value shares, shares without value; Quotenaktie)을 정관 규정에 의해서 도입할 수 있도록 하였다. 따라서 주식회사의 자본금은 액면주식을 발행한 경우에는 주금액이 표시되며, 100원 이상으로 하되 균일하여야 하며(329조 2항, 3항), 발행주식의 액면총액이 자본금이 된다(451조 1항). 주식회사의 자본금이 주식으로 분할되는 것은 액면주식과 무액면주식 모두에 해당된다.

또한 주식은 주식불가분의 원칙에 의하여 1개의 주식을 1주 미만의 주식(端株)으로 분할하여 양도하지 못한다. 만일 자본금 감소 등의 이유로 1주 미만의 주식, 즉 단주가 발생한 경우에도 이를 매각하여 그 대금을 단주의 주주에게 분배하도록 하고 있으므로 단주 그 자체의 존속을 인정하지 않는다. 하지만 상법상의 주식분할제도(329조의2)는 단위주식의 시가를 저하시키거나 합병절차를 간소화하기 위한 경우에 이용된다.

1개의 주식을 수인이 공유할 수는 있다(333조). 이때 공유자는 주주권을 행사할 자 1인을 정하여야 하며, 권리를 행사할 자가 없는 때에는 회사의 공유자에 대한 통지나 최고는 그 중 1인에 대하여 하면 된다(333조 3항).

Ⅱ. 주식의 분류

1. 주식 분류의 다양성

우리 상법은 주식의 액면가는 균일하도록 하고 있으나(329조 3항), 내용과 속성에 따라 다양하게 주식을 발행할 수 있도록 하고 있다. 이는 주식의 원활한 유통과

편의 혹은 경영권의 안정을 도모하고자 함이다. 이에 따라 회사는 종류가 다른 주식을 발행할 수도 있고, 이에 대해 특수한 조건을 붙일 수도 있다. 일반적으로 주식은 ① 주금액이 기재되는가 여부에 따라 액면주식과 무액면주식, ② 주권과 주주명부에 주주의 성명이 기재되는가 여부에 따라 기명주식과 무기명주식으로 분류되며, ③ '이익의 배당, 잔여재산의 분배, 주주총회에서의 의결권의 행사, 상환 및 전환 등에 관한 다른 내용이 있는지에 따라서 보통주식과 종류주식으로 분류되며, 종류주식은 다시 이익의 배당, 잔여재산의 분배에 관한 종류주식, 의결권의 배제 · 제한에 관한 종류주식, 상환주식과 전환주식과 같은 종류주식으로 분류되며,[1] ④ 신주발행 시 주식의 취득을 위하여 주금을 납입시켜 발행하는가의 여부에 따라 유상주와 무상주, ⑤ 회사가 당해 영업연도 전에 발행한 주식인지 여부에 따라 구주와 신주, 그리고 ⑥ 1주 미만의 주식인지 여부에 따라 단위주와 단주로 분류하는 등 다양하게 분류해 볼 수 있다.

2. 액면주식과 무액면주식

(1) 액면주식

액면주식(par value share; Nennwertaktie)이란 1주 금액이 정관에 정해지고 주권에 표시되는 주식을 말한다. 우리 상법은 종래에는 1주 금액을 5,000원 이상으로 하였다가 1998년 개정상법에 의해서 100원 이상으로 낮추었다. 주식분할을 용이하게 함으로써 고가주식의 유통성을 높이며, 나아가 회사의 자금조달의 편의성을 도모하기 위한 개정이었다. 발행한 주식의 액면가는 자본금에 계상되며, 액면을 초과하여 발행한 경우 그 주식발행초과금은 자본준비금으로 적립된다(451조, 459조 1호).

(2) 무액면주식

무액면주식(non-par value share; nennwertlose Aktie, Quotenaktie)이란 1주의 금액이 표시되지 않고 주권에는 주식 수만이 기재되는 주식이다. 따라서 무액면주식 발행의 경우 주주는 전체 발행주식에 대한 자기지분의 비율만 인식할 수 있을

---

1) 개정 전 상법 제344조는 수종의 주식을 규정하여 우선주, 후배주, 혼합주의 발행을 할 수 있도록 하였다. 또한 개정 전 상법에서는 상환주식(우선주), 무의결권주(이익배당에 관한 우선주), 전환주식은 달리 규정하고 있어 제344조의 수종의 주식에는 포함되지 않았다. 즉 특수한 약정이 부가된 주식으로 보았다. 2011년 개정상법은 건설이자의 배당은 폐지하면서 '수종의 주식'보다 그 개념범위를 넓혀서 '종류주식'이란 개념을 도입하였다. 그래서 주주총회에서의 의결권의 행사에 관한 것으로 의결권의 배제 · 제한에 관한 종류주식을 인정하고, 기존에 수종의 주식에 포함하지 아니하였던 상환주식과 전환주식을 종류 주식의 유형으로 포함시켰고 발행 가능한 유형을 넓혔다.

뿐이다. 우리나라에서는 자본시장법에 의하여 설립되는 투자회사의 경우에 한하여 무액면주식의 발행이 인정되고 있었는데(동법 196조 1항), 2011년 4월 상법 개정으로 무액면주식의 발행을 인정하게 되었다(329조 1항 2문). 우리 상법상은 액면주식과 무액면주식 중에 하나만을 각 회사가 정관 규정으로 선택하도록 되어 있고(329조 1항 2문), 양자 간의 전환도 허용되어 있다(329조 4항).

무액면주식은 시가로 그때 그때 신주를 발행할 수 있기 때문에 자금조달이 용이하다는 장점이 있다. 특히, 시가가 액면가를 미달하는 경우에 더욱 그러하다. 무액면주식은 액면가와 같은 기준금액이 없고, 주식을 발행할 때마다 정하는 발행가액만이 있다. 개정상법은 무액면주식제도를 도입하면서 안전장치로서 회사가 무액면주식을 발행하는 경우 주식의 발행가액의 2분의 1 이상의 금액을 이사회에서 자본금으로 계상하기로 한 금액의 총액을 회사의 자본금으로 하도록 하고 있다(451조 2항).

3. 기명주식과 무기명주식

기명주식과 무기명주식의 구분은 주권과 주주명부에 주주의 성명이 기재되는지에 따른 구별이다.

(1) 기명주식

기명주식(nominative share; Namensaktie)이란 주주의 성명이 주권과 주주명부에 표시되는 주식을 말한다.[2] 우리 상법은 기명주식을 원칙으로 하고, 무기명주식은 정관에 규정된 경우에 한하여 발행할 수 있도록 하고 있다(357조 1항).

주주명부에 기재된 기명주식의 주주는 주주로서의 자격을 가진 것으로 추정되므로, 회사는 주주명부에 기재된 주소로 통지나 최고를 하면 된다(353조 1항). 또한 기명주식의 주주는 주권이 없이도 권리를 행사할 수 있을 뿐만 아니라 처음부터 주권불소지가 가능하며(358조의2), 入質의 경우에는 등록질도 가능하다(340조).

(2) 무기명주식

무기명주식(share warrant to bearer; Inhaberaktie)이란 주주의 성명이 주권과 주주명부에 기재되지 않는 주식을 말한다. 그런데 2014년 개정상법에서 무기명주식제도를 폐지하였다. 이에 따라 무기명주권의 공탁제도, 무기명주식의 질권제도,

---

2) Bruno Kropff und Johannes Semler, Münchener Kommentar zum Aktiengesetz(I), 2000, C. H. Beck/Franz Vahlen. S. 283.

무기명주식의 주주에 대한 공고제도, 무기명주식과 관련된 주권불소지제도 관련 규정이 삭제 내지 개정되었다.

4. 종류주식

(1) 의 의

상법 제344조 제1항에 의하면 회사는 '이익의 배당, 잔여재산의 분배, 주주총회에서의 의결권의 행사, 상환 및 전환 등에 관하여 내용이 다른 종류의 주식을 발행할 수 있다. 종류주식은 다시 이익의 배당, 잔여재산의 분배에 관한 종류주식, 의결권의 배제 · 제한에 관한 종류주식, 상환과 전환에 관한 종류주식과 같은 종류주식들로 분류되고, 이들은 보통주와 이익 · 잔여재산분배청구권, 의결권의 행사나 상환이나 전환권이 붙어있지 않다는 점에서 차이가 있다. 이러한 종류주식은 보통주식을 발행하는 것을 전제로 발행되는 것으로서 회사에 대해서는 자금조달상의 유연성을 제공하는 장점이 있지만, 주식의 종류에 따라서 다른 대우를 한다는 점에서 주식의 차별화를 초래한다. 그래서 종류주식과 주주평등의 원칙의 관계가 문제되는데, 이에 대해서는 종류주식이 주주평등의 원칙의 예외라고 설명된다.

종류주식 발행에 있어서 표준이 되는 주식이 바로 보통주식(common share, Stammaktie)이다.[3] 보통주식이 종류주식에 속하는 것인지에 관해서는 논란이 있다. 보통주식은 종류주식 발행 시 그 기준이 되며, 상법상 상환주식으로 발행할 수 없다(345조 5항)는 측면에서 종류주식은 아니라고 생각한다. 이 경우에도 어느 회사에서 종류주식이 중심이 되어 다수가 발행되고 보통주식이 소수 발행되는 경우에는 종류주주총회의 개최 여부 등에 문제점이 있을 수 있다. 따라서 상법 개정 시 보통주식과 종류주식의 개념에 대해 명확히 할 필요성이 있다.

(2) 종류주식의 발행

종류주식의 발행은 정관의 상대적 기재사항으로서, 정관에 각 종류주식의 내용과 수를 정해 둔 경우에 한해서 종류주식 발행이 가능하다. 이렇게 정관에 기재된 범위 내에서 회사 설립의 경우에는 발기인이, 그리고 신주발행의 경우에는 이사회가 그 종류와 수를 정하여 종류주식을 발행할 수 있다. 2011년 개정상법에서 종류주식 다양화가 실현되었는데, 기본적으로 종류주식을 다양하게 인정하였을 뿐만 아니라 그것들의 결합도 허용한 까닭에 종류주식의 경우의 수는 매우 많다고 하겠다.

---

3) Jesse H. Choper · John C. Coffee, Jr · Ronald J. Gilson, *Cases and Materials on Corporations*, Aspen Publishers, INC. 2000, p. 201.

(3) 종류주식에 관한 특칙

종류주식에 관한 특칙으로는 여러 가지가 있는데, 우선 정관 기재에 대한 요구가 있다. 종류주식 발행을 위해서는 그 종류와 수에 관한 정관 기재가 요구된다는 점은 이미 언급되었는데, 이처럼 상대적 정관기재사항으로 한 것은 자본금충실을 해할 염려도 있을 뿐만 아니라 주주평등의 원칙에 대한 예외가 되므로 다른 주주들의 이해관계가 크다는 점을 배경으로 한다.

다음으로는 주주평등의 원칙에 대한 예외가 있다. 종류주식 발행 시에는 정관에 다른 정함이 없는 경우에도 주식의 종류에 따라서 신주 인수, 주식의 병합 · 분할 · 소각 또는 회사의 합병 · 분할로 인한 주식 배정에 관하여 특수한 정함을 할 수 있다(344조 3항). 그 밖에 종류주식 발행 시 정관 변경으로 어느 종류주식의 주주에게 손해가 발생하게 될 경우 등 일정한 경우 종류주주총회 결의를 거쳐야 한다. 그 외에 공시도 요구되는데, 종류주식 발행의 경우에는 등기해야 하며(317조 2항 3호), 주식청약서 · 주주명부 · 주권에 기재하는 등의 公示를 하여야 한다. 다른 종류주식을 발행한다는 것은 기존 주주들이나 잠재적 주주에게 중대한 이해관계가 걸린 문제이고, 경우에 따라서는 자본금충실을 해칠 위험이 있기 때문이다.

(4) 재산적 내용에 관한 종류주식

회사는 자금조달의 용이성을 위해서 재산적 내용이 다른 주식, 즉 이익 배당이나 잔여재산 분배에 관한 내용이 다른 종류의 주식을 발행할 수 있다(344조 1항). 재산적 내용이 다른 주식을 발행하는 경우에는 정관에 그 종류와 수를 정해야 한다(345조 2항). 이익배당에 관하여 내용이 다른 종류주식을 발행하는 경우 정관에 그 주주에게 교부하는 배당재산의 종류, 그 가액의 결정방법, 이익배당 조건 등의 내용을 정해야 한다(344조의2 1항). 잔여재산 분배에 관한 종류주식 발행을 위해서도 마찬가지이다(344조의2 2항). 재산적 내용에 관한 종류주식에는 우선주 · 후배주 · 혼합주가 있다.[4)]

1) 우선주

우선주(preferred share, Vorzugsaktie)는 재산적 내용(이익이나 이자의 배당 또는 잔여재산의 분배)에 있어서 보통주보다 우선적 지위(채권자보다는 열후적 지위)가 인정된 주식을 말한다. 따라서 우선주 배당 후 나머지가 있으면 보통주가 배당받을 수 있다. 우선주란 다른 주식보다 많은 배당을 받는 주식을 뜻하는 것이기도 하고, 다

---

4) Stephen W. Mayson · Derek French & Christopher Ryan, *Company Law*, Blackstone P. Lit., 1996, p. 152.

른 주식보다 선순위로 소정의 배당을 받는 주식이라는 뜻이기도 하다. 우선주의 확정배당률을 표시하지 아니하고 보통주에 대한 배당률에 일정률을 가산하는 방식, 즉「보통주보다 액면가를 기준으로 1%를 더 배당한다」는 식의 우선주는「재산적 내용이 다른 종류 주식」에 해당한다(344조의2 1항).

우선주라 하더라도 이익이 없으면 배당할 수 없는데(사채와의 기본적 차이), 이때 부족한 배당금을 차기에 이월시켜 차기의 배당금과 함께 합산하여 배당받을 수 있게 하는 우선주를 누적적 우선주(cumulative share)라 하고, 당기의 배당이 없거나 부족하더라도 차기에 이월시키지 않는 우선주를 비누적적 우선주(non-cumulative share)라고 한다.

한편 회사의 영업실적이 좋은 경우에는 배당율에 제한이 없는 보통주가 우선주보다 더 많은 배당을 받을 수가 있다. 이때 우선주는 정관에 정한 우선적 배당을 받고, 다시 잔여미처분이익의 배당에 참가할 수 있는데 이러한 우선주를 참가적 우선주(participating share)라 하고, 정관 소정의 배당만 받고 잔여이익은 모두 보통주에 배당하는 경우를 비참가적 우선주(non-participating share)라고 한다. 그리고 참가여부·누적여부를 상호 결합하여 누적적·비참가적 우선주 또는 비참가적·누적적 우선주의 형식으로 발행할 수도 있다. 이때 비참가적 상환우선주·누적적 상환우선주에 의결권마저 없는 것으로 정해지면 사채와 매우 흡사해진다.

우선주는 보통 회사에 배당압박으로 인한 재정적 부담을 주므로, 우선주의 우선권이 일정한 조건의 성취나 기한의 도래로 소멸하게 하여 우선주가 자동적으로 보통주로 전환되도록 하는 경우나 상환조건을 붙이는 경우가 대부분이다.

2) 후배주

후배주(deferred share, Nachzugsaktie)란 이익(이자)배당이나 잔여재산분배에 있어서 보통주보다 불리하게 차등을 둔 주식이다. 후배주는 배당(분배)순위에서만 보통주보다 불리하게 정하고, 배당률에서는 보통주보다 고율로 정할 수도 있다. 후배주를 실제 발행한 예는 없다.

4) 혼합주

혼합주란 보통주에 비하여 어떤 점에서는 우선권이 있으나, 어떤 점에서는 열후적 지위를 갖는 주식이다. 실무상 혼합주를 발행한 예는 아직 없다.

(5) 의결권 배제에 관한 종류주식

1) 무의결권주식

무의결권주식(non-voting share, Aktie ohne Stimmrecht)은 회사가 의결권 배제에

관한 종류주식을 발행하는 경우로서 의결권을 전적으로 박탈하는 주식이다. 무의결권주식을 이용하면 다음과 같은 장점이 있다. 즉, 지배주주에게는 비교적 소수의 주식보유로 회사의 경영지배가 가능하게 된다. 또 회사의 입장에서는 거의 총회출석을 기대할 수 없는 투기주주에 대한 총회소집통지를 비롯한 기타의 사무번잡과 비용지출을 면할 수 있다. 따라서 무의결권주식은 간편하고 유리한 제도가 될 수 있다.

무의결권주주는 의결권이 없기 때문에 주주총회의 소집통지를 받을 권리가 없다. 그러나 주식교환과 주식이전, 영업양도 · 양수 · 임대 등, 회사의 합병 · 분할 · 분할합병을 결의할 경우 주주총회 소집통지를 받고, 이에 반대하는 주주는 주식매수청구권을 행사할 수 있다(363조 7항 단서, 자시법 165조의5 5항). 또한 무의결권주주도 총회에 출석하여 의견을 진술할 수는 있고, 결의취소 · 무효의 소를 제기할 수도 있으며, 소수주주권을 행사할 수도 있다고 본다. 이밖에 신주인수권도 인정됨은 물론이다.

또한 무의결권주식의 경우도 정관에 정한 부활의 조건이 성취되면 의결권이 부활된다. 또한 무의결권주주라도 창립총회에서 의결권을 행사할 수 있으며 정관 변경이나 신주 인수, 주식 병합과 분할과 소각, 주식교환, 주식이전 및 회사의 합병, 분할, 분할합병으로 무의결권주주가 손해를 입을 경우 무의결권주주의 종류주주총회의 결의를 거쳐야 한다. 이 종류주주총회에서 의결권을 행사할 수 있음은 당연하고, 이사 · 감사의 책임 면제나 유한회사로의 조직변경의 경우와 같이 총주주의 동의 또는 결의가 필요한 경우에 예외적으로 의결권을 행사할 수 있다.

2) 의결권제한주식

회사는 정관이 정하는 일부 사항에 대해서 의결권이 제한되는 주식을 발행할 수 있는데, 이와 같이 정관 소정의 사항에 관하여 의결권 없는 주식을 의결권제한주식이라고 한다. 어떤 사항에 관하여 의결권을 부여하지 않을지에 관하여는 제한이 없으며, 따라서 이사의 선임이나 해임의 건, 이익배당 결정, 회사 구조조정 등에 관하여 의결권이 없는 주식을 발행할 수 있다. 의결권제한주주는 의결권이 제한되기 때문에 의결권을 행사할 수 없는 사항을 안건으로 하는 주주총회의 소집통지를 받을 권리(363조 8항) 및 주주총회소집청구권이 없다. 해당 안건의 결의를 위한 주주총회의 정족수를 계산하는 데에서 의결권제한주식의 수는 발행주식 총수에 산입하지 아니한다(371조 1항, 344조의3 1항). 정관에서 정한 의결권 부활의 조건이 성취되는 경우 의결권 제한 주식의 의결권은 부활한다(344조의3 1항).

3) 무의결권주식 및 의결권제한주식의 발행

회사가 무의결권주식이나 의결권제한주식을 발행하는 경우 정관에 의결권을 행사할 수 없는 사항과 의결권 행사 또는 부활의 조건 등을 정하여야 한다(344조의3 1항). 무의결권주식이나 의결권제한주식은 발행주식총수의 4분의 1을 초과하여 발행하지 못하며, 그렇게 된 경우에는 회사는 지체 없이 그 제한을 초과하지 아니하도록 필요한 조치를 하여야 한다(344조의3 2항).

(6) 상환종류주식

1) 상환종류주식의 의의

상환종류주식(redeemable stock, callable stock)이란 발행 당시부터 회사가 이익으로써 소각할 것이 예정되어 있는 종류주식인데(345조 1항; 주주상환청구주식의 경우 345조 3항에서 동조 1항과 달리 "이익으로 소각한다"는 문구가 없지만 해석상 그렇게 인정할 수 있음), 보통주식으로 발행할 수는 없고 종류주식에 한정하여 발행할 수 있다(345조 5항). 상환종류주식을 발행하는 경우 상환 청구를 회사가 하는 것과 주주가 하는 것을 모두 발행할 수 있다(345조 1항 및 3항).

상환종류주식은 회사의 일시적 자금조달의 필요시 자금조달을 용이하게 하는 한편, 일정기간 후에는 배당압박을 피하고 타인자본에 의하는 것이 배당보다 유리한 경우에 합리적인 재무관리를 위하여 이용된다. 이와 같이 상환종류주식은 일정기간만 존속하고 상환된다는 점에서 사채와 유사하나, 자기자본이고 이익이 있는 경우 상환된다는 점에서 사채와 다르다. 또한 상환종류주식은 소각된다는 점에서 전환종류주식과 구별된다.

2) 상환종류주식의 발행

상환종류주식을 발행하기 위해서는 정관에 이익배당에 관한 우선주에 대하여 이익으로써 소각할 수 있다는 뜻(345조 2항), 상환가액(액면가·발행가·시가 등), 상환기간(발행 후 일정기간 경과 후 몇 년 내의 배당금 지급시 등), 상환방법(수의상환종류주식과 의무상환종류주식에 따라 상이한 상환방법)과 수(상환종류주식의 수)를 기재하여야 한다(345조 2항). 이때 상환종류주식의 발행범위는 발행예정주식총수의 범위 내이어야 한다.

상환조항은 주식청약서와 주권에 기재하여야 하며(302조 2항 7호, 420조 2항, 356조 7호), 등기하여야 한다(317조 2항 6호). 신주발행 시에는 상환종류주식의 발행이 정관에 규정되어 있는 한, 일반 신주발행절차에 따라 이사회의 결의로 수권자본금의 범위 내에서 발행할 수 있다(416조).

3) 상환종류주식의 상환절차

상환종류주식은 보통의 주식발행절차에 의해서 발행할 수 있는데, 발행예정주식총수 범위 내이어야 하며, 다른 주주의 배당가능이익을 감소시키므로 정관에 수권 규정이 있는 경우 발행할 수 있다. 정관에 규정할 내용, 즉 상환조항에 포함될 내용은 회사상환청구주식의 경우 회사의 이익으로 소각할 수 있다는 뜻, 상환가액, 상환기간, 상환방법과 상환할 주식의 수이며(345조 1항), 주주상환청구주식의 경우는 주주가 회사에 대하여 상환을 청구할 수 있다는 뜻, 상환가액, 상환청구기간, 상환방법이다(345조 3항). 상환종류주식은 정관 변경에 의해서 발행을 정할 수도 있다. 상환종류주식 발행 내용은 주식청약서(302조 2항 7호), 주권 등에 기재하고(356조 6호), 회사 설립 시에 등기하여 공시하여야 한다(317조 2항 6호). 상환은 이익으로써 하여야 하지만, 임의준비금으로 충당할 수 있다. 상환은 현금 이외에도 유가증권이나 그 밖의 자산, 즉 현물상환할 수도 있다(345조 4항). 다만 발행회사의 종류주식으로 상환하게 되면 전환종류주식과 같아지므로 현물의 범위에 발행회사의 종류주식은 제외한다. 회사와 주주의 합의에 의한 임의상환이든 회사가 일방적으로 하는 강제상환이든 상관없으나, 상환종류주식 상호 간에는 주식평등의 원칙이 적용되어야 하며, 주금액 일부에 대한 상환은 인정되지 아니한다(주식불가분의 원칙).

4) 상환종류주식의 상환의 효과

상환종류주식을 상환하면 그 주식은 소멸하므로 발행주식의 총수는 그 수만큼 감소되나 별도의 이익금이나 임의준비금을 재원으로 상환되므로 자본금에는 변동이 없게 된다. 여기서 액면주식의 경우 자본금은 발행주식의 액면총액이라는 등식이 깨지는 예외적 현상이 생긴다. 자본금에 변동이 없으므로 자본금감소의 절차(채권자보호 등)를 밟을 필요가 없다. 그러나 발행주식의 수가 감소하므로 본점소재지에서 2주간 내, 지점소재지에서는 3주간 내에 변경등기를 하여야 한다(317조 2항 3호, 183조).

회사는 원칙적으로 자기주식의 취득이 금지되나, 상환종류주식을 상환하는 경우에는 예외적으로 자기주식을 취득할 수 있다(341조 1호). 다만 이때 회사는 취득한 주식에 관하여 취득 후 지체 없이 실효절차를 밟아 소멸시켜야 한다(342조). 이 실효절차를 마친 때 상환의 효력이 발생한다.

상환종류주식을 상환함으로 인하여 발행예정주식총수의 미발행부분이 증가한 것과 같은 외관이 생긴다. 이때 상환된 주식수만큼 신주를 다시 발행할 수 있는지 의문이다. 다수설은 재발행을 인정한다면 2중의 수권이 되며, 다른 주주의 권리(이익배당을 받을 권리)를 해치게 되므로 허용될 수 없다고 하나, 이를 긍정하는 견해

[李(炳) 507, 李 293]도 있다. 생각건대, 이를 허용한다면 다수설이 든 문제 외에도 정관상에 기재된 발행예정주식총수를 초과하는 자본금이 정관변경 없이 생길 수 있다는 결과가 되어 부당하다고 본다.

(7) 전환종류주식

1) 전환종류주식의 의의와 기능

전환종류주식(convertible share, Wandelsaktie)이란 정관 규정에 의하여 다른 종류주식으로 전환할 권리(전환권)가 부여된 종류주식을 말한다(346조 1항). 예컨대 보통주를 우선주로 또는 그 반대로 전환하는 것을 들 수 있다. 2011년 개정상법에 의하여 주주의 청구에 의한 전환종류주식과 회사의 청구에 의한 전환종류주식 모두 발행할 수 있다(346조 1항).

주주전환종류주식은 주식시세의 변동이나 회사의 배당능력의 변화에 따라 주주가 소유주식의 가치를 보존 또는 향상시키는 수단이 된다. 예컨대 회사의 영업이 부진할 때는 비참가적 우선주를 발행하고 영업상태가 호전되면 보통주식으로 전환할 수 있게 한다면, 주주로서는 유리하므로 주주의 모집이 수월하게 되고 이는 결과적으로 회사의 자금조달을 용이하게 하는 역할을 하게 된다. 회사전환종류주식은 주주전환종류주식의 주주와 반대 입장에서 회사 자금조달을 용이하게 하고 재무관리를 탄력적으로 할 수 있게 하며, 경영권 방어와 같이 다양한 용도로 활용할 수 있다.

2) 전환종류주식의 발행

전환종류주식은 정관에 종류주식을 발행할 것으로 정하고 전환종류주식을 발행할 것을 정한 경우(상대적 기재사항)에 한하여 발행할 수 있다. 정관에는 회사가 전환종류주식을 발행하는 데에는 전환을 청구할 수 있다는 뜻과 전환의 조건, 전환청구기간과 전환으로 인하여 발행할 주식의 수와 내용을 정관으로 정하여야 한다(346조 1항). 이러한 정함이 있는 한 전환종류주식 발행은 통상의 주식 발행이 되므로 이사회의 결의로 전환종류주식을 발행할 수 있다. 전환종류주식은 신주발행 시뿐 아니라 설립 시에도 발행할 수 있다. 정관에 정한 사항은 주식청약서 또는 신주인수권증서에도 기재하여야 하고(347조), 등기하여야 하며(317조 2항 7호) 주권과 주주명부에도 동일한 사항을 기재하여야 한다.

주식의 전환은 기존주식의 내용의 변경이 아니라, 기존주식을 소멸시키고 그 대신 다른 종류의 신주를 발행하는 것이므로, 회사는 전환청구기간 내에는 전환으로 인하여 발행할 주식의 수를 정관에 정한 발행예정주식의 총수 중에 유보하여야 한다(346조 2항). 따라서 장차 정관변경을 하여 발행예정주식을 늘릴 것을 예정하고 전환종류주식을 발행하는 것은 허용되지 않는다.

3) 주주전환종류주식의 전환절차

주주전환종류주식의 전환의 경우 청구하고자 하는 주주는 청구서 2통에 전환하고자 하는 주식의 종류·수와 청구연월일을 기재한 후, 기명날인 또는 서명하고 주권을 첨부하여 회사에 제출하여야 한다. 1995년 개정상법 전에는 전환청구기간 내라 하더라도 주주명부의 폐쇄기간 중에는 전환청구를 할 수 없도록 하였으나 개정법에서는 이러한 제한을 폐지하였다.

전환청구기간은 아무런 제한이 없으므로 정관에서 자유로이 정할 수 있다. 실무계에서는 시기와 종기를 함께 정하는 것이 일반적이다. 예컨대 「발행일 후 특정일로부터 특정일까지」라는 식으로 조건을 붙인다.

주주의 전환청구권은 형성권이므로 전환청구와 동시에 전환의 효력이 발생한다(349조 1항).

4) 회사전환종류주식의 전환절차

회사가 전환을 하는 경우는 정관 상의 전환사유가 발생하고 회사가 전환 결정을 내리면 이로써 절차가 개시된다. 전환의 효력은 주주와 주주명부상의 권리자들에게 전환에 관한 통지나 공고를 하고 2주 이상의 주권제출 통지기간이 끝나는 때에 발생한다(350조 1항). 그 결과 전환주식은 소멸하고 신주식이 발행되는 효과가 발생한다. 이에 회사는 신주를 발행하여 전환권자에게 교부하여야 한다.

5) 전환종류주식의 발행가액

전환으로 신주식을 발행하는 경우 전환 전의 발행가액을 신주식의 발행가액으로 하여야 한다(348조). 이는 전환주식의 발행가액총액과 신주식의 발행가액총액이 일치하여야 한다는 것인데, 이사회가 자금조달에 급급하여 무모한 조건으로 전환주식을 발행함으로써 자칫 자본금충실을 해하는 것을 방지하기 위한 것이다. 전환권자가 전환기간 중에 전환청구하면 회사는 신주를 발행하여 전환권자에게 주권을 교부하여야 한다.

6) 전환주식 전환의 효과

전환권은 형성권이므로 전환의 청구가 있으면 그 때에 당연히 전환의 효력이 발생하는 것이다(350조 1항). 따라서 전환주식의 주주는 바로 전환된 신주식을 가지고 주주권을 행사할 수 있다. 그러나 전환청구가 주주명부의 폐쇄기간 중에 이루어진 경우에는 주주는 신주식을 가지고 의결권을 행사할 수 없다(350조 2항). 이때는 전환 전의 구주식을 가지고 의결권을 행사할 수 있을 뿐이다. 그리고 이익배당에 관하여는 전환청구를 한 때가 속하는 영업연도 말에 전환된 것으로 본다(350조 3항 1문). 따라서 주주는 당해 결산기분의 이익배당은 전환전의 주식을 기준으로 하여 받게 된다. 한편, 정관이 정하는 바에 따라 신주에 대한 이익이나 이자의 배당에 관하여는 그 청구를 한 때가 속하는 영업연도의 직전 영업연도 말에 전환된 것으로 할 수 있다(350조 3항 2문).

전환종류주식의 전환비율에 따라 자본금의 변동이 생길 수 있다. 조문은「전환으로 인하여 신주식을 발행하는 경우에는 전환전의 주식의 발행가액을 신주식의 발행가액으로 한다」고(348조) 규정하고 있으나, 법문대로 전환전의 주식의 발행가액=신주식의 발행가액이란 뜻이 아니라, 전환종류주식의 총발행가액=신주식의 총발행가액이라는 의미로 해석해야 한다. 그렇지 않으면 전환조건은 항상 1:1이 될 수밖에 없다. 전환비율을 정할 때 액면미달발행이 되지 않도록 주의하여야 한다. 전환비율에 따라서 자본금감소·불변·증감의 결과가 나올 수 있다. 즉, 전환조건이 1:1인 경우를 제외하고는 전환으로 인해 자본금의 증감을 가져온다. 전환조건이 1:1을 초과할 때에는 발행주식수가 증가하여 자본금이 증가하는 결과를 가져오고[예컨대, 전환주식 1주에 대해 2주의 신주가 발행되는 경우(전환비율 1:2), 전환주식 1주의 액면금 100원, 그 발행가를 200원(자본금 100원, 자본준비금 100원)이라 하면 신주를 발행함으로써 자본준비금으로 계상되어 있던 100원이 자본금으로 전입되어 자본금은 200원으로 증가됨], 반대로 전환조건이 1:1에 미달할 때에는 발행주식수가 감소하여 자본금이 감소하는 결과를 가져온다. 그러므로 후자의 경우에는 채권자보호절차를 밟아야 한다고 본다. 어느 경우에나 발행가에서 액면가를 뺀 부분은 준비금으로 적립하여야 한다.

한편, 전환종류주식의 전환으로 인해 구주식의 종류에 관해서는 전환된 주식수만큼 발행예정주식총수 중 미발행부분이 증가하게 된다. 이 부분에서 다시 신주발행을 할 수 있느냐는 의문이 생긴다. 이 경우 재발행을 인정하더라도 상환종류주식의 경우와는 달리 이사회가 수권주식의 제한을 잠탈할 우려가 없으므로 발행할 수 있다고 본다(통설). 그러나 그 발행은 종전의 전환전 주식의 종류에 한정되며 재차 전환된 종류의 주식으로 할 수 없다. 전환종류주식에 설정된 질권의 효력은 전환으로 인한 신주식에 미친다(339조).

전환종류주식의 전환으로 인하여 각종 주식의 발행주식수에 변경이 생기면, 전환한 날이 속하는 달의 말일로부터 2주간 내에 본점소재지에서 전환으로 인한 변경등기를 하여야 한다(351조).

【종류주식】 2006년 상법개정안은 현행 상법 상 주식의 종류를 분류하는 기준에서 벗어나서 의결권의 유무나 주주총회에서의 의결권의 행사, 주식의 양도, 상환 및 전환의 경우에도 주식의 종류에 있어서 그 분류기준으로 삼고 있다(상법개정안 344조). 그래서 2006년 상법개정안은 무의결권주식이나 의결권제한주식, 거부권부주식, 이사 등의 선임권부주식, 양도제한부주식을 규정하고 있었고, 2007년 상법개정안은 이익배당이나 잔여재산분배에 관한 종류주식(상법개정안 344조의2), 의결권의 배제 · 제한에 관한 종류주식(상법개정안 344조의3), 주식의 양도에 관한 종류주식(상법개정안 344조의4), 주식의 상환에 관한 종류주식(상법개정안 345조), 주식의 전환에 관한 종류주식(상법개정안 346조)을 두고 있다. 그런데 2008년 상법개정안은 그 전 개정안에 비해 트래킹 주식, 거부권부주식, 이사등의 선임권부주식에 관한 종류주식을 삭제하고 있다. 이와 같이 종류주식의 확대 도입에 관해서는 이견이 없으나, 구체적인 종류주식의 도입에 있어 회사지배권 분할, 적대적 M&A에 관한 입장 차이로 입법 결실을 보지 못하다가 2011년 상법 개정으로 트래킹 주식, 거부권부주식 등을 제외하고 개정안 작업 시에 제시되었던 종류주식의 상당 부분을 도입하였다. 앞으로도 종류주식 도입에 관해서는 계속 논의가 이루어질 것으로 보인다.

2005년 일본의 신회사법은 종류주식으로, 트래킹 주식, 잔여재산의 분배에 관한 종류주식, 의결권제한부종류주식, 양도제한종류주식, 취득청구권부주식, 취득조항부종류주식, 전부취득조항부종류주식, 거부권부종류주식, 임원선해임권부종류주식을 도입하고 있고(일회사법 108조), 모든 주식에 특별한 정함을 할 수 있는 내용으로, 양도제한, 주주의 회사에 대한 취득청구권, 회사에 의한 강제취득이 규정되어 있다.

【Tracking Stock】 1984년 미국 제너럴 모터스(GM)사가 최초로 Tracking Stock(TS)을 발행한 이후 지금까지 다양한 형태의 TS가 발행되어 사용되고 있는데, 일본에서도 2001년 5월 소니社가 TS를 발행하였다. TS란 발행회사의 전체사업을 대상으로 하는 것이 아니라, 그 일부분(target=對象事業)의 업적에 연동하여 주식가치 · 주가가 변동(track)되도록 만들어진 株式을 총칭하나, 그 내용에 따라 법적인 성격과 경제적인 성질도 다소 다르다. target이 발행회사의 자회사인 경우 이를 자회사연동형이라 하고, 발행회사본체의 1사업부문인 경우를 사업부문연동형이라 부른다. TS(이 주주에게 의결권을 부여하는 예도 있고, 부여하지 않는 예도 있다)를 이용하는 이유는 예를 들어, 규모는 크나 업적이 신통치 못한 A사와 성장성이 높은 B사가 합병하고 前者가 존속회사로 될 때에, A사의 보통주식을 舊B社 주주에게 교부한다는 합병계약이 B사의 주주총회에서 승인되기 어려울 경우가 있고, 그런 경우 교부하는 신주를 그때까지의 B사를 target으로 하는 A사의 TS로 한다면 총회승인을 받기 쉬울 것이다. 또한 거대기업 C사가 내부에 신흥사업분야 c(예컨대, 인터넷 분야)를 가지고 있으나, 이 c의 사업수행은 C사전체의 사업수행 중에서 매몰되어 버리고, C사의 주가에는 반영되지 않는 경우, 이 c를

target으로 하는 TS를 C사가 발행함으로써 c의 사업성과가 주가에 반영되도록 한다는 점, 그리고 동일한 사례에서 C의 이사 등에게 stock option을 부여하여도 의미가 없지만, c를 target으로 하는 TS를 부여하는 경우 보수로서의 의미가 크다는 점을 들 수 있다.

종래 TS에 관해서는 ① 종류주식에 관한 상법 제344조에 반하는 것은 아닌지, ② TS발행 후 각종 이해관계자(특히 종류주주간)의 이해조정을 어떻게 해 나갈 것인지의 문제[5)]가 있었다.[6)] 그러나 TS는 2011년 개정상법 제344조 제1항이 정하는 종류주식의 하나로 해석할 수 있다고 본다.

제2절 株主의 權利와 義務

Ⅰ. 주주권

1. 의 의

주주(shareholder, stockholder; Aktionär)는 주식회사의 구성원으로서 株式의 귀속자이다. 따라서 주주의 지위에 근거하여 회사에 대하여 권리와 의무를 부담한다. 주주의 권리는 법률에 따른 것이므로 정관이나 주주총회의 결의 등으로 제한할 수 없다.

2. 분 류

주주의 권리는 다양하나, 다음과 같이 분류할 수 있다.

(1) 공익권·자익권

공익권과 자익권의 구별은 주주권 행사의 목적에 의한 것이다.

공익권(gemeinnützige Rechte)이란 회사의 운영에 참가하는 것을 목적으로 하거

5) 1995년 GM사의 대상사업을 매각하고 기업재편을 할 때 TS주주와 기타 보통주주 간의 이해상반에 대처하기 위한 판례로서는 Cf. In re General Moters Class H Shareholders Litigation, 734 A. 2d 611(Del. Ch. 1999).

6) 참고문헌; Jeffrey J. Haas, *Directorial Fiduciary Duties in a Tracking Stock Equity Structure: The Need for a Duty of Fairness*, 94 MICH. L. REV. 2089; Jeffrey J. Schick, *Note, Toward Transaction Specific Standards of Directorial Fiduciary Duty in the Tracking Stock Context*, 75 WASH. L. REV. 1365(2000).

나 이와 관련하여 행사하는 권리를 뜻한다. 공익권은 주주총회소집청구권(366조), 설립무효의 소의 제기권(328조), 의결권(369조), 총회결의의 하자에 관한 각종 소 제기권(376조, 380조, 381조), 대표소송 제기권(403조), 이사의 위법행위유지청구권(402조), 신주발행무효의 소 제기권(429조), 회계장부열람권(466조), 이사·감사의 해임청구권(385조, 415조), 회사의 업무 및 재산상태의 검사청구권(467조), 해산판결청구권(520조), 합병무효의 소 제기권(529조) 등이다.

자익권(selbstnützige Rechte)은 주주가 회사로부터 경제적 이익이나 기타 편익을 받는 것을 목적으로 하는 권리를 뜻한다. 자익권으로는 이익배당청구권(462조), 주권교부청구권(355조), 주식전환청구권(346조), 명의개서청구권(337조), 신주인수권(418조), 준비금자본전입시의 신주배정청구권(461조), 잔여재산분배청구권(538조) 등이 있다.

(2) 단독주주권·소수주주권

일정 수의 주식소유가 권리행사의 요건으로 되어 있느냐에 따라 단독주주권과 소수주주권으로 나눈다.

자익권은 모두가 단독주주권(Einzelrecht)이고, 공익권도 상당수가 단독주주권이다. 예컨대, 의결권, 주주총회의 결의의 하자를 다투는 소권, 설립무효의 소권, 신주발행무효의 소권, 신주발행유지청구권, 재무제표열람청구권 등이다. 소수주주권(right of the minority shareholders; Minderheitsrechts)이란 일정수 이상의 주식을 소유해야 행사할 수 있는 권리를 말한다. 예컨대, 주주제안권(363조의2 1항), 주주총회소집청구권(366조), 집중투표청구권(382조의2 1항), 이사해임청구권(385조 2항), 회계장부열람권(466조 1항), 업무·재산상태검사청구권(466조의2 1항)은 발행주식총수의 100분의 3 이상을 요하고, 유지청구권(402조)·대표소송제기권(403조) 등은 발행주식총수의 100분의 1 이상을 요하며, 해산판결청구권(520조)은 100분의 10 이상을 요한다.

소수주주권은 지배주주의 횡포를 방지하고 기업지배구조의 투명성을 높이는 데 기여할 수 있으므로 그 요건은 차츰 완화되어 가고 있다.

시가총액이 고액인 상장회사의 경우 소수주주권의 행사요건에 관한 특례규정을 두고 있다. 즉, ① 대표소송제기권은 6월 전부터 계속하여 상장회사의 발행주식총수의 10,000분의 1 이상에 해당하는 주식을 대통령령이 정하는 바에 따라 보유하는 주주가 제기할 수 있고(542조의6 8항)(이익공여관련대표소송, 불공정인수관련대표소송, 발기인책임추궁대표소송, 청산인책임추궁대표소송 모두 동일함), ② 이사와 감사 및 청산인의 해임청구권과 위법행위유지청구권은 6월 전부터 계속하여 발행주식총수의 10,000분의 50(최근 사업년도말 자본금이 1,000억원 이상인 법인의 경우에는 10,000분의 25) 이상에 해당하는 주식을 대통령령이 정하는 바에 의하여 보유하는 주주가(542조의6 3항), ③ 회계장부열람청구권과 주주제안권은 6월 전부터 계속하여 발행주식총수의 10,000분의 10(최근 사업년도말 자본금이 1,000억원 이상인 법인의 경우에는 1,000분의 5) 이상에 해당하는 주식을 대통령령이 정하는 바에 따라 보유하는 주주가(542조의6 4항), ④ 주주총회의 소집청구권, 회사의 업무·재산상태의 검사를 위한 검사인선임청구권은 6월 전부터 계속하여 발행주식총수의 1,000분의 15 이상에 해당하는 주식을 대통령령이 정하는 바에 따라 보유하는 주주가(542조의6 1항) 제기할 수 있다.

(3) 고유권·비고유권

주주의 의사에 반하여 정관의 규정이나 주주총회의 다수결로써 주주권을 회사가 일방적으로 박탈할 수 없는 권리를 고유권(Sonderrecht)이라 하고, 박탈할 수 있는 권리를 비고유권이라 한다. 고유권으로는 주주의 의결권(369조), 이익배당청구권(464조) 등이 그 대표적인 예이다. 주주권의 부여에 관한 규정은 현행 상법상 모두 강행법규로 규정하고 있는 관계로 고유권·비고유권에 관한 논의의 실익은 없다.

Ⅱ. 주주의 의무

주주는 회사에 대하여 그가 가진 주식의 인수가액을 한도로 출자의무만을 부담할 뿐이고, 그 밖에 아무런 의무가 없다(주주유한책임). 출자의무는 주식회사의 본질적인 요소이므로 정관 또는 주주총회의 결의로 이와 달리 정할 수 없다. 따라서 회사는 이를 가중할 수도 없고, 주주에 대한 주금납입청구권을 포기하거나 감경할 수도 없다. 그러나 주주의 전원 또는 일부가 자발적으로 회사 채무를 분담하기로 합의하는 것은 주주유한책임과 무관하게 행해지는 개인법적 약정이므로 무효가 아니다(대판 1989. 9. 12, 89다카890).

주주의 출자의무는 회사성립 전 또는 신주발행 전에 전부 이행하여야 하므로(295조, 305조, 421조, 423조), 엄밀히 말하면 이러한 출자의무는 「주식인수인」의 의무이지 「주주」의 의무가 아니다. 그러나 회사성립 후에도 주금을 납입하지 않은 경우나, 이사와 통모하여 현저하게 불공정한 가액으로 주식을 인수한 경우에는 주주의 자격으로 출자의무 또는 추가출자의무가 있으므로, 상법 제331조 · 제334조 등의 표현과 일반적인 용례에 따라 주주의 의무라고 표현한다.

주주의 출자이행은 인적회사와는 달리 재산출자에 한정되며, 재산출자는 금전출자가 원칙이다. 따라서 금전 이외의 재산출자, 즉 현물출자는 엄격한 절차에 따라서 예외적으로만 인정된다. 종래는 금전출자의 이행이 현실적으로 이루어지도록 납입에 관하여 상계로써 회사에 대항하지 못한다는 규정(334조)을 두었는데, 2011년 상법 개정에서 회사의 동의로 상계에 의한 납입은 인정된다. 회사는 주주의 주금납입의무를 대신하여 이행할 수 없을 뿐더러 납입청구권을 포기하거나 주식인수인의 납입의무를 면제할 수 없다. 그리고 납입의무의 이행에는 대물변제를 허용하지 아니한다. 만일 대물변제를 허용한다면 법정절차를 무시한 현물출자를 허용하는 것이 되기 때문이다. 또한 주주가 어음이나 수표로써 납입한 경우에는 「변제에 갈음하여」(즉, 대물변제로) 한 것으로 보아서는 아니되고 「변제를 위하여」 한 것으로 보아야 한다(李 243). 따라서 그 어음이나 수표가 결제(지급)된 때에 납입이 있다고 볼 것이다(대판 1977. 4. 12, 76다943).

금전출자의 경우 주주의 출자의무는 회사의 납입최고를 전후하여 이론상 모든 주주의 의무인 추상적 출자의무와 특정주주에게 배정된 주식을 인수하여 그 주금을 납입해야 할 구체적 출자의무로 구분할 수 있다. 그러나 상법 상 주주는 주식인수 후 지체 없이(회사설립시) 또는 납입기일(신주발행시)에 인수가액 전액을 납입시키는 전액납입주의를 취하고 있고(295조 1항, 305조 1항, 421조), 또 실무상 청약 시에 주금액에 상당하는 금액을 미리 주식청약증거금으로 받아 주식배정 시 또는 납입기일에 주금액으로 대체하는 일이 많다. 그러므로 현행법상 주주의 출자의무는 주식의 인수 시에 발생하는 구체적인 출자의무(금전채무)이다. 따라서 회사는 이 채권(구체적 출자이행청구권)을 양도할 수 있고, 회사채권자는 이를 압류하거나 대위행사할 수 있다(대판 1989. 9. 12, 89다카890).

【지배주주의 책임】 주주는 자기가 인수한 주식에 대해서만 출자의무를 부담하므로 그 범위 내에서 간접유한책임을 질 뿐이다. 이 점은 지배주주라고 해서 다를 바 없다. 그러나 현실적으로 지배주주의 권리는 다른 일반 주주에 비해 질적인 우월성을 보일 뿐만 아니라, 경제적인 이익도 누릴 수 있다. 예컨대, 소액주주의 주식양도는 시가로 양도할 수밖에 없으나, 경영권을 장악할 수 있는 정도의 주식을 가진 지배주주의 주식양도는 시가에 프리미엄이 붙어 양도된다. 또한 지배주주는 임원선임에 영향력을 행사할 수 있고, 내부정보를 쉽게 접할 수도 있다.

따라서 미국에서는 지배주주에게는 fiduciary duty를 인정하고 있고, 일정한 범위에서 무한책임을 인정하자는 견해가 있기도 하며,[7] 우리 자본시장법(자본시장법에서 대주주란 발행주식총수의 3% 이상 소유한 자를 말하며, 10% 이상 소유한 자를 주요주주라 한다) 등에서도 각종 규제를 가하고 있다. 또한 1998년 개정상법은 이사에게 업무집행을 지시한 자의 책임을 묻는 제도를 신설하였다(401조의2). 그러나 미국과 같이 지배주주에게 신인의무를 부과하지는 않고 있다.

Ⅲ. 주주평등의 원칙

1. 주주평등원칙의 의의

주주평등의 원칙(Grundsatz der gleichmäßigen Behandlung der Aktionär)이란 주주가 회사와의 법률관계에서 그가 가진 주식수에 따라 평등한 대우를 받아야 한다는 원칙이다. 주주평등의 원칙은 주주가 가지는 권리·의무가 頭數에 의하여 평등하다는 뜻이 아니라, 그가 가진 주식수에 비례한다는 뜻이므로 이를 특히 주식평등의 원칙이라고도 한다. 이와 같이 모든 주식은 각각 별개의 균등한 권리·의무를 나타내므로 수개의 주식을 소유하고 있는 주주는 수개의 독립된 주주권을 중첩적·복수적으로 갖는다. 이를 지분복수주의라고 한다. 이 점은 유한회사의 사원의 경우에도 같다. 이에 비하여 합명회사나 합자회사의 사원들은 비율은 다르지만 각자 하나의 지분만을 갖는다. 이를 지분단일주의라고 한다.

주주평등원칙은 「형평의 이념」의 단체법상의 구현이라고 할 수 있는 「사원평등의 원칙」이 주식회사에서 나타난 것으로서, 물적 자본단체인 주식회사에 있어서는 특히 중요한 의의를 지니고 있다. 즉, 주식회사에 있어서는 발행된 주식의 수가 많고, 주주는 상호간에 인적 신뢰관계가 없이 자본적 결합을 하고 있으며, 다수결원칙이 보편화되어 있어 이사에 의한 업무집행권의 남용 또는 다수결원칙의 남용에 의한 대주주의 횡포로부터 일반주주의 이익을 보호하는 방벽의 기능을 하고 있다.

【주주평등의 원칙에 관한 최근 동향】

우리 상법은 주주평등의 원칙에 관한 명문규정을 두고 있지 않지만, 1979년 독일 주식법 제53a조는 「주주는 동일한 조건하에서는 동일하게 취급하여야 한다」고 하고 있고, 2005년 일본 회사법도 「주식회사는 주주를 그 소유하는 주식의 내용과 수에 따라 평등하게 취급하여야 한다」고 명문화하고 있다(일회 109조 1항).

---

7) Jesse H. Choper · John C. Coffee, Jr · Ronald J. Gilson, *op. cit.*, p. 755.

특히 다양한 종류주식의 도입과 적대적 M&A방어를 위한 신주인수권의 배정문제에서 주주평등원칙의 개념에 관해 재조명이 이루어지고 있다.[8] 특히 일본에서의 불독소스사건(日最高裁, 2007. 8.7. 결정, 「商事法務」 제1809호(2007. 9. 5), 16쪽)은 큰 논란거리가 되었다. 일본의 불독소스(주)에 대하여 미국계 펀드인 스틸파트너스가 자신(적대적 M&A 공격자) 및 관계회사를 동원하여 지분을 매집하고 주식 전량에 대하여 공개매수를 시도하자, 불독소스(주)가 이에 대한 방어책으로 공격자 및 관계자를 제외한 나머지 기존 주주들에게 신주예약권을 발행하기로 주주총회에서 결의한 것이 이 사건의 발단이다. 이에 대해 일본 대법원은 「개개 주주의 이익은 일반적으로 회사의 존립, 발전 없이는 생각할 수 없는 것이므로 특정 주주에 의한 경영지배권의 취득에 수반하여 회사의 존립, 발전이 저해될 염려가 생기는 등 회사의 기업가치가 훼손되고, 회사의 이익 나아가서는 주주의 공동의 이익이 침해되는 것과 같은 경우에는 그 방지를 위하여 당해 주주를 차별적으로 취급하였더라도 그 취급이 형평의 이념에 반하거나 상당성을 결하는 것이 아닌 한, 이를 바로 주주평등의 원칙의 취지에 반하는 것이라고는 할 수 없다...」고 판시하고 있다. 이에 대하여 어느 주주에게나 경영권 장악의 기회가 균등히 주어져야 하고, 특정주주가 경영권을 장악함으로써 주주공동의 이익을 해한다는 것은 주식회사의 참이라고 할 수 없는 명제라는 이유 등으로 비판하는 견해가 있다(李 309).

2. 주주평등원칙의 내용과 예외

상법에는 주주평등의 원칙의 의의에 관한 규정은 없으나 주주평등의 원칙은 기본적으로 회사의 수익, 순자산, 그리고 회사지배에 대한 비례적 권리로서 구체화된다. 즉, 수익에 대한 비례적 권리는 이익배당에서의 평등을 뜻하고(464조), 순자산에 대한 비례적 권리는 잔여재산분배에 있어서의 평등을 뜻한다(538조). 상법은 1주 1의결권(369조 1항), 신주인수권의 내용(418조), 준비금의 자본전입에 의한 무상주교부(461조 2항), 전환사채인수권(513조의2 1항 단서), 신주인수권부사채인수권(516조의10, 513조의2) 등에 관하여 각 주식을 평등하게 취급하여야 한다는 취지의 규정을 두고 있다.

그러나 주주평등의 원칙은 명문규정으로서 배제하거나 제한할 수 있다. 예컨대, 종류주식(344조), 감사의 선임 시 의결권 제한(409조), 소수주주권(366조 등), 단주의 처리(443조) 등에 관한 규정은 주주평등의 원칙에 대한 예외규정이다.

---

8) 김지환, "종류주주간의 이해조정에 관한 연구", 「상사판례연구」 제22집 제2권, 2009, 6. 30, 95쪽.

3. 주주평등원칙 위반의 효과

주주평등의 원칙에 반하는 정관규정, 주주총회의 결의나 이사회결의는 불이익한 취급을 받는 자가 전부 임의로 승낙하지 않는 한 무효이다[林 213, 鄭(東) 186; 대판 1980. 8. 26, 80다1263].

제 3 절 株券과 株主名簿

주식회사에서는 주주가 주식을 인수하거나 기발행된 주식을 양수함으로써 그 지위를 취득할 뿐, 주주의 성명이 정관에 기재되지도 아니하고 주식의 양도성으로 인해 그 이동도 자유롭다. 따라서 주식회사에서는 주식의 양도나 양수에 따라 주주의 지위를 가시적으로 증명해 주는 수단이 필요한데, 그것이 주권과 주주명부이다.

Ⅰ. 주 권

1. 주권의 의의와 성질

주권(share certificate ; Aktiennurkunde)이라 함은 주식, 즉 주주의 지위(주주권)를 표창하는 유가증권을 말한다. 그러나 주권이 유가증권이기는 하지만 이미 존재하는 주식 내지는 주주권을 표창할 뿐이고, 그의 작성 · 발행에 의하여 주주권이 생기는 것은 아니므로 어음 · 수표와 같은 설권증권은 아니다. 따라서 회사가 보유하는 예비주권이 유출되어 유통되거나 주권불소지가 주주명부에 기재되어 무효화한 구주권이 유통되는 경우 그 주권을 취득하더라도 선의취득이 성립되지 않는다. 결국 주권은 권리의 발생과는 무관하지만, 기명주식은 권리의 이전에, 무기명주식은 권리의 행사와 이전에 각각 주권을 필요로 하므로 불완전유가증권이다.

주권의 법적 성질도 완전한 유가증권인 어음이나 수표와 차이가 있다. 즉, 주권은 이미 존재하는 주식을 표창하는 유가증권이며(비설권증권성), 주식의 존재를 전제로 하여 주권의 효력이 발생하는 유가증권(요인증권성)이다. 또 주권에는 일정한 법정사항을 기재하고 대표이사가 기명날인 또는 서명하여야 하므로(356조) 요식증권이지만, 그 기재사항이 본질적인 것이 아닌 한 이를 결하거나 사실과 다르게 기재하더라도 실체적 법률관계가 존재하는 한 유효한 유가증권(완화된 요식증권성)이며, 주권의 기재문언에 따라 선의의 주권취득자가 그 권리를 취득하는 유가증권이 아니다(비문언증권성). 그리고 주주의 권리행사에 계속적으로 주권을 필요로 하는 유가증권(비상환증권성)이다.

2. 주권의 종류

주주의 성명이 표시되어 있는 주권을 기명주권이라 한다.

주권은 그것이 표창하는 주식수에 따라 단일주권(1주권에 1주식을 표창)과 복수주권(1주권에 수개의 주식을 표창)으로 나뉘어진다. 보통 정관에 임의적 기재사항으로 주권의 발행단위를 정해 놓고 있지만(예컨대 10주권과 100주권만 발행한다는 식으로), 이와 다른 주권을 발행하더라도 무효가 되는 것은 아니다(대판 1996. 1. 26, 94다24039).

【주식예탁증서(DR)】 주식예탁증서(Depository Receipts)는 발행회사가 발행한 주식을 原株로 하여 원주 대신 해외 또는 국내에서 유통되는 증권을 말한다. 이는 국내법인이 외국의 증권시장에 또는 외국법인이 국내증권시장에 원주를 직접 상장하는 것이 관계법령이나 상장요건 등의 차이로 곤란한 경우를 해소하기 위한 것으로 최근 자본시장의 개방으로 자주 이용되고 있다(국내회사로서는 1990년 12월 삼성물산이 4,000만 달러의 해외 DR을 발행한 것이 최초의 사례이다). 해외 DR 발행회사의 입장에서는 해외에서 유상증자를 함으로써 외화자금을 이자없이 조달하는 외에 국제적인 명성이 있는 은행을 예탁기관으로 함으로써 광고효과를 얻을 수 있고, DR을 매입하는 투자자로서는 외국인의 국내주식 취득제한을 피해갈 수 있다는 장점이 있다.

DR의 형태는 국내 주권상장법인 또는 코스닥등록법인이 국내주식을 원주로 하여 외국에서의 유통을 목적으로 발행되는 것(해외DR)과 외국법인이 발행한 주식을 원주로 하여 예탁결제원이 국내에서의 유통을 목적으로 발행하는 것(국내DR)이 있다. 해외DR 발행시 국내 원주의 발행에 관해서는 상법 및 자본시장법이, 외환과 관련해서는 외국환거래법이 적용되나, 해외에서 유통되는 DR 자체에 대하여는 발행지의 법이 적용된다. 반대로 해외기업의 국내 DR에 대하여는 국내법이 적용된다. 국내 DR에 대하여는 금융위원회의 금융투자업규정(2008. 8. 4)이 그 근거가 된다.

3. 주권의 발행

(1) 주권의 기재사항

주권은 요식증권이므로 소정의 사항과 번호를 기재하고 대표이사가 기명날인 또는 서명하여 발행한다(356조 1호~8호). 즉, ① 회사의 상호, ② 회사의 성립연월일, ③ 회사가 발행할 주식의 총수, ④ 액면주식을 발행하는 경우 1주의 금액, ⑤ 회사의 성립 후 발행된 주식에 관하여는 발행연월일, ⑥ 종류주식이 있는 때에는 그 주식의 종류와 내용, ⑦ 주식의 양도에 관하여 이사회의 승인을 얻도록 정한 때에는 그 내용이 기재사항이다. 그 외에도 주권이 표창하는 주식의 수량(예컨대 1주권 · 10주권 · 100주권)을 기재하여야 하며, 기명주권에는 주주의 성명을 기재하여야 한다. 주권의 발행은 대표이사의 권한에 속하므로 이사회의 결의는 요하지 않는다(대판 1996. 1. 26, 94다24039).

주권은 어음 · 수표처럼 엄격한 요식증권은 아니므로 대표이사의 기명날인 또는 서명과 같은 본질적인 것이 아닌 한, 기재사항을 일부 결하더라도 유효하다. 또 주권의 기재사항 중 일부(예컨대 상호, 발행주식의 총수)의 변경이 있는 경우에도 주권의 효력에는 영향이 없다. 그러나 주권의 부실기재에 대하여 이사는 과태료의 제재(635조 1항 6호)와 손해배상책임을 진다.

(2) 주권의 발행시기

회사의 성립 전 또는 신주의 납입기일 전(의 주주의 지위를 權利株라 한다)에는 주권을 발행하지 못한다(355조 2항). 권리주가 유가증권화되어 유통된다면 투기 우려가 있기 때문이다. 이에 위반하여 발행한 주권은 무효이고, 이를 발행한 발기인 · 이사 등은 그 주권이 무효가 됨으로 인하여 손해를 입은 자에 대하여 손해배상책임을 지며 과태료의 제재도 받는다(355조 3항 단서, 635조 1항 19호). 회사성립 전 또는 신주의 납입기일 전에 발행한 주권의 무효는 회사성립 또는 납입기일의 경과로도 치유되지 않는다[李 · 崔 529, 李 252, 鄭(燦) 261, 崔 266]. 따라서 회사는 신주인수인에게 새로이 주권을 발행하여야 한다.

회사는 성립 후 또는 신주의 납입기일 후 지체 없이 주권을 발행하여야 한다(주권발행의무, 355조 1항). 「지체 없이」란 상법 제335조 제2항 단서와 관련하여 볼 때 6개월 이내라고 볼 수 있다[李 · 崔 528, 鄭(燦) 260, 鄭(東) 202]. 상법은 주권 발행을 강제하고 있지만, 상장회사의 경우 주권불소지 신고로써 그 발행을 대체하고 있으며, 향후 전자증권으로 양도될 예정이다.

한편, 주주도 회사에 대하여 주권발행청구권 및 주권교부청구권을 갖는다. 주주의 이러한 권리는 일신전속권은 아니기 때문에 주주의 채권자가 대위행사(民 404조 1항)할 수 있다(대판 1982. 9. 28, 82다카21). 회사가 주권을 발행하지 않는 경우에는 이사는 회사(399조)와 주주(401조)에 대하여 손해배상책임을 지는 외에 과태료(635조

1항 19호)의 제재를 받는다. 이와 같이 상법상 주권발행이 강제되는 데도 불구하고 실제로는 주권상장법인이나 코스닥등록법인(상장요건이나 협회등록요건은 일정수 이상의 주권을 발행하여 예탁토록 요구하고 있음)을 제외하고 주권을 발행하는 회사는 거의 없다.

(3) 주권의 효력발생시기

주권의 효력이 언제 발생하는가의 문제는 주식이 적법한 공시방법을 갖추어 양도될 수 있는 시기와 선의취득이 가능해지는 시기를 정하는 뜻이 있다. 그러므로 주권의 효력발생시기는 주주와 제3취득자에게 중대한 이해관계가 걸려 있으며, 또한 주주의 채권자가 주권에 대하여 압류할 수 있는 시기와도 연관되는 중요한 문제이다. 우리나라에서는 이에 대하여 다음과 같은 3가지의 견해가 있다.

1) 작성시설

작성시설(창조설)은 회사가 적법하게 주권을 작성한 때, 즉 법정사항을 기재하고 번호를 부여하며 대표이사가 기명날인 또는 서명하여 어느 주주의 것인가를 확정한 때에 이미 주권으로서의 효력이 생긴다고 한다(姜 295). 따라서 이 견해에 의하면 주권의 작성 후 주주에게 교부하기 전이라도 선의취득 · 압류 · 제권판결 등이 가능하다고 한다. 그러나 이 견해에 의하는 경우라도 상법상 주권발행시기 이전에 발행된 주권은 무효가 된다(355조 2항 · 3항).

이 견해에 의하면 거래의 안전은 보호되나 주주에게는 가혹하게 된다. 그리고 특히 무기명주권의 경우에는 주주의 확정시기가 불명확하다는 문제가 있다.

2) 발행시설

발행시설은 회사가 주권을 작성하여 회사의 의사로 누군가에게 교부한 때에 주권의 효력이 생긴다고 한다[鄭(燦) 629]. 이 견해는 회사가 주권을 교부하여야 그 효력이 발생한다고 보는 점에서 작성시설과 다르고, 주주가 아니더라도 누구에게든 교부하기만 하면 그 효력이 발생한다는 점에서 후술하는 교부시설과 다르다. 따라서 이 견해에 의하면 주권의 작성 후 회사의 의사에 기한 주권의 점유이전행위가 있게 되면 선의취득 · 압류 · 제권판결 등이 가능하나(작성시설과 동일), 주권 작성 후 회사의 의사에 기하지 않은 주권의 점유이탈행위가 있게 되면, 선의취득 · 압류 · 제권판결 등이 불가능하다(작성시설과 차이).

그러나 이 견해는 회사가 주주 이외의 누구에겐가 주권을 교부하면 주권의 효력이 발생하므로, 주주가 자기의 과실 없이 주주권을 잃을 수 있어 주주보호에 미흡하다는 점 외에 주권을 점유했던 일조차 없이 주권의 점유를 잃은 자(359조)로 간주하는 것으로서, 이러한 의제는 선의취득제도의 본래의 취지에도 어긋난다는 비판을 받는다(李 254).

3) 교부시설

교부시설은 회사가 주권을 작성하여 주주에게 교부한 때에 주권의 효력이 발생한다고 한다. 따라서 이때부터 주식의 양도가 가능해진다. 이 견해에 의하면 주권의 작성 후 주주에게 교부하기 전에는 주권으로서의 효력이 발생하지 않으므로 선의취득이 발생할 수 없다. 따라서 주주는 여전히 회사에 대하여 주권의 발행·교부청구권을 가지며, 주주의 채권자는 이 주권의 발행·교부청구권을 압류할 수 있다. 교부시설이 우리나라의 통설·판례의 견해이다[鄭(東) 215, 李 256; 대판 1977. 4. 12, 76다2766 ; 대판 1987. 5. 26, 86다카982,983].

【판례】 대법원 2000. 3. 23. 선고, 99다67529 판결

상법 제355조의 주권발행은 같은 법 제356조 소정의 형식을 구비한 문서를 작성하여 이를 주주에게 교부하는 것을 말하고 위 문서가 주주에게 교부된 때에 비로소 주권으로서의 효력을 발생하는 것이므로 회사가 주주권을 표창하는 문서를 작성하여 이를 주주가 아닌 제3자에게 교부하여 주었다 할지라도 위 문서는 아직 회사의 주권으로서의 효력을 가지지 못한다.

4) 사 견

생각건대, 주권의 효력발생시기에 대한 가장 중요한 문제는 결국 주주의 보호와 선의의 제3취득자의 보호이다. 작성시설에 의하면 거래의 안전은 보호되나 주주의 입장에서는 주권을 점유해 보지도 못하고 또 자기에게 과실이 없는데도 불구하고 주주권을 상실할 우려가 있다. 그러나 교부시설에 의하면 주주의 권리는 보호되나 거래의 안전에는 소홀한 면이 있다. 그리고 발행시설에 의하면 이 단점들이 어느 정도 보완되나 역시 주주가 전혀 자기 과실에 기인하지 않고 주주권을 잃을 수 있다는 문제점이 남는다. 그러나 교부시설에 따르면 주주에게 교부하기 전에 분실한 주권을 선의취득한 제3자는 회사 기타 양도인에 대한 손해배상청구나 부당이득반환청구에 의하여 보호받을 수 있기 때문에 통설과 판례의 입장인 교부시설이 가장 타당하다고 본다[同旨: 孫 687, 姜 295, 朴 334, 李(基) 354].

4. 주권불소지제도

(1) 주권불소지제도의 취지

주주가 주식을 양도함에는 주권의 교부에 의하므로 주권을 소지하여야 하나, 단순히 기명주주의 회사에 대한 권리행사는 대부분 주주명부의 기재에 의하므로 주식을 장기간 보유하는 주주에게는 주권의 소지가 오히려 거추장스러울 수 있다. 즉, 주권을 분실하거나 도난당할 경우에는 주권을 재발행 받는데 번거로울 뿐 아니라 주주로서의 권리를 잃을 위험성도 크다. 그리하여 상법은 주주의 희망에 따라 주권을 소지하지 않을 수 있도록 하였다(358조의2). 이에 따라 주주는 정관에 이를 금지하는 규정이 없는 한, 주권의 소지를 하지 아니하겠다는 뜻을 회사에 신고할 수 있다(358조의2 1항).

(2) 주주의 불소지신고

주주의 불소지신고는 기명주식의 주주가 할 수 있다. 그러므로 주식인수인의 자격으로서도 불소지신고를 할 수 있고, 또 주권발행의 전후를 불문하고 불소지신고를 할 수 있다. 주권발행 후에는 이미 발행된 주권을 회사에 제출하여야 한다(358조의2 3항 전단).

기명주식의 주주는 자기가 소지하고 있는 주식의 일부에 대하여도 주권의 불소지신고를 할 수 있다[林 223, 鄭(燦) 265]. 그리고 예탁결제원의 이름으로 명의개서된 상장주식에 관해서는 예탁결제원도 불소지신고를 할 수 있다(자시법 314조 3항).

주권불소지신고는 회사에 대하여 하여야 하나, 이는 명의개서에 필연적으로 결부되는 일이므로, 회사가 명의개서대리인을 둔 경우에는(337조 2항), 그에 대하여도 불소지신고를 하여야 한다[林 225, 鄭(燦) 265].

(3) 회사의 조치

주주의 주권불소지신고가 있으면 회사는 지체 없이 주권을 발행하지 아니한다는 뜻을 주주명부와 그 복본에 기재하고, 그 사실을 주주에게 통지하여야 한다(358조의2 2항 1문). 회사가 이렇게 주권을 발행하지 아니한다는 뜻을 주주명부 등에 기재한 때에는 회사는 주권을 발행할 수 없다(358조의2 2항 2문). 따라서 회사가 이에 위반하여 주권을 발행하더라도 그 주권은 효력이 없으며, 그 주권이 유통되더라도 선의취득이 불가능하다. 주권발행이 금지되는 효력은 주주명부 또는 그 복본에 주권을 발행하지 아니한다는 뜻을 기재한 때에 발생하고, 주주에게 통지한 때에 발생하는 것은 아니다.

한편, 이미 주권이 발행된 상태에서 주권불소지신고를 할 경우에는 회사는 제출받은 주권을 무효로 하거나 명의개서대리인에게 임치하여야 한다(358조의2 3항). 여기서 주권을 무효로 한다는 뜻은 제출받은 주권을 폐기함은 물론 주권발행 전에 불소지신고가 있는 경우와 같이 주주명부에 주권을 발행하지 아니한다는 뜻을 기재해야 한다는 것이다. 이 기재에 의해서 비로소 주권이 무효가 된다.

(4) 주주의 주권발행청구

주주는 주권불소지를 신고하였다 하더라도 주식을 양도하거나 입질하기 위하여 주권이 필요한 경우에는, 언제든지 회사에 대하여 주권의 발행 또는 반환을 청구할 수 있다(358조의2 4항). 이때 발행의 청구는 회사가 전혀 주권을 발행하지 아니하였거나 이미 발행한 주권을 무효로 한 경우이고, 반환의 청구는 명의개서대리인에게 임치한 경우이다.

5. 주권의 상실과 재발행

주주가 주권을 상실하면 주식을 양도할 수 없다. 그리고 반대로 상실된 주권이 선의의 제3자에 의하여 취득되면 주권의 선의취득의 문제가 발생한다. 따라서 상법은 주권의 상실자를 위하여 공시최고절차와 제권판결에 의하여 상실된 주권을 무효로 할 수 있게 하고(360조 1항, 민소 446조 이하), 또 주권의 재발행을 청구할 수 있게 하였다(360조 2항). 이때 공시최고의 신청자는 주권의 최종소지자이며, 주식을 입질한 경우에는 질권자가 신청할 수 있다(崔 441, 李·崔 532).

한편, 제권판결선고 전에 그 상실주권에 대하여 선의취득을 하였으나, 공시최고기간 중에 권리의 신고나 청구를 하지 않은 선의취득자와 제권판결취득자 간에는 과연 누가 진정한 권리자인가가 문제된다. 이에 관하여는 제권판결취득자우선보호설(李·崔 533, 李 261, 崔 444), 선의취득자우선보호설[孫 640, 鄭(東) 210], 그리고 명의개서를 기준으로 하여 제권판결 이전에 주권의 명의개서를 한 선의취득자는 우선적으로 보호받는다는 절충설[宋(相) 583]이 있다.

생각건대, 명의개서는 회사에 대한 대항력을 갖추는 데 필요한 요건일 뿐이므로 이것을 기준으로 권리신고와 동일한 효력을 부여하는 것은 문제가 있으므로 절충설은 타당하지 못하다. 제권판결은 선의취득자의 권리를 상실시키는 것은 아니지만 제권판결의 소극적 효력으로서 주권 자체가 무효가 되고(민소 467조), 적극적 효력으로서 주주는 주권이 없이도 주주로서의 권리를 행사할 수 있으므로(민소 468조), 법률상 제권판결을 받은 자가 우선적으로 보호받아야 할 것이다. 다만 제권판결은 권리자를 확정하는 판결이 아니므로 선의취득자는 제권판결 취득자에 대하여 제권판결 정본의 반환을 청구하거나, 제권판결 후 재발행된 주권의 반환을 청구할 수 있을 것이다.

한편, 주권을 상실한 자는 제권판결을 받지 아니하면 회사에 대하여 주권의 재발행을 청구할 수 없다(360조 2항). 또한 주주가 주권을 분실한 것이 아니고 회사가 주권을 보관하던 중 분실하였다 하더라도 역시 제권판결이 없는 한 주주는 재발행을 청구할 수 없다(대판 1981. 9. 8, 18다141).

6. 주식의 전자등록

주권을 실제 발행하지 않고 전자등록기관에 주식을 등록하는 것을 주식의 전자등록제도라고 하는데, 이 제도는 권리의 양도와 행사 그리고 그에 대한 담보설정이 주권 없이도 가능하게 하므로 주주에게는 권리행사의 편의성을 제고하고, 회사에게는 실물 증권 발행 부담을 완화하는 효과를 낸다. 이러한 장점으로 인해서 주식의 전자등록제도가 2011년 개정상법으로 도입되었다. 이에 따라서 회사는 주권발행 대신에 정관 규정에 따라 전자등록기관의 전자등록부에 주식을 등록할 수 있다(356조의2 1항). 전자등록의 절차, 방법 및 효과 그리고 전자등록기관의 지정과 감독, 그 밖에 주식의 전자등록 등에 필요한 사항은 따로 법률로 정한다(356조의2 4항). 전자등록에 관한 필요한 사항을 규율하기 위하여 2016년 「주식 · 사채 등의 전자등록에 관한 법률(이하 전자증권법)」을 제정하고 공포 후 4년이 넘지 않는 범위에서 시행하도록 하였다. 전자증권법은 증권예탁결제제도를 대체하게 된다.

전자등록부에 주식을 등록한 자는 그 주식에 대한 권리를 적법하게 보유한 것으로 추정되며 전자등록부를 선의로 중대한 과실 없이 신뢰하고 양도나 입질의 등록에 따라서 그에 관한 권리를 취득하는 자는 그 권리를 적법하게 취득하게 된다(356조의2 3항).

Ⅱ. 주주명부

1. 주주명부의 의의

주주명부(stock transfer books, Aktienbuch)란 주권 및 주주에 관한 현황을 나타내기 위하여 상법의 규정에 의하여 회사가 작성 · 비치하여야 할 장부이다(396조 1

항). 주주명부는 주주를 기초로 하여 작성되는 장부라는 점에서 주권을 기초로 하여 작성되는 장부인 주권대장과 구별되며, 또 회사의 영업 및 재산의 상황에 관한 장부가 아니라는 점에서 상업장부(29조 1항)와도 구별된다.

인적회사에서는 사원의 성명을 정관에 기재하기 때문에 누가 사원인지를 알 수 있다. 그러나 주식회사에서는 주주의 성명이 정관에 기재되지 않고 주식의 양도성으로 인해 株主가 수시로 변하기 때문에 회사로서는 특정한 시점에서 누가 주주인가를 확정할 방법이 필요하다. 이것을 위한 것이 주주명부이다.

2. 주주명부의 비치와 공시

이사는 주주명부를 작성하여 회사의 본점에 비치하여야 한다. 다만 전자주주명부의 비치·공시 및 열람의 방법에 관하여 필요한 사항은 대통령령에서 정하고 있다(352조의2 3항).

명의개서대리인을 둔 경우에는 주주명부 또는 그 복본을 명의개서대리인의 영업소에 비치할 수 있으며(396조 1항), 주주명부(그 복본이 아님)를 명의개서대리인의 영업소에 두기로 한 때에는 본점에 비치하지 않아도 된다. 주주명부의 복본은 그 효력이 주주명부와 동일하다. 따라서 복본에 한 명의개서는 주주명부에 한 명의개서와 동일한 효력이 인정된다(337조 2항). 이사는 주주와 회사채권자의 열람청구에 응하여야 한다(396조 2항).

3. 주주명부의 기재사항

회사는 주주명부에 ① 주주의 성명과 주소, ② 각 주주가 가진 주식의 종류·수, ③ 각 주주가 가진 주식의 주권을 발행한 때에는 그 주권의 번호, ④ 각 주식의 취득년월일을 기재한다(352조 1항). 2009년 5월 개정상법은 전자주주명부제도를 도입하였으므로, 회사는 정관 규정에 따라 전자주주명부를 작성할 수 있다(352조의2 1항). 전자주주명부는 위의 제352조 제1항의 기재사항 외에 전자우편주소를 적어야 한다(352조의2 2항).

회사가 전환종류주식을 발행한 때에는 주주명부의 기재사항 외에 전환의 취지·조건 및 기간과 새로이 발행할 주식의 내용을 기재하여야 한다(352조 3항, 347조).

이 밖에 임의적 기재사항으로서 질권등록사항(340조)과 주권불소지사항(358조의2)을 기재하고, 공유주식의 권리행사자의 성명과 주소(333조 2항) 등도 기재하여야 한다. 주주명부에 기재할 사항을 기재하지 아니하거나, 부실한 기재를 한 때에는 이사 또는 명의개서대리인은 과태료의 제재를 받는다(635조 1항 9호).

4. 주주명부의 효력

(1) 대항적 효력

주식의 양도는 주권의 교부에 의하므로(336조 1항) 주식의 양수인은 주권의 교부만 있으면 주주가 되지만(효력요건), 그가 주주임을 회사에 대항하기 위해서는 주주명부에 그의 성명과 주소를 기재하여야 한다(대항요건 : 337조 1항). 즉 주식의 이전은 취득자의 성명과 주소를 주주명부에 기재하지 아니하면 회사에 대항하지 못한다.

【판례】 대법원 2017. 3. 23. 선고, 2015다248342 전원합의체 판결

「[다수의견] (가) 상법이 주주명부제도를 둔 이유는, 주식의 발행 및 양도에 따라 주주의 구성이 계속 변화하는 단체법적 법률관계의 특성상 회사가 다수의 주주와 관련된 법률관계를 외부적으로 용이하게 식별할 수 있는 형식적이고도 획일적인 기준에 의하여 처리할 수 있도록 하여 이와 관련된 사무처리의 효율성과 법적 안정성을 도모하기 위함이다. 이는 회사가 주주에 대한 실질적인 권리관계를 따로 조사하지 않고 주주명부의 기재에 따라 주주권을 행사할 수 있는 자를 획일적으로 확정하려는 것으로서, 주주권의 행사가 회사와 주주를 둘러싼 다수의 이해관계인 사이의 법률관계에 중대한 영향을 줄 수 있음을 고려한 것이며, 단지 해당 주주의 회사에 대한 권리행사 사무의 처리에 관한 회사의 편의만을 위한 것이라고 볼 수 없다.

(나) 회사에 대하여 주주권을 행사할 자가 주주명부의 기재에 의하여 확정되어야 한다는 법리는 주식양도의 경우뿐만 아니라 주식발행의 경우에도 마찬가지로 적용된다.

주식양도의 경우와 달리 주식발행의 경우에는 주식발행 회사가 관여하게 되므로 주주명부에의 기재를 주주권 행사의 대항요건으로 규정하고 있지는 않으나, 그럼에도 상법은 주식을 발행한 때에는 주주명부에 주주의 성명과 주소 등을 기재하여 본점에 비치하도록 하고(제352조 제1항, 제396조 제1항), 주주에 대한 회사의 통지 또는 최고는 주주명부에 기재한 주소 또는 그 자로부터 회사에 통지한 주소로 하면 되도록(제353조 제1항) 규정하고 있다. 이와 같은 상법 규정의 취지는, 주식을 발행하는 단계에서나 주식이 양도되는 단계에서나 회사에 대한 관계에서 주주권을 행사할 자를 주주명부의 기재에 따라 획일적으로 확정하기 위한 것으로 보아야 한다.

(다) 주식을 양수하였으나 아직 주주명부에 명의개서를 하지 아니하여

주주명부에는 양도인이 주주로 기재되어 있는 경우뿐만 아니라, 주식을 인수하거나 양수하려는 자가 타인의 명의를 빌려 회사의 주식을 인수하거나 양수하고 타인의 명의로 주주명부에의 기재까지 마치는 경우에도, 회사에 대한 관계에서는 주주명부상 주주만이 주주로서 의결권 등 주주권을 적법하게 행사할 수 있다.

(라) 주주명부상의 주주만이 회사에 대한 관계에서 주주권을 행사할 수 있다는 법리는 주주에 대하여만 아니라 회사에 대하여도 마찬가지로 적용되므로, 회사는 특별한 사정이 없는 한 주주명부에 기재된 자의 주주권 행사를 부인하거나 주주명부에 기재되지 아니한 자의 주주권 행사를 인정할 수 없다.」

(2) 권리추정적 효력

주주명부에 주주로 기재된 자는 실질적 주주로 추정된다. 따라서 주주명부상의 명의주주는 다른 반증이 없는 한, 자기가 실질적 권리자임을 입증하거나 주권을 제시하지 않고도 적법한 주주로서의 권리를 주장할 수 있다. 이것이 주주명부의 명의개서에 대한 추정력이다. 그러나 주주명부의 기재가 권리를 창설하는 효력이 있는 것은 아니므로, 실체법상 주식을 취득하지 못한 자가 명의개서를 하였다고 해서 주주권을 취득하는 것은 아니다. 따라서 그가 무권리자라는 것이 입증되면 당연히 그의 주주권이 부인된다. 이때 입증책임은 무권리자임을 주장하는 자가 부담한다(대판 1985. 3. 26, 84다카2082).

【판례】 대법원 1985. 3. 26. 선고, 84다카2082 판결

「…주주명부에 원고가 주주로 등재되어 있다면 원고는 일응 그 회사의 주주로 추정된다 할 것인바, 원고는 피고회사에게 동사가 적법히 발행한 7,500주의 신주식의 청약을 하였고, 주주명부상 그 주주로 등재되어 있음이 인정되므로…」

한편, 주권의 점유에 의해서도 적법한 소지인으로 추정되므로 주권의 점유도 권리추정적(자격수여적) 효력을 가지나, 이것은 주주명부의 권리추정적 효력과는 구별하여야 한다. 즉, 주권의 점유자에 대한 적법한 소지인으로서의 추정은 주식의 양도와 관련한 것으로서, 주권의 소지자가 적법한 소지인으로 추정받더라도 그것만으로는 회사에 대하여 주주권을 행사할 수는 없고, 명의개서를 청구할 권리만을 갖게 된다. 따라서 주주권을 행사하기 위해서는(즉, 회사에 대항하기 위해서는) 주

주명부에 명의개서를 하여야 한다(337조 1항).

(3) 면책적 효력

회사는 주주명부에 기재된 자를 주주로 취급하면 면책된다. 따라서 회사는 주주명부에 기재된 자를 주주로 보고 그 자가 배당금청구권 · 의결권 · 신주인수권 등의 권리를 인정하면 설사 주주명부상의 주주가 진정한 주주가 아니더라도 면책된다. 이러한 주주명부의 면책적 효력은 주주의 확정에 관해서 뿐 아니라 주주의 주소 등 다른 기재사항에 관해서도 주어진다. 그러므로 회사는 주주명부상의 주주 또는 질권자에게, 주주명부에 기재된 주소로 최고 또는 통지를 하면 되고(353조 1항), 주소가 변경되었거나 잘못된 주소의 제출로 주소가 사실과 달라 최고 또는 통지를 받지 못하더라도 회사는 이에 대하여 책임을 지지 아니한다. 또한 주식을 상속한 경우 상속으로 인한 명의개서가 없는 한 최고 또는 통지는 피상속인에 대하여 하면 면책된다(大隅 · 今井 408, 鈴木 137).

(4) 그 밖의 효력

주식의 등록질은 주주명부가 존재함으로써 가능하다. 주주명부에 등록한 질권자는 회사로부터 이익이나 이자의 배당 · 잔여재산의 분배 등에 의한 금전의 지급을 받아 다른 채권자에 우선하여 자기 채권의 변제에 충당할 수 있다(340조 1항). 또한 주주명부가 존재함으로써 주권불소지제도를 이용할 수 있다. 즉, 주주의 주권불소지신고에 의해 회사는 그러한 주권을 발행하지 않는다는 뜻을 주주명부에 기재하면 주권을 발행할 수 없고, 주주가 제출한 주권은 무효로 하거나 명의개서대리인에게 임치하여야 하는 효력이 있다(358조의2).

5. 주주명부의 폐쇄와 기준일

(1) 의 의

주식회사에서는 주주가 수시로 바뀌므로 주주총회나 이익배당과 같이 주주권을 행사할 자를 일정한 시점의 주주로 특정시킬 필요가 있다. 예를 들어 영업연도의 말일(결산기)이 12월 31일이라면(이로부터 3개월 내에 주주총회를 개최해야 하기 때문에) 다음해 3월 30일에 주주총회를 개최하여 이익처분안을 승인받는 경우, 어느 시점의 주주가 총회에서 의결권을 행사하고 승인된 이익처분안에 따라 배당을 받을 수 있을까. 원래 정기총회는 전연도의 영업실적의 결산을 하고 결산시점에서 생긴 이익을 그 시점의 주주에게 배당하기 위한 승인을 받는 자리이므로, 12월 31일 현재 주주가 의결권을 행사하고 승인된 이익배당을 받아야 할 것이지, 그 이후에 양수한 주주가 받을 일은 아니다. 이와 같이 12월 31일의 주주와 그 이후에 주식을 양수하여 주주가 된 자가 있을 때 12월 31일의 주주에게 권리를 행사시킬 필요성이 있는데 그 방법은 무엇인가. 두 가지의 방법을 생각해 볼 수 있다. 첫째, 위의 예에서 1월 1일 이후 정기총회종료시까지 명의개서를 하지 못하게 하는 방법이 있는데 이를 주주명부의 폐쇄라 한다. 둘째, 명의개서는 허용하되 정기총회에서 의결권을 행사하는 자는 일정한 날, 위의 예에서 12월 31일 현재의 주주명부상의 주주로 정하는 방법으로 이를 기준일이라 한다. 우리 상법은 주주명부폐쇄와 기준일제도를 모두 규정하고 있으므로(354조 1항), 회사가 선택 또는 병용할 수 있다.

(2) 양 제도의 차이점

주주명부의 폐쇄제도에 의해서도 폐쇄 당시의 주주명부상의 주주가 권리를 행사할 자가 되고, 기준일제도 역시 일정한 시점에서 권리를 행사할 자로 확정되므로, 양제도는 이 점에서 동일한 기능을 한다. 그러나 양제도는 다음과 같은 점에서 차이가 있다.

1) 폐쇄제도에서는 폐쇄기간 중에 주식이 양도되더라도 명의개서가 정지되므로 형식상의 주주와 실질상의 주주가 상이하게 되고, 주식양수인은 회사에 대하여 주주임을 주장할 수 없다. 그러나 기준일제도에서는 기준일 이후에 주식이 양도되더라도 얼마든지 명의개서를 할 수 있으므로 형식상의 주주와 실질상의 주주의 불일치문제는 생기지 않는다. 따라서 주식양수인은 당연히 회사에 대하여 주주임을 주장할 수 있다.

2) 폐쇄제도는 특정한 목적을 위해서는 이용할 수 없으나, 기준일제도는 특정한 목적을 위해서만 이용할 수 있다. 이러한 차이점으로 인해 양제도는 병용될 수 있다. 또 주주명부폐쇄기간 중에 신주가 발행될 때 이 신주 주주를 주주총회결의에서 제외시키고자 한다면 주주명부의 폐쇄 외에 별도로 기준일을 설정하여야 하므로 양제도가 병용된다.

(3) 주주명부의 폐쇄

1) 주주명부폐쇄의 내용

주주명부의 폐쇄(closing of transfer book)란 회사가 의결권을 행사하거나 이익배당을 받을 자 기타 주주 또는 질권자로서 권리를 행사할 자를 일반적으로 정하기 위하여 일정기간 주주명부의 명의개서를 정지하는 것을 말한다. 주주명부를 폐쇄하면 명의개서가 금지되므로 특정 주주권을 행사할 자는 자동적으로 폐쇄 당시의 주주명부상의 주주로 확정된다.

주주명부의 폐쇄는 의결권행사·이익배당청구에 한하지 않고 신주인수권·건설이자배당청구권 등 주주권을 행사할 자를 정할 필요가 있을 경우에는 모두 허용되지만, 모든 주주의 주주권을 일시에 획일적인 기준에 의해서 정하는 경우에 한하고, 소수주주권·각종의 소제기권과 같이 행사여부가 주주의 개별적인 의사에 달려있는 권리를 행사할 자를 특정하기 위한 경우에는 인정되지 아니한다.

주주명부의 폐쇄기간 중에는 명의개서가 금지됨은 물론이고, 질권의 등록·신탁재산표시의 기재 및 말소(信 3조 2항) 등 주주 또는 질권자의 권리를 변동시키는 기재는 할 수 없다. 그러나 권리의 변동과 상관없는 주소변경·법인의 대표자 변경·주권불소지신고·불소지신고주식의 주권발행청구 등은 할 수 있다. 또한 예외적으로 전환종류주식, 전환사채, 신주인수권부사채에서 발생한 전환권 또는 신주인수권 등의 행사도 가능하다[鄭(燦) 597].

2) 주주명부폐쇄기간과 공고

주주명부를 장기간 폐쇄하면 주식양도의 자유에 제한을 가하는 결과가 되기 때문에, 상법은 주주명부의 폐쇄기간은 3월을 초과하지 못하도록 하고 있으며(354조 2항), 폐쇄기간 개시 2주간 전에 이를 공고하도록 하였다(354조 4항 본문). 그 공고에는 폐쇄기간의 시기·종기·목적을 기재하여야 한다. 만일 정관에 폐쇄기간이 정해져 있을 경우에는 이를 공고할 필요가 없다(354조 4항 단서).

3) 위법한 폐쇄기간의 효력

주주명부의 폐쇄와 기준일제도는 그 실행이 강제되는 것은 아니지만 주주에게 중대한 이해관계가 있으므로, 이를 실행한다면 반드시 상법의 규정에 따라야 한다. 따라서 이에 위반한 정관의 규정은 무효이다. 만일 회사가 상법규정에 위반하여 주주명부를 폐쇄하였다면 그 효력은 어떠한가. 이에 대하여 일반적으로 상법규정에 위반한 경우는 무효라는 견해도 있으나, 통설은 주주명부의 법정폐쇄기간인 3월을 초과하는 기간을 폐쇄기간으로 정한 경우에는 그 초과하는 기간은 무효가 되고, 그 始期 또는 終期가 불확정한 경우에는 그 전부가 무효가 된다고 보고 있다[孫 591, 崔 545, 鄭(東) 222, 李 340]. 거래의 안전을 위해 통설이 타당하다고 생각한다. 실무에서는 통상 「매 결산기 말일의 익일로부터 그 결산에 관한 정기주주총회종료일까지」라는 식으로 폐쇄기간을 정하고 있다(상장회사표준정관 13조 1항).

4) 폐쇄기간 중 명의개서의 효력

주주명부의 폐쇄는 회사를 위한 것이므로 폐쇄기간 중임에도 불구하고 회사가 명의개서를 허용한 경우나, 회사가 임의로 한 명의개서의 효력은 어떠한가. 이에 대하여 이를 무효라고 보는 견해[鄭(東) 215, 李(炳) 402]와 명의개서 자체는 유효하나 그 효력은 폐쇄기간 경과 후에 발생한다고 보는 견해[李 267, 鄭(燦) 272, 蔡 617, 李·崔 538]가 대립한다.

생각건대, 폐쇄기간 중의 명의개서의 효력이 폐쇄기간 경과 후에 발생한다면, 주주의 이익을 해하지 아니함은 물론 회사에 대하여도 불이익이 없으므로 구태여 이를 무효라고 볼 이유가 없다고 본다. 후자의 견해에 찬성한다.

(4) 기준일

1) 기준일의 내용

회사는 의결권을 행사하거나 이익 또는 이자의 배당을 받을 자 기타 주주 또는 질권자로서 권리를 행사할 자를 정하기 위하여 일정한 날에 주주명부에 기재된 株主 또는 질권자를 그 권리를 행사할 주주 또는 질권자로 볼 수 있다. 이 경우 일정한 날을 기준일(record date)이라고 한다(354조 1항). 기준일은 주주명부의 폐쇄제도와 달리 명의개서의 청구에 응하면서도 권리를 행사하는 주주를 확정할 수 있다는 장점이 있다. 기준일은 주주 또는 질권자로서 권리를 행사할 날에 앞선 3월내의 날로 정하여야 한다(354조 3항 본문).

2) 기준일의 공고

기준일을 정한 경우에는 기준일의 2주간 전에 공고하여야 한다(354조 4항 본문). 공고시에는 그 목적도 기재하여야 한다. 정관에 기준일을 정한 때에는 공고할 필요가 없다(354조 4항 단서). 그리고 주주명부의 폐쇄와 같이 이사회가 결의하고 대표이사가 이를 집행하여야 한다고 본다(同旨 : 李 268).

3) 기준일의 효력

기준일의 효력은 주주명부의 폐쇄의 경우와 같다.

6. 전자주주명부

회사는 정관으로 정하는 바에 따라 전자문서로 주주명부, 즉 전자주주명부를 작성할 수 있다(352조의2 1항). 전자주주명부를 작성한 경우 서면의 주주명부를 작성하더라도 전자주주명부가 유일한 주주명부로서의 효력을 가진다(李 341).

전자주주명부에는 주주명부의 기재사항 외에 전자우편주소를 적어야 한다(352조의2 2항, 352조 1항). 회사는 전자주주명부를 본점 또는 명의개서대리인의 영업소에 비치하여야 하는데, 회사가 전자주주명부를 작성하고 그 내용을 주주나 채권자가 서면으로 인쇄할 수 있도록 하면 상법 제396조 제1항에 따라 비치한 것으로 본다

(상시행령 4조 1항). 또한 주주와 채권자는 영업시간 내에 언제든지 전자주주명부에 기록된 사항을 서면 또는 파일의 형태로 열람 또는 복사를 청구할 수 있으며(상시행령 4조 2항), 이때 다른 주주들의 개인정보가 유출될 염려가 있으므로 회사는 다른 주주의 전자우편주소가 열람 또는 복사되는 범위에서 제외하는 조치를 취하여야 한다(상시행령 4조 2항 후단).

제 4 절 株式의 讓渡

Ⅰ. 주식양도의 의의

주식양도(transfer of shares)라 함은 법률행위에 의하여 주식을 이전하는 것을 말한다.[9] 주식의 양도로 인해 양수인은 양도인으로부터 주주권을 특정 승계한다. 따라서 주주가 회사에 대하여 갖고 있는 일체의 권리의무가 포괄적으로 양수인에게 이전된다(사원권설). 그러나 주주의 지위로 인해 생긴 권리라 하더라도 이미 주주권으로부터 분리되어 구체화된 권리(예컨대, 주주총회에서 배당결의가 있은 후에 발생한 특정결산기의 배당금지급청구권과 같은 채권적 권리)는 이전되지 아니한다.

주식양도는 보통 매매 · 증여 · 교환과 같은 채권행위의 이행으로서 행해지는데 이 원인행위와는 구별되며, 그 법적 성질은 다시 이행함이 없이 직접 주식이전의 효과를 생기게 하는 것이므로 준물권행위이다(통설).

한편, 주식회사의 사원(주주)은 인적회사의 사원의 지위와는 달리 주식을 취득 · 상실함으로써 발생 · 소멸한다. 주식을 취득하는 방법에는 크게 원시취득(회사설립시 또는 신주발행시의 주식인수와 무권리자로부터 선의취득하는 경우)과 승계취득이 있다. 승계취득에는 다시 포괄승계(상속 · 합병 · 포괄유증 등을 원인으로 한 주식취득)와 특정승계(주식의 양도 · 경매 · 공매 등을 원인으로 한 주식취득)가 있다. 이밖에 주식의 설정적 취득으로 인한 담보취득이 있다. 주식양도에 의한 취득은 특정승계의 대표적인 예이다.

---

9) Stephen W. Mayson · Derek French & Christopher Ryan, *op. cit.*, p. 208.

Ⅱ. 주식양도자유의 원칙

주식은 원칙적으로 자유롭게 양도할 수 있다. 주식회사는 인적회사와는 달리 퇴사제도가 없으므로 그 대신 주식의 자유로운 양도에 의하여 사원(주주)의 투하자본을 회수할 수 있는 길을 열어 주기 위함이다. 주주의 투하자본회수는 주식양도뿐만 아니라 회사에 대한 주주의 주식매수청구권에 의해서도 가능하나, 주식양도에 의하여 이루어지는 것이 일반적이다. 따라서 상법도 주식은 타인에게 이를 양도할 수 있다고 규정하여(335조 1항 본문) 주식양도의 자유를 원칙적으로 보장하고 있다.

Ⅲ. 주식양도의 제한

주주가 투하자본을 회수하기 위하여 주식을 양도함은 원칙적으로 자유이나, 이를 무제한 인정하면 자칫 회사기밀의 누출과 회사경영권 상실의 우려가 있다. 따라서 주식양도에 어느 정도 제한을 가하여 출자가액에 따른 지주비율을 유지하여 경영의 안정을 꾀하는 한편, 회사가 원하지 않는 외부인사의 참여를 배제하여 어느 정도의 폐쇄성을 유지할 필요가 있다. 따라서 주식양도는 법률에 의하여 제한됨은 물론 정관에 의해서도 제한될 수 있다.

1. 상법에 의한 양도제한

(1) 권리주양도의 제한

상법 제319조는 권리주에 대한 양도를 제한하고 있다. 권리주란 회사의 설립 시 회사 설립의 등기 전까지 주식인수인으로서의 지위, 또는 신주발행 시 주금액 납입기일까지의 주식인수인으로서의 지위(425조 1항)를 말한다. 권리주의 양도를 제한하는 이유는 기업의 경영과 이윤에는 관심이 없이 단기차익을 노리는 투기적 행위를 억제하고, 회사설립이나 신주발행에 있어 권리주의 양도로 인한 사무처리의 혼잡을 방지하며, 특히 회사설립 시에는 회사불성립으로 인한 위험으로부터 양수인을 보호하고자 하는 정책적인 고려에 있다. 그러나 거래실무계에서는 권리주를 주금납입영수증이나 청약증거금영수증에 백지위임장을 첨부하여 양도하는 경우가 있다.

위와 같이 권리주를 양도하면 어떠한 효력이 발생하는가? 양 당사자 간에는 채권적 효력이 생긴다는데 견해가 일치한다. 또한 회사와의 관계에 있어서는 상법 제319조에서 「주식의 인수로 인한 권리의 양도는 회사에 대하여 효력이 없다」고 명시하고 있기 때문에 양도인과 양수인은 양도의 효력을 주장할 수 없다.

그런데 회사가 권리주의 양도를 승인할 수 있는가? 다수설과 판례는 회사가 권리주의 양도를 승인하더라도 효력이 없다고 해석한다[李·崔 541, 鄭(燦) 276, 李 303, 崔 302, 孫 658, 대판 1965. 12. 7, 65다2069]. 이에 대하여 소수설은 회사가 권리주의 양도를 인정하는 것은 무방하며, 또 이것이 거래실정에도 맞는다고 한다[姜 376, 鄭(熙) 609].

생각건대, 권리주의 양도방법이 불투명하고 그 존속기간도 단기간이어서 이를 인정할 실제상의 필요성도 높지 않거니와, 권리주 양도를 금지한 취지가 회사의 승인에 맡긴다는 뜻이 아니라 일반 투자자의 보호 장치가 미흡한 상태에서 양도되는 것을 원치 않는다는 데 있으므로, 다수설이 타당하다고 본다.

발기인 또는 이사가 권리주를 양도한 경우에는 벌칙의 적용을 받는다(635조 2항).

(2) 주권발행전 주식의 양도제한

1) 양도제한의 입법취지

주권발행 전의 주식이란 회사설립 시에는 설립등기를 마친 날로부터 주권을 발행할 때까지, 신주발행 시에는 주금납입기일의 다음 날(423조 1항)로부터 주권을 발행할 때까지의 사이의 주식을 말하고, 주권발행 전 주식양도는 회사에 대하여 효력이 없다(335조 3항 본문). 이와 같이 주권발행 전 주식의 양도를 원칙적으로 제한하는 이유는 상법 상 주식의 양도에는 주권의 교부를 요하는데(336조 1항) 주권이 발행되기 전에는 적법한 양도방법이 있을 수 없고, 또한 적절한 공시방법이 없어(기명주식의 경우 주주명부에의 명의개서 등) 거래의 안전을 해칠 위험이 있기 때문이다. 그러나 회사성립 후 또는 신주의 납입기일 후 6월이 경과하도록 주권발행이 부당하게 지연되는 경우에는 주주는 주권 없이도 유효하게 주식을 양도할 수 있다(335조 3항 단서). 상법 제335조 제3항 단서의 규정은 회사성립 후나 통상의 신주발행(416조)뿐만 아니라 전환종류주식 또는 전환사채의 전환(350조 · 515조), 준비금의 자본금전입으로 인한 신주발행(461조), 주식배당으로 인한 신주발행(462조의2), 신주인수권부사채권자의 신주인수권행사로 인한 신주발행(516조의8), 회사합병으로 인한 신주발행(523조 3호) 등 신주를 발행하는 모든 경우에 적용된다(同旨; 李 376).

2) 주권발행전 주식양도의 효력

회사성립 후 또는 신주의 납입기일 후 6월이 경과하기 전에 주권 미발행 상태에서의 양도의 효력은 권리주의 양도와 같이 절대무효이다. 즉, 회사가 양도를 승인하고 명의개서까지 하더라도 이는 무효이고, 양수인은 회사에 대하여 주권의 발행·교부를 청구할 수 없다(대판 1981. 9. 8, 81다141). 뿐만 아니라 회사가 양수인에게 주권을 발행하더라도 이는 주권으로서의 효력이 없다(대판 1987. 5. 26, 86다카982 · 983). 따라서 양수인이 주주총회에 출석하여 의결권을 행사하였더라도 주주 아닌 자가 의결권을 행사한 것이 되므로 그 정도에 따라 주주총회결의취소 또는 주주총회결의부존재의 원인이 된다(同旨 ; 李 305).

주권상장법인의 경우 6월이 경과하기 전 주권을 발행하지 않았더라도 상장주식을 예탁결제원의 계좌간 대체의 방법으로 양도하는 경우 회사에 대하여 효력이 있다(자시법 311조 4항).

회사성립 후 또는 신주의 납입기일 후 6월이 경과하도록 회사가 주권을 발행하지 않을 때에는 주권 없이도 주식을 양도할 수 있다(335조 3항 단서). 6월이란 기간을 설정한 것은 그것을 회사가 주권을 발행·교부하는 데 소요되는 합리적 기간으로 본 것이다. 주권발행 전 양도방법은 지명채권양도의 일반원칙에 따라 당사자의 의사표시에 의해 양도할 수밖에 없다(통설, 대판 1988. 10. 11, 81누481; 대판 1995. 5. 23, 94다36421 외 다수). 이 경우 주권이 없는 관계로 주권의 교부에 의해 양수받는 자가 누리는 적법성의 추정(336조 2항)이 있을 수 없다. 그러므로 양수인은 2중양도의 양수인, 양도인의 채권자 등과 같은 제3자와의 관계에서, 또한 회사와의 관계에서 대항력을 갖추기 위해서는 채권양도에 준하여 회사에 대한 통지 또는 회사의 승낙을 요한다. 양수인은 대항요건을 갖출 경우 확정일자 있는 증서(民 450조 2항)에 의하는 것이 권리확보를 위해 바람직할 것이다. 2중양도의 경우 판례는 「주권발행 전 주식의 양도는 당사자의 의사표시만으로 효력이 발생하고, 주권발행 전 주식을 양수한 사람은 특별한 사정이 없는 한 양도인의 협력을 받을 필요 없이 단독으로 자신이 주식을 양수한 사실을 증명함으로써 회사에 대하여 그 명의개서를 청구할 수 있지만, 회사 이외의 제3자에 대하여 양도 사실을 대항하기 위하여는 지명채권의 양도에 준하여 확정일자 있는 증서에 의한 양도통지 또는 승낙을 갖추어야 한다는 점을 고려할 때, 양도인은 회사에 그와 같은 양도통지를 함으로써 양수인으로 하여금 제3자에 대한 대항요건을 갖출 수 있도록 해 줄 의무를 부담한다. 따라서 양도인이 그러한 채권양도의 통지를 하기 전에 제3자에게 이중으로 양도하고 회사에게 확정일자 있는 양도통지를 하는 등 대항요건을 갖추어 줌으로써 양수인이 그 제3자에게 대항할 수 없게 되었고, 이러한 양도인의 배임행위에 제3자가 적극 가담한 경우라면, 제3자에 대한 양도행위는 사회질서에 반하는 법률행위로서 무효이다(대판 2006. 9. 14. 선고 2005다45537 판결)」고 판시하였다.

【판례】 대법원 1996. 8. 20. 선고, 94다39598 판결

「주권발행 전의 주식양도라 하더라도 회사성립 후 6월이 경과한 후에 이루어진 때에는 회사에 대하여 효력이 있으므로 그 주식양수인은 주주명부상의 명의개서 여부와 관계없이 회사의 주주가 되고, 그 후 그 주식양도 사실을 통지받은 바 있는 회사가 주식양도인의 회사에 대한 채무이행을 확보하기 위하여 그 주식에 관하여 주주가 아닌 제3자에게 주주명부상의 명의개서절차를 마치고 나아가 그에게 기명식 주권을 발행하였다 하더라도, 그로써 제3자가 주주가 되고 주식양수인이 주주권을 상실한다고는 볼 수 없다」

(3) 자기주식의 취득금지

1) 자기주식취득금지의 의의

회사가 자기의 계산으로 그 회사가 발행한 주식을 취득하는 것을 자기주식 취득이라고 하며, 이는 원칙적으로 금지되어 있다(341조). 회사는 자기의 명의와 계산으로 자기주식을 취득할 수 없을 뿐만 아니라 제3자의 명의로도 자기의 계산으로는 자기주식을 취득하지 못한다. 제3자가 회사의 금융지원을 받아서 그 회사 주식을 취득하는 경우 자기주식 취득 금지를 회피하여 탈법이 되는데, 이는 무효이다. 회사가 설립 또는 신주발행의 경우에 자기의 주식을 인수하는 것은 회사가 동시에 자기의 사원이 될 수 없다는 논리상의 이유와 주금을 납입할 수 없다는 현실적인 이유에서 불가능한 것이다. 그러나 주식이 발행된 경우에는 하나의 재산권의 객체인 유가증권이 되어 있다는 점을 보면 자기주식 취득이 이론상 불가능한 것은 아니라고 할 여지도 있다. 원칙적으로 회사는 자기주식을 취득하지 못하게 되어 있는 데는 다음과 같은 정책적인 이유가 있다. 즉, ① 자본금 유지를 위협해서 회사채권자의 이익을 해치게 된다. 주가 하락 시 회사의 손해가 이중으로 확대되며 유상취득의 경우 실질을 보면 주금액의 환급이기 때문이다. ② 투기행위의 위험성이 있다. 자기주식을 취득함으로써 부당한 투기나 주가를 조작하여 주주나 투자가의 이익을 해칠 우려가 있다. ③ 의결권을 이용한 회사 지배권을 유지하는 수단으로 자기주식이 악용될 우려가 있다. ④ 자기주식의 취득과 처분에 관한 정보를 아는 이사들이 내부자거래를 하거나 시세조종을 할 우려가 있다(자시법 172조, 17조).

2) 자기주식취득행위의 효력

회사가 자기주식취득금지의 원칙을 위반하여 자기주식을 취득한 경우, 취득행위의 효력은 주식유통의 동적안전을 보호하기 위하여 유효라고 보고, 다만 이사에게 위법행위로 인한 손해배상책임(399조)을 인정하면 된다는 견해(유효설; 姜 258)가 있다. 이에 대하여 기본적으로는 법률상 무효이지만 양도인은 선의·악의를 불문하고 무효를 주장하지 못하고, 한편 거래의 안전을 고려하여 회사·채권자·주주도 양도인에게 악의가 없는 한 무효를 주장하지 못한다는 견해(상대적무효설; 孫 713)도 있다.

생각건대, 자기주식의 취득은 주식회사의 본질적인 요청인 자본금충실의 원칙을 침해하는 결과가 되며, 또 이를 규정한 상법 제341조는 강행규정이기 때문에 이를 위반한 것으로서 절대 무효라고 본다[무효설; 李·崔 345, 鄭(東) 248, 林 259]. 자기주식을 취득한 이사·감사 등은 5년 이상의 징역 또는 1천 5백만 원 이하의 벌금에 처해진다(625조 2호).

3) 자기주식취득금지의 예외

자기주식취득은 원칙적으로 금지되지만, 배당가능이익으로 자기주식을 취득하는 경우와 자기주식취득에서처럼 금지할 이유가 없거나 취득할 필요성이 있는 경우(341조 각호) 그것을 허용하고 있다.

(가) 배당가능이익에 의한 취득의 자유 배당가능이익의 범위 내에서 자기주식을 취득하는 경우는 직전 결산기 대차대조표상의 순자산액에서 제462조 제1항 각 호의 금액을 뺀 금액을 초과하지 않는 한도 내에서 거래소 시세가 있는 주식은 거래소에서 취득하는 방법으로 혹은 상환종류주식의 경우 외에 각 주주가 가진 주식수에 따라서 균등한 조건으로 자기 주식을 취득하는 것이며, 대통령령으로 정한 방법에 의해서 자기 명의와 계산으로 자기 주식을 취득할 수 있다(341조 1항). 이 경우 해당연도 결산기에 순자산액이 일정기준을 충족하지 못할 경우 이사는 연대하여 회사에 그 미치지 못하는 금액을 배상할 책임을 진다(341조 4항). 자기주식을 취득하려는 회사가 이사회 결의로 이익배당을 할 수 있다고 정관에 규정되어 있으면 이사회 결의로 자기주식 취득에 관하여 결정하고 그런 규정이 없으면 주주총회 결의로 결정한다.

(나) 특정 목적에 의한 취득 배당가능이익 범위 내의 자기주식 취득 이외에 특정목적으로 자기주식을 취득하는 것이 상법 상 허용된다. 그러한 특정목적이 있는 경우는 ① 회사의 합병 또는 다른 회사의 영업 전부를 양수하는 경우, ② 회사의 권리를 실행함에 있어서 그 목적을 달성하기 위하여 필요한 경우, ③ 단주의 처리

를 위하여 필요한 경우, ④ 주주가 주식매수청구권을 행사한 경우이다(341조의 2). 특정목적이 있는 경우도 법적 제한은 없지만 배당가능이익 범위 내에서 허용된다. 주식소각의 경우를 포함하는지에 대해서는 명문규정이 없는데 허용되지 않는다고 하겠다.

(다) 특별법상의 예외 자본시장법은 상장법인이 자기주식을 취득하는 경우, 유가증권시장 또는 협회등록시장에서 취득하거나 공개매수에 의하는 때에는 이익배당가능 한도액 안에서 목적제한·수량제한·보유기간제한 없이 자기주식을 취득할 수 있도록 하고 있다(자시법 165조의2 2항). 이 한도를 초과하는 경우 3년 내에 처분하여야 한다(자시법 165조의2 5항).

(라) 해석상의 예외 해석상 배당가능 이익이 없어도 자기주식 취득이 인정되는 경우로는 ① 위탁매매업을 하는 회사가 위탁의 실행으로 타인 계산으로 취득하는 경우, ② 신탁회사가 자기 주식을 신탁으로 받은 경우, ③ 자기 주식을 무상으로 양수하는 경우, ④ 채무이행 담보로서 점유하는 경우가 있다.

4) 자기주식의 지위

회사가 자기주식을 취득하는 경우 회사가 그 주식에 기해서 주주권을 행사할 수 있을지는 경우에 따라서 다르다. 첫째, 상법은 제369조 제2항에서 「회사가 가진 자기주식은 의결권이 없다」고 명시하고 있어, 의결권을 행사할 수 없는 것은 명백하다. 이 경우 자기주식은 발행주식총수에 산입되지 않는다. 둘째, 통설은 의결권 이외에 소수주주권이나 각종의 소제기권과 같은 공익권은 그 성질상 회사에 인정될 수 없다고 본다(통설). 셋째, 자익권에 관하여는 견해가 엇갈리므로 나누어서 생각해야 한다. 즉, 자익권 중 이익배당청구권을 인정하는 경우 장부상 배당액은 다음 연도의 수익으로 계상되어 영업외수익으로 기재되나, 부정하더라도 그 자기주식분은 당해 연도의 잉여금으로서 다음 연도에 이월되어 이월잉여금으로 기재된다. 다만, 전자로 처리할 때 일단 계상된 이익이 다시 배당에 의하여 수익으로 2중 계상되므로 투자자에게 오해를 줄 염려가 있다[李 318, 鄭(東) 249, 林 260]. 따라서 자기주식에 대한 이익배당청구권은 부정하는 것이 타당하다.

그 다음 자기주식에 대하여 잔여재산분배청구권을 인정한다면, 소멸하는 회사가 재차 재산을 취득하게 되는 결과를 초래하게 되어 무의미하며[鄭(東) 250], 신주발행의 경우 신주인수권을 인정하는 견해도 있으나[徐(廷) 224·267·447], 이를 인정한다면 허구적인 출자에 불과하므로 인정될 수 없다.

그러나 준비금의 자본전입으로 인한 무상주의 교부는 자기주식의 경우에는 인정되어야 한다고 본다. 왜냐하면 주식회사는 경영권 방어를 위한 자기주식을 취득할 수 있는데, 이때 취득한 자기주식의 자익권이 전면적으로 休止된다면, 회사가 자본금전입을 할 경우 일정한 자기주식비율을 유지하기 위하여서는 신주(새로운 자기주식)를 다시 취득하여야 하는 어려움이 따른다. 이는 자기주식의 예외적 취득을 인정한 입법취지에도 어긋난다. 따라서 준비금의 자본금전입 시 신주인수권은 인정되어야 한다고 본다.

또한 주식분할 또는 주식병합의 효과는 자기주식에도 미친다.

5) 자기주식의 처분

자기주식을 처분하는 경우 정관에 처분할 주식의 종류와 수, 처분가액과 대가 지급일, 상대방과 처분방법에 관한 규정이 없으면 이사회가 정한다(342조). 상법 등에 의하여 정당하게 취득한 자기주식의 처분이 그 가격결정과 상대방 선택에 있어 공정성의 시비가 문제되고 있다. 즉 자기주식처분 시에 회사의 재량에 의해 가격을 결정하고 상대방을 선택한다면, 주주평등의 원칙이나 자본금충실원칙에 어긋날 수 있다. 일본 회사법의 경우 자기주식의 처분은 신주발행과 동일한 절차에 의하도록 하고 있다(일회사법 199조 이하). 우리 하급심의 판례에서도 불공정한 자기주식의 처분에 대해 신주발행무효의 소에 관한 상법 제429조를 준용해야 함을 전제로 의결권금지가처분을 내린 바 있다(서울서부지법 2006. 3. 24 결정, 2006카합393). 2011년 개정상법에서는 자기주식처분에 관하여 이사회가 결정하도록 하였다. 자본시장법은 상장법인이 자기주식을 처분하는 때에는 대통령령으로 정하는 요건·방법에 따르도록 하고 있으며(자시법 165조의2 3항), 상장법인이 이익을 배당할 수 있는 한도 등의 감소로 자본시장법 제165조의2 제2항 후단에 따른 범위를 초과하여 자기주식을 취득한 경우에는 그 날로부터 3년 이내에 그 초과분을 처분하도록 하고 있다(자시법 165조의2 6항).

6) 자기주식취득과 내부자 거래

회사가 자기주식취득을 결정하면 그 자체가 중요사실에 해당하여, 미공표인 채로 취득하면 내부자거래 등의 문제가 생길 수 있다.[10] 그러나 구체적인 취득예정일, 취득예정수량, 취득방법 등을 공표하면 주가에 큰 영향을 미칠 수밖에 없고, 이 경우 회사가 자기주식을 원활히 취득하는 것이 곤란하게 될 우려가 있다. 따라서 회사는 자기주식취득 그 자체를 공표한다면, 그에 기한 구체적인 결정은 공표하지 않고 자기주식을 매수할 수 있다.

---

10) 前田雅弘, 自己株式取得とインサイダー取引規制, 法學論叢 第140卷 5・6號, 京都大學法學會, 1997. 3, 251쪽 이하.

7) 금고주

금고주(Treasury Stocks/Shares)란 일반적으로 취득목적이 특정되어 있지 않고 보유기간에 제한이 없는 회사가 취득한 자기주식을 말한다. 입법적으로 볼 때 금고주라는 명시적인 표현을 사용하는 경우와 그 용어자체를 폐기한 경우로 나뉘고,[11] 각국의 사정에 따라 그 개념도 약간씩 다르게 사용된다.

(4) 자기주식의 질취제한

회사는 발행주식총수의 20분의 1을 초과하여 자기의 주식을 질권의 목적으로 받지 못한다(341조의3 본문). 그러나 ① 회사의 합병 또는 다른 회사의 영업전부를 양수하는 경우, ② 회사의 권리를 실행함에 있어 그 목적을 달성하기 위하여 필요한 경우에는 예외적으로 위의 한도를 초과하여 질권의 목적으로 받을 수 있다. 다만 이 경우에도 상당한 시기에 질권의 처분을 하여야 한다(342조). 자기주식의 질취제한의 위반의 효과에 관하여도 무효설, 상대적 무효설, 유효설 등이 있으나 무효설이 타당하다고 본다.

(5) 상호주소유의 규제

1) 상호주의 의의와 입법취지

일반적으로 합명회사를 제외하고는 어떤 회사형태에서나 두 개 이상의 회사들끼리 서로 자본금에 참가하는 상호출자가 행해질 수 있다. 그러나 상호자본금참가는 보통 주식회사간에 생겨나는 현상이므로 통상 이를 상호주소유라고 하며, 서로 소유하는 상대주식회사의 주식을 상호주라고 한다.

상호주를 소유하게 되면 ① 회사지배가 안정되어 생산재의 확보나 시장 확대를 도모할 수 있고, ② 계열사 간의 횡적결합이 강화될 수 있으며, ③ 기업간의 경영정보의 교환 및 기술제휴가 가능하다는 장점이 있다. 그러나 그 반면에 상호주보유는 자칫 ① 자본금의 공동화현상, ② 일반주주의 이익침해 및 투기행위, ③ 회사지배의 왜곡, ④ 사실상의 조세회피 등의 위험을 초래할 수 있다. 따라서 상법은 모자회사간의 상호주보유를 규제하고 있다(342조의2).

2) 상호주의 유형

상호주의 형태는 좁게는 2개의 독립된 회사가 서로 상대방회사에 대하여 출자하고 있는 상태(단순상호주; cross-ownership, wechselseitige Beteiligung)를 일컫는데, 넓게는 3개 이상의 회사 간의 순환적인 출자(고리형 상호주; circular-ownership,

11) Amercian Bar Association, *Model Business Corporation Act*, American Bar Foundation, 1988, pp. 6-47.

ringförmige Beteiligung)도 포함한다. 이 밖에 A회사는 B·C·D회사의 주식을 보유하고 B회사는 A·C·D회사의 주식을 보유하고 C회사는 A·B·D회사의 주식을 보유하며, D회사는 A·B·C회사의 주식을 보유하는 행렬형 상호주(matrix-ownership)가 있다.

3) 상호주규제의 내용

(가) 모자회사관계의 경우 상법은 자회사의 발행주식총수의 100분의 50을 초과하는 주식을 가진 모회사의 주식을 자회사는 취득할 수 없도록 하고 있다(342조의2 1항 본문). 그리고 모회사와 자회사가(합동지배형), 또는 자회사가 다른 회사의 발행주식총수의 100분의 50을 초과하는 주식을 가진 경우(간접지배형)에도 그 다른(손)회사는 모회사의 주식을 취득할 수 없도록 하고 있다(342조의2 3항). 이와 같이 상법이 모회사의 주식을 취득하지 못하게 한 것은 상호주 중에서도 모자관계의 상호주는 자기주식성이 특히 농후하여 실질적으로 자기주식취득과 동질적인 것으로 이해되기 때문이다.

모회사주식취득은 자기주식과 마찬가지로 그 어느 누구의 이름으로 취득하든 자회사의 계산으로 취득하는 한 금지된다(同旨; 崔 326, 李 324). 따라서 명의개서 여부는 불문한다.

모회사주식의 질취에 관해서는 명문의 규정이 없음을 이유로 가능하다고 하는 설[孫 666, 鄭(東) 242]이 있으나, 자회사의 모회사주식의 질취는 자기주식의 질취와 동질의 것이므로 상법 제341조의2의 적용을 받는다고 볼 것이다.

(나) 비모자회사관계의 경우 모자관계회사와는 달리 A회사가 B회사의 발행주식총수의 100분의 10을 초과하는 주식을 소유하고 있는 경우에는 B회사는 A회사의 주식을 취득할 수는 있으나, 그 주식의 의결권은 제한을 받는다(369조 3항). 뿐만 아니라 이 경우 A회사는 B회사에게 그러한 사실을 지체 없이 통지할 의무를 부담한다(제342의 3). 비모자관계회사간의 상호주소유를 금지하지 아니하고 의결권만을 제한하는 이유는 통상 실질적인 출자 없이 회사를 지배하려는 목적에서 상호주를 소유하는데 그 의결권을 박탈하면 상호주는 회사지배 수단으로서는 무력해질 것이고, 나아가서는 자연히 상호주소유가 감소할 것이라는 법정책적 이유에서이다. 여기서 100분의 10이란 발행주식총수에 대한 비율이지 의결권 있는 주식에 대한 비율이 아니다. 그러나 상법이 규제방식을 취득금지가 아니라 의결권제한으로 하는 이상 의결권 있는 주식을 기준으로 함이 논리적일 것이다(同旨; 李 326).

어느 회사가 다른 회사 주식을 소유한 비율을 계산할 때에는 그 자신이 가진 주식과 자회사가 가진 주식을 합산한다. 그러므로 ① 회사가 단독으로 피참가회사의 발행주식총수의 100분의 10을 초과하여 가진 경우, ② 모회사 및 자회사가 피참가회사의 발행주식총수의 100분의 10을 초과하여 가진 경우, ③ 모회사의 자회사가 피참가회사의 발행주식총수의 100분의 10을 초과하여 가진 경우가 해당한다. 그리고 여기서 자회사는 2개 이상 있을 수 있고 상법 제342조의2 제3항에 의해 손자회사도 모회사의 자회사로 보므로 손회사가 가진 피참가회사의 주식도 참가회사의 소유주식으로 본다.

4) 상호주규제위반의 효과

자회사가 모회사의 주식취득금지에 위반하여 모회사의 주식을 취득한 경우에는 그 취득행위의 사법적 효력과 이사 등의 책임이 문제된다.

먼저 그 취득행위의 사법적 효력에 관하여는 양도인에게 악의가 없으면 유효하다는 상대적 무효설(孫 663), 양도인이 악의인 경우에 한하여 취득의 원인행위만을 무효로 다툴 수 있다는 견해[鄭(燦) 611]와 절대적 무효설[徐 359, 鄭(東) 242, 崔 500] 등이 있으나 자기주식취득금지의 위반과 같이 절대적 무효설이 옳다고 본다.

그리고 자회사의 이사 등이 상법 제342조의2에 위반하여 모회사의 주식을 취득한 경우에는 그러한 이사 등은 회사 또는 제3자에게 손해배상책임을 지고(399조, 401조), 일정한 벌금형의 제재를 받는다(625조의2).

5) 상호주규제의 예외

모자관계회사라 하더라도 ① 자회사가 모회사주식을 가지고 있는 다른 회사를 흡수합병하거나 영업 전부를 양수하는 경우, ② 회사의 권리를 실행함에 있어 그 목적을 달성하기 위하여 필요한 경우, ③ 주식의 포괄적 교환, 주식의 포괄적 이전의 경우에는 예외적으로 모회사의 주식을 취득할 수 있다(342조의2 1항 1호 · 2호). ④ 자회사는 모회사 주식을 질권 목적으로 수취할 수 있다.

그러나 이 경우에는 모회사의 주식을 6월 내에 처분하여야 한다(342조의2 2항). 그리고 그 밖에 자기주식취득에서와 같이 신탁회사나 위탁매매인이 영업상 모회사의 주식을 취득하는 것은 허용된다고 해석한다.

이와 같이 자회사가 예외적으로 취득한 모회사의 주식은 자기주식의 예외적인 취득의 경우와 같이 의결권 및 일체의 권리행사가 休止된다고 본다(통설). 다만 자기주식의 경우 무상취득이 인정되는 것과 같이 준비금의 자본금전입에 의한 무상주의 교부를 받는 것은 허용된다고 본다(同旨; 崔 500).

2. 정관에 의한 주식양도의 제한

(1) 의의 및 입법취지

주식의 양도는 원칙적으로 자유이나 예외적으로 정관이 정하는 바에 따라 이사회의 승인을 얻도록 제한할 수 있다(335조 1항 단서). 이 경우 이사회의 승인 없이 한 주식의 양도는 당사자 간에는 유효하지만 회사에 대하여는 그 효력이 없다(335조 2항). 1995년 개정 전의 상법은 정관에 의해서도 주식의 양도를 금지하거나 제한하지 못하였는데, 소규모의 주식회사에서 주주 상호간의 인적 관계를 존중하여 회사가 바라지 않는 주주의 참여를 막아 경영의 안정을 꾀하기 위하여 1995년 개정상법에서 도입한 제도이다. 그러나 사원의 퇴사제도가 인정되지 않는 주식회사의 경우, 정관에 의한 주식양도제한을 막아버리면 투자한 자금을 회수하여 주주의 지위를 떠나고자 하는 길이 없게 된다. 이에 따라 상법은 회사의 이익과 주주의 이익을 조화시키기 위하여 주식양도승인 절차를 밟아 양도하도록 하고 있다.

(2) 양도제한의 요건

1) 정관의 규정

주식의 양도를 제한하기 위해서는 반드시 정관에 규정을 두어야 한다(335조 1항). 정관은 주주들의 의사에 의해 작성·변경되는 자치법이므로 정관의 규정에 의해 주식의 양도를 제한함은 주주들의 합의에 의한 자치적 구속이라는 의미를 갖는다. 따라서 정관에 규정을 두지 않는 한 어떠한 양도제한도 허용되지 않는다.

2) 이사회의 승인

상법상 주식양도는 원칙상 자유이나 정관에 의하여 이사회의 승인을 받아야만 양도할 수 있도록 할 수 있다(335조 1항 단서).[12] 그 밖의 다른 제한방법은 허용되지 않는다. 그러므로 정관상 특정주주의 승인을 받게 한다든지 대표이사의 승인을 받게 하는 것은 무효이다. 또한 이사회의 승인과 관련하여 상법에 규정된 주식매수청구, 매수인의 지정청구, 기타 주주의 권리에 관한 규정은 강행규정이므로 설령 정관에 주주의 이러한 권리를 제한하는 규정을 두더라도 무효이다.

3) 승인없는 양도의 효력

정관의 규정에 반하여 이사회의 승인 없이 주식을 양도한 경우에는 회사에 대항하지 못한다(335조 2항). 이때 회사에 대하여 효력이 없다는 의미는 권리주양도 및 주권발행전 주식의 양도의 경우와 동일하게 해석할 수 있다고 본다. 따라서 이사회의 적법한 승인 없는 이러한 주식의 양도를 대표이사가 이를 승인(추인)하더

12) Stephen W. Mayson · Derek French & Christopher Ryan, *op. cit.*, p. 213.

라도 원칙적으로 그 효력이 없고, 다만 양도의 당사자간에만 그 효력이 있을 뿐이다.

(3) 양도승인 및 취득승인의 청구

1) 승인 청구자

(가) 주주의 양도승인의 청구 주식양도에 관하여 이사회의 승인을 얻어야 하는 경우에 주식을 양도하고자 하는 주주(양도인)는 회사에 대하여 서면으로 양도의 승인을 청구하여야 한다(335조의2 1항). 승인청구는 반드시 서면으로 하여야 하므로 구두로 하는 것은 효력이 없다.

(나) 양수인의 취득승인의 청구 주식의 양도에 관하여 이사회의 승인을 얻어야 하는 경우에, 이사회의 승인 없이 주식을 취득한 자(양수인)도 회사에 대하여 주식의 종류와 수를 기재한 서면으로 양수의 승인청구를 할 수 있다(335조의7 1항).

2) 회사의 승인절차

주식양도의 승인기관은 이사회이다. 그러므로 회사가 주주로부터 주식양도의 승인청구서를 받은 때에는 이사회를 소집하여 그 승인여부를 결정하여야 한다. 이사회의 승인은 주주가 양도할 주식의 전부에 대한 것이어야 하고 일부를 승인하고 일부는 거부하는 것은 허용되지 않는다. 이사회의 승인은 정관에 다른 정함이 없는 한 이사 과반수의 출석과 출석이사 과반수의 결의로써 한다(391조). 만일 이사회의 승인을 얻도록 한 정관의 규정을 위반하고 대표이사가 승인통지를 한 경우에는 주주에게 악의 또는 중과실이 없는 한 이를 유효로 보아야 할 것이다.

회사는 주주로부터 주식양도의 승인청구를 받은 날부터 1월 이내에 그 승인 여부를 서면으로 통지하여야 한다(335조의2 2항). 회사가 그 기간 내에 주주에게 거부의 통지를 하지 아니한 때에는 주식의 양도에 관하여 이사회의 승인이 있는 것으로 본다(335조의2 3항).

3) 승인거부의 효력

(가) 양도상대방(매수인) 지정 또는 주식매수청구권 양도승인을 청구할 주주 또는 취득승인을 청구한 양수인(이하 주주 또는 양수인이라 한다)이 회사로부터 주식양도의 승인거부의 통지를 받은 때에는 그 통지를 받은 날로부터 20일 내에 회사에 대하여 양도의 상대방을 지정하여 주거나, 그 주식을 매수하여 줄 것을 청구할 수 있다(335조의2 4항, 335조의7 2항). 규정상으로는 주주 또는 양수인이 회사의 승인거부의 통지를 받은 경우에 비로소 양도상대방의 지정을 청구할 수 있는 것으로 되어 있으나, 주주 또는 양수인이 회사에 대하여 위의 승인청구를 할 때 동시에 만약 회사가 승인거부를 한다면 다른 양도상대방을 지정하여 줄 것을 청구할 수 있

다고 해석된다.

(나) 회사의 지정통지　주주 또는 양수인이 회사에 대하여 양도상대방의 지정을 청구한 경우에는 회사는 이사회의 결의에 의하여 이를 지정하고 그 청구가 있는 날부터 2주 내에 주주 또는 양수인 및 지정된 상대방(피지정자)에게 서면으로 이를 통지하여야 한다(335조의3 1항, 335조의7 2항). 양도상대방을 지정하는 경우 1인 또는 2인 이상이 지정될 수 있으나, 양도대상주식 전부에 대한 것이어야 한다. 통지서면에는 주식 또는 양수인의 성명과 주소, 양도할 주식의 종류와 수, 양도상대방으로 지정된 자의 성명과 주소 등을 기재하여야 한다.

회사가 위의 지정청구를 받은 날부터 2주 내에 주주 또는 양수인에게 상대방지정의 통지를 하지 아니한 때에는 주식의 양도에 관하여 이사회의 승인이 있는 것으로 본다(335조의3 2항, 335조의7 2항). 이것은 주식을 양도하고자 하는 주주나 그로부터 취득한 양수인의 권리를 보호하기 위한 것이다.

(다) 피지정자의 매도청구권　주식양도의 상대방으로 지정된 자(이하 피지정자라고 한다)는 지정통지를 받은 날부터 10일 이내에 주주 또는 양수인에 대하여 서면으로 그 주식을 자기에게 매도할 것을 청구할 수 있다(335조의4 1항, 335조의7 2항). 피지정자의 이러한 권리를 매도청구권(preemption)이라 하는데,[13] 그 법적 성질은 형성권이다.

피지정자는 반드시 그 주식을 매수하여야 할 의무를 부담하는 것은 아니나, 회사가 사전에 피지정자의 동의를 받아 지정한 경우에 피지정자는 회사에 대하여 주식을 매수할 계약상의 의무를 부담할 수 있다.

피지정자가 지정통지를 받은 날부터 10일 이내에 주주 또는 양수인에 대하여 주식매도를 청구하지 아니한 때에는 주식의 양도에 관하여 이사회의 승인이 있는 것으로 본다(335조의4 2항, 335조의7 2항). 따라서 이때에 주주는 그 전에 그가 회사에 대하여 승인 청구한 상대방에 대하여 주식을 양도할 수 있고, 만일 상대방이 주식의 양수를 거부한 때에는 주주는 회사에 대하여 주식의 매수를 청구할 수 있다.

4) 주식매수가격의 결정

(가) 협의가 이루어진 경우　피지정자가 주식매도를 청구한 경우에 주식의 매도가액은 주주 또는 양수인과 매도청구인 사이의 협의로 결정된다(335조의5 1항 본문, 335조의7 2항).

(나) 협의가 이루어지지 않은 경우　피지정자와 주주 또는 양수인 간에 주식의 매도가액에 대하여 30일 이내에 협의가 이루어지지 않은 때에는 당사자는 법원에 그 매도가액의 산정을 청구할 수 있다(335조의5 1항 단서, 335조의7 2항). 여기서 법원은

13) Stephen W. Mayson Derek French & Christopher Ryan, *op. cit.*, p. 213.

회사의 본점소재지의 지방법원을 말한다. 법원이 주식의 매도가액을 결정하는 경우에는 회사의 재산상태 기타의 사정을 참작하여 공정한 가액으로 이를 정하여야 한다(374조의2 5항).

【주식의 평가에 대한 사례】 「주식의 양도제한이 있는 A회사의 주주 X가 양도승인을 신청했으나, A회사는 양도승인을 하지 않고 양도상대방으로서 Y를 지정했다. XY간에는 주식의 매매가액에 관하여 협의가 되지 않고, 이에 법원에 매매가액의 결정을 청구」했다(日大阪高裁 平成元年 3. 28, 判時 1324호 140쪽).

원심은 이른바 배당환원방식을 채용했으나, 항소심은 원결정을 변경했다. 즉, 「장래의 배당이익을 산정기준으로 평가하는 방법이 최적이라 해야 하고, 그 중에서도 이익 및 배당의 증가경향을 예측하는 common model식에 의하는 것이 적당하다고 해야 할 것이다」라고 판시했다.

common model식은 1주당 배당액(D), 내부유보율(b), 재투자이익율(r), 자본환원율(i)로부터 주가(W)를 다음의 식에 의하여 산출하는 것이다.

$$= \frac{D}{1+i} + \frac{D(1+br)}{(1+i)^2} + \cdots + \frac{D(1+br)^{n-1}}{(1+i)^n}$$ 가령, n→∞인 경우 이 식은

$$W= \frac{D}{i-br}$$ 가 된다.

(다) 주주의 주식매수청구권 이사회의 승인을 얻지 못하면 주주는 회사에 대하여 양도상대방의 지정청구를 하든가 또는 이와 같은 주식매수청구권(right to dissent and obtain payment for shares)을 선택적으로 행사할 수 있다.[14] 주주가 회사에 대하여 주식매수청구권을 행사하는 경우, 회사는 매수청구를 받은 날로부터 2월 이내에 그 주식을 매수하여야 한다(335조의6, 374조의2 2항). 이때 주식의 매수가액은 주주와 회사간의 협의에 의하여 결정하는 것이 원칙이나, 매도청구를 받은 날부터 30일 이내에 당사자간의 협의가 이루어지지 아니한 경우에는 회사 또는 주식의 매수를 청구한 주주는 법원에 대하여 매도가액의 결정을 청구할 수 있다(335조의6, 374조의2 3항·4항).

3. 특별법상의 주식양도제한

(1) 자본시장법에 의한 제한

1) 내부자거래의 제한

자본시장법은 주권상장법인의 내용을 잘 아는 내부자(임원, 직원 또는 주요주주)

14) Amercian Bar Association, *op. cit.*, pp. 13-8 이하.

의 주식거래를 제한하고(자시법 174조), 나아가서 내부자거래의 사전 예방차원에서 임원·주요주주의 소유상황보고제도(자시법 173조), 단기매매차익반환제도(자시법 172조), 기타 공매도금지규정(자시법 180조), 시세조종행위규제(자시법 176조) 등을 두고 있다.

2) 외국인 주식취득 제한

금융위원회는 외국인이 상장법인이 발행한 주식을 취득한 주식의 종류·업종·종목 등에 관하여 제한을 할 수 있다(자시법 168조, 187조 1항).

(2) 독점규제 및 공정거래에 관한 법률에 의한 제한

독점규제법은 경쟁관계에 있거나 경쟁관계가 성립할 수 있는 일정규모 이상의 회사가 경쟁을 제한할 목적으로 기업을 결합하는 것을 금지하고 있다(독금 7조). 여기서 기업결합이란 다른 회사의 주식취득·소유, 임원 또는 종업원에 의한 다른 회사의 임원지위의 겸임, 다른 회사와의 합병, 다른 회사의 영업의 전부 또는 주요부분의 양수·임차 또는 경영의 수임이나 다른 회사의 영업용 고정자산의 전부 또는 주요부분의 양수, 새로운 회사의 설립참가를 의미한다(독금 7조 1항).

지주회사를 설립하거나 지주회사로 전환할 경우 공정거래위원회에 신고하여야 하고(독금 8조), 자회사 이외의 회사의 주식을 지배목적으로 소유하는 것 등 타 회사의 주식소유를 제한하고 있다(독금 8조의2).

(3) 은행법에 의한 제한

은행법은 금융자본의 독점화를 방지할 목적으로 은행이 금융기관의 주식을 매입하거나 항구적으로 소유하지 못하게 하고 있다(은행 27조 1항 9호 본문). 또한 타 주식회사의 발행주식의 100분의 15를 초과하는 주식을 매입하거나 또는 항구적으로 소유하지 못하게 함은 물론, 누구도 은행법의 적용을 받는 금융기관의 주식의 경우 의결권 있는 발행주식총수의 100분의 10를 초과하는 주식을 소유하거나 사실상 지배하지 못하게 하고 있다(은행 15조 1항). 따라서 그 한도 내에서는 주식의 양도가 제한된다.

Ⅳ. 주식의 양도방법

1. 주권발행전의 양도방법

상법은 주권발행 전에 한 주식의 양도는 회사에 대하여 효력이 없다고 규정하고(335조 2항 본문), 다만 회사의 성립 후 또는 신주의 납입기일 후 6월이 경과하면

주권없이도 유효하게 주식을 양도할 수 있다는 취지를 규정하고 있다(335조 2항 단서). 이로써 주권발행 전에도 주식을 양도할 수 있게 되는데, 그 양도방법에 대하여는 특별히 규정하지 않았다. 따라서 주권발행 전의 주식의 양도방법은 사법의 일반원칙에 의할 수밖에 없다. 즉, 주권발행 전의 주식양도는 민법상 지명채권양도의 일반원칙을 유추 적용하여 당사자 사이의 의사표시의 합치만으로 그 양도의 효력이 발생하나, 주식의 양도를 회사에 대항하기 위하여는 양도에 관하여 양도인이 회사에 통지하거나 회사의 승낙을 받아야 한다. 통지는 양도인이 회사에 확정일자 또는 증서에 의하여(확정일자 있는 양도계약서 등 증빙서류를 제출 또는 양도인과 양수인이 회사에 주식양도사실을 신고) 하여야 하고, 회사의 승낙은 회사의 대표이사의 승낙이 있으면 된다. 그러나 이는 회사에 대하여 주식의 소유권관계를 주장하기 위한 대항요건일 뿐이고, 회사에 대하여 주주권을 행사하기 위한 대항요건은 어디까지나 명의개서이다(337조 1항). 따라서 명의개서를 하여야 하는데, 당사자가 민법 제450조에 의한 대항요건을 갖추면 회사는 명의개서를 해 주어야 한다. 그러나 민법 제450조에 의한 대항요건이 명의개서의 전제조건이 아니므로, 당사자가 민법 제450조에 의한 대항요건을 갖추지 아니하고 바로 양수인의 양도사실에 관한 서류 등을 회사에 제출하고 상법 제335조 제3항 단서의 규정에 따른 양도사실을 입증하여 명의개서를 청구하면 회사는 이를 거절할 수 없다고 본다.

2. 주권발행후의 양도방법

(1) 교부에 의한 양도

주식은 주권을 교부함으로써 양도할 수 있다. 그 교부는 주식양도의 효력발생요건이다. 주식의 양도(소유권이전관계)를 회사에 대항하기 위해서는 별도로 주주명부에 명의개서를 하여야 한다.

(2) 명의개서

1) 명의개서의 의의

명의개서란 주식의 이전으로 주주가 교체되었을 경우 그 취득자를 주주명부에 주주로 기재하는 것을 말한다. 그러므로 주주명부상의 기재사항 중 주주의 동일성에는 관계없이 오기를 바로잡는 정정, 주소의 변경 · 이전이나 개명 등을 이유로 하는 변경기재, 주권불발행의 기재(358조의2 2항)와 같은 것은 명의개서가 아니다. 명의개서제도는 주식의 유통이 대량적이고 빈번하게 이루어지므로 회사가 명의개서된 주주만을 획일적으로 주주로 인정하기 위한 기술적 제도이다.

주식이 양도되었더라도 양수인이 명의개서를 하지 않고 있다면 회사와의 관계에서는 여전히 양도인이 주주인 것이다. 그러므로 명의개서를 하지 아니한 양수인은 주주권을 행사할 수 없고 양도인이 주주권을 행사할 수 있으며, 주식양도계약의 내용에 따라 양수인은 양도인에 대하여 권리행사의 결과(예컨대 배당금, 신주 등)를 이전해 줄 것을 청구할 수 있는 채권자로서의 지위를 가질 뿐이다(대판 1991. 5. 28, 90다6774). 또한 주식의 매매계약이 해제되었다 하더라도 매도인이 자기 앞으로 다시 명의개서를 하지 않는 한 회사에 대항하지 못한다(대판 1963. 6. 20, 62다685).

만약 명의개서를 하지 않은 자가 실질적인 주주이고 또 그것을 회사가 알고 있는 경우 그 자에게 주주로서의 권리를 인정할 수 있는가에 관하여는 견해가 나뉘어진다. 이를 부정하는 견해(崔 527, 孫 669)에 의하면 회사가 수많은 주주 중에 개별적으로 우연히 알게 된(명의개서를 하지 않은) 양수인에게 권리행사를 인정하게 되면 권리행사자를 획일적으로 확정하기 위한 명의개서제도의 존재이유가 없을 뿐 아니라 주주평등의 원칙에도 위배된다고 한다. 그러나 명의개서는 본질상 권리창설적 효력은 없고 자격수여적 효력밖에 없는 것이므로 이를 긍정하여야 할 것이다[同旨: 李·崔 560, 鄭(東) 257, 鄭(燦) 624].

2) 명의개서의 절차

(가) 청구권자 주권의 교부에 의하여 주식을 적법하게 승계한 양수인 또는 그 대리인은 주권을 회사에 제시함으로써 양도인의 도움 없이 단독으로 회사에 대하여 명의개서를 청구할 수 있다. 그것은 명의개서청구권도 주식의 양도에 의해 양도인으로부터 양수인에게 이전되기 때문이다. 또한 예탁결제원이 예탁받은 주권의 경우는 예탁결제원이 자기명의로 명의개서를 청구할 수 있다. 이러한 명의개서청구권은 주권소지인이 주주권을 회사에 대하여 행사하기 위한 전제이므로 그 청구의 상대방은 회사이지, 양도인이 아니다(서울고판 1976. 6. 19, 78나840).

(나) 주권의 제시 명의개서를 청구할 때에는 주권을 회사에 제시하여야 한다. 따라서 단순히 회사에 대해 주식을 양수한 사실의 통지만으로는 적법한 청구가 될 수 없다(대판 1995. 7. 28, 94다25735). 그러나 상속·합병 등과 같이 포괄승계에 의하여 권리를 승계하거나 또는 주권발행 전에 주식을 양수한 것이 유효한 경우 등에는 승계인 또는 양수인이 이러한 사실들을 증명하여 명의개서를 청구할 수 있다(대판 1992. 10. 27, 92다16386). 또 주권을 상실한 자는 제권판결 정본으로 주권의 제시에 갈음할 수 있다.

(다) 회사의 심사 주권의 점유자는 적법한 소지인으로 추정되므로 회사는 제시된 주권의 진정여부만을 심사하여 명의개서를 해 주면 된다. 즉, 회사에게는 형식

적 자격만을 심사할 의무가 있고, 그가 진정한 주주인가에 대한 실질적 자격을 심사할 의무는 없다. 따라서 회사는 실질적 자격이 없는 자가 명의개서를 청구한 경우에 이에 관하여 악의 또는 중과실이 없는 경우에는 책임을 지지 않는다.

3) 명의개서의 효력

적법한 명의개서가 있으면 주식양수인은 회사에 대하여 주주권을 행사할 수 있다(337조 1항). 그러나 명의개서를 한다고 해서 무권리자가 주주로 되는 설권적 효력이 생기는 것은 아니다. 다만 주권의 점유자는 적법한 소지인으로 추정되고, 이에 기하여 명의개서를 하여 주주명부에 주주로 기재되면 역시 적법한 주주로 추정되는 효력을 가질 뿐이다. 따라서 명의개서 후에라도 무권리자임이 판명되면 그 동안의 주주권행사는 소급하여 효력을 잃게 된다.

4) 명의개서미필주주의 지위

주식을 양수하거나 상속·합병 등 기타의 원인으로 주식을 취득하였음에도 불구하고 명의개서를 하지 아니한 경우에 주식취득자의 법적 지위는 어떠한지가 문제된다. 즉, ① 회사는 명의개서를 하지 아니한 실질적인 주주에게 주주권을 인정할 수 있는가, ② 회사가 부당하게 명의개서를 거절한 경우 실질적인 주주는 어떤 지위에 놓이는가, ③ 명의개서가 지체되는 동안 명의주주가 얻은 이익은 누구에게 귀속되는가이다. 이들 문제에 대하여는 각 견해가 대립되고 있다.

(가) 회사의 권리인정문제 상법 제337조 제1항의 규정을 두고 회사가 명의개서미필주주를 주주로 인정하여 그 자에게 권리행사를 허용할 수 있는가에 관하여 학설이 대립하고 있다.

첫째, 편면적 구속설은 위 규정에 비추어 명의개서를 하지 아니한 실질적인 주주는 회사에 대하여 株主임을 주장하지 못할 뿐이지, 회사가 스스로 주주임을 인정하는 것은 무방하다는 견해이다[李·崔 563, 孫 674, 鄭(東) 261, 鄭(燦) 308, 蔡 659]. 즉, 위 규정의 입법취지가 회사의 법률관계를 획일적으로 처리하기 위한 것이므로 그 편익의 수익자인 회사가 이를 포기하고 자기의 위험부담 하에 주권의 점유자를 주주로 인정하는 것은 무방하다는 것이다.

둘째, 쌍방적 구속설은 회사가 주주명부상의 주주와 실질적인 주주사이에 누구를 주주로 인정할 것인가의 선택권을 갖는 것은 거래의 안전을 해하고 주주평등의 원칙에도 반할 뿐만 아니라, 양자 모두의 권리를 부인할 우려도 있으므로 회사도 권리를 인정할 수 없다는 견해이다(李 280, 崔 351).

이에 대하여 판례는「상법 제337조의 규정은 주주권 이전의 효력요건을 정한 것이 아니고 회사에 대한 관계에서 누가 주주로 인정되느냐 하는 주주의 자격을 정한 것으로서, 기명주식의 취득자가 주주명부상의 주주명의를 개서하지 않으면 스스로 회사에 대하여 주주권을 주장할 수 없다는 의미이고, 회사가 이를 인정하는 것은 무방하다고 해석할 것이다」고 하여 편면적 구속설을 취하였다(대판 1989. 10. 24, 89다카14714).

생각건대, 상법 제337조 제1항의 취지는 명의개서는 단순한 대항요건에 불과하고, 회사가 주주명부상의 주주를 주주로 취급하면 그것으로 면책된다는 뜻이지 명의개서를 하지 않은 실질주주의 권리를 부정하는 것이 아니며, 언제든지 명의개서를 하여 주주권을 행사할 수 있는 자를 명의개서가 되어 있지 않다는 이유로 주주권을 인정하지 않는 것은 부당하므로 편면적 구속설과 판례의 태도가 타당하다고 생각한다.

(나) 명의개서가 부당하게 거절된 경우 회사가 정당한 사유 없이 명의개서를 거부하거나 지체한 경우에 주식취득자는 회사를 상대로 명의개서청구의 소를 제기할 수 있다. 이때 필요하다면 임시주주의 지위를 구하는 가처분을 청구할 수도 있다. 또한 주식취득자는 회사를 상대로 손해배상을 청구할 수 있고, 會社의 理事 등은 일정한 과태료의 제재를 받는다(635조 1항 7호).

이와 같이 부당하게 명의개서를 거부당한 주식취득자는 명의개서 없이 주주권을 행사할 수 있는가. 이때 주식취득자는 명의개서 없이도 신의칙상 주주권을 행사할 수 있다고 보아야 할 것이다[李 281, 鄭(東) 262, 大隅·今井 484, 田中 399, 北澤 227]. 따라서 주식취득자는 명의개서 청구 이후의 이익배당, 신주발행에 대한 권리를 주장할 수 있으며, 주주총회의 소집통지를 받지 못한 경우에는 그 결의의 취소를 요구할 수 있다(대판 1993. 9. 13, 92다40952). 회사가 과실로 명의개서를 거부한 경우에도 마찬가지이다(日最判 1966. 7. 28, 民集 20卷 6號 1251쪽).

(다) 명의개서지체 중의 이익귀속문제(실기주(실념주)) 주식양수인이 명의개서청구를 하지 않고 있다가 특정주주권을 행사할 기일을 경과함으로써 주식양수 후에 발생한 주주권을 행사하지 못하고, 주식양도인이 행사하는 경우가 있다. 이 경우의 주식을 실기주(失念株)라고 한다. 일반적으로 실기주라 함은 광의로는 소정의 기일까지 명의개서를 하지 않은 주식을 말하고, 협의로는 신주발행의 경우 구주의 양수인이 배정일까지 명의개서를 하지 않아서 주주명부상의 주주인 구주의 양도인에게 배정된 신주를 말한다.

이 경우 회사와의 관계에서는 양도인이 권리행사를 하는 것이 주주명부상의 형식적 자격에 부합하나, 양도인과 양수인과의 관계에서 누구에게 권리행사의 효과가 귀속될 것인지 문제된다. 따라서 이는 주식양수도 당사자 간의 개인법적 문제이지 회사법상의 단체법적 문제는 아니다. 그러므로 당사자 간의 합의에 따르면 될 것이나, 당사자 간에 별개의 합의가 없는 경우에 문제가 된다. 당사자 간에 있어서는 이미 주주권이 양수인에게 이전되었다고 할 것이므로 그 권리는 양수인에게 귀속되어야 할 것이다(통설). 다만 그 법적 근거에 대하여는 학설의 대립이 있다. 즉, 부당이득설에 의하면 양도인은 법률상 원인 없이 이득을 얻었으므로 그 이득을 양수인에게 반환하여야 한다고 한다[鄭(東) 263, 大隅・今井 487, 鈴木・竹內 160]. 이에 대하여 준사무관리설은 양도인을 준사무관리의 관리자로 보아 주식양도인은 이에 따른 의무를 부담하게 된다고 한다(崔 623, 李 282, 北澤 230).

생각건대, 부당이득설에 의하면 주식양도인이 반환하여야 할 범위는 주식양수인의 손실을 최대한도로 하므로, 양도인의 이익 중 반환하지 않아도 되는 잔여의 이익이 있을 수 있어서 양수인에게 만족스럽지 못할 수가 있다. 반면에 준사무관리설에 의하면 주식양도인은 주주권행사로 인한 모든 이익을 반환하고, 주주권행사에 소요된 비용(예컨대 신주납입금)은 유익비로써 청구할 수 있으므로 형평을 기할 수 있다는 점에서 준사무관리설이 타당하다고 본다.

(3) 명의개서대리인

1) 명의개서대리인의 의의

회사가 직접 명의개서를 할 수도 있으나, 그 경우 사무도 번잡하거니와 다액의 비용부담 및 주식사무의 능률저하라는 문제가 발생한다. 따라서 회사는 정관이 정하는 바에 따라 명의개서대리인을 두고(337조 2항), 명의개서대리인이 명의개서사무를 대행한다. 명의개서대리인은 주식뿐만 아니라 기명사채의 경우에 그 사무를 대행하고 있다(479조 2항).

2) 명의개서대리인의 선임

명의개서대리인은 일반적으로 이사회결의에 따라 쌍방계약에 의하여 선임한다. 명의개서대리인의 자격은 자본시장법 제294조 제1항의 한국예탁결제원 또는 전국적인 점포망을 갖춘 은행에 한한다(자시법 365조 1항).

한편, 명의개서대리인은 회사와 주주의 편익을 위해 두는 것일 뿐, 그 선임이 강제되는 것은 아니다. 다만, 「유가증권상장규정」 등에 의하면 명의개서대행계약을 상장요건 또는 코스닥등록요건으로 하고 있기 때문에, 상장법인 또는 코스닥등록법인의 경우에는 명의개서대리인을 반드시 선임하여야 한다(同規程 17조 1항). 會社가 명의개서대리인을 둘 경우에는 그 상호 및 본점소재지를 등기하여야 하며, 주식청약서와 사채청약서에도 기재하여야 한다(317조 2항 11호, 302조 2항 10호, 420조 2

호, 474조 2항 15호).

3) 명의개서대리인의 업무

명의개서대리인은 명의개서의 대행 외에 회사로부터 별개의 수권을 받아, 배당, 이자 및 상환금의 지급을 대행하는 업무와 주권·채권 등 유가증권의 발행을 대행하는 업무를 영위할 수 있다(자시법 366조).

명의개서대리인을 둔 회사는 주주명부나 사채원부를 회사의 본점에 비치하는 대신 그 명부의 원부 또는 복본을 명의개서대리인의 영업소에 비치할 수 있다(396조 1항).

4) 명의개서대행의 효과

명의개서대리인을 둔 경우 명의개서대리인이 취득자의 성명과 주소를 주주명부의 복본에 기재한 때에 회사의 주주명부에 명의개서를 한 것으로 본다(337조 2항). 따라서 주식취득자는 이로써 회사에 대하여 대항력을 갖추게 되며, 회사는 원부에 기재하지 않았다는 등의 사유로 주주권행사를 거부할 수 없다.

5) 명의개서대리인의 지위

명의개서대리인의 회사에 대한 관계는 위임이므로 명의개서대리인은 회사에 대하여 선관의무를 짐은 물론이고(民 680조, 681조), 정당한 사유없이 명의개서를 하지 않거나 주주명부 또는 그 복본에 기재할 사항을 기재하지 않거나 부실기재한 때에는 회사가 이해관계인에 대하여 손해배상책임을 진다. 그리고 명의개서대리인은 과태료의 제재를 받는다(635조 1항 7호·9호).

Ⅴ. 주권의 선의취득

1. 선의취득의 의의

주권은 교부에 의하여 양도되므로 주권의 소지인은 적법한 권리자로 추정받는다(336조 2항). 따라서 주식을 양도한 자가 무권리자라 하더라도 일정한 요건하에서 양수인이 선의로 주권을 취득하면 양수인은 적법하게 주권을 취득하고 나아가 주주의 지위를 취득하게 되는데, 이를 주권의 선의취득이라 한다.

자본집중을 요하는 주식회사에 있어서 주식의 유통성 강화는 필연적인 요청이다. 그러자면 주식 양수인의 실질적 권리의 유무를 조사할 필요없이 양도인이 갖춘 권리의 외관만을 신뢰하고 주식을 양수할 수 있도록 해 주어야 한다. 또한 주권의 선의취득은 주권의 점유에 인정되는 권리추정력으로부터의 당연한 논리적

귀결이다. 그리하여 상법 第359조는 주권에 관해 수표법 제21조를 준용함으로써 주권의 선의취득을 인정하고 있다.

주권의 선의취득은 권리자로부터 승계하는 것이 아니므로 원시취득의 일종이다.

2. 선의취득의 요건

(1) 주권의 유효성 · 주식의 처분가능성

주권의 선의취득은 有效한 주권의 취득에만 인정된다. 위조된 주권, 실효된 주권, 아직 발행되지 아니한 예비주권은 선의취득의 대상이 아니다. 주주가 주권불소지를 신고하고 회사에 제출하여 무효가 된 주권도 같다. 한편, 언제 주권의 효력이 발생한다고 보느냐에 따라 선의취득이 가능한 시기가 달라지게 된다. 작성시설에 따르면 주권이 작성되어 회사에 보관 중 또는 주주에게 교부하기 위하여 운송하는 도중에 상실하는 경우에도 선의취득을 인정하지만, 교부시설에 의하면 이 경우 선의취득을 인정하지 않는다.

법률에 의하여 처분이 금지되어 있는 주식도 선의취득이 허용될 수 없다. 선의취득제도의 취지는 진정한 권리자로부터의 양도행위였다면 권리를 취득할 수 있는 거래에 있어서 양도인이 무권리라는 점을 치유하는 제도에 지나지 아니하는 것이고, 법에 의하여 처분이 금지되기 때문에 양수인의 소유가 인정되지 아니하는 경우에는 선의취득의 대상이 될 수 없다고 보아야 하기 때문이다. 판례도 외국인이 인가없이 내국인의 명의를 차용하여 주식을 취득한 것을 무효로 보았다(대판 1997. 12. 12, 95다49646). 다만, 법률에 의한 제한이 단속규정에 불과할 때에는 선의취득이 인정된다고 본다.

(2) 무권리자로부터의 양수

주식의 양도인은 무권리자(주권을 절취한 자, 습득한 자, 보관하고 있는 자)이어야 한다. 그런데 양도인이 무권대리인, 제한능력자 또는 양도의 의사표시에 하자가 있는 경우에도 선의취득을 인정할 수 있는가? 이에 관하여 무권리자에 한하여 선의취득을 인정하려는 견해(孫 732, 李 287)와 무권대리 · 무능력 및 양도행위에 의한 의사표시의 하자가 있는 경우까지 선의취득을 인정하는 견해(崔 344, 林 305)로 나뉜다.

생각건대, 무권리자 외에 무권대리나 양도행위에 의사표시의 하자가 있는 경우에는 선의취득을 인정하여야 할 것이나, 무능력자의 경우에는 부정하여야 할 것이다.

(3) 양도에 의한 취득

주식의 선의취득은 주식의 양도에 의한 경우에만 인정된다. 그것은 선의취득제도가 거래의 안전을 보호하기 위한 제도이기 때문이다. 따라서 상속이나 회사합병과 같이 포괄승계에 의해 취득하는 경우에는 선의취득이 인정되지 않는다. 주권의 교부에는 현실의 인도(民 188조 1항)뿐만 아니라 간이인도(民 188조 2항) 및 반환청구권의 양도(民 190)도 포함된다. 다만, 점유개정은 외관상 종전의 권리상태에 아무런 변화도 가져오지 않으므로 논란이 있다. 주식거래에서는 동산물권의 거래에서보다 더욱 외관주의가 강하게 요청되므로 점유개정과 같은 극히 불확실한 공시방법에 공신력을 인정할 것은 못된다고 하여 이를 부정하는 견해(李 288)가 있으며, 판례(대판 1964. 5. 5, 63다775)도 같은 입장이다. 그러나 점유개정을 제외할 이유가 없다고 본다[同旨: 鄭(東) 282].

(4) 양수인의 주관적 요건

양수인은 양도인의 무권리 등에 관하여 악의 또는 중대한 과실이 없어야 한다(359조). 악의란 양도인이 무권리자인 것을 안 경우를 말하고, 중과실이란 거래상 필요한 주의를 현저하게 흠결한 것을 가리킨다(北澤 220). 악의나 중과실의 유무의 판단기준은 주식을 취득한 때이다. 또한 주권의 점유자는 적법한 소지인으로 추정되는 까닭에(336조 2항), 양수인의 악의·중과실에 대한 입증책임은 선의취득을 부인하는 자가 진다.

3. 선의취득의 효과

선의취득자는 선의취득요건을 갖추면 적법하게 주권을 취득하게 되므로, 본래의 권리자에게 주권을 반환할 필요가 없다(359조, 手 21조). 즉, 본래의 권리자는 주주권을 상실하며, 이에 따른 질권 등의 담보권도 역시 소멸한다.

Ⅵ. 주식의 가치평가

주식의 가치 평가는 회사의 수익력이나 순자산상태 등 복잡한 요인에 의하여 결정된다. 공개시장의 주식의 경우에는 시장참가자간의 판단이 집약되어 주가가 형성되고, 한국거래소에 의하여 발표되기 때문에 신뢰할 수 있는 시장에서의 주가가 주식의 가치를 보여준다. 그런데 그와 같은 객관적 지표가 없는 비공개회사의 주식

의 가치는 어떻게 평가할 것인가가 문제이다. 평가방법은 다음과 같은 것이 있다.[15)]

(1) 유사업종비준가액

이 방법은 복수의 상장회사로 이루어진 유사업종의 평균주가를 기초로 1주당 배당금액, 연이익금액, 장부가순자산액을 비교하여 평가액을 산출하는 방식이다. 평가자가 누가 되더라도 동일하다는 장점이 있으나, 획일적으로 처리된다는 면에서 평가대상회사의 안정성, 성장성 등 개별적인 특색은 배려하지 못한다.

$$주가 = A\times \frac{b/B + c/C + d/D}{3}\times 0.7$$

(A는 각업종마다 추출된 상장회사(표준회사)의 각 월의 주가의 평균액 가운데 최근 3개월 중 최저, b/B는 직전 2년간의 배당회사와 표준회사의 1주당 배당금액의 평균비율, c/C는 동일한 직전 1년의 1주당 연이익금액의 비율, d/D는 동일한 직전기말의 1주당 장부가순자산의 비율이다. 0.7을 곱하는 이유는 시장성이 결여된 것으로부터 오는 減價이다.)

(2) 배당환원가액

이 방법은 장래 영속적으로 수취할 배당금의 예상액을 어느 할인율로 자본환원하여 기업가치를 구하는 방식이다. 영리법인의 본질에 비추어 이론적으로는 정당하나, 비공개회사주식에 있어서 내부유보가 많은 경우에는 산정된 가격은 적절하지 않다.

$$주가 = \frac{그\ 주식에\ 관한\ 연배당금액}{10\%}\times\frac{그\ 주식의\ 1주당\ 자본금}{100원}$$

(여기서 연배당금액은 1주당 자본금을 100원으로 한 경우의 금액이다.)

(3) common model

이 방식은 장래의 이익 및 배당의 증가경향을 예측해서 계산하는 방식이다. 그러나 흔히 사용되는 방식은 아니다.[16)]

$$주가 = \frac{D}{1+i} + \frac{D(1+br)}{(1+i)^2} + \cdots + \frac{D(1+br)^{n-1}}{(1+i)^n}$$ 가령, $n\rightarrow\infty$인 경우 이 식은

$$주가 = \frac{D}{i-br}$$ 가 된다.

(여기서 D는 1주당 배당액, b는 내부유보율, r은 재투자이익률, i는 자본환원율을 뜻한다.)

---

15) 더 자세한 내용은, 東京大學ビジネス・プランニング研究會編, ビジネス・プランニング②, 商事法務研究會, 1996, 29쪽 이하.

16) Jesse H. Choper · John C. Coffee, Jr · Ronald J. Gilson, *op. cit.*, p. 181.

제5절 주식의 담보

Ⅰ. 서 설

주주가 자금을 필요로 하는 경우에 주식을 양도하여 마련할 수도 있으나, 그 경우에는 주주자격을 상실하고 만다. 이때 주식을 담보로 하여 융자를 받는다면 주주자격을 유지할 수도 있고(의결권행사 등 가능) 채무를 이행하면 원래의 지위를 회복할 수도 있다. 담보설정방법도 주권인도만으로 가능하므로 간편하다.

상법은 주식의 담보방법으로서 입질에 관하여만 규정하고 있으나, 관습상 양도담보가 행하여진다. 주식의 약식질·양도담보와 주식의 양도는 주권의 교부만으로 가능하므로 구별하기 힘들 때가 있다. 원칙적으로 당사자의 의사에 의하여 결정되나, 담보와 양도는 대금액으로 구별하는 것이 합리적일 것이다.

질권자는 주권을 계속해서 점유하여야 제3자에게 대항할 수 있다(338조 2항).

주식의 담보는 무제한적으로 허용되는 것은 아니다. 권리주 또는 주권발행 전의 주식의 입질 또는 양도담보는 당사자 간에서는 유효하지만 회사에 대해서는 효력이 없다. 또한 발행주식총수의 20분의 1을 초과하는 자기주식의 질취는 원칙적으로 금지된다(341조의2).

Ⅱ. 주식의 입질·양도담보의 방법

주식에 대한 질권 설정 방법은 주권의 점유이전만으로 질권을 설정하는 약식질(338조)과 주권의 이전뿐만 아니라 주주명부에 질권자의 성명과 주소를 덧붙여 쓰고, 그 성명을 주권에도 기재하여야 하는 등록질(340조)로 나뉜다.

1. 주식의 질권 설정

(1) 약식질

약식질은 당사자간에 질권설정의 합의와 주권의 교부로 성립하고, 제3자에 대항하기 위해서는 주권을 계속해서 점유하여야 한다(338조 2항). 질권자가 주권을 점유해야 하기 때문에 점유개정(民 332조)에 의한 인도는 허용되지 않는다. 약식질은 담보설정한 사실을 밝히기를 꺼리는 경우나, 단기금융을 필요로 할 때 주로 이용된다.

(2) 등록질

주식을 질권(質權)의 목적으로 한 경우에 회사가 질권설정자의 청구에 따라 그 성명과 주소를 주주명부에 덧붙여 쓰고 그 성명을 주권(株券)에 적은 경우에는 질권자는 회사로부터 이익배당, 잔여재산의 분배 또는 제339조에 따른 금전의 지급을 받아 다른 채권자에 우선하여 자기채권의 변제에 충당할 수 있다(340조 1항). 이를 등록질이라 한다. 예탁된 주식의 입질은 주주명부에 기재하는 대신에 고객계좌부와 예탁자계좌부에 질권설정을 목적으로 하는 대체기재로 한다(자시법 311조 2항).

2. 주식의 양도담보

주식의 양도담보란 일반적으로 주식의 양도와 동일한 형태를 취하나(주권의 교부), 융자액을 변제한 때에는 역방향으로 양도받을 수 있는 것을 말한다. 이때 양수인(채권자)이 명의개서를 하는 경우와 하지 않는 경우가 있는데, 전자를 등록양도담보라 하고, 후자를 약식양도담보라 한다. 양도담보는 우선변제를 위한 경매 등의 복잡한 절차를 밟지 않아도 되기 때문에 빈번하게 이용된다.

Ⅲ. 주식의 입질·양도담보의 효력

1. 일반적 효력

질권자는 질권의 일반원칙에 따라 변제받을 때까지 유치할 권리(民 355조, 335조)를 가진다. 그러나 변제기에 변제 받지 못한 경우에는 주권을 환가처분한 대금으로 우선변제를 받을 수 있는 권리(民 329조), 원질권의 존속기간 내에서의 전질권(民 355조, 336조)과 물상대위권(民 355조, 342조)을 가진다. 질권자가 제3자에 대항하기 위해서는 주권을 계속해서 점유하여야 한다(338조 2항).

상법은 특히 「주식의 소각, 병합, 분할 또는 전환이 있는 때에는 이로 인하여 종전의 주주가 받을 금전이나 주식에 대하여도 종전의 주식을 목적으로 한 질권을 행사할 수 있다」(339조)고 명시하고 있다. 그리고 명문의 규정은 없으나, 회사분할로 인하여 분할하는 회사의 주주가 받을 금전이나 주식, 주주의 주식매수청구권으로 인하여 받는 주식의 매수대금(374조의2, 522조의3, 530조의11), 사채의 전환(516조 2항), 유한회사와 주식회사의 합병(601조 1항), 주식회사의 유한회사로의 조직변경(604조 4항, 601조 1항), 주식회사의 유한책임회사로의 조직변경(687조의 43 2항), 신주발행의 무효가 확정되어 주주에게 환급하는 주식납입금 등의 경우에도 미친다.

2. 자익권의 귀속

(1) 이익배당청구권

등록질권자는 상법의 명문규정에 의하여 이익이나 이자의 배당을 받아 다른 채권자에 우선하여 자기채권의 변제에 충당할 수 있다(340조 1항). 이때 채권의 변제기가 질권자의 채권의 변제기보다 먼저 도래한 때에는 질권자는 제3채무자에 대하여 그 변제금액의 공탁을 청구할 수 있다(340조 2항, 민 353조 3항). 이러한 권리는 등록양도담보권자에게도 인정된다고 본다.

위와 같은 명문규정이 없는 약식질과 약식양도담보에도 이익배당청구권에 담보의 효력이 미칠까? 약식질은 회사와 무관하게 이루어지고 단지 주식자체의 재산가치만이 담보의 목적으로 되기 때문에 이를 부정하는 견해[孫 688, 鄭(燦) 316, 李 338]가 다수설이다. 이에 대하여 긍정설은 이익배당이 주식의 과실에 준하는 것으로 보고 과실에도 질권의 효력이 미친다는 일반원칙에 따라 약식질의 효력이 이익배당청구권에 미친다고 주장한다[鄭(東) 275, 崔 363, 林 309].

생각건대, 이익배당금은 주식으로부터 파생하는 것으로서 주식의 대위물로 인정할 수 없고, 등록질은 명문의 규정을 두고 있으나, 약식질은 두고 있지 않는 점 등을 고려하면, 부정설이 타당하다고 본다.

(2) 잔여재산분배청구권

잔여재산분배청구권에 관하여 상법은 등록질인 경우에 담보의 효력이 미친다고 명문으로 규정하고 있다(340조 1항). 명문의 규정이 없는 약식질이나 약식양도담보의 경우에도 질권의 효력은 잔여재산분배청구권에 미친다는 데 이설이 없다. 왜냐하면 잔여재산분배청구권은 회사의 해산시 주식의 변형물이기 때문이다[鄭(東) 290].

(3) 신주인수권

주식담보권의 효력이 신주인수권에도 미칠 수 있을까? 이에 관하여 상법은 등록질과 약식질을 불문하고 아무런 규정을 두고 있지 않다. 종래에는 신주인수권에는 질권의 효력이 미치지 않는다는 견해가 통설이었다. 신주인수권을 행사하려면 주주가 새로이 납입을 하여야 하는데, 이는 질권설정자에게 추가로 담보를 강요하는 것과 같으며, 주주가 신주인수권을 포기할 수도 있는데 설정자의 의사여하에 따라 담보권의 효력이 달라지는 것도 기이하다는 이유를 든다(李 338, 崔 364).

그러나 주주배정에 의하여 주주에게 신주인수권을 부여하고 신주를 발행하는 경우에는 구주의 가치가 하락하게 되고, 이것은 질권자에게 담보가치의 감소를 감수하게 하는 불이익을 초래한다는 이유에서 신주인수권에도 질권의 효력이 미친다고 보는 견해도 있다[鄭(東) 291, 加美 153].

생각건대, 신주를 발행하는 경우 구주가치의 하락을 초래하는 것은 명백하지만 그렇다고 하여 질권의 효력이 미친다고 보기는 무리라고 본다.

3. 공익권의 귀속

담보권은 재산적 권리에만 미치므로 약식질·등록질을 불문하고 의결권 기타 공익권은 주주가 행사할 수 있다. 다만, 등록양도담보의 경우에는 외부적으로 양도담보권자가 주주이므로 양도담보권자는 의결권 기타의 공익권을 행사한다.

제6절 주식의 소각

Ⅰ. 주식소각의 의의

주식의 소각(redemption of shares ; Einziehung von Aktien)이란 회사존속 중에 특정한 주식을 절대적으로 소멸시키는 행위를 말한다. 주식의 소각에 의하여 주주의 자격이 소멸하고 발행주식총수는 감소한다. 주식의 소각은 회사의 해산 시에 주식 전부를 소멸시키는 것과 구별되며, 주식을 소멸시키지 않고 주권만을 소멸시키는 주권의 제권판결(360조) 및 주식인수인의 자격만을 실효시키는 실권절차(307조)와도 구별된다.

Ⅱ. 주식소각의 종류와 방법

주식의 소각은 자본금감소의 규정에 따라 하는 경우와 그렇게 하지 않고 하는 경우가 있다. 주주에게 배당할 이익으로 자기주식을 소각하는 경우(343조 1항)나 전술한 상환종류주식의 상환의 경우도 후자에 해당한다. 자본금감소의 규정에 따르는 것이 원칙이고 이 경우에는 소각되는 주식만큼 자본금이 감소하므로, 이미 발생한 결손의 보전을 위한 경우가 아닌 한(439조 2항 단서), 채권자보호절차를 거쳐야 한다(439조 2항). 자본금감소 규정에 따르지 않는 경우는 주식소각이 주주에게 배당할 이익으로 이루어지므로 자본금보호절차를 요하는 전제, 즉 채권자보호 필요성이 없는 경우이다. 이 경우는 이사회 결의에 의하여 배당할 이익으로써 자기주식을 소각하며, 별도의 절차에 관한 규정은 없다.

상법 제343조 제1항 본문에서는 주식의 소각은 자본금감소의 절차에 따라야만 한다고 규정하고 있지만, 이익의 소각을 통한 경우도 있다. 무액면주식의 경우 주식수와 자본금이 연동되지 않으므로 주식소각이 반드시 자본금감소를 초래해야 하는 것은 아니다. 따라서 무액면주식의 자본금감소가 없는 경우 자본금감소 규정을 따라야 하는지가 문제된다. 그러한 경우에 기본적으로 상법 제343조 제1항 본문에서는 주식의 소각은 자본금감소의 절차에 따라야만 한다고 규정하기 때문에 그에 관한 의사결정은 주주총회 결의에 따라서 해야 하는 것이지만(438조, 439조 1항), 자본금감소가 없으므로 그것과 관련된 내용, 즉 채권자보호 규정(438조 2항 및 3항, 441조 단서), 주식병합절차 규정, 단주처리규정, 자본금감소무효의 소에 관한 규정은 적용될 여지가 없다. 마찬가지로 액면주식의 경우도 자본금감소 없이 이익의 소각으로 하는 경우는 자본금감소 절차 없이 이루어지게 된다.

주식소각의 효과를 보면, 주식소각으로써 발행주식총수는 감소하게 되지만, 자본금감소가 반드시 수반되지는 아니 한다. 일단 소각된 주식은 발행예정주식총수에 산입되는 미발행주식이 되는 것도 아니다. 액면주식에 있어서 자기주식을 취득하여 이익으로써 소각하는 경우는 발행주식 액면총액과 자본금이 일치하지 않는다.

제7절 주식의 분할·병합과 단주

Ⅰ. 주식의 분할

1. 주식분할의 의의

주식의 분할이란 1주를 2주로 나누는 것과 같이 주식을 세분화하는 것이다.[17] 주식분할에 의하여 발행주식총수는 증가되고 증가된 수만큼 신주를 발행하나, 새롭게 납입해야 하는 것은 아니므로 회사자본금은 증가하지 않고 1주당 가치는 상대적으로 낮아진다. 주식의 시가가 너무 높으면 주식매매가 이루어지기 어렵기 때문에 적당한 크기로 분할하여 시장성을 회복하기 위한 수단으로 주식분할이 사용된다. 또한 회사합병, 주식교환과 이전에 있어서 합병비율 등의 결정을 편리하게 하기 위한 경우에도 사용된다.

주식분할은 1998년 개정상법에서 명문화되었다. 물론, 종래에도 정관변경을 통해 액면금액을 낮추면 주식분할을 할 수 있다고 해석하였으나, 이때에도 단주가 발생하는 주식분할은 허용되지 않는다고 해석하였다. 1998년 개정법은 1주의 금액을 100원으로 크게 인하함으로써(329조 4항) 주식분할을 용이하게 했을 뿐만 아니라, 단주가 발생하는 주식분할도 가능하도록 명문으로 규정하였다(329조의2, 329조의3). 주식분할의 결과 액면주식의 액면가가 낮아지는 경우에도 100원 이하가 될 수는 없다.

2. 주식분할의 절차

무액면주식을 인정하지 않았던 과거 우리 상법에서 주식의 분할은 곧 액면분할을 의미하였다. 즉, 주식의 분할은 기존 주식의 액면가를 일정 비율로 분할하고, 이에 따라 새로 발행되는 신주를 각 주주에게 그 지주수에 따라 분배하는 방식으로 이루어진 것이다. 예컨대, 현재의 액면가 5,000원을 500원으로 액면분할하고, 이에 따라 발행주식수를 10배로 증가시키는 것이다. 회사합병에 있어서 합병비율의 결정을 편리하게 하기 위한 경우에도 필요하기 때문이다. 액면주식의 경우 상법상 「1주의 금액」은 정관의 절대적 기재사항(289조 1항 4호)이고, 주식의 분할은 곧

17) Amercian Bar Association, *op. cit.*, pp. 6-28.

「1주의 금액」의 변경을 수반함은 물론, 발행예정주식총수(授權資本)의 미발행분이 충분하지 않다면 수권주식수도 늘려야 하므로, 그 경우 주식을 분할하기 위해서는 주주총회의 특별결의가 필요하다(329조의2 1항). 이때 1주의 액면가는 100원 이상이어야 하므로 액면가를 100원 미만으로 하는 주식분할은 불가능하다(329조의2 2항). 1998년 개정상법에서는 그 이전과 달리 주식분할 시에 단주의 발생을 허용하므로 액면가가 100원 이상인 한, 액면가를 자유롭게 인하할 수 있다. 따라서 액면가가 5,000원인 상태에서 2,500원으로 분할하는 것도 가능하다. 주식분할의 결과 액면주식의 경우는 액면가가 달라지고 주주들이 가져야 할 주식수도 증가하므로, 회사는 새로운 주권을 발행하여 주주에게 교부하여야 한다. 이때 구주권의 제출, 신주권의 교부, 신주식의 효력발생 등에 관하여는 주식병합에 관한 규정(440조 내지 444조)이 준용된다(329조의2 3항).

개정상법으로 인정된 무액면주식의 주식분할로는 분할비율에 따라서 주식수가 늘어나고 자본금을 총 발행주식수로 나눈 가치가 감소하게 될 뿐이다. 이러한 주당 가치의 감소는 계산상으로 그러한 평가를 받는 것이다.

3. 주식분할의 효과

주식분할로 회사의 발행주식총수는 증가하고 주주도 소유주식수의 비율만큼 주식수가 증가한다. 그러나 회사의 자본금이나 자산은 전혀 변동이 없다.

Ⅱ. 주식의 병합

1. 주식병합의 의의

주식의 병합(Zusammenlegung von Aktien)이란 2주를 합쳐서 1주로 하는 것과 같이 여러 개의 주식을 합하여 그보다 적은 소수의 주식으로 발행하는 것을 말한다. 따라서 이것은 주식분할의 반대의 경우이다.

주식의 병합은 회사의 자본금감소(440조)와 합병(530조 3항), 주식의 이전·교환(360조의10 1항, 360조의21 1항)의 경우에 한하여 인정된다. 어느 경우이든 주주총회의 특별결의가 필요하다. 주식병합의 비율에 따라 어떤 주주는 단주만을 가질 수가 있다. 예컨대 100주를 합쳐서 1주로 한다면, 99주 이하의 주주는 모두 단주만 가지게 된다. 이 경우 주주자격을 상실하는 자가 있게 되며, 때로는 경영자가 반대파 주주를 제거하기 위한 수단으로 이러한 방법을 사용할 수도 있다. 따라서 현저히 불공정하게 단주를 발생시키는 경우는 그 불이익을 받는 주주전원의 동의가 필요하다고 본다.

2. 주식병합의 절차

주식병합을 하기 위해서는 회사는 1월 이상의 기간을 정하여 그 뜻과 그 기간 내에 주권을 회사에 제출할 것을 공고하고 주주명부에 기재된 주주와 질권자에 대하여는 각별로 그 통지를 하여야 한다(440조). 또한 구주권을 회사에 제출할 수 없는 자가 있는 때에는 회사는 그 자의 청구에 의하여 3월 이상의 기간을 정하고 이해관계인에 대하여 그 주권에 대한 이의가 있으면 그 기간 내에 제출할 뜻을 공고하고 그 기간이 경과한 후에 신주권을 청구자에게 교부할 수 있다(442조).

3. 주식병합의 효과

주식병합에 의하여 발행주식총수는 감소하나, 감자절차를 밟지 않는 한 자본금과 회사자산은 변하지 않는다.

주식병합의 효력은 구주권의 제출기간이 만료한 때에 발생한다(441조).

Ⅲ. 단 주

단주(fractional shares, fractions of shares; Teilrechte)는 1주 미만의 주식이다. 예컨대, 0.7주, 0.9주 등이다. 미국에서는 단주권(certificate for a fractional shares)을 발행하고, 단주원부를 두어 단주주를 보호하고 있으며, 독일에서는 단주도 독립하여 양도할 수 있도록 하고 있으나(獨株 213조), 우리나라의 경우는 단주가 발생하면 그때 그때 이사회의 결의로 처분하여 단주 매각대금을 주주에게 지급토록 할 뿐, 단주주에 대한 주식의 비율에 따른 지분유지로서의 보호는 하지 않고 있다.

단주가 발생하는 경우로는 신주인수권에 의한 신주발행, 주식배당, 준비금의 자본전입에 의한 신주의 무상교부, 재평가적립금의 자본전입에 의한 신주의 무상교부, 주식의 병합 또는 분할의 경우를 들 수 있다. 단주가 발생하면 경매 또는 매각하여 그 대금을 주주에게 그가 가진 주식의 수에 따라 지급한다(329조의3 3항, 443조, 461조 3항, 462조의2 3항, 443조).

제 8 절 증권예탁과 내부자거래

Ⅰ. 증권예탁제도

1. 생각의 실마리

주식의 양도는 교부에 의하여 이루어지나 증권거래가 대량으로 빈번히 이루어지는 자본시장에서 일일이 실물이동을 시킨다면 도난·분실이나 훼손의 우려가 있으며, 이동·보관에 따른 비용도 엄청날뿐더러 계약체결에 따른 신속한 교부도 이루어질 수 없다. 따라서 투자자, 증권회사, 금융기관 등이 중앙예탁기관에 계좌를 개설하여 유가증권을 임치(예탁)한 후, 매매거래 등에 따른 결제를 실물의 이동 없이 계좌간 대체만으로 처리할 수 있다면 편리할 것이다. 이러한 배경하에 탄생한 것이 예탁결제제도이다.[18]

> 예컨대, X는 삼성전자(주) 주주인데 이 주식을 Y에게 매도한 경우, X의 주식은 예탁결제원에 예탁되어 있으므로 X의 계좌에 기재되어 있는 삼성전자(주) 주식이 매도한 양만큼 공제되어 Y의 계좌로 이동하고 Y의 계좌에는 매수한 양만큼의 주식수의 증가기재가 있게 된다. 따라서 매수한 Y는 직접 주식을 교부받지는 않고 단지 계좌의 기재만 이루어질 따름이다.

증권예탁결제제도는 주권(유가증권)의 교부 없이 결제를 이행한다는 점에서 전통적인 유가증권이론의 중대한 수정이라 할 수 있다.[19]

증권예탁의 법적 성질은 증권회사에 대한 제1차 예탁과 예탁결제원에 대한 제2차 예탁으로 나누어 생각할 수 있는데, 제1차 예탁은 혼장임치라 보며, 제2차 예탁은 혼장임치[20]와 위임적 요소가 공존하는 계약으로 보는 견해가 일반적이다.[21]

---

18) http:www.ksd.or.kr/BizInfo/biz info_b_01_1.jsp/
19) 金建植, 證券去來法, 斗聖社, 2000, 285쪽.
20) 혼장임치란 증권을 預託받음에 있어 다른 동종의 증권과 혼합하여 구분없이 보관하고 返還할 때는 권리의 차이가 없는 同一種類의 유가증권을 반환하는 것을 말하며, 예탁자들은 예탁유가증권에 대해 공유권을 가진다.
21) 상게서, 287쪽; http://www.ksd.or.kr/BizInfo/biz_info_b_01_4.jsp/

2. 증권예탁의 유형

(1) 일반예탁

고객으로부터 예탁받은 유가증권 또는 예탁자가 보유하는 유가증권실물을 예탁자가 한국예탁결제원에 재예탁하는 것을 말하며, 가장 일반적인 예탁이다. 이 때 고객이 예탁자에게 예탁한 유가증권은 현재 그 증권실물이 예탁결제원에 예탁되지 않았더라도 고객계좌부에 기재되는 때에 예탁결제원에 예탁된 것으로 간주된다(이를 의제예탁이라 한다).

(2) 권리예탁

한국예탁결제원에 집중예탁된 유가증권은 예탁결제원 명의로 전환되게 되며, 이들 유가증권에 대해 새로이 발생하는 권리에 의해 발행되는 신주도 회사로부터 일괄 교부받아 예탁한다. 이 경우 주권이 발행·교부되기 이전에 그 권리가 예탁결제원의 계좌부에 기재되어 예탁되게 되는데, 이를 권리예탁이라 한다.

권리예탁된 주식은 주권발행전 주식양도금지규정에 상관없이(335조 3항), 주권발행전에도 계좌대체의 방법으로 양도할 수 있다(174조의3 4항).

(3) 일괄예탁

발행회사가 모집 매출하는 유가증권을 투자자가 인수 또는 청약할 때 사전에 예탁결제원 명의로 발행토록 신청함으로써 예탁결제원이 발행증권을 일괄교부받아 예탁처리하는 것을 일괄예탁이라 하며, 넓게는 권리예탁의 한 가지로 볼 수 있다.[22] 일괄예탁을 통해 발행회사는 발행비용을 대폭 절감할 수 있다.

3. 예탁결제제도의 구조

주권의 소유자인 고객이 증권회사·기관투자자(예탁자)와 계좌개설을 하여 자기 소유의 주식을 예탁하면, 예탁자는 예탁결제원에 계좌개설을 하여 고객으로부터 임치받은 주식과 자기 소유의 주식을 재예탁하게 되며, 예탁결제원의 발행회사 주주명부에 주주로 기재된다(이것은 명의상 주주와 실질주주의 상이를 초래하고, 따라서 실질주주의 문제가 등장한다). 이때 예탁자는 고객으로부터 예탁받은 유가증권에 관하여 고객의 성명·주소, 예탁유가증권의 종류·수와 그 발행회사의 상호 등을 기재한 고객계좌부를 작성비치하고(자시법 309조), 예탁결제원은 예탁자로부터 예탁받

---

22) http://www.ksd.or.kr/BizInfo/biz_info_b_02_2.jsp/

은 유가증권에 관하여 예탁자의 명칭, 주소, 예탁유가증권의 종류·수와 그 발행회사의 상호 등을 기재한 예탁자계좌부를 작성비치(자시법 309조 3항)하는데, 고객계좌부와 예탁자계좌부에 기재된 자는 각각 그 유가증권을 占有하는 것으로 보고(자시법 311조 1항), 고객계좌부와 예탁자계좌부에의 대체의 기재가 유가증권의 양도 또는 질권설정을 목적으로 하는 경우에는 유가증권의 교부가 있었던 것과 동일한 효력을 가진다(자시법 311조 2항). 따라서 주권의 양도당사자 또는 담보거래당사자간에는 주권을 예탁하여 놓고 양도나 담보설정시에는 주권을 수수하는 대신에 예탁자와 증권예탁원에 의뢰하여 계좌간의 장부대체로 결제한다.

[그림 2] 예탁결제제도의 구조[23)]

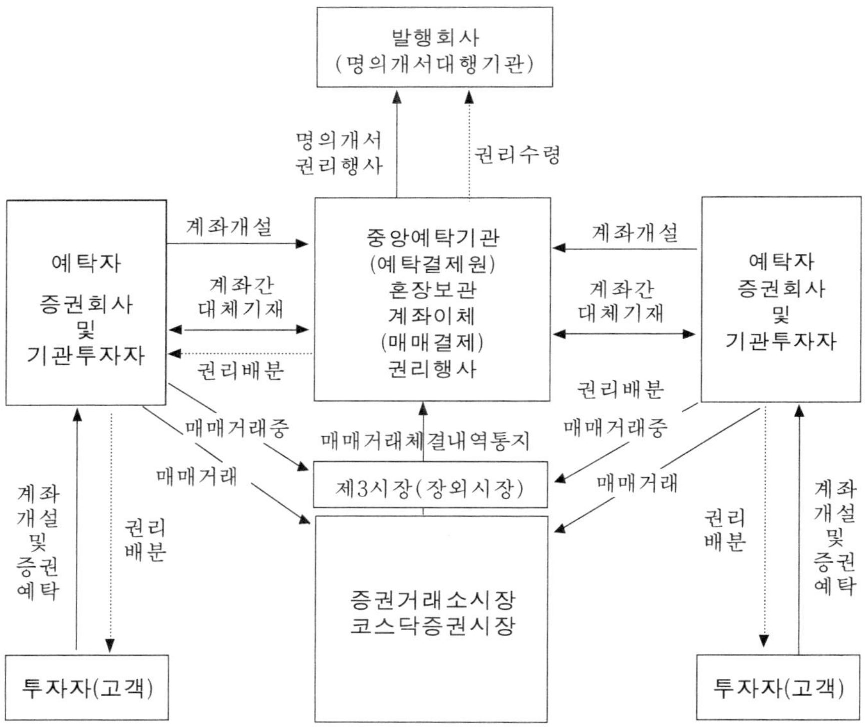

23) http://www.ksd.or.kr/BizInfo/biz_info_b_01_5.jsp/

4. 실질주주

(1) 실질주주의 의의

실질주주란 예탁결제원에 예탁된 주권이 발행회사의 주주명부에 예탁결제원으로 명의개서되는 경우 당해 주식을 예탁한 예탁자(증권회사 · 기관투자자) 또는 고객(투자자)을 말한다.

예탁결제제도에서는 주권의 소유자인 고객이 예탁자를 통하여 예탁결제원에 예탁하게 되는데, 이때 발행회사의 주주명부에 주주로 기재되는 자는 실제 소유자인 고객이 아니라 예탁결제원이 된다(자시법 314조 2항, 증권등예탁업무규정 47조). 그러나 발행회사의 주주명부에 주주로 기재된 증권예탁원은 형식적인 명의상의 주주에 불과하고, 실질주주는 주권의 실제소유자인 고객이나 증권회사 · 기관투자자이다.

[그림 3] 실질주주제도의 구성

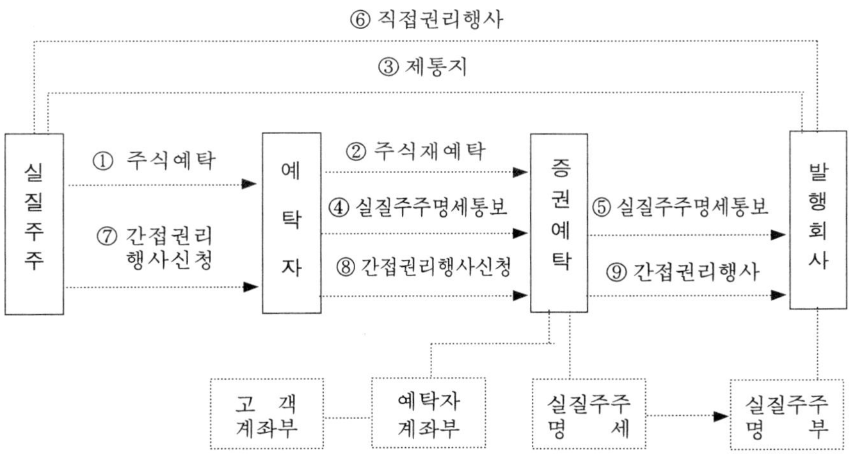

(2) 실질주주명세와 실질주주명부

명의상의 주주와 실질상의 주주가 서로 다름으로 말미암아, (주권)발행회사가 주주총회의 개최 및 이익배당 등 주주권을 행사하는 주주를 확정하여 명부를 작성할 필요성이 있다. 이때 실질주주에 관한 사항을 기재한 명부를 실질주주명부라 한다.

실질주주명부를 작성하기 위하여 먼저 실질주주명세를 작성한다. 실질주주명세란 예탁결제원에 예탁되어 있는 주권에 대한 실질주주들의 소유관계를 나타내는 명세표로서 발행회사의 실질주주명부 작성의 기초가 되는 자료이다. 발행회사가 주주명부폐쇄기준일을 정하면 예탁자들은 고객내역이 기재된 실질주주명세를 작성하여 예탁결제원에 통보하게 되며, 예탁결제원은 통지받은 실질주주명세를 취합하여 발행회사에 통보한다. 발행회사는 통지받은 실질주주명세에 기하여 실질주주명부를 작성한다. 실질주주명부란 예탁결제원으로부터 통지받은 실질주주명세를 기초로 하여 작성된 것으로서 발행회사가 주주명부폐쇄기준일을 정한 경우(354조), 기준일 현재 주주명부상의 예탁결제원 명의주식에 대한 실질소유자를 기록·관리하는 법정장부를 말한다. 실질주주명부작성은 발행회사가 선임한 명의개서대리인이 처리하는 것이 일반적이다(자시법 316조). 예탁결제원이 실질주주에 관한 사항을 주권발행회사 또는 그의 명의개서대리인에게 통지하면 이에 기하여 주권발행회사 또는 그의 명의개서대리인은 실질주주명부를 작성·비치하여야 한다(자시법 316조).

실질주주명부에 기재되면 예탁결제원에 전속하는 권리를 제외하고는 주주명부와 동일한 효력을 가진다(자시법 316조 2항). 즉, 실질주주가 실질주주명부에 기재되면 주주명부의 명의개서와 같이 대항력(주식의 권리 이전 시 취득자의 성명과 주소가 주주명부에 기재됨으로써 회사에 대항할 수 있음), 자격수여적(권리추정적) 효력(발행회사의 주주명부에 기재된 자는 주주권을 행사함에 있어 주권을 가지고 자신의 실질적인 권리를 입증할 필요 없이 단순히 그 기재만으로 주주로서 추정됨), 면책적 효력(발행회사는 실질주주명부에 기재된 자를 주주로 보고 배당금청구권·의결권·신주인수권 등의 권리에 관한 제반통지를 하면 실질주주가 진정한 권리자가 아니라도 면책됨)이 발생한다.

(3) 실질주주의 주주권 행사

실질주주의 권리행사는 크게 실질주주의 직접행사, 제3자에 의한 대리행사, 예탁결제원에의 신청을 통한 간접행사의 3가지 방식에 의해 행사될 수 있다. 실질주주의 권리행사는 원칙적으로 실질주주명부의 작성이 가능한 경우에만 행사할 수 있다. 만약 실질주주명부에 기재되어 있지 않은 실질주주가 대표소송을 제기하려면 어떻게 해야 될까? 자본시장법은 실질주주증명서제도를 도입하여 예탁자 또는 고객이 예탁결제원으로부터 예탁주권을 반환받아 명의개서를 하지 않고도 예탁결제원으로부터 실질주주증명서를 발급받아 주주권행사를 할 수 있도록 조치해 놓고 있다(자시법 315조). 예탁증명서가 발행된 증권은 예탁자계좌부상 처분제한으로 표시되며, 추후 보증금 회수 등으로 예탁결제원이 예탁증명서를 회수한 후 처분제한 조치를 취소한다.

실질주주의 권리행사는 회사의 주식사무의 편의를 위하여 제한되는 경우가 있다. 즉, 주권불소지, 주주명부·주권에 관한 권리는 예탁결제원만이 행사할 수 있도록 규정하고 있다(자시법 314조 3항). 그 밖에도 예탁결제원은 실질주주가 예탁자를 통하여 신청하는 경우에는 주주권을 행사할 수 있다(자시법 314조 4항). 그리고 의결권에 관하여는 특칙을 두고 있는데, 실질주주가 주주총회 5일전까지 예탁원에 직접행사, 대리행사 또는 불행사의 뜻을 표시하지 않는 경우에는 예탁원이 그 의결권을 행사할 수 있고(자시법 315조 5항), 이때 예탁결제원은 중립적 의결권행사(shadow voting)를 하여야 한다(자시법시행령 317조 1항).

Ⅱ. 내부자거래

1. 내부자거래의 의의

내부자거래(insider trading; Insidergeschät)란 회사의 내부자가 자신의 지위를 통하여 얻은 정보를 이용하여 증권거래를 하는 것을 말한다.[24] 내부자거래에 관한 규제는 미국의 예를 도입하여 자본시장법에서 규정하고 있지만, 실제로 소가 제기된 사건은 그리 많지 않다.

> 명문대학에 입학하기 위하여 모두들 열심히 공부하고 있는데, 어느 수험생은 시험문제를 알고 있어 공부도 하지 않고 입학할 수 있다면 어떻게 될까? 어떤 자가 일반인에게 알려지지 않은 정보(미공개정보)를 가지고 공개되기 전에 이를 이용하여 유가증권의 거래(내부자거래)를 한다면 부당이득을 얻음에 틀림없다. 미공개정보, 예컨대 특효약의 개발, 다이아몬드 광맥의 발견 등의 정보는 주가를 오르게 하는 정보이고, 고액의 부도수표 발행, 결손금의 발생 등은 주가를 내리게 하는 정보이다. 이러한 미공개정보에 쉽게 접근할 수 있는 자는 회사의 임원, 직원, 주요주주 등으로 이들을 내부자라 한다.

2. 내부자와 중요정보의 범위

(1) 내부자의 범위

내부자의 범위에는 내부자·준내부자 및 정보수령자를 포함한다. 내부자란 ① 당해 법인 및 그의 임직원·대리인, ② 당해 법인의 주요주주, ③ 당해 법인에 대하여 법령에 의한 허가·인가·지도·감독 기타의 권한을 가지는 자, ④ 당해 법인과 계약을 체결하고 있는 자, ⑤ ②~④에 해당하는 자의 대리인·사용인 기타

24) Jesse H. Choper · John C. Coffee, Jr · Ronald J. Gilson, *op. cit.*, p. 442.

종업원, ⑥ 이상의 내부자의 지위를 상실한 지 1년이 경과되지 않은 자(원내부자)를 말하며(자시법 172조), 준내부자란 주식의 모집 · 매출을 주선 · 인수한 증권회사를 말하며, 정보수령자(tippee)는 내부자 · 준내부자로부터 정보를 받은 자를 뜻한다.

(2) 내부정보

내부정보란 일반에게 公開되지 않은 중요한 정보로서 ① 발행한 어음 또는 수표가 부도되거나 은행과의 거래가 정지 또는 금지된 때, ② 영업활동의 일부 또는 전부가 정지된 때, ③ 법률의 규정에 의한 법인의 정리절차개시의 신청이 있거나 사실상 정리를 개시한 때, ④ 사업목적이 변경된 때, ⑤ 재해로 인하여 막대한 손해를 입은 때, ⑥ 상장유가증권 또는 코스닥등록유가증권에 관하여 중대한 영향을 미칠 소송이 제기된 때, ⑦ 상법 제374조, 제522조, 제527조의3 및 제530조의2에서 규정한 사실이 발생한 때, ⑧ 법률에 의한 해산사유가 발생한 때, ⑨ 증자 또는 감자에 관한 이사회의 결의가 있은 때, ⑩ 특별한 사유에 의하여 조업을 중단하거나 조업을 계속할 수 없는 때, ⑪ 거래은행에서 당해 법인의 관리를 개시한 때, ⑫ 자기주식의 취득 또는 처분에 관한 이사회의 결의 또는 대표이사 기타 대통령령이 정하는 자의 결정이 있은 때, ⑬ 법인의 경영 · 재산 등에 관하여 중대한 영향을 미칠 사항으로서 대통령령이 정하는 사실이 발생한 때를 증권거래법은 열거하고 있다(자시법 174조).

(3) 내부자거래 규제 관련규정

내부자거래인지 아닌지를 입증하는 것은 쉽지 않다. 자본시장법은 내부자거래 규제의 어려움을 덜기 위하여 다음과 같은 규제장치를 마련하고 있다.

첫째, 단기매매차익의 반환이다. 즉, 주권상장법인 또는 코스닥등록법인의 임원 · 직원 또는 주요주주가 그 법인의 주권 등을 매수한 후 6월 이내에 매도하거나 그 법인의 주권 등을 매도한 후 6월 이내에 매수하여 이익을 얻은 경우에는 당해 법인은 그 이익을 그 법인에게 제공할 것을 청구할 수 있다(자시법 172조). 내부자거래가 단기매매에 해당하기만 하면 그것이 내부정보에 기한 것인가를 입증할 필요 없이 그로 인한 이익의 반환을 청구할 수 있다.

둘째, 공매도금지이다. 즉, 주권상장법인 또는 코스닥등록법인의 임원 · 직원 또는 주요주주는 증권거래소에 상장되었거나 코스닥에 등록된 당해 법인의 주권 · 전환사채권 · 신주인수권부사채권 · 신주인수권을 표시하는 증서 기타 대통령령이 정하는 유가증권 중 자신이 소유한 것이 아니면 이를 매도하지 못한다(자시법 180조). 공매도는 자신의 소유가 아닌 유가증권을 가지고 매매하는 것을 말한다. 예컨대,

회사에 불리한 미공개정보를 알고 있는 임원이 타인의 주식을 빌려 공매도한 후에, 그 정보가 공개되어 주가가 하락한 때에 매수하여 반환하고 그 차익을 챙기는 것이다.

(4) 형 · 민사상의 책임

내부자거래금지에 위반한 자에 대하여는 10년 이하의 징역 또는 5억원 이하의 벌금에 처한다. 다만, 그 위반행위로 얻은 이익 또는 회피한 손실액의 3배에 해당하는 금액이 5천만 원을 초과하는 때에는 그 이익 또는 회피손실액의 3배에 상당하는 금액 이하의 벌금에 처한다(자시법 443조).

또한 내부자거래금지규정에 위반한 자는 당해 유가증권의 매매 기타 거래를 한 그가 그 매매 기타 거래와 관련하여 입힌 손해를 배상할 책임을 진다(자시법 174조). 이러한 손해배상청구권은 청구권자가 그 위반된 행위가 있었던 사실을 안 날부터 1년 또는 그 행위가 있었던 날부터 3년간 이를 행사하지 아니하면 시효로 소멸한다.

제4장 株式會社의 機關

제1절 總　　說

Ⅰ. 회사기관의 개념과 분화

1. 회사기관의 의의

회사는 다수의 사원으로 이루어진 법인(169조, 171조)이므로 독자적으로 권리능력을 갖는다. 그런데 회사는 자연인과는 달라 회사 스스로 자연적 의사를 결정하고 집행할 수는 없다. 그리하여 어느 자연인의 의사결정과 활동을 회사자체의 의사결정과 활동으로 인정할 필요가 있다. 이와 같이 회사의 의사를 결정하고 결정된 의사를 실현하는 조직상의 존재(자연인 또는 그 단체)를 회사의 기관이라 한다.

회사의 기관구성은 회사의 종류에 따라 다르다. 즉, 소유와 경영이 일치하는 인적회사는 출자자인 사원이 회사경영에 직접 관여할 수 있는 자기기관인데 반하여, 물적회사는 사원자격과 기관자격이 엄격히 분리되어 전문화되어 있는 제3자기관이다.

【합명·합자·유한책임회사·유한회사의 기관】 소유와 경영이 일치하는 합명회사에 있어서 사원은 회사채권자에 대하여 무한책임을 지는 대신에 당연히 회사의 업무를 집행하고 대표할 권한을 갖는다(200조 1항). 즉, 사원자격과 기관자격이 일치하고 기관이 분화되어 있지 않다는 점이 주식회사의 경우와 크게 다른 점이다. 다만, 정관의 정함으로 일부 사원만을 업무집행사원으로 하거나 대표사원으로 할 수도 있다. 사원은 사원총회의 구성원이 된다. 그러나 주주총회와 같이 정기적으로 정해진 절차에 따라 사원총회를 반드시 개최하여야 할 필요성은 없기 때문에, 사원총회라는 기관관념도 희박하다(龍田 60). 사원은 원칙적으로 업무집행에 참여

할 수 있으므로 監査機關이나 검사인도 별도로 필요 없고, 사원의 대표소송에 관한 규정도 있을 수 없다. 다만, 업무집행권이 없는 사원에게는 회사의 업무와 재산상태를 검사할 권리를 부여하고 있다(195조, 民 710조).

합자회사에서 무한책임사원은 합명회사의 사원과 동일하게 각자가 회사의 업무집행권 및 회사대표권을 가진다(273조). 합명회사의 무한책임사원의 업무집행권 제한이나 감시권에 관한 규정은 그대로 합자회사의 무한책임사원에게도 준용된다(269조). 유한책임사원은 회사 업무를 집행하거나 대표행위를 할 수가 없다(278조). 다만, 회사의 회계장부, 대차대조표 기타의 서류를 열람할 수 있고, 회사의 업무와 재산상태를 검사할 수는 있다(277조 1항). 그러나 이러한 유한책임사원의 감시권은 원칙적으로 영업연도말에 있어서 영업시간 내에 한정되고, 예외적으로 중요한 사유가 있어 법원의 허가를 얻은 때에만 언제든지 검사할 수 있도록 제한된 것이므로(277조), 업무집행권한이 없는 무한책임사원의 감시권보다는 약화되어 있다.

내부적으로는 인적회사의 성질을 가지고 있고 외부적으로는 물적회사의 성질을 가지고 있는 혼합형 회사인 유한책임회사는 정관에서 사원 또는 사원이 아닌 자를 업무집행자로 정해야 한다. 업무집행자가 아닌 사원은 합자회사의 유한책임사원에게 인정되는 감시권을 갖는다(287조의14, 277조). 유한책임회사는 사원총회가 없으나 회사가 임의로 두어도 무방하다. 또한 감사와 같은 감독기관을 별도로 두지 않으나 회사가 임의로 감사를 두는 것은 상관이 없다.

물적회사에 속하는 유한회사는 기관자격과 사원자격이 분리되어 있고, 기관의 분화가 되어 있다는 점에서 주식회사와 대체로 같다. 즉, 필요적 기관으로서는 의사기관으로서의 사원총회, 집행기관으로서의 이사가 있고, 감독기관으로서는 감사와 검사인이 있다. 그러나 사원총회는 원칙적으로 50인 이내로 구성된다는 점에서 불특정 다수로 구성되는 주주총회와 다르고, 주식회사와는 달리 이사회제도가 없으며, 이사 각자가 업무를 집행하고 회사를 대표하는 독립된 업무집행기관이라는 점에서 차이가 있다. 또한 감독기관의 설치가 원칙적으로 필요적 기관인 주식회사와는 달리 유한회사에서의 감사는 임의기관이며, 검사인의 경우도 설립경과조사의 임무가 없다는 점에서 주식회사와는 다르다.

2. 주식회사의 기관

전술한 바와 같이 주식회사의 기관은 세분화되어 있고, 기관간에는 권한의 분배가 잘 이루어져 있다. 주식회사의 기관은 필요기관과 임시기관이 있다. 필요기관은 회사의 기본적인 사항에 관하여 의사를 결정하는 주주총회, 업무집행에 관한 의사결정기관으로서의 이사회, 업무집행 및 대표기관으로서의 대표이사, 그리고 업무·회계감사기관으로서의 감사(다만 자본금 10억원 미만인 주식회사의 경우, 회사가 감사선임을 하지 않을 수 있다(409조 1항)) 또는 감사위원회가 있다. 임시기관으로서는 주식회사의 설립절차 또는 업무나 재산상태 등을 조사하기 위하여 법원 또는 총회에 의하여 선임되는 검사인 · 공증인 · 감정인이 있으며, 주식회사의 외부감사에 관한 법률에 의하여 선임되는 외부감사인이 있다. 이밖에도 청산인, 정리위원, 관재인 등이 있다.

Ⅱ. 주식회사의 지배구조

1. 소유와 경영의 분리

개인기업의 경우에는 기업의 소유자가 단독으로 기업을 경영하고 그 경영에서 발생한 이익을 향수하므로 기업의 소유와 경영이 전적으로 일치한다. 공동기업의 경우에도 소규모 기업형태인 합명회사에서는 기업의 소유자인 사원 모두가 원칙적으로 당연히 기업의 경영에 참가하므로, 기업의 소유와 경영은 일치한다.

그런데 주식회사는 다수의 주주로 구성되는 대규모 공동기업에 적합한 형태이므로, 모든 주주가 회사의 경영에 참가하는 것은 불가능하다. 따라서 기업의 소유자인 주주는 자기의 출자액에 한해서만 책임을 지면서 회사의 경영에 관해서는 일정한 사항에 관한 결정권과 최소한도의 경영감독시정권만 가지되, 그 외의 모든 사항은 경영전문가인 이사에게 위임하였다. 그렇지만 주식회사 발전의 초기까지만 해도 주주총회를 최고 만능기관으로 하였고, 주주총회는 이사의 선임 · 해임권뿐만 아니라 어떠한 사항이든 결의하여 이사를 구속할 수 있는 권한을 가지고 있었다(주주총회중심주의). 이런 경우에는 주식회사의 소유와 경영이 분리되어 있었음에도 불구하고, 그 지배는 주주의 손에 유보되어 있다고 볼 수 있다(坂田 285). 우리나라 의용상법상의 주주총회 중심주의는 그 좋은 예이다.

2. 소유와 지배의 분리

주주총회 중심주의를 취한 초기에는 주식회사의 지배권은 주주의 수중에 유보되어 있었다. 그런데 총회의 결의는 자본적 다수결에 의하므로 회사의 지배는 총회결의에 필요한 다수의 주식을 가진 주주에 의해 좌우된다.

19세기 말 이후 오늘에 이르기까지 자본주의 경제의 급속한 발전은 자본집중현상을 초래하였고, 이에 따라 기업의 소유와 경영의 분리는 급속히 진전되었다. 자본집중은 주식회사의 규모를 거대화시켰을 뿐만 아니라, 주식은 일반대중에게 널리 분산되고 경영은 점점 복잡화 · 전문화되었다. 이와 같은 대규모 주식회사에서는 회사의 경영을 목적으로 주식을 소유하는 소유자주주와, 회사의 경영에는 무지·무관심한 다수의 투자주주 또는 투기주주로 명백히 분화되었으며, 그 결과 소유와 지배(control)의 분리현상이 나타나기 시작하였다. 소유와 지배의 분리란 주식이 일반 대중에게 널리 분산되어 있어 어느 누구도 주주총회에서 이사의 임면권을 행사할 수 있을 정도의 주식을 보유하지 못한 경우를 말한다. 따라서 주식회사의 지배권은 사실상 소수의 주식을 가진 자나 경영자에게로 넘어가게 되었다.

(1) 경영자지배론

경영자지배란 어느 단일주주집단도 자기 스스로 경영자인 이사를 선임할 정도의 주식을 갖지 못하기 때문에 현재의 경영자가 다수의 주주에게 의결권의 대리행사를 권유하거나 위임장을 받아 회사를 영속적으로 지배하는 것을 말한다.

Berle는 1920년대 미국의 최대자산액기준으로 비금융회사 200사의 지배형태를 실증적으로 조사하고 그 결과를 발표하였는데, 이들에 따르면 기업의 지배는 주식의 분산진전에 따라 5단계를 밟아 간다는 것이다. 즉, 주식회사의 지배는 완전한 소유에 의한 지배(control through almost complete ownership)형태에서부터 최종적 단계인 경영자지배(management control) 형태로 옮겨 간다는 것이다.[1)]

Berle의 경영자지배론에 대하여 경영자의 지배는 사실상의 지배에 불과하다는 비판의 목소리도 있다. 왜냐하면 회사의 경영에 중대한 과오를 범하는 경영자가 있으면, 주주(예를 들면 기관투자가, 소수주주)들이 결속하여 경영자로부터 지배권을 박탈할 수 있기 때문이다. 또한 Eisenberg는 실증적 조사를 통하여 미국의 대기업에서 소유자지배가 존재한다는 사실을 검증하고 반론을 제기하기도 하였다.[2)] 그러나 경영자지배론은 오늘날 부인할 수 없는 사실적인 한 현상이며, 경영자지배론을 비판하는 입장에서도 경영자지배가 행해진다는 그 자체를 부정하지는 않는다.

(2) 법인주주화현상

현대의 대규모 주식회사에 있어서 자연인 개인의 주식보유비율은 점차로 낮아지고 있는 반면, 법인주주에게로 주식이 집중되는 현상이 나타나고 있다. 이러한 법인주주화 현상은 두 가지로 나타나는데, 연금기금, 투자신탁회사, 보험회사, 은행 등의 기관투자가에게 집중되는 것과 기업결합으로 인한 결합기업의 지주회사로 집중하는 것이 그것이다.

---

1) Adolf A. Berle, JR. & Gardiner C. Means, *The Modern Corporation and Private Property*, The Macmillan Company(New York), p. 69 이하.
2) M. A. Eisenberg, *The Structure of the Corporation – A Legal Analysis*, Little Brown and Company, 1976, pp. 37~51.

1) 미국은 1950년대 후반부터 기관투자가의 주식보유비율이 급격히 증가하여 경영자지배에서부터 기관투자가에 의한 지배로 변모할 것이라는 예상도 있었다. 그러나 기관투자가에 의한 회사지배는 공공성, 자산운용의 특수성으로 말미암아 경영진의 배후에서 영향력을 행사하는 경향은 있어도 직접적으로 회사를 지배하지는 않는다. 그리고 기관투자가는 주식회사의 경영진에 불만이 있으면 당해 회사의 주식을 매각하고 그 회사를 떠나는 행동경향을 보인다(이를 wall street rule이라 부른다). 그리하여 최근에는 기관투자가에 의한 회사지배 보다도 이들에 의한 경영감시·감독기능에 각국은 큰 기대를 걸고 있다. 그 바람직한 방향으로서 기관투자가가 회사에 장기투자를 하되, 소수주주권을 적극적으로 활용하거나 회사의 경영진과 밀접한 관계를 유지하면서 경영진을 감시하거나, 아니면 사외이사로 이사회에 참가하는 형태가 논의되고 있다.[3)]

2) 기업결합은 모자관계에 의한 형성과 상호주소유에 의한 형성을 들 수 있다. 독일의 경우 은행이 대규모 공개회사의 모회사인 경우가 대부분이다. 예를 들어 독일의 최대 은행인 Deutsche Bank는 독일 최대기업인 Daimler-Benz사 주식의 28.1%를 소유하고 있고, 은행이 33대 제조업체 주식의 25% 이상을 소유하고 있다. 이들 은행들은 감사회에 자기의 대표를 참여시켜 경영감독을 할 뿐만 아니라 경영에 대한 자문역할도 하고 있다.

3) 일본의 경우는 상호주보유를 통하여 기업간에 밀접한 관계를 맺고 있다(계열기업). 이러한 계열관계에 있는 기업간은 경영자를 상호 파견하기도 하고, 정기적으로 최고경영자의 모임을 가지면서 정보공유 및 일정한 비공식적인 경영감시활동을 수행하기도 한다.

3. 주주의 보호와 경영통제의 필요성

전술한 바와 같이 회사의 경영권뿐만 아니라 지배권도 일정 부분 경영자의 수중에 들어가게 되었다. 그런데 경영자는 주주의 이익을 희생시키고라도 자신의 이

---

3) 우리나라에서도 법인주주화의 현상이 뚜렷이 나타나고 있다. 상장회사를 살펴보면 개인투자자의 비중은 1981년 64.5%에서 1995년말 현재 39.1%로 감소하였으나, 기관투자자는 34.1%를 점하고 있다. 그런데 종래에는 기관투자가의 의결권행사를 제한하여 왔다[소위 중립적 의결권행사(shadow voting)]. 그런데 1998년 개정증권투자신탁업법에서는 투자신탁회사도 신탁재산인 유가증권 등에 관하여 의결권을 행사할 수 있도록 하여(증권투자신탁업법 25조의2 1항), 기관투자가에게 경영감독역할을 부여하고 있다. 더우기 의결권행사를 신의에 좇아 성실하게 하여야 한다고 규정하여 잘못된 의결권행사로 인하여 신탁재산이 감소된 경우에는 기관투자가에게 책임을 물을 수 있는 길을 열어 놓았다(金知煥, 「株式會社의 支配構造에 관한 硏究」, 成均館大學校 博士學位 論文, 1999. 2, 101쪽).

익을 추구하는 경향이 짙다[이를 주주와 경영자 간의 이익충돌(interest conflict)이라 한다].[4] 더욱이 대규모 공개회사에 있어서 대다수 군소주주들은 총회에서의 의사형성과정에서도 소외되어 있고, 경영자를 감독해야 할 감독기관도 제기능을 발휘하지 못하고 있는 실정이다. 그러기에 발생하는 경영자의 독단적인 전횡은 회사의 부도와 같은 불상사를 초래하기 쉽고, 이는 주주개인의 재산뿐만 아니라 국가경제에도 심각한 손상을 가져 온다. 따라서 이러한 병폐를 해소하고 건전하게 기업이 발전할 수 있도록 제도적 장치를 마련하는 것이 회사법상 큰 과제가 아닐 수 없다. 그래서 어떻게 하면 소수주주권을 강화하고 주식회사의 운영기구와 관리기구를 재편성하여 경영자의 전횡으로부터 소수주주 나아가 이해관계인(stakeholder)을 보호할 것인가에 관한 문제가 Corporate Governance론이다.

우리나라에서도 1997년말 IMF관리체제 이후 선진국들의 위와 같은 논의에 영향을 받아, 여러 가지 제도적 장치를 마련하였다. 즉, 수차 개정된 상법 및 증권관련법규에서 소수주주권의 행사요건을 완화하고 사외이사제도를 도입하여 이사회의 위상을 제고하는 한편, 형해화(形骸化)된 감사제도에 갈음하여 감사위원회제도를 도입하였다.

【Corporate Governance】 Corporate Governance는 기업의 통치, 운영관리기구라고 번역하기도 하는데, 일반적으로는 기업의 지배구조에 관한 문제이다. 이 같은 논의의 배경은 주식이 군소주주에게 분산되어 가고 내·외부의 경영감독시스템(주주총회·이사회·감사제도의 형해화, 소수주주권 및 M&A의 死文化)의 不作動에 따른 경영자의 전횡과 그 결과 초래되는 기업의 불상사를 바탕으로 한다. 그러기에 Corporate Governance에 있어서는 경영자에게 기울어진 힘의 불균형을 고쳐 감독기관에게 적절히 힘을 재배정하고 상호 견제할 수 있도록 운영관리기구를 개선하는 것을 주 내용으로 삼고 있다.[5]

4. 주식회사기관의 비교법적 고찰

주식회사의 기관구조는 최고의 의사결정기관으로서 출자자로 구성된 주주총회를 두고 있다는 점에서는 각국이 동일하다. 다만 주주총회의 권한사항의 범위만 다를 뿐이다. 따라서 주식회사기관구조의 상이점은 업무집행기관과 監査機關의 존

---

4) Jesse H. Choper · John C. Coffee, Jr · Ronald J. Gilson, *Cases and Materials on Corporations*, Aspen Publishers, INC. 2000, p. 546.

5) The American Law Institute, *Principles of Corporate Governance: Analysis and Recommendations*, 1994, Vol 1 · 2 참조; Jesse H. Choper · John C. Coffee, Jr · Ronald J. Gilson, *op. cit.*, p. 106.

재형식과 권한형태에 따라 다음과 같이 나눌 수 있다.

(1) 영미형의 기관구조

영미형(one-tier board system)은 일반적으로 주주총회에서 이사(director)를 선임하고, 이러한 이사로 구성된 이사회에서 업무집행기능과 업무감독기능을 겸임하도록 한 것이 특색이다.[6] 그러나 실제 이사회는 업무를 담당하는 이사(집행임원)와 업무를 담당하지 않는 이사(사외이사)로 구분되어 있다. 따라서 이사회의 중요한 기능은 업무집행을 감독하는 것이다. 또한 이사회 하부조직으로 각종 전문 위원회를 두고 있다. 예컨대 대규모 공개회사의 경우에는 사외이사 3인 이상으로 구성된 감사위원회를 두고 있고, 이 감사위원회에서 최고경영자(Chief Executive Officer : CEO)의 경영행위를 감독하고 있으며, 후보추천위원회에서는 최고경영자로부터 독립된 지위에 있는 이사 후보를 추천하는 역할을 담당하고 있다.

영미형의 장점으로는 업무집행기관과 감독기관이 일체화되어 있으므로 사전적인 감독을 할 수 있다는 점과 회사의 경영정보의 획득면에서 우수하다고 할 수 있으나, 감독기관으로서의 독립성이 약하다는 단점이 있기도 하다.

(2) 독일형의 기관구조

독일형(two-tier board system)의 기관구조는 업무집행기관과 감독기관을 엄격하게 분리하여 이사회가 업무집행을 담당하고 감사회가 감독업무를 담당하는 이중적 형태를 취하고 있다.[7] 특히 종업원의 수가 2,000명 이상인 대회사에 있어서 監査會는 공동결정법에 따라 그 2분의 1은 주주가 선임하고, 나머지 2분의 1은 종업원이 선임한다. 다만, 감사회의 결의에서 가부동수인 경우의 결정권은 감사회 의장에게 있기 때문에 주주가 종업원보다 우위에 있다고 볼 수 있다. 이때 주주가 선임한 감사와 종업원이 선임한 감사의 해임은 각각 주주총회, 종업원 투표의 4분의 3 이상의 다수결에 의한다. 이사는 감사회에서 임면한다. 따라서 감독기관이 업무집행기관보다 우위에 있다. 이사는 회사를 경영하며 대표한다. 이사의 임기는 최장 5년이고, 임기 중 정당한 사유가 없는 한 감사회에 의하여 해임되지 않으므로 지위는 비교적 안정적이다.

독일형의 장점으로는 업무집행기관과 감독기관이 제도적으로 분리되어 있기 때문에 각각의 권한과 책임이 명확하고 감독기능을 제고할 수 있다는 점을 들 수 있

---

6) Stephen W. Mayson · Derek French & Christopher Ryan, *Company Law*, Blackstone P. Lit., 1996, p. 400.

7) *Ibid.*, p. 452.

으나, 사전적인 監査를 하기 힘들다는 단점도 있다.

(3) 일본형의 기관구조

일본의 주식회사는 주주총회에서 선임된 이사로써 이사회를 구성하고, 이사회에 업무집행기능과 감독기능을 겸하게 하는 영미형을 취하고 있으면서도 독립된 감독기관인 감사(회)를 따로 두고 있는 점이 특색이다. 다만, 감사는 독임기관으로서 존재하고 감사회는 협의기관에 불과하다는 점, 이사는 주주총회에서 임면된다는 점에서 독일의 監査會와 차이가 있다. 이사회에서는 대표이사를 선임하여 대외적으로 회사를 대표하게 하고, 대내적으로 업무를 집행하게 한다. 한편, 2002년 개정상법은 위원회 등 설치 회사제도를 도입하였고, 사외이사제도와 감사위원회제도를 도입하였다. 2005년 일본 회사법은 주주총회와 이사·집행임원을 운영관리기관으로 두고 있고, 감독기관으로 감사를 두고 있다. 감사는 대회사인 공개회사에서는 상근감사·사외감사를 구성원으로 하는 감사회를 두도록 하고 있는데, 다만 위원회설치회사는 감사회 대신에 사외이사를 과반수로 하는 위원회(지명위원회, 감사위원회, 보수위원회)를 설치하도록 하고 있다.

Ⅲ. 우리나라의 기관구조

1. 기관구조의 변천

의용상법상의 주식회사는 기관의 3분화가 뚜렷하다는 점이 특색이다. 즉, 의사결정기관인 주주총회, 집행기관인 취체역(取締役) 및 감독기관인 감사역(監査役)으로 나뉘었는데, 이는 근대 국가에 있어서 입법, 행정, 사법이라는 3권분립의 정치사상에 영향을 받은 것이었다. 상술하면 주식의 소유자로 구성되는 주주총회가 회사의 의사를 결정하고, 그것을 집행기관인 취체역이 집행하며, 집행기관의 업무집행을 감사역으로 하여금 감독하게 함으로써 견제와 균형의 묘를 찾는 삼권분립적인 자본적 '데모크라시'를 실현하려는 교묘한 법적 기구가 바로 의용상법상의 주식회사기관구성이었다(李·崔 304). 주주총회는 회사의 최고만능기관이었으며, 감사역은 업무감사 및 회계감사권을 갖고 있었다.

1962년에 제정된 신상법은 영미법상의 이사회제도를 도입함에 따라 주주총회의 권한을 축소하고, 업무집행기관을 이사회와 대표이사로 분화하는 한편, 감사의 권한은 회계감사로 국한하였다. 종래 최고만능기관이었던 주주총회는 법령 또는 정관에서 정한 사항에 한하여 결의할 수 있게 함으로써(新商 361조), 신주발행·사채발행 등의 결정권한은 이사회로 이관되었다. 또한 依用商法下에서는 이사 각자가 업무집행기관이었으나, 이사회제도를 도입함에 따라 이사회를 업무집행의 의사결정기관으로 하였으며, 이사회에서 업무집행과 회사대표행위를 행할 대표이사를 선임하게 하였다.

1984년 개정상법은 주식회사의 3기관간의 권한분배를 다시 조정하였다. 즉, 자금조달의 편의를 위하여 준비금의 자본전입에 의한 신주발행권, 전환사채의 발행권 등을 이사회에 부여하여 주주총회의 권한을 더욱 축소시키는 한편 이사회의 권한을 크게 강화시켰으며, 감사의 업무감사권을 부활시키면서 업무감사를 위하여 필요한 권한을 보강함으로써 감사의 권한을 대폭 강화하였다.

1995년 개정상법에서는 경영의 투명성과 監査의 충실화를 도모하기 위하여 감사의 권한을 한층 더 강화시켰다. 감사의 임기를 2년에서 3년으로 신장하고(410조), 감사의 해임에 관한 의견진술권(409조의2), 이사의 감사에 대한 보고의무(412조의2), 총회소집청구권(412조의3), 자회사조사권(412조의5)을 신설하고, 감사의 겸임금지의 범위를 자회사에까지 확대하였다(411조).

우리나라의 주식회사는 대회사보다 중소회사의 수가 압도적으로 많다. 이에 상법은 자본금 10억원 미만인 소규모회사의 경우에는 1인 또는 2인의 이사를 두어도 무방하도록 하여(383조 1항 단서), 소규모회사의 기관조직과 운영을 단순화시켰다. 이 밖에도 집중투표제(382조의2)·이사의 충실의무(382조의3)·업무집행지시자 등의 책임(401조의2) 규정 등을 신설하였다.

한편, 1999년 개정상법은 기존의 기관구조에 일대 변혁을 가져왔다. 즉, 종래 계속하여 권한 강화를 하였음에도 불구하고 제기능을 하지 못하는 감사제도에 갈음하여 감사위원회를 설치할 수 있도록 하였고(415조의2), 이사회의 기능을 강화하기 위해 이사회 내부에 각종 위원회를 설치하여 운영할 수 있도록 하였다(393조의2).

2001년 개정상법은 주주총회의 권한을 확대하고(343조의2, 360조의3, 360조의16, 374조 1항 4호), 이사회의 권한을 구체화하였다(390조 2항, 393조 3항).

2009년 1월 개정법은 상장회사의 지배구조에 관한 특례규정을 신설해 놓고 있다. 즉, 일정한 규모의 상장회사는 사외이사가 이사 총수의 4분의 1 이상이어야 하고, 대통령령이 정하는 상장회사의 사외이사는 3인 이상으로 하되, 이사 총수의 과반수는 사외이사를 두도록 하였다(542조의8). 또한 대통령령이 정하는 상장회사는 1명 이상의 상근감사를 두도록 하고, 대규모 상장회사(자산규모 1천억 원 이상 2조원 미만)는 감사위원회를 두도록 하였다(542조의10 및 11). 뿐만 아니라 2009년 5월 개정법은, 자본금 10억원 미만의 소규모 주식회사의 경우 감사선임의무면제(409조), 이사회구성의무면제(383조), 주주총회소집절차의 간소화(363조), 주주총회 전자투표제 도입(368조의4), 전자문서에 의한 소수주주의 주주제안권 · 주주총회소집청구권제를 도입(363조의2, 366조 1항)할 수 있도록 하였다.

2011년 개정상법에서는 집행임원 제도를 도입하여 회사의 선택에 따라 업무집행기관으로 집행임원을 둘 수 있도록 하였는데, 집행임원의 법적 지위와 관련해서는 회사와 위임관계임을 명시하고, 집행임원에 대한 선 · 해임권 등 집행임원설치회사의 이사회의 권한에 대해서도 규정하였다(480조의2~480조의9).

2. 현행법상의 기관구조

현행 상법상의 기관구조는 원칙적으로 의사결정기관인 주주총회, 업무집행을 위한 의사결정 및 감독기관으로서의 이사회, 이사회의 하부기관으로서 각종 위원회 그리고 업무감사 및 회계감사기관으로서의 감사 또는 감사위원회로 구성되어 있다. 다만, 전술한 바와 같이 소규모의 주식회사에서는 1인의 이사를 두어도 무방하므로 이사회가 필요 없다. 또한 자본금 10억원 미만인 소규모 주식회사의 경우 회사는 감사를 두지 않을 수 있다.

상법상 상장회사에 대한 특례규정이 있다. 즉, 기업총수나 대표이사의 독선적인 기업경영, 이사회의 무기능화 등의 병폐를 해소하고 기업경영의 투명성을 제고하기 위하여 상장회사에 한하여 사외이사를 의무적으로 일정비율 이상 선임하도록 강제하였으며(542조의8 1항), 또한 사외이사의 자격요건을 더욱 엄격하게 제한하고 있다(542조의8 2항). 나아가 대통령령으로 정하는 회사에 상근감사의 선임을 강제하고 그 자격요건을 법정하였다(542조의10). 사외이사를 선임하기 위하여 2분의 1 이상의 사외이사로 구성된 사외이사후보추천위원회를 설치하도록 강제하고 있으며(542조의8 4항), 또한 監査委員會 설치를 의무화하고 있다(542조의11).

제2절 株式會社의 意思機關: 株主總會

I. 주주총회의 법적 지위

주주총회(general meeting of shareholders, Hauptversammlung)란 주주의 합의에 의하여 회사의 기본적 중요사항에 관하여 회사의 의사를 결정하는 최고의 필요적 기관이다. 이를 분설하면 다음과 같다.

1. 주주에 의한 구성

주주총회는 주주전원으로 구성되는 것이 원칙이다. 무의결권주식을 가진 주주는 정관소정의 우선적 배당을 받지 못하는 경우에 의결권이 부활되므로 주주총회의 구성원이 되는 것은 당연하나, 우선적 배당을 받고 있는 한 의결권이 없으므로 이 경우에도 주주총회의 구성원이 되는지에 관하여는 견해의 대립이 있다. 다수설은 상법이 의결권 없는 주주에 대하여 총회의 소집통지를 요하지 않고(363조 4항), 주주총회에 출석하여 의견을 진술할 권리도 없으므로 주주총회의 구성원이 아니라고 본다[鄭(東) 307, 鄭(燦) 453]. 그러나 주주총회는 상설기관이며, 무의결권 주주는 소정의 우선적 배당을 받는 동안에만 의결권이 정지될 뿐이므로, 모든 주주는 의결권의 유무에도 불구하고 주주총회의 구성원으로 보아야 한다[李 479, 李(基) 426, 崔(竣) 304].

2. 의사결정기관

주주총회는 회사의 내부에서 주주의 의사를 수렴하여 회사의 의사를 결정한다. 회사의 의사결정기관으로서 주주총회 외에 이사회나 대표이사도 있으나, 총회는 가장 기본적인 사항에 관하여 회사의 의사를 결정하고, 결정된 의사의 집행은 대표이사가 행한다. 또한 총회의 결정사항은 회사내부의 사항에 한하고 총회의 결의는 외부에 직접적으로 효력을 미치지 못한다. 따라서 대표이사가 주주총회의 결의를 무시하여 제3자와 법률행위를 한 경우에도 원칙적으로 그 행위는 유효하고(예외 영업양도, 합병, 자본금 감소 등), 회사는 총회의 결의에 반한다고 하여 제3자에게 대항할 수는 없다(大隅·今井 10).

3. 필요적 기관

주주총회는 이사·감사의 선임과 해임, 재무제표의 승인 등에 관한 전속적인 권한을 가지는 필요적 기관이다. 그러나 주주총회가 상설기관이냐 아니면 임시기관이냐에 관하여는 견해의 대립이 있다. 임시기관으로 보는 견해에 의하면 총회는 정기 또는 임시의 소집에 의하여 개최되는 회의체기관으로 본다(孫 490, 崔 546). 그러나 추상적·관념적인 회사기관으로 존재하는 주주총회와 정기 또는 임시총회 때마다 구체적으로 활동하는 회의체로서의 주주총회를 구별하고, 전자의 의미에서의 주주총회를 상설기관이라 보는 견해가 더 타당하다고 본다.

4. 최고기관

주식회사의 실질적 소유자는 주주이므로 주식회사의 지배권은 궁극적으로 주주에게 귀속된다. 따라서 주주에 의하여 이루어진 주주총회는 종래 최고 만능의 회사의 의사결정기관이었다. 즉, 依用商法에서의 주주총회는 강행규정 또는 선량한 풍속 기타 사회질서에 반하지 않는 한 어떠한 사항도 결의할 수 있는 최고·만능기관이었다. 그런데 주주총회는 자본다수결의 원칙이 지배하고 있기 때문에(1주1의결권원칙) 과반수 이상의 주식을 보유한 대주주가 있는 경우, 주주총회의 결의는 대주주의 의사에 의하여 좌우되고 다른 주주의 의결권은 유명무실화되고 만다. 또한 주식양도의 자유와 주식회사의 거대화에 따른 주식의 분산이 어우러져 다수의 주주는 회사의 경영에는 지식도 관심도 없는 것이 보통이므로, 이들 소액주주들이 비용과 시간을 희생하면서까지 주주총회에 출석할 것을 기대할 수는 없다. 그 결과 현재의 주주총회는 '관객 없는 희극', '퇴위한 왕'으로 불릴 정도로 더 이상 만능기관이 아니다.

이를 반영하여 1962년 신상법을 제정할 때에 주주총회는 상법 또는 정관이 정하는 사항에 한해서만 결의할 수 있도록 하여 그 권한의 축소를 단행하였다(361조). 그러나 주식회사는 주주의 출자를 기초로 하는 영리단체이고, 그 경영의 결과는 주주에게 귀속되는 이상, 어떠한 형태이든 주주와 경영자를 연결하는 길이 있어야 한다. 주주총회는 그 통로로서 기업의 소유와 경영을 연결시키는 연결고리이다. 따라서 주주총회에 여전히 이사·감사의 선임 및 해임권(382조 1항, 385조 1항, 409조 1항, 415조), 정관변경권(433조 1항) 등을 부여하고 있고, 주주총회는 이를 통하여 회사의 업무집행을 감독할 수 있다. 물론 정관으로 총회의 권한범위를 확대할 수도 있다. 그렇기에 주주총회가 오늘날에도 여전히 회사의 최고기관이란 점에서는 변함이 없다.

Ⅱ. 주주총회의 권한

주주총회는 회사의 실제적 소유자인 주주에 의하여 구성되는 기관이므로 본래는 회사의 모든 사항을 결정할 수 있으나, 이사회에 의한 신속하고도 적절한 의사결정을 확보하기 위하여 상법과 정관이 정하는 사항에 한하여 결의할 수 있도록 권한을 축소하였다.

1. 상법상의 권한

상법은 주주의 이해에 특히 중요한 영향을 미치는 기본적 사항에 대해서 주주총회의 권한으로 규정하고 있다. 회사의 조직 · 영업의 근본적 변경에 관한 사항으로는 정관변경(433조 1항), 자본금 감소(438조), 합병 · 분할(522조, 530조의3), 해산(518조), 회사의 계속(604조), 영업양도(374조) 및 회사의 영업에 중대한 영향을 미치는 다른 회사의 영업 일부의 양수(374조 4항) 등이 있다. 株主의 중요한 이익에 관한 사항으로서는 재무제표의 승인(449조) 등이 있고, 기관의 임면에 관한 사항으로는 이사 · 감사 · 청산인의 선임 및 해임권(382조, 385조, 409조, 415조, 531조, 539조), 검사인의 선임(366조 3항, 367조), 법규제의 일탈을 방지하기 위한 규정으로서는 사후설립(375조)을 들 수 있다. 이 밖에도 성질상 당연히 총회의 권한사항으로 되는 것은 총회의 의사운영에 관한 사항 등이 있다. 예컨대 動議의 採否, 의장의 불신임, 심의 · 결의의 순서, 발언시간의 제한 등이다.

한편, 자본금 총액이 10억원 미만인 소규모 주식회사가 1명 또는 2명의 이사를 둔 경우에 이사회의 승인 또는 결의를 요하는 사항의 대부분을 주주총회의 권한사항으로 하였기 때문에(383조 4항), 주주총회의 권한이 그만큼 확대되었다.

2. 특별법상의 권한

특별법으로 주주총회의 결의를 받도록 하는 경우가 있다. 예컨대 청산 중의 회사나 파산선고 후의 회사가 회생절차나 개시신청을 함에는 주주총회의 특별결의를 받아야 하고(회파 35조), 보험회사가 계약으로써 다른 보험회사에게 그 업무와 재산의 관리를 위탁하는 경우 보험업법상의 주주총회의 특별결의를 받아야 한다(보험 138조, 140조).

3. 정관상의 권한

주주총회의 권한은 정관에 의하여 확대될 수 있다. 구체적으로 살펴보면 다음과 같다.

(i) 상법이 이사회의 권한으로 하면서 정관으로 주주총회의 권한으로 할 수 있음을 정한 사항은 정관에 규정함으로써 주주총회의 결의사항으로 할 수 있다. 상법상 신주발행사항은 이사회가 결정하나, 정관으로 주주총회가 결정할 수 있도록 한 것은 그 좋은 예이다.

(ii) 문제는 상법에 명문조항이 없는데도 불구하고 정관의 규정으로 이사회의 결의사항으로 되어 있는 것을 주주총회의 결의사항으로 할 수 있느냐이다. 다수설은 주식회사의 본질이나 강행법규에 위반되지 않는 한 회사는 그 필요에 의하여 임의로 이사회의 결의사항을 정관의 규정으로 주주총회의 권한으로 할 수 있다고 한다[權 534, 徐·鄭 413, 孫 755, 崔 429, 崔(埈) 306]. 다만, 주주총회의 권한확장에도 내재적인 한계는 있다고 본다. 예컨대 주주총회의 소집결정(362조)은 성질상 주주총회의 권한사항으로 유보할 수는 없다. 소수설은 정관에 의하여 자유롭게 주주총회의 권한을 확장할 수 있다면 법이 예정한 기관간 권한의 분배질서가 파괴되고, 상법상의 유보조항이 무의미해진다는 이유에서 회사가 정관으로 주주총회의 결의사항으로 할 수 있는 것은 상법이 명문으로 유보한 사항에 한한다고 한다[李 482, 鄭(燦) 711].

4. 권한의 위임금지

주주총회의 법정사항은 주주의 이익에 깊숙이 관련되어 총회의 권한사항으로 한 것이므로 회사는 정관으로서도 이를 다른 기관의 결정사항으로 위임할 수는 없다. 다만, 주주총회가 그 결의사항의 세부적인 내용 모두를 결정할 필요는 없고, 법이 총회결의를 필요로 하는 취지를 감안하여 기본적인 사항에 관하여 총회가 결정하고, 그 범위 내에서 세목적 사항의 결정은 다른 기관에 일임하여도 무방하다.

Ⅲ. 주주총회의 소집

1. 주주총회의 소집권자

주주총회는 소집권한을 가진 자가 법정의 절차에 따라 소집한다. 주주총회의 소집권자는 원칙적으로 이사회(청산중의 회사는 청산인회)이나, 예외적으로 소수주주나 감사 또는 법원의 명령에 의하여 소집되는 경우도 있다.

(1) 이사회의 결정에 의한 소집

총회의 소집은 원칙적으로 존립중의 회사에 있어서는 이사회가, 청산중의 회사에 있어서는 청산인회가 결정한다(362조, 542조 2항). 그러나 이사가 1인인 회사의 경우에는 이사가 결정한다(383조 4항). 이사회 또는 청산인회가 주주총회의 소집을 결정하는 경우, 총회의 일시, 장소, 결의의 목적사항 등을 정해야 한다. 이사회 또는 청산인회의 결정에 좇아서 존립중의 회사에서는 대표이사가, 청산중의 회사에서는 대표청산인이 구체적인 소집절차를 밟는다.

이사회 또는 청산인회의 결의 없이 대표이사나 대표청산인이 단독으로 소집한 총회에서의 결의는 하자있는 결의이기 때문에 결의취소의 소의 원인이 된다. 그러나 이사회 또는 청산인회의 결의도 없을 뿐더러 대표이사나 대표청산인이 아닌 자가 소집한 총회에서 이루어진 결의는 주주들의 단순한 회합에 불과하므로 결의부존재소의 사유가 된다(대판 1987. 4. 28, 86다카553). 다만, 이 경우에도 총회에 전원이 출석한 경우에는 그 유효성을 인정한다는 것이 통설과 판례의 입장이다(대판 1979. 6. 26, 78다1794; 대판 1977. 2. 8, 74다1754; 대판 1993. 6. 11, 93다8702).

(2) 소수주주에 의한 소집

1) 의의

소수주주는 회의의 목적사항과 소집의 이유를 기재한 서면 또는 전자문서를 이사회에 제출하여 임시총회의 소집을 청구할 수 있다(366조 1항). 이때 이사회가 지체 없이 총회소집절차를 밟지 않을 경우에는 법원의 허가를 받아 소수주주가 직접 총회를 소집할 수도 있다(366조 2항). 이러한 권리는 일반적으로 지배주주의 지지를 받는 이사를 교체하려고 할 때 또는 회사경영권을 탈환하기 위한 수단으로 활용하고자 할 때 이용되는 경향이 있다(大隅 · 今井 17).

2) 소수주주에 의한 총회소집요건과 절차

(가) 지주요건 주주총회의 소집을 청구할 수 있는 주주는 발행주식총수의 100분의 3 이상을 가진 주주이다(366조 1항). 발행주식총수를 계산함에는 무의결권주식의 수 및 단주의 합계수에 상당하는 주식수는 산입되지 않는다. 또 회사가 가진 자기주식, 자회사가 가진 모회사 주식, 일정수의 주식이 상호보유관계에 있는 회사의 주식도 포함되지 않는다고 본다. 왜냐하면 이러한 주식의 의결권은 휴지상태에 있기 때문이다. 한편, 상장회사의 경우에는 6월 전부터 계속해서 발행주식총수의 1,000분의

15 이상에 해당하는 주식을 소유한 주주는 소집청구권을 갖는다(542조의6 1항).

소수주주는 어느 시점까지 발행주식총수의 100분의 3 이상에 해당하는 주식을 보유해야 할까? 총회의 종결시까지 계속해서 가지고 있어야 한다는 견해도 있으나(崔 526), 소수주주의 권리는 소집청구권 내지 소집권이고, 일단 적법하게 성립된 소집의 효력이 그 후의 사정에 의하여 영향을 받는 것은 아니므로 소집시까지 보유하면 족하다고 본다(同旨: 大隅·今井 19, 李 487).

소수주주인지의 여부는 1인의 보유주식수만을 가지고 판단하는 것이 아니라, 수인의 소유주식을 합산하여 100분의 3 이상이 되면 공동의 소수주주로서 소집을 청구할 수 있다.

(나) 절 차　소수주주의 청구에 의하여 회사가 총회를 소집하기 위해서는 이사회의 결의가 있어야 한다. 소수주주의 청구가 있었음에도 불구하고 지체 없이 이사회가 총회소집절차를 밟지 않을 때에는 청구한 주주는 법원의 허가를 얻어 직접 총회를 소집할 수 있다. 지체 없이 소집절차를 밟지 않은 때란 총회소집을 결정하기 위한 이사회의 개최·주주명부의 폐쇄·소집통지의 발송 등 총회의 소집에 필요한 절차의 각 단계가 지체 없이 진행되지 않는다는 것을 말한다. 이 경우에 주주는 법원에 대하여 이사가 총회소집을 태만히 하고 있다는 사실을 서면으로 소명해야 한다. 이러한 신청에 대하여 법원은 이유를 붙인 결정으로써 재판을 해야 하고(비송 81조 1항), 신청을 인용한 재판에 대하여는 불복의 신청을 할 수 없다(비송 81조 2항). 다만, 민사소송법 제420조에 의한 특별항고를 할 수는 있다.

소수주주가 법원의 허가를 얻어 총회를 소집하는 경우에는 그 소집에 관한 한 회사의 기관적 지위에 있으므로 자기의 명의로 소집통지를 하거나 주주명부를 폐쇄할 수 있으며, 회사의 사용인에 대하여 필요한 협력을 구할 수도 있다. 이 경우 소집에 필요한 비용은 회사가 부담해야 한다. 소수주주에 의하여 소집된 주주총회에서는 회사의 업무와 재산상태를 조사하기 위하여 검사인을 선임할 수 있다(366조 3항).

(3) 감사·감사위원회에 의한 소집

감사 또는 감사위원회는 회의의 목적사항과 소집의 이유를 기재한 서면을 이사회에 제출하여 임시총회의 소집을 청구할 수 있다(412조의3 1항, 415조의2 6항). 이 경우에도 이사회가 지체 없이 총회소집절차를 밟지 아니하면, 법원의 허가를 얻어 감사 또는 감사위원회가 직접 총회를 소집할 수 있다(412조의3 2항, 415조의2 6항). 이들에게 임시총회소집권을 부여한 것은 주주총회를 통하여 감사의 실효성을 확보하기 위함이다.

(4) 법원의 명령에 의한 소집

소수주주의 청구에 따라 검사인이 회사의 업무와 재산상태를 조사하고(467조 1항), 그 검사인의 조사결과보고에 의거하여 필요하다고 인정한 때에는 법원이 대표이사에게 주주총회 소집을 명할 수 있다(467조 3항). 이 경우 대표이사는 이사회의 소집결정을 기다릴 필요없이 곧바로 총회를 소집해야 할 것이다. 대표이사가 이러한 명령을 위반하면 과태료의 제재를 받는다(635조 1항 20호).

2. 주주총회의 소집시기와 장소

(1) 주주총회의 소집시기

주주총회는 소집시기를 기준으로 하여 정기총회와 임시총회로 나뉜다. 정기총회는 매년 1회 일정한 시기 또는 2회 이상 배당하는 회사에서는 매결산기에 소집되는 총회이고(365조 2항), 임시총회는 필요가 있는 경우 수시로 소집되는 총회이다(365조 3항). 정기총회이든 임시총회이든 그 효력에 있어서는 차이가 없다. 다만, 이사 등의 임기를 계산함에 있어서는 정기주주총회가 기준이 된다.

1) 정기총회에서는 재무제표를 승인하고 이익처분 또는 결손금처리를 결정하므로, 이 점에서 정기주주총회를 결산주주총회라고도 한다. 그러나 이사의 임면, 합병계약서의 승인 기타 어떠한 의안을 다루어도 무방하다. 소집시기는 정관에 규정되어야 하나, 정관에 규정이 없으면 매결산기 후 3월 내에 소집해야 한다(354조 2항·3항 참조).

2) 임시총회는 회사의 필요에 의하여 임의로 소집되는 경우가 일반적이나, 경우에 따라서는 그 소집이 강제되는 경우도 있다(467조 3항, 526조 1항, 533조 1항, 540조 1항 등).

(2) 주주총회의 소집지와 소집장소

주주총회는 정관에 다른 정함이 없으면 본점소재지 또는 이에 인접한 地에서 소집하여야 한다(364조). 본점소재지 또는 이에 인접한 地를 소집지라 하는데 최소의 독립행정구역(서울특별시 또는 시, 군)을 뜻한다. 이러한 소집지는 주주의 편의를 위하여 정관으로 다르게 정할 수도 있다(예컨대 본점은 지방에 있고, 대부분의 주주가 서울에 있는 경우에는 서울특별시를 소집지로 정할 수 있다).

소집장소는 소집지 내에서 실제로 주주총회가 개최되는 장소를 말한다. 소집장소에 대한 기재가 없으면 본점이 소집장소가 된다. 판례에 의하면 건물의 옥상이나 다방도 주주총회의 소집장소가 될 수 있다고 한다(대판 1983. 8. 23, 83도748). 회사가 소집장소를 선정할 때 고의로 교통이 불편한 곳을 선택한다든지 주주가 출석하기 어려운 장소를 선택한다면, 이는 현저히 불공정한 소집절차로서 결의취소의 소의 원인이 된다.

【판례】 대법원 2003. 7. 11. 선고, 2001다45584 판결
주주총회의 개회시각이 부득이한 사정으로 당초 소집통지된 시각보다 지연되는 경우에도 사회통념에 비추어 볼 때 정각에 출석한 주주들의 입장에서 변경된 개회시각까지 기다려 참석하는 것이 곤란하지 않을 정도라면 절차상의 하자가 되지 아니할 것이나, 그 정도를 넘어 개회시각을 사실상 부정확하게 만들고 소집통지된 시각에 출석한 주주들의 참석을 기대하기 어려워 그들의 참석권을 침해하기에 이르렀다면 주주총회의 소집절차가 현저히 불공정하다고 하지 않을 수 없다(당초 예정된 시각보다 12시간 정도 지연 개회되어 일부 주주가 자리를 떠나기까지 한 사례).

3. 주주총회의 소집절차

(1) 통지와 공고

주주총회를 소집함에 있어서는 주주에게 출석의 기회와 준비의 시간을 주기 위하여 주주에게 통지를 해야 한다. 이때 통지의 대상이 되는 주주란 주주명부의 폐쇄당시 또는 기준일에 있어서의 주주명부상의 의결권 있는 주주이다(363조 4항). 따라서 회사는 주주명부에 기재된 주주의 주소로 통지하면 면책된다(353조). 통지 또는 공고에는 총회의 일시, 장소 및 회의의 목적사항을 기재해야 한다(363조 2항).

주주총회를 소집함에 있어서 기명주주에 대하여는 회일의 2주전에(이는 발신일과 총회일을 제외하고 그 사이에 2주간의 간격을 두어야 한다는 의미이다. 예컨대 3월 20일이 총회의 회일이라면 늦어도 3월 5일에는 발송하여야 한다) 서면 또는 각 주주의 동의를 받아 전자문서로 총회소집통지를 발송해야 한다(363조 1항 본문). 종래 서면통지를 원칙으로 하던 것을 2001년 개정상법에서 IT발달과 더불어 전자문서에 의한 통지를 가능하도록 하였다. 소집통지서와 전자문서에는 회의의 목적사항(의제)을 기재해야 하고(363조 2항), 정관변경, 자본금 감소 기타 중요한 의제에 관하여는 의안의 요령(예컨대 의안이 「정관변경의 건」인 경우 정관 제○조를 어떠한 내용으로 개정한다고 하는 요지가 의안의 요령이다)도 기재해야 하며(433조 2항, 522조 2항), 영업의 양도・양수・임대, 회사의 합병・분할 등의 경우에는 반대주주의 주식매수청구권의 내용 및 행사방법도 명시해야 한다(374조 2항). 통지와 공고의 방법은 서면 또는 전

자문서로 하여야 하므로, 구두나 전화로 알리거나 종업원주주에 대하여 문서로 회람하거나 안내방송 등에 의해 알리는 것은 허용되지 않는다. 다만 全株主가 서면 또는 전자문서 이외의 방법에 의한 소집통지에 동의하면 무방하다고 본다[同旨 : 鄭(東) 320, 鄭(燦) 462, 崔(竣) 313].

2009년 5월 개정상법상 자본금 총액이 10억원 미만인 회사가 주주총회를 소집하는 경우에는 주주총회일의 10일전에 각 주주에게 서면으로 통지를 발송하거나 각 주주의 동의를 받아 전자문서로 통지를 발송할 수 있고(363조 5항), 나아가 주주전원의 동의가 있을 경우에는 소집절차 없이 주주총회를 개최할 수 있고, 서면에 의한 결의로써 주주총회를 갈음할 수도 있다(363조 5항). 이 경우 결의의 목적사항에 대하여 주주 전원이 서면으로 동의를 한 때에는 서면에 의한 결의가 있는 것으로 보고, 이 서면에 의한 결의는 주주총회의 결의와 같은 효력이 생긴다(363조 6항).

상장회사가 주주총회를 소집하는 경우에는 발행주식총수의 100분의 1이하를 소유하는 주주에 대하여 정관에 정하는 바에 따라 회일을 정하여 2주간 전에 총회를 소집하는 뜻과 회의의 목적사항을 2개 이상의 일간신문에 2회 이상 공고하거나 전자적 방법으로 공고함으로써 소집통지에 갈음할 수 있다(542조의4 1항). 소집의 공고는 정관에 정한 공고의 방법에 의하여야 한다(289조 1항 7호, 3항). 전자적 방법의 공고란 금융감독원 또는 한국거래소가 운영하는 전자공시시스템에 공시하는 것을 말한다(상시행령 10조 2항).

주주총회 소집의 통지 또는 공고 내용은 회일, 총회장소, 회의의 목적사항 등이다. 상장회사가 이사·감사의 선임에 관한 사항을 목적으로 하는 주주총회를 소집통지 또는 공고하는 경우에는 이사·감사 후보자의 성명, 약력, 추천인, 그 밖에 대통령령으로 정하는 후보자에 관한 사항을 통지하거나 공고해야 한다(542조의4 2항). 또한 상장회사가 주주총회 소집의 통지 또는 공고를 하는 경우에는 사외이사 등의 활동내역과 보수에 관한 사항, 사업개요 등 대통령령으로 정하는 사항을 통지 또는 공고해야 한다. 다만 상장회사가 그 사항을 대통령령으로 정하는 방법으로 일반인이 열람할 수 있도록 하는 경우에는 그러하지 아니하다(542조의4 3항).

회사가 총회소집의 통지나 공고를 게을리 하거나 부적법하게 한 때에는 결의취소사유가 되거나(376조 1항), 이사 또는 청산인에게 벌칙이 내려진다(635조 1항 2호).

(2) 소집통지·공고의 생략

1) 의결권이 없거나 제한된 주주

무의결권주식을 소유한 주주에 대하여는 소집의 통지나 공고를 요하지 아니한다(363조 8항). 즉, 회사의 자기주식(369조 2항), 자회사가 예외적으로 취득한 모회사의 주식이나 非母子會社 간에 상호소유하는 의결권이 제한된 주식에 대하여는(369조 3항) 소집통지를 할 필요가 없다. 그러나 통지서에 적은 회의목적 사항에 반대주주의 주식매수청구권이 인정되는 사항을 포함하는 경우 소집통지를 하여야 한다(363조 7항 단서, 자시법 165조의5 5항).

2) 장기간 소재불명인 주주

총회소집통지가 주주명부상의 주주의 주소에 계속해서 3년간 도달하지 아니한 때에는 회사는 당해 주주에게 총회의 소집을 통지하지 않아도 된다(363조 1항 단서). 이것은 회사에 대한 권리행사에 별 관심이 없는 소액주주들이 변경된 주소를 회사에 신고하지 않음으로써 발생하는 낭비를 없애자는 취지에서 도입한 것이다.

(3) 소집의 철회 · 변경

주주총회의 소집을 위해서 통지나 공고를 한 후에도 그 소집을 철회하거나 회일을 변경할 수도 있다. 소집의 철회 · 변경은 통지된 총회일 이전에 총회소집의 통지 · 공고와 동일한 방법으로 통지 · 공고되어야 한다. 판례는 「주식회사 대표이사가 이사회결의를 거쳐 주주들에게 임시주주총회 소집통지서를 발송하였다가 다시 이를 철회하기로 하는 이사회결의를 거친 후 총회 개최장소 출입문에 총회 소집이 철회되었다는 취지의 공고문을 부착하고, 이사회에 참석하지 않은 주주들에게는 퀵서비스를 이용하여 총회 소집이 철회되었다는 내용의 소집철회통지서를 보내는 한편, 전보와 휴대전화로도 같은 취지의 통지를 한 사안에서, 임시주주총회 소집이 적법하게 철회되었다고 본 원심판단을 정당하다(대판 2011. 6. 24. 선고 2009다35033 판결)」고 하였다.

(5) 소집절차의 위법과 총회개최금지의 가처분

총회의 소집이 권한 없는 자에 의한 경우에는 그 결의는 총회의 결의로서는 법률상 부존재이나, 일단 결의가 이루어진 것과 같은 외형이 존재한다면, 이를 둘러싼 법률관계의 분규를 발생케 할 염려가 있으므로, 주주는 소집권자의 무권한을 이유로 총회개최금지의 가처분을 청구할 수 있다. 소집권이 없는 이사가 총회를 소집하는 경우에는 주주는 위법행위유지청구권에 의하여 이러한 가처분을 청구할 수도 있으나, 소수주주가 상법 제366조 제2항에 의한 법원의 허가를 얻지 않고 총회를 개최하는 경우에도 이 유지청구권의 유추에 의하여(이 경우 소수주주는 회사의 기관적 지위에 있으므로) 가처분을 청구할 수도 있다고 생각한다. 소수주주가 법원의 허가를 얻어 총회의 소집을 하는 경우에 동일한 의제에 관하여 중첩하여 이사회가 총회를 소집하려고 하는 때에는 그 소수주주는 그 총회의 개최금지의 가처분을 청구할 수 있다. 이상과 달리 총회소집의 절차가 법령 또는 정관의 규정에 위반하는 때는 그 총회의 결의는 취소의 소에 해당하고, 소집절차가 위법인가의 여부는 일반적으로 이 소에 있어서 결의취소의 원인의 유무로서 다투어지는 것이다. 총회개최금지의 가처분 결정이 있는데도 이를 위반하여 총회가 개최된 때는 그 총회는 무권한자의 소집에 의한 경우와 동일하므로, 법률적 의미에 있어서 주주총회라고 인정할 수는 없다. 따라서 그 결의는 부존재라고 해석해야 한다.

(6) 연기와 속행

총회에서는 연기 또는 속행의 결의를 할 수 있다(372조 1항). 연기는 총회의 성립 후 議事에 들어가지 않고 회일을 후일로 미루는 것이고, 속행은 총회를 개최하여 의사에 들어갔으나 시간부족 등 기타 사정에 의하여 심의를 완료하지 못한 채 의사를 중지하고 후일로 기일을 정하여 총회를 계속하는 것이다. 그러므로 일단 총회성립 후에 이루어진다는 점에서 소집의 철회·변경과는 다르다. 연기에 따라 여는 총회를 연기회라 하고, 속행에 따라 여는 총회를 계속회라 한다. 연기회·계속회는 이전의 회의와 동일한 총회이므로 다시 소집절차를 밟을 필요는 없다(372조 2항).

【판례】 대법원 1989. 2. 14. 선고, 87다카3200 판결
「주주총회의 계속회가 동일한 안건토의를 위하여 당초의 회의일로부터 상당한 기간 내에 적법하게 거듭 속행되어 개최되었다면 당초의 주주총회와 동일성을 유지하고 있다고 할 것이므로 별도의 소집절차를 밟을 필요가 없다.」

4. 주주제안권

(1) 주주제안권의 개념과 취지

주주총회에서 어떠한 사항을 의제로 할 것인지는 원칙적으로 이사회가 결정한다. 따라서 종래 주주는 총회에 의제 및 의안을 제안하거나 상정할 기회가 없었다. 특히 소수주주는 이사에게 영향력을 행사할 기회가 없기 때문에 주주총회에 별 관심이 없고, 그 결과 주주총회는 점점 더 형해화되어 갔다. 만약 주주가 직접 주주총회에서 논의할 의제를 제안하고 의결할 수 있다면 주주총회의 기능회복에 도움이 되지 않을까 하는 이유로 도입된 것이 주주제안권(363조의2)이다.

주주제안권(shareholder proposals)이라 함은 소수주주가 이사에 대하여 서면으로 일정한 사항을 주주총회의 의제나 의안으로 할 것을 제안할 수 있는 권리를 말한다. 따라서 주주제안권은 주주가 직접 총회를 소집하지 않더라도 회사가 소집하는 기회를 이용하여 일정한 사항을 회의의 목적으로 할 것을 청구할 수 있는 제도이다.[8)]

주주제안권은 주주의 의사를 총회에 적극 반영시키고(주주총회 활성화 기능), 회사와 주주 간의 의사소통을 원활히 하며, 주주에게 정보를 제공하는 수단이라는 점에 그 의의가 있다.

주주제안제도가 도입된 이후 주로 외국계 펀드나 기업지배구조개선을 목적으로 하는 시민단체 등이 삼성전자(주)나 SK텔레콤(주)를 상대로 사외이사제도의 도입안이나 집중투표제도의 도입안, 나아가 소액주주를 대표하는 이사나 감사 선임안 등을 주목적으로 주주제안을 하는 시도가 있었다.[9)]

(2) 주주제안권의 행사자

주주제안권을 행사할 수 있는 자는 무의결권주식을 제외한 발행주식총수의 100분의 3 이상을 소유한 주주이다(363조의2 1항). 상장회사의 경우 6개월전부터 계속하여 상장회사의 무의결권주식을 제외한 발행주식총수의 1천분의 10(최근 사업년도말 자본금이 1,000억원 이상인 법인의 경우에는 1,000분의 5) 이상에 해당하는 주식을 보유하는 주주에게 제안권을 인정한다(542조의6 2항).

(3) 주주제안권의 내용

주주제안권은 의제제안권과 의안제안권을 포함한다. 의제제안권은 예를 들어 「이익처분안의 승인」을 의제로 하는 정기총회에서 어느 「이사의 해임의 건」을 의제로 할 것을 청구할 수 있는 것처럼 이사회가 결정한 의제와는 다른 의제를 추가할 것을 요구하는 권리이다. 이를 추가제안권이라고도 한다. 또한 의안제안권은 예를 들어 「이사 추가선임의 건」이 의제가 되어 있고, 회사측이 甲을 후보자로 하는 의안을 내려는 경우에, 주주가 乙을 후보자로 하는 의안(반대제안), 또는 乙 및 丙을 후보자로 하는 의안(수정제안)을 총회소집통지서에 기재할 것을 청구하는 권

8) Jesse H. Choper · John C. Coffee, Jr · Ronald J. Gilson, *op. cit.*, p. 658.

9) 김지환, "주주권 실현을 위한 주주제안제도", 「기업법연구」 제22권 제2호, 2008. 6. 30, 103쪽(미국의 경우 주주제안권의 행사는 다음과 같은 3단계를 거쳤다고 한다, 즉, 1940년대와 1950년대는 제안자가 주로 지배구조개선에 관한 주주제안을 하였고, 1970년대와 1980년대는 기업의 사회적 책임에 관한 주주제안을, 1980년대 중반 이후에는 더 많은 사외이사의 선임, 포이즌 필 등 반 적대적 기업매수 조항 삭제 등의 주주제안을 하였다).

리이다.

주주제안의 내용에는 제한이 있다. 즉, 법령 또는 정관을 위반하는 경우와 그 밖에 대통령령으로 정하는 경우에는 주주제안의 내용이 될 수 없다(363조의2 1항). 여기서 대통령령으로 정하는 사항이란, ① 주주총회에서 의결권의 100분의 10 미만의 찬성밖에 얻지 못하여 부결된 내용과 동일한 의안을 부결된 날로부터 3년 내에 다시 제안하는 경우, ② 주주 개인의 고충에 관한 사항, ③ 주주가 권리를 행사하기 위해서 일정 비율을 초과하는 주식을 보유해야 하는 소수주주권에 관한 사항, ④ 임기 중에 있는 임원의 해임에 관한 사항(542조의2 1항에 따른 상장회사만 해당함), ⑤ 회사가 실현할 수 없는 사항 또는 제안이유가 명백히 거짓이거나 특정인의 명예를 훼손하는 사항을 말하고(시행령 5조), 이는 주주제안사항으로 할 수가 없다.

(4) 주주제안의 절차

주주제안을 하고자 하는 주주는 이사에게 주주총회일(정기주주총회의 경우 직전 연도의 정기주주총회일에 해당하는 그 해의 해당일)의 6주 전에 서면 또는 전자문서로 주주총회의 목적사항으로 할 것을 제안해야 한다(363조의2 1항). 그리고 주주가 의안제안을 할 경우에는 이사에게 주주총회일의 6주 전에 서면 또는 전자문서로 회의의 목적으로 할 사항에 추가하여 당해 주주가 제출하는 의안의 요령을 총회의 소집통지에 기재할 것을 청구할 수 있다(363조의2 2항). 6주간의 기간을 둔 이유는 이사가 제안요청을 받고 주주명부폐쇄, 소집통지 등 기타 총회를 준비하는 데 시간이 필요하기 때문이다. 따라서 주주제안의 청구일과 총회일 사이에 6주간이 되지 않을 경우에는 이사는 주주제안을 받아들이지 않아도 된다. 그러나 이사가 이를 채용하는 것은 상관없다.

(5) 주주제안권 행사의 효과

소수주주가 주주제안권을 행사한 경우에는 이사는 이를 이사회에 보고하고, 이사회는 주주제안의 내용이 법령 또는 정관에 위반되는 경우를 제외하고는 이를 총회의 목적사항으로 하여야 한다. 또한 제안한 주주의 청구가 있는 때에는 총회에서 당해 의안을 설명할 수 있는 기회를 주어야 한다(363조의2 3항 단서). 그러므로 정당한 이유 없이 설명할 기회를 주지 않은 경우에는 결의취소의 소의 원인이 된다고 할 것이다.

(6) 부당한 제안거절의 효과

적법한 절차에 따라 행하여진 주주제안이 이사에 의하여 무시된 경우, 그 효과는 의제제안권이냐 의안제안권이냐에 따라 다르다. 먼저 의안제안이 적법하게 이루어졌음에도 불구하고 소집통지에 의안의 요령이 기재되지 않은 경우에, 당해 의제에 관하여 이사회제출의안이 총회에서 가결된다면 그 결의는 소집절차에 흠이 있기 때문에 취소할 수 있다(林 370). 예컨대 주주가 乙을 이사로 선임할 것을 제안하였는데, 이를 소집통지서에 기재하지 않아 주주총회에서 甲을 이사로 선출했다면, 甲을 이사로 선출한 결의는 취소소송의 대상이 된다. 이때 이사에게 과태료의 제재는 없다.

이에 반하여 의제제안이 무시된 경우에는 일본의 통설과 판례는 취소해야 할 결의가 존재하지 않으므로 이사는 과태료의 제재(635조 1항 19의3호) 및 민사상의 손해배상책임을 부담할 뿐이라고 한다. 그 외에 제안을 소집통지에 기재해 줄 것을 청구하는 소송을 제기하고, 이를 본안으로 하여 주주총회개최금지의 가처분을 신청할 수도 있다(末永 114).

Ⅳ. 주주의 의결권

1. 의결권의 의의와 성질

주주의 의결권(voting right; Stimmrecht; droit de vote)이란 주주가 주주총회에 출석하여 표결(결의)에 참가할 수 있는 권리를 말한다. 주주는 주주총회의 의안에 관하여 찬반의 의사표시를 함으로써 회사의 중요한 정책결정에 참여한다. 비록 주주총회의 권한이 축소되었으나, 회사의 기본적 사항의 결정 및 이사·감사의 임면권은 주주총회의 권한이므로, 의결권은 회사지배의 관건이다.[10] 따라서 주식회사에 있어서 지배권을 둘러싼 다툼은 의결권을 중심으로 전개된다.

의결권은 회사의 운영관리에 참가할 수 있는 권리로서 주주의 가장 중요한 공익권에 속한다. 또한 무의결권주식과 같이 법률이 인정한 경우를 제외하고는 정관 또는 주주총회의 결의로도 이를 박탈할 수 없고, 주주도 이를 미리 포기하지 못한다. 의결권은 신주인수권이나 이익배당청구권처럼 구체적·채권적 권리로 변화할 수 없으므로 주식과 분리하여 양도할 수가 없다.[11] 그러나 의결권은 주주의 일신전속적인 인격권은 아니고 주주의 자익권을 확보하기 위한 권리로서 재산권적·비개성적 성질을 갖는 권리이다(田中 507, 大隅·今井 46~47).

10) Jesse H. Choper · John C. Coffee, Jr · Ronald J. Gilson, *op. cit.*, p. 539.
11) 의결권의 매매를 금지하는 입법례로는 1998년 뉴욕회사법. *Ibid.*, p. 576 이하.

2. 의결권의 수

(1) 1주1의결권의 원칙

1주1의결권의 원칙이란 주주가 1주마다 1개의 의결권을 가지는 것을 말한다.[12) 주주의 두수(머릿수)에 의하지 않고 지주수(持株數)에 의하여 의결권을 부여하는 것은 주식회사가 자본단체이기 때문이고, 이는 인적회사의 경우와 현저히 다른 점이다. 그리하여 복수의 주식을 가진 주주는 그 주식수와 동수의 의결권을 가진다. 1주1의결권의 원칙에 따라 총회결의의 결과가 가부동수인 경우에 당해 의안은 부결된 것으로 보며, 의장에게 그 결정권(소위 casting vote)을 일임하지 못한다.

(2) 1주1의결권원칙의 예외

상법 제369조 제1항의 1주1의결권의 원칙은 강행규정이므로 정관 또는 당사자 사이의 계약에 의하여도 제한할 수 없으나, 다음과 같은 예외가 인정된다.

1) 의결권이 없거나 제한되는 종류주식

주주총회에서의 의결권의 행사에 관하여 내용이 다른 종류주식(의결권배제주식 및 의결권제한주식. 344조의3 1항)은 의결권이 전혀 없거나 일부사항에 관하여 의결권이 없다. 의결권이 배제된 종류주식(무의결권주식)은 그 주식자체에 의결권이 없으므로 누가 그 주식을 소유하더라도 의결권이 없다. 주주총회의 정족수를 계산함에 있어서도 무의결권주식의 수는 발행주식총수에 산입되지 않는다(371조). 그러나 무의결권주주도 총회에 출석하여 의견을 진술할 수 있고, 소수주주권을 행사할 수도 있다. 또한 예외적으로 정관에서 부활의 조건 등을 정하여 그 조건이 충족된 경우 등에는 의결권이 부활되고(344조의3 1항), 종류주주총회에서는 당연히 의결권을 행사할 수 있다(435조, 436조). 나아가, 이사・감사의 책임면제(400조, 415조)나 유한회사로의 조직변경(604조)의 경우와 같이 총주주의 동의 또는 결의가 필요한 경우에도 의결권을 행사할 수 있다. 그 밖에 창립총회의 경우와 회사의 분할 또는 분할합병의 승인을 위한 주주총회의 특별결의에 있어서도 예외적으로 의결권을 행사할 수 있다(530조의3 3항).

2) 의결권의 일시적 제한

(가) 자기주식　회사는 예외적으로 자기주식을 취득할 수 있다. 그러나 자기주식에 의결권을 인정한다면 회사가 자기의 의사를 결정하는 회의에 참가하게 되어 부자연스럽고, 이사 등에 의하여 회사지배의 수단으로 이용될 염려도 있으므로, 자기주식에 관하여는 의결권을 휴지시키고 있다(369조 2항). 자기주식은 정족수의

12) *Ibid.*, p. 565.

계산에 있어서 발행주식총수에 산입하지 아니한다(371조 1항).

(나) 상호보유주식

(a) 제한의 취지 母子會社간에는 자회사에 의한 모회사의 주식취득이 금지된다(342조의2). 그러나 비모자회사간에는 주식의 상호보유를 금지하지는 아니하나, 일정한 비율 이상의 주식을 상호보유하는 경우에는 그 주식의 의결권을 제한하고 있다. 즉, 회사, 모회사 및 자회사 또는 자회사가 다른 회사의 발행주식총수의 10분의 1을 초과하는 주식을 가지고 있는 경우에 그 다른 회사가 가지고 있는 회사 또는 모회사의 주식은 의결권이 없다(369조 3항).

주식의 상호보유는 주식회사의 자본적 결합에 의한 강력한 기업결합방식이고 기업의 계열화, 그룹화, 경영자 지배의 강화수단으로서 활용된다. 그러나 이러한 주식의 상호보유는 회사자본의 공동화 및 회사지배의 왜곡화라는 문제를 야기시킨다. 상법 제369조 제3항은 의결권만 정지시키고 있는데, 이는 지배의 왜곡화만을 방지한다고 볼 수 있다(자회사의 모회사주식취득을 제한한 상법 제342조의2는 지배의 왜곡화뿐만 아니라 자본의 공동화 방지도 그 목적으로 하고 있다)(末永 116).

(b) 제한의 효과 ① 甲회사가 그 회사의 발행주식총수의 10분의 1을 초과하여 보유하고 있는 경우에 그 회사가 보유하고 있는 甲회사의 주식, ② 모회사(甲)와 자회사(乙)가 합하여 다른회사(丙)의 발행주식총수의 10분의 1을 초과하여 주식을 보유하고 있는 경우에 다른(丙)회사가 보유하고 있는 甲회사의 주식, ③ 모회사(甲)의 자회사(乙)가 단독으로 다른(丙)회사의 발행주식총수의 10분의 1을 초과하는 주식을 가지고 있는 경우에 다른(丙)회사가 가지고 있는 甲회사 및 乙회사의 주식은 의결권이 없다.

어느 회사가 다른 회사의 주식을 발행주식총수의 10분의 1을 초과하여 취득한 때에는 지체없이 이를 다른 회사에 통지해야 한다(342조의3). 판례는 의결권 대리행사를 위하여 10% 초과하더라도 통지의무가 없고 그 위반으로 의결권도 제한되지 않는다고 한다(대판 2001.5.15.선고 2001다12973판결).

상법 제369조 제3항은 非母子會社간의 상호보유주식에 의결권이 없는 점만 규정하고 있으므로 그 밖의 자익권과 공익권을 인정할 수 있느냐에 대하여 견해의 대립이 있다. 즉, 자익권의 행사를 인정한다는 점에서는 견해가 일치하나, 공익권에 대하여는 의결권을 제외한 다른 공익권을 모두 긍정하는 견해(李 412, 鄭(東) 328, 崔 474, 崔(竣) 333)와 모든 공익권의 행사를 인정하지 않는 견해[鄭(燦) 661]로 나뉜다. 상호보유주식은 상법상 의결권만을 休止시키고 있으므로 그 밖의 공익권은 인정되어야 한다고 본다.

(라) 특별이해관계 있는 주주

(a) 입법취지 주주총회에서의 의결권 행사는 주주전체의 이익실현을 위해서 행사되어야 한다. 만약 주주가 개인적인 사익을 위해서 의결권을 행사한다면 주주총회결의의 공정성을 기할 수 없다. 그러므로 상법은 일반적으로 특별한 이해관계 있는 주주에게는 의결권을 행사할 수 없도록 하였다(368조 3항). 그러나 주주는 개인적 이익을 고려하면서 의결권을 행사하는 것은 당연하고, 사전에 어떤 의안에 관하여 특별한 이해관계가 있다는 이유만으로 의결권 행사를 배제하는 것은 의문의 여지가 있다.

【입법례】 일본은 1981년 개정상법에서 우리 상법 제368조 제4항에 해당하는 특별이해관계인의 의결권 행사제한에 관한 규정을 삭제하였다(日舊商 239조 5항). 그 이유는 특별이해관계의 유무에 관하여 학설·판례가 나뉘어 있었고, 명확히 이해관계 유무의 경계선을 긋기도 어려우며, 비교법적으로도 영미법과 프랑스법에서는 이러한 제한규정이 없다는 것을 들고 있다. 또 주주의 의결권이 공익권이라고 하여도 이는 본래 주주 자신의 이익을 위하여 행사할 수 있기 때문에 삭제한 것이다. 그러나 만약 특별한 이해관계를 가진 주주가 의결권을 행사하였기 때문에 현저하게 부당한 결의가 이루어진 경우에는 이러한 결의를 취소할 수 있도록 하였다(일회 831조 1항 3호).

독일의 경우에도 원칙적으로 특별이해관계인의 의결권행사를 제한하지 않고 있다. 다만, 책임 또는 채무의 면제 및 주식회사의 주주에 대한 책임추궁의 경우 등과 같이 중대한 이해충돌을 초래하는 경우에만 의결권의 행사가 제한된다(AktG 136조, 142조 1항).

(b) 특별한 이해관계의 의미 해석상 특별한 이해관계가 있다는 것이 어떠한 의미인지에 대하여 다툼이 있다. 학설은 결의에 의하여 권리의무의 득실이 생기는 등 법률상 특별한 이해관계가 생길 때를 뜻한다는 설(법률상 이해관계설), 모든 주주에게 관련되지 않고 특정주주의 이해에 관계될 때를 뜻한다는 설(특별이해관계설), 특정한 주주가 주주로서의 지위와 관계없이 개인적으로 이해관계를 가질 때를 뜻한다는 설(개인법설)로 나뉜다. 특별한 이해관계를 가지는 자란 특정한 주주가 주주의 입장을 좇아서 개인적으로 가지는 이해관계로 보아 가능한 한 좁게 해석하는 개인법설이 타당하다고 생각한다. 통설과 판례(대판 2007.9.6. 2007다40000)도 개인법설을 취하고 있다.

개인법설에 따르면, 발기인·이사·감사의 책임을 면제하는 결의(324조, 400조, 415조)를 할 때의 발기인·이사·감사인 주주, 영업양수도·경영위임 등의 결의(374조 1항)에 있어서 거래상대방인 주주, 이사의 보수(388조)·공로금의 결정을 할 때의 주주 등은 특별한 이해관계를 가지는 자로서 의결권이 없다. 그러나 주주가 주주인 지위에서 이해관계를 가지는 경우, 예컨대 이사 · 감사의 선임 또는 해임결의에 있어서 당사자인 주주, 재무제표의 승인결의에 있어서 이사나 감사인 주주 등은 특별한 이해관계를 가지는 자가 아니다. 그렇게 해석하지 않으면 대주주일수록 경영에 참여하기 어렵다는 불합리한 결과를 초래하기 때문이다[李 517, 鄭(東) 329].

특별이해관계인은 당해 의안에 관하여 의결권이 없을 뿐만 아니라, 대리인에 의하여서도 의결권을 행사하지 못하며, 다른 주주의 대리인으로서도 의결권을 행사하지 못한다. 이해관계가 있는 자가 의결권을 행사한 때에는 결의취소의 소의 원인이 된다. 그러나 특별이해관계인이 가지는 주식은 특별이해관계가 있는 특정한 의안에 대하여만 의결권이 休止된다. 따라서 총회의 결의에 관하여 특별이해관계가 있는 주주가 행사할 수 없는 의결권의 수는 출석한 주주의 의결권의 수에 산입하지 아니한다(371조 2항). 따라서 종래에는 발행주식총수에는 산입하나 의결권의 수에는 산입하지 않는다고 해석하였다. 그런데 1995년 개정법에서는 총회의 의사정족수를 요구하지 않고 출석한 주주의 의결권의 과반수와 발행주식총수의 4분의 1 이상의 수로 개정하였다(368조 1항). 따라서 현행법의 해석으로는 특별이해관계인이 가지고 있는 주식의 수는 출석한 주주의 의결권의 과반수 및 발행주식총수의 4분의 1의 계산에서도 산입되지 않는다고 해석해야 할 것이다(孫 769, 反對 : 崔 458).

(마) 감사 또는 감사위원회 위원 선임시의 특례 감사를 선임하는 주주총회의 결의에서 무의결권주식을 제외한 발행주식총수의 100분의 3을 초과하는 주식을 가진 주주는 그 초과하는 주식에 관하여 의결권을 행사하지 못한다(409조 2항). 이사의 경우와는 달리 감사의 선임시에 대주주의 의결권을 제한하는 이유는 감사선임에 있어 대주주의 영향력을 약화시킴으로써 감사지위의 중립성을 보장하기 위함이다. 따라서 회사는 정관의 규정에 의하여 이보다 낮은 비율로 정할 수는 있어도, 높은 비율로 정할 수는 없다(409조 3항).

상장회사가 주주총회에서 이사를 선임한 후 선임된 이사 중에서 감사위원회 위원을 선임하게 되는데(542조의12 2항), 이때 최대주주, 최대주주의 특수관계인, 그 밖에 대통령령으로 정하는 자가 소유하는 상장회사의 의결권 있는 주식의 합계가 그 회사의 무의결권주식을 제외한 발행주식총수의 100분의 3을 초과하는 경우, 그 주주는 그 초과하는 주식에 관하여 감사 또는 사외이사가 아닌 감사위원회 위원을 선임하거나 해임할 때에는 의결권을 행사하지 못하며, 정관으로 이보다 낮은 주식 보유비율을 정할 수 있다(542조의12 3항). 또한 대통령령으로 정하는 상장회사의 무의결권주식을 제외한 발행주식총수의 100분의 3을 초과하는 수의 주식을 가진 주주는 그 초과하는 주식에 관하여 사외이사인 감사위원회 위원을 선임할 때에 의결권을 행사하지 못하며, 정관에서 이보다 낮은 주식 보유비율을 정할 수 있다(542조의12 4항).

감사선임에서 3% 초과 보유주식의 계산에 대해 판례는 다음과 같이 설시한다. 「주주총회에서 감사를 선임하려면 우선 '출석한 주주의 의결권의 과반수'라는 의결정족수를 충족하여야 하고, 나아가 의결정족수가 '발행주식총수의 4분의 1 이상의 수'이어야 하는데, 상법 제371조는 제1항에서 '발행주식총수에 산입하지 않는 주식'에 대하여 정하면서 상법 제409조 제2항의 의결권 없는 주식(이하 '3% 초과 주식'이라 한다)은 이에 포함시키지 않고 있고, 제2항에서 '출석한 주주의 의결권 수에 산입하지 않는 주식'에 대하여 정하면서는 3% 초과 주식을 이에 포함시키고 있다.

그런데 만약 3% 초과 주식이 상법 제368조 제1항에서 말하는 '발행주식총수'에 산입된다고 보게 되면, 어느 한 주주가 발행주식총수의 78%를 초과하여 소유하는 경우와 같이 3% 초과 주식의 수가 발행주식총수의 75%를 넘는 경우에는 상법 제368조 제1항에서 말하는 '발행주식총수의 4분의 1 이상의 수'라는 요건을 충족시키는 것이 원천적으로 불가능하게 되는데, 이러한 결과는 감사를 주식회사의 필요적 상설기관으로 규정하고 있는 상법의 기본 입장과 모순된다. 따라서 감사의 선임에서 3% 초과 주식은 상법 제371조의 규정에도 불구하고 상법 제368조 제1항에서 말하는 '발행주식총수'에 산입되지 않는다. 그리고 이는 자본금 총액이 10억원 미만이어서 감사를 반드시 선임하지 않아도 되는 주식회사라고 하여 달리 볼 것도 아니다(대판 2016. 8. 17. 선고 2016다222996)」.

(바) 특별법에 의한 제한

(a) 독점규제 및 공정거래에 관한 법률　　대규모 기업집단에 속하는 회사로서 금융업 또는 보험업을 영위하는 회사는 취득 또는 소유하고 있는 국내계열회사에 대하여 의결권을 행사할 수 없다. 다만, 금융업 또는 보험업을 영위하는 회사가 금융업 또는 보험업을 영위하기 위해서나 보험자산의 효율적인 운용·관리를 위하여 관계법령에 의한 승인 등을 얻어 주식을 취득 또는 소유하고 있는 경우에는 그러하지 아니하다(독금법 11조).

(b) 은행법　　은행법의 적용을 받는 금융기관의 주식을 무의결권주식을 제외한 발행주식총수의 100분의 10를 초과하여 동일인이 소유하더라도 그 초과분에 대하여 의결권을 행사하지 못한다(銀 16조 1항). 금융위원회는 동일인이 100분의 10를 초과하여 주식을 보유하고 있는 경우에는 6월 이내의 기간을 정하여 그 한도를 초과하는 주식을 처분할 것을 명할 수 있다(동조 2항).

3. 의결권의 행사

(1) 행사방법

의결권을 행사할 수 있는 주주는 주주명부폐쇄 당시 또는 기준일 현재 주주명부상에 주주로 등재되어 있는 자이다. 그러나 주주명부의 폐쇄 없이 또는 기준일을 정하지 않고 주주총회를 소집한 경우에는 총회당일에 주주명부에 기재되어 있는 주주가 의결권자이다.

(2) 의결권의 불통일행사

1) 의의 및 취지

주주는 2주 이상의 주식을 가지고 있는 경우에 이를 통일하지 아니하고 그 일부의 주식을 가지고 찬성하고, 나머지 주식으로써 반대할 수도 있다. 예컨대 200주를 가진 주주가 어떤 의안에 관하여 150주를 가지고는 찬성을 하고 나머지 50주로써 반대하는 경우를 들 수 있다. 이를 의결권의 불통일행사라 한다.

종래 의결권의 행사는 사람의 의사표시이므로 동일인이 그 의사를 반대방향으로 나눈다는 것은 인격의 분열에 지나지 않으므로, 의결권불통일행사를 인정하지 않으려는 견해(사원권부인론)도 있었다(酒卷 · 志村 142). 그러나 최근에 예탁증권(ADR, EDR 등), 주식관리신탁, 종업원지주제도 등 명의상의 주주와 실질주주가 다른 경우가 증가하고 있고, 이러한 경우에 의결권의 행사시에 실질주주의 의사를 반영시키기 위하여 의결권의 불통일행사를 인정할 필요가 있었다. 이를 반영하여 1984년 개정법에서는 의결권불통일행사를 인정하는(368조의2 1항) 한편, 그 남용을 방지하기 위하여 일정한 경우에 회사가 불통일행사를 거부할 수 있도록 하였다(368조의2 2항).

2) 불통일행사의 절차

주주가 의결권의 불통일행사를 하려면 회일의 3일전에 회사에 대하여 서면 또는 전자문서로 그 뜻과 이유를 통지해야 한다(368조의2 1항 후단). 이는 회사가 미리 불통일행사를 할 주주 및 그 의결권의 수를 파악하는 등, 총회의 운영상의 편의를 도모하기 위함이다. 통지는 총회 회일의 3일전에 회사에 도달하여야 하며〔대판 2009. 4. 23, 2005다22701 · 22718〕 정관으로도 이 기간을 연장할 수 없다. 의결권을 통일하지 않고 행사하기 위해서는 총회때마다 이를 통지하여야 한다는 견해(李 521)와 포괄적 통지도 가능하다는 견해[鄭(燦) 480, 崔(竣) 328]로 나뉘고 있다.

생각건대, 불통일행사의 통지는 총회때마다 하는 것이 원칙이겠으나, 일괄통지를 해도 무방하다고 본다. 그것은 의결권의 불통일행사의 통지를 했다고 해서 반드시 주주총회에서 불통일행사를 해야만 하는 것은 아니기 때문이다.

3) 불통일행사의 거부

회사는 주주가 의결권을 불통일행사하는 것을 거부할 수 있다. 그러나 주주가 주식의 신탁을 인수하였거나 기타 타인을 위하여 주식을 가지고 있는 경우에는 주주의 의결권의 불통일행사를 거부할 수 없다(368조의2 2항). 회사의 거부는 반드시 총회개최 전에 해야 하는 것은 아니고, 해당 주주가 의결권을 행사할 때까지 하면 족하다.

회사가 적법하게 거부를 한 경우에는 주주는 불통일행사를 할 수 없고, 여기에 위반한 의결권행사는 무효이다.

4) 불통일행사의 효과

의결권의 불통일행사가 적법하게 된 때에는 불통일행사된 의결권은 모두 그대로 유효하고, 상반되게 행사한 동수의 의결권이 상계되어 무효로 되는 것은 아니다.

반대주주의 주식매수청구권에 관해서는 불통일행사한 주식의 경우에 의안에 반대한 주식에 한하여 매수청구권이 인정된다.

4. 의결권의 대리행사와 권유

(1) 의결권대리행사의 허용

주주는 대리인에 의하여 의결권을 대리행사할 수 있다(368조 3항). 의결권은 일신전속적인 인격권이 아니고 재산적 성격을 가진 권리이며, 주식의 자유양도성이 인정되고 의결권도 대리에 친한 권리이므로 의결권의 대리행사를 허용하는 것은 당연하다. 또한 주식회사에 있어서는 주주가 광범위하게 분산되어 있고 주주총회개최일이 집중되어 있기 때문에, 주주 자신이 총회에 출석하여 의결권을 행사하는 것이 곤란한 경우가 많다. 따라서 상법은 주주에게 의결권행사를 용이하게 하기 위하여 의결권의 대리행사를 명문화하고(368조 3항), 정관으로도 의결권의 대리행사를 제한할 수 없도록 하고 있다.

(2) 대리인의 자격

대리인의 자격에 관하여 상법상 이를 제한하는 명문의 규정은 존재하지 않으나, 해석상 회사 자신이 대리인이 될 수 없는 것은 마치 자기주식의 경우에 회사가 의결권을 행사할 수 없는 것과 같이 당연한 것이다. 또한 상호보유주식에 관하여 의결권 행사가 배제된 자도 대리인으로서 의결권을 행사할 수 없다.

회사는 정관으로 대리인의 자격을 의결권을 행사할 수 있는 주주로 한정하는 경우가 있으나, 이와 같이 대리인 자격을 주주에 한정하는 정관규정의 효력에 대하여는 다툼이 있다. 즉, 이러한 정관규정을 획일적으로 유효하다고 보는 획일적 유효설[權 570, 孫 774, 鄭(燦) 477, 日最判 1968. 11. 1. 民集 22卷 12號 2402쪽], 이러한 정관규정은 원칙적으로 유효하나 법인주주가 비주주 또는 종업원에게 의결권을 대리행사시키는 경우와 개인주주가 질병·노령 등으로 가족인 비주주에게 의결권을 대리행사시키는 경우 등에는 예외적으로 정관규정의 효력을 배제할 수 있다는 제한적 유효설[鄭(東) 336, 崔 467, 崔(埈) 324, 日大阪高判 1966. 8. 8. 下民集 17卷 7號], 획일적으로 무효로 보는 설[李 524, 鄭(茂) 448], 이러한 정관규정은 주식양도에 관하여 이사회의 승인을 요한다는 뜻을 정관에서 규정하고 있는 회사에 있어서는 유효하나, 그 밖의 회사에 있어서는 무효라고 해석하는 설 등이 있다(酒卷·志村 142).

【판례】 대법원 2009. 4. 23. 선고, 2005다22701·22718 판결

[1] 주주의 자유로운 의결권 행사를 보장하기 위하여 주주가 의결권의 행사를 대리인에게 위임하는 것이 보장되어야 한다고 하더라도 주주의 의결권 행사를 위한 대리인 선임이 무제한적으로 허용되는 것은 아니고, 그 의결권의 대리행사로 말미암아 주주총회의 개최가 부당하게 저해되거나 혹은 회사의 이익이 부당하게 침해될 염려가 있는 등의 특별한 사정이 있는 경우에는 회사가 이를 거절할 수 있다.

[2] 상법 제368조 제3항이 규정하는 대리권을 증명하는 서면이라 함은 위임장을 일컫는 것으로서 회사가 위임장과 함께 인감증명서, 참석장 등을 제출하도록 요구하는 것은 대리인의 자격을 보다 확실하게 확인하기 위하여 요구하는 것일 뿐, 이러한 서류 등을 지참하지 아니하였다 하더라도 주주 또는 대리인이 다른 방법으로 위임장의 진정성 내지 위임의 사실을 증명할 수 있다면 회사는 그 대리권을 부정할 수 없다. 한편, 회사가 주주 본인에 대하여 주주총회 참석장을 지참할 것을 요구하는 것 역시 주주 본인임을 보다 확실하게 확인하기 위한 방편에 불과하므로, 다른 방법으로 주주 본인임을 확인할 수 있는 경우에는 회사는 주주 본인의 의결권 행사를 거부할 수 없다.

[3] 상법 제368조 제3항의 규정은 주주의 대리인의 자격을 제한할 만한 합리적인 이유가 있는 경우 정관의 규정에 의하여 상당하다고 인정되는 정도의 제한을 가하는 것까지 금지하는 취지는 아니라고 해석되는바, 대리인의 자격을 주주로 한정하는 취지의 주식회사의 정관 규정은 주주총회가 주주 이외의 제3자에 의하여 교란되는 것을 방지하여 회사 이익을 보호하는 취지에서 마련된 것으로서 합리적인 이유에 의한 상당한 정도의 제한이라고 볼 수 있으므로 이를 무효라고 볼 수는 없다. 그런데 위와 같은 정관규정이

> 있다 하더라도 주주인 국가, 지방공공단체 또는 주식회사 등이 그 소속의 공무원, 직원 또는 피용자 등에게 의결권을 대리행사하도록 하는 때에는 특별한 사정이 없는 한 그들의 의결권 행사에는 주주 내부의 의사결정에 따른 대표자의 의사가 그대로 반영된다고 할 수 있고 이에 따라 주주총회가 교란되어 회사 이익이 침해되는 위험은 없는 반면에, 이들의 대리권 행사를 거부하게 되면 사실상 국가, 지방공공단체 또는 주식회사 등의 의결권 행사의 기회를 박탈하는 것과 같은 부당한 결과를 초래할 수 있으므로, 주주인 국가, 지방공공단체 또는 주식회사 소속의 공무원, 직원 또는 피용자 등이 그 주주를 위한 대리인으로서 의결권을 대리행사하는 것은 허용되어야 하고 이를 가리켜 정관 규정에 위반한 무효의 의결권 대리행사라고 할 수는 없다.

생각건대, 유효설에 의하면 이와 같은 정관규정은 신뢰할 수 있는 대리인을 다른 주주로부터 찾아 내지 못한 주주의 의결권행사의 기회를 박탈하게 되고, 의결권행사를 부당히 제한하여 상법 제638조 제3항에 위반하게 된다. 또 총회 교란방지에 있어서도 정관상 주식양도제한이 없는 회사에서는 누구라도 주식을 취득하여 총회에 참가할 수 있으므로, 대리인의 자격을 제한하여도 별로 의미가 없다. 따라서 무효설이 타당하다고 본다(末永 118).

(3) 대리행사의 방식

대리인에 의하여 대리권을 행사하는 경우에 대리인은 대리권을 증명하는 서면(위임장: proxy; Vollmachtsurkunde)을 총회에 제출해야 한다(368조 2항). 이는 주주총회에 있어서 다수 집단적으로 권리행사가 행해지는 것에 비추어 보아, 대리관계를 명확히 하여 회사의 사무처리의 간이화를 도모하기 위해서 대리권수여행위를 서면행위로 할 것을 요구한 것이다. 이 경우 법정대리인은 법정대리권 발생의 원인된 사실을 증명하는 서면을 제출해야 하고, 임의대리인은 주주가 대리권을 수여한 사실을 증명하는 서면을 제출해야 한다.

그런데 대법원은 위임장 및 그에 첨부된 인감증명서가 사본인 것을 이유로 의결권의 대리행사를 불허한 사건에서 「상법 제368조 제3항(현행 368조 2항)은 대리권의 존부에 관한 법률관계를 명확히 하여 주주총회의 결의의 성립을 원활하게 하기 위한 데 그 목적이 있다고 할 것이므로, 대리권을 증명하는 서면은 위조나 변조여부를 쉽게 식별할 수 있는 원본이어야 하고, 특별한 사정이 없는 한 사본은 그 서면에 해당하지 않는다」고 판시하고 있다(대판 1995. 2. 28, 94다34579).

위임장은 총회 때마다 수여되고 증명되어야 하는가, 아니면 포괄적인 위임장을 제출할 수 있는가가 문제된다. 총회 때마다 수여되어야 한다는 입장은 수개의 총회에 걸쳐 대리할 수 있다면, 우리 상법상 인정될 수 없는 의결권의 신탁을 가능하게 하고, 극단적인 경우 사실상 주주지위에서 분리하여 의결권만을 양도할 수 있다는 결과가 되므로 위임장은 적어도 총회별로 주어져야 한다는 것이다[李 528, 李(基) 467, 鄭(熙) 451]. 이에 대하여 포괄적인 위임장을 인정하는 입장은 은행, 신탁 등의 관리하에 있는 회사 등이 관리하는 동안에는 포괄적인 위임장을 이용하는 것이 실질적으로 편리하고 또 필요하므로 이를 인정하여야 하고, 개개의 결의사항마다 반드시 구체적·개별적으로 대리권을 수여해야 할 근거가 있는 것은 아니기 때문에, 1통의 위임장으로 수회의 주주총회에 대해서도 포괄적으로 대리권을 수여할 수 있다고 한다(다수설; 權 571, 徐·鄭 405, 鄭(燦) 479, 崔 468).

판례는「주식회사에 있어 주주권의 행사를 위임함에는 구체적이고 개별적인 사항에 국한한다고 해석해야 할 근거는 없고, 주주권행사를 포괄적으로 위임할 수 있다」고 판시하고 있다(대판 1969. 7. 8, 69다688). 나아가 주주로부터 의결권행사를 위임받은 대리인은 특별한 사정이 없는 한 그 의결권행사의 취지에 따라 제3자에게 그 의결권 대리행사를 재위임할 수 있다고 한다(대판 2014. 1. 23. 2013다56839).

생각건대, 포괄적으로 대리권을 수여할 수 있다고 하면, 주주의 진정한 의사를 무시할 수 있고 대주주·이사 등이 이를 회사지배의 수단으로 남용할 우려도 있다. 주주는 총회에 있어서 회의의 목적사항을 알고 난 후에 대리권의 수여여부에 관하여 판단해야 한다. 따라서 대리권은 회의의 목적이 특정된 총회에 대해서만 수여하여야 하고 위임장도 그 뜻의 표시를 요하는 것으로 해석해야 하므로, 사전에 수개의 총회를 위하여 수통의 위임장을 교부하는 것은 허용되지 않는다고 해야 할 것이다. 요컨대, 대리권의 수여는 총회때마다 해야 한다고 본다(大隅·今井 62, 舊日商 239조 3항).

임의대리의 경우에 주주는 총회에서 결의가 있기 전까지 언제든지 대리권수여행위를 철회할 수 있다(民 128조 후단). 설령 위임장에 철회하지 않겠다는 뜻을 기재한 경우라 하더라도 이를 철회할 수 있다(大隅·今井 63).

(4) 대리인의 수

주주가 2인 이상의 대리인을 주주총회에 출석시킬 수 있는가에 관하여 견해의 대립이 있다.

日本의 경우에 1966년 개정법에서는 총회교란에 의하여 주주총회운영의 원활함이 저해되고 다수의 대리인이 출석하는 것은 바람직하지 않은 경우가 있으므로, 회사의 이익을 고려하여 회사는 2인 이상의 대리인을 총회에 출석시키는 것을 거부할 수 있도록 하였다(舊日商 239조 4항)(加美 207). 그러나 회사는 거부할 수 있을 뿐이지 꼭 거부해야 하는 것은 아니다. 더욱이 일본증권투자신탁의 경우에는 수탁회사가 복수의 위탁회사에 위임장을 교부하고, 각 위탁회사가 대리인으로서 총회에 출석하는 것이 인정되고 있다(日投信 17조의2 2항).

의결권을 대리행사 할 수 있는 대리인의 수에 관하여 상법상 제한이 없는 우리나라의 경우 증권회사와 같이 다수인의 주식을 소유하는 경우 외에는 주주가 가진 전 주식에 관해 1人의 대리인만 선임해야 한다는 견해가 있다[鄭(東) 335]. 그러나 공동대리에 의한 의결권의 행사를 부인할 이유는 없다고 본다[李 525, 鄭(燦) 478, 崔(埈) 325]. 수인의 대리인이 의결권을 공동대리하는 경우에 의결권을 불통일행사한다면, 대리인간의 의결권을 불통일행사하기 위한 상법 제368조의2의 요건을 갖추어야 할 것이다.

대리인은 주주로부터 수권받은 대로 의결권을 행사해야 하며, 이에 위반하여 기권하거나 주주의 명시된 의사와 달리 행사한다면, 내부적으로 주주에 대해 손해배상책임을 지게될 것이다. 그러나 주주총회의 결의의 효력에는 영향이 없다고 본다.

(5) 의결권대리행사의 권유

1) 의 의

의결권대리행사의 권유(위임장권유: proxy solicitation)란 주주에 대하여 주식의 의결권의 행사를 자기 또는 제3자에게 대리하게 할 것을 권유하는 행위, 의결권의 행사 또는 불행사를 요구하거나 의결권 위임의 철회를 요구하는 행위 및 의결권의 확보 또는 그 취소 등을 목적으로 주주에게 위임장용지를 송부하거나 그 밖의 방법으로 의견을 제시하는 행위를 말한다(자시법 152조 2항). 위임장권유는 일반적으로 경영진의 회사지배를 위한 수단으로 이용되거나, 주주총회의 결의에 필요한 정족수를 확보하기 위한 수단으로 이용된다. 일반주주의 기업경영에의 참여기회를 확대하고 지배주주나 경영진의 전횡을 견제하기 위한 방편으로 이용될 수도 있다.[13] 다만, 경영진이 아닌 제3자가 위임장권유제도를 이용하기 위해서는 복잡하고 까다로운 요건을 갖추어야 하고, 다수의 주주에게 주주총회의 안건별로 그 내용 및 참고서류를 준비하여 제공해야 하기 때문에 시간과 비용면에서 불리한 측면이 있다.

위임장권유에 있어서 가장 중요한 점은 첫째, 주주에게 정확하고 충분한 정보를 공시하는 것이고, 둘째 경영자와 대립하고 있는 반대파 주주에게도 경영자와

13) Jesse H. Choper · John C. Coffee, Jr · Ronald J. Gilson, *op. cit.*, p. 594.

동등한 입장에서 위임장을 권유할 수 있는 기회를 보장하는 것이다.

2) 백지위임장의 관행

회사가 권유를 위하여 주주에게 송부하는 위임장용지는 대리인란의 기재가 없는 백지위임장이 대부분이다. 이는 주주가 스스로 대리인명을 기입하여 반송할 것을 예상하고 있는 것으로 여겨지나, 실제에서는 공백 그대로 반송되고, 회사에서는 종업원 가운데 적당한 자를 대리인으로 지명하는 것이 보통이다.

법적으로는 회사가 주주에 대하여 위임장용지를 송부하는 것은 의결권행사를 위한 대리인의 선정을 주선하는 뜻으로 매개계약의 청약이며, 주주가 이에 기명날인 또는 서명하여 회사에 반송한다면 이러한 청약에 대한 승낙이 있는 것으로서 매개계약이 성립하고, 이에 의하여 성립한 채무의 이행으로서 회사가 대리인을 선정한 때는 그 자와 주주 간에 직접 의결권의 대리행사에 관한 위임계약이 성립한 것으로 볼 수 있다. 그리고 이러한 위임계약은 위임장이 권유자를 통하여 대리인에게 교부된 때에 성립하고, 위임장용지에 대리인명을 기재하는 것은 위임계약성립의 요건은 아니다(河本 338).

3) 위임장권유의 법적 성질

위임장권유의 법적 성질에 대하여 매개계약의 청약설과 투표유인행위설로 나뉘어 있다. 매개계약의 청약설은 위임장권유는 의결권을 행사할 대리인의 선정을 알선하려는 일종의 매개에 관한 계약의 청약이며, 주주가 위임장용지에 기명날인 또는 서명을 하여 반송한 때에 청약에 대한 승낙이 있는 것으로 보는 견해이다.[14) 투표유인행위설은 위임장의 권유는 총회의 목적사항에 대하여 주주의 찬부를 묻는 투표유인행위이고, 주주가 서면을 반송하는 것이 투표라고 보는 견해이다.[15) 투표유인행위설은 매개계약의 청약설에 따를 경우 ① 위임장철회의 가능성을 인정하는 데에 지장을 준다는 점과 ② 주주의 찬부의 지시에 위반해서 행하여진 대리인의 의결권행사가 회사에 대한 관계에서는 유효라고 해석된다는 점을 들어 비판받고 있다.

생각건대, 위임의 해지의사표시는 묵시적으로 할 수 있다는 일반원칙이 인정되며, 주주의 찬부지시에 대한 위반은 표현대리로서 해석할 수 있으므로 매개계약의 청약설이 옳다고 본다.

4) 위임장권유의 방식

상장회사에 있어서 위임장 권유자는 피권유자에게 주주총회의 목적사항 각 항

14) 辛永茂, 「議決權代理行使의 勸誘」, 서울대출판부 法學全書 59, 1987, 403쪽.
15) 龍田 節, “委任狀の勸誘と代理人の地位”, 東京株式懇談會 會報 210號, 8～11쪽.

목에 대하여 찬부를 명기할 수 있는 위임장 용지 및 참고서류를 교부해야 한다(자시법 152조 1항, 4항). 의결권권유자는 위임장용지에 나타난 의결권피권유자의 의사에 반하여 의결권을 행사할 수 없다(자시법 152조 5항).

5. 서면투표

(1) 서면투표의 의의

서면투표라 함은 주주총회에 출석하지 않는 주주가 대리인을 통하지 않고 직접 서면에 의하여 의결권을 행사하는 제도를 말한다(368조의3 1항). 즉, 주주총회의 소집통지에 주주가 의결권을 행사할 수 있도록 참고서류와 함께 투표용지를 첨부하여 보내고, 주주는 총회에 출석할 수 없는 경우에 위 투표용지에 필요한 사항을 기재하여 주주총회 회일의 전일까지 회사에 도달하도록 하는 것이다. 이는 주주총회에서 부재자투표를 인정한 것이라 할 수 있다.

서면투표는 ① 총회에 출석하지 않는 모든 주주에게 총회의안에 대한 의사를 직접 반영하는 기회를 제공하고, ② 회사는 서면결의의 찬반내용을 총회일 전일까지 확인할 수 있고, ③ 대리인이 불필요하므로 의결권의 대리 또는 대리행사의 권유와 같은 복잡한 법률관계를 발생시키지 않는 제도이며, 주식회사의 민주주의를 발전시키는 데 기여한다는 장점을 가지고 있다.

그러나 주주의 의사가 총회가 개최되기 전에 회사 또는 주주가 제안한 의제에 대하여 찬성, 반대 또는 기권이라는 형식으로 명기되기 때문에 총회에서 動議 등에 적절하게 대처할 수 없다는 단점도 있다.

(2) 서면투표의 요건

1) 정관의 규정

회사가 서면투표를 하려면 정관의 규정이 있어야 한다(368조의3 1항). 서면결의에 관한 정관의 규정이 없으면 회사는 서면결의를 할 수 없으나, 정관에 이에 관한 규정을 두면 반드시 서면투표를 실시해야 한다.

2) 소집통지와 서류송부

회사는 주주에게 총회의 소집통지를 하면서 의결권행사에 필요한 서면과 참고서류를 송부해야 한다(368조의3 2항). 이때 서면에는 의안에 대한 찬반이나 기권의 의사표시를 할 수 있어야 한다. 참고서류에는 주주가 주주총회에서 의결할 의안에 대한 정보가 기재되어야 한다. 만약 회사가 참고자료를 송부하지 않았거나 송부하였더라도 부실기재 또는 기재된 허위사실을 믿고 서면투표를 잘못한 경우에는 주주총회결의취소의 소의 원인이 된다.

3) 의결권행사서면의 제출

의결권행사를 서면으로 하려는 주주는 서면에 찬반 등의 의사표시를 기재하여 회사에 제출하여야 한다. 제출은 직접 제출이든 우편으로 하든 관계 없으며, 총회일 전일까지 서면이 도달하여야 한다.

(3) 서면투표의 철회·수정

주주는 의결권행사서면을 회사에 송부한 후 총회결의가 성립할 때까지는 서면에 의한 의결권행사를 철회할 수 있다. 또한 의결권행사서면을 제출한 주주가 직접 총회에 참석하거나 대리인을 출석시켜 서면에 기재한 의사표시를 철회하거나 번복할 수도 있다.

(4) 서면투표의 효과

회사에 제출된 서면은 총회의 출석수에 산입되고, 의사표시의 내용대로 찬성 또는 반대의 의결권수에 가산된다. 주주의 의사표시가 기재되어 있지 않은 백지서면이 제출된 경우에는 이를 반대로 간주하자는 견해도 있다(李 443).

서면투표제도에서 의안에 대한 수정동의가 있는 경우에 의결권행사서면을 어떻게 취급해야 할 것인지에 대하여 논란이 있다. 제1설은 결석설이다. 의결권행사서면에 의한 의결권을 행사한 주주는 의결권행사서면에 찬부의 기재란이 있는 의안에 관하여 찬부의 의사를 표명한 것에 지나지 않고, 총회장에서 제출된 수정의안에 관하여는 어떠한 의사도 표시하지 않은 것이므로, 이 결의에 관하여는 서면에 의한 의결권은 행사되지 않은 것으로 간주하여 그 주주는 결석으로 처리한다. 제2설은 원안찬성의 의결권행사서는 수정안에 반영하여 계산하고, 원안반대는 수정안에 기권으로 계산한다(崔 453). 기권표도 출석주주의 의결권수에 산입되므로 기권으로 취급하는 것은 결의의 성립이라는 관점에서 반대로 취급하는 것과 동일한 기능을 가진다.[16] 제2설이 타당하다고 생각한다.

6. 전자투표

(1) 의 의

서면투표이외에도 주주가 주주총회에 출석하지 아니하고 의결권을 행사할 수

16) 西尾信一, "書面投票の實務的背景", 「商事法の解釋と展望」(上柳克郎先生還曆記念), 有斐閣, 1984, 105쪽 이하.

있는 방법이 전자투표이다(368조의4). 회사는 이사회의 결의로 주주가 총회에 출석하지 아니하고 전자적 방법으로 의결권을 행사할 수 있음을 정할 수 있다(368조의4 1항). 즉, 전자투표는 정관에 규정이 없더라도 이사회의 결의로 사용할 수 있다.

(2) 절 차

전자투표를 채택한 회사는 주주총회의 소집통지나 공고를 할 때에 주주가 전자적 방법으로 의결권을 행사할 수 있다는 내용을 통지하거나 공고해야 하고(368조의4 3항), 주주는 주주확인절차 등 대통령령으로 정하는 바에 따라 의결권을 행사하여야 한다. 이 경우 회사는 의결권행사에 필요한 양식과 참고자료를 주주에게 전자적 방법으로 제공하여야 한다(368조 3항).

회사는 전자투표관리기관을 지정하여 주주확인절차등 의결권행사의 운영을 위탁할 수 있다(상시행령 5조의2 4항). 전자투표제도를 시행하기 위해서는 상당한 기술을 요하기 때문에 취해진 조치이다.

동일한 주식에 관하여 서면투표 또는 전자투표에 따라 의결권을 행사하는 경우 전자투표 또는 서면투표 중 어느 하나의 방법을 선택해야 한다(368조의4 4항). 동일한 주주가 소유주식을 나누어 일부는 서면투표로, 나머지는 전자투표로 하는 경우 투표의 내용이 다르다면 의결권불통일행사에 해당하므로 그 요건과 절차에 따라야 한다.

(3) 전자투표의 도달시기

주주의 전자투표는 격지자간의 의사표시이므로 회사에 도달해야 효력이 발생한다. 이 때 회사에 도달한 시기는 전자거래기본법 제6조 제2항 제1호를 유추적용하여 주주가 회사에 의해 지정된 전자정보처리조직(컴퓨터 등)에 투표의사를 입력한 때이다.

(4) 기록의 보존

회사는 의결권행사에 관한 전자적 기록을 총회가 끝난 날부터 3개월간 본점에 비치하여 열람하게 하고 총회가 끝난 날부터 5년간 보존해야 한다(368조 5항). 열람권자는 주주와 이사, 감사에 한한다.

【의결권행사를 구속하는 계약】

1) **의결권신탁** 의결권신탁(voting trusts)이라 함은 수탁자가 계약에 정해진 기간동안 합의된 방법으로 의결권을 행사할 권한을 가지되, 이익배당청구권 등의 권리는 주주가 계속해서 보유하기로 하는 약정하에 주주가 그 주식을 의결권수탁

자에게 양도하는 것을 말한다.[17] 이 제도는 미국의 경우 폐쇄회사에 대하여 대부분의 州에서 인정되고 있으며, 법률적으로는 주식의 신탁이지 의결권만의 신탁은 아니다. 따라서 주식은 위탁자로부터 수탁자에게 이전되며, 그 이전에 의해 주주명부에 기재되고 회사로부터 새로운 주권이 수탁자에게 발행되어 주주총회에서의 의결권은 수탁자가 전적으로 행사하게 된다.

2) **의결권구속계약** 의결권구속계약(voting agreement, Stimmrechtsbindungsvertrag)이란 주주총회에서 사전에 약정한 방법에 따라 의결권을 통일적으로 행사하기 위하여, 주주가 다른 주주에게 자기소유의 주식의 의결권을 일반적으로 또는 특정사항에 한하여 일정한 방향으로 행사할 것을 약정하는 계약이다.[18] 의결권대리행사제도가 본래 주주의 의결권행사의 편의를 위하여 창출되었으나, 현실적으로는 회사지배를 위해 사용되어 짐에 반하여, 의결권구속계약은 본래부터 회사지배를 위하여 고안된 것이며, 다음과 같은 3가지 유형이 있다. 즉, ① 주주간의 단순한 합의로서 대개 주주간에 1회만의 의결권행사를 목적으로 하는 유형, ② 결의합동계약으로 당사자간의 합의 또는 중재인의 裁定에 따라 그들의 의결권을 하나의 단위로 합동하여 행사하기로 약정하는 유형, ③ 주주와 제3자 간의 계약으로 주로 당해 회사와 주주 간에 행해지는 유형을 들 수 있다.

이와 같은 의결권구속계약에 관하여 우리 상법은 아무런 규정도 두고 있지 않으므로 그 유효성 여부와 효력에 관해서 논란이 있다.

3) **의결권행사의 자격양도** 의결권행사를 위한 자격양도(Legitimationsübertragung)란 주주로서의 형식적 자격의 부여와 주주권 특히 의결권행사를 위한 수권이 결합된 형태로서, 주주가 주식 그 자체는 양도하지 않고 타인에게 그 자의 명의로 의결권을 행사할 자격 내지 권한만을 부여하는 것으로, 진정한 주식소유권은 양도인에게 유보되어 있다는 점에서 의결권신탁제도와는 구별되며, 또한 양수인명의로 의결권을 행사한다는 점에서 委任狀에 의한 의결권대리행사제도와도 구별되어 진다.

이 제도는 독일에서 광범위하게 행해지고 있었는데, 은행에 임치된 주식의 의결권[은행의결권(Bankenstimmrecht)]행사로 인한 은행의 기업지배문제로 그 유효성 여부에 대하여 논란이 있었다. 1937년 독일 주식법에서는 그 유효성을 인정하되, 은행의 기업의 지배문제에 대한 폐단을 방지하기 위하여 의결권행사의 자격양도에 관한 요건만을 규정하고 있다(AktG 135조).

17) Jesse H. Choper · John C. Coffee, Jr · Ronald J. Gilson, *op. cit.*, p. 736.

18) Amercian Bar Association, *Model Business Corporation Act*, American Bar Foundation, 1998, pp. 7-68.

V. 株主總會의 議事와 決議

1. 주주총회의 의사진행

주주총회의 의사방법에 관하여 상법 또는 정관에 규정이 없으면 총회에 관한 관습에 의하고, 관습도 없으면 회의체의 의사에 관한 일반원칙(예컨대 국회 등에서의 의사에 관한 원칙)을 따른다.

2. 주주총회의 의장

(1) 의장의 선임

주주총회에는 의사를 진행할 의장이 필요하다. 정관에서 대표이사가 의장이 되는 것으로 정하고 있는 것이 일반적이나, 그러한 정함이 없는 경우에는 총회에서 의장을 선임한다(366조의2 1항). 그러나 소수주주에 의하여 총회가 소집된 경우에는(366조 2항) 정관의 규정에도 불구하고 별도의 의장을 선임해야 할 것이다(崔 484). 정관에서 의장을 정할 것을 예정해 놓은 것은 대표이사가 이사회의 결의에 의하여 소집하는 통상의 주주총회를 상정한 것이기 때문이다.

의장의 자격에 관하여는 총회가 주주에 의하여 구성되는 회의체이기 때문에 주주일 것을 요구하는 견해도 있지만, 반드시 주주이어야 할 필요는 없다고 본다(同旨 : 林 401). 또한 주주가 특별한 이해관계가 있을 때 의결권이 제한되는 것과는 달리 결의에 관하여 특별한 이해관계를 가진 의장도 의사진행을 할 수 있다. 왜냐하면 의장은 의사진행만 주제할 뿐이지 결의 자체와는 무관하기 때문이다. 실제로 주주총회의 의장은 대표이사인 경우가 일반적이다.

(2) 의장의 권한

총회의 의장은 총회의 질서를 유지하고 의사를 정리할 권한을 갖는다(366조의2 2항). 따라서 총회의 의장은 그 총회장에서 고의로 의사진행을 방해하기 위한 발언·행동을 하는 등 현저히 질서를 문란하게 하는 자에 대하여 그 발언의 정지 또는 퇴장을 명할 수 있다(366조의2 3항). 또한 의사진행을 원활히 하기 위하여 필요한 때에는 주주의 발언시간 및 발언횟수를 제한할 수도 있다.

의장이 이러한 직책을 태만히 하거나 권한을 남용한 결과 총회의사의 운영이 공정하지 못하게 된 때에는 결의취소의 소의 원인이 될 수도 있고(376조), 의장은 회사에 대하여 손해배상책임을 부담할 수도 있다. 왜냐하면 의장은 일종의 회사기관으로서 회사에 대하여 위임관계에 있다고 볼 수 있기 때문이다.

의장은 의사진행에 관한 권한만 가지고 있으므로, 총회결의가 가부동수라 하여 의장이 결정권을 가지는 것은 아니다.

3. 이사 · 감사의 설명의무

독일 주식법에서는 주주의 설명청구권을 명시하고 있고(AktG 131조), 일본 상법에서도 이사 · 감사에게 주주가 요구한 사항에 관하여 설명할 의무를 명시하고 있다(日商 237조의3). 이러한 명문규정이 없는 우리나라의 경우에도 주주의 질문권과 이에 대한 이사 등의 설명의무는 회의체의 일반원칙상 당연히 인정된다고 본다. 다만 주주의 질문의 범위와 이사 등의 설명범위에 대한 논란이 있을 수 있다.

> **【입법례】** 이에 대하여 일본 회사법은 이사 등이 설명을 거절할 수 있는 경우를 구체적으로 열거하고 있다. 즉, 이사 및 감사는 ① 질문사항이 회의의 목적인 사항에 관련되지 않은 때, ② 설명을 함으로써 주주공동의 이익을 현저히 해하는 때, ③ 설명을 함에 있어서 조사를 필요로 할 때, ④ 기타 정당한 이유가 있는 때에는 설명을 거절할 수 있다(일회 314조). 그러나 총회의 회일로부터 상당한 기간 전에 서면에 의하여 총회에서 설명을 청구할 사항을 통지한 때에는 이사 및 감사는 조사를 요한다는 것을 이유로 설명을 거절할 수 없도록(일회 314조, 325조) 하고 있다.

주주에게 질문의 기회를 전혀 주지 않았다든가 주주가 적법하게 질문권을 행사했음에도 불구하고 부당히 설명을 거절한 때, 또는 부실한 설명을 한 때에는 결의의 방법이 법령에 위반된다고 볼 수 있으므로 결의취소의 소의 원인이 된다(376조 1항).

> **【설명의무에 관한 사례】** 정치헌금액이 질문된 경우에 이사의 설명의무가 발생하는가? 이 경우에 정치헌금액이 총회의 의제인 계산서류의 승인 또는 보고에 관련되는지의 여부가 문제가 된다. 설명의무의 범위는 설명의무의 목적에 의하여 한정되기 때문에 의제와의 관련은 형식적인 것으로 족하지 않고 실질적인 것이어야 한다. 일본의 다수설은 설명의무의 목적을 의안의 찬부의 합리적 판단(의제가 보고사항인 경우에 내용의 합리적 이해)을 위하여 필요한 사항에 관련된 정보의 제공이 요구되기 때문에 질문사항이 의안의 찬부에 대한 판단(또는 내용의 합리적 이해)에 필요한지의 문제로 되지만, 정치헌금을 포함한 무상공여의 액은 부속명세서에 기재되지 않아도 되므로 일일이 정치헌금의 총액 및 건수까지도 설명할 의무는 없다고 한다(末永 121). 그러나 이사의 증수뢰 의혹이 있는 객관적 사정이 있는 때에는 개별적인 헌금처 · 금액에 관하여 설명할 의무가 있다고 본다.

4. 주주총회의 결의

(1) 주주총회결의의 의의

주주총회의 결의는 다수결의 원리에 의하여 주주들의 표결을 통해 형성된 주주총회의 의사표시로서, 결의의 성립이 선언된 경우에는 그 때부터 주주 개개인의 의사와는 관계없이 주주 전원을 구속함은 물론, 회사의 각 기관 등 관계자 전원을 법적으로 구속한다. 이는 결의 이후에 주주나 기관이 된 자도 마찬가지이다.

(2) 주주총회결의의 법적 성질

주주총회의 결의의 법적 성질에 관하여, 결의는 각 주주의 의사표시(의결권 행사)를 불가결의 요소로 하기 때문에 법률행위라고 보는 데는 이견이 없다. 그러나 이를 전통적인 법률행위(계약, 합동행위, 단독행위)로 보는 견해[이 견해도 계약으로 보는 계약설[19]과 합동행위로 보는 합동행위설(鄭(燦) 481, 崔(埈) 342)로 나뉜다]와 전통적인 법률행위의 일종인 계약도 아니고 합동행위도 아닌 특수한 종류의 다면적 법률행위라고 보는 견해[權 588, 李 540, 鄭(東) 351]로 학설이 나뉜다.

특수법률행위설은 합동행위란 수인의 당사자 사이에 求心的으로 방향을 같이하는 의사표시가 합치되어 성립하는 법률행위를 말하는데, 총회결의에서는 수인의 의사표시가 찬반으로 갈릴 수도 있으므로 이 개념에는 부합하지 않는다고 한다(李 540). 이에 대하여 합동행위설은 주주총회의 결의를 전통적인 법률행위가 아닌 다른 특수한 유형의 법률행위라고 하는 것은 그 개념이 명확하지 못하다고 비판한다[鄭(燦) 481]. 이와 같은 견해의 차이는 구체적으로 합동행위설에 의하면 의사표시와 법률행위에 관한 일반원칙(民 107조~112조)이 대체적으로 적용되나, 특수법률행위에 의하면 주주총회의 결의의 경우에는 단체법률관계의 안정이 강하게 요구되므로 법률행위와 의사표시에 관한 일반원칙이 적용되지 않는다는 데 있다.

(3) 주주총회결의의 성립

1) 표결의 방법

총회에서의 결의방법에 관하여 법률상 아무런 규정이 없으므로 정관에 규정이 있으면 그 규정에 따른다. 만약 정관에도 규정이 없으면 투표에 의하든 거수·기립 기타 어떠한 방법에 의하든 출석자의 의사를 확인하고 산정할 수 있는 방법이면 된다.

총회의 심의와 결의가 공정하게 행하여지도록 상법은 총회에서 발언 또는 의결

---

19) 李英俊, 民法總則, 博英社, 155쪽.

권의 행사에 관한 증수뢰에 대하여 형벌을 가하고 있다(631조 1항).

2) 결의의 요건

주주총회의 결의에는 다수결의 원리가 지배하나, 의안의 중요도에 따라 결의의 성립에 필요한 다수결의 요건을 달리한다. 상법은 보통결의를 원칙으로 하고 있으나, 소수자주주의 보호가 특별히 요청되는 사안의 경우에는 특별결의에 의하는데, 사안의 성격이 다수결을 허용할 수 없는 특수한 상황에서는 주주 전원의 출석을 요하는 경우도 있다.

일반적으로 보통결의는 구성원의 과반수 출석과 출석한 구성원 중에서 과반수 이상의 찬성을 요한다. 일본 회사법의 경우를 보면, 보통결의는 정관에 별다른 규정이 없는 한 발행주식총수의 과반수에 해당하는 주식을 가진 주주의 출석과 그 의결권의 과반수의 찬성을 필요로 하는데(日會 309조 1항), 실제로 대다수의 회사에서는 정관에서 정족수를 배제하고 출석주주의 의결권의 과반수로 결의하도록 규정하고 있다. 이는 주식이 널리 분산된 대규모 주식회사에서 주주총회의 성립을 위한 출석정족수를 확보하기가 매우 어렵기 때문에 둔 규정이다.

우리의 주주총회 현실도 일본의 경우와 별로 다르지 않고, 따라서 이러한 현실을 감안하여 우리 상법은 주주총회의 결의요건 중 출석정족수의 요건을 폐지하고 의결정족수의 요건만을 규정하는 한편, 일부의 주식을 가진 소수의 주주만이 출석하여 총회의 결의가 성립하는 것을 막기 위하여 발행주식총수의 일정 수 이상의 찬성을 요하는 것으로 하였다.

총회의 결의에 관하여는 의결권 없는 주주가 가진 주식의 수는 발행주식총수에 산입하지 아니한다(371조 1항). 의결권 없는 주주가 가진 주식이라 함은 무의결권주식, 회사가 가진 자기주식, 자회사가 가지는 모회사의 주식, 상호보유주식 등을 말한다.

(가) 보통결의　상법상 보통결의란 출석한 주주의 의결권의 과반수와 발행주식총수의 4분의 1 이상의 수로써 하는 결의를 말한다(368조 1항). 보통결의의 요건은 정관에서 가중 또는 감경할 수 있다[同旨; 鄭(東) 353, 反對; 李 544, 崔 427].

상법에 규정된 보통결의사항으로는 이사·감사의 선임(382조, 409조), 이사·감사의 보수의 결정(388조, 415조), 검사인의 선임(366조 3항, 367조), 재무제표 등의 승인(449조), 주식배당(462조의2 1항), 청산인의 선임·해임(531조 1항, 539조) 및 보수의 결정(542조 2항, 388조), 청산의 승인(540조 1항) 등이 있다.

(나) 특별결의　특별결의는 출석한 주주의 의결권의 3분의 2 이상의 수와 발행주식총수의 3분의 1 이상의 수로써 하는 결의이다(434조). 특별결의는 다수결의 남

용을 방지하고 소수자주주를 보호하기 위한 제도로서 강행법적으로 관철해야 할 법익이기 때문에 특별결의의 요건은 정관으로도 완화하지 못한다는 것이 통설이다.

그러나 이를 가중할 수 있는가에 관하여는 긍정설[鄭(東) 354, 蔡(上) 530, 李(基) 465, 鄭(燦) 488, 崔(竣) 344]과 가중할 수는 있되 그 최대한도가 있다고 보는 설(李 545)로 나뉜다. 후자에 의하면 초다수결(supermajority voting)을 요구할 경우에 일부의 주주에게 거부권을 줌으로써 회사운영의 교착을 초래하고, 나아가 기업의 유지를 어렵게 하므로 가중의 최대한도는 1995년 개정 전의 특별결의요건과 같이 과반수 출석에 3분의 2 이상의 찬성이라고 한다.

특별결의사항으로는 정관변경(434조), 총회결의에 의한 주식소각(343조의2 1항), 영업의 전부 또는 중요한 일부의 양도(374조 1항 1호), 영업전부의 임대 또는 경영위임, 타인과 영업의 손익 전부를 같이하는 계약 기타 이에 준할 계약의 체결·변경 또는 해약(374조 1항 2호), 다른 회사의 영업 전부의 양수(374조 1항 3호), 회사의 영업에 중대한 영향을 미치는 다른 회사의 영업 일부의 양수(374조 4항), 사후설립(375조), 이사 또는 감사의 해임(385조 1항, 415조), 주식의 포괄적 교환계약서의 승인(360조의3) 및 주식의 포괄적 이전의 승인(360조의15), 주식매수선택권의 부여(340조의2 1항), 액면주식을 발행하는 경우 액면미달의 신주발행(417조 1항), 자본금의 감소(438조 1항), 주주외의 자에 대하여 발행할 신주인수권부사채의 발행사항의 결정(516조의2 4항), 회사해산·회사계속(518조, 519조), 합병계약서의 승인(522조 3항), 신설합병에서의 설립위원의 선임(175조 2항), 주식회사의 분할·분할합병(530조의2)을 들 수 있다.

한편 영업양수·도, 임대 등의 행위를 하려는 회사의 총주주의 동의가 있거나, 주식 90% 이상을 그 거래의 상대방 회사가 소유하고 있는 경우에는 그 행위를 하려는 회사의 주주총회 승인은 이사회의 승인으로 갈음할 수 있다(간이한 영업양도, 양수, 임대제도 374조의3). 또한 간이합병, 간이분할합병, 간이주식교환, 소규모합병, 소규모분할합병, 소규모주식교환 등에서는 주주총회의 승인은 이사회의 승인으로 갈음할 수 있다.

【중요한 영업용 재산의 처분 및 담보제공】

Ⅰ. 중요한 영업용 재산의 처분

상법 제374조 제1항 제1호에서는 영업의 전부 또는 중요한 일부를 양도하는 경우에 주주총회의 특별결의를 받도록 하고 있다. 그런데 중요한 영업용 재산을 처분하는 경우에도 상법 제374조 제1항 제1호의 적용을 받아 주주총회의 특별결의를 받아야 하는지에 관해 종래에는 견해의 대립이 있었다. 다시 말해 상법 제374조 제1항 제1호에서의 「영업」의 개념을 상법 제41조상의 「영업」의 개념과 동일한 뜻으로 해석하면 영업양도가 아닌 한은 회사의 전재산이나 다름없는 재산의 처분도 주주총회의 특별결의 없이 이사회 등의 결의만으로 유효하게 처분할 수 있지만, 상법 제374조 제1항 제1호의 영업양도를 본래의 의미의 영업양도의 경우뿐만 아니라 중요한 영업용 재산의 처분까지도 포함한다고 보면, 주주총회의 특별결의 없이 한 재산양도는 무효이다. 이때 전자의 입장에 따르면 회사·주주 및 회사채권자에게 손실을 줄 염려가 있는 반면, 후자의 입장에 따르면 거래의 안전을 해치게 된다. 그런데 2001년 개정상법에서 이를 입법적으로 해결하였다. 즉, 상법 제393조 제1항에서 중요한 자산의 처분 및 양도는 이사회 결의사항으로 했다. 이하에서는 종래 학설·판례의 입장을 소개해 둔다.

1. 학 설

(1) 형식설(영업한정설, 결의불요설) 형식설은 회사법상의 영업양도(374조 1항 1호)의 개념과 상법총칙상의 영업양도(41조)의 개념을 동일한 뜻(유기적 일체로서의 기능적 재산)으로 보고, 재산의 전부 또는 중요한 일부의 양도는 그것이 비록 회사의 존립에 관련된다고 하더라도 주주총회의 특별결의를 필요로 하지 않는다는 견해이다[崔 425]. 중요재산을 처분한 회사는 경업금지의무도 부담하지 않는다.

형식설의 주요한 논거는 다음과 같다. 즉, 첫째 동일한 법률에서 사용되는 동일한 용어의 의미는 동일한 것이 원칙이고, 둘째 주주총회의 권한을 축소하고 이사회의 권한을 강화하여 가는 경향을 고려한다면 영업용 중요재산의 처분을 주주총회의 특별결의를 받도록 하는 것은 타당하지 않으며, 셋째 양도회사가 경업금지의무를 부담하는가에 따라 주주총회의 특별결의의 要否가 결정되므로 그 판단기준이 명확하여야 거래의 안전을 도모할 수 있으며, 넷째 실질설을 취할 때에는 재산에 대한 중요성의 여부에 대한 판단기준의 설정도 어렵고 회사의 형편에 따라 악용될 우려도 있어 거래의 안전상 부당하다고 한다.

(2) 실질설(중요재산포함설, 결의필요설) 실질설은 영업용 중요재산의 처분을 상법 제371조 제1항 제1호의 영업양도에 포함시킨다. 그리하여 비록 영업적 활동의 승계를 요건으로 하지는 않더라도 실질적으로 영업양도와 다름없는 중대한 영향을 미치는 한, 중요재산의 처분에서도 주주총회의 특별결의를 요한다고 한다(權 144, 李(基) 483, 鄭(東) 313).

실질설의 주요한 논거는 다음과 같다. 즉, 첫째 형식설을 따르면 대표이사의 자의에 의하여 회사 존립의 기초인 전재산의 처분이 결정되어 버리므로, 이는 기업유지의 원칙과 주주보호의 측면에서 바람직하지 않다고 하고, 둘째 형식설이 거래의 안전을 이유로 들지만 중요한 영업용 재산의 처분은 어디까지나 예외적인 현상으로서 상거래에 있어서처럼 거래의 안전을 강조할 것이 아니라 오히려 동적 안전보다도 정적 안전을 중시해야 하며, 법률용어는 법역, 법목적에 따라 그 개념이 다를 수 있으므로 상법 제41조의 영업양도와 제374조 제1항의 영업양도를 반드시 동일하게 해석할 이유는 없다고 한다.

2. 판 례

판례의 입장은 「상법 제374조 제1호 소정의 영업의 양도란 동법 제1편 제7장의 영업양도를 가리키는 것이므로 영업용 재산의 양도에 있어서는 그 재산이 주식회사의 유일한 재산이거나 중요한 재산이라 하여 그 재산의 양도를 곧 영업의 양도라 할 수는 없지만, 주식회사 존속의 기초가 되는 중요한 재산의 양도는 영업의 폐지 또는 중단을 초래하는 행위로서 이는 영업의 전부 또는 일부 양도의 경우와 다를 바 없으므로 이러한 경우에는 상법 제374조 제1호의 규정을 유추적용하여 주주총회의 특별결의를 거쳐야 한다」고 하면서(대판 1988. 4. 12, 87다카1662), 기본적으로는 형식설을 따르되, 중요재산의 처분으로 말미암아 영업의 폐지 또는 중단을 초래할 때는 실질설의 입장에서 주주총회의 특별결의를 요한다는 절충설의 입장에 서 있다. 그러면서도 다만, 「주식회사가 회사 존속의 기초가 되는 중요한 재산을 처분할 당시에 이미 사실상 영업을 중단하고 있었던 상태라면 그 처분으로 인하여 비로소 영업의 전부 또는 일부가 폐지 또는 중단됨에 이른 것이라고는 할 수 없으므로, 이러한 경우에는 주주총회의 특별결의가 없었다고 하여 그 처분행위가 무효로 되는 것은 아니다」라고 판시하고(대판 1992. 8. 18, 91다14369) 있다.

3. 외국의 입법례

(1) 미 국　미국의 델라웨어주 회사법은 「회사재산의 전부 또는 실질적인 전부의 매각」(sale of all or substantially all of assets)에 대하여 주주총회의 결의를 반드시 거치도록 하고 있다(Del. Gen. Corp. Law §271). 그러나 대부분의 州에서는, 재산의 양도가 회사 업무의 통상적이고 정규적인 업무수행과정(in the usual and regular course of its business)에서 행해진 경우에는 이사회의 단독결의만으로 족하나, 그렇지 않은 경우에는 주주총회의 결의를 요한다고 한다(MBCA. §12.02, N.Y. BUS. Corp. Law, §§909, 911). 그런데 재산양도의 방법으로 합병의 목적을 달성하려는 경우가 다수 있다. 왜냐하면 합병절차에 따를 경우 이에 반대하는 주주의 주식을 매수해 주어야 하는데, 재산양도는 이를 회피할 수 있기 때문이다. 이에 이러한 경우를 사실상의 합병으로 보아 반대주주의 권리를 보호하고 있다(MBCA. §13.02, N.Y. BUS. Corp. Law, §§901).

(2) 독 일　독일은 주식회사가 전재산의 양도에 관한 계약을 체결할 때 총회의 동의를 얻도록 하고 있다(AktG 361조). 이때 결의는 적어도 의결권의 4분의 3 이상의 동의가 있어야 한다.

II. 중요한 영업용 재산의 담보제공

상법은 영업의 양도에 대해서만 규정하고 있을 뿐, 중요한 영업용 재산을 담보제공할 때 주주총회의 특별결의를 요하는가에 관한 규정은 없다. 저당권의 설정 등 일반적인 담보설정행위에 관하여는 위와 같은 결의를 요하지 아니하나, 매도담보의 경우가 문제이다. 이에 대하여 매도담보는 실질적으로 자금의 공급을 목적으로 하고 설비의 개선 등 영업의 유지・계속을 전제로 하는 것으로서, 마치 회사가 담보부사채를 발행할 때 회사의 중요한 영업용 재산에 대한 담보권을 설정하는 것과 마찬가지로 이사회의 결의로써 충분하다는 견해도 있고(崔 417), 매도담보는 법률상 소유권이 완전히 채권자에게 이전되고 회사는 담보권자에 대하여 내부적 권리만 갖게 될 뿐이며, 이 경우 위의 결의가 필요없다고 한다면 중요한 영업용 재산의 양도를 주주총회의 특별결의로 결정하도록 한 법의 취지가 잠탈될 우려가 있다는 견해도 있다[蔡(上) 492, 李(基) 471].

판례는 「회사의 영업 그 자체가 아닌 영업용 재산의 처분이라 하더라도 그로 인하여 회사의 영업전부 또는 중요한 일부를 양도하거나 폐지하는 것과 같은 결과를 가져오는 경우에는 그 처분행위에 상법 제374조 제1호 소정의 주주총회의 특별결의를 요한다고 할 것인 바, 흄관의 제작판매를 업으로 하고 있는 회사소유의 흄관몰드(형틀)가 흄관제작에 없어서는 아니될 영업용 재산 거의 전부에 해당하는 것이라면 위의 흄관몰드 전부를 매도담보로 제공하는 행위는 위 회사의 영업의 전부 또는 중요한 일부를 양도 내지 폐지하는 것과 동일한 결과를 초래하는 것으로 주주총회의 특별결의를 거쳐야 할 사항이다」라고 판시하고 있다(대판 1987. 4. 28, 86다카553).

(다) 특수결의　특수결의는 무의결권주식을 포함하여 총주주의 동의를 요하거나 다른 특수한 요건을 요하는 결의를 말한다. 총주주의 동의를 요하는 결의로서, 발기인의 회사설립에 관한 손해배상책임의 면제(324조, 400조), 이사 · 감사 · 청산인의 회사에 대한 손해배상책임의 면제(400조 · 415조 · 542조 2항), 유한회사로의 조직변경(604조 1항)을 들 수 있다. 그러나 상장회사의 경우에는 이러한 총주주의 동의를 요하는 결의요건은 현실성이 없을 것이다.

한편, 출석한 주식인수인의 의결권의 3분의 2 이상이고 인수된 주식의 총수의 과반수에 해당하는 결의사항으로서는 모집설립 또는 신설합병시의 창립총회의 결의를 들 수 있다(309조, 527조 3항).

(4) 의사록

총회의 의사에 관하여는 의사록을 작성해야 한다(373조 1항). 의사록에는 의사의 경과요령과 그 결과를 기재하여 의장과 출석한 이사가 기명날인 또는 서명해야 한다(373조 2항). 이사는 의사록을 본점과 지점에 비치해야 하며, 주주와 회사채권자는 영업시간 내에는 언제든지 총회의사록의 열람 또는 등사를 청구할 수 있다(396조 2항). 의사록에 창설적 효력이 부여되는 것은 아니므로 주주총회의 성립과 결의에 관하여 의사록과 다른 진실이 있다면 그것을 입증하여 주장할 수 있고, 의사록을 작성하지 않더라도 주주총회의 결의의 효력에는 영향을 미치지 않는다. 그러나 의사록에 기재해야 할 사항을 기재하지 않거나 부실한 기재를 한 경우에는 벌칙이 적용된다(635조 1항 9호).

주주총회에서 결의한 내용이 등기할 사항인 경우(이사, 감사의 선임, 합병이나 자본금 감소 등)에는 등기신청시에 의사록을 첨부해야 하고(상등 79조 2항), 의사록은 공증인의 인증을 받아야 한다(공증 66조의2). 다만, 자본금 10억원 미만의 회사를 발기설립하는 때에 주주총회의사록의 공증은 요하지 않는다(공증 66조의2 1항 단서).

(5) 종류주주총회

1) 종류주주총회의 의의

회사가 종류주식을 발행하고 있는 경우에 ① 정관의 변경에 의하여 어떤 종류의 주주에게 손해를 미치게 되는 경우, ② 주식의 종류에 따라 신주의 인수, 주식의 병합 · 분할 · 소각 또는 회사의 합병 · 분할로 인한 주식의 배정에 관하여 특수한 정함을 하는 경우(344조 3항)에, 어느 종류의 주주가 손해를 입게 된다면 주주총회의 특별결의 외에 다시 그 종류주주만으로 구성된 주주총회의 결의가 있어야 한다(435조 1항). 이를 종류주주총회라고 한다.

종류주주총회는 각종의 주식마다 별개의 주주총회가 존재하는 것은 아니다. 주주총회는 하나뿐이기 때문에, 종류주주총회는 그 결의가 주주총회의 결의의 효력발생을 위하여 부가적으로 요구되는 것일 뿐이고, 그 자체가 주주총회는 아니며 회사의 기관도 아니다[李 619, 崔(埈) 349].

2) 종류주주총회의 취지

회사가 종류주식을 발행한 경우에 사안별로 각 종류의 주주 사이에 이해관계가 다를 수 있다. 이러한 경우에 특정 종류의 주식을 가진 주주가 수적으로 우세한 경우에는 주주총회의 결의는 그 종류의 주식을 가진 주주가 지배하게 되고, 그럼으로써 다른 종류의 주주가 손해를 입을 수도 있게 된다. 따라서 상법은 어떠한 종류의 주주가 손해를 입게 될 때에는 주주총회의 특별결의 외에 손해를 입을 염려가 있는 그 종류의 주주들이 모인 총회의 결의를 받게 함으로써 그러한 종류주주의 보호를 도모하고 있다.

3) 종류주주총회의 결의를 요하는 경우

종류주주총회의 결의를 요하는 경우는 ① 회사가 종류주식을 발행한 경우에 정관을 변경함으로써 어느 종류주식의 주주가 손해를 입게 될 때(435조 1항), ② 신주의 인수, 주식의 병합 · 분할 · 소각, 주식교환, 주식이전 또는 회사의 합병 · 분할로 인한 주식의 종류에 따라 특수하게 정하는 경우와 회사의 분할 또는 분할합병으로 인한 주식의 배정에 관하여 주식의 종류에 따라 특수한 정함을 하는 경우에 어느 종류의 주주가 손해를 입게 될 때(344조 3항, 436조 전단), ③ 회사의 분할 또는 분할합병, 주식교환, 주식이전 및 회사의 합병으로 인하여 회사합병 · 분할로 인하여 어느 종류의 주주가 손해를 입게 될 때(436조 후단) 등을 들 수 있다.

4) 종류주주총회의 결의방법

종류주주총회의 결의는 출석한 종류주주의 의결권의 3분의 2 이상의 수와 그 종류의 발행주식총수의 3분의 1 이상의 수로써 해야 한다(435조 2항). 이러한 결의요건은 정관으로도 달리 정할 수 없다[李 621, 孫 789, 鄭(東) 363, 鄭(燦) 506, 崔 514, 崔(埈) 350]. 무의결권주주들의 종류주주총회에서는 무의결권주주도 의결권을 가진다(435조 3항).

5) 종류주주총회의 결의하자

종류주주총회의 소집과 운영 등에 관한 사항에 관하여는 주주총회에 관한 규정 중 의결권 없는 종류의 주식에 관한 규정을 제외한 모든 규정을 준용한다(435조 3항).

그러나 주주총회 결의하자에 관한 규정도 종류주주총회에 준용할 것이냐에 관하여는 긍정설(孫 789, 崔 515)과 부정설(李 622)로 나뉜다. 부정설은 종류주주총회의 결의는 주주총회의 결의의 효력발생요건에 지나지 않으므로 주주총회결의의 하자로 다투면 되고, 또 이를 인정한다 하더라도 주주총회결의의 효력을 부정하기 위하여는 종류주주총회결의의 하자를 다투는 소에서 승소한 소에 다시 이를 원인으로 주주총회의 결의의 효력을 다투는 소를 제기하여야 하므로 독립하여 다툴 실익이 없다고 한다(李 622).

한편, 주주총회결의외에 종류주주총회결의를 거쳐야 하는데, 아직 종류주주총회의 결의를 거치지 않은 경우, 즉 종류주주총회결의가 흠결되어 있는 경우 주주총회결의 자체의 효력이 문제가 된다. 이에 대하여 판례는 종류주주총회의 결의는 결의사항이 유효하기 위한 요건이지 일반주주총회의 결의가 효력이 발생하기 위한 요건은 아니라고 하여 주주총회결의 자체의 효력에는 아무런 하자가 없다고 판시하고 있다(대판 2006. 1. 27, 2004다44575).

5. 주식매수청구권

(1) 주식매수청구권의 의의

영업의 전부 또는 중요한 일부의 양도 · 양수 · 임대, 주식교환, 주식이전, 회사의 합병 · 분할합병 등에 관한 특별결의에 반대하는 주주는 주주총회 전에 회사에 대하여 서면으로 반대의사를 통지한 경우, 그 총회의 결의일부터 20일 내에 주식의 종류와 수를 기재한 서면으로 자기가 소유하고 있는 주식을 공정한 가액으로 매수해 줄 것을 청구할 수 있는 권리(374조의2 1항, 360조의5, 360조의22, 522조의3, 530조의11 2항)를 반대주주의 주식매수청구권이라 한다.

회사의 합병 · 분할합병 등의 경우에는 주주의 이해관계에 중대한 영향을 미친다. 상법은 이들 사항에 대하여 특별결의를 요하면서 그 결의에 반대하는 소수파의 주주에 대하여는 그가 가진 회사의 주식을 회사가 매수할 것을 청구할 수 있도록 하여 다수결에서 패배한 소수파주주의 권익을 보호하려는 데 그 목적이 있다.

주식매수청구권은 1850년대 이후 미국의 州法들에서부터 인정되기 시작하여 오늘날에는 거의 모든 나라에서 인정하고 있는데, 우리나라에서도 1982년 구 증권거래법에서 도입하여 상장회사의 주주에 대해서만 제한적으로 인정하였다(동법 191조). 그러나 주식매수청구권은 상장회사의 경우보다는 주식의 양도가 용이하지 않아 투하자본의 회수가 어려운 비상장회사의 경우에 이를 인정할 필요성이 더욱 크다. 그러므로 상법은 모든 주식회사의 주주에게 주식매수청구권을 인정하여 이를 일반화하였다.

(2) 주식매수청구권의 법적 성질

주식매수청구권은 다수결지배에 반대하는 소수파주주의 이익을 보호하기 위하여 법률상 특별히 인정한 권리이고, 이를 행사함에 있어 매수청구의 의사표시에 의하여 회사의 승낙을 기다리지 않고 효력이 발생하는 형성권이다. 따라서 이러한 권리행사의 의사표시를 하면 주주와 회사 간에 주식매매계약이 성립하게 되고(매매계약성립설: 李 578, 崔 425, 崔(竣) 353), 상법 제374조의2 제2항의 「2월 내에 매수하여야 한다」는 의미는 「2월 이내에 이행을 해야 한다」는 뜻으로 해석해야 할 것이다. 이에 대하여 주주가 주식매수청구권을 행사하면 회사는 매수가격을 협의할 의무가 생길 뿐이고, 2월 내에 그 주식을 매수하도록 정한 것을(374조의2 2항, 590조 2항) 「2월 이내에 매수가격을 협의 결정해야 한다」는 뜻으로 해석하는 견해도 있다[매수협의의무발생설: 李(基) 490, 鄭(燦) 497].

(3) 주식매수청구권의 발생요건

(가) 반대주주의 주식매수청구권이 인정되는 경우는 ① 영업전부 또는 중요한 일부의 양도(374조 1항 1호), ② 영업전부의 임대 또는 경영위임, 손익공동계약 기타 이에 준할 계약의 체결 · 변경 · 해약(374조 1항 2호), ③ 다른 회사의 영업전부의 양수(374조 1항 3호) 또는 중요한 영업일부의 양수(374조 1항 4호)를 할 때의 필요한 특별결의사항에 반대하는 경우(374조의2 1항), ④ 주식교환 또는 주식이전에 관한 특별결의사항(360조의3 2항, 360조의16 2항) 등의 특별결의에 반대하는 경우에 반대하는 경우(360조의5, 360조의22), ⑤ 합병승인 또는 분할합병승인에 관한 특별결의사항(522조, 530조의3 2항)에 반대하는 경우(522조의3, 530조의11 2항)이다. 그러나 회사가 해산한 후 영업을 양도하거나 채무자 회생 및 파산에 관한 법률에 의한 회생절차로서 영업양도나 합병, 주식의 교환이나 이전, 회사분할을 하는 경우에는 주식매수청구권이

인정되지 아니한다. 그것은 해산의 경우에 이를 인정하면 주주가 회사채권자에 앞서서 우선변제를 받는 결과가 되기 때문이고(주주는 잔여재산을 분배받으면 족하다), 회생절차의 경우에는 주주총회의 결의 없이 회생의 일환으로 이루어지는 것으로서 주식매수청구권을 인정하면 회사채권자의 보호를 기할 수 없기 때문이다.

(나) 주식매수청구권을 행사하려는 주주는 이에 관한 이사회 결의 후 주주총회 전에 회사에 대하여 서면으로 그 결의에 반대하는 의사를 통지해야 한다(360조의5 1항, 360조의22, 374조의2 1항, 522조의3 1항, 530조의11 2항). 이는 매수청구를 예고함으로써 회사에 대하여 그러한 의안제출여부를 재고하도록 하고, 또한 주식매수청구에 대한 대책을 강구할 수 있도록 하기 위한 것이다.

(다) 간이합병의 경우에는 소멸회사가 총주주의 동의가 있는 경우를 제외하고는 합병계약서를 작성한 날로부터 2주 내에 주주총회의 승인을 얻지 아니하고 합병한다는 뜻을 공고하거나 주주에게 통지해야 하는데, 주식매수청구권을 행사하고자 하는 주주는 이러한 공고 또는 통지를 한 날로부터 2주 내에 회사에 대하여 서면으로 합병에 반대하는 의사를 통지하여야 한다(522조의3 2항). 간이주식교환(360조의9, 360조의5 2항) 및 간이분할합병(530조의11 2항, 527조의2, 522조의3 2항)의 경우도 동일하다.

(라) 주식매수청구권을 행사하려는 주주는 위의 결의사항에 관한 주주총회에 참석하여 다시 그 결의에 반대할 필요는 없다(360조의5 1항, 360조의22, 374조의2 1항, 522조의3, 530조의11 2항). 회사는 반대주주가 총회에 출석하지 않더라도 그 의결권은 반대표에 가산해야 한다. 그러나 반대주주가 주주총회에 참석하여 사전의 반대의사를 번복하더라도 무방한데, 이는 사전의 반대를 철회한 것으로 보아야 한다[鄭(東) 359].

(4) 주식매수청구권의 행사

(가) 매수청구권자 주식매수청구권자는 회사에 대하여 주주의 권리를 행사할 수 있는 주주로서 사전에 당해 회사에 대하여 서면으로 반대의 통지를 한 주주이다(360조의5 1항, 360조의22, 374조의2 1항, 522조의3 1항, 530조의11 2항). 따라서 영업의 전부 양도인 경우에는 양도회사 및 양수회사의 주주이고(374조 1항 1호, 2호), 영업의 일부 양도의 경우에는 양도회사의 주주이다(374조 1항 1호). 다만, 회사의 영업에 중대한 영향을 미치는 다른 회사의 영업 전부 또는 일부의 양수에도 주주총회의 특별결의가 필요하므로, 이 경우에는 양수회사의 주주도 주식매수청구권을 행사할 수 있다(374조 1항 3호). 또한 주식교환의 경우에는 완전자회사가 되는 회사 및 완전모회

사가 되는 회사의 주주이고(360조의3 1항, 2항), 주식이전의 경우에는 완전자회사가 되는 회사의 주주이며(360조의16 1항, 2항), 합병 또는 분할합병의 경우에는 소멸회사 및 존속회사의 주주이다(522조 1항, 530조의3 1항, 2항, 3항). 이때 명의개서를 하지 않은 주식의 양수인은 이 권리를 행사할 수 없다. 매수청구권자가 주식을 양도한 경우에 그 양수인은 매수청구권까지 양도받은 것은 아니라고 해석되므로 매수청구를 할 수 없다고 본다. 반대의 서면통지를 하는 주주와 서면으로 매수청구를 하는 주주는 동일인이어야 하나, 상속·합병 등 포괄승계의 경우는 예외이다.

의결권이 없거나 제한되는 주주도 주식매수청구권을 가진다(360조의5 1항, 374조의2).

(나) 매수청구의 상대방 주식매수청구권의 상대방은 주식매수청구권자가 속하는 회사이다. 회사가 흡수합병된 경우에는 존속회사가 주식매수대금을 지급해야 한다.

(다) 매수청구기간과 방법 주주총회 특별결의의 반대주주는 총회의 결의일로부터 20일 이내에 주식의 종류와 수를 기재한 서면으로 회사에 대하여 자기가 소유하고 있는 주식의 매수를 청구할 수 있다.

주식매수청구권이 미치는 주식에 관하여는 그 일부만을 매수청구할 수도 있다. 주주가 의결권을 불통일행사하여 반대한 주식만을 매수청구하는 경우에는 의결권의 불통일행사를 인정하는 한 부정할 이유가 없고, 모든 주식을 가지고 반대하였으나 매수청구권행사는 일부주식에 대해서만 할 수도 있다.

(라) 매수 시기 회사는 주식의 매수청구를 받은 날로부터 2월내에 그 주식을 매수해야 한다(360조의5 3항, 360조의22, 374조의2 2항, 530조 2항, 530조의11 2항). 주식매수청구권은 형성권이므로 매수청구에 의하여 당해 회사와의 매매계약이 성립하고, 회사의 승낙을 필요로 하지 않는다. 그러나 2월의 주식대금 지급기간동안은 이행지체가 되지 않고 대금지급과 주권의 교부는 동시이행의 관계에 있게 된다. 2월의 기간은 제척기간이다.

주권상장법인은 그 매수청구기간이 종료하는 날부터 1월내에 당해주식을 매수하여야 한다(자시법 165조의5 2항).

(마) 매수가액의 결정 매수가액의 결정은 ① 반대주주와 회사 간의 협의에 의하여 결정하도록 하고, ② 매수청구를 받은 날부터 30일 이내에 협의가 이루어지지 아니하는 경우에는 회사 또는 주식의 매수를 청구한 주주는 법원에 대하여 매수가액의 결정을 청구할 수 있다(374조의2 3항·4항). 법원이 주식의 매수가액을 결정하는 경우에는 회사의 재산상태 기타의 사정을 참작하여 공정한 가액으로 이를

산정해야 한다(374조의2 5항).

자본시장법에서는 주주와 회사간에 협의가 이루어지지 않으면 매수가액은 합병 등을 위한 이사회의 결의일 이전에 증권시장에서 거래된 당해 주식의 2개월간, 1개월간, 7일간의 평균가격을 재차 평균한 가액으로 산정한다(자시법 165조의5 3항 단서, 동법 시행령 176조의7 2항). 이 가액에도 회사 또는 주주가 반대하는 경우에는 매수가격의 결정을 법원에 청구할 수 있다(자시법 165조의5 3항 단서).

(바) 매수한 주식의 처분 주주의 매수청구에 따라 회사가 그 주식을 매수한 경우에는 결과적으로 회사의 자기주식취득이 되므로(341조 5호), 회사는 정관의 규정 또는 이사회의 결의로 처분한다(342조).

주권상장법인은 예외적으로 취득한 자기주식을 3년내에 처분해야 하는데, 주주에게 배당할 이익으로써 그 주식을 소각할 수 있다(자시법 165조의5 4항, 165조의3).

5) 주식매수청구권과 총회결의하자의 소와의 관계

총회결의에 반대하여 주식매수청구권을 행사하는 주주가 총회결의에 하자가 있다고 하여 결의취소(376조) 또는 무효확인·결의부존재확인의 訴(380조)를 제기할 수 있는가에 관하여 견해의 대립이 있다. 총회결의하자와 주식매수청구권을 택일적으로 행사해야 한다는 견해(택일설)와 병존을 인정하는 것(병존설)이 그것이다.

생각건대, 택일설은 주식매수청구권을 인정하는 것은 결의의 유효성을 전제로 하기 때문이라고 주장하지만, 주식매수청구권을 행사한다고 하여 결의의 하자가 치유되는 것은 아니므로 병존설이 타당하다고 본다. 병존설을 인정하더라도 회사가 주식매수대금을 지급하기 전에 총회결의하자에 대한 판결이 확정된 때에는 주식매수청구권은 실효하며, 확정판결 전에 회사가 주식매수대금을 지급하면 원고는 주주의 지위를 상실하므로 결의하자의 소는 각하될 것이다(鄭(東) 361, 崔(竣) 357).

6. 이익공여의 금지

(1) 이익공여금지의 입법취지

이익공여금지란 회사는 누구에게든지 주주의 권리행사와 관련하여 재산상의 이익을 공여할 수 없다는 것이다(467조의2 1항). 이는 원래 총회꾼을 배제하고 회사자산의 낭비를 방지하기 위한 입법조치였다. 종래 주주총회에 있어서 고질적인 병폐는 회사의 부실경영이나 부정행위 등의 은폐, 분식결산 등의 승인을 위해서 총회꾼과 결탁하여 회사와 미리 짠 각본대로 일반주주의 발언을 봉쇄한 채 단시간 내에 총회를 종료시키는 총회꾼에 의한 총회운영의 교란을 들 수 있다. 이러한 총회의 유명무실화 내지는 형해화를 방지하기 위하여 총회의장의 질서유지권(366조의2 2항) 및 권리행사방해 등에 관한 증수뢰죄(631조)에 의하여 규제하고 있으나, 이러한 규제만으로는 불충분했다.

이에 상법은 주주권 행사의 공정성을 보장하기 위하여 회사에 의한 이익공여를 금지하는 규정을 두었다(467조의2). 따라서 이에 위반하여 재산상의 이익을 공여한 때에는 그 이익을 공여 받은 자는 이를 회사에 반환해야 한다(467조의2 3항 전단).

(2) 이익공여의 요건

1) 이익을 공여할 수 없는 자는 회사이다. 여기서 회사의 의미는 회사의 계산으로 이익을 공여할 수 없다는 뜻이다. 따라서 예컨대 이사·감사, 지배인 기타 회사의 사용인이 자기 개인적인 이익을 위하여 사사로이 주주에게 이익을 제공하거나 주주 1인이 다른 주주에게 자기 의사에 따라 행동해 줄 것을 조건으로 이익을 제공하는 것은 이에 포함되지 않는다. 이와는 반대로 회사 이외의 누구의 명의라 할지라도 회사의 계산으로 공여한 때에는 회사에 의한 이익공여가 된다.[20)]

2) 일반적으로 주주권 행사와 관련하여 이익을 받는 자는 주주이겠으나, 주주권을 대리행사하는 자도 이익을 제공받을 수도 있고, 또 주주 아닌 자가 장래 주식을 취득하지 않는다는 것을 조건으로 이익을 제공받을 수도 있다. 법문에도 「누구에게든지」 이익공여를 할 수 없도록 하고 있으므로 이익공여의 상대방에는 제한이 없다. 이에 관한 중요한 사례는 아래와 같다.

【사실관계】 X(원고)는 발행주식총수가 약 4,000만주인 주식회사이다. A는 X주식을 1987년부터 買占하기 시작하고, 동년 8월부터는 A의 영향 하에 있는 주주가 X발행주식총수의 약 42%를 매집하였다. A는 당시의 X대표이사 B에게 공동경영을 받아 들이게 하고 이에 관한 각서를 받았다. B사장은 각서의 실행에 필요한 자금을 조달하기 위하여 이사경리부장 C를 거래은행과 융자교섭을 하도록 했으나, 은행의 반대에 부딪쳐 A와의 공동경영을 단념하고 C에게 자기주식의 방어매수를 명하였다. 그 결과 B사장을 지지하는 주주는 발행주식총수의 51%에 이르렀다. C는 1988년 1월 주식문제에 관한 베테랑이고, A가 거느리고 있는 그룹과의 사이에서 주식매점문제를 처리했던 경험도 있던 D와 Y를 소개하고, D 및 Y에 대하여 A로부터 회사가 탈취되는 것을 방지하기 위하여 A의 X주식을 매수해 줄 것을 의뢰했다. C 및 경리부차장 E는 X의 경리부에서 관리하고 있던 장부외자금을 자회사 등의 명의의 은행계좌로부터 인출하여 합계 8억여원을 D 및 Y에게 공여했다. 1988년 4월 경, A측과 내통하고 있던 X대표이사 회장 F의 요구에 의하여 C는 이사를 사임했으나, 그 후에도 B사장의 명에 의하여 E와 함께 A측 주식

20) 東京辯護士會會社法部編, 利益供與ガイドライン, 商事法務研究會, 2001, 27쪽 이하.

의 매수문제에 매달렸다. 동년 6월에 개최된 X회사의 정기총회에서는 F회장이 A측 주주에게 위임장을 교부했기 때문에 A측 주주가 과반수를 점했으나, B사장 측은 정기총회에 있어서 A측 주주의 의결권행사금지가처분명령을 받아 내어(東京地決 昭和 63. 6. 28), 정기총회에서는 경영권을 겨우 유지했다. 그 후도 B사장의 의사에 따라서 C 및 E는 A측 주주로부터 매수공작을 진행하기 위하여 X의 장부외자금으로 D 및 Y에 대하여 약 2억 8천만원을 공여했다. 이에 X는 Y에 대하여 주식매수공작을 위하여 자금을 교부했던 행위가 이익공여금지의 규정에 해당한다고 하여 소를 제기했던 것이다.

【판지】 「…X의 장부자금으로부터 지출했으므로, 회사가 재산상의 이익을 공여한 경우에 해당한다. …본건은 B사장을 중심으로 하는 당시의 경영진이 주주총회에서 A측 주주의 의결권행사에 의하여 경영권을 빼앗길 것을 염려하여 X주식을 방어매수한 것이고, 더구나 A측 주주들의 주식매수에 부심하는 등, 다양한 회사탈취방지책을 강구하고, 그 일환으로서 C 및 E가 Y 등에 대하여 X주식의 매수공작을 의뢰하면서 그 경비 및 보수로서 합계 11억여원의 이익을 공여한 것이다. 따라서 B사장의 뜻을 수행했던 C 등의 이익공여의 의도·목적은, A측 주주의 주식을 매수함에 의하여 주주총회에서 A측 주주의 의결권행사를 못하게 하기 위함에 있었다고 인정되기 때문에, C 등은 주주의 권리의 행사에 관하여 Y 등에게 금원을 공여한 것이라고 해야 할 것이다(東京地裁, 1996. 12. 27, 金融商事判例硏究 998호 38쪽).」 요컨대, 이 판결은 주주 아닌 자에게 이익공여한 것을 문제삼았다는 것에서 의의가 크고, 이익공여금지의 범위를 확대시킨 최초의 판결이라 하겠다.

3) 회사는 재산상의 이익을 공여할 수 없다. 재산상의 이익이란 금전, 동산·부동산, 유가증권은 물론 서비스나 정보의 제공, 회사에 대한 채무의 면제, 신용의 공여도 포함한다. 대가의 유무는 묻지 않는다. 그러므로 대가가 상당한 경우라도 그 거래 자체가 이권이 될 경우에는 금지된다.

4) 회사의 이익공여는 주주의 권리행사와 관련이 있어야 한다. 주주의 권리는 자익권과 공익권을 포함하는 모든 주주권이며 권리의 불행사를 조건으로 하는 경우도 포함한다.

(3) 금지위반의 효과

1) 이익반환의무

회사가 주주의 권리행사와 관련하여 재산상의 이익을 공여한 때에는 그 이익을 공여받은 자는 그 이익을 회사에 반환해야 한다(467조의2 3항 1문). 이익공여금지에 위반한 이익공여는 무효이므로 이익을 공여받은 자는 부당이득의 반환의무를 지게 되나, 이익공여의 성질상 비채변제(民 742조) 또는 불법원인급여(民 746조)로 취급되어 반환을 청구할 수 없는 경우가 있다. 그러므로 상법은 부당이득에 대한 특칙으로서 이익공여를 받은 자에게 이를 회사에 반환하도록 하고, 회사에 대하여 반대급부를 한 때에도 그 반환을 받을 수 있도록 규정한 것이다(467조의2 3항). 이러한 반환의무는 법정의무이다[李 978, 鄭(東) 648, 崔(埈) 360].

이익의 반환청구는 원칙적으로 회사가 해야 하지만, 이익을 공여한 회사가 그 반환을 청구한다는 것은 회사 자신이 이익공여죄(634조의2)를 시인하는 결과가 될 것이므로 사실상 기대하기 어렵다. 따라서 상법은 소수주주권자가 대표소송에 의하여 이익공여의 반환청구를 할 수 있도록 하고 있다(467조의2 4항, 403~406조).

2) 회사의 대가반환의무

이익공여가 위법인 경우에 상대방이 회사에 대하여 대가를 지급한 것이 있는 때에는 회사는 그 대가를 반환해야 한다(467조의2 3항 2문). 회사의 반환의무와 상대방의 반환의무는 동시이행의 관계에 있다[李 978, 鄭(東) 649].

3) 이사 · 감사의 책임

이익공여금지규정을 위반하여 이익을 공여한 이사는 회사에 대하여 손해배상책임을 진다(399조 1항). 감사가 이사의 이익공여에 관하여 그 임무를 해태한 경우에도 회사에 대하여 손해배상책임을 진다(414조 1항).

(4) 벌 칙

주식회사의 이사 · 감사, 제386조 제2항 · 제407조 제1항 또는 제415조의 직무대행자, 지배인 기타 사용인이 주주의 권리의 행사와 관련하여 회사의 계산으로 재산상의 이익을 공여한 때에는 1년 이하의 징역 또는 300만원 이상의 벌금에 처하며(634조의2 1항), 이익을 수수하거나 제3자에게 이를 공여한 자도 마찬가지이다(동조 2항).

(5) 보 론

자회사의 이사가 자기의 再任을 위하여 자회사의 계산(자회사 금전으로)으로 모회사의 대표이사에게 금품을 제공하면 이익공여에 해당할까? 또 자회사의 이사가 모회사 주주인 A에 대하여 자회사의 계산으로 이익을 공여했으나, 이때 모회사의 이사가 자회사의 이사에 대하여 만약 A에게 이익을 공여하지 않으면 (주주권을 행사하여)해임해 버리겠다고 한 경우 자회사 이사의 행위가 이익공여에 해당하겠는가? 이에 관한 명문의 규정을 두고 있지 않은 우리 상법에서는 이익공여에 해당한다고 결론을 내기가 힘들다.

일본은 위 사례처럼 모자회사라는 특수한 관계에서 생길 수 있는 이익공여를 금지하기 위하여 2000년 개정상법에서 자회사계산으로 모회사의 주주에게 이익을 공여하는 행위를 금지했다.[21] 즉, 「회사는 누구에게든지 주주의 권리행사와 관련하여 재산상의 이익을 공여할 수 없다」던 종래의 문언을 「회사는 누구에게든지 주주의 권리행사와 관련하여 자기 또는 그 자회사의 계산으로 재산상의 이익을 공여할 수 없다」고(舊日商 294조의2 1항→日會 120조 1항) 개정했다. 또한 벌칙규정도 대폭 강화하는 조치를 취하였다(舊日商 497조→日會 790조).

Ⅵ. 주주총회결의의 하자

1. 생각의 실마리

주주총회결의는 그 절차와 내용면에서 적법·공정하게 이루어져야 하고, 총회결의에 하자가 발생한다면 그 결의의 효력은 법률행위의 하자에 관한 일반원칙에 따라 부정되어야 한다. 즉, 무효인 총회결의는 무효의 주장을 하지 않더라도 결의의 효력이 처음부터 발생하지 않고, 취소사유가 있는 총회결의는 취소권한 있는 자가 일방적으로 취소하면 소급하여 무효가 된다. 그런데 주주총회결의에 기하여 회사가 활동에 들어가고 결의의 유효를 전제로 주주·기관구성원·회사거래관계자 등 다수의 이해관계자 사이에 새로운 법률관계가 형성된다. 따라서 주주총회의 결의의 하자를 법률행위의 하자에 관한 일반원칙에 따라 무제한으로 인정하고 주장하게 한다면 법적 불안정성을 초래하여 혼란을 일으킬 뿐만 아니라 다수인의 이익도 해하게 된다. 그리하여 상법에서는 단체법적인 고려하에 집단적인 회사관계를 획일적으로 확정하고 거래안정을 꾀하며 주주 등 이해관계자의 이익보호의 요청을 합리적으로 조정하기 위하여 주주총회결의의 하자에 관해서는 訴로써만 주장할 수 있게 하고, 판결의 절차나 효력에 관해서도 특별한 규정을 두고 있다.

주주총회결의의 하자의 소에는 결의취소의 소, 결의무효확인의 소, 결의부존재확인의 소, 특별이해관계인에 의한 부당결의취소·변경의 소가 있다.

2. 주주총회결의취소의 소

(1) 결의취소의 소의 원인

총회의 소집절차 또는 결의방법이 법령 또는 정관에 위반하거나 현저하게 불공정한 때 또는 그 결의의 내용이 정관에 위반한 때에는 주주와 이사 또는 감사는

21) 母子會社關係에서 발생하는 다양한 사례에 관해서는 東京辯護士會會社法部編, 前揭書, 131쪽 이하.

결의의 날로부터 2월내에 결의취소의 소를 제기할 수 있다(376조 1항). 종래 결의내용이 정관에 위반한 때에는 무효사유로 하고 있었으나, 1995년 개정법에서는 이를 취소원인으로 하였다.

1) 소집절차상의 하자

(가) 소집권한의 하자 이사회의 결의없이 또는 하자 있는 이사회결의에 의하여 주주총회를 소집하는 경우를 들 수 있다.

판례는 「정당한 소집권자에 의하여 소집된 주주총회가 아니라면 그 결의는 당연 무효라 할 것이나, 그렇지 아니하고 정당한 소집권자에 의하여 소집된 주주총회의 결의라면 설사 주주총회의 소집에 이사회의 결의가 없었고 그 소집통지가 서면에 의하지 아니한 구두소집통지로서 법정소집기간을 준수하지 아니하였으며 또한 극히 일부의 주주에 대하여는 소집통지를 빠뜨렸다 하더라도 그와 같은 주주총회소집절차상의 하자는 주주총회의 단순한 취소사유에 불과하다」고 판시하였다(대판 1987. 4. 28, 86다카553).[22] 또한 「이사회의 결정이 없다고 하더라도 외관상 이사회의 결정에 의한 소집형식을 갖추어 소집권한 있는 자가 적법하게 소집절차를 밟은 이상, 이렇게 소집된 총회에서 한 결의는 부존재한다고 볼 수는 없고 이사회의 결정이 없었다는 사정은 취소사유가 됨에 불과하다」고 판시하고 있다(대판 1980. 10. 27, 79다1264).

이사회의 결의가 있어도 정관이 사장 등 특정대표이사 또는 대표이사 사이에서 일정한 순서대로 총회를 소집할 것을 정하고 있는데도 불구하고, 이에 반하여 소집된 경우도 취소사유가 된다(대판 1993. 9. 10, 93도698; 대판 1962. 11. 11, 4294민상490). 그러나 이사회의 결의 없이 대표이사 이외의 자가 소집한 주주총회결의는 부존재사유가 된다고 본다. 또한 정관에 위반하여 의장이 될 수 없는 자가 의사에 관여한 경우에도 취소사유가 된다(대판 1977. 9. 28, 76다2386).

(나) 소집통지상의 하자 예컨대 ① 일부주주에 대한 소집통지에 흠결이 있는 경우(대판 1993. 10. 12, 92다21692; 대판 1987. 4. 28, 96다카553; 대판 1981. 7. 28, 80다2745. 2746), ② 주주의 주소 이외의 다른 곳에 소집통지를 발송한 경우, ③ 법정기간 내에 소집통지서를 발송하지 않는 경우, ④ 소집통지에 회의의 목적사항 또는 의안의 요령에 관한 기재를 하지 않았다던가 또는 불비된 경우(대판 1969. 2. 4, 68다2284), ⑤ 구두에 의하여 소집통지를 한 경우(대판 1987. 4. 28, 86다카553) 등은 소집통지상의 하자로서 취소사유가 된다.

---

22) 同旨判例 : 대판 1989. 5. 23, 88다카16690.

【판례】 대법원 1993. 10. 12. 선고, 92다21692 판결
「정당한 소집권자에 의하여 소집된 주주총회에서 정족수가 넘는 주주의 출석으로 출석주주 전원의 찬성에 의하여 이루어진 결의라면, 설사 일부 주주에게 소집통지를 하지 아니하였거나 법정기간을 준수하지 아니한 서면통지에 의하여 주주총회가 소집되었다 하더라도 그와 같은 주주총회소집절차상의 하자는 주주총회결의의 부존재 또는 무효사유가 아니라 단순한 취소사유에 불과하다」.

(다) 소집장소의 하자 법령 또는 정관에서 정한 소집지 이외의 장소에서 총회를 소집 개최한 경우를 들 수 있다.

(라) 전원출석총회 전원출석총회나 총주주의 동의가 있는 경우에는 소집절차에 하자가 있어도 유효한 총회로 인정된다.

판례도 「임시주주총회가 법령 또는 정관상 요구되는 이사회의 결의 없이 또한 그 소집절차를 생략하고 이루어졌다고 하더라도, 주주의 의결권을 적법하게 위임받은 수임인과 다른 주주 전원이 참석하여 총회를 개최하는 데 동의하고 아무런 이의 없이 만장일치로 결의가 이루어졌다면, 이는 다른 특별한 사정이 없는 한 유효하다」고 판시하고 있다(대판 1993. 2. 26, 92다48727; 대판 1996. 10. 11, 96다24309).

2) 결의방법의 하자

결의방법의 하자에는 ① 결의요건을 정한 규정에 위반하여 결의한 경우, ② 주주 또는 그 대리인이 아닌 자가 결의에 참가한 경우(대판 1962. 1. 31, 4294민상452), ③ 의결권 없는 자가 의결권을 행사한 경우(대판 1983. 8. 23, 83도748), ④ 자기주식으로써 의결권을 행사한 경우, ⑤ 주주총회의 입장을 이유 없이 거부한 경우(대판 1996. 12. 20, 96다39998), ⑥ 집중투표청구권 행사를 방해한 경우, ⑦ 이사의 의사에 대한 설명이 허위였던 경우 등을 들 수 있다.

3) 결의내용의 정관위반

전술한 바와 같이 결의의 내용이 정관에 위반하는 경우에는 결의취소원인이 된다.

결의내용이 정관에 위반한 경우로는 예컨대, 정관소정의 정원을 초과하는 이사선임결의의 경우, 정관이 정하는 이사의 자격에 미달하는 자를 이사로 선임하는 결의 등을 들 수 있다.

그러나 결의내용이 정관에 반할 뿐만 아니라 동시에 법령에도 위반하는 경우에

그 결의는 무효이다.

결의내용의 정관위반을 이유로 하는 결의취소의 소에 있어서는 재량기각이 인정되지 않지만, 결의후 정관이 변경되어 사후적으로 정관위반이 되지 않는 경우에는 하자가 치유되거나 소의 이익이 없어져서 취소소송이 기각되는 경우도 있다.

(2) 결의취소의 소의 성질

결의취소의 訴의 성질은 형성의 소이고 2월의 기간은 제척기간이다. 따라서 주주총회의 결의내용이 등기할 사항이라든가 주주나 이사가 이러한 결의가 있음을 몰랐다고 하는 경우라고 하여, 주주총회결의취소의 소의 제소기간의 기산일을 늦출 필요는 없다(대판 1966. 10. 4, 66다2269). 결의는 판결에 의하여 취소되기 전에는 유효한 것으로 다루어지므로(대판 1965. 11. 16, 65다1183), 소에 의하지 아니하고 다른 청구의 공격·방어방법으로 주장할 수는 없다.

(3) 결의취소의 소의 당사자

1) 제소권자(원고)

결의취소의 소를 제기할 수 있는 자는 주주, 이사 또는 감사에 한한다(376조 1항). 여기서 주주는 주주명부에 등재된 주주만을 뜻하므로 명의개서를 하지 아니한 주식양수인은 제소권이 없다(대판 1991. 5. 28, 90다6774). 그리고 결의에 의하여 주주가 개별적으로 불이익을 입었느냐는 묻지 않는다(대판 1998. 5. 12, 98다4569). 따라서 주주는 결의당시에 주주임을 요하지 않고 제소당시의 주주이면 족하며, 단독주주라도 제소할 수 있다.

무의결권주주도 결의취소의 소를 제기할 수 있느냐에 관하여, 결의취소의 소는 의결권을 전제로 하는 것이므로 무의결권주주는 취소의 소를 제기할 수 없다는 견해도 있다[孫 742, 李(炳) 614, 林 417]. 그러나 결의취소의 소권은 공익권이므로 무의결권주주에게도 이를 인정해야 할 것이다[同旨: 李 590, 鄭(東) 367, 崔 530, 崔(埈) 366].

제소한 주주는 당해 소송의 판결이 확정될 때까지 계속 주주인 자격을 유지하여야 하며, 주식을 양도하는 경우에는 양수인에게 양도인의 소송상의 지위는 승계되지 않는다.

2) 피 고

피고에 관하여 상법에 명문의 규정이 없으나, 회사가 피고가 되고 대표이사가 회사를 대표하여 소송을 수행한다. 다만, 이사가 취소의 소를 제기한 경우에는 감사 또는 감사위원회가 회사를 대표한다.

(4) 결의취소의 소의 절차

1) 관할과 공고

결의취소의 소는 회사의 본점소재지의 지방법원의 관할에 전속하며(376조 2항, 187조), 수개의 결의취소의 소가 제기된 때에는 법원은 이를 병합심리해야 한다(376조 2항, 188조). 소의 병합에 의하여 수개의 소는 유사필요적 공동소송의 형태를 띠게 된다(민소 63조 1항). 결의취소의 소가 제기된 때에는 회사는 지체 없이 이를 공고해야 한다(376조 2항, 187조).

2) 소가의 산정

결의취소의 소는 재산권을 목적으로 하지 않는 訴에 해당하므로 이 경우의 訴價는 5000만 100원이 된다(大法院 민사소송등인지규칙 제18조의2).

3) 제소주주의 담보제공의무

주주의 남소를 방지하기 위하여 이사 또는 감사가 아닌 주주가 결의취소의 소를 제기한 때에는 법원은 그 주주의 악의를 소명한 회사의 청구에 의하여 상당한 담보를 제공할 것을 명할 수 있다(377조 1항 · 2항, 176조 4항). 이러한 주주의 담보제공의무는 결의취소의 訴에 의하여 발생할 수 있는 회사의 손해배상청구권과 원고가 악의로 패소한 경우에 회사가 갖는 손해배상청구권의 담보를 위한 것이다. 이 경우에 악의란 주주가 정당한 이유없이 회사를 곤경에 빠뜨릴 의도가 있는 경우를 말한다. 제소주주의 담보액의 결정기준은 법원이 자유재량에 의하여 정할 수 있다(대결 1963. 2. 28, 63마2).

【판례】 대법원 1963. 2. 28. 선고, 63마2 결정

「…주주가 결의무효확인의 소송을 제기한 때는 회사의 청구에 의하여 상당한 담보를 제공해야 한다고 규정하고 있는 바, 그 입법취지는 그 소송제기로 인하여 회사가 받고 또 장차 받게 될 모든 손해를 담보하는 것이 목적이므로 그 담보액은 회사가 받게 될 모든 불이익을 표준으로 하여 법원이 자유재량에 의하여 정할 수 있다고 해석함이 타당하다. 그렇다면 본건에 있어서 제1심인 청주지방법원이 본건에 관한 제반사정을 참작하여 본건 담보액을 금 3만원으로 정한 결정을 정당하다고 한 원심결정에는 아무런 위법이 없고…」

4) 화해 · 인락의 불인정

결의취소의 소는 다수인간의 권리 · 의무의 확정을 구하는 것이므로 제소권자가

임의로 처분할 수 있는 이익이 아니다. 따라서 취소의 소의 당사자 사이의 화해나 인락은 허용되지 않는다(崔(埈) 367, 李 309). 다만 자백이나 청구의 포기는 가능하다.

5) 재량기각

결의취소의 소가 제기된 경우에 법원은 소집절차나 결의의 내용, 회사의 현황과 제반사정을 참작하여 결의취소를 하는 것이 부적당하다고 판단될 때에는 법원은 그 청구를 기각할 수 있다(379조). 사소한 하자를 문제삼아 결의의 취소를 구한다면 회사의 정상적인 운영에 방해를 하게 되고 회사에 손해를 입힐 수도 있기 때문이다. 예컨대, 극히 일부의 주주에게만 소집통지를 하지 않은 경우에 그러한 하자가 없더라도, 결의의 결과에는 아무런 영향을 미치지 아니하고, 결의를 취소하는 것이 회사에 결코 이익이 되지 않을 때에는 법원은 직권으로 취소의 청구를 기각할 수 있다.

【판례】 대법원 1987. 9. 8. 선고, 86다카2971 판결

「주주총회결의 취소의 소에 있어 법원의 재량에 의하여 청구를 기각할 수 있음을 밝힌 상법 제379조는 결의의 절차에 하자가 있는 경우에 결의를 취소하여도 회사 또는 주주의 이익이 되지 않던가 이미 결의가 집행되었기 때문에 이를 취소하여도 아무런 효과가 없던가 하는 때에 결의를 취소함으로써 오히려 회사에게 손해를 끼치거나 일반거래의 안전을 해치는 것을 막고 또 소의 제기로써 회사의 질서를 문란케 하는 것을 방지하려는 취지이다.

주식회사가 의결사항을 위하여 주주총회를 개최하고 그 총회에서 속행을 결의하여 여러 차례에 걸쳐 회의를 반복 개최하였다 하더라도 그 속행결의가 의결정족수를 갖추어 적법한 이상 그 결의방법에 있어 불공정하여 취소사유가 존재할 망정 그 결의에 따른 주주총회의 개최행위가 의안에 반대하는 주주들 또는 그들의 위임을 받아 출석한 대리인에 대한 관계에서 불법행위가 성립된다고 할 수 없다」.

(5) 결의취소판결의 효과

1) 원고가 승소한 경우

(가) 대세적 효력　원고가 승소하면 결의취소판결의 효력은 당사자 이외의 제3자에게도 미친다(376조 2항, 190조 본문). 이는 회사에 대한 법률관계를 획일적으로 확정하기 위한 조치로서, 민사소송법상 기판력의 주관적 범위(민소 204조)에 대한 예외이다.

(나) 소급적 효력　원고가 승소한 결의취소판결의 효력은 상법 제190조 본문만을 준용하여 판결의 소급효 인정여부에 대해서는 논란이 있다. 판결의 불소급효를 인정하는 경우에는 하자가 존재하여도 소급효가 인정되지 않기 때문에 취소의 소를 제기할 실익이 없을 수 있다. 예컨대, 이사의 보수결정(308조), 이사의 책임면제(400조) 등 일회적 · 완료적인 경우에는 소의 제기가 별 소용이 없어 소제기를 포기하게 된다.

그러나 결의취소판결에 대하여 일률적으로 소급효를 인정하여 취소판결확정전에 결의의 유효를 전제로 이루어진 법률관계의 효력도 모두 없다고 한다면, 회사의 내부관계자뿐만 아니라 거래상대방의 이익에도 크게 해를 미칠 우려가 있다. 이와 같은 문제를 해결하기 위하여 다음과 같은 견해들이 나타나고 있다.

제1설은 원칙적으로 소급효를 긍정하면서도 다양한 해석에 의하여 소급효가 미치는 범위를 한정하자는 것이다. 즉, 정관에 의하여 결의사항으로 되어 있더라도 법률상 결의가 유효요건으로 되어 있지 않는 경우에는 취소판결에 의하여도 영향을 받지 않는다. 결의를 유효요건으로 하는 이사 등의 선임 · 영업양도 등에 관하여는 소급효가 인정되지만, 이사 또는 청산인의 선임결의가 취소되는 경우에는 부실등기의 신뢰자 기타 선의자 보호에 관한 규정을 적용 내지 유추적용함으로써 보호된다고 한다. 또한 취소된 결의에 의하여 이루어진 회사행위의 상대방은 회사의 설립무효 · 설립취소 또는 합병무효에 관한 규정의 유추적용에 의하여 보호된다는 설도 있다(大隅 119).

제2설은 이사의 책임면제, 이사의 보수 결정, 계산서류 등의 승인 및 이익배당 등 그 자체에 완료적 의미를 가진 결의와 합병 · 정관변경 · 자본금 감소 · 해산 · 이사와 감사의 선임 등 결의에 의하여 여러 사단적 또는 거래적 행위가 진전하는 결의로 나누고, 전자에 관해서는 소급효를 긍정하고, 후자에 관하여는 부정하고 있다.

생각건대, 우리 상법하에서는 대외적 거래관계에서 생기는 문제를 해결하기 위하여 제1설과 같이 부실등기의 무효의 주장을 제한한 제39조와 표현대표이사제도를 규정한 제395조를 원용함으로써 소급효를 인정하는 것이 바람직하다고 보며, 이는 판례와도 같은 입장이다(대판 2004. 2. 27, 2002다19797)

2) 원고가 패소한 경우

원고가 패소한 경우에는 대세적 효력은 없으므로, 다른 주주 또는 이사가 다시 결의취소의 소를 제기할 수 있다. 그러나 제소기간이 2월내로 한정되어 있으므로, 실제에 있어서는 기간이 경과되어 소를 제기할 수 없을 것이다.

패소한 원고가 악의 또는 중대한 과실이 있는 경우에는 회사에 대하여 연대하여 손해를 배상할 책임이 있다(376조 2항, 191조). 이는 주주들의 제소권 남용을 방지하려는 취지이다.

(6) 결의취소의 등기

결의된 사항이 등기된 경우에 결의취소의 판결이 확정되면 본점과 지점의 소재지에서 등기해야 한다(378조).

3. 주주총회결의무효확인의 소 · 결의부존재확인의 소

(1) 결의무효원인

위법한 계산서류의 승인결의 등과 같이 총회결의의 내용이 법령에 위반하는 경우에는 원칙적으로 누구든지 언제든지 어떠한 방법이든 그 무효를 주장할 수 있으며, 필요하면 결의무효확인의 소를 제기할 수도 있다(380조). 결의의 내용이 법령에 위반한 때란, 예컨대 주주평등의 원칙에 위반한 결의, 주식회사의 본질에 반하는 결의, 주주유한책임의 원칙에 반하는 결의, 총회권한사항을 다른 기관에 일임하는 결의, 기타 강행법규나 사회질서(民 103조)에 위반하는 경우 등이다.

> **【다수결의 남용문제】** 다수결의 남용이란 주주, 특히 대주주가 자기 또는 제3자의 순개인적인 이익을 추구하여 객관적으로 보아 현저히 불공정한 내용의 결의를 성립하여 회사 또는 少數株主의 이익을 침해하는 것을 말한다. 의결권부여의 본래적 목적에 반하는 행사는 의결권남용이 되고, 이러한 남용에 의하여 회사 또는 소수주주의 이익이 부당하게 침해되는 데까지 이른 경우가 다수결의 남용이다. 다수결의 남용이 되는 예로서 ① 회사규모 · 영업성적 · 직무내용을 감안할 때 상당하지 않을 정도의 거액보수를 임원에게 지급하는 결의, ② 거래통념에 비추어서 현저히 불공정한 조건의 합병 · 영업양도 · 기업결합계약의 승인결의, ③ 일부주주 또는 연고자에게 대하여만 특히 유리한 가액으로 부여하는 신주발행의 승인결의, ④ 모회사에게 유리하고 자회사의 소수주주에게 현저히 불리한 합병조건으로 이루어진 합병승인결의 등을 들 수 있다. 이러한 다수결의 남용에 관한 결의의 효력에 관하여는 결의취소사유로 보는 견해(林 425; 일본의 다수설)와 무효사유로 보는 견해(李 477)가 나뉘어져 있다.

(2) 결의부존재원인

총회의 소집절차 또는 결의방법이 총회결의가 존재한다고 볼 수 없을 정도의 중대한 하자가 있는 경우에는 결의부존재확인의 소를 제기할 수 있다. 소집절차와 결의방법에 하자가 있는 것을 원인으로 함에는 결의취소의 소와 결의부존재확인의 소가 동일하나, 후자는 그 하자가 중대한 경우이다.

결의부존재의 사례로는 이사회결의 없이 또는 이사회결의의 의사록을 위조하여 주주총회를 소집한 경우(대판 1978. 9. 26, 78다1219), 소집권한이 없는 자가 소집한 경우(대판 1962. 12. 27, 62다473; 대판 1973. 7. 24, 73다326), 대부분의 주주에게 소집통지를 하지 않는 경우(대판 1973. 6. 9, 72다2611; 대판 1978. 11. 14, 78다1269; 대판 1980. 10. 9, 80다128), 불가항력적인 사유로 대표이사를 포함하여 이사전원이 총회에 불참한 경우(대판 1964. 5. 26, 63다670), 대부분 주주 아닌 자들로 이루어져 결의한 경우(대판 1968. 1. 31, 67다2011), 유효하게 회의가 종료한 후에 일부의 주주들만 모여 결의를 한 경우(대판 1993. 10. 12, 92다28332, 28245), 전혀 주주총회를 개최한 사실 없이 허위의 의사록을 작성한 경우(대판 1969. 9. 2, 67다1705) 등이 있다.

【표현결의】 1995년 개정법 이전에 총회결의부존재확인의 소에 있어서 상법 제380조를 적용할 것이냐에 관한 판례의 입장은 결의부존재의 유형으로 표현결의와 비결의로 나누어 구별하고 있었다. 전자는 총회개최의 사실이 전혀 없거나 또는 결의를 한 사실이 없는 경우와 같이 결의가 사실상 존재하지 않는 경우를 의미하고, 후자는 총회 및 결의라고 볼만한 것이 사실상 존재하더라도 그의 성립과정에 중대한 하자가 있기 때문에 법률상 결의가 존재하지 않는다고 평가되는 경우를 말한다. 그리고 표현결의에 대해서는 상법 제380조를 적용하지 않고 소급효를 인정하였다(대판 1992. 8. 18, 91다14369; 대판 1992. 9. 22, 91다5365; 대판 1993. 3. 26, 92다32876; 대판 1996. 6. 11, 95다13982). 이는 1995년 개정전 상법이 판결의 불소급효에 관한 제190조 단서의 규정을 제380조에서 결의부존재확인판결의 경우에도 준용하고 있음으로 말미암아 생기는 부당한 결과를 피하기 위한 것이었다. 그러나 전술한 바와 같이 1995년 개정법 제380조에서 제190조 단서의 준용을 삭제하였으므로 표현결의라는 개념에 대한 실익은 거의 없어졌다.

【판례】 대법원 1993. 10. 12. 선고, 92다28235, 28242 판결(부존재라고 본 사례)

「대표이사가 1987. 2. 26. 10:00회사 사무실에서 임시주주총회를 개최한다는 통지를 하였으나, 주주총회 당일 16:00경 소란으로 인하여 사회자가 주주총회의 산회선언을 하였는데 그 후 주주 3인이 별도의 장소에 모여 결의를 한 것이라면, 위 주주 3인이 과반수를 훨씬 넘는 주식을 가진 주주라고 하더라도 나머지 일부 소수주주들에게는 그 회의의 참석과 토의·의결권 행사의 기회를 전혀 배제하고 나아가 법률상 규정된 주주총회소집절차를 무시한 채 의견을 같이 하는 일부주주들만 모여서 한 그러한 결의는 주주총회결의부존재라고 볼 수 있다」.

【판례】 대법원 1992. 8. 18. 선고, 91다39924 판결(비결의로 본 사례)

「상법 제380조가 규정하고 있는 주주총회의 결의부존재확인판결은 '주주총회의 결의'라는 주식회사 내부의 의사결정이 일단 존재하기는 하지만 그와 같은 의사결정을 위한 주주총회의 소집절차 또는 결의방법에 중대한 하자가 있기 때문에 그 결의를 법률상 유효한 주주총회의 결의라고 볼 수 없음을 확인하는 판결을 의미하는 것으로 해석함이 상당하다.

본건에서와 같이 주식회사와 전혀 관계가 없는 사람이 주주총회의사록을 위조한 경우로서 주식회사 내부의 의사결정 자체가 아예 존재하지 않는 경우에 이를 확인하는 판결은 상법 제380조 소정의 주주총회결의부존재확인판결에 해당한다고 보아 상법 제190조를 준용하여서는 안된다고 할 것이다. 왜냐하면 비록 주주총회의 소집절차 또는 결의방법에 중대한 하자가 있어서 법률상 유효한 주주총회의 결의가 존재하지 않았던 것과 같이 평가할 수밖에 없더라도 주주총회 결의라는 주식회사 내부의 의사결정이 일단 존재하는 경우에는, 의사결정절차상의 하자라는 주식회사 내부의 사정을 이유로 그 주주총회의 결의를 기초로 하여 발전된 사단적인 법률관계를 일거에 무너뜨리거나 그 주주총회의 결의가 유효한 것으로 믿고 거래한 제3자가 피해를 입도록 방치하는 결과가 되어서는 부당하다고 할 것이나, 이런 경우와는 달리 주주총회의 의사결정 자체가 전혀 존재하지 않았던 경우에는 상법 제39조(부실의 등기)나 제395조(표현대표이사의 행위와 회사의 책임) 또는 민법에 정하여져 있는 제3자 보호규정 등에 의하여 선의의 제3자를 개별적으로 구제하는 것은 별론으로 하고, 특별한 사정이 없는 한 그와 같이 처음부터 존재하지도 않는 주주총회의 결의에 대하여 주식회사에게 책임을 지울 이유가 없기 때문이다」.

(3) 결의무효·부존재확인의 소의 성질

주주총회결의무효·부존재확인의 소의 성질에 관하여 형성의 소로 보는 견해와 확인의 소로 보는 견해로 나뉘어져 있다. 이와 같은 학설의 대립은 ① 종래 상법 제380조가 제190조 단서도 준용하여 결의무효의 소에 불소급효를 인정하고 있었고, ② 결의무효확인·부존재확인의 소에 관하여는 제소권자, 제소기간에 관하여 아무런 규정을 두지 않아서 발생한 것이다. 그런데 1995년 개정법에서는 상법 제380조에서 제190조 본문만 준용함으로써 위 ①의 문제는 명문으로 해결하였고, 이에 무효소송에 대한 성질론의 실익은 크게 감소하였다. 그러나 여전히 어떤 성질론을 취하느냐에 따라 다른 소송에서 항변이나 선결문제로 다툴 수 있는가에 관하여 결론이 달라진다.

1) 형성소송설

결의무효·부존재확인판결의 효력에 일반무효확인의 소에는 없는 대세적 효력을 부여하고 있는 점, 주주총회라는 단체에 관한 법률관계를 획일적으로 처리할 필요성 등을 근거로 결의무효확인소송이라는 명칭에도 불구하고 형성의 소로 보는 견해이다[李 599, 鄭(東) 374]. 따라서 결의무효·부존재는 소로써만 주장할 수 있고, 결의무효·부존재판결이 확정될 때까지는 유효한 것으로 본다.

2) 확인소송설

다수설과 판례는 결의무효·부존재확인소송의 성질을 확인소송으로 보고 있다(權 606, 徐·鄭 421, 李(基) 466, 鄭(敬) 492, 鄭(燦) 517, 崔(埈) 372). 이 견해는 첫째, 상법이 취소소송과는 달리 제소권자나 제소기간에 아무런 제한을 두지 않고 있고, 둘째, 이를 형성의 소로 보아 결의의 무효를 소로써만 주장할 수 있게 한다면, 예컨대 결의가 선량한 풍속 기타 사회질서에 반하는 경우나 주식회사의 본질에 반하는 경우에도 訴의 제기에 의하여 결의의 무효가 확정되지 않는 한 결의는 유효하게 취급되는 부당한 결과가 초래된다. 또한 셋째, 결의무효의 주장은 소송으로써만 주장할 수 있게 한다면 결의를 무효로 하는 청구에 있어 2중의 절차를 강요하는 결과가 되어 불합리하다는 점을 들고 있다. 따라서 결의의 내용이 법령에 위반하거나 총회의 소집절차 또는 결의방법에 총회의 결의가 존재한다고 볼 수 없을 정도의 중대한 하자가 있는 경우에는 그 결의는 당연무효이고, 누구든지, 언제든지, 어떠한 방법에 의하여도 무효를 주장할 수 있고, 반드시 소로써만 주장할 수 있는 것도 아니라고 한다.

3) 사 견

형성소송설에 의하면 명백한 공서양속위반의 결의나 주식회사의 본질에 반하는 결의도 무효판결이 있을 때까지는 유효한 것으로 취급되는 결함이 있다. 즉, 위법한 이익배당결의가 이루어진 경우에도 결의무효의 승소판결을 얻은 후에만 회사채권자는 그 배당을 회사에 반환하도록 청구할 수 있게 된다. 또한 회사(이사)도 명백히 위법한 (배당)결의로 알고 있음에도 불구하고 결의무효판결이 확정될 때까지는 위법한 결의의 집행(위법배당의 지급)을 거부할 수 없다. 결국 형성소송설에 의하면 회사의 위법행위에 대한 주주나 회사채권자 및 회사자신의 구제도 곤란하게 된다는 중대한 결점이 있다.

설사 형성소송설에서 주장하는 바와 같이 기성사실존중의 요청에서부터 형성소송설을 취한다 하더라도 무효판결이 확정된 경우에는 판결의 소급효를 부정하지 않는 한 결국 총회결의는 소급하여 무효가 되고, 이는 확인소송설을 취한 것과 동일한 결과가 되는 것이다. 이사는 회사에 대하여 선관의무 및 충실의무를 부담하므로 결의에 무효의 의혹이 있는 때에는 이사는 결의무효확인의 소를 제기하여 그 효력을 대세적으로 확인시켜 분쟁을 미연에 방지할 의무가 있다고 할 수 있다. 이러한 점을 고려해 볼 때 다수설과 같이 개개인이 결의무효를 자유로이 주장할 수 있도록 하여도 획일적 결정을 못하게 하는 폐해는 실제상 생기지 않는다. 결론적으로 확인소송설이 타당하다고 생각한다(同旨: 崔(埈) 372).

(4) 결의무효·부존재확인의 소의 당사자

결의무효확인·부존재확인의 소에 있어서는 제소권자에 관하여 아무런 제한이 없으므로 누구든지 소의 이익이 있는 한 원고가 될 수 있다. 소의 이익이 있는 자로는 주주(무의결권주주도 포함)와 이사·감사는 물론 해임된 이사·감사는 그 해임된 결의무효확인을 구할 실익이 있고, 회사채권자도 자신의 권리 또는 법적 지위에 영향을 미친 총회결의의 무효확인을 구할 이익이 있다. 그러나 명의대여주주·주권발행전 또는 명의개서전의 주식양수인, 사임한 이사·감사는 소의 이익이 없다.

> **【판례】** 대법원 1962. 5. 17. 선고, 4294민상1114 판결
> 「주주총회결의의 내용이 법령 또는 정관에 위반되는 경우에는 그 결의는 당연히 무효인 것이므로 일반원칙에 의하여 누구나 언제든지 여하한 방법으로라도 그 무효를 주장할 수 있는 것이고, 그 무효의 주장은 訴의 방법에 한한다고 해석할 수 없다」.

주주총회 결의무효확인의 소·부존재확인의 소의 피고는 회사이다(대판 1982. 9. 14, 80다2425).

(5) 결의무효·부존재확인의 소의 제소기간

무효확인·결의부존재확인의 소의 제소기간은 제한이 없다. 따라서 원고는 언제든지 소를 제기할 수 있다.

(6) 결의무효·부존재확인의 소의 절차

관할법원, 소제기의 공고, 소의 병합심리, 처분권주의의 제한, 원고의 담보제공, 등기 등은 모두 결의취소의 소의 규정을 준용한다(380조, 186조 내지 188조, 190조, 191조, 377조, 378조). 그러나 법원의 재량에 의한 청구기각의 규정(379조)은 준용되지 않는다. 재량기각은 주주총회결의 자체가 법률상 존재함을 전제로 하는데, 주

주총회결의 자체가 무효이거나 부존재한 경우에는 동규정이 적용될 여지가 없기 때문이다.

4. 주주총회부당결의취소·변경의 소

(1) 의 의

주주총회의 결의에 관하여 특별한 이해관계가 있었기 때문에 의결권을 행사할 수 없었던 주주는 그 결의가 현저하게 부당하고 당해 주주가 의결권을 행사하였더라면 이를 저지할 수 있었을 경우에 부당결의취소·변경의 소를 제기할 수 있다(381조 1항).

부당결의취소·변경의 소의 성질은 형성의 소이다.

(2) 부당결의취소·변경의 소의 당사자

원고는 주주총회결의에 의하여 특별한 이해관계가 있어 의결권을 행사할 수 없었던 자이고, 피고는 회사이다.

(3) 부당결의취소·변경의 소의 제소기간

부당결의취소·변경의 소는 결의의 날로부터 2월 내에 제기해야 한다.

(4) 부당결의취소·변경의 소의 절차·판결의 효력

관할법원, 제소기간, 소의 병합, 원고승소판결의 대세적 효력, 원고패소의 경우의 배상책임, 제소주주의 담보제공의무, 결의취소의 등기 등은 모두 결의취소의 소와 마찬가지이다(381조 2항). 또 부당결의의 판결도 소급효가 인정된다. 다만 법원의 재량에 의한 청구기각(379조)에 관한 규정은 준용되지 않는다(381조 2항).

〈4종의 訴 비교〉

소의 종류 / 기준	취소의 소 (376조~379조)	무효확인의 소 (380조)	부존재확인의 소 (380조)	부당결의취소·변경의 소(381조)
소의 원인	**형식적 하자** 소집절차·결의방법의 법령위반·현저한 불공정, 결의내용의 정관위반	**실질적 하자** 결의내용의 법령위반	**중대한 형식적 하자** 소집절차·결의방법의 중대한 하자	결의가 현저하게 부당한 경우
소의 성질	형성의 소	형성소송설/확인소송설		형성의 소
제소권자	주주·이사·감사	소의 이익이 있는 자		특별이해관계인인 주주

소의 종류 기준	취소의 소 (376조~379조)	무효확인의 소 (380조)	부존재확인의 소 (380조)	부당결의취소· 변경의 소(381조)
피 고	회사			
제소기한	결의일로부터 2월	없 음		결의일로부터 2월
소의 절차	전속관할 · 소제기의 방법 · 병합심리 · 제소주주의 담보제공 의무 · 등기 등 동일			
법원의 재량기각	가능(379조)	불가능		
판결의 대세적 효력	있 음			
판결의 소급효	있 음			
패소원고의 책임	악의 · 중과실의 경우에 회사에 대한 연대책임 동일			

제3절 주식회사 의사결정 · 업무집행기관

Ⅰ. 업무집행기관 개요

주식회사 업무집행결정 권한은 법령 또는 정관에서 주주총회의 권한으로 한 경우를 제외하고 일반적으로 이사회가 담당한다. 이사회는 자신의 업무집행권을 의사결정의 기동성, 신속성, 효율성을 위해 하부기관인 위원회에 위임할 수 있다. 이사회나 위원회에서 결정된 사항은 구체적으로 대표이사 또는 대표집행임원이 정점이 되어 업무를 집행한다. 이사 중에서도 전무이사나 상무이사 등 업무담당이사는 위임된 권한 내에서 업무집행을 담당하지만 집행임원이 설치된 회사의 경우 집행임원이 업무집행을 담당한다.

상법은 이사가 1인 또는 2인인 소규모 주식회사도 허용하고 있고, 이 경우 이사회가 존재하지 아니하므로(383조 5항) 이사회의 기능은 주주총회와 대표이사에게 분산되고(383조 1항), 업무집행기관은 (대표)이사로 일원화된다.

Ⅱ. 理 事

1. 이사의 법적 지위

(1) 이사 지위

이사(director)는 이사회 구성원이 되므로, 회사의 업무집행에 관한 의사결정에 참여할 권한이 있다. 그 밖에 이사는 주주총회에 출석할 수 있고, 총회 의사록에 기명날인 또는 서명을 하여야 하며(373조 2항), 총회결의취소의 소(376조) 등 각종의 소(328조, 429조, 445조, 529조)를 제기할 권한이 있다.

이사와 회사간의 관계는 위임관계이므로(382조 2항), 주주총회 또는 주주의 대리인이나 사용인이 아니다.

이사가 주식회사의 기관에 해당하느냐에 관하여는 견해의 대립이 있다. 이사를 주식회사의 필요적 상설기관으로 보는 견해는 우리 依用商法에서는 이사회란 것이 없이 이사가 독자적인 업무집행권을 가지는 기관이었고, 그 연혁적인 잔재로 현재도 이사의 지위와 이사회 구성원으로서의 지위는 동시성을 가지고 있으며, 이사에게 각종 단독적 권한을 부여하고 있다는 점 등을 들고 있다(李 506). 그러나 이사는 그 각각이 회사 기관을 구성하는 것은 아니고, 이사 그 자체로서는 이사회 구성원인 지위를 가지는 것에 불과하므로 이사의 기관성은 부정되어져야 할 것이다(다수설).

상법은 「사내이사」, 「사외이사」, 「그 밖에 상무에 종사하지 아니하는 이사」로 구분하여 등기하도록 하고 있다(317조 2항 8호). 「그 밖에 상무에 종사하지 아니하는 이사」란 기업실무에서 사외이사와 무관하게 비상근이사, 평이사 등으로 부르며 상무에 종사하지 않는 이사를 두고 있는데, 이를 법제화 한 것이라 한다(李 626).

(2) 이사 선임

1) 이사 자격

이사 자격에 관하여 상법에는 특별한 제한규정이 없다. 다만 사외이사의 경우에는 그 지위의 독립성을 뒷받침하기 위해 상법에 규정된 결격사유에 해당하지 않는 자이어야 한다(382조 3항).

정관으로 이사의 자격을 제한하는 경우가 있는데, 그 정관 내용이 사회질서에 반하지 않는 한 유효하다. 예컨대 정관으로 이사가 가질 주식 수를 정한다면(資格株), 그러한 정관 규정은 유효하다. 만약 정관에 이사가 가져야 할 주식 수를 정한 때에는 다른 규정이 없는 한, 이사는 주권을 감사・감사위원회에 공탁하여야 한다(387조). 이는 이사의 자격요건을 유지시키는 한편, 이사의 내부자거래를 방지하기 위한 것이다.

법인이 이사가 될 수 있느냐에 대하여 긍정설은, 法人인 이사가 자연인인 이사보다 대외적 신용이나 자격에 있어 나은 경우가 많은 점, 비업무담당이사는 법인이 되지 못할 이유가 없다는 점 등을 이유로 法人도 理事가 될 수 있다고 하나[李(炳) 445, 徐 381, 鄭(東) 387, 姜 471], 이사는 그 직무의 성질상 개인적 신뢰를 기초로 하므로 부정하는 견해가 타당하다[林 448, 孫 742, 崔 538, 李 501, 鄭(燦) 388]. 다만 법인이 발기인이나 재산관리인이 될 수 있도록 한 것은 이들이 일시적인 기관에 불과하기 때문에 허용한 것이므로 이사와 같이 볼 수는 없다. 또한 파산자는 이사가 될 수 없고, 감사는 그 회사 및 자회사의 이사가 될 수 없다(411조). 미성년자는 이사가 될 수 있지만, 상장회사의 경우 미성년자는 사외이사가 될 수 없다(542조의8 2항 1호, 2호).

상법은 사외이사의 자격에 관해서 별도로 결격사유를 정하고 있는데, 이것은 사외이사 지위의 독립성을 확보하여 업무집행자에 대한 견제와 감시, 감독기능을 다하게 하기 위함이다. 사외이사는 해당 회사의 상무(常務)에 종사하지 아니하는 이사로서 다음의 어느 사항에 해당하지 않는 자를 말하며, 다음의 어느 하나에 해당하면 그 직을 상실한다(382조 3항). 즉, ① 회사의 상무에 종사하는 이사 및 피용자 또는 최근 2년 이내에 회사의 상무에 종사한 이사·감사 및 피용자, ② 최대주주가 자연인인 경우 본인과 그 배우자 및 직계 존속·비속, ③ 최대주주가 법인인 경우 그 법인의 이사·감사 및 피용자, ④ 이사·감사의 배우자 및 직계 존속·비속, ⑤ 회사의 모회사 또는 자회사의 이사·감사 및 피용자, ⑥ 회사와 거래관계 등 중요한 이해관계에 있는 법인의 이사·감사 및 피용자, ⑦ 회사의 이사 및 피용자가 이사로 있는 다른 회사의 이사·감사 및 피용자가 그것이다(382조 3항 각호).

상장회사는 자산 규모 등을 고려하여 대통령령으로 정하는 경우를 제외하고는 이사 총수의 4분의 1 이상을 사외이사로 선임하여야 하는데 자산규모 등을 고려하여 대통령령으로 정하는 (최근 사업연도말 현재의 자산총액이 2조원 이상) 상장회사의 사외이사는 3명 이상으로 하되, 이사 총수의 과반수가 되도록 한다(542조의8 1항). 뿐만 아니라 상장회사의 사외이사의 결격사유는 더 엄격히 규정하고 있다(542조의8 2항).

금융관련회사의 경우 자본시장법 등에서 사외이사의 결격사유 및 사외이사의 선임비율 등에 관하여 특별한 정함을 두고 있다(자시법 25조, 27조, 27조).

2) 이사 선임기관

이사는 주주총회에서 선임되며(382조 1항), 제3자나 다른 기관에는 그 선임을 위임할 수 없다. 그러나 회사의 설립시에는 발기설립의 경우에는 발기인들이 호선

(互選)하고(296조 1항), 모집설립의 경우에는 창립총회에서 선임한다(312조).

3) 이사 선임방법

이사의 선임은 주주총회의 보통결의에 의한다(368조 1항). 선임하고자 하는 이사 수가 동시에 2인 이상인 경우, 집중투표의 방식으로 이사를 선임할 것을 소수주주가 청구할 수 있다.

상장회사가 이사 선임에 관한 사항을 목적으로 하는 주주총회를 소집통지 또는 공고하는 경우에는 이사후보자의 성명, 약력, 추천인, 기타 대통령령이 정하는 후보자에 관한 사항을 통지하거나 공고하여야 하며(542조의4 2항), 통지 공고한 후보자 중에서 선임하여야 한다(542조의5).

상장회사가 사외이사를 선임하고자 하는 경우 주주총회의 소집통지 또는 공고에 사외이사의 활동내역과 보수에 관한 사항, 사업개요 등 대통령령으로 정하는 사항을 통지나 공고하여야 하는데, 다만 그 사항을 대통령령으로 정하는 방법으로 일반인이 열람할 수 있도록 하는 경우에는 통지나 공고하지 않아도 된다(542조의4 3항). 뿐만 아니라 상장회사는 사외이사후보를 추천하기 위하여 사외이사후보추천위원회를 설치하여야 하고, 사외이사후보추천위원회는 사외이사가 총위원의 과반수가 되도록 구성하여야 한다(542조의8 4항). 사외이사는 사외이사후보추천위원회에서 추천받은 자 중에서 선임되며, 사외이사후보추천위원회는 주주제안권 행사요건을 갖춘 소수주주가 주주총회일(정기주주총회의 경우 직전연도의 정기주주총회일에 해당하는 연도의 해당일) 6주 전에 추천한 사외이사후보를 포함시켜야 한다(542조의8 4항, 5항, 542조의6 2항).

주주총회에서 특정인을 이사로 선임하더라도 선임된 理事의 동의가 있어야 한다. 선임된 이사는 선임결의일로부터 2주간 내에 사내이사, 사외이사, 그 밖에 상무에 종사하지 아니하는 이사로 구분하여 등기하여야 하나(317조 1항, 2항 8호), 이사 선임의 효력은 주주총회의 결의와 이사의 동의에 의해 발생하는 것이지 등기의 유무에 의하는 것은 아니다(李 643). 법인등기부에 이사로 등재되어 있는 경우에는 특단의 사정이 없는 한 정당한 절차에 의하여 선임된 적법한 이사로 추정된다(대판 1983. 12. 17, 83다카331).

4) 집중투표제

(가) 의 의　　집중투표(cumulative voting system; 累積投票)란 동일한 주주총회에 있어서 2인 이상의 이사를 선임하려는 경우에, 주주는 1주에 관하여 선임해야 할 이사의 인원수를 곱한 의결권을 가지고, 그 의결권의 전부를 1인의 후보자에게 집중적으로 투표하거나 또는 적절하게 배분하여 수인의 후보자에게 투표하여, 다득

표한 자로부터 순차적으로 당선자를 정하는 방식을 말한다(382조의2 1항).[23] 일반적으로 주주총회에서 수인의 이사를 선임하는 경우라도 1안건으로 1인 이사만 선임하는 순차선임의 방식은 1주에 1표만 투표할 수밖에 없으므로, 결국 회사의 발행주식총수의 과반수를 가진 주주는 항상 이사 전원을 독점적으로 선임한다. 그러나 집중투표제에 의하면 소수파주주도 그 지주수(持株數)에 비례하는 수의 이사를 선임할 수 있다.

(나) 집중투표제의 요건 집중투표는 2인 이상 이사 선임을 목적으로 하는 총회에서 채택할 수 있다. 집중투표의 청구가 있다고 하여 총회소집통지에 기재된 이사의 인원수보다 감소하여 선임하는 것은 허용되지 않는다.

1998년 개정법에서는 집중투표제의 채택을 상법에서 직접 강제하지 않고 회사가 이를 배제할 수 있게 하였다. 즉, 집중투표제를 원하지 않는 會社는 정관의 규정으로 집중투표제를 배제하되, 정관에 그러한 규정이 없는 회사는 집중투표제를 실시할 수 있다.

정관에 배제규정이 없더라도 집중투표를 하려면 발행주식총수의 100분의 3이상에 해당하는 주주가 집중투표에 의할 것을 청구하여야 한다. 다만 의결권 없는 주주는 집중투표를 청구할 수 없다. 상장법인의 경우 집중투표청구권을 가진 소수주주는 의결권 있는 발행주식총수의 100분의 1 이상에 해당하는 주식을 소유한 주주이고(542조의7 2항), 집중투표를 정관으로 배제하거나 그 배제된 정관을 변경하려는 경우에는 의결권 없는 주식을 제외한 발행주식총수의 100분의 3을 초과하는 수의 주식을 가진 주주는 그 초과하는 주식에 관하여 의결권을 행사하지 못한다(542조의7 3항). 정관에서는 이 보다 낮은 주식 보유비율을 정할 수 있다(542조의7 3항 단서). 상장회사가 주주총회의 목적사항으로 집중투표 배제에 관한 정관변경 의안을 상정하려는 경우 그 밖의 사항의 정관 변경에 관한 의안과는 별도로 상정하고 의결하여야 한다(542조의7 4항).

집중투표청구는 이사선임을 위한 주주총회일의 7일전까지 서면 또는 전자문서로 하여야 한다. 서면에는 특별한 방식이 없고, 집중투표를 청구하는 뜻을 표시하고 청구자가 서명 또는 기명날인하면 된다. 상장회사의 경우에는 주주총회일(정기주주총회의 경우에는 직전 연도의 정기주주총회일에 해당하는 그 해의 해당일)의 6주전까지 서면 또는 전자문서로 회사에 집중투표청구를 할 수 있다(542조의7 1항).

주주총회 의장은 주주총회에서 이사선임결의를 하기전에 집중투표의 청구가 있

23) 그러나 집중투표제도는 실효성이 별로 없다는 통계 및 관련자료에 대하여는 Jesse H. Choper · John C. Coffee, Jr · Ronald J. Gilson, *op. cit.*, p. 601.

었음을 알려야 한다. 이는 주주의 주의를 환기시키기 위한 것이다. 집중투표청구서면은 주주총회가 종결될 때까지 본점에 비치하여야 하고 주주로 하여금 열람할 수 있게 하여야 한다.

(다) **집중투표의 방식** 집중투표에 있어서는 각 주주는 1주에 관하여 선임해야 할 理事의 원수와 동수의 의결권, 즉 그 지주수(持株數)에 선임해야 할 이사의 원수를 곱한 수의 의결권을 가지고 임의로 이를 1인에게 집중 또는 몇 사람에게 분산하여 투표하는 것을 말하는 것이므로, 업무의 성질상 투표용지를 사용하여 투표할 것을 요하고 기명투표에 의한다. 투표 결과 최다득표를 한 자부터 순차적으로 이사로 선임된다. 만약 득표수가 동수라면 정관 또는 주주총회의 결의로써 연령순·추첨 등에 의한다는 뜻의 정함이 있으면 그에 의하나, 그렇지 않으면 재투표해야 한다. 이사로 선임된 자가 취임을 허락하지 않을 경우에는 차점자가 차례로 선임되는 것으로 해석되나, 일단 선임된 자가 후에 퇴임한 경우에는 다시 후임자를 선임하여야 하고, 차점자가 선임될 일은 아니다.

1인의 理事를 선임하는 데 필요한 최소한의 지주수(X)는 다음과 같이 계산된다.

X = {A/N+1} + 1 (A = 출석주식수, N = 선임이사 수).

5) 이사 수

이사는 3인 이상이어야 한다(383조 1항). 이사의 최소인원을 3인 이상으로 한 이유는 이사회라는 회의체 운영을 위해서 복수의 인원이 필요하고, 이사회 결의에서 가부동수의 결과를 방지하기 위해서 홀수이어야만 하기 때문이다. 그러나 그 최고한도에 관한 정함은 없다. 따라서 각 회사는 자본금규모 내지 경영규모 등에 따라 정관으로 이사수의 최저한 또는 그 최고한을 정할 수 있다. 예컨대, 정관으로 「우리 회사의 이사의 수는 5인 이상 15인 이내로 한다」는 규정을 두고 있다면, 그 회사는 최소한 5인 이상 15인 이내에서 이사를 선임하여야 한다.

1998년 개정법에서 자본금이 5억원 미만인 소규모 회사의 경우에 이사는 2인을 두어도 무방하도록 하였다. 나아가 2009년 개정법은 자본금 총액이 10억원 미만인 회사는 1명 또는 2명으로 할 수 있도록 하였다(383조 1항 단서). 이런 회사의 경우에는 理事會가 존재하지 않는다.

한편 상장회사의 경우 자산규모 등을 고려하여 대통령령으로 정하는 경우(시행령 13조 2항)를 제외하고 이사 총수의 4분의 1 이상을 사외이사로 하여야 한다(542조의8 1항 본문). 또한 자산총액 2조원 이상인 상장회사의 경우 사외이사는 3명으로 하되, 이사 총수의 과반수가 되도록 하여야 한다(542조의8 1항 단서).

6) 이사 임기

이사 임기는 원칙적으로 3년을 초과하지 못한다(383조 2항). 이사 임기를 제한하는 것은 지위의 안정에서 비롯되는 침체 또는 경영전횡의 폐단을 방지하기 위한 취지에서 나온 것이다.

이사 임기 시작일에 관하여 이사 임기 시작은 대외적으로 명백해야 하고 수인의 이사 간에 획일적으로 정해야 한다는 이유에서 선임결의시부터 또는 선임결의시에 임기개시일을 정한 때에는 그 날부터 임기가 개시한다고 보는 견해가 있다(李 507). 그러나 취임에 앞서서 임기만이 진행한다고 보는 것은 불합리하고, 실제는 회사와 이사후보자 간에 사전에 주주총회의 결의를 조건으로 하는 임용계약이 체결되고 총회결의에 의하여 곧바로 선임의 효력이 발생하는 경우가 많기 때문에, 각 理事에 의한 임기의 개시일이 달라질 염려도 없다. 따라서 이사의 임기개시일은 취임한 날로 보는 것이 타당하다[鄭(東) 365, 崔 537]. 회사의 최초 이사의 임기는 회사의 성립과 동시에 시작한다. 보궐선임된 이사의 임기는 새로 개시하지만, 실무적으로는 정관으로 후임이사의 임기를 전임자의 잔임기간으로 하는 예가 많다.

이사의 임기는 3년을 초과할 수 없으므로 정관 또는 주주총회에서 이를 단축할 수는 있어도, 연장할 수는 없다. 다만 예외적으로 정관으로 임기 중의 최종의 결산기에 관한 정기총회의 종결시까지 그 임기를 연장할 수 있다(383조 3항). 이사는 일반적으로 정기총회에서 선임되나 정기총회의 회일은 매기마다 같은 날인 것만은 아니기 때문에 당해 총회의 종결시까지 연장하는 것이 합리적일 수 있어 定款의 규정으로 연장할 수 있게 한 것이다. 예컨대, 2월 20일의 정기총회에서 이사가 선임된 경우, 3년 후의 정기총회는 2월 20일 이후인 3월 20일에 개최한다면, 그 이사의 임기를 2월 20일에 만료시키지 않고 당해 주주총회의 종결시인 3월 20일까지 연장할 수 있다는 것이다.

(3) 이사 종임

1) 일반적인 종임사유

이사와 회사 간의 관계는 위임관계이므로(382조 2항), 위임의 법률상의 종료사유인 이사의 사망, 파산, 금치산선고에 의하여 종임한다. 또한 이사는 정관소정의 자격상실, 임기만료, 해임에 의하여 종임한다. 이사가 종임한 때에는 그 등기를 하여야 한다(317조 2항 8호, 183조).

이사는 언제든지 사임할 수 있다(民 689조 1항). 이사의 사임은 회사에 대한 일방적인 의사표시에 의하여 효력이 발생하는 단독행위이므로, 회사의 승낙을 요하지 않고 또 변경등기를 하지 않더라도 즉시 그 자격을 상실한다(서울고판 1980. 5. 23, 79나2290). 사임의 의사표시는 대표이사 또는 대표집행임원에게 하여야 하며, 그 의사표시는 대표이사 또는 대표집행임원에게 도달함으로써 효력이 발생한다. 理事전원이 일괄하여 사임하는 경우에는 대표이사는 이사의 사임의 의사표시를 수령할 대리인을 선임한 다음, 그 자에게 대리권을 부여한 후에 사임의 의사표시를 하면 된다. 이사는 사임의 사유가 무엇이든 관계없이 언제라도 사임할 수 있다. 그러나 회사의 처지에서 불리한 시기에 사임하는 경우에 이사는 질병 기타 부득이한 사유가 있는 경우를 제외하고는 회사가 입은 손해배상을 하여야 한다(民 689조 2항). 이사가 사임함으로써 법률 또는 정관에서 정한 이사의 최저원수를 결한 때에는 사임에 의하여 퇴임한 이사는 새로이 선임된 이사의 취임시까지 이사로서의 권리와 의무를 갖는다(386조 1항).

상장회사의 경우 사외이사의 사임·사망 등의 사유로 인하여 사외이사의 수가 이사총수의 4분의 1이상에 미달하는 경우에는 그 사유가 발생한 후 처음으로 소집되는 주주총회에서 미달하는 사외이사를 선임하여야 한다(542조의8 3항).

2) 주주총회의 해임결의

회사는 임기의 잔존여부 또는 해임에 대한 정당한 사유의 유무를 불문하고 언제라도 주주총회 결의로 이사를 해임할 수 있다(385조 1항). 이 경우의 총회소집의 통지에는 해임의 대상인 이사를 표시하여야 하고, 해임결의는 주주총회의 특별결의에 의한다. 해임은 주주총회의 전속적 사항이므로 제3자에게 해임권한을 위임할 수도 없고, 또한 대표이사가 회사의 명의로 또는 이사와의 사이에서 일정기간 동안 해임하지 않겠다는 특약을 하여도 구속력이 없다. 주주총회는 해임권을 포기할 수도 없다. 다만, 이사의 임기의 정함이 있는 경우에 정당한 사유없이 그 임기만료 전에 해임한 경우에는 회사는 이에 의하여 발생한 손해를 배상하여야 한다(385조 1항 단서). 정당한 사유라 함은 이사의 임무위반, 중대한 비행, 직무집행능력의 현저한 결여, 질병으로 인한 장기간의 휴직[24] 등을 들 수 있다. 회사에게 손해배상의 책임을 부담시키기 위해서 고의·과실을 요하지 않으며, 이사가 받을 수 있는 손해배상액의 범위는 해임된 이후에 잔임기간 동안에 받을 수 있는 보수와 상여금 및 임기만료에 의한 퇴직시의 퇴직위로금에 한하고, 위자료는 포함되지 않는다.

집중투표에 의하여 선임된 이사의 해임도 특별결의에 의한다.

3) 소수주주에 의한 해임청구

이사가 직무를 수행함에 있어서 부정행위 또는 법령이나 정관에 위반한 중대한

---

24) 近藤光男, 取締役の解任, 會社判例百選, 別冊ジュリスト 149號, 82쪽.

사실이 있음에도 불구하고, 주주총회에서 그 이사의 해임을 부결한 경우에는 발행주식총수의 100분의 3 이상을 가진 주주는 총회결의가 있은 날로부터 1월 이내에 그 이사의 해임을 법원에 청구할 수 있다(385조 2항). 상장회사의 경우에는 6월 전부터 계속하여 발행주식총수의 1만분의 50(자본금이 1000억원 이상인 법인의 경우에는 1만분의 25) 이상에 해당하는 주식을 보유하는 주주에게 위 해임청구권을 행사할 수 있도록 하여 그 요건을 완화하고 있다(542조의6 3항, 385조). 少數株主에 의한 해임청구를 둔 취지는 위법행위를 한 이사가 다수결의 힘을 배경으로 보신을 도모하는 것은 부당하기 때문이다.

소수주주의 해임청구에 의한 訴의 피고에 관하여는 ① 회사를 피고로 한다는 설[林 462, 李(炳) 630], ② 당해 이사를 피고로 한다는 설(徐 382, 姜 487), ③ 회사와 당해 이사 모두를 피고로 한다는 설[孫 747, 鄭(熙) 473, 崔 543, 李(基) 382]이 있으나, 회사와 당해 이사 모두를 피고로 한다는 설이 타당하다고 본다. 왜냐하면 이사해임의 訴는 회사와 이사 간의 위임관계의 해소를 청구하는 것이기 때문이다.

이사해임의 訴는 회사의 본점소재지의 지방법원의 관할에 전속하고(385조 3항, 186조), 판결의 확정에 의하여 당연히 해임의 효력이 발생한다.

4) 이사의 종임등기

이사가 종임한 경우에는 등기사항에 변경이 생기므로 그 변경등기를 하여야 한다(317조 3항, 183조).

5) 이사의 결원

이사 종임에 의하여 법률 또는 정관에서 정한 이사의 인원수가 부족한 경우에는 임기의 만료 또는 사임으로 인하여 퇴임한 이사(이를 퇴임이사라 한다)는 새로 선임된 이사가 취임할 때까지 이사로서의 권리의무를 가진다(386조 1항). 상장회사는 사외이사의 사임·사망 등의 사유로 인하여 사외이사의 수가 이사총수의 4분의 1에 미달하게 되면 그 사유가 발생한 후 처음으로 소집되는 주주총회에서 미달된 수의 사외이사를 선임하여야 한다(542조의8 5항). 이는 이사가 임기만료 또는 사임에 의하여 퇴임한 경우에만 인정되고 기타의 사유에 의하여 퇴임한 경우에는 적용되지 않는다. 왜냐하면 임기만료 또는 사임 이외의 사유에 의하여 퇴임한 이사의 경우에는 이사와 회사와의 사이에 신뢰관계가 손상된 것이 보통이기 때문이다. 이론상으로는 임기만료 또는 사임에 의하여 이사의 자격은 상실되지만, 후임자가 취임할 때까지는 종전의 이사가 그 임무를 계속해서 행하게 되며, 그 동안은 퇴임을 이유로 변경등기도 할 수 없다.

이사 퇴임에 의하여 법률 또는 정관에 정한 이사 숫자를 결한 경우에 필요하다고 인정할 때에는 법원은 이사·감사 기타의 이해관계인의 청구에 의하여 일시적으로 이사직무를 대행할 자(이를 假理事라 한다)를 선임할 수 있다(386조 2항 전단). 가이사를 선임한 경우에는 본점의 소재지에서 그 등기를 하여야 한다(386조 2항 후단). 선임된 가이사의 부적임을 이유로 그 선임취소 또는 변경을 구할 수는 없다. 가이사는 일시 이사의 직무를 행할 자이고 새롭게 선임된 이사가 취임하는 때에는 이에 의하여 당연히 그 지위를 상실한다. 가이사의 권한과 책임은 본래의 이사의 권한·책임과 동일하다.

(4) 이사 보수

1) 규제 취지

회사와 이사 간의 관계는 위임관계이므로, 이사는 특약이 없는 한 보수를 청구할 수 없으나(民 686조 1항), 실제적으로는 이사가 보수를 받는다. 이는 주식회사의 이사의 지위는 전문적인 지식을 필요로 하는 지위이고, 또한 이사는 무거운 경영책임도 부담해야 하기 때문에 理事에게 보수청구권을 인정하지 않을 수 없다. 회사와 이사 간의 보수에 관한 계약은 이사·회사 간의 거래에 포함된다고 볼 수 있으므로, 다른 규정이 없으면 이사회의 승인을 받아야 한다. 그러나 이사 보수를 이사회 결의에 위임하게 되면 이사 자신의 보수를 자신이 결정하게 되고, 이는 理事가 임의대로 고액의 보수를 정하고 회사에 불이익을 줄 가능성을 배제할 수 없기 때문에, 상법은 보수의 결정을 정관으로 정하든지 또는 주주총회의 결의로 정하도록 하였다(388조, 대판 1979. 11. 27, 79다1599).

2) 이사 보수의 의의

이사의 보수란 이사의 직무집행에 대한 대가이다. 이러한 보수에는 월급, 각종수당, 상여금, 퇴직위로금 등의 명칭여하에 관계없이 정기적이든 부정기적이든 불문하고 회사의 직무수행에 대한 보상으로 지급되는 일체의 대가를 포함한다.

3) 보수의 범위

(가) 이사공장장, 이사총무부장 등과 같이 理事의 지위와 使用人의 지위를 겸하고 있는 사용인 겸무이사에 관하여는 그 사용인분의 급여를 理事의 보수에 포함하지 않는다면, 상법 제388조를 탈법하는 결과를 초래하기 때문에 사용인분의 급여도 이사의 보수에 포함한다고 보는 견해가 있고(李 646), 사용인분의 급여는 근로계약의 대가로서 이사의 보수와는 법적 성질을 달리하므로 理事의 보수에 포함하지 않는다는 견해도 있다[鄭(東) 392, 鄭(燦) 771, 田中 570, 北澤 336]. 생각건대, 사용인 겸무이사의 경우 사용인분의 급여를 이사의 보수에 포함하지 않으면 주주의 통제를

벗어나서 과도하게 보수를 책정할 염려가 있기 때문에 이사의 보수에 포함한다고 보는 견해가 옳다.

(나) 이사퇴직시에 지급되는 퇴직위로금에 관하여는, 이는 이사의 지위를 떠난 자에게 지급되므로 보수와는 그 성질이 다르고 이에 관하여서까지 理事가 임의대로 정한다고 가정하여 상법 제388조의 규제에 따를 것을 요구하는 것은 지나치다는 견해가 있다. 그러나 퇴직위로금은 재직중의 직무집행의 대가라는 측면도 있으므로 보수에 해당한다고 보는 것이 타당하다[다수설 崔 551, 鄭(東) 393, 판례의 입장도 같다(대판 1977. 11. 22, 77다1742; 대판 1969. 5. 27, 69다327)].

(다) 이사의 상여는 직무집행의 대가가 아니고 각각의 결산기에 있어서 이익에 대한 공로를 보답하기 위한 것이고, 따라서 상여금의 지급은 이익처분이며 회사에 이익이 발생한 것을 전제로 한다는 점에서 보수와는 성질이 다르다는 견해가 있다(崔 551). 그러나 상여도 보수의 한 형태로서 그 지급여부 및 액수가 확정되어 있지 않을 뿐, 직무집행의 대가로서의 성질은 양자간에 다를 바 없다[鄭(東) 393, 李 645]. 理事에게 지급되는 상여는 보수에 포함시키는 견해가 옳다고 본다.

(라) 이사가 해임되는 경우 해직보상금을 받기로 한 경우 판례는 해직보상금도 이사의 보수결정에 관한 상법 제388조를 준용 내지 유추적용한다(대판 2006.11.23. 2004다49570).

(마) 이사의 보수액 자체가 과다한 경우 판례는 보수의 형식으로 회사의 자금을 개인에게 지급하기 위한 방편으로 이사를 선임하는 특별한 사정이 있는 경우 회사는 합리적인 범위내에서 지급된 보수반환을 청구할 수 있다고 한다(대판2015. 9. 10. 2015다213308).

4) 보수 결정방법

이사 보수는 정관에 그 액을 정하지 아니한 때에는 주주총회 결의에 의한다. 주주총회에서는 이사의 보수액을 반드시 개별 이사마다 정할 필요는 없고, 이사전원에 대한 보수의 총액을 정하고 각 이사에 대한 배분의 결정은 이사회에 일임할 수 있으며, 또한 총액의 최고한을 정하고 그 범위 내에서의 구체적인 금액결정과 각 이사에 대한 배분율을 이사회에 일임하는 것도 무방하다.

위로금지급을 이사회에 일임하는 뜻의 주주총회결의가 무효라고 제기한 주총결의무효확인의 訴에서 법원은 「주주총회는 위로금의 금액, 시기, 방법을 이사회에 일임하고 이사회는 자유로이 판단함이 없이 회사의 업적, 퇴직 임원의 근속연수, 담당업무, 업적의 경중 등을 따져서 일정한 기준에 의하여 위로금을 결정한 것이고, 무조건 이사회의 결정에 일임한 것이 아니므로 총회결의가 무효라 할 수 없다」

고 판시(日最判 昭和 39. 12. 11, 民集 18卷 10號 2143쪽)하고 있다.

일단 정관 또는 주주총회에서 결정된 이사의 보수액을 직무내용이 변경되었다고 해서(예컨대, 상근이사가 비상근이사로) 理事의 동의 없이 주주총회나 이사회가 감액 또는 무보수로 변경할 수 있을까? 종래 일본 판례는 이를 유효하다고 본 것도 있으나(日大判 昭和 7. 6. 10, 民集 11卷 1365쪽), 「일단 이사의 보수액이 정해지게 되면 회사와 이사 간의 임용계약으로서 당사자간을 구속하게 되므로 이사의 동의 없이 일방적으로(감액 또는 무보수로) 변경할 수 없다」고 판시(日最判 1992. 12. 18)하고 있다.[25]

(5) 주식매수선택권

1) 주식매수선택권의 의의와 입법취지

주식매수선택권(stock option)이란 회사의 설립·경영 및 기술혁신 등에 기여하거나 기여할 수 있는 이사·감사·집행임원 또는 피용자에게 정관이 정하는 바에 따라 주주총회의 특별결의로써 미리 예정된 일정한 가격[행사가액(exercise or strike price)]으로 신주를 인수하거나(신주발행방식; warrant方式), 회사 보유의 자기주식을 매수하거나(자기주식양도방식), 행사가격과 그 실질가격과의 차액[주가차익수익권(stock appreciation rights; SARs)]을 금전 또는 자기주식으로 양수받거나 또는 이것을 포기할 수 있는 권리(option right)를 말한다.

일반적으로 옵션(option)은 증권, 상품, 통화, 금리 등의 자산을 일정한 기간 내에 또는 일정한 기일에 일정한 가격으로 매수할 수 있는 권리인 call option과 반대로 이를 매도할 수 있는 put option으로 구분되는데,[26] 주식매수선택권은 call option의 일종이다.

주식매수선택권은 회사의 업적이 좋아져서 주가가 상승한다면 취득한 주식을 매각하여 이익을 얻을 수 있도록 인센티브를 주는 성공보수형(업적연동형보수)과 유능한 인재의 사외유출방지 및 유능한 인재의 사내유입을 위해서 인센티브를 제공하는 인재확보형으로 나눌 수 있다. 주식매수선택권에 의해 주식은 회사가 교부하지만, 업적에 대한 보수의 지급은 상장회사 또는 협회등록법인의 경우 증권시장을 통하여 주가 변동부분(market price)만큼 간접적으로 지급되는 면이 있다.[27] 따라서 주식시장이 형성된 공개회사에서 주식매수선택권의 활용이 용이하다.

---

25) 사례와 그 내용 및 평석에 관하여는 甘利公人, 取締役の報酬の變更, 會社判例百選, 別冊ジュリスト 149號, 110쪽.

26) Jesse H. Choper · John C. Coffee, Jr · Ronald J. Gilson, *op. cit.*, p. 213.

27) *Ibid.*, p. 149.

2) 주식매수선택권의 유형

우리 상법에서 규정하고 있는 주식매수선택권의 유형은 다음과 같다.

첫째, 미리 예정된 가액으로 신주를 발행받는 방법이다. 예컨대, 행사가액이 1만원으로 정해져 있다면 옵션행사기간 내에(1만원을 초과하여 몇 배가 되는 경우 등) 주가의 변동에 관계없이 그 행사가액으로 신주발행을 해 준다.

둘째, 회사가 보유하고 있는 자기주식을 미리 예정된 가격(行使價額)으로 이사·집행임원·감사 또는 피용자가 매수청구하는 방식이다. 예컨대, 1만원으로 행사가액을 미리 정해 놓고, 주식매수선택권을 행사할 수 있는 기간내에 주가의 변동에 관계없이 옵션을 부여받은 자는 자기주식매수를 청구할 수 있다. 옵션을 부여받은 자에게 있어서 1만원이 초과하는 부분이 보수로 될 것이다.

셋째, 주식의 실질가격(시가 또는 주식평가가치)이 행사가액보다 높은 경우에는 회사는 그 차액을 금전으로 지급하거나 그 차액에 상당하는 자기주식을 양도할 수 있다. 예컨대, 행사가액은 1만원이고 거래소에서의 시가는 1만 5천원이라면, 그 차액에 해당하는 5천원을 금전으로 지급하거나 자기주식으로 지급한다는 것이다. 이러한 방법은 주식매입대금을 납입할 수 없는 옵션권자에게도 옵션권 행사를 용이하게 할 뿐만 아니라, 회사로서도 다량의 자기주식을 취득해 보유하는데 따른 재무손실 리스크, 신주발행에 따른 기존주주의 지분율 감소위험, 주식 물타기 등을 방지할 수 있어 유리하다.

3) 주식매수선택권의 부여요건

(가) 정관의 정함 주식매수선택권을 부여하기 위해서는 정관에 ① 일정한 경우 주식매수선택권을 부여할 수 있다는 뜻, ② 주식매수선택권의 행사로 발행하거나 양도할 주식의 종류와 수, ③ 주식매수선택권을 부여받을 자의 자격요건, ④ 주식매수선택권의 행사기간, ⑤ 일정한 경우 이사회결의로 주식매수선택권의 부여를 취소(철회)할 수 있다는 뜻을 기재해 놓아야 한다(340조의3 1항).

(나) 부여대상자의 자격 부여대상자는 회사의 설립·경영과 기술혁신 등에 기여하거나 기여할 수 있는 회사의 이사·집행임원·감사 또는 피용자이다(340조의2 1항). 상장회사의 경우에는 관계회사(542조의3 3항, 시행령 9조 1항)의 이사·집행임원·감사 또는 피용자에게도 주식매수선택권을 부여할 수 있다. 그러나 상법은 영향력 있는 大株主 등에 의하여 주식매수선택권이 남용되는 것을 막기 위하여 ① 의결권 없는 주식을 제외한 발행주식총수의 100분의 10 이상의 주식을 가진 주주, ② 이사·집행임원·감사의 선임과 해임 등 회사의 주요경영사항에 관하여 사실상 영향력을 행사하는 자, ③ ① 및 ②에 규정된 자의 배우자와 직계존·비속에게는 주

식매수선택권을 부여할 수 없다(340조의2 2항).

(다) 부여한도 및 가액제한　주식매수선택권의 행사로 발행할 신주 또는 양도할 자기주식은 회사의 발행주식총수의 100분의 10을 초과할 수 없다(340조의2 3항). 상장회사의 경우 발행주식총수의 100분의 20의 범위에서 대통령령으로 정하는 한도까지 주식매수선택권을 부여할 수 있고(542조의3 2항), 대통령령으로 정하는 한도란 발행주식 총수의 100분의 15에 해당하는 주식을 말한다(상시행령 9조 3항). 주식매수선택권의 행사가액은 액면신주를 발행하는 경우에는 주식매수선택권의 부여일을 기준으로 한 주식의 실질가액과 주식의 권면액 중 높은 금액으로 하는데, 무액면주식을 발행한 경우에는 자본금으로 계상되는 금액 중 1주에 해당하는 금액을 권면액으로 본다. 따라서 실질가액과 발행가 중에서 자본금으로 계상되는 1주에 해당하는 금액 중 높은 금액이 행사가액이 된다. 자기주식을 양도하는 경우에는 주식매수선택권의 부여일을 기준으로 한 주식의 실질가액 이상이어야 한다(340조의2 4항).

4) 주식매수선택권의 부여절차

주식매수선택권을 부여하기 위해서는 기본적으로 정관의 정함이 있어야 하나, 구체적인 절차는 다음과 같다.

(가) 주주총회 특별결의　주식매수선택권을 부여하기 위해서는 주주총회의 특별결의가 있어야 한다. 주식매수선택권에 관한 주주총회의 특별결의에 있어서는 ① 주식매수선택권을 부여받을 자의 성명, ② 주식매수선택권의 부여방법, ③ 주식매수선택권의 행사가액과 그 조정에 관한 사항, ④ 주식매수선택권의 행사기간, ⑤ 주식매수선택권을 부여받을 자 각각에 대하여 주식매수선택권의 행사로 발행하거나 양도할 주식의 종류와 수를 정하여야 한다(340조의3 2항). 그러나 상장회사는 정관의 정함으로 발행주식총수의 100분의 10 범위에서 대통령령으로 정하는 한도까지 이사회 결의로 주식매수선택권을 부여할 수 있으며, 이때 주식매수선택권을 부여한 후 처음으로 소집되는 주주총회의 승인을 받도록 하고 있다(542조 3항).

(나) 계약 체결　회사는 주식매수선택권을 부여하는 주주총회의 특별결의에 의하여 주식매수선택권을 부여받은 자와 계약을 체결하고 상당한 기간내에 그에 관한 계약서를 작성하여야 한다(340조의3 3항). 그리고 회사는 이 계약서를 주식매수선택권의 행사기간이 종료할 때까지 본점에 비치하고 주주로 하여금 영업시간내에 이를 열람할 수 있도록 하여야 한다(340조의3 4항). 상장법인의 경우 주주총회에서 주식매수선택권 부여결의를 한 때에는 대통령령이 정하는 바에 따라 금융위원회와 한국거래소에 이를 신고하여야 하며, 금융위원회 등은 신고일부터 주식매수선택권 존속기한까지 이를 비치하고 일반인이 열람할 수 있도록 하여야 한다(자시법

165조의17 1항).

5) 주식매수선택권행사와 양도금지

주식매수선택권은 주주총회결의일로부터 2년 이상 재임 또는 재직하여야 이를 행사(形成權)할 수 있다(340조의4 1항, 542조의3 4항). 따라서 주식매수선택권을 부여하는 주주총회결의일 후 2년 내에 임직원이 퇴임하거나 퇴직하면 이를 상실하게 된다. 그래서 비상장회사의 경우 주식매수선택권을 부여받은 본인의 귀책사유가 아닌 사유로 퇴임 또는 퇴직한 경우라도 2년 내에 퇴임 또는 퇴직하게 되면 부여받은 주식매수선택권을 상실한다는 것이 판례의 입장이다(대판 2011. 3. 24, 2010다85027). 그러나 상장회사의 경우 주식매수선택권을 부여받은 자가 사망, 기타 본인의 귀책사유가 아닌 사유로 2년 내에 퇴임 또는 퇴직하는 경우에도 부여받은 주식매수선택권을 상실하지는 않는다(542조의3 4항, 상시행령 29조 5항).

주식매수선택권은 양도하지 못한다(340조의4 2항). 양도를 허용하면 주식매수선택권을 부여한 취지가 무색해지기 때문이다. 다만, 선택권을 행사할 수 있는 자가 사망한 경우에는 그 상속인이 이를 행사할 수 있도록 하고 있다(340조의4 2항 단서).

주식매수선택권을 행사하려는 자는 청구서 2통에 선택권을 행사할 주식의 종류와 수를 기재하고 기명날인 또는 서명하여 회사에 제출하여야 한다(340조의5, 516조의8 1항 · 3항). 청구를 받은 회사는 어떤 방식에 의할 것인지를 이사회에서 결정하여야 하고, 자기주식 또는 신주인수권으로 확정한 경우 주식매수선택권자는 행사가액전액을 납입(340조의5, 516조의8 1항 · 3항)하여야 한다.

6) 주식매수선택권 부여 취소

비상장회사는 자율적으로 정관이 정하는 바에 따라 이사회결의로 부여한 주식매수선택권을 취소할 수 있다(340조의3 1항 5호). 그러나 상장회사의 경우에는 취소사유가 한정되어 있다. 즉, ① 주식매수선택권을 부여 받은 임직원이 본인의 의사에 따라 퇴임하거나 퇴직한 경우, ② 주식매수선택권을 부여받은 임직원이 고의 또는 과실로 법인에 중대한 손해를 끼친 경우, ③ 당해 법인의 파산 또는 해산 등으로 주식매수선택권 행사에 응할 수 없는 경우, ④ 기타 주식매수선택권을 부여받은 자와 체결한 주식매수선택권 부여계약에서 정한 취소사유가 발생한 경우에 취소할 수 있다(상시행령 9조 6항).

7) 주식매수선택권부여의 효과

신주발행의 방식에 의한 경우에는 신주의 주금을 납입한 다음 날(423조), 자기주식양도방식인 경우에는 매수대금을 지급하고 주식을 교부받은 때에 주주가 된다. 또한 주가차익수익금을 지급하는 방법으로 자기주식을 교부하는 경우에는 주식을 교부받은 때에 주주가 된다(336조 1항 참조).

주주명부폐쇄기간 중에 주식매수선택권을 행사한 경우에는 폐쇄기간 중에는 의결권이 없고(340조의5, 350조 2항), 영업연도 중에 선택권을 행사한 경우 이익배당에 관하여는 정관의 규정에 의해 직전 영업연도 말에 선택권을 행사한 것으로 본다(340조의5, 350조 3항). 주식매수선택권을 행사하여 신주의 주식대금이 납입되면 자본금이 증가하므로, 행사한 날이 속하는 달의 말일부터 2주 내에 본점소재지에서 변경등기를 하여야 한다(340조의5, 351조).

2. 이사 의무

(1) 이사의 선관주의의무와 충실의무

이사와 회사의 관계는 위임관계이므로(382조 2항), 이사는 회사에 대하여 위임의 본지에 따라 선량한 관리자로서의 주의의무를 다하여야 한다(民 681조). 즉, 이사는 사회의 통념상 이사인 지위에 있는 자에게 요구되는 주의(注意)로써 그 직무를 행할 의무가 있다. 그리고 이사는 법령과 정관의 규정에 따라 회사를 위하여 그 직무를 충실하게 수행할 충실의무도 있다(382조의3).

이사의 충실의무규정은 1998년 개정법에서 도입되었는데, 일반적 의무로서의 이사의 선관주의의무와 충실의무와의 관계를 어떻게 해석할 것인가에 관하여 논란이 있다.

다수설은 동질설로서 선관주의의무와 충실의무의 관계를 동일하게 보지만[孫 839, 鄭(燦) 811, 李·崔 655, 李 565, 崔 596], 양자의 관계를 구별하고 달리 보는 이질설도 있다[鄭(東) 432, 姜 554].

이질설은 선관주의의무와 충실의무의 차이를 다음과 같이 설명하고 있다. 첫째, 이사의 생활관계를 기관관계적인 측면과 개인관계적인 측면으로 구분하고, 선관주의의무는 이사가 기관으로서의 직무를 수행하는데 있어서 기울여야 할 주의의 정도에 관한 것이고, 충실의무는 이사의 개인적 생활관계에 있어서 그 지위를 이용하여 회사보다 자기 또는 제3자의 이익을 우선시키지 아니할 의무를 내용으로 한다는 것이다. 둘째, 이질설의 입장은 경업금지의무(397조 1항), 회사기회유용금지(397조의2), 자기거래금지(398조), 이사의 보수(388조) 등을 충실의무를 구체화하는 개별적인 규정으로서 파악할 수 있다고 한다(姜 554, 日注釈(6) 30). 셋째, 구체적인 요건상의 특색으로서 선관주의의무위반책임에 관하여는 고의·과실을 요건으로 하나, 충실의무에서는 이를 요하지 않는다고 한다(무과실 책임). 넷째, 선관주의의무위반에서는 회사가 입은 손해만 배상하면 되나, 충실의무위반의 경우에는 회사가 입은 손해뿐만 아니라 이사가 취득한 모든 이익을 반환하여야 한다는 것이다[鄭(東) 432]. 다섯째, 선관주의의무를 해석할 때는 경영판단의 원칙(business judgement rule)을 적용할 수 있으나, 충실의무위반에 관해서는 이를 적용할 수 없다고 한다.

이에 대하여 동질설은 「충실히 그 직무를 수행할 의무」라는 의미와 「선량한 관리자의 주의의무로써 직무를 수행할 의무」는 그 표현만 다를 뿐 내용적으로 특별한 차이가 없고, 어느 것이나 이사가 신중하고 성실하게 회사업무를 수행해야 한다는 것이며, 충실의무는 기존의 선관주의의무의 정신을 부연한 것에 그치고 이사에게 새로운 의무를 부여한 것은 아니라고 하고, 선관주의의무를 구체적으로 표현한 것이 충실의무라고 한다(崔 597).

이사의 충실의무는 영미법에서 유래된 것이다. 영미법에 있어서 이사는 단순한 대리인(agent)의 지위에 있다기 보다는, 어떤 의미에서는 수탁자(trustee)와 유사한 지위를 갖는다(그러나 이사의 지위는 일반적으로 수탁자와 상당히 다른 것이고 이사는 회사 내지 회사재산의 수탁자라기 보다는 회사의 대리인으로서 회사에 대해 신탁적 법률관계에 있다고 볼 수 있다). 그리하여 이사는 회사에 대하여 信認義務(fiduciary duty)를 부담하게 되는데, 일반적으로 신인의무는 선관주의의무(duty of care)와 충실의무(duty of loyalty)로 나눌 수 있다.[28] 여기서 선관주의의무란 우리 상법상의 선관주의의무와 대체로 동일한 내용이나, 충실의무는 영미판례법에 바탕을 둔 독특한 제도이다. 한편 이사의 선관주의의무에 관하여 미국의 모범사업회사법(MBCA) 제35조 제2항에서는 이사는 「동일한 지위에 있는 통상의 신중한 사람이 동일한 상황하에서 행하는 것과 동일한 주의」라고 정의하고 있고, 이러한 주의를 기울였음에도 불구하고 회사가 손해를 입은 경우 경영판단의 원칙을 적용하여 理事에게 책임을 물을 수 없다는 것이다. 이에 대하여 충실의무 내용은 회사와의 경쟁금지(competing with corporation), 회사기회의 유용금지(usurpation of corporation opportunity), 임원의 과대한 보수(executive compensation)지급금지, 소수자주주에 대한 공정의무(fairness to minority shareholders) 등으로 구체화되어 나타나고 있다.

일본의 경우에는 1950년의 구상법에서 이사의 충실의무를 도입하였는데(日商 254조의3), 입법경위를 보면 충실의무의 내용을 충분히 이해하고 둔 규정이라기 보다는 그 당시의 점령군이었던 미국의 영향력이 크게 작용하여, 미국법을 모범으로 하여 둔 규정이라 한다[日注釈 (6) 27]. 따라서 일본의 다수설과 판례는 충실의무규정을 이사의 선관의무를 구체화한 것이나, 注意的으로 규정한 것에 불과하다고 한다

28) Jesse H. Choper · John C. Coffee, Jr · Ronald J. Gilson, *op. cit.*, p. 74.

(末永 146). 다만, 특별한 의미가 있다면 민법상의 선관주의의무가 임의규정인 것에 대하여 이사의 충실의무규정은 강행규정이라는 것이다. 그러나 최근에는 주주의 이익을 무시하고 이사 자신의 이익을 추구하는 현상에 대한 대책으로서 이사의 충실의무를 선관주의의무보다 폭넓은 개념으로 보는 견해가 유력하다(北澤 327, 田中 593).

생각건대, 이질설이 추구하는 바가 회사이익에 반하는 이사의 행위를 회사와의 관계에서 금지하는 취지라면 선관주의의무법리로도 동일한 결론에 이를 수 있기 때문에, 구별의 실익은 거의 없다 할 것이다. 판례도 「악의 또는 중과실로 임무를 해태한 행위라 함은 이사의 충실의무 또는 선관의무의 위반행위로서 위법성이 있는 것을 말한다」(대판 1986. 11. 12, 84다카7490)라고 하여 양자를 동질적인 것으로 보고 있다. 1998년 개정상법에서 이사의 충실의무를 규정한 의미를 굳이 찾는다면, 회사의 경영을 위임받은 이사는 회사의 이익을 위하여 성실히 그 직무를 수행하여야 할 의무가 있음을 명확히 한 점, 주의의무의 규범을 운영함에 있어서 영미법상의 신인의무의 규범원리를 원용하는 해석근거로 삼을 여지가 있다는 점(李 565), 충실의무규정의 신설이 민법 제686조에 충실의무가 포함된다는 계기를 만든 점, 민법 제686조가 임의규정임에 반하여 이사의 충실의무규정은 강행규정으로 해석할 수 있다는 점 등을 들 수 있다.

(2) 이사의 감시의무

1) 의 의

이사는 이사회를 통하여 대표이사·대표집행임원을 포함한 다른 이사·집행임원의 직무집행을 감독할 권한과 의무가 있다. 이사의 감시의무는 실정법상 개념은 아니고, 학설·판례에서 이사의 법적 의무로 이해하고 있다.

이사의 감시권은 대등한 이사들 상호간에 있어서 서로의 위법·부당함을 발견하여 감독·감사기관에 그 시정을 호소하는 수단이다.

2) 평이사의 능동적 감시의무

회사의 상무에 종사하지 않는 평이사는 이사회에 참석하여 법정결의 사항에 관하여 의결권을 행사할 뿐 일상적인 업무집행에 관여하지는 않는다. 이사회에 상정된 안건에 대하여 평이사는 감시할 의무가 있지만, 理事會를 통하지 않은 개별적인 사항, 즉 회사의 업무전반에 관하여 다른 이사에 대하여 능동적인 감시의무가 있느냐에 관해 긍정설과 부정설이 있다.

(가) 부정설　부정설에 의하면, 이사의 임무해태가 이사회의 결의에 의한 경우에 그 결의에 찬성한 이사도 책임을 지는데, 이를 반대해석하면 이사회의 결의에

부의(附議)되지 않은 대표이사·대표집행임원의 직무위반행위에 대해서는 이사가 책임을 지지 않게 된다. 따라서 평이사는 이사회를 통해서만 회사의 업무집행에 관여할 뿐이므로, 이사회에 상정된 사항 이외의 업무집행일반에 관해 감시의무를 부과할 수 없다는 것이다.

(나) 긍정설 긍정설은 업무집행기관에 대한 궁극적인 감독기관이라 할 주주총회가 형식화되어 있고, 감사 역시 완벽한 감사를 하기 어려운 현실에서, 전문적이고 효율적인 監査機能은 역시 이사회의 감독에 의존할 수 밖에 없으므로, 그 실효성을 담보하기 위해서는 평이사에게 일반적·능동적인 감시의무를 부여하여야 한다는 것이다(李 567). 또한 부정설과 같이 평이사의 감시의무를 이사회에 상정된 사항에 국한시킨다면 이사회에 아무 것도 상정되지 않는 한 평이사의 감시의무는 발생하지 않는다는 모순이 생긴다고 한다.

판례는 평이사도 능동적 감시의무를 부담한다고 한다(대판 1985. 6.25, 84다카1954).

3) 감시의무 범위

이사회에 상정되지 않은 사항에 관하여 감시의무가 있다 하더라도 구체적으로 어느 범위까지 인정할 것인지에 대하여, 소극설은 理事가 대표이사·대표집행임원, 업무담당이사나 집행임원의 직무위반행위를 명백하게 알게 된 경우에만 회사의 손해방지를 위하여 적절한 행동을 하여야 하나, 이사는 대표이사·대표집행임원이나 업무담당이사·집행임원과는 달리 회사의 경영전반에 관하여 적극적으로 부단한 노력을 기울여야 할 정도의 임무까지 부담할 필요는 없다고 주장한다. 이에 대하여 적극설은 이사가 대표이사·대표집행임원의 직무집행행위를 알았거나 알 수 있었음에도 불구하고 이사회에 상정되지 않았다는 이유만으로 회사의 손해방지에 아무런 조치를 취하지 않은 것은 부당하다고 한다.[29] 한편 절충설은 이사가 대표이사·대표집행임원이나 업무담당이사·집행임원의 위법·불법행위를 의심할 만한 사유가 있고, 이를 알 수 있었음에도 불구하고 방치한 때에는 감시의무를 위반한 경우로 보아야 한다는 입장으로 판례도 같다(대판 1985. 6. 25, 84다카1954; 대판 2004. 3. 26, 2002다29138; 대판 2007. 9. 20, 2007다25865; 대판 2006. 7.6, 2004다8272).

생각건대, 원칙적으로 이사회에 상정되지 않은 사항이라 할지라도 이사에게 감시의무가 있다고 할 수 있고, 알면서 감시의무를 소홀히 한다는 것은 위임관계의 본질상 주어진 의무를 다하였다고 볼 수 없다. 따라서 절충설이 타당하다.

---

29) 神崎克郎, 取締役の注意義務, 商事法務 847號, 2쪽.

(3) 이사의 보고의무

1) 의의 및 취지

이사는 회사에 현저하게 손해를 미칠 염려가 있다는 사실을 발견한 때에는 즉시 감사·감사위원회에 이를 보고하여야 한다(412조의2). 감사·감사위원회는 언제든지 이사에게 영업에 관한 보고를 요구할 수 있으나(412조 2항), 이 경우 이사의 보고의무는 소극적인 의무이다. 그러나 감사에 의한 업무감사를 용이하게 하고 감사의 실효를 거두기 위하여 감사의 보고요구가 없더라도 이사로 하여금 적극적으로 회사에 손해를 미칠 염려가 있는 사실을 감사·감사위원회에게 보고하도록 할 필요가 있었다. 그리하여 1995년 개정법에서 이사의 감사에 대한 적극적 보고의무를 신설하였다.

2) 보고의무가 있는 이사

보고의무가 있는 理事는 회사에 현저한 손해를 미칠 염려가 있는 사실을 발견한 때의 이사와 그 이사로부터 그러한 사실을 인지하고 동시에 아직 그 理事가 감사에 대하여 그 사실을 보고하지 아니한 점을 알고 있는 理事이다.

3) 보고내용

이사가 감사에게 보고할 사항은 회사에 현저한 손해를 미칠 염려가 있는 사실이다. 회사에 현저한 손해를 미칠 염려가 있는 사실이란 예를 들어, 회사의 중요한 거래처와 투자처가 도산하였거나 도산하려고 하는 경우, 회사의 제품에 대하여 피해가 발생하거나 동종의 피해가 발생할 염려가 있는 경우 등 이미 회사에 현저하게 손해가 발생한 경우는 물론, 會社에 현저한 손해가 발생할 위험이 있는 사실이다.

4) 보고시기·방법

보고는 회사에 현저한 손해를 미칠 염려가 있는 사실을 발견한 즉시 하여야 한다. 보고방법에는 구두이든 서면이든 제한이 없다. 감사가 여럿인 경우에는 그 중 1인에게 보고하면 족하다.

5) 보고의무위반의 효과

이사가 보고의무에 위반하고 이로 인하여 회사에 손해가 발생하면 회사에 대한 손해배상의 책임을 부담한다(399조 1항). 감사는 이러한 경우에 이사의 직무수행에 관하여 법령에 위반한 중대한 사실이 있으므로, 감사보고서에 이를 기재하여야 한다(447조의4 2항 10호).

(4) 이사의 비밀유지의무

대표이사 또는 대표집행임원 등은 회사의 업무에 관하여 이사회에 보고할 의무가 있다(393조, 408조의6). 그래서 이사, 특히 사외이사의 경우 회사의 정보에 접근할 수 있는 기회가 많아지게 되는데, 회사의 기밀이 누설되는 경우 막대한 손해가 발생할 염려가 있다. 그리하여 이사는 재임 중과 퇴임 후에도 직무상 지득한 회사의 영업상 비밀을 누설 못하도록 하였다(382조의4).

(5) 이사와 회사 간의 이익충돌방지

1) 경업금지의무

(가) 의 의 이사는 이사회의 승인[자본금 10억원 미만의 회사는 각 이사(정관에 따라 대표이사나 대표집행임원을 정한 경우에는 그 대표이사나 대표집행임원을 말한다)의 승인]이 없으면 자기 또는 제3자의 계산으로 회사의 영업부류에 속한 거래를 하거나 동종영업을 목적으로 하는 다른 회사의 무한책임사원이나 이사가 되지 못한다(397조, 383조 6항). 이를 이사의 경업금지의무(director's conflicting interest transaction; Konkurrenzverbot, Wettbewerbsverbot)라고 한다. 경업금지의무의 법적 성질에 관하여는 선관주의의무와 충실의무를 동일시하고 경업금지의무를 선관주의의무에 속하는 내용 또는 그 특수형태로 해석하는 설과 충실의무는 선관주의의무와 다른 의무이고 경업금지의무는 충실의무로부터 파생하는 의무라고 해석하는 설이 대립하고 있다. 생각건대, 이사의 경업금지의무는 선관주의의무를 구체화한 것으로서 이사가 영업상의 지식과 비밀을 이용하여 회사의 이익을 희생시키고, 자기 또는 제3자의 이익을 추구하는 것을 방지하기 위한 것으로 보는 것이 타당하다.

이사의 경업금지의무의 취지는 집행임원(408조의9, 397조), 합명회사의 사원·합자회사의 무한책임사원(198조, 269조), 지배인 등 상업사용인(17조), 대리상(89조) 등의 경업금지의무와 같으나, 상업사용인은 무한책임사원·이사가 될 수 없는 회사의 영업부류에 제한이 없으므로, 이사에 비하여 부작위의 범위가 넓다.

(나) 금지내용

(a) 회사의 영업부류에 속하는 거래의 금지 회사의 영업부류에 속하는 거래라 함은 회사 사업과 시장에서 경합함으로써 회사와 이사 간에 이익충돌을 가져 올 가능성이 있는 거래를 말한다. 여기에는 회사가 실제로 영위하고 있는 사업외에도 회사가 진출을 결의하고 이미 준비에 착수한 사업(대판 1993. 4. 9, 92다53583), 일시적으로 휴지하고 있는 것에 지나지 않는 사업에 속하는 거래도 포함한다. 또한 영업목적인 판매행위뿐만 아니라 원재료의 매입행위도 포함될 수 있다.

이사는 자기 또는 제3자의 계산으로 회사의 영업부류에 속하는 거래를 할 수 없다. 「자기 또는 제3자의 계산으로」란 거래의 경제적 효과가 자기 또는 제3자에게 귀속된다는 의미이다.

(b) 검직의 금지　이사는 동종영업을 목적으로 하는 다른 회사의 무한책임사원이나 이사가 되지 못한다. 여기서 동종영업을 목적으로 하는 다른 회사란 실제로 영업을 수행하고 있는 회사뿐만 아니라, 아직 개업준비단계에 있는 회사도 포함한다. 판례도 「경업의 대상이 되는 회사가 영업을 개시하지 못한 채 공장의 부지를 매수하는 등 영업의 준비작업을 추진하고 있는 단계에 있다 하여 위 규정에서 말하는 '동종영업을 목적으로 하는 다른 회사'가 아니라고 볼 수 없다」고 판시하고 있다(대판 1993. 4. 9, 92다53583; 대판 1990. 11. 2, 90마745).

한편 理事 등 회사의 임원은 특별법상 겸직이 금지 또는 제한되는 경우도 있다(독금법 7조 1항 2호, 銀 20조, 保 11조, 信 20조).

(c) 이사회의 승인　종래에 이사의 경업·겸직의 승인기관은 주주총회이었으나, 1995년 개정법에서 경업·겸직의 승인절차를 간소화하고 이사의 자기거래가 이사회의 승인사항인 점과 균형을 맞춘다는 측면에서 이사회의 승인사항으로 변경하였다. 따라서 이사회의 승인이 있으면, 경업·겸직도 가능하다. 이사회의 승인에 대해서 사후승인(追認)도 가능하다는 견해가 있으나(崔 608), 승인은 사전에 받아야 한다. 백지식 사전승인은 인정되지 않지만, 계속적인 거래에서 어느 정도 포괄적인 승인은 가능하다고 본다.

(다) 경업금지의무위반의 효과

경업금지의무를 위반한 이사에 대해 회사는 개입권 행사, 손해배상청구, 해임을 할 수 있다.

> **【사례】** 예컨대, X회사의 정관에 목공품의 제작 및 이에 대한 부대사업을 영위할 수 있도록 규정하고 있는데, X회사 理事 Y(목공수)가 자기를 위하여 이사회 승인 없이 A로부터 입목 및 벌채권을 매입하였다면 그 법률구성은 어떻게 될까? 우선, 이사가 경업거래금지의무에 위반하여 경업거래를 하고 그 거래에 관하여 이사회의 승인을 얻지 못했다는 것을 상대방이 알았든 알지 못했든 그 거래 자체는 유효하다. 따라서 Y와 A의 거래관계는 유효하다. 다만, 회사는 그 이사에 대하여 의무위반을 이유로 손해배상을 청구할 수 있으며(399조 1항), 소수주주는 이사해임의 訴를 제기할 수 있고(385조 3항), 회사는 이사회의 결의로 개입권을 행사할 수도 있다(397조 2항). 그러나 겸직금지의무위반의 경우에는 개입권을 행사할 수 없고, 손해배상청구만 할 수 있을 뿐이다.

(a) 개입권의 의의　개입권이란 이사가 경업금지의무를 위반하여 한 거래행위가 자기의 계산으로 한 것인 때에는 이를 회사의 계산으로 한 것으로 볼 수 있고, 제3

자의 계산으로 한 것인 때에는 이사가 취득한 이득의 양도를 청구할 수 있는 권리를 말한다. 개입권은 경제적 효과를 탈취하는 색체가 짙으므로 탈취권(奪取權)이라고도 한다. 개입권의 취지는 회사로 하여금 손해입증의 곤란을 면하게 하고 고객관계를 유지할 수 있게 하는데 있다.

개입권은 이사에 대한 회사의 일방적인 의사표시만으로 효력이 발생하므로 그 법적 성질은 형성권이다.

(b) 개입권 행사 개입권은 거래가 있은 날로부터 1년내에 행사하여야지, 이 기간이 경과하면 소멸한다(397조 3항). 이 기간은 제척기간이다.

개입권을 행사하면 그 효과는 채권적 효과뿐이다. 따라서 이사와 제3자 간의 법률관계를 변경시키거나 회사가 제3자와의 관계에서 거래의 당사자가 되는 것은 아니다.

> 위의 사례에서 X는 개입권을 행사함으로써 소유권확인의 소를 법원에 제기할 수 있을까. 또 Y의 입목 등의 취득에 관하여 보상하여야 할까? 개입권의 행사에 의하여 理事가 소유하고 있던 물건이나 권리가 당연히 회사의 소유로 되는 것은 아니고, 이사가 경업거래에서 얻은 물건이나 권리·금전을 회사에 귀속시킬 의무를 부담하는데 그친다(채권적 효과)고 보면, X는 개입권을 행사하더라도 소유권을 취득할 수는 없다(다수설).

(라) 불공정한 경업의 승인과 이사의 책임

이사회가 이사의 경업 또는 겸직을 승인하였다고 하여 책임이 없는 것은 아니다. 경업의 결과 회사에 손해가 발생하였다면 이는 불공정한 이사회의 승인이 되고 따라서 승인에 찬성한 이사는 책임을 부담한다(399조 2항).

2) 회사의 기회 및 자산유용 금지

(가) 의 의

이사는 이사회의 승인 없이 현재 또는 장래에 회사의 이익이 될 수 있는, ① 직무를 수행하는 과정에서 알게 되거나 회사의 정보를 이용한 사업기회, 또는 ② 회사가 수행하고 있거나 수행할 사업과 밀접한 관계가 있는 사업기회를 자기 또는 제3자의 이익을 위하여 이용하여서는 아니 된다(397조의2). 이것을 회사의 기회 및 자산의 유용금지(the doctrine of corporate opportunity)라 한다. 미국 판례법에서 발달한 것인데 2011년 개정상법에서 도입한 것이다.

회사의 기회유용금지는 이사의 경업거래금지와 유사하지만 경업거래금지에서는 회사의 영업과 동종영업임을 요건으로 하는데 반해, 기회유용금지는 그러한 제한이 없다는 점에서 차이가 있다. 또한 이사의 자기거래는 이사와 회사간의 거래인데 반해, 사업기회유용금지는 회사와의 거래가 아니고 그 기회를 이용한다는 점에서 차이가 있다.

(나) 기회유용금지 대상

회사기회유용금지의 대상이 되는 자는 이사 및 집행임원이다(397조의2, 408조의9). 이사 및 집행임원이 퇴임한 경우 기회유용금지의 대상이 되지 않는다.

그런데 우리 현실을 고려해 보면, 기회유용금지의 대상에 지배주주나 대주주를 포함시켜야 하는데, 법문에서는 누락되어 있다. 따라서 그 실효성 측면에서 의문이 제기되고 있다(崔 460면).

(다) 회사기회의 범위

회사의 기회란 현재 또는 장래에 회사의 이익이 될 수 있는 사항으로서 직무를 수행하는 과정에서 알게 되거나 회사의 정보를 이용한 사업기회, 또는 회사가 수행하고 있거나 수행할 사업과 밀접한 관계가 있는 사업기회에 해당하고, 이러한 기회를 이사회 승인없이 이사가 자기 또는 제3자의 이익을 위하여 이용하는 것을 말한다.

기회유용금지의 예로는 회사가 매수하기로 한 부동산을 이사가 먼저 매수취득하는 경우, 어느 회사가 제작하는 제품의 부속품을 조달하기 위하여 자회사를 설립할 수 있었음에도 불구하고 이사가 기회를 가로채 자신의 자금으로 별도 회사를 설립하고 부품을 독점 공급하는 경우 등을 들 수 있다.

(라) 이사회 승인

회사의 기회라도 이사가 이사회에 보고하여 회사가 우선적으로 사업기회를 이용할 것인지를 판단하게 하고 이사회에서 사업기회를 포기하고 이사에게 유용하도록 승인한 경우에는 가능하다. 이때 이사회의 승인은 이사 3분의 2 이상의 수로써 하여야 한다. 다만 이사가 1인 또는 2인인 회사는 주주총회 보통결의에 의한다(383조 4항).

이사회의 승인은 사전 승인이어야 한다. 사후 추인은 허용되지 않는다. 사후추인을 허용한다 하더라도 사후추인한 이사에게 선관주의의무 또는 충실의무위반이 있다면 손해배상책임추궁이 가능하다. 같은 맥락에서 이사회의 승인을 받은 사업기회라도 이사의 선관주의의무위반 또는 충실의무위반이 있었고 회사에 손해가 발생했다면 이사의 책임이 면제되는 것은 아니다.

(라) 회사기회유용금지위반의 효과

회사기회를 유용하였고 상대방이 악의라 하더라도 기회를 유용한 거래는 유효하다는 점에서 경업금지의무위반과 동일하다. 다만 이사가 회사의 사업기회유용금지규정을 위반하여 회사에 손해가 발생하였다면, 그 이사와 승인한 이사는 연대하여 손해를 배상할 책임을 진다(397조의2 2항). 사업기회유용금지를 위반하여 이사 또는 제3자가 얻은 이익은 손해로 추정한다(397조의2 2항). 그렇지만 경업금지제도와 같은 개입권 행사에 관한 규정은 없다.

2011년 개정상법은 이사의 회사에 대한 손해배상책임액의 제한규정을 두고 있는데(400조 2항), 경업금지, 회사의 기회유용금지(397조의2), 이사의 자기거래(398조)는 예외로 하고 있다. 다만 총주주의 동의로 이사의 손해배상책임을 면제할 수 있다(400조 1항).

3) 이사의 자기거래

(가) 자기거래의 의의　이사가 자기 또는 제3자의 계산으로 회사와 하는 재산상의 법률행위를 자기거래라 한다. 이러한 이사의 자기거래는 이사회의 승인이 있는 때에 한하여 허용된다(398조).

이사회의 구성원이거나 대표이사의 지위에 있는 이사가 거래의 상대방으로서 또는 상대방의 대리인으로서 거래를 하는 경우에는 이사로서의 지위와 경영상의 기밀을 이용하여 회사의 이익을 희생시키고 자신의 이익을 도모하는 불공정한 거래를 할 소지가 크다. 따라서 상법은 미리 이사회의 승인을 받게 함으로써, 회사의 이익보호를 위하여 자기거래의 공정을 도모하고 있다.

자기거래가 제한되는 이사는 모든 이사이며, 이사와 같은 권한을 갖는 상법 제386조 제1항의 퇴임이사, 제386조 제2항의 가이사, 법원의 가처분에 의하여 선임된 직무대행자(407조 1항), 청산인(542조 2항)도 여기에 포함된다. 뿐만 아니라 2011년 개정상법은, ① 누구의 명의로 하든지 자기의 계산으로 의결권 없는 주식을 제외한 발행주식총수의 100분의 10 이상의 주식을 소유하거나 이사·감사의 선임과 해임 등 상장회사의 주요 경영사항에 대하여 사실상의 영향력을 행사하는 주요주주, ② 주요 주주의 배우자 및 직계존비속, ③ 주요주주의 배우자의 직계존비속, ④ ①에서 ③까지의 자가 단독 또는 공동으로 의결권 있는 발행주식 총수의 100분의 50 이상을 가진 회사 및 그 자회사, ⑤ ①에서 ③까지의 자가 ④의 회사와 합하여 의결권 있는 발행주식총수의 100분의 50 이상을 가진 회사의 경우에도 자기거래제한에 포함하고 있다.

자기거래제한은 주식회사와 집행임원간의 거래(408조의9, 397조), 합명회사의 사원과 회사 간의 거래(199조), 합자회사의 무한책임사원과 회사 간의 거래(269조, 199조), 유한회사의 이사와 회사 간의 거래(564조 3항) 등에도 적용된다.

(나) 자기거래의 제한범위

(a) 제한받는 거래행위　제한받는 거래는 이사와의 관계로 보아서 理事의 개인적

인 이익과 회사의 전체적인 이익이 충돌할 염려가 있는 재산적 거래행위이다(예컨대, 재산의 양도·양수, 금전대부 등). 재산적 거래에는 이사와 회사 간의 직접적인 거래뿐만 아니라 회사가 이사 개인의 채무를 보증하는 행위와 같은 간접거래도 포함한다(대판 1984. 12. 11, 84다카1591; 대판 1969. 11. 11, 69다1374). 또한 이사가 두 회사의 대표이사를 겸임하고 있는 경우에 양회사간의 거래도 자기거래에 해당한다(대판 1996. 5. 28, 95다12101). 그러나 행위의 성질상 이사와 회사간의 이해관계가 충돌할 염려가 없는 거래행위는 제한되지 않는다. 예컨대, 채무의 이행, 상계, 회사에 대한 부담없는 증여, 회사에 대한 무이자·무담보의 증여, 보통거래약관에 의하여 정형적으로 체결되는 거래 등은 이사회의 승인을 필요로 하지 않는다.

(b) 어음행위 포함여부 어음의 발행·배서·보증 등의 어음행위도 자기거래로서 이사회의 승인을 받아야 하느냐에 관해서는 학설이 나뉘어지고 있다. 부정설은 어음행위는 원인관계와는 구별되는 거래의 수단적 행위에 불과하므로 충돌이 있을 수 없고, 따라서 자기거래제한에 관한 규정이 어음행위에는 적용되지 않아 어음관계자체는 전체적으로 유효하다고 한다. 다만, 원인관계가 승인을 얻지 못해 무효가 된다면 그것은 인적항변사유가 될 뿐이라고 한다(徐 393). 이에 대하여 다수설인 긍정설은 어음행위자는 어음행위로 인하여 새로운 어음채무를 부담하는데, 이러한 어음채무는 항변의 절단, 거증책임의 전환, 부도로 인한 거래정지처분 등과 같은 불이익을 수반하는 것이므로 어음행위도 자기거래행위에 해당하고, 이사회의 승인을 받아야 한다는 것이다[李 613, 孫 843, 崔 608, 鄭(瓚) 791, 鄭(東) 441].

생각건대, 자기거래를 제한하는 이유가 회사의 이익을 보호하려는 것이고, 어음행위로 인하여 발생하는 어음채무가 엄격하여 실질적으로 불이익을 가져올 수 있다면, 어음행위도 자기거래에 포함시켜 이사회 승인을 받도록 하는 것이 타당하다고 본다.

(다) 이사회 승인

(a) 승인기관 자기거래의 승인기관은 理事會이고, 이사회의 승인은 이사 3분의 2 이상의 수로써 하여야 하며, 그 거래의 내용과 절차가 공정하여야 한다(398조).

(b) 승인방법 이사회의 승인은 개개의 거래에 대하여 하여야 하고, 포괄적인 승인은 허용되지 않는다. 다만, 정형화된 동종의 거래가 반복되는 경우에는 기간·한도 등 합리적인 범위를 정하여 포괄적으로 승인할 수도 있다.

자기거래 당사자인 이사 등은 이사회 승인결의 전에 미리 자기거래에 관한 중요사실을 공개하여야 하고 이사회 승인을 받아야지, 단순히 통상의 거래인 것처럼 이사회 결의가 이루어진 경우에는 이사회 승인을 받은 것으로 보지 않는다는 것

이 판례의 입장이다.[30]

(c) **승인시기** 이사회의 승인 시기에 관하여 사후적으로 추인이 가능한지에 관한 논란이 있었고, 판례의 경우 사후승인을 인정한 경우가 있었다(대판 2007. 5. 10, 2005다4284). 그렇지만 2011년 개정상법에서 명문으로 「미리 이사회에서 해당 거래에 관한 중요사실을 밝히고 이사회의 승인을 받도록」 명문화 함으로써(398조), 사후승인이나 추인을 인정하는 해석의 입지는 좁아졌다고 생각된다.

(d) **승인효과** 이사회의 승인을 얻은 자기거래는 당연히 유효하며, 민법 제124조의 규정도 적용되지 않는다(398조). 그러나 이사회의 승인이 있더라도 자기거래를 한 이사나 승인결의에서 찬성한 이사들의 회사에 대한 손해배상책임까지 면제되는 것은 아니다. 그것은 이사회의 승인은 자기거래의 제한을 해제하기 위한 요건일 뿐이지, 면책사유는 아니기 때문이다.

이사의 회사에 대한 손해배상책임은 총주주의 동의가 있으면 면제할 수 있다(400조 1항). 그렇지만 자기거래위반의 경우는 손해배상책임액의 경감규정이 적용되지 않는다(400조 2항).

(라) **승인 없는 자기거래의 효력** 이사가 이사회의 승인 없이 한 자기거래 효력에 관하여 유효설, 무효설, 상대적 무효설이 있다.

무효설에 의하면, 이사회의 승인없이 한 자기거래는 회사의 이익을 희생시켜가면서 법을 위반한 이사나 그를 이용한 제3자를 보호할 필요성이 없으므로 무효라고 한다(崔 740). 다만 예외적으로 어음이 유통되어 제3자가 이를 취득한 때에는 선의취득자로서 보호되고(대판 1978. 3. 28, 78다4), 기타의 동산에 대하여는 선의의 제3자는 민법의 선의취득규정에 따라 보호받는다고 한다. 그러나 선의취득 법리가 적용되지 않는 거래(부동산 거래 등)는 무효가 되므로 여전히 거래의 안전에 문제가 남는다.

유효설은 상법 제398조는 명령규정에 불과하고 또 회사와 이사가 거래를 하는 경우에 업무집행의 결정방법을 정한 것으로 보아 자기거래는 유효하다고 한다[徐(廷) 286]. 그리고 회사의 이익은 이사의 손해배상책임의 추궁, 권리남용, 신의성실의 원칙 같은 법리의 주장, 악의의 전득자에 대한 악의의 항변의 원용(援用)에 의하여 보호될 수 있다고 한다.

상대적 무효설은 이사회의 승인 없는 자기거래는 대내적으로는 무효이지만, 대외적으로 제3자에 대해서는 그가 악의라는 사실을 입증하지 못하면 유효라고 한다[鄭(燦) 820, 孫 845].

생각건대, 유효설에 의하면 상법 제398조가 무용화되어 회사의 이익을 보호할

---

30) 대판 2007. 5. 10, 2005다4284.

수 없고, 무효설에 의하면 이사회의 승인여부가 대외적으로 공시되는 것도 아니므로 거래안전보호가 소홀해진다. 따라서 상대적 무효설이 타당하며, 판례도 이 입장을 따르고 있다(대판 1973. 10. 31, 73다954; 대판 1981. 9. 8, 80다2511).

(마) 자기거래의 상장회사 특례

상장회사의 경우 자기거래제한의 대상을 넓혀 놓고 있으며, 일정한 거래는 이사회의 승인과 무관하게 금지하고 있는 반면, 이사회의 승인없이 자기거래를 할 수 있는 경우도 규정하고 있다. 자산 규모 등을 고려하여 대통령령으로 정하는 상장회사(자산 2조원 이상의 상장회사)는 최대주주, 그의 특수관계인 및 그 상장회사의 특수관계인으로서 대통령령이 정하는 자를 상대방으로 하거나 그를 위하여, ① 단일 거래규모가 대통령령으로 정하는 규모 이상인 거래(상시행령 14조 6항), ② 해당 사업연도 중에 특정인과의 해당 거래를 포함한 거래총액이 대통령령으로 정하는 규모 이상이 되는 경우의 어느 하나에 해당하는 거래를 하려는 경우에는 이사회의 승인을 얻어야 한다(542조의9 3항). 나아가 상장회사는 이사회의 승인 결의 후 처음으로 소집되는 정기주주총회에 해당 거래의 목적, 상대방, 그 밖에 대통령령으로 정하는 사항을 보고하여야 한다(542조의9 4항).

상장회사는 주요주주 및 그의 특수관계인, 이사, 집행임원, 감사를 상대방으로 하거나 그를 위하여 신용공여(금전 등 경제적 가치가 있는 재산의 대여, 채무이행의 보증, 자금 지원적 성격의 증권 매입, 그 밖에 거래상의 신용위험이 따르는 직접적·간접적 거래로서 대통령령으로 정하는 거래를 말한다)를 하여서는 안된다(542조의9 1항). 다만 복리후생을 위한 이사, 집행임원 또는 감사에 대한 금전대여 등으로서 대통령령으로 정하는 신용공여나 다른 법령에서 허용하는 신용공여 등은 허용된다(542조의9 2항). 또한 상장회사의 경우 이사회의 승인을 받지 않고 할 수 있는 자기거래도 명문화하고 있다. 즉, 약관에 따라 정형화된 거래로서 대통령령이 정하는 거래나 이사회에서 승인한 거래총액의 범위 안에서 이행하는 거래는 이사회의 승인을 받지 아니하고 할 수 있으며, 그 거래내용은 주주총회에 보고하지 않을 수 있다(542조의9 5항).

(사) 1인 또는 2인 이사인 회사의 경우

소규모회사의 경우 자기거래 승인은 주주총회의 보통결의로 한다(383조 4항).

3. 이사 책임

(1) 이사 지위와 책임 가중

이사와 회사 간의 관계는 위임관계이므로, 이사는 회사에 대하여 수임인으로서의 선관주의의무와 충실의무를 부담한다(382조 2항, 382조의3, 民 681조). 이런 의무에 위반하여 회사에 손해를 가한 때에는 채무불이행책임을 지게 되고, 경우에 따라서는 회사 또는 제3자에게 불법행위책임을 진다.

그러나 이사는 이사회의 구성원으로서 회사의 업무집행 전반에 관하여 광범위한 권한을 가지므로, 이러한 이사 지위의 특수성과 그 행위가 미치는 영향의 지대성에 비추어 보아 상법은 민법상의 책임 외에도 특별책임을 지우고 있다. 즉, 이사가 고의 또는 과실로 법령 또는 정관에 위반한 행위를 하거나 그 임무를 게을리 한 때에는 회사에 대하여 연대하여 손해배상책임을 지며(399조 1항), 이사가 고의 또는 중대한 과실로 인하여 그 임무를 게을리 한 때에는 제3자에 대하여 연대하여 손해를 배상한다(401조 1항). 또한 이사는 무과실책임으로 자본금충실책임을 진다(428조).

(2) 회사에 대한 책임

1) 손해배상책임

(가) 의 의 이사가 고의 또는 과실로 법령 또는 정관에 위반한 행위를 하거나 그 임무를 게을리 한 때에는 회사에 대하여 연대하여 손해배상책임을 진다(399조 1항).

(나) 책임의 원인

(a) 법령 또는 정관의 위반 이사가 고의 또는 과실로 법령 또는 정관에 위반한 행위를 한 경우란, 경업거래금지의무(397조 1항), 자기주식취득금지위반(341조), 이사회의 위법한 신주발행결의, 위법배당안제출(462조) 등을 말한다.

(b) 임무를 게을리 한 때 이사가 직무수행을 하는 과정에서 임무를 게을리 하여 회사에 손해를 가한 경우에 이사는 손해배상책임을 진다. 예컨대, 감독을 잘못하여 지배인이 회사재산을 낭비한 경우, 채무자의 자력을 충분히 조사하지 않고 대부를 한 경우 등이다.

【판례】 대법원 2006. 7. 6. 선고, 2004다8272 판결

피고 1이 대표이사로서 보험감독원의 감사지적내용에 따라 동광제약으로부터 추가 담보를 제공받거나, 그것이 불가능하다면 대출금을 상환받아야 함에도 불구하고 그러한 조치를 취하지 아니하고, 오히려 감사지적내용과 달리 신용대출로 전환하면서 대출기간을 연장해 줌으로써 동광제약이 계열사가 아니라면 취하지 아니하였을 부당한 조치를 취하였고, 신용대출로 전환함에 있어서도 동광제약이 계열사라는 점을 감안하여 신용대출 부적격업체임에도 신용대출 적격이라는 결론이 나올 수 있도록 기업평가를 할 것을 지시하였거나 혹은 그러한 업무 진행을 묵인하였을 가능성이 많으

며, 기업 평가가 왜곡된 것을 모르고 결재를 하였다고 하더라도 주식담보부 대출이 신용대출로 전환되어 오히려 담보가 없어지는 특수한 경우이므로 신용대출로의 전환이 신용대출규정에 부합하는지를 형식적으로만 확인할 것이 아니라, 동광제약의 담보제공능력 및 대출금상환능력의 유무, 신용대출전환이 보험감독원의 감사지적사항을 시정하는 통상의 합리적인 방법인지 여부, 최초 주식담보부 대출이 이루어지게 된 경위에 비추어 볼 때 신용대출전환이 가능한지 여부, 신용대출규정 및 기업체종합평가표 작성기준에 비추어 볼 때 동광제약에 대한 기업평가가 적정한지 여부 등에 관하여 객관적인 자료 등을 통하여 실질적으로 확인하여 그 승인 여부를 결정하여야 할 의무가 있음에도 불구하고 그러한 조치를 취하지 아니한 이상, 선량한 관리자로서의 주의의무에 위반하여 자신의 임무를 해태하지 않았다고 단정할 수 없고, 피고 2도 영업담당이사로서, 비록 신용대출전환업무가 자신의 담당업무가 아니라고 하더라도 신용대출전환이 보험감독원의 감사지적에 따른 통상의 합리적인 조치가 아니고 그 절차상 위법하다고 의심할 만한 사유가 있음에도 불구하고 실행집행위원회 결의서에 만연히 서명한 이상, 이사에게 요구되는 선관주의의무 내지 감시의무를 해태하지 않았다고 단정할 수 없다고 할 것이다.

(다) 책임 내용

(a) 책임 범위　이사는 법령 · 정관위반 또는 임무해태와 상당인과관계가 있는 범위 내에서 회사가 입은 손해에 한하여 배상책임을 진다.

(b) 책임 형태와 그 확장　손해배상책임을 지는 이사가 수인인 경우에는 연대하여 책임을 지고(399조 1항), 監事가 책임을 질 경우에는 그 이사와 감사는 연대책임을 진다(414조 3항). 이 경우의 연대책임은 부진정연대책임이다. 연대책임을 지는 이사에는 실제로 위법행위를 하거나 임무를 해태한 이사는 물론, 그 행위가 이사회의 결의에 의한 것인 때에는 그 결의에 찬성한 이사도 포함된다(399조 2항). 또 결의에 참가한 이사로서 의사록에 이의가 기재되어 있지 않은 자는 그 결의에 찬성한 것으로 추정한다(399조 3항). 이는 이사회에서의 찬반사실에 대한 입증책임을 이사에게 전가시키기 위한 것이다.

2) 자본금충실책임

신주발행에 있어서 인수와 납입이 있으면 신주발행 및 자본금 변경등기를 하여야 하는데(317조 2항 3호 · 3항, 183조), 그 변경등기가 있은 후 아직 인수되지 아니한 주식이 있거나 주식인수의 청약이 취소된 때에는 이사가 이를 공동으로 인수한 것(引受擔保責任)으로 본다(428조 1항). 이사의 자본금충실책임은 신주발행의 변경등기를 신뢰한 제3자(회사채권자)를 보호하기 위하여 법정된 책임으로서, 그 성질은 무과실책임이다.

3) 책임 추궁

회사가 이사에 대하여 책임추궁의 소를 제기하지 않는 경우에는 소수주주(발행주식총수의 100분의 1 이상에 해당하는 주식을 가진 주주)는 일정한 요건에 따라 직접 이사에 대하여 회사를 위하여 대표소송을 제기할 수 있다(403조 이하). 더 나아가 그 이사의 해임청구의 소(385조 2항)도 제기할 수 있다.

4) 책임 감면 및 시효

(가) 책임 감경　이사의 손해배상책임액이 과도한 경우 전문경영인의 적극적인 경영을 어렵게 만들고, 실제적으로도 막대한 손해배상액을 이사로부터 받아 내지도 못하는 경우가 있다. 그래서 미국이나 일본 등의 경우 이사의 손해배상책임액을 경감할 수 있도록 하고 있는데, 2011년 개정상법에서 이를 도입한 것이다. 즉, 회사는 정관의 규정으로 이사의 회사에 대한 책임을 이사가 그 행위를 한 날 이전 최근 1년간의 보수액(상여금과 주식매수선택권의 행사로 인한 이익 등을 포함한다)의 6배(사외이사의 경우는 3배)를 초과하는 금액에 대하여 면제할 수 있다. 다만 이사가 고의 또는 중대한 과실로 그 임무를 게을리한 때(400조 2항) 및 경업금지의무위반(397조), 회사의 사업기회 및 자산의 유용금지의무위반(397조의2), 이사와 회사간의 자기거래금지의무위반(398조)에 해당하는 경우에는 그러하지 아니하다. 이사책임을 경감하는 주체에 관해 상법에 명문규정이 없다. 정관에 규정이 있다면 그에 따르지만, 별다른 규정이 없다면 이사회 결의로 경감할 수 있다.

(나) 책임 면제　이사의 회사에 대한 손해배상책임은 무의결권주주를 포함한 총주주의 동의로 면제할 수 있다(400조). 총주주의 동의는 주주총회에서의 결의뿐만 아니라, 주주 각자로부터 개별적인 동의를 얻어도 된다. 그러나 이사의 임무해태가 동시에 불법행위 요건을 갖춘 경우에는 양책임이 경합하므로, 제3자는 그 이사에 대하여 불법행위책임을 물을 수 있다(民 750조). 판례도 「사실상의 1인주주라 하더라도 이사의 회사에 대한 불법행위책임은 면제할 수 없다(대판 1996. 4. 9, 95다56316)」고 판시하고 있다.[31]

이사의 자본금충실책임은 총주주의 동의가 있더라도 회사채권자의 보호를 위해 면제할 수 없다.

(다) 책임 해제　이사의 책임은 정기총회에서 재무제표의 승인을 한 후 2년

31) 同旨判例: 대판 1989. 1. 31, 87누760.

내에 다른 결의가 없으면, 회사는 이사와 감사의 책임을 해제한 것으로 본다. 그러나 이사 또는 감사의 부정행위에 대하여는 그러하지 아니하다(450조).

(라) 책임 시효 이사의 손해배상책임은 채권의 일반 시효의 원칙이 적용되어 10년의 시효로써 소멸한다. 판례도「주식회사의 이사 또는 감사의 회사에 대한 임무해태로 인한 손해배상책임은 일반불법행위책임이 아니라 위임관계로 인한 채무불이행책임이므로 그 소멸시효기간은 일반채무와 같이 10년이라고 보아야 한다」고 판시하고 있다(대판 1969. 1. 28, 68다305). 자본금충실책임도 이와 동일하다(428조 2항).

(3) 제3자에 대한 책임

1) 서 설

이사가 악의 또는 중대한 과실로 인하여 그 임무를 게을리한 때에는 그 이사는 제3자에 대하여 연대하여 손해를 배상할 책임이 있다(401조). 이사는 회사에 대하여는 위임관계이나 제3자에 대하여는 직접적으로 어떠한 법률관계도 없으므로, 이사가 회사에 대하여 직무를 태만히 하고 그 결과 제3자에게 손해를 입히더라도 일반불법행위요건을 갖추지 않았다면 당연히 그 손해를 부담할 책임은 없다. 그러나 주식회사의 성질상 이사의 직무수행은 제3자의 이해에 미치는 영향이 지대하므로, 상법은 제3자 보호를 위하여 이사의 제3자에 대한 책임을 인정하고 있다. 이는 발기인의 제3자에 대한 책임과 동일한 취지로 규정한 것이다.

2) 책임의 성질

상법 제401조에 의한 책임의 성질에 관하여 다수설은 제3자의 보호를 강화하기 위하여 인정된 특별한 *法定責任*이라 한다[林 520, 姜 575, 孫 852, 鄭(東) 451, 崔 622]. 이 견해는 이사의 제3자에 대한 책임과 일반불법행위책임의 경합을 인정하고, 여기에는 직접손해와 간접손해 모두를 포함한다고 하며, 악의·중과실은 회사에 대한 임무해태에 관하여 필요하다고 하고, 제3자는 회사채권자를 비롯하여 株主도 포함된다고 한다. 다만, 다수설 중에서는 주주에게는 대표소송제기권이 있기 때문에 주주의 간접손해에 관하여는 이 책임을 부정하고, 그 직접손해에 관하여만 책임을 인정하는 설도 있다.

이에 대하여 이 책임의 성질을 특별한 불법행위책임으로 해석하는 견해는[徐(廷) 288], 이 책임과 일반불법행위책임의 경합을 인정하지 않고, 제3자에 대한 손해는 직접손해에 한한다고 하며, 제3자에 대한 가해행위에 악의·중과실이 필요하며, 제3자는 주주도 포함한다고 한다. 이 학설은 경과실의 경우에 있어서 이사의 면책을 강조하며 일반불법행위책임과는 달리 위법성을 요하지 않는다고 한다.

생각건대, 이사의 제3자에 대한 책임은 이사가 직접 제3자와의 관계에서 악의 또는 중과실로 인하여 지는 책임이 아니므로, 불법행위책임과는 그 성질이 다르다고 본다. 따라서 이것은 제3자를 보호하기 위한 법정책임으로 보는 것이 타당할 것이다.

3) 책임을 부담하는 경우

이사가 직접 제3자에 대하여 책임을 부담하는 때에는 그 직무를 행함에 있어서 악의 또는 중대한 과실이 있는 경우이다(대판 2003. 4. 11, 2002다70044; 대판 2002. 3. 29, 2000다47316). 이사의 임무해태의 행위와 제3자의 손해 간에 상당한 인과관계가 있는 한, 회사가 이사의 임무해태에 의하여 손해를 입었다면, 제3자에게 손해를 생기게 한 경우(間接損害)든, 직접 제3자가 손해를 입은 경우(直接損害)든 묻지 않는다.

예를 들어 지급의 가망 없이 어음을 발행하여 상품을 매입한다든지, 회사가 제3자로부터 일정한 목적으로 위탁을 받은 물건을 회사경영상의 필요에서 다른 용도로 유용한 경우와 같이 제3자에게 직접손해를 생기게 한 경우에도, 동조에 의한 이사의 책임이 인정된다. 이와 같은 경우에는 제3자의 손해의 발생은 이사의 제3자에 대한 직접의 가해행위를 원칙으로 하고 있으므로, 이사와 제3자 간에서는 동시에 불법행위가 성립하는 수가 많을 것이다. 그러나 이상과 같은 경우에 상법 제401조에 의한 책임을 묻기 위해서는 반드시 제3자와의 관계에서 이사의 불법행위가 성립한다는 것은 필요하지 않고, 그 가해행위가 회사에 대하여 이사의 악의 또는 중과실에 의한 임무해태로 인정되고, 그 가해행위와 제3자의 손해 간에 상당인과관계가 인정된다면 족하다.

간접손해란 예를 들어, 이사의 방만한 경영, 회사재산의 횡령 등에 의하여 회사의 자산상태가 악화되어 1차적으로 회사에 손해가 발생하고 그 결과 2차적으로 제3자에게 손해가 발생하였으나 회사에 대한 채권만족을 얻을 수 없게 된 경우를 들 수 있다. 이와 같은 경우에는 제3자는 채권자대위권에 의하여도 그 구제를 받을 수 있으나, 상법 제401조에 의하면 제3자는 악의·중과실에 의한 이사의 임무해태의 결과 회사가 손해를 입은 것을 증명한다면, 그 회사의 손해의 범위 내에서 곧바로 이사에 대하여 자기의 손해를 받을 수 있다는 점에서 특별책임을 인정한 의의가 있다. 실제에서도 제401조의 규정은 자력이 부족한 소규모회사에 있어서 채권자보호의 방책으로서 원용되고 있다.

4) 책임자

책임을 부담하는 자는 악의 또는 중대한 과실로 임무를 게을리 한 이사 또는 허위의 기재·등기·공고를 할 때에 고의 또는 과실이 있었던 이사이다. 책임원인 행위가 이사회의 결의에 의하여 이루어진 때에는 그 결의에 찬성한 이사도 그러한 행위를 한 것으로 보고, 직접행위자인 이사와 연대하여 책임을 부담한다. 그 경우에 직접행위자인 이사에 관하여 책임의 요건으로서 악의 또는 중대한 과실을 요하는 한, 결의에 찬성한 이사에게도 그 결의에 관하여 악의 또는 중대한 과실이 있어야 한다고 본다. 그리고 이사회의 결의에 반대한 사실은 이를 주장하는 이사가 입증하여야 한다.

5) 제3자의 범위

이사의 제3자에 대한 책임에 있어서 그 제3자의 범위에 관하여는 학설이 나누어져 있다. 제3자라 함은 이사의 행위에 의하여 직·간접으로 손해를 입은 모든 제3자를 의미하고, 따라서 理事의 행위에 의하여 회사가 손해를 입은 결과 이것을 통해서 간접적으로 손해를 받은 株主도 포함한다고 해석하는 견해(포함설)가 있다. 포함설에 의하면 회사의 손해를 통해서 간접적으로 손해를 받은 주주도 회사와는 달리 직접적으로 이사의 책임을 물을 수 있게 된다.

포함설은 다시 주주가 손해를 입은 경우에도 직접적으로 손해를 입은 경우, 예를 들면 주식청약서에서 허위의 기재를 신뢰하고 주식을 인수함으로써 손해를 입은 경우만 주주를 소위 제3자에 포함시킨다고 해석하는 제한적 포함설이 있다. 이것은 판례도 같은 입장이다(대판 1993. 1. 26, 91다36093).

【판례】 대법원 1993. 1. 26. 선고, 91다36093 판결

「주식회사의 주주가 대표이사의 악의 또는 중대한 과실로 인한 임무해태행위로 직접 손해를 입은 경우에는 이사와 회사에 대하여 상법 제401조, 제389조 제3항, 제210조에 의하여 손해배상을 청구할 수 있으나, 대표이사가 회사재산을 횡령하여 회사재산이 감소함으로써 회사가 손해를 입고 결과적으로 주주의 경제적 이익이 침해되는 손해와 같은 간접적인 손해는 상법 제401조 제1항에서 말하는 손해의 개념에 포함되지 아니하므로 이에 대하여는 위 법조항에 의한 손해배상을 청구할 수 없고, 이와 같은 법리는 주주가 중소기업 창업지원법상의 중소기업 창업투자회사라고 하여도 다를 바 없다」.

반면에 제3자에 주주가 포함되지 않는다는 불포함설이 있다. 주주를 제3자에 포함시킨다면 주주가 회사채권자에 우선하여 변제를 받는 불합리함이 발생하고, 주주의 간접손해는 대표소송으로 구제받을 수 있다는 점을 그 근거로 든다.

(4) 업무집행지시자 등의 책임(사실상의 이사의 책임)

1) 업무집행지시자 등의 의의

업무집행지시자란 법률상의 이사가 아니면서, ① 회사에 대한 자신의 영향력을 이용하여 이사에 대하여 업무집행을 지시한 자(401조의2 1항 1호), ② 이사의 이름으로 직접 업무를 집행한 자(401조의2 1항 2호), ③ 이사가 아니면서 명예회장, 회장, 사장, 부사장, 전무, 상무, 이사 기타 회사의 업무를 집행할 권한이 있는 것으로 인정될 만한 명칭을 사용하여 회사의 업무를 집행한 자(401조의2 1항 3호)를 말한다. 위 ①과 ②를 합하여 배후이사라고 부르고, ③을 표현이사라 하기도 한다.

2) 규제의 취지

회사의 업무집행권은 이사에게 있는 것이 원칙이다(393조). 따라서 이사가 법령 또는 정관에 위반한 행위를 하거나 그 임무를 해태한 경우에는 그 이사가 회사에 대하여 책임을 진다. 즉, 이사가 아닌 자는 회사에 대하여 어떠한 책임도 지지 아니한다.

그러나 종래 실무계에서는 지배주주가 비서실·운영위원회·사장단회의 등 그룹총괄기구를 통하여 그 회사 및 계열회사의 업무집행을 지시하는 것이 그 동안의 관행이었다. 이는 우리 대규모기업집단의 지배구조가 소수의 가족집단이 상당한 주식을 보유하고 계열회사간의 상호출자를 통하여 기업집단전체의 경영권을 행사하는 중앙집권적인 형태로 되어 있었기 때문에 가능했다.[32] 그리하여 이러한 지배주주가 경영에 실질적으로 상당한 영향력을 행사하고도 주주는 업무집행권이 없기 때문에 주주유한책임의 원칙상 아무런 책임도 지지 않는 기이한 형태가 되고 말았다. 지배주주의 무분별한 차입경영, 계열회사에 대한 과대한 상호지급보증, 경솔한 신규사업진출 등의 방만한 경영은 기업 부실을 초래하였고, 나아가 국가적 경제위기를 초래하여 1997년말에는 국제통화기금(IMF) 관리체제를 불러오는 결정적인 원인이 되기도 하였다.

이와 같은 문제점을 해결하기 위하여 1998년 개정상법은 지배주주의 독단적인 영향력에 의하여 회사의 운영이 왜곡화되는 현상을 방지하기 위하여 이사 아닌 자로서 업무집행에 직·간접적으로 관여한 자에게 책임을 묻는 규정(401조의2)을 신설했다. 즉, 업무집행지시자(事實上의 理事)는 그 지시하거나 집행한 업무에 관하여 이사의 회사 및 제3자에 대한 손해배상책임(399조, 401조)과 대표소송에 의한 책임추궁(403조)에 있어서 이사로 본다(401조의2 1항).

3) 업무집행지시자 등의 범위

(가) 업무집행지시자 회사에 대한 자신의 영향력을 이용하여 이사에게 업무집

32) 정광선, 「기업경쟁력과 지배구조」, 한국금융연구원 연구보고서 1994. No. 4, 76쪽.

행을 지시한 자는 그 지시한 업무에 관하여 이사로 본다(401조의2 1항 1호). '영향력'이란 타인이 어떠한 의사결정을 함에 있어서 그 타인으로 하여금 자신이 의도하는 바대로 의사결정을 하게 할 수 있는 사실상의 힘을 의미한다. 예컨대, 지배주주, 회사의 채권자나 지속적인 거래에서 우월한 지위를 갖는 자도 영향력을 가진 자가 될 수 있다. 회사의 모회사 또는 우월적 지분을 가진 회사(대판 2006. 8. 25, 2004다26119), 회사에 대해 거액의 채권을 가진 은행 등도 업무집행지시자에 포함된다. 나아가 공법적이거나 정치적으로 우월한 힘을 가진 자도 본조의 적용대상이 될 수 있다(李 603, 崔 632).

회사에 대한 자신의 영향력을 이용하여 이사에게 업무집행을 지시하여야 한다. 이사에는 등기된 대표이사 또는 이사뿐만 아니라 등기되지 않은 이사도 포함하며, 이사는 아니더라도 지배인 등의 상업사용인에 대한 지시를 한 경우도 포함한다고 본다(崔 632). 또한 업무집행이라 함은 회사의 목적을 달성하기 위한 모든 업무처리로서 영업과 관련한 법률행위뿐만 아니라 사실행위도 포함한다.

(나) 이사의 명의로 회사업무를 집행한 자 이사의 명의로 직접 회사업무를 집행한 자란 이사가 아니면서 그 이사의 이름으로 실제의 업무를 집행한 자이다.

(다) 표현이사 이사가 아니면서 명예회장, 회장, 사장, 부사장, 전무, 상무, 이사 기타 회사의 업무를 집행할 권한이 있는 것으로 인정될 만한 명칭을 사용하여 회사의 업무를 집행한 자(표현이사)는 그 업무집행에 관하여 이사와 동일한 책임을 진다.

4) 업무집행지시자 등의 책임내용

(가) 회사에 대한 책임 법률상의 이사는 회사에 대하여 자본금충실책임(428조)과 손해배상책임(399조)을 진다. 그런데 자본금충실책임은 회사재산의 견실화 및 회사채권자를 보호하기 위해 특별히 법정한 무과실책임으로 이사의 직무수행과 관련이 없기 때문에, 업무집행지시자는 자본금충실책임을 지지 아니한다. 따라서 업무집행지시자는 손해배상책임만을 부담할 뿐이다. 그리하여 이사의 회사에 대한 손해배상책임의 원인・내용・추궁 등은 업무집행지시자에게도 준용된다. 그러나 업무집행지시자는 회사의 기관이 아니므로 회사에 대한 임무해태가 있을 수 없기 때문에 이사의 업무집행이 회사에 대해 임무해태가 되면 바로 업무집행지시자의 책임요건을 충족한다. 이러한 업무집행지시자의 책임은 주주전원의 동의로도 면제하지 못한다.

(나) 제3자에 대한 책임 이사가 제3자에 대하여 손해배상책임을 지기 위해서는 이사의 회사에 대한 임무해태행위가 있어야 하는데, 업무집행지시자에 대해서는

게을리 한 임무를 요건으로 하지 않는다. 회사의 채권자가 업무집행지시자에 대하여 책임 추궁하는 경우에는 일반적으로 책임재산이 부족한 상태하에서 회사를 도산시킨 때이다. 이러한 경우에는 법인격부인론을 가지고 주장할 수도 있으나, 법인격부인론의 요건을 주장·입증하기가 곤란한 경우가 많다. 이러한 경우에 업무집행지시자의 책임이 유용할 수 있으므로, 상법 제401조의2는 법인격부인론의 법리의 대체적 기능을 할 수도 있다[鄭(東) 430].

5) 연대책임

업무집행지시자가 회사 또는 제3자에 대하여 손해배상책임을 지는 경우, 이사도 책임이 있을 때에는, 그 이사는 사실상의 이사와 연대하여 책임을 부담한다(401조의2 2항).

4. 이사의 업무집행에 대한 株主의 감독

1962년 신상법은 이사회중심주의를 채택함으로써 회사의 업무집행에 대한 감독은 理事會에서 하고, 株主는 주주총회에서의 이사의 선임·해임 및 재무제표의 승인을 통해서 간접적으로 감독권을 행사하는데 그쳤다. 그러나 주주의 주주총회에서의 감독기능은 다수결의 원리를 취하고 있어서 그 감독기능에 기대를 거는 것도 한계가 있다. 따라서 주주총회라는 기관을 통하지 않고 직접적으로 주주에게 감독권한을 부여할 필요성이 있었다. 그리하여 상법은 미국의 회사법을 본받아 사전적 예방조치로서 주주의 위법행위유지청구권을 규정하고, 사후적 구제조치로서 대표소송제도를 규정하고 있다.

이 밖에 주주의 직접감독수단으로서 회계장부열람청구권, 검사인선임청구권, 이사회의사록열람청구권 등이 있다.

(1) 위법행위유지청구권

1) 유지청구권(留止請求權)의 의의

이사 또는 집행임원이 법령 또는 정관에 위반한 행위를 함으로써 회사에 회복할 수 없는 손해가 생길 염려가 있는 경우에는 감사 또는 발행주식총수의 100분의 1 이상에 해당하는 주식을 가진 주주는 회사를 위하여 이사 또는 집행임원에 대하여 그 행위를 유지할 것을 청구할 수 있다(402조). 이것을 위법행위유지청구권이라 한다.

예컨대, 원자력발전소를 가진 주식회사가 있다고 하자. 이 원자력발전소의 발전용 원자로에 문제가 있어 운전정지상태에 있던 것을 이사가 법률에서 정한 충분한 시설점검을 하지 않은 채 운전재개명령을 한 경우, 그 회사의 株主가 원자력사고가 났을 때 예상되는 회사의 막대한 손실을 막기 위하여 취할 수 있는 조치가 바로 위법행위유지청구권인 것이다.

유지청구권은 영미법상의 소에서 인정되는 법원의 유지명령제도(injunction)(우리나라의 가처분제도와 유사하다)를 본받은 것으로서 상법은 이사의 위법행위유지청구권뿐만 아니라 신주발행유지청구권(424조)도 규정하고 있다.

유지청구권은 감사나 소수주주가 회사를 위해서 이사 또는 집행임원의 책임을 추궁하는 공익권이란 점에서 대표소송과 유사하나, 대표소송이 사후적인 구제수단인데 대하여, 유지청구제도는 손해의 사전적 예방조치란 점에서 다르다.

위법행위유지청구권은 주식회사의 청산인(542조 2항, 402조)과 유한회사의 이사·청산인(567조, 613조 2항, 402조)에게도 준용된다.

2) 유지청구권의 행사요건

주주의 위법행위유지청구권의 대상은 ① 이사 또는 집행임원이 법령 또는 정관에 위반한 행위를 하고, ② 이로 인하여 회사에 회복할 수 없는 손해가 생길 염려가 있는 경우라야 하며, ③ 그 위법행위의 완료 이전이어야 한다.

주주가 유지청구권을 행사할 수 있는 것은 법령 또는 정관에 위반하는 행위에 의하여 회사에 회복할 수 없는 손해가 발생할 염려가 있는 경우이다. 예를 들어, 대표이사에 의하여 처분된 재산을 환수할 수 없고, 그 이사의 배상책임에 의하여 그 손해를 전보할 수 없는 경우이다.

3) 유지청구의 당사자

(가) 유지청구권자　유지청구권을 행사할 수 있는 자는 監事·監査委員會 또는 발행주식총수의 100분의 1 이상에 해당하는 주식을 가진 株主이다.

한편 상장회사의 경우에는 6월 전부터 계속하여 발행주식총수의 1만분의 50(대통령령이 정하는 법인의 경우에는 1만분의 25) 이상에 해당하는 주식을 대통령령이 정하는 방법에 의하여 보유하는 주주는 유지청구권을 가진다(542조의6 5항, 시행령 11조).

(나) 피청구자　유지청구의 상대방은 법령 또는 정관에 위반하는 행위를 하려는 이사 또는 집행임원이다.

4) 유지청구 절차

주주는 이사 또는 집행임원을 피고로 하여 유지청구의 訴를 제기할 수 있다. 이 경우의 유지의 소는 회사를 위하여 제기하는 것이므로 그 판결의 효력은 회사에 미치게 된다.

유지청구소의 절차에 관하여는 규정이 없다. 그러나 이는 대표소송과 유사하므로 대표소송에 관한 소송관할, 소송참가, 승소주주의 권리, 패소주주의 책임규정을 유추적용하여야 할 것이다.

5) 유지청구의 효과

(가) 이사의 책임 유지청구에 따라 이사 또는 집행임원이 그 행위를 중지하였더라도, 그 행위 자체가 불법이라면 이사 또는 집행임원은 임무해태로 발생한 손해배상책임을 진다.

(나) 행위 효과 유지청구를 무시하고 한 이사의 법령·정관의 위반행위가 유효인 경우에는 견해가 나뉘어지는데, 신주발행이나 사채발행과 같은 단체법적 거래행위는 항상 유효하다고 보아야 하나, 매매·증여와 같이 개인법적 거래행위에 대하여 상대방이 留止請求된 사실을 안 경우에는 회사가 무효를 주장할 수 있다는 견해가 있다(姜 576, 孫 863). 그러나 이와 같이 해석한다면 대외적으로 감사나 주주의 유지청구는 적법성의 추정을, 이사의 행위는 위법성의 추정을 받는 결과가 되고 이는 소수주주에게 과잉된 것이라며 유지청구의 유무 및 상대방의 선의여부는 행위의 효력에 영향을 주지 않는다고 한다(李 786, 정(경) 559).

(2) 대표소송(代表訴訟)

1) 대표소송의 의의

대표소송(representative suit)이란 회사가 이사 또는 집행임원의 회사에 대한 책임을 추궁하는 소제기를 게을리 하고 있는 경우에 소수주주가 회사를 위하여 이사 또는 집행임원의 책임을 추궁하는 소송을 말한다. 대표소송의 본질은 회사가 이사의 책임을 추궁하여야 함에도 불구하고 이사 또는 집행임원들 간의 정실관계(情實關係)때문에 회사가 책임추궁을 게을리 하고 있는 경우, 주주에게 회사를 대신하여 이사 또는 집행임원의 책임을 추궁할 수 있는 길을 열어줌으로써, (주주의 제소에 의하여) 이사 또는 집행임원의 회사에 대한 손해배상책임의 이행을 실현시키는 제도이다. 이 제도는 주주지위강화책의 일환으로서 영미법상의 대위소송(derivative suit)을 계수한 것이다.[33)]

주주의 대표소송은 발기인·감사·청산인 등의 책임을 추궁하는 경우(324조, 415조, 542조 2항), 불공정한 가액으로 신주를 인수한 자(424조의2), 주주권의 행사와 관련하여 이익을 공여받은 자(467조의2)에 대한 회사의 권리를 실현하기 위한 경우, 내부

33) Jesse H. Choper · John C. Coffee, Jr · Ronald J. Gilson, *op. cit.*, p. 804.

자거래로 인한 이득을 추궁하기 위한 경우(자시법 172조)에서도 제기할 수 있다.

대표소송이 제기되면 감사·감사위원회 위원이 회사를 대표한다(394조 1항 후단, 403조, 415조의2 6항). 이때 감사 또는 감사위원회 위원이 소의 당사자인 경우에는 감사위원회 또는 감사는 법원에 회사를 대표할 자를 선임하여 줄 것을 신청하여야 한다(394조 2항, 415조의2).

2) 대표소송의 성질

대표소송은 소수주주가 회사를 위하여 회사 대표기관적 자격에서 소송을 수행하게 되므로 제3자 소송담당에 해당한다. 따라서 판결의 효력은 당연히 회사에 미친다.

3) 대표소송의 기능

대표소송은 주주총회의 무기능화로 인하여 감독시정기능이 현저히 약화된 상황하에서, 이사 등의 경영자로부터 다수 일반주주를 보호하는 가장 효과적인 수단이다. 즉, 주주대표소송을 통하여 회사경영진에게 책임추궁을 할 수 있기 때문에 회사 경영진의 불법적인 행위를 억제할 수 있다.

【삼성전자(주) 사건】

1. 이천전기(주) 사건

(1) 사실관계

삼성전자는 1997년 이사회결의를 거쳐 중전기사업체이던 이천전기(주)의 주식 85.3%를 2천억원으로 매수하고, 대주주가 되었는데, 이천전기를 삼성이 인수할 당시부터 자본잠식상태에 있었고 재무구조도 열악하였다. 그 당시 삼성전자 이사들은 이사회에 제출된 중전사업참여방안과 이천전기재무구조개선안 등을 검토하고 담당이사로부터 삼성전자가 중전사업에 참여할 필요성과 재무구조개선방안 설명을 듣고 이천전기를 인수할 것을 결의하였다. 그 후 삼성전자는 이천전기의 재무구조개선을 위하여 노력하였으나, IMF의 위기등으로 도산지경에 이르자 이천전기의 전주식을 제3자에게 95억원에 매각 처분함으로써 막대한 손실을 입게 되었고, 이에 소수주주들이 이사들의 책임을 추궁하는 소를 제기하였는 바, 이사들은 경영판단의 주장을 하였다.

(2) 판결요지

제1심인 수원지법은(2001. 12. 27, 98가합22553) 「이천전기의 인수에 따른 위험이 통상 감수할 수 있는 범위를 훨씬 넘었는데도 이러한 상황을 검토하지 않고 또 자료의 제시도 받지 않은 채 1시간의 토의로 이천전기의 인수를 결정한 것은 이사들이 합리적인 통찰력을 다하여 적절한 판단을 하였다고 볼 수 없다」고 판시하였다. 서울고등법원은 「삼성전자의 경영진이 이천전기 인수 1년전부터 중전기사업 참여의 필요성·사업성을 검토하였고, 더욱이 이천전기의 재무구조개선방안 등의 자료를 받아 검토하였으며, 담당이사는 삼성전자가 중전사업에 참여할 필요가 있고 신규법인의 설립보다 기존업체인 이천전기의 인수가 유리하며 유상증자 및 단기차입금의 장기저리자금으로의 전환 등으로 재무구조를 개선하면 조만간 흑자전환이 가능하다는 설명을 듣고 인수결의를 한 사정 등에 비추어 보면 이사들이 그 결정을 함에 있어 통상의 기업인으로서 간과할 수 없는 과오를 저질렀다고 보거나 그 인수결정이 당시의 상황에서 경영판단의 재량권의 범위를 넘은 것으로 보기 어렵다」고 판시하였다(서울고법 2003. 11. 20, 2002나6595).

2. 삼성종합화학(주)사건

(1) 사실관계

삼성전자가 보유하던 삼성종합화학 주식회사의 주식을 1주당 2,600원에 삼성건설과 삼성항공에 매도하였는데, 이는 삼성종합화학의 총 발행주식의 40%를 초과하는 2,000만 주를 대상으로 하는 것이고 그 장부가액이 2,000억원(삼성전자 전체 자산의 2.2%)에 달하는 것이었다. 그럼에도 불구하고 당시 삼성전자의 대표이사와 이사는 적정한 매각방법이나 거래가액에 관하여 전문가에게 조언을 구하지 않고, 당시 시행되던 상속세법 시행령에 의하여 평가하고 거래한 것이다. 그러나 이 가액은 삼성종합화학주식의 가치가 6년에 걸쳐 21,755,567주를 취득해 온 가액의 1/4 정도밖에 되지 않을 뿐만 아니라, 같은 시행령에 의하여 산정한 1주당 순자산가액의 1/2밖에 되지 않았다. 한편, 이사들은 다른 평가방법에 의한 적정 거래가액의 산정에 관하여 고려한 바가 전혀 없었으며, 당시 삼성전자는 삼성종합화학의 총 발행주식의 47.29%에 해당하는 21,755,567주를 소유하고 있어서 지배주주의 지위에 있었는데 이 거래에 의하여 2,000만 주를 처분함으로써 지배주주로서의 지위를 잃게 되는 사정에 있었음에도 지배주주의 지위를 잃는 데에 따른 득실은 물론 이를 고려한 적절한 거래가액에 관한 검토도 전혀 없었고, 대차대조표상으로도 삼성종합화학의 매출액, 순손실액의 규모 등 경영상태가 개선되고 있는 상황임에도 이에 대한 고려가 전혀 없었으며, 1993. 6.경 한솔제지와 삼성전관의 거래가격이 1주당 6,600원이라는 실례도 고려하지 않았다. 이런 사정하에 회사의 손해에 대하여 이사들에게 책임을 추궁하는 소를 제기한 것이다.

(2) 판결요지(대판 2005. 10. 28. 2003다69638)

회사가 소유하는 자산을 매각하는 때에는 처분이익을 극대화하거나 처분손실을 극소화하는 방향으로 거래가격을 결정하여야 할 것이므로 비상장주식을 매도하는 경우에 있어서 객관적 교환가치가 적정하게 반영된 정상적인 거래의 실례가 있는 경우에는 그 거래가격을 시가로 보아 주식의 가액을 평가하여야 할 것이나, 그러한 거래사례가 없는 경우에는 비상장주식의 평가에 관하여 보편적으로 인정되는 방법(순자산가치방식, 수익가치방식, 유사업종비교방식 등)에 의하여 평가한 가액을 토대로, 당해 거래의 특수성을 고려하여 객관적 교환가치를 반영한 적정 거래가액을 결정하여야 할 것인바, 회사가 소유하고 있는 비상장주식을 매도하는 업무를 담당하는 이사들이 당해 거래의 목적, 거래 당시 당해 비상장법인의 상황, 당해 업종의 특성 및 보편적으로 인정되는 평가방법에 의하여 주가를 평가한 결과 등 당해 거래에 있어서 적정한 거래가액을 도출하기 위한 합당한 정보를 가지고 회사의 최대이익을 위하여 거래가액을 결정하였고, 그러한 거래가액이 당해 거래의 특수성을 고려하더라도 객관적으로 현저히 불합리하지 않을 정도로 상당성이 있다면 선량한 관리자의 주의의무를 다한 것으로 볼 수 있을 것이나, 그러한 합리성과 상당성을 결여하여 회사가 소유하던 비상장주식을 적정가액보다 훨씬 낮은 가액에 매도함으로써 회사에게 손해를 끼쳤다면 그로 인한 회사의 손해를 배상할 책임이 있다.

4) 책임의 범위

(가) 책임 범위

대표소송이 인정되는 책임범위에 관하여 학설의 대립이 있다. 즉, 이사의 회사에 대한 손해배상책임(399조)과 자본금충실책임(428조)이 포함된다는 점에 관하여는 이론이 없으나, 그 밖에 회사에 대하여 부담하는 모든 채무가 이사 또는 집행임원의 책임에 해당하는가에 관하여 견해가 갈려 있다.

소수설은 대표소송에 의하여 추궁할 수 있는 책임의 범위를 상법 제399조의 회사에 대한 손해배상책임과 상법 제428조의 자본금충실책임으로 한정하고 있다[鄭(燦) 498].

이에 대하여 다수설은 이사의 책임은 이사가 회사에 대하여 부담하는 모든 채무이며, 상법의 특별규정에 의한 제399조 및 제428조에 의한 책임뿐만 아니라 이사와 회사 간의 일반거래상의 채무이행의 청구까지 포함한다고 한다[李·崔 334, 鄭(東) 467, 孫 865, 姜 582, 李 628]. 그 근거로서 이사와 회사 사이의 특수관계에 따른 제소해태의 가능성은 이 경우에도 존재하며, 株主의 代表訴訟은 감사가 이사의 책임을 추궁하지 않음으로 인하여 회사에 발생하는 손해를 방지하여 모든 주주의 이익을 보호하는 것이 그 인정취지이므로, 이러한 취지에서 보면 이사의 책임범위를 제한할 이유가 없다고 한다.

생각건대, 소수설의 주된 논거는 남소의 폐해를 방지하자는 데 있다. 그러나 이사의 책임추궁뿐만 아니라 지배주주와 그 밖의 제3자에 대한 부정행위에 대하여도 광범위하게 인정하고 있는 미국의 경우와 비교해 보면 너무나 남소방지에 치우진 나머지 대표소송제도 본래의 취지를 손상시키고 있는 것처럼 보인다. 따라서 주주 및 회사의 이익보호라는 대표소송제도의 인정취지에 비추어 이사가 회사에 대하여 부담하는 책임의 범위를 제한할 필요는 없다고 본다.

(나) 손해배상책임의 경감

미국에서는 주주대표소송이 빈번히 제기되어 유능한 인재가 사외이사에 취임하지 않으려는 풍조가 1980년대에 일어났다. 이에 이사, 특히 社外理事를 보호하기 위하여 임원책임배상보험(D&O보험)에 회사가 대신 가입해주는가 하면, 입법적으로도 손해배상책임액을 합리적인 선에서 제한하려는 경향을 나타나고 있다. 델라웨어州에서는 이사의 금전상의 책임을 경감 또는 배제하는 정관의 규정을 채택할 권한을 주주에게 부여하고 있고(Del. Code Ann. tit.8, §102(b)(7)), 뉴욕州에서는 이사가 회사에게 지급하는 손해배상금의 일부를 會社가 보상할 수 있도록 하였으며(N.Y. Bub. Corp. Laws §§721 · 722), 미국법률협회(ALI)에서는 기본정관에서 일정한 조건하에 임원 또는 이사의 손해배상액을 그 자가 받는 연차보수액을 밑돌지 않는 액까지 제한할 수 있도록 하고 있다(ALI. §7.9).

우리의 경우 2011년 개정상법에서 회사에 대한 책임경감 규정을 도입하고 있다. 즉 회사는 정관의 규정에 따라 이사의 책임을 이사가 그 행위를 한 날 이전 최근 1년간의 보수액(상여금과 주식매수선택권의 행사로 인한 이익 등을 포함)의 6배(사외이사의 경우는 3배)를 초과하는 금액에 대하여 면제할 수 있다. 다만 이사가 고의 또는 중대한 과실로 손해를 발생시킨 경우와 경업금지의무위반(397조), 회사의 사업기회유용금지위반(397조의2), 이사와 회사간의 자기거래금지위반(398조)에 해당하는 경우에는 책임을 감경할 수 없다(400조 2항).

5) 대표소송의 당사자

(가) 원 고　대표소송을 제기할 수 있는 자는 발행주식총수의 100분의 1 이상에 해당하는 주식을 가진 주주이다. 상장회사의 경우에는 6월전부터 계속하여 발행주식총수의 1만분의 1 이상에 해당하는 주식을 대통령령이 정하는 바에 의하여 보유하는 주주는 대표소송을 제기할 수 있다(542조의6 6항). 대표소송은 주주총회와는 관계없이 구성원이라는 자격에서 인정되는 것이기 때문에 주주인 이상 의결권 없는 주식을 보유한 주주라도 대표소송을 제기할 수 있다.

(나) 피 고　피고는 회사에 대한 책임을 이행하지 않은 이사나 집행임원 또는 그 직에 있었던 자이다. 이 밖에 발기인 · 감사 · 청산인도 피고가 될 수 있으며, 책임 있는 주식인수인이나 이익을 공여받은 자도 피고가 될 수 있다.

6) 대표소송의 절차

(가) 소제기전의 절차　대표소송을 제기하려면 회사에 대하여 서면으로 이사 책임을 추궁하는 소의 제기를 청구하여야 한다(403조 1항, 2항).

회사가 청구를 받은 날로부터 30일 이내에 소를 제기하지 않은 때 비로소 주주가 회사를 위하여 소를 제기할 수 있다(403조 3항). 그러나 회사가 소의 제기를 거절한 경우 또는 이러한 절차를 밟고 있다가는 회사에 회복할 수 없는 손해가 생길 염려가 있는 경우에는 예외적으로 즉시 소를 제기할 수 있다(403조 4항).

【판례】 서울민사지방법원 1998. 7. 24. 선고, 97가합39907 판결

「상법 제403조가 정한 30일 전 소제기청구요건은 회사가 이사에게 직접 책임을 추궁하기 위한 기회를 사전에 부여하기 위한 것에 불과하므로 소수주주가 비록 제소 바로 전날 서면으로 회사에게 제소요구를 하였더라도 그 후 30일이 지나도록 회사가 대표소송에 참가하는 등 제소의사를 표명하지 않았다면 위 기간불준수의 하자는 치유되었다.

제일은행의 '여신심사 및 운용준칙'에서 여신심사기준 평가 E급업체에 대하여 여신을 원칙으로 금지하고, 이 경우에 있어 여신을 취급하고자 할 때에는 상임이사회의 승인을 거치게 한 것은 E급업체에 대한 여신을 신중히 하여야 한다는 취지로서 상임이사회에서 E급업체에 대한 여신을 승인함에 있어서는 그 업체에 대한 자산, 신용, 사업실태 및 기타 필요한 모든 사항을 조사하여 여신의 위험이 없다고 객관적으로 평가되는 경우에만 여신을 취급하고, 그 경우에도 확실한 담보를 설정하여 채권회수불능의 위험이 없도록 하는 등 고도의 주의의무가 필요하다고 할 것인데, 피고들이 이러한 주의의무를 기울이지 아니한 채 아무런 담보 없이 거액의 여신을 제공할 것을 결의하여 회수곤란 내지 회수불능의 위험에 빠지게 한 것은 은행이사로서의 임무를 해태한 것이다」.

(나) 관할법원　대표소송은 회사의 본점소재지의 지방법원관할에 전속한다(403조 5항, 186조).

(다) 담보제공명령　법원은 피고의 청구에 의하여 원고에게 상당한 담보를 제공하도록 명할 수 있다(403조 7항, 176조 3항). 이때 피고는 원고에게 악의가 있음을 소명하여야 담보제공명령을 청구할 수 있다(403조 7항, 176조 4항).

(라) 소송참가　회사가 원고인 주주에 소송참가[공동소송적 참가(민소 76조)]를 할 수 있도록 상법은 명문화하고 있다(404조 1항). 이는 원고가 유효적절하게 소송수행을 하도록 하기 위한 것이고, 기판력에 따른 불가피한 조치이다. 회사가 소송참가할 수 있도록 하기 위하여 대표소송을 제기한 주주는 지체없이 회사에 대하여 그 소송의 고지를 하여야 한다(404조 2항). 이때 다른 주주도 대표소송에 참가(공동소송적 보조참가)할 수 있다.

(마) 재판외의 처분금지　회사 또는 소수주주는 법원의 허가를 얻지 아니하고는 소취하, 인락 및 화해를 할 수 없다(403조 6항).

7) 대표소송의 판결효과

(가) 원고승소의 경우

(a) 회사에 대한 효력 대표소송은 제3자 소송담당이므로, 판결의 효력은 당연히 회사에 미친다(민소 204조 3항).

(b) 소송비용의 부담 대표소송에서 주주가 승소한 때에는 소송비용 외에도 기타 소송으로 인하여 지출한 금액의 범위내에서 상당한 금액의 지급을 청구할 수 있다(405조 1항, 406조 2항).

종래에는 소송비용외에 실비액의 범위내에서 청구할 수 있도록 하여, 실비액의 범위에 변호사비용 등이 포함되는지에 논란이 있었다. 2001년 개정법은 대표소송의 활성화를 위하여 소송비용 외에도 소송으로 인하여 지출한 금액을 청구할 수 있도록 함과 동시에 회사가 소송비용을 지출한 때에는 이사 또는 집행임원에 대하여 구상할 수 있도록 하였다(405조 1항 후단).

(나) 패소주주의 책임 원고가 패소한 경우에는 악의가 없는 한 과실이 있다 하더라도 회사에 대하여 손해배상책임을 지지 아니한다(405조 2항).

(다) 벌칙 대표소송에 관하여 증수뢰죄(贈受賂罪)가 있으면 형벌의 제재를 받는다(631조 1항).

8) 재 심

대표소송의 소가 제기된 경우에 원고와 피고가 공모하여 소송의 목적인 회사의 권리를 사해할 목적으로써 판결을 하게 한 때에는 회사 또는 주주는 확정된 종국판결에 대하여 재심의 소를 제기할 수 있다(406조 1항).

9) 경영판단의 원칙 및 이중대표소송

(가) 경영판단의 원칙

경영판단의 원칙(business judgement rule)이란 이사의 경영판단이 회사에 손해를 초래하는 결과를 발생시켜도, 당해 판단이 그 성실성·합리성을 어느 정도 확보하는 일정한 요건하에서 행하여진 경우에는 법원이 그 당부에 관해 사후적으로 개입하여 주의의무위반으로써 이사의 책임을 물을 수 없다는 이론이다.[34] 그러나 이사가 위법행위를 한 경우에는 경영판단의 원칙이 적용되지 않는다(대판 2008. 4. 10, 2001다68519).

34) Gregory V. Varallo & Daniel A. Dreisbach, *Fundamentals of Corporate Governance*, American Bar Association, 1996, p. 55.

> 【판례】 대법원 2005. 10. 28. 선고, 2003다69638 판결
> 상법 제399조는 이사가 법령에 위반한 행위를 한 경우에 회사에 대하여 손해배상책임을 지도록 규정하고 있는바, 이사가 회사에 대하여 손해배상책임을 지는 사유가 되는 법령에 위반한 행위는 이사로서 임무를 수행함에 있어서 준수하여야 할 의무를 개별적으로 규정하고 있는 상법 등의 제 규정과 회사가 기업활동을 함에 있어서 준수하여야 할 제 규정을 위반한 경우가 이에 해당된다고 할 것이고, 이사가 임무를 수행함에 있어서 위와 같은 법령에 위반한 행위를 한 때에는 그 행위 자체가 회사에 대하여 채무불이행에 해당되므로 이로 인하여 회사에 손해가 발생한 이상, 특별한 사정이 없는 한 손해배상책임을 면할 수는 없다 할 것이며, 위와 같은 법령에 위반한 행위에 대하여는 이사가 임무를 수행함에 있어서 선관주의의무를 위반하여 임무해태로 인한 손해배상책임이 문제되는 경우에 고려될 수 있는 경영판단의 원칙은 적용될 여지가 없다.

(나) 이중대표소송

모회사의 주주가 자회사의 이사의 책임을 추궁하는 소를 제기하는 것을 이중대표소송이라 한다. 일본 회사법은 2014년 개정에서 완전모자회사관계에서 다중대표소송을 도입하였다. 그러나 우리 상법에는 명문규정이 없고, 판례도 이를 허용하지 않고 있다(대판 2004. 9, 23, 2003다49221).

Ⅲ. 理事會 및 委員會

1. 이사회

(1) 이사회의 법적 지위

1) 의 의

이사회(board of directors)는 이사전원으로 구성되는 회의체이고, 업무집행에 관한 의사결정의 권한과 이사의 업무집행의 감독권한을 가진 회사의 기관이다.

2) 이사회제도의 취지

이사회를 회의체로 한 이유는 주주총회에서 경영자에게 위임한 권한이 광범위하기 때문에 이사 상호간의 토론을 통하여 각 이사의 경영적 수완을 십분 발휘할

수 있도록 하기 위함과 이사 상호간의 상호견제・상호감시의 필요에서이다. 따라서 이사회가 개최되지 않고 이사들이 단순히 안건을 회람하거나 개별적으로 동의하여 결정하는 것은 이사전원의 동의가 있었어도 이사회의 결의로서의 효력을 가지지 않는다.

이사회는 이사에 의하여 구성되는 기관이므로 이사 이외의 제3자는 그 구성원이 될 수 없고, 이사회에 참석할 수도 없다. 그러나 감사는 이사회에 출석하여 의견을 진술할 수 있으며, 이사회를 통하여 대표이사의 직무집행을 監査할 수도 있다. 그렇다고 하여 감사가 이사회 의결권을 가지지는 않는다.

(2) 이사회 권한

이사회는 법령 또는 정관으로 주주총회의 권한사항으로 하고 있는 사항을 제외하고는 회사의 업무집행에 관한 모든 사항에 관하여 의사결정을 할 권한이 있으며(393조 1항), 대표이사 또는 집행임원의 직무집행을 감독할 권한도 있다(393조 2항).

1) 업무집행결정권

이사회는 업무집행에 관한 회사의 의사를 결정한다. 이사회가 업무집행의 세목까지 직접 결정할 필요는 없지만, 적어도 기본적인 사항은 결정하여야 한다.

상법이 이사회의 결의사항으로 규정하고 있는 것으로는 주주총회의 소집(362조), 주주제안 내용의 법령 또는 정관위반 여부(363조의2 3항), 이사회소집권자의 특정(390조 1항 단서), 지점의 설치・이전 또는 폐지(393조 1항), 중요한 자산의 처분 및 양도, 대규모 재산의 차입, 지배인의 선임・해임(393조 1항), 대표이사의 선정과 공동대표의 결정(389조), 이사의 경업의 승인과 개입권의 행사(397조 1항・2항), 사업기회유용승인(397조의2), 이사와 회사 간의 거래에 대한 승인(398조), 집행임원의 선임과 해임 및 업무감독(408조의2), 신주발행사항의 결정(416조), 재무제표의 승인(447조), 영업보고서의 승인(447조의2), 준비금의 자본금전입(461조 1항 본문), 중간배당의 실시결정(462조의3 1항), 사채발행의 결정(469조), 주주에 대한 전환사채의 발행사항의 결정(513조 2항 본문), 주주에 대한 신주인수권부사채의 발행사항의 결정(516조의2 2항 본문), 최대주주 및 그 특수관계인과의 일정규모 이상의 거래에 대한 결정(542조의9 3항) 등이 있다. 그 밖에 자본시장법에서 신주의 일반공모증자(자시법 165조의6 1항), 경영권방어 등을 위한 자기주식의 취득, 처분의 경우 그 목적, 금액, 방법, 주식의 종류와 수, 기타 대통령령으로 정하는 사항의 결정(자시법 165조의2 1항) 등도 이사회 결의사항으로 하고 있다.

2) 주주총회 권한으로 위임할 수 있는 사항

정관에 의하여 이사회의 권한사항은 주주총회 권한사항으로 위임할 수 있다. 즉, 대표이사의 선정(389조 1항), 신주발행(416조), 준비금의 자본금전입(462조 1항), 전환사채의 발행(513조 2항), 신주인수권부사채의 발행(516조의2 2항) 등이 그것이다.

3) 이사회 업무감독권

이사회는 이사의 직무집행을 감독한다(393조 2항). 이사회가 감독하는 것은 이사의 직무집행에 관한 것이므로 대표이사 및 집행임원이 행한 업무가 그 대상이 된다. 사용인겸무이사가 사용인으로서 행하는 업무는 대표이사의 지휘에 따르므로, 이사회는 대표이사를 통하여 간접적으로 이를 감독함에 그친다. 이사회의 감독권한은 감사의 감사권과는 달리 단순히 이사의 위법한 직무집행의 감독시정뿐만 아니라, 그 직무집행의 타당성에도 미친다. 이사회는 대표이사 또는 집행임원이 행한 업무에 관하여 스스로 적당한 결정을 하고 필요한 지시나 주의를 하는 한편, 대표이사나 집행임원이 위법·부당한 업무집행을 행하는 때에는 이를 해임할 수도 있다.

이러한 감독권의 행사는 이사회의 권한사항임과 동시에 이사회를 구성하는 각 이사의 직무이기도 하여, 이사회가 그 감독권을 적절히 행사하지 못한 때에는 각 이사에 대하여 회사에 대한 책임과 제3자에 대한 책임문제가 발생할 수 있다. 다만, 이사회 자체로서의 감독권한은 회의체로서의 성질상 일반적인 범위에 그치므로 실무에서는 이사회가 회사경영의 기본방침을 정함과 동시에 회사의 업무가 그 방침에 따라서 운영되는가의 여부를 상시 감시하는 방식으로 실현될 것이다.

2001년 개정법은 사외이사의 정보접근가능성을 높이고 이사회의 업무감독권을 강화하기 위하여, 이사는 대표이사로 하여금 다른 이사 또는 피용자의 업무에 관하여 이사회에 보고할 것을 요구할 수 있도록 하였으며(393조 3항), 이사는 3개월에 1회 이상 업무의 집행상황을 이사회에 보고하도록 하고 있다(393조 4항).

(3) 이사회 소집

1) 소집권자

이사회는 각 이사가 소집한다(390조 1항 본문). 그러나 정관이나 이사회에서 소집권자를 따로 정해 놓은 경우에 그 이사가 소집권을 갖는다(390조 1항 단서). 그러나 소집권자로 지정되지 않은 다른 이사가 소집권자인 이사에게 이사회 소집을 요구할 수 있으며(390조 2항 전단), 소집권자인 이사가 정당한 이유없이 이사회 소집을 거절하는 경우에는 다른 이사가 이사회를 소집할 수 있다(390조 2항 후단).

2) 소집절차

이사회를 소집함에는 회일을 정하고 그 1주간 전에 각 이사 및 감사에 대하여 소집통지를 발송하여야 한다. 이 기간은 정관으로 단축할 수 있다(390조 2항). 그러나 이사 및 감사전원의 동의가 있는 경우에는 이와 같은 절차없이 언제든지 회의할 수 있다(390조 3항).

이사의 일부에 대하여 소집통지를 하지 않아서 그 이사 또는 감사가 출석하지 않은 경우 이사회 결의는 무효이다. 다만, 소집 통지가 없었어도 당해 이사가 출석하거나 이의를 진술하지 않았다면, 소집절차의 하자는 치유되고 결의효력은 영향받지 않는다. 이와는 달리 통지를 받지 않아 결석한 이사가 후에 그 결의에 동의하여도 결의의 하자는 치유되지 않는다.

소집통지의 방법에는 제한이 없고, 따라서 서면에 의하든 구두에 의하든 무방하다. 그러나 정관이나 이사회 규칙에 정례 회일을 정하고 있는 경우에는 소집통지를 생략할 수도 있다. 소집통지서에는 회의의 장소 및 일시를 기재하여야 한다. 소집통지서에는 주주총회와 달리 회의의 목적사항을 기재할 필요가 없다[鄭(東) 402, 鄭(燦) 780, 孫 823]. 이사회의 성질상 당면한 회사업무에 관한 사항이 의제로 된다고 예측할 수 있기 때문이다. 따라서 회의 목적이 신주의 발행·사채의 발행 등과 같이 이례적인 사항에 속하는 경우에는 소집의 통지에 회의의 목적사항을 기재하는 것이 정당하나, 이러한 기재가 없더라도 소집절차에 위법이 있는 것은 아니다. 회의의 목적사항을 통지한 경우에도 그 이사회에서 결의할 수 있는 사항은 그 통지한 사항에 한하지 않고, 당면한 회사업무에 관한 필요사항에 관하여도 수시로 결의할 수 있다고 본다.

(4) 이사회 결의

1) 이사회 결의요건

이사회의 결의는 이사 과반수의 출석과 출석이사 과반수로 하여야 하나, 정관으로 그 비율을 높게 정할 수 있다(391조 1항). 이사는 인적 신뢰에 의거하여 선임되기 때문에 이사회의 결의는 이사 1인마다 1개의 의결권을 가지는 두수주의(頭數多數決)이다. 정족수 산정의 대상이 되는 이사는 현존이사의 전원이고, 이에는 가처분에 의하여 선임된 이사 직무대행자 및 이사 종임에 의하여 법률 또는 정관에서 정한 이사의 원수를 결하게 된 경우에 후임이사가 취임할 때까지 이사 권리의무를 가지는 자 또는 가이사를 포함한다. 다만, 가처분에 의하여 직무집행이 정지된 이사는 현존이사에서 제외된다. 현존이사가 법률 또는 정관에서 정한 최저 이사원수를 결한 채로 있는 경우에는 정족수는 법률 또는 정관소정의 최저 원수를 기초로 산정한다. 정족수는 이사회의 개최시뿐만 아니라 토의 · 결의의 전과정을 통하여 유지되어야 한다.

이사회의 결의에 관하여 특별이해관계가 있는 이사는 결의에 참가할 수 없고, 결의에 참가할 수 없는 이사 수는 이사회의 결의요건과의 관계에서 이사수에 산입하지 않는다.

이사회의 결의요건은 정관으로 감경할 수는 없으나, 가중할 수는 있다. 결의요건의 가중은 사안의 경중에 따라 사안별로 달리 정하여도 상관없다(李 533).

2) 이사회의 결의 방법

(가) 의결권의 대리행사　이사회제도의 목적은 이사가 회의에 출석하고 서로 의견을 교환하며 토론을 하여 각 이사의 지식과 경험을 집약하기 위한 것이기 때문에, 이사는 직접 회의에 출석하고 결의해야 하지 대리인에 의한 의결권 행사는 허용되지 않는다[통설 · 판례, 孫 827, 鄭(東) 405, 李 534, 대판 1982. 7. 13, 80다2441]. 이사회는 구체적인 회의를 요하므로 서면에 의한 결의 또는 공람 · 회람 등에 의한 결의도 인정되지 아니한다.

멀티미디어의 급속한 발달로 말미암아 이사들이 동일한 장소에 집합하지 않고도 이사 전원이 서로의 발언을 청취하고 의견을 교환할 수 있는 전화회의(Conference call)나 화상회의(Video conference)가 등장하였는데, 상법은 통신설비에 의한 이사회 회의를 명문으로 인정하고 있다. 즉, 정관에서 달리 정하는 경우를 제외하고 이사회는 이사의 전부 또는 일부가 직접 회의에 출석하지 아니하고 모든 이사가 음성을 동시에 송수신하는 원격통신수단에 의하여 결의에 참가하는 것을 허용할 수 있고, 이 경우 당해 이사는 이사회에 직접 출석한 것으로 본다(391조 2항).

이사회의 결의에서는 이사의 책임문제 때문에 이사 개개인의 찬반의사를 명백히 밝힐 수 있는 기명투표에 의하여야 하며, 무기명투표는 인정되지 아니한다.

(나) 가부동수인 경우　이사회에서의 표결결과 가부동수인 경우에 정관으로 특정인(예를 들면 의장)에게 결정권을 부여하고 있는 사례가 있다. 이러한 정관의 규정에 관한 효력이 문제가 된다.

이에 대하여 이사회는 업무집행에 관한 의사결정을 신속히 할 필요가 있고 가부동수인 경우에 의장이 결정권을 가지더라도 이사회에서는 주주총회와 같이 구성원간에 이해의 대립이 없다는 점을 근거로 유효하다는 견해가 있다[徐 386, 鄭(東) 404]. 그러나 법적 근거 없이 특정인에게 복수의 의결권을 주는 것은 부당하고, 의장이 결정권을 가질 경우에 결의요건을 완화하는 결과가 되어 결의요건을 가중시킬 수만 있도록 규정한 상법 제391조 제1항의 단서취지에도 어긋난다. 따라서 이를 부정하는 것이 타당하다고 본다(孫 674, 李 534, 姜 323, 崔 557).

(다) 특별이해관계인 이사회의 결의에 관하여 특별한 이해관계가 있는 자는 이사회에서 의결권을 행사하지 못한다(391조 3항, 368조 4항). 특별한 이해관계가 있는 이사에게 의결권을 제한하는 이유는 이사는 회사에 대하여 충실의무와 선관주의 의무를 다해야 하기 때문이다.

그런데 특별이해관계인의 범위에 관하여는 상법에 규정이 없다. 특별이해관계인이란 사회적·경제적으로도 중대한 이해관계가 있기 때문에 이사에게 부여된 충실의무에 따라 오로지 회사이익을 위해서만 의결권을 행사하는 것을 기대하기가 곤란할 것 같은 경우이다. 따라서 이사의 경업거래의 승인결의시에 있어서(398조) 당해 이사는 그 결의와 특별이해관계가 있다고 볼 수 있다. 대표이사의 해임결의에 관하여는 대표이사의 해임은 중대한 사유의 존재를 요건으로 하지 않는다는 점과 주주총회에 있어서 이사의 선임·해임에 관한 주주의 지배력은 이사회에 있어서 대표이사의 선임·해임에 관하여도 관철되어야 하기 때문에 대표이사 선임시 그 후보자도, 해임의 대상인 대표이사도 근원적으로 특별이해관계인에 해당되지 않는다고 보는 견해와 해임의 대상인 대표이사는 특별이해관계인에 해당된다고 보는 견해[鄭(東) 406]로 나뉜다. 전자의 견해가 타당하다.

특별이해관계인인 이사도 이사회의 소집통지를 받고 이사회에 출석하여 의견을 진술할 수 있다. 따라서 특별이해관계인인 이사는 이사정족수 산정의 기초가 되는 이사의 수에는 포함된다(대판 1992. 4. 14, 90다카22698; 대판 1991. 5. 28, 90다20084).

3) 監事의 출석·의견진술권

감사는 이사회에 출석하여 의견을 진술할 수 있으며(391조의2), 이사가 법령 또는 정관에 위반한 행위를 하거나 그 행위를 할 염려가 있다고 인정한 때에는 이사회에 이를 보고하여야 한다(391조의2 2항).

4) 이사회 연기·속행

이사회는 주주총회의 경우와 같이 회의의 연기나 속행의 결의를 할 수 있다(392조, 372조).

5) 의사록

이사회의 의사에 관하여는 의사록을 작성하여야 한다(391조의3). 종래에 상법이 이사회 의사록의 열람·등사를 무제한 허용하고 있었기 때문에(396조 2항) 이사회 운영의 실제에 있어서는 의사록의 작성이 극히 형식화되어 있었다.

그리하여 1999년 개정법에서는 이사회의사록의 열람을 제한하고, 그 기재사항을 상세히 추가하도록 하였다. 즉, 의사록에는 안건, 경과요령, 그 결과, 반대하는 자와 그 반대이유를 기재하고 출석한 이사 및 감사가 기명날인 또는 서명하도록 하고 있다(391조의3 2항). 의사록은 이사회의 의사의 경과 및 결과에 대한 증거가 될 뿐만 아니라, 이사회결의에 찬성한 이사에 대하여 회사 및 제3자에 대한 책임추궁 수단의 중요한 기초자료가 된다.

이사회 의사록은 회사의 영업기밀이 상세하게 기록된 중요한 서류이므로 회사는 그 누설을 방지하기 위하여 이유를 붙여 주주의 열람·등사청구를 거절할 수 있다(391조의3 4항 전단). 이 경우에 주주는 법원의 허가를 얻어 이사회의사록을 열람 또는 등사할 수 있다(391조의3 4항 후단). 이사회의 의사록은 본점에 비치하여야 한다(396조 1항).

(5) 이사회결의 하자

1) 총 설

(가) 이사회결의의 하자에는 주주총회결의하자 유형과 같이 소집절차나 결의방법이 법령 또는 정관에 위반하거나 현저하게 불공정한 때, 또는 결의내용이 법령·정관·사회질서에 반하거나 불공정한 때 등을 들 수 있다.

(나) 이사회결의에 하자가 있는 경우에 상법에서는 주주총회결의 하자와 같은 특별한 소의 규정(제소권자·제소기간·관할법원·병합심리·판결의 대세적 효력 등)을 두고 있지 않기 때문에, 이사회결의는 일반원칙에 따라 무효로 된다. 따라서 이사회결의에 하자가 있는 경우에는 누구든지 언제라도 소에 의하지 않더라도 무효를 주장할 수 있다.

(다) 하자 있는 소집절차에 기하여 개최된 이사회 결의는 무효이나, 이 경우에 있어서도 그 理事가 출석했다 하더라도 이사회결의의 결과에 대하여 영향을 미칠 수 없다고 인정되는 특별한 사정이 있는 때에는 그 결의는 유효하다. 이사회의 결의의 결과에 대하여 영향을 미칠 수 없다고 인정되는 특별한 사정이란 당해 이사의 이사회에 있어서 다른 이사에의 실질적 영향력의 정도, 이사의 의견·입장과 결의내용과의 관계 등을 종합적으로 판단하여야 하며, 단순히 계수적으로 보아 결의의 결과에의 영향을 판단하여서는 아니 된다.

【판례】 대법원 1992. 4. 14. 선고, 90다카22698 판결

「이사 3명 중 회사의 경영에 전혀 참여하지 않고 경영에 관한 모든 사항을 다른 이사들에게 위임하여 놓고 그들의 결정에 따르며, 필요시 이사회

의사록 등에 날인만 하여 주고 있는 이사에 대한 소집통지 없이 열린 이사회에서 한 결의는 위 이사가 소집통지를 받고 참석하였다 하더라도 그 결과에 영향이 없었다고 보여지므로 유효하다」.

(라) 감사에게 소집통지를 하지 않아 감사가 결석한 경우 이사회결의는 무효라고 보아야 할 것이다. 왜냐하면 감사에게 이사회 출석권을 인정한 취지가 감사에게 업무감사를 유효적절하게 행할 기회를 부여하는 데에 있는 이상, 그 출석은 단순한 권한이 아니라 의무라고도 해석할 수 있기 때문이다.

2) 하자 있는 결의에 의한 후속행위의 효력

대표이사 또는 집행임원이 이사회의 결의를 거치지 아니하고 한 행위의 효력에 관하여 논란이 있다. 이에 대하여 그것이 순수한 내부적인 문제에 관한 것인 경우에는 무효이고, 대외적인 거래는 거래안전의 고려하에 상대방이 선의인 경우에는 유효하나, 악의 또는 과실있는 경우에는 무효라는 것이 다수설이고, 판례도 같은 입장이다(대판 2005. 7. 28, 2005다3649).

하자 있는 이사회의 결의에 따라서 한 대표이사 또는 집행임원 행위의 효력은 이사회의 결의에 의하여 이루고자 하는 회사의 이익과 대표이사의 행위를 신뢰한 제3자의 이익을 비교형량하여 구체적으로 정해야 할 것이다. 즉, 대표이사 또는 집행임원의 선임·해임, 지배인의 선임·해임, 준비금의 자본금전입 등과 같이 회사 내부의 문제로서 거래안전의 보호를 직접 고려할 필요가 없는 사항은 무효가 된다. 이에 대하여 중요한 자산의 처분 및 양도, 사채발행, 대규모 재산의 차입 등에 관하여 이사회의 결의가 무효인 경우 등과 같이 회사의 내부문제에만 그치지 않고, 대외적으로 거래안전과 관계있는 사항은 상대방이 선의인 경우에만 유효하다[통설·판례, 崔 561, 李 524, 鄭(東) 396, 孫 753; 대판 1978. 6. 27, 78다389; 대판 1963. 8. 31, 63다254]. 다만, 상대방이 악의·중과실이 있는 경우에는 당해 행위의 효력은 인정되지 않는다.

악의·중과실에 대하여 판례는 「주식회사의 대표이사가 이사회결의를 요하는 대외적 거래행위를 함에 있어서 실제로 이사회결의를 거치지 아니하였거나 이사회결의가 있었다고 하더라도 그 결의가 무효인 경우, 거래상대방이 그 이사회결의의 부존재 또는 무효사실을 알거나 알 수 있었던 경우」로 해석하고 있다(대판 1995. 4. 11, 94다33903).

(6) 소규모 회사의 특례

2009년 5월 개정법은 자본금 총액이 10억원 미만인 소규모 회사는 이사를 1인 또는 2인으로 할 수 있고, 감사도 임의기관으로 하여 회사가 감사를 두지 않을 수도 있도록 하였다(383조 1항, 409조 4항). 법정책적으로는 소규모 회사를 설립 운영하는 경우 유한회사를 활용하도록 하였으나, 현실적으로는 주식회사를 선호하는 경향이 짙다. 상법도 이런 현실을 감안하고 주식회사의 기관구성과 운영능력을 갖추지 못한 소규모 회사를 위해 이사와 감사제도에 관한 특례규정을 둔 것이다.

이사가 1인 또는 2인인 소규모 회사의 경우에는 이사회가 구성되지 않고 대표이사를 선임하지도 못하므로 상법상 다음과 같은 특례규정을 두고 있다.

1) 회사대표권

이사가 1인인 경우 그 이사가 당연히 대표기관이 된다(383조 6항). 이사가 2인인 경우에는 원칙적으로 각 이사가 회사를 대표하지만 정관의 규정으로 대표이사를 선임할 수도 있다(383조 6항).

2) 이사회의 권한사항을 주주총회의 권한사항으로 하는 경우(383조 4항)

이사회의 권한사항 중 주식양도의 승인(335조 1항 단서·2항, 302조 2항 5호, 317조 2항 3호의2, 356조 6호의2), 주식양도승인의 청구(335조의2 1항·3항), 주식양도상대방의 지정청구(335조의3 1항·2항), 주식양수인의 승인청구(335조의7 1항), 이사의 경업승인 및 개입권행사(397조 1항·2항), 이사와 회사 간의 거래의 승인(398조), 신주발행사항의 결정(416조), 준비금의 자본금전입(461조), 중간배당(462조의3, 464조의2 1항), 사채의 모집(469조), 전환사채의 발행(513조 2항), 신주인수권부사채의 발행(516조의2 2항) 등에 있어서 이사회의 승인 또는 결의를 요하는 사항은 주주총회의 승인 또는 결의를 요하는 것으로 한다(383조 4항).

3) 이사회의 권한사항을 이사가 단독으로 하는 경우(383조 6항)

이사회의 권한사항 중 주주총회소집결정(362조), 주주제안사항의 의제상정(363조의2 3항), 업무집행, 지배인의 선임과 해임 및 지점의 설치 또는 폐지(393조 1항) 등은 이사 단독으로 하며(383조 6항), 소수주주에 의한 주주총회소집청구(366조 1항), 감사에 의한 임시총회소집청구(412조의3 1항) 등은 이사에 대하여 한다(383조 6항).

4) 소규모 회사에 적용하지 아니하는 경우(383조 5항)

이사회에 관한 규정 중 이사회 소집(390조), 결의방법(391조), 감사의 이사회출석(391조의2), 의사록(391조의3), 이사회의 연기·속행(392조), 이사의 직무집행감독(393조 2항), 이사회결의에 찬성한 이사의 회사에 대한 책임(399조 2항) 등의 규정은 소규모 회사의 경우에는 적용되지 않는다(383조 5항).

또한 회사합병에 관한 규정 중 이사회의 공고로 갈음하는 보고총회 및 창립총회(526조 3항, 527조 4항), 간이합병 및 소규모합병(527조의2, 527조의3, 527조의5 2항) 등의 규정도 같다(383조 5항).

2. 이사회 내의 위원회제도

(1) 위원회제도의 취지

1999년 개정상법의 가장 큰 특색은 이사회 내에 위원회를 설치·운영할 수 있도록 한 것과 그 위원회의 일종으로서 감사위원회제도를 도입한 것이다. 이사회는 다수의 이사들로 구성되는 회의체이기 때문에 회의를 개최해야만 그 기능을 수행할 수 있다. 그러나 현실적으로 빈번히 이사회 회의를 개최하기도 어렵거니와 이사회 회의를 개최하더라도 이사수가 많으면 발언할 수 있는 기회가 적어지고 회의시간의 제약이 따를 수도 있으며, 경영이 복잡해지고 전문적인 지식을 요구하는 경우가 많아 法이 기대하는 만큼의 이사회기능과 현실적인 기능 사이에는 크나큰 괴리가 있게 마련이다. 그리하여 종래 이사회는 대표이사의 경영행위를 체크하여 부정·위법행위를 발견하고 이를 시정하는 기능을 수행하기보다는 이사회가 대표이사의 수중에 장악되어 오히려 대표이사의 지배를 받으므로, 소위「고무스탬프」(rubber stamps),「허수아비 왕」(shadow king)이라는 혹평을 받기도 하였다. 따라서 이사회의 효율적인 운영과 이사회의 독립을 통한 기능회복을 위하여 위원회의 설치가 도모되어졌다. 즉, 이사회 내에 위원회를 설치·활용함으로써, 첫째 그 위원회에 특정의 중요한 문제에 관하여 전문적·집중적으로 충분히 검토하고 결정하게 하는 것이 더욱 효율적이고, 둘째 이사의 선임과 보수 등 이사회의 의사결정의 객관성 확보가 요구되는 사항에 관해서는 이사 전원이 의사결정에 관여하기 보다는, 자신과 이해관계가 없고 대표이사로부터 독립적인 지위에 있는 사외이사 중심으로 구성된 위원회에 위임하여 결정하게 하는 것이 의사결정의 객관성을 확보할 수 있다는 장점이 있다.[35] 그러나 위원회제도는 위원이 아닌 이사와 위원인 이사간에 위원회에서 검토된 사항에 대하여 그 책임의 한계가 불분명한 경우가 있을 수 있고, 당해 위원회의 위원이 아닌 이사들은 그 사항에 관하여 무관심해 질 수도 있다는 단점도 있다.

(2) 위원회의 구성

위원회는 2인 이상의 이사로 구성한다(393조의2 3항). 일반적으로 회의체는 3인 이상으로 구성하지만, 2인 이상으로 한 것은 상법이 소규모 회사를 포함한 모든 회사에 적용된다는 점을 고려하여 위원회설치를 용이하게 하기 위함이다. 위원회

35) American Bar Association, *op. cit.*, 1998, pp. 8-33.

의 위원의 수가 2인뿐인 경우에 그 위원회의 결의는 만장일치로 하여야 할 것이다. 그러나 감사위원회는 3인 이상으로 구성하여야 하며, 사외이사가 위원의 3분의 2 이상이어야 한다(415조의2 2항).

위원회 위원의 수가 법률 또는 정관에서 정한 이사의 수를 결한 경우에는 임기의 만료 또는 사임으로 인하여 퇴임한 위원은 새로 선임된 위원이 취임할 때까지 위원으로서의 권리·의무가 있다(393조의2 5항, 386조 1항).

위원회 위원의 선임기관은 상법상 별다른 규정을 두고 있지 아니하나, 주주총회에서 이사를 선임하고, 위원은 이사회에서 선임하는 것이 일반적일 것이다.

(3) 위원회의 종류

상법은 감사위원회 및 사외이사후보추천위원회를 제외하고는 위원회의 종류를 규정하지 않았다. 따라서 회사는 자율적으로 실정에 맞게 위원회를 설치하여 운영할 수 있다. 일반적으로 활용되는 위원회는 다음과 같은 것이 있다.

1) 집행위원회(executive committee)

대규모 공개회사에 있어서 일반적으로 널리 인정되고 있는 것이 집행위원회(경영위원회 또는 상무회)이다. 집행위원회는 빈번히 이사회 회의를 소집하기가 어렵기 때문에 이사회가 개최되지 아니하는 동안에 회사의 중요한 사항을 결정한다. 위원회에서 결정된 사항은 이사회의 추인을 받아야 되는 경우도 있고, 이사회에서 번복하여 의결할 수도 있다.

2) 보수위원회(compensation committee, emoluments committee)

미국에 있어서 보수위원회는 사외이사로 구성되며, 경영성과를 평가하고 대표이사를 포함한 이사 등의 보수를 결정하며, 회사의 전반적인 보상정책과 가이드라인을 정한다. 보수위원회는 감사위원회 등과 같이 이사회의 경영자에 대한 감독기능을 보충하고 지원하는 기능을 수행한다. 미국의 경우 대규모 공개회사는 보수위원회의 설치가 강제되기도 한다.

3) 감사위원회(audit committee)

영미식 기관구조에 있어서 이사회에 의한 자기감독기능을 시정·보완하기 위하여 고안한 것이 사외이사제도와 감사위원회제도이다. 즉, 대표집행임원(CEO)으로부터 독립적인 지위에 있는 사외이사로 감사위원회를 구성하게 하고, 그 감사위원회에서 대표집행임원의 업무집행을 감시·감독한다는 것이다.

4) 사외이사후보추원위원회(nominating committee, committee on directors)

종래에 이사회가 자기 기능을 다하지 못했던 근본원인이 대표이사가 자신의 의 중에 둔 인물을 이사후보로 추천하고, 이들로써 이사회를 구성하여 이사회를 장악했기 때문이다. 따라서 이사회 및 각종 위원회, 특히 감사위원회가 대표이사의 독단적인 경영행위를 견제하고 적절한 감시·감독을 하도록 하기 위해서는 대표이사로부터 독립된 인물을 적극 주주총회에 추천할 수 있는 방안을 마련하는 것이 필요하다. 이러한 역할을 수행하기 위하여 설치하는 것이 사외이사후보추천위원회이다. 사외이사후보추천위원회는 사외이사들로 구성되며, 대표이사가 후보로 추천한 사람을 심사하거나 사외이사후보추천위원회 자신이 후보를 추천하는가 하면, 나아가 외부컨설턴트에게 후보를 발굴할 수 있도록 의뢰하기도 한다.

5) 기타 위원회

기업자금의 투자를 감독하고 자금조달과 배분계획을 검토하는 재무위원회(finance committee), 기업지배위원회(governance committee) 등이 있다.

(4) 위원회의 운영

위원회의 운영방법은 원칙적으로 이사회의 운영방법과 같다(393조의2 5항). 따라서 위원회에는 이사회의 소집(390조), 이사회의 결의방법(391조), 이사회의 의사록(391조의3)에 관한 규정이 준용된다.

(5) 위원회의 권한

이사회의 권한사항을 무제한으로 위원회에 위임할 수 있게 한다면 이사회가 무용지물이 될 위험이 있으므로 위임할 수 있는 범위를 제한할 필요성이 있다. 그 제한방식은 위임이 가능한 사항을 구체적으로 열거하는 방법과 委任을 자유롭게 허용하되 예외적으로 금지사항을 열거하여 규정하는 방법이 있는데, 우리 상법은 후자의 방식을 채택하였다. 즉, ① 주주총회의 승인을 요하는 사항의 제안, ② 대표이사의 선임 및 해임, ③ 위원회의 설치와 그 위원의 선임 및 해임, ④ 정관에서 정하는 사항을 제외하고 그 밖의 사항은 자유롭게 위원회에 위임할 수 있도록 허용하고 있다(393조의2 2항).

위원회는 결의된 사항을 각 이사에게 통지하여야 한다. 이를 통지받은 각 이사는 위원회의 결의에 이의가 있는 경우에는 이사회의 소집을 요구할 수 있으며, 이사회에서는 위원회가 결의한 사항을 번복하여 결의할 수도 있다(393조의2 4항). 그러나 2009년 5월 개정법에서는 감사위원회의 결의사항은 이사회에서 번복 결의할 수 없도록 하고 있다(415조의2 6항). 감사위원회의 결의사항이 이사회에서 번복된다면 감사위원회의 감독기능의 실효성이 약화되기 때문에 이사회에서 번복할 수 없도록 한 것이다.

Ⅳ. 代表理事

1. 대표이사 법적 지위

(1) 의 의

대표이사는 회사를 대표하고 업무를 집행하는 권한을 가진 이사로서 주식회사의 기관이다. 회사의 업무집행결정권은 이사회나 주주총회가 가지는 것이 원칙이지만, 이는 회의체기관이기 때문에 현실적으로 업무집행을 담당하기에는 부적합하다. 그리하여 이사회가 그 구성원 중에서 1인 또는 수인의 대표이사를 선임하며, 이들로 하여금 회사의 업무집행을 담당하게 하고 회사를 대표하게 하고 있다. 또한 정관의 규정으로써 대표이사 이외의 이사에게 대표권이 없이 내부적인 업무집행만을 행하는 업무담당이사를 둘 수 있다.

(2) 대표이사와 이사회의 관계

상법상 이사회와 대표이사와의 관계가 어떤지에 관하여 명시적인 규정이 없다. 학설은 파생기관이라는 견해와 독립기관이라는 견해로 나뉜다.

1) 파생기관설

본래 이사회는 업무집행에 관한 모든 권한을 가지나, 그 업무집행을 이사 전원이 한다는 것은 기동적·효율적인 경영을 실현할 수 없기 때문에 실제상의 편의를 도모하기 위하여 대표이사를 선임한 것이므로, 대표이사는 이사회의 파생기관이라고 한다[徐 387, 李(炳) 458]. 따라서 대표이사의 선임은 이사회의 고유한 권한에 속하고, 정관으로도 주주총회의 권한으로 할 수 없다고 한다.

2) 독립기관설

이사회는 업무집행의 의사결정을 담당하는 기관인 점에 반해, 대표이사는 업무집행과 대표행위를 담당하는 별개의 기관이고, 이 기관이 독립적(병립적)으로 주식회사의 업무집행기관을 구성하고 있으므로 대표이사는 이사회의 대표기관이 아니라 회사의 대표기관이며, 따라서 대표이사의 선임을 주주총회의 권한으로 할 수도 있다고 한다[姜 535, 鄭(東) 387, 鄭(燦) 785, 崔 568]. 이 경우에 해임도 주주총회의 권한으로 되나, 이사회는 그 해임을 의제로 하여 총회를 소집할 수 있고, 또한 유지청구 등에 의하여 대표이사에 대한 이사회의 명령감독권을 확보할 수 있다고 한다.

독립기관설이 현재의 다수설이다. 그러나 파생기관설도 업무집행에 관한 의사결정을 대표이사에게 위임할 수 있다고 하며, 회사의 일상적인 업무집행에 관한 의사결정은 대표이사에게 위임되어 있다고 추정하기 때문에 파생기관설과 독립기관설에 실제적인 차이는 생기지 않는다.

2. 대표이사 선임

(1) 선임기관

대표이사는 이사회에서 선정하는 것이 원칙이지만(389조 1항 본문), 정관에 의하여 주주총회에서 이를 선임할 수도 있다(389조 1항 단서). 대표이사를 주주총회에서 선임하는 경우에는 보통결의에 의한다(368조 1항).

대표이사의 선임은 이사회 또는 주주총회의 결의에 의하므로, 이에 의하지 않고 어느 이사가 장기간 사실상 대표이사의 직무를 수행하더라도 그것은 대표이사의 행위는 아니며(대판 1989. 10. 24, 89다카14714), 유상거래를 통하여 회사의 경영권을 인수한 자라 하더라도 대표이사의 선정절차를 거치지 않은 한 대표이사로서의 행위는 아니다(대판 1994. 12. 2, 94다7591).

이사가 1인인 소규모 주식회사의 경우에는 이사가 곧 대표이사이다(383조 6항).

대표이사를 선정하면 그 성명·주민등록번호·주소를 등기하여야 한다(317조 2항 9호).

(2) 대표이사 자격

대표이사는 이사 중에서 선임되며, 이사 이외의 자를 대표이사로 선임할 수는 없다. 이사이면 누구나 대표이사가 될 수 있으나, 정관으로 그 자격을 제한할 수도 있다.

(3) 대표이사 수

상법에 대표이사의 수에 관하여 아무런 제한이 없으므로 1인 또는 수인의 이사를 대표이사로 선임할 수 있다. 정관에 다른 규정이 없는 경우에 대표이사의 원수는 이사회가 대표이사를 선임할 때에 정하여도 무방하다.

이사회는 대표이사로 하여금 신중하게 대표권을 행사하게 하고 대표이사의 대표권 남용방지를 위하여 수인의 대표이사가 공동으로 회사를 대표할 것을 정할 수도 있다(389조 2항).

3. 대표이사 종임

법률상 대표이사의 임기에 관하여는 정함이 없다. 그러나 대표이사는 이사의 자격을 전제로 하므로 그 임기는 이사로서의 임기를 초과할 수 없다.

대표이사의 자격은 이사인 지위를 전제로 하므로, 이사의 종임사유인 이사의 임기만료 · 사임 · 사망 · 파산 · 금치산 등의 원인에 의하여 당연히 대표이사의 지위도 상실한다. 또한 대표이사의 종임사유인 대표이사의 사임 · 해임 또는 임기만료 등의 원인으로도 대표이사는 종임되며, 이사회(또는 주주총회)는 언제든지 그 결의로써 대표이사를 해임할 수 있다. 다만, 회사가 정당한 사유 없이 그 임기만료 전에 대표이사를 해임한 때에는 그 대표이사는 회사에 대하여 해임으로 말미암아 생긴 손해배상을 청구할 수 있다(民 689조 2항, 385조 1항 단서 유추). 대표이사의 해임의 효력은 본인에게 통지한 때에 발생하는 것이 아니라[통지한 때라고 보는 견해, 崔 572, 鄭(熙) 480, 姜 535, 孫 832-2, 林 487], 이사회의 해임결의 즉시 발생한다[鄭(東) 401, 李 · 崔 640].

대표이사는 언제든지 사임할 수 있다. 사임의 의사표시는 다른 대표이사에게 하여야 하나, 다른 대표이사가 없는 경우 또는 대표이사 전원이 동시에 사임하는 경우에는 이사회를 소집하고 이사회에 대해 사임의 의사표시를 하여야 할 것이다. 대표이사가 사임 또는 해임되어 대표이사의 지위를 상실하여도 이사의 지위까지 동시에 상실하는 것은 아니다. 대표이사가 부득이한 사유 없이 회사에 불리한 시기에 사임하여 회사에 손해가 발생한다면 회사에 대하여 손해배상책임을 진다(382조 2항, 民 689조 2항).

대표이사가 종임하면 그 등기를 하여야 하고, 그 등기 및 공고전에는 회사는 대표이사의 종임으로써 선의의 제3자에게 대항할 수 없다.

4. 대표이사 결원

어느 대표이사의 종임에 의하여 법률 또는 정관에서 정한 대표이사 수를 결하게 된 경우에는 임기만료 또는 사임에 의하여 퇴임한 대표이사는 후임자가 취임할 때까지 대표이사로서의 권리의무를 가진다(389조 3항, 386조 1항). 또 임기만료 또는 사임에 의하여 퇴임한 대표이사에게 대표이사로서의 권리의무를 계속하게 하는 것이 부적당한 경우, 임기만료 또는 사임 이외의 사유에 의하여 대표이사가 퇴임한 경우 등 법원이 필요하다고 인정할 때에는 이해관계인의 청구로 일시 대표이사의 직무를 행할 가이사(假理事)를 선정할 수도 있다(389조 3항, 386조 2항). 이러한 절차에 따라 선임된 가이사의 권한은 대표이사 본래의 권한과 동일하다.

5. 대표이사 권한

(1) 대표권

1) 대표권의 범위

대표이사는 회사의 영업에 관한 재판상 또는 재판외의 모든 행위를 할 수 있는 권한을 가진다. 따라서 이에 제한을 가하여도 선의의 제3자에 대하여는 대항할 수 없다. 영업에 관한 행위란 영업의 계속을 전제로 하여 이루어지는 영업에 관한 제반행위(경영성과 반복성)이다. 따라서 정관변경·합병·분할·자본감소 등 회사 근본의 변경에 관한 행위 및 영업의 양도·폐지 등 영업의 존부 그 자체에 관한 행위는 포함하지 않는다(田中 617, 河本 383). 이와 같은 대표이사의 영업에 관한 대표권은 포괄적이고 불가제한적이다. 이는 지배인의 대리권과 같이 영업소의 영업에 한정하지 않고, 회사의 모든 영업에 미친다. 그러나 대표이사의 대표권은 법률에 의하여 제한되는 경우가 있으며, 회사 내부적으로도 제한되는 경우가 있다.

2) 대표권의 제한

(가) 법률에 의한 제한 이사와 회사 간의 訴에 관하여는 대표이사가 대표권을 가지지 않고, 원칙적으로 감사가 회사를 대표한다(394조). 그리고 영업양도(374조 1호), 사후설립(375조), 신주의 할인발행(417조 1항·2항), 준비금의 자본금전입(461조) 등과 같이 법률상 주주총회나 이사회의 결의를 요하는 경우에 대표이사는 주주총회 또는 이사회의 결의를 얻어야 대표행위를 할 수 있다.

(나) 내부적인 제한 회사의 정관에 중요한 사항에 관하여는 이사회의 결의를 요한다는 (대표권 제한에 관한)규정이 있음에도 불구하고, 대표이사가 이사회 결의를 거치지 않고 토지, 건물, 기계 등을 양도하는 계약을 체결한 경우에 그 계약은 유효한가?

대표이사의 대표권은 정관이나 기타 사규 또는 주주총회·이사회결의로써 제한할 수 있다. 그러나 이러한 내부적인 제한은 선의의 제3자에게 대항하지 못한다. 이는 거래의 안전을 위한 것이다. 대표이사가 내부적인 제한을 넘어 대표행위를 하였더라도 상대방이 대표권의 제한이 있었음을 알지 못한 경우에 회사는 거래의 무효를 주장할 수 없다. 이때 제3자의 과실의 유무는 묻지 않으며, 회사가 상대방의 악의를 입증하여야 한다(대판 1993. 6. 25, 93다13391; 대판 1978. 6. 27, 78다389).

주주총회의 소집과 같은 회사 내부의 사정에 관하여는 거래안전의 보호를 고려할 필요는 없으므로 무효이나(총회결의취소사유로 된다), 중요재산의 양도나 사채의 발행에 관하여는 상대방이 선의·무중과실인 경우 그 무효를 주장하는 것은 허용되지 않는다.

신주발행에 관하여는 신주발행을 거래행위에 준하여 생각하는가? 조직법적 행위로 보는가에 의하여 결론이 달라진다. 그러나 신주발행은 자본금・주주라는 회사의 인적・물적 조직을 확대하는 조직법상의 행위이고 사채발행과 같은 거래법상의 행위와 같이 취급할 수는 없다. 따라서 이사회결의는 단순히 내부절차는 아니고 신주발행의 효력요건으로 보아야 한다.

대표이사가 수인인 경우에 각 대표이사는 독립하여 회사를 대표하나(단독대표), 회사는 대표권의 남용 또는 오용을 방지하기 위하여 이사회의 결의로써 수인의 대표이사가 공동으로 회사를 대표할 것을(共同代表) 정할 수 있다(389조 2항).

3) 대표권 남용

대표권의 남용이란 객관적으로 보아서는 대표이사의 권한 내의 행위에 속하지만, 주관적으로는 자기 또는 제3자의 개인적인 이익을 위하여 권한을 행사하고, 이로 인해 회사에 손실을 끼친 것을 말한다. 이러한 대표권의 남용이 있는 경우에 상대방이 남용행위임을 알지 못한 경우에는 외관존중이론상 또는 거래안전의 보호를 위하여 당해 행위는 유효로 한다. 그러나 상대방이 권한남용의 사실을 알고 있는 경우에는 회사는 그 악의의 상대방에 대하여 권리남용으로서 대항할 수 있다. 이때 악의의 상대방에 대하여 권한남용행위의 효력을 부인하는 논거에 관하여 다음과 같은 학설의 대립이 있다.

(가) 비진의의사표시설(心理留保說) 대표이사가 자기의 이익을 위하여 표면상 회사의 대표자로서 법률행위를 한 경우에 상대방이 대표이사의 진의를 알았거나 알 수 있었을 때에는 민법 제107조 제1항 단서의 규정을 유추적용하여 그 행위는 무효가 된다는 것이다(崔 581). 다만 의사표시의 무효는 선의의 제3자에게는 대항하지 못한다고 한다(대판 1988. 8. 9, 86다카1858; 대판 1990. 3. 13, 89다카24360; 대판 1993. 6. 25, 93다13391).

【판례】 대법원 1993. 6. 25. 선고, 93다13391 판결

「주식회사의 대표이사가 이사회의 결의를 거쳐야 할 대외적 거래행위에 관하여 이를 거치지 아니하고 한 경우라도 이와 같은 이사회 결의사항은 회사의 내부적 의사결정에 불과하다 할 것이므로, 그 거래상대방이 그와 같은 이사회결의가 없었음을 알거나 알 수 있었을 경우가 아니라면 그 거래행위는 유효하다고 해석되고, 위와 같은 상대방의 악의는 이를 주장하는 회사측이 주장・입증하여야 할 것이다」.

(나) 권리남용설 대표권의 남용행위는 객관적으로 대표이사의 권한 내의 행위이기 때문에 비록 악의의 상대방이라 하더라도 대표행위 그 자체는 有效한 것으로 되지만, 악의의 상대방이 회사에 대하여 권리를 행사하는 것은 권리남용이 되거나 신의칙에 반하게 되므로 허용할 수 없다는 것이다[孫 832-4, 鄭(東) 416, 林 493, 鄭(燦) 797, 대판 1987. 10. 13, 86다카1522].

(다) 상대적 무효설 대표권의 행사는 회사를 위하여 하여야 하기 때문에 대표이사의 개인적 이익을 위하여 행사한 경우에는 본래 그 행위는 당연 무효이어야 한다. 그러나 이는 선의의 상대방에게 불측의 손해를 주고 거래의 안전을 해하기 때문에 이에 대하여는 무효를 주장할 수 없다고 하여야 하지만, 악의자(또는 이에 준하는 중과실이 있는 자)에 대하여는 무효로 보는 것이 타당하다고 한다(北澤 392, 今井·竹內 211).

(라) 판례의 태도 판례는 「대표이사의 행위가 대표권한의 범위 내의 행위라 하더라도 회사의 이익 때문이 아니고, 자기 또는 제3자의 개인적인 이익을 도모할 목적으로 그 권한을 행사한 경우에 상대방이 대표이사의 진의를 알았거나 알 수 있었을 때에는 회사에 대하여 무효가 된다」고 하여 비진의의사설을 취한 것도 있고(대판 1997. 8. 29, 97다18059; 대판 1990. 3. 13, 89다카24360; 대판 1993. 6. 25, 93다13391), 「주식회사의 대표이사가 그 대표권의 범위 내에서 한 행위는 설사 대표이사가 회사의 영리목적과 관계없이 자기 또는 제3자의 이익을 도모할 목적으로 그 권한을 남용한 것이라 할지라도 일응 회사의 행위로서 유효하고, 다만 그 행위의 상대방이 그와 같은 점을 알았던 경우에는 그로 인하여 취득한 권리를 회사에 대하여 주장하는 것이 신의칙에 반하므로, 회사는 상대방의 악의를 입증하여 그 행위의 효과를 부인할 수 있을 뿐이라고 함이 상당하다」고 하여 권리남용설을 취한 판례도 있다(대판 1990. 2. 23, 89다카24360). 또한 「대표이사가 회사의 영리목적과 관계 없이 자기의 개인적인 이익을 위하여 그 권한을 남용한 경우 상대방이 대표이사의 진의를 알았거나 알 수 있었을 때에는 그로 인하여 취득한 권리를 회사에 대하여 주장하는 것은 신의칙에 반하는 것이므로, 회사는 상대방의 악의를 입증하여 그 행위의 효력을 부인할 수 있을 것이다」고 하여 비진의의사설과 권리남용설을 동시에 고려한 판례도 있다(대판 1990. 3. 13, 89다카24360).

(마) 사 견 비진의의사설은 법률행위를 하는 효과의사가 표시자의 內心에 실재하지 않기 때문에 권한남용의 배임의 의사와는 다르다. 권리남용의 경우에도 법률효과를 회사에 귀속시키려는 의도가 존재하므로 민법 제107조를 유추적용할 수는 없다. 또한 상대적 무효설이 외견상 아무런 하자 없는 대표행위를 본래부터 당연 무효라고 보는 것도 타당하지 못하다.

생각건대, 대표권 남용의 경우에는 대표행위 자체는 유효하나, 다만 상대방이 악의이고 이를 회사가 입증한다면 상대방의 권리행사를 배제할 수 있다고 본다. 왜냐하면 권리남용임을 알면서 회사에 대하여 주장한다는 것은 신의칙에 반할 뿐만 아니라 권리남용도 되기 때문이다.

(2) 대표이사의 업무집행권

대표이사는 대표권이 있는 범위 내에서 업무집행권한을 가진다. 그러므로 단순히 주주총회 또는 이사회의 결정을 집행하는 것에 그치지 않고, 법률·정관 또는 이사회의 결의로서 이사회의 권한사항으로 유보되어 있는 것이 아닌 한, 스스로 업무집행의 결정을 할 수도 있다.

대표이사의 법정직무에는 주권·사채권의 기명날인(356조, 478조 2항)과 같이 상법상 대표이사의 권한사항으로 명시된 것도 있으나, 주권·사채권의 청약서의 작성(420조, 474조 2항), 정관·주주명부·사채원부·의사록(주주총회, 이사회)의 비치(396조 1항), 재무제표 등·영업보고서의 작성·제출·비치·공고(447조, 447조의2, 447조의3, 448조 1항, 449조 2항) 등 이사의 직무권한으로 규정하고 있는 것은, 그 성질상 대표이사의 직무로 해석해야 할 경우도 있다.

(3) 대표이사의 불법행위

대표이사가 그 업무집행으로 인하여 타인에게 손해를 가한 때에는 회사는 대표이사와 연대하여 배상할 책임이 있다(389조 3항, 210조). 이 경우에 「업무집행으로 인하여」라는 뜻은 「대표행위로 인하여」를 의미한다고 본다.

판례도 「대표행위가 가능한 범위 내에서 회사의 업무집행과 관련이 있고 행위의 외형상 객관적으로 대표이사의 직무범위 내로 보여지는 경우는 모두 회사의 불법행위가 성립할 수 있다」고 한다(대판 1990. 11. 13, 89다카26876).

한편 대표이사가 아닌 이사의 경우는 회사의 사용자 책임의 부담은 몰라도 이 규정의 적용여지는 없다.

6. 공동대표이사

(1) 의의와 취지

대표이사가 수인인 경우 각자가 단독으로 회사를 대표하는 것이 원칙이다. 그러나 대표권은 포괄적·정형적이고 불가제한적이기 때문에 그 남용·오용이 있다면 회사에 불측의 손해를 입히게 된다. 이에 공동대표이사간의 상호견제에 의하여 대표권 행사의 적정화를 도모하고 회사의 이익을 보호하기 위하여 공동대표이사 제도를 두게 되었다. 즉, 공동대표이사는 2인 이상이 공동으로만 회사를 대표한다(389조 2항). 이는 회사운영의 효율성을 희생하더라도 업무집행의 적정성의 확보를 도모하기 위한 것이다.

(2) 등 기

공동대표이사를 선임한 경우에는 그 내용을 등기해야 하며(317조 1항 10호), 등기하지 아니한 때에는 선의의 제3자에게 대항하지 못한다(37조 1항).

(3) 공동대표행위

1) 능동대표

공동대표의 정함이 있는 경우에는 대표이사는 공동으로 회사를 대표하여야 하며, 단독으로는 회사대표의 효력이 생기지 않는다. 공동대표행위가 아닌 경우에는 무권한 또는 월권적 대표행위로서 회사에 대하여 효력이 없거나 무권대리에 준하는 효력밖에 없다. 어음·수표의 발행과 같은 서면행위에서는 공동대표이사 전원의 기명날인 또는 서명이 있어야 한다.

2) 수동대표

공동대표에서 대표이사의 공동행위를 요하는 것은 적극적으로 대표권을 행사하는 능동대표의 경우이고, 수동대표의 경우에는 공동대표이사의 1인에 대하여 한 의사표시는 회사에 대하여 그 효력이 생긴다(389조 3항, 208조 2항). 수동대표의 경우에는 권한을 남용할 소지가 없기 때문이다. 따라서 소송서류의 송달·변제의 청구·어음의 제시 등은 공동대표이사의 1인에 대하여 하면 족하다.

(4) 공동대표권 위임

1) 포괄적 위임

공동대표이사 중의 일부가 다른 공동대표이사에게 자신의 권한을 포괄적으로 위임할 수 있느냐에 관하여 긍정하는 견해도 있으나[鄭(燦) 392, 鄭(東) 419], 이는 실질적으로 단독대표를 가능하게 하므로 공동대표이사제도의 취지를 감안해 볼 때 허용할 수 없다고 본다(孫 533, 李 553).

판례도 「주식회사에 있어서 공동대표제도를 인정한 것은 대외관계에서 수인의 대표이사가 공동으로만 대표권을 행사할 수 있게 하여 업무집행의 통일성을 확보하고, 대표권행사의 신중을 기함과 아울러 대표이사 상호간의 견제에 의하여 대표권의 남용 내지는 오용을 방지하여 회사의 이익을 도모하려는데 취지가 있다 할 것이므로 공동대표이사의 1인이 특정사항에 관하여 개별적으로 대표권의 행사를 다른 공동대표이사에게 위임함은 별론으로 하고, 일반적·포괄적으로 그 대표권의 행사를 위임함은 허용되지 아니한다」고 판시하고 있다(대판 1989. 5. 23, 89다카3677).

2) 개별적 위임

특정행위 또는 일정 종류의 사항에 관하여 공동대표이사 중의 일부가 다른 공동대표이사에게 개별적으로 위임할 수 있느냐에 관하여 견해의 대립이 있다.

소극설은 공동대표이사는 항상 공동으로 대표행위를 하여야 하므로 그 전원의 의사표시가 직접적으로 상대방에 대하여 행해질 것을 요하고, 공동대표의 취지가 수인의 대표이사간에 업무집행의 통일성을 대외적으로도 확보하는 것에 있기 때문에 단순히 내부적인 의사합치만으로는 부족하고 대외적인 의사표시의 공동도 요건으로 한다는 점을 든다.

이에 대하여 적극설은 공동대표이사제도의 목적에 관하여 이것을 회사의 내부적인 권한행사의 신중·적정화, 즉 업무집행의 결정권한행사의 공동화 내지 내부적인 의사의 합치만을 요건으로 한다는 것이다. 그리고 적극설 중에서도 개별적 위임은 단순히 의사표시를 하는 것만을 내부적으로 위임하는 것에 그치지 않고, 그 내용도 일임할 수 있다는 백지위임설도 있다.

생각건대, 공동대표이사 중에서 사실상 대표권행사능력을 결한 자가 있거나, 사고가 있은 경우 등은 이사회결의로 공동대표이사제도의 예외를 인정할 수도 있다고 본다. 또한 공동대표이사제도의 취지에 역행하지 않으면서 회사의 이익을 해할 염려가 없는 경우까지 다른 대표이사에게 대표권행사를 위임할 수 없는 것으로 해석할 필요성은 없을 것이다(日最判 昭和 49. 11. 1, 民集 28卷 8號, 1605쪽). 따라서 적극설에 찬성한다.

판례도 「나머지 1명의 대표이사가 그로 하여금 건물의 관리에 관한 대표행위를 단독으로 하도록 방임하였고, 또한 상대방이 그에게 단독으로 회사를 대표할 권한이 있다고 믿은 선의의 제3자에 해당한다면 이를 회사의 동의로 볼 수 있다」고 하여(대판 1996. 10. 25, 95누14190), 적극설을 취하고 있다.

7. 표현대표이사

(1) 표현대표이사의 의의

표현대표이사란 대표이사가 아니면서 회사의 승인하에 사장·부사장·전무·상무·기타 회사의 대표권이 있는 것으로 오인할 만한 명칭을 사용하여 대표행위를 한 자를 말한다(395조). 표현대표이사제도는 표현대표이사를 믿고 거래한 선의의 제3자에 대하여 회사가 책임을 지도록 한 것이다.

이러한 표현대표이사 제도는 대표집행임원(408조의5 3항), 유한회사(567조)에도 준용한다.

1) 제도 취지

대표이사 이외의 이사는 회사대표권이 없다. 대표이사라는 명칭을 사용하여도 대표이사로서 선정되지 않으면 대표이사는 아니다. 따라서 누가 대표이사인가는 등기에 의하여 공시되기 때문에 회사와 거래를 하는 자는 등기를 열람하면 누가 대표이사인가를 쉽게 알 수 있다.

그러나 거래의 상대방으로서는 거래 때마다 일일이 등기를 열람・확인할 수도 없는 실정이거니와, 제3자는 대표이사라는 표현적 명칭을 쓰는 자를 대표권이 있는 것으로 오인하기 쉽다. 따라서 그러한 명칭을 가진 자나 기타 대표권을 가진 것으로 인정될 만한 명칭을 사용한 이사의 행위에 대하여는 그 자가 회사를 대표할 권한이 없다 하더라도, 그 자를 대표이사로 신뢰하고 거래한 상대방에게 등기를 확인하지 않은 것은 문제 삼지 않고 선의의 제3자의 보호를 꾀한다는 것이 표현대표이사제도의 취지이다. 표현대표이사제도의 법리적 근거는 영미법상의 금반언의 법리[36] 또는 독일법상의 외관이론에 두고 있다는 것이 통설과 판례의 입장이다(대판 1973. 2. 28, 72다1907; 대판 1979. 2. 13, 77다2436).

2) 상업등기와의 관계

상법 제37조에 의하면 등기사항이 등기된 후에는 그 사항에 관하여 제3자의 악의가 의제된다. 따라서 대표이사로 오인할 만한 명칭을 사용하여 거래를 하였더라도 상대방은 악의가 의제되어 회사는 면책을 주장할 수 있다. 그런데 상법 제395조는 정당한 이유의 존부를 불문하고 제3자가 현실로 선의이기만 하면 회사가 책임을 지도록 규정하였기 때문에 상이한 두 규정의 해석문제가 대두된다.

학설은 상법 제395조를 상법 제37조의 예외규정으로 보는 견해[鄭(燦) 800, 崔 584, 孫 836]와 두 제도는 각기 차원을 달리한다고 보는 견해[李 541, 姜 548, 鄭(東) 424]로 갈리어 있다.

생각건대, 상업등기제도는 거래상대방을 희생시키고 공시한 자의 면책을 보장함으로써 거래의 안전을 도모하려는 제도인데 대하여, 표현대표이사제도는 회사를 희생시키고 외관을 신뢰한 거래상대방을 보호함으로써 거래의 안전을 도모하려는 제도이므로 서로 보호법익을 달리한다고 본다. 아래에서 보는 바와 같이 판

---

36) Jesse H. Choper・John C. Coffee, Jr・Ronald J. Gilson, *op. cit.*, p. 66.

례도 같은 입장이다.

【판례】 대법원 1979. 2. 13. 선고, 77다2436 판결
「상법 제395조와 상업등기와의 관계를 헤아려 보면, 본조는 상업등기와는 다른 차원에서 회사의 표현책임을 인정한 규정이라 해야 옳으니 이 책임을 물음에 상업등기가 있는 여부는 고려의 대상에 넣어서는 아니 된다고 하겠다. 따라서 원판결이 피고회사의 상호변경등기로 말미암아 피고의 상호변경에 대하여 원고의 악의를 간주한 판단은 당원이 인정치 않는 법리위에 선 것이라 하겠다」.

(2) 표현대표이사의 적용요건

표현대표이사로서의 행위가 성립하고 회사가 책임을 지기 위해서는 다음과 같은 요건이 충족되어야 한다.

1) 외관의 존재

(가) 표현적 명칭의 사용 대표이사가 아닌 이사가 회사를 대표할 권한이 있는 것으로 인정될 만한 명칭을 사용하였어야 한다. 상법 제395조는 표현적 명칭으로 사장, 부사장, 전무, 상무 등을 예시하고 있으나, 그 밖의 총재, 회장 이사장 등 사회통념상 인정되는 명칭이라면 전부 이에 해당된다고 본다.

판례에 의하면 대표이사가 아닌 이사에게 부사장이라는 명칭의 사용을 허용한 경우에는 회사대표권이 없다 하더라도, 그의 행위에 대하여 상대방의 악의의 입증이 없는 한 회사는 상법 제395조에 의한 책임이 있다고 한다(대판 1971. 6. 29, 71다946). 그 후 판례는 대표이사의 명칭을 사용하지 않고 단순히 전무이사 또는 상무이사 등의 명칭을 사용한 이사에 대하여 제3자의 악의 또는 중과실을 인정하려는 경향을 보이고 있어 주목된다(대판 1999. 11. 12, 99다19797). 또한 「경리담당이사」라는 명칭은 회사를 대표할 권한이 있는 것으로 인정되는 명칭에 해당하지 않는다고 한다(대판 2003. 2.11, 2002.다62029).

【판례】 대법원 1999. 11. 12. 선고, 99다19797 판결
「상법 제395조는 표현대표이사의 명칭을 예시하면서 사장, 부사장, 전무, 상무 등의 명칭을 들고 있는 바, 사장, 부사장, 전무, 상무 등의 명칭은 표현대표이사의 명칭으로 될 수 있는 직함을 예시한 것으로서 그와 같은 명칭이 표현대표이사의 명칭에 해당하는가 하는 것은 사회 일반의 거래통념

에 따라 결정하여야 할 것인데, 상법은 모든 이사에게 회사의 대표권을 인정하지 아니하고, 이사회 또는 주주총회에서 선정한 대표이사에게만 회사대표권을 인정하고 있으며, 그와 같은 제도는 상법이 시행된 이후 상당한 기간동안 변함 없이 계속하여 시행되어 왔고, 그 동안 국민 일반의 교육수준도 향상되고 일반인들이 회사제도와 대표이사제도를 접하는 기회도 현저하게 많아졌기 때문에 일반인들도 그와 같은 상법의 대표이사제도를 보다 더 잘 이해하게 되었으며, 적어도 직제상 사장, 부사장, 전무, 상무 등의 직책을 두고 있는 주식회사의 경우라면 상법상 대표이사에게는 사장 등의 직책과는 별도로 대표이사라는 명칭을 사용하도록 하고, 상법상 대표이사가 아닌 이사에게는 대표이사라는 명칭을 사용하지 못하도록 하고 있으며, 또한 규모가 큰 주식회사의 경우 직제상 사장의 직책을 가지는 이사는 대표이사로 선정되어 있는 경우가 많은 반면, 직제상 전무 또는 상무의 직책을 가지면서 동시에 대표이사로 선정되어 있는 이사들은 '대표이사 전무, 대표이사 상무' 등으로 명칭을 사용하는 것이 현재 우리나라 경제계의 실정이고, 따라서 상법 제395조가 표현대표이사의 명칭으로 사장, 부사장, 전무, 상무 등의 명칭을 나란히 예시하고 있다 하더라도 그 각 명칭에 대하여 거래통념상 제3자가 가질 수 있는 신뢰의 정도는 한결같다고 할 수 없으므로 위와 같은 각 명칭에 대하여 제3자가 그 명칭을 사용한 이사가 회사를 대표할 권한이 있다고 믿었는지 여부, 그와 같이 믿음에 있어서 중과실이 있는지 여부 등은 거래통념에 비추어 개별적·구체적으로 결정하여야 할 것이며, 특히 규모가 큰 주식회사에 있어서 '대표이사 전무' 또는 '대표이사 상무' 등의 명칭을 사용하지 아니하고, 단지 '전무이사' 또는 '상무이사' 등의 명칭을 사용하는 이사에 대하여는 제3자가 악의라거나 중과실이 있다는 회사측의 항변을 배척함에 있어서는 구체적인 당해 거래의 당사자와 거래내용 등에 관하여 신중한 심리를 필요로 하고, 함부로 그 항변을 배척하여서는 아니 된다」.

(나) 이사자격의 불요 표현적 명칭을 사용한 자는 이사가 아니더라도 상관이 없다. 이사자격의 유무가 표현적 지위의 형성에 아무런 차이를 주는 것은 아니기 때문이다.

판례도 「표현대표이사가 이사의 자격을 갖출 것을 형식상의 요건으로 하고 있음은 소론과 같으나 위 규정은 법 일반에 공동되는 거래의 안전의 보호와 금반언의 원칙에서 나온 것으로서 이사의 자격이 없는 자에게 회사의 표현대표이사의 명칭을 사용케 한 경우나 이사자격 없이 표현대표이사의 명칭을 사용하는 것을 회사가 알고도 그대로 두거나 아무런 조치도 취하지 않고 용인상태로 놓아 둔 경우에도 상법 제395조의 규정이 유추 적용되는 것이 상당하다」고 판시하고 있다(대판 1985. 6. 11, 84다카963).

표현적 명칭을 가진 자가 진정한 대표이사의 명의로 한 행위에도 상법 제395조를 적용하는 것이 타당하다. 대표권 없는 자가 표현적 지위를 나타낸 점에서는 같기 때문이다.

(다) 명칭사용방법의 무제한 　명칭의 사용방법에도 제한이 없다. 따라서 요식행위에서는 표현적 명칭과 자신의 성명을 기재하여야 하나, 불요식행위에서는 일일이 행위시마다 그 명칭을 표시하지 않아도 상대방에게 대표자라는 인식을 주는 것으로 족하다.

2) 외관의 허용

회사가 표현적 명칭의 사용을 허락함으로써 외관작출의 원인을 부여한 귀책사유가 있어야 한다. 따라서 회사의 허용없이 자의적으로 표현적 명칭을 사용하여 대표행위를 한 경우에는 회사는 책임이 없다.

허용방법은 발령·위촉 등 적극적인 의사표시로 지위를 부여하는 것은 물론, 표현적 명칭을 사용하는 것을 소극적으로 승인하는 것도 포함한다. 승인도 명시적 승인뿐만 아니라, 묵시적 승인도 포함한다(대판 1988. 10. 11, 86다카2936). 회사가 과실에 의하여 명칭사용을 방치한 경우에도 회사는 책임을 부담해야 한다.

3) 표현대표이사의 대표행위

상법 제395조가 적용되는 행위는 대표행위에 국한된다. 따라서 대표행위가 아닌 대내적인 업무집행행위는 포함되지 않는다. 또한 그 행위는 대표이사의 권한내의 행위이어야 한다. 따라서 대표이사로서도 할 수 없는 행위 또는 성격상 주주총회 또는 이사회의 결의를 거쳐야 하는 것이 명백한 행위에는 상법 제395조가 적용되지 않는다. 또 불법행위와 소송행위에도 동조는 적용되지 않는다.

4) 외관의 신뢰

(가) 제3자의 선의 　제3자는 표현대표이사가 대표이사가 아니라는 것을 모르고 있어야 한다. 제3자의 범위는 직접적인 거래 상대방 뿐만 아니라 그 명칭을 신뢰하고 거래한 제3자 전부를 포함한다고 본다. 따라서 표현대표이사가 발행한 어음을 믿고 취득한 모든 제3취득자가 보호를 받게 된다.

(나) 제3자의 무중과실 　표현대표이사와 거래를 한 제3자가 선의인 동시에 무과실일 것을 요하느냐에 관하여 견해가 나뉜다. 생각건대, 제3자에게 중대한 과실이 있다면 보호할 필요가 없다고 본다.

> 판례도 「설령 제3자가 회사의 대표이사가 아닌 이사가 그 거래행위를 함에 있어서 회사를 대표할 권한이 있다고 믿었다 할지라도 그와 같이 믿음에 있

어서 중대한 과실이 있는 경우에는 회사는 그 제3자에 대하여는 책임을 지지 아니한다」고 판시하여(대판 1999. 11. 12, 99다19797) 동일한 입장을 취하고 있다.

(다) 입증책임 　제3자의 악의나 중과실에 대한 입증책임은 회사가 부담한다.

(3) 표현대표이사의 적용범위

1) 공동대표이사의 단독대표행위

등기를 마친 공동대표이사제도하에서 그 중 1명이 단독으로 대표행위를 한 경우에도 상법 제395조를 적용 내지 유추적용하여 회사의 책임을 인정할 것이냐에 관하여 견해가 나뉜다.

부정설은 ① 상법 제395조는 대표권이 없는 자에 관한 표현대리규정으로 대표권이 있는 자의 공동대표에 관하여 적용하는 것은 法文상 무리가 있고, ② 공동대표의 정함은 會社의 이익보호의 제도이고, 등기에 의하여 제3자의 이익보호와의 조정이 도모되어져야 하기 때문에 안이하게 동조의 적용을 허용한다면 그 입법취지가 몰각되며, ③ 등기의 효력을 정한 상법 제37조의 존재가 무시된다고 주장한다(李 564).

이에 대하여 긍정설은 ① 상법 제395조는 대표권 없는 자의 행위에 관하여 회사의 책임을 인정하는 규정이라면, 대표권은 있으나 다만 그 행사방법이 제약되어 있는 것에 지나지 않는 자의 행위에 관하여도 회사의 책임을 인정하는 것이 보다 공평하고, ② 공동대표제는 거래의 안전을 저해하지 않는 한도에서 존재의의가 인정될 수 있는 것에 지나지 않고, 그 한도에서는 제도의 실효가 희생되더라도 어쩔 수 없으며, ③ 공동대표에게 상법 제395조를 적용한다면 상법 제37조의 규정이 공동대표에 관하여 의미를 잃는다고 하나, 그것은 대표이사제도의 일반에 관하여 말할 수 있는 것으로 공동대표에 한하지 않는다고 반론한다[鄭(東) 426, 崔 593, 林 499; 대판 1993. 12. 28, 93다47653 등].

긍정설을 취하면 극단의 경우 공동대표제도의 실효성의 대부분을 상실하고 제도의 존속 그 자체가 의문시될 염려가 있지만, 다른 한편으로는 거래 안전보호의 관점으로부터 표현제도가 인정되고 있는 현행법제하에서 그것과의 조화를 생각할 필요가 있다. 일반적으로 유추적용설을 인정한다고 하여도 공동대표제도의 특수성과의 관계에서 적용요건이 문제로 되지만, 대표이사의 명칭사용 이외에 단독대표권의 외관을 믿게 한 부가적 사정을 고려하여 유추적용을 인정하는 견해가 타당할 것이다.[37]

2) 대표이사 선임이 무효나 취소된 대표이사의 행위

대표이사에 관하여 그 이사 선임결의가 무효 또는 취소되거나 그 대표이사선임

37) 반대의견; 山本爲三郎, 共同代表と表見代表取締役, 會社判例百選 149號, 有斐閣, 1998, 94쪽.

결의가 무효인 경우에 있어서도 그 者에 관하여 대표이사로서의 등기가 되어 있는 때는 회사는 그 자의 행위에 관하여 선의의 제3자에 대하여 그 책임을 부담하여야 한다. 그런데 아래 판례와 같이 표현대표이사에 관한 규정을 적용하지 않고, 이를 상법 제39조의 부실등기의 문제로 본 것도 있다.

【판례】 대법원 2004. 2. 27. 선고, 2002다19797 판결

[1] 이사 선임의 주주총회결의에 대한 취소판결이 확정된 경우 그 결의에 의하여 이사로 선임된 이사들에 의하여 구성된 이사회에서 선정된 대표이사는 소급하여 그 자격을 상실하고, 그 대표이사가 이사 선임의 주주총회결의에 대한 취소판결이 확정되기 전에 한 행위는 대표권이 없는 자가 한 행위로서 무효가 된다.

[2] 이사 선임의 주주총회결의에 대한 취소판결이 확정되어 그 결의가 소급하여 무효가 된다고 하더라도 그 선임 결의가 취소되는 대표이사와 거래한 상대방은 상법 제39조의 적용 내지 유추적용에 의하여 보호될 수 있으며, 주식회사의 법인등기의 경우 회사는 대표자를 통하여 등기를 신청하지만 등기신청권자는 회사 자체이므로 취소되는 주주총회결의에 의하여 이사로 선임된 대표이사가 마친 이사 선임 등기는 상법 제39조의 부실등기에 해당된다.

(4) 표현대표이사의 적용효과

회사는 표현대표이사의 행위에 대하여 대표권 있는 이사가 한 것과 같이 제3자에게 책임을 진다(395조). 따라서 회사가 표현대표이사의 대표권 행사로 인한 권리를 취득하고 의무를 부담한다.

V. 집행임원

1. 의 의

집행임원제도는 2011년 개정상법에서 도입되었다. 입법취지는 회사의 경영은 전적으로 집행임원에게 일임하고, 이사회는 감독에 전념하는 경영과 감독의 분리에 있다. 다시 말해 이사회가 주로 사외이사로 구성되기 때문에 회사의 업무집행권을 집행임원에게 전담시키는 것으로, 미국의 Officer제도를 받아들인 것이다. 우리 실무적으로는 업무를 집행하는 비등기임원이 존재하는데 집행임원은 등기사

항이고, 회사의 기관에 해당한다는 점에서 비등기임원과는 구별된다.

2. 집행임원설치회사

회사는 자율적으로 집행임원을 둘 수 있고, 집행임원을 둔 회사를 집행임원설치회사라고 한다(408조의2 1항). 회사가 집행임원을 두기 위해서는 정관에 규정을 두어야 한다고 해석한다. 집행임원을 둔 회사는 대표이사를 두지 못한다(408조의2 1항). 뿐만 아니라 집행임원제도의 도입은 이사회의 감독기능에 중점을 두게 하는 취지이므로 기업실무상 집행임원과는 입법취지나 이사회의 기능면에서 차이가 난다.

3. 집행임원의 임면 및 임기

이사회가 집행임원과 대표집행임원을 선임하고 해임한다(408조의2 3항 1호). 집행임원설치회사의 이사회는 ① 집행임원의 업무집행감독, ② 집행임원과 집행임원설치회사의 소송에서 집행임원 설치회사를 대표할 자의 선임, ③ 집행임원에게 업무집행에 관한 의사결정의 위임(단 상법에서 이사회의 권한사항으로 정한 경우는 제외), ④ 집행임원이 여러 명인 경우 집행임원의 직무 분담 및 지휘와 명령관계, 기타 집행임원의 상호관계에 관한 사항의 결정, ⑤ 정관에 규정이 없거나 주주총회의 승인이 없는 경우 집행임원의 보수 결정권을 가진다(408조의 3항). 뿐만 아니라 집행임원 설치회사는 이사회의 회의를 주관하기 위하여 이사회의 의장을 두어야 하는데, 이 경우 이사회의 의장은 정관 규정이 없으면 이사회 결의로 선임한다(408조의2 4항). 이것은 이사회의 감독기능을 강화하기 위함 때문이다.

집행임원이 이사의 지위를 겸임할 수 있는지가 문제이다. 이사는 집행임원의 지위를 겸임할 수 없다는 견해(부득이한 경우 이사와 집행임원을 겸임하는 사내이사를 최소화해야 한다)가 있고,[38] 반대로 미국이나 일본의 입법례는 겸직금지를 하지 않고 있고, 사외이사가 제기능을 발휘한다면 집행임원이 이사회에 참석하여 정보를 충실히 제공하게 하는 편이 낫다는 측면에서 긍정하는 견해도 있다.[39]

생각건대, 기업의 현실을 보면 사내이사는 대표이사 지휘하에 업무집행을 담당하는 업무집행이사로 활동하기 때문에 사내이사와 집행임원의 겸직을 금지한다면 집행임원제도를 법상 강제하지 않는 이상 회사 스스로 도입할 가능성은 희박하다고 본다. 또한 이사회 구성비율에서 사내이사의 점유율이 제한되어 있으므로 겸직

38) 정찬형, "주식회사의 지배구조", 「상사법학회」 제28권 제3호, 한국상사법학회, 2009, 49면.
39) 양동석, "집행임원의 역할과 법적 지위", 「상장협」 제48호, 2003. 9, 167면.

을 허용한다 하더라도 이사회 지배력에는 제도상 한계가 있다. 따라서 집행임원과 이사의 겸직을 금지할 필요가 없다고 생각한다.[40] 그러나 사외이사는 그 개념상 집행임원직을 겸직할 수 없다.

집행임원의 임기는 정관에 다른 규정이 없으면 2년을 초과하지 못한다(408조의3 1항). 그 임기는 정관에 그 임기 중의 최종 결산기에 관한 정기주주총회가 종결한 후 가정 먼저 소집하는 이사회의 종결시까지로 정할 수 있다(408조의3 2항).

4. 집행임원의 권한과 의무

(1) 집행임원의 권한

집행임원의 권한사항은, ① 집행임원 설치회사의 업무집행, ② 정관이나 이사회 결의에 의하여 위임받은 업무집행에 관한 의사결정권이다(408조의4). 또한 집행임원은 필요하다면 회의의 목적사항과 소집이유를 적은 서면을 이사(소집권자가 있는 경우 소집권자)에게 제출하여 이사회 소집을 청구할 수 있다(408조의7 1항). 이 때 이사가 지체 없이 이사회 소집절차를 밟지 아니하면 소집청구한 집행임원은 법원의 허가를 받아 이사회를 소집할 수 있고, 이 경우 이사회 의장은 법원이 이해관계자의 청구에 의하여 또는 직권으로 선임할 수 있다(408조의7 2항).

집행임원 설치회사는 대표이사를 두지 못하는데, 그렇기 때문에 명문규정이 없더라도 대표이사의 업무는 집행임원 또는 대표집행임원의 업무라고 해석된다.

이사의 직무집행정지, 직무대행자의 선임, 직무대행자의 권한(407조 내지 408조) 등에 관한 상법의 규정은 집행임원에게 준용한다(408조의9).

(2) 집행임원의 의무

집행임원은 3개월에 1회 이상 업무집행상황을 이사회에 보고하여야 한다(408조의6 1항). 뿐만 아니라 이사회의 요구가 있으면 언제든지 이사회에 출석하여 요구사항을 보고하여야 한다(408조의6 2항). 이사는 대표집행임원으로 하여금 다른 집행임원 또는 피용자의 업무에 관하여 이사회에 보고할 것을 요구할 수 있다(408조의 6 3항).

집행임원에 대하여는 이사의 충실의무(382조의3), 비밀유지의무(382조의4), 정관 등의 비치, 공시의무(396조), 경업금지의무(397조), 회사의 사업기회 및 자산의 유용금지(397조의2), 자기거래금지(398조), 감사의 보고요구, 조사에 응할 의무 및 감사에 대한 보고의무(412조, 412조의2)를 준용한다(408조의9).

---

40) 김지환, "개정상법에 있어서 회사지배구조", 「경영법률」 제21집 제4호, 한국경영법률학회, 2011. 7, 308면.

5. 집행임원의 책임

집행임원이 고의 또는 과실로 법령이나 정관을 위반한 행위를 하거나 그 임무를 게을리한 경우에는 그 집행임원은 집행임원설치회사에 손해를 배상할 책임이 있다(408조의 8 1항).

집행임원이 고의 또는 중대한 과실로 그 임무를 게을리 한 경우에는 그 집행임원은 제3자에게 손해를 배상할 책임이 있다(408조의8 2항). 집행임원이 회사 또는 제3자에게 손해배상책임이 발생한 경우에 다른 집행임원, 이사 또는 감사도 그 책임이 있다면 연대하여 배상할 책임을 진다(408조의8 3항). 이 때 이사 등의 회사에 대한 책임면제규정(400조), 업무집행지시자 등의 책임규정은 집행임원에게도 준용된다(408조의9, 401조의2). 또한 집행임원의 책임을 추궁하기 위해 유지청구나 대표소송(402조 내지 406조, 412조, 412조의2)을 제기할 수 있다.

Ⅵ. 대표집행임원

집행임원을 2명 이상 선임한 회사는 이사회 결의로 집행임원 설치회사를 대표할 대표집행임원(Chief Executive Officer: CEO)을 선임하여야 한다. 집행임원이 1명인 경우에는 그 집행임원이 대표집행임원이 된다(408조의5). 대표집행임원의 임면은 등기사항이다(317조 2항 9호).

대표집행임원과 이사회 의장을 겸직할 수 있는지가 논란이 된다. 상법은 「집행임원 설치회사는 이사회 회의를 주관하기 위하여 이사회 의장을 두어야 하고, 이사회 의장은 정관의 규정이 없으면 이사회 결의로 선임한다」고만 하여 해석상은 겸직이 가능한 것으로 보인다. 그렇지만 집행임원의 도입이 업무집행과 업무감독의 분리에 있는 만큼 겸직을 허용하는 것은 입법취지에 맞지 않을 것이다.

대표집행임원에 관하여 상법에 다른 규정이 없으면 주식회사의 대표이사에 관한 규정을 준용한다(408조의5 2항). 또한 표현대표이사에 관한 규정도 준용된다(408조의5 3항, 395조).

제 4 절 株式會社의 監査機關

I. 監査制度

1. 총 설

(1) 감사제도의 필요성

주식회사가 건전하게 발전하려면 그 운영과 관리가 건실하고 공정해야 하며, 동시에 그것을 부단히 확인하고 점검해 나갈 감사기관이 필요하고 또 중요하다. 이는 소유와 경영이 일치하는 인적회사에서는 사원이 원칙적으로 회사채권자에 대하여 직접·연대·무한책임을 지므로, 감사제도가 덜 중요하지만, 물적회사 그리고 특히 주식회사에서는 주주유한책임의 원칙 하에 회사재산만이 회사의 채권자에 대한 유일한 담보가 되기 때문에 나아가 여러 종류의 이해관계인(stakeholder)의 이익을 보호해야 하기 때문에 감사제도의 필요성이 그만큼 크다고 할 수 있다.

(2) 감사제도의 연혁

감사제도의 연혁은 1623년 네덜란드에서 생겨난 대주주회(大株主會, Hauptpartizipanten)에서 그 기원을 찾을 수 있다. 즉, 최초의 주식회사인 1602년의 동인도회사는 네덜란드연방의회의 특허장(charter)에 의하여 설립되었는데, 이사의 선임·해임과 사업의 경영은 일반출자자의 의사와는 관계없이 특허장에 의하여 이루어졌고, 주주총회나 감독규정조차도 없었다. 그러던 것이 이사들의 전제적 경영에 대하여 주주들의 반항이 일어나, 1623년에 갱신된 특허장에서는 회사조직에 약간의 民主化가 이루어졌다. 즉, 이사가 되는데 필요한 일정액 이상의 출자를 한 주주들로서 대주주회를 구성하게 하고, 이 大株主會가 기업지배에 참가하게 되었다. 대주주회가 오늘날 주식회사의 주주총회와 감사제도의 초석이 되었다.

한편 처음의 대주주회는 주주총회가 생긴 후에는 이사의 상설고문으로서의 상담역(Verwaltungsrat)이 되었다가 이것이 다시 두 가지 방향으로 발전되었는데, 하나는 영미법상의 이사회로 되었고, 다른 하나는 독일법상의 감사회(監査會)가 되었다. 따라서 영미법에서는 이사회가 업무집행권과 각 기관을 감사하는 권한을 갖고 있으며, 업무집행을 감독하는 독립된 감사기관(監査機關)은 따로 없다. 그러나 독일에서는 감사회에서 업무집행을 담당하는 이사를 선임·해임하고 이사회와 감사회가 분리되어 있으며, 감사회에서 회계감사와 업무감사까지 겸하는 광범한 권한을 가지고 있다.

(3) 주식회사 감사제도의 특색

주식회사의 감사(監査)는 업무감사(業務監査)와 회계감사(會計監査)로 대별할 수 있다. 업무감사란 좁은 의미로는 회사의 업무집행과 대표행위의 적법성과 합목적성 및 재산상태 등에 대하여 감사하는 것을 가리키며, 회계감사는 회사의 재무제표를 비롯한 회계의 장부 및 서류를 통하여 회사의 회계에 관하여 부정사실의 유무를 확인하고, 재무제표 및 그 기록이 일반적으로 공정·타당한 회계원칙에 준거하여 회사의 재정상태 및 경영성적을 적정하게 표시하였는지를 감사하는 것이다.

종래에는 상법이 감사기능을 전담할 감사기관을 두고 있어, 회사의 감사는 감사를 중심으로 수행되도록 되어 있었다. 그러다가 1999년 개정법에서 감사위원회 제도를 도입하여, 감사위원회 도입이 의무화된 회사 이외의 회사에서는 감사와 감사위원회 중에서 선택할 수 있게 되었다.

한편 감사·감사위원회에게만 감사기능을 수행하도록 맡겨져 있는 것은 아니고, 여러 개의 기관이 중첩적으로 이를 수행하게 되어 있다. 그래서 주주총회·검사인·이사회는 업무감사와 회계감사 양자를, 외부감사인은 회계감사를 할 수 있으며, 단독주주와 소수주주도 임시총회의 소집청구(366조 1항), 회계장부열람청구(466조), 회사재산상태의 조사를 위한 검사인선임청구(467조 1항), 각종 장부의 열람(396조 2항, 448조 2항) 등을 통하여 회계감사를 할 수 있다.

2. 우리나라의 감사제도

(1) 1962년 신상법 상의 監査制度

1962년에 제정·공포된 신상법에서 감사의 직무권한은 원칙적으로 회사의 계산서류(현행 상법상의 재무제표)에 대한 회계감사에 한정되어 있었다(1962년법 413조). 이는 의용상법상의 감사[監査役]가 이사[取締役]의 업무집행을 감독하는 감독기관으로서 업무 및 회계감사의 권한을 가진 것에 비하여 그 권한이 축소되었던 것이다. 또한 대주주로부터 감사지위의 독립성을 확보하기 위해서 발행주식총수의 100분의 3을 초과하는 주식을 가진 주주는 그 초과하는 주식에 관하여는 감사선임결의에 의결권을 행사하지 못하도록 규정하고(1962년법 410조 1항, 현행법 409조 2항), 회사는 정관으로도 이러한 비율보다 낮은 비율을 정할 수는 있어도 그 비율을 높일 수는 없도록 하여(1962년법 410조 2항, 현행법 409조 3항), 군소주주들이 지지하는 감사가 선임될 가능성을 제도적으로 확보하고자 하였다. 그리하여 회사의 업무감사기능은 이사회와 소수주주 등에게 맡기고, 감사에게는 회계감사의 임무만을 집중시킴으로써 감사의 실효성을 확보하고자 하였던 것이다.

(2) 1984년 개정 상법의 監査制度

1962년 상법의 감사제도는 그 시행과정에서 여러 가지 문제점이 제기되었다. 즉, ① 이사회의 정착을 전제로 한 1962년 상법 상의 감사제도는 감사권이 회계감사에 한정되어 있었고, 감사의 임기도 겨우 1년이었으며, 실제로는 이사회의 기능도 형해화되어 있었기 때문에 실효를 거두지 못하고 있었다. 이러한 점을 감안하여 1984년 개정법에서 감사의 임기를 1년에서 2년으로 연장하고(410조), 감사에게 업무감사권(業務監査權)을 부여함은 물론, 업무감사권과 관련 있는 여러 가지 권한을 부여하였으며[이사회출석 · 의견진술권 등(391조의2)], 이사회의사록의 기명날인권(391조의3), 이사회소집통지를 받을 권리(390조 2항), 회사와 이사 간의 소에 관한 감사의 소의 대표권(394조), 감사의 이사에 대한 위법행위유지청구권(402조), 각종 소제기권(328조, 376조, 429조, 445조, 529조 등), ④ 감사의 충실화를 도모하기 위한 방안을 규정[감사기간 연장(447조의4 1항), 감사록 작성]하였다.

(3) 1995년 개정 상법의 監査制度

1995년 개정법에서도 감사의 실효성확보를 위하여 감사권한을 더욱 확대 · 강화하였다. 즉, 감사의 임기를 2년에서 3년으로 신장하였고(410조), 감사의 겸임금지범위(411조)를 자회사에까지 확대하였으며, 감사를 해임하는 경우에는 감사에게 주주총회에서 자신의 의견을 진술할 권리를 부여하였다(409조의2). 그 밖에도 이사의 보고의무(412조의2) · 감사의 주주총회소집청구권(412조의3) · 자회사조사권(412조의5) 규정을 신설하였다.

(4) 1999년 개정 상법의 監査制度

위에서 보듯이 상법을 개정할 때마다 감사의 지위와 권한을 확대하여 왔으나, 여전히 제 기능을 발휘하지 못한다는 비판을 받아 왔다. 그러다가 1997년말 외환위기에서 촉발된 IMF관리체제에 들어가면서 획기적인 감사제도의 개편을 단행하였는데, 그 주요내용은 사외이사제도의 도입과 감사위원회의 설치라 할 수 있다. 즉, 1999년 개정상법에서는 기존의 감사 대신에 이사회 내부에 감사위원회(監査委員會)를 설치할 수 있도록 하였다(415조의2). 감사위원회를 설치하면 감사는 설치할 수 없게 되고, 감사위원회가 감사의 감독업무를 담당하게 된다.

(5) 2009년 5월 개정 상법의 監査制度

2009년 5월 개정 상법에서는 자본총액이 10억 원 미만인 소규모 회사의 경우 감사를 선임하지 않을 수 있도록 하였다(409조 4항). 이는 소규모 주식회사의 현실을 감안하고 창업과 운영에 드는 시간과 비용을 절감할 수 있도록 하기 위함이다. 감사를 선임하지 않은 경우 주주총회가 이사의 업무 및 재산상태에 관하여 직접 감독·감시하도록 하고, 이사와 회사 간의 소송에서 회사, 이사 또는 이해관계인이 법원에 회사를 대표할 자를 선임하여 줄 것을 신청하도록 하고 있다(409조 5항).

Ⅱ. 감 사(監事)

감사위원회를 설치한 회사에서는 감사를 선임할 수 없다(415조의2 1항 2문). 소규모 회사의 경우 감사를 선임하지 않아도 된다(409조 4항). 그 외의 회사에서는 감사를 두어야 한다. 이 경우에 감사의 선임과 종임은 등기사항이다.

1. 감사의 법적 지위

주식회사의 감사(auditor)란 회사의 업무감사를 주된 직무로 하는 필요적 상설기관이다. 필요적 기관이라는 점에서 임의기관인 유한회사 감사(568조 1항)와 다르고, 상설기관이라는 점에서 주식회사나 유한회사의 임시적 감사기관인 검사인과 다르다. 또한 감사는 단독기관이므로 복수의 감사를 두더라도 반드시 회의체를 이루는 것은 아니므로 각자가 단독으로 직무를 수행하고 권한을 행사하는 것이 원칙이다.

2. 감사의 자격과 임기

(1) 감사의 자격

감사의 자격에 관하여는 감독기관의 성질로 인하여 상법에 제한이 있다. 감사는 당해 회사 및 자회사의 이사·지배인 기타 사용인의 직무를 겸임하지 못하는 것이 그것이다(411조). 감사하는 자와 감사를 받는 자가 동일인이 된다면, 감사가 제대로 이루어지지 않을 염려가 있기 때문에 그러한 제한을 둔 것이다. 여기서 말하는 사용인에는 상업사용인뿐만 아니라 회사의 고문·상담역·공장장 등도 포함된다. 나아가 변호사로서 소송이나 법률상의 업무처리를 맡고 있는 경우처럼 회사를 위해서 특수한 업무를 처리하는 경우에 사용인에 준하는 계속적인 관계가 인정된다면 감사가 될 수 없다. 그러나 모회사 감사를 겸직할 수 있으며, 모회사의 이사 또는 사용인은 자회사의 감사를 겸직할 수도 있다.

【상근감사의 자격】 대통령령으로 정하는 상장회사는 주주총회의 결의에 의하여 상근감사(회사에 상근하면서 감사업무를 수행하는 감사)를 1명 이상 두어야 한다(542조의10 1항). 상근감사(常勤監事)의 경우에는 ① 미성년자 · 피성년후견인 또는 피한정후견인, ② 파산자로서 복권되지 아니한 자, ③ 금고 이상의 형을 받고 그 집행이 종료되거나 집행을 받지 아니하기로 확정된 후 2년을 경과하지 아니한 자, ④ 자본시장법에 의하여 해임되거나 면직된 후 2년을 경과하지 아니한 자, ⑤ 당해 회사의 주요주주, ⑥ 당해 회사의 상근 임 · 직원 또는 최근 2년 이내에 상근 임 · 직원이었던 자, ⑦ 회사의 상무(常務)에 종사하는 이사 · 집행임원 및 피용자 또는 최근 2년 이내에 회사의 상무에 종사한 이사 · 집행임원 및 피용자, ⑧ 회사의 경영에 영향을 미칠 수 있는 자로서 대통령령이 정하는 자가 결격사유로 되어 있고, 상근감사 재임 중에 이러한 사유에 해당되게 되면 그 직을 상실한다(542조의10 2항).

(2) 감사의 임기

감사의 임기는 취임 후 3년 내의 최종의 결산기에 관한 정기총회의 종결 시까지로 한다(410조). 정관 또는 주주총회의 결의에 의한다고 하더라도 3년의 임기를 단축할 수는 없으며, 취임 후 만 3년이 경과하면 종임하는 것은 아니고 경우에 따라서 감사의 임기는 3년 미만인 경우나 초과인 경우가 모두 가능한 것이다.

예컨대, 사업연도가 1년이고 6월 말이 결산인 회사에서 2015년 8월 10일에 감사가 선임되었다면, 그 감사는 취임 후 3년 후인 2018년 8월 10일 이전에 도래하는 결산기인 2017년도 결산기에 관한 정기총회종료일이 임기만료일이다. 이 경우에 정기총회종료일이 8월 30일이라면 임기가 3년을 초과하는 셈이 되고, 7월 30일이라면 3년에 미달하는 셈이 된다.

보궐감사의 임기는 정관 또는 주주총회의 결의로 퇴임감사의 잔여 임기로 할 수 있다.

3. 감사의 선임과 종임

(1) 감사의 선임

감사는 주주총회에서 선임한다(382조 1항). 그러나 예외적으로 회사 설립 시의 감사 선임은 그와 다르다. 발기설립의 경우는 발기인들이 그 의결권의 과반수로써 하며(296조), 모집설립의 경우에는 창립총회에서 출석한 주식인수인의 의결권의 3

분의 2 이상이며 인수된 주식총수의 과반수에 해당하는 다수로써 한다(312조, 309조). 그러나 자본금 10억 원 미만인 소규모 회사의 경우 감사를 선임하지 않을 수 있다(409조 4항).

감사는 주주총회의 보통결의에 의하여 선임되지만, 대주주의 의결권에 제한이 있다. 즉, 무의결권주식을 제외한 발행주식총수의 100분의 3을 초과하는 주식을 가진 주주는 그 초과하는 주식에 관하여는 의결권을 행사하지 못한다(409조 2항). 이러한 의결권의 제한 비율은 정관으로 더욱 낮게 정할 수 있다(409조 3항). 이것은 대주주 또는 대주주측이 내세우는 이사로부터 감사의 독립성을 보장하기 위하여 감사 선임에 있어서 대주주의 의결권의 행사를 대폭 제한하려는 데 그 취지가 있다. 한편 상장회사 또는 코스닥등록법인의 경우에는 의결권 제한에 관한 100분의 3의 요건에는 주주 본인과 그 특수관계인 등이 가진 주식수를 합산하여 계산하며, 이사선임의안과 감사선임의안은 별도로 상정하여 의결하여야 한다(자시법 191조의11 2항).

【판례】 대법원 2016. 8. 17. 선고, 2016다222996 판결

주주총회에서 감사를 선임하려면 우선 '출석한 주주의 의결권의 과반수'라는 의결정족수를 충족하여야 하고, 나아가 의결정족수가 '발행주식총수의 4분의 1 이상의 수'이어야 하는데, 상법 제371조는 제1항에서 '발행주식총수에 산입하지 않는 주식'에 대하여 정하면서 상법 제409조 제2항의 의결권 없는 주식(이하 '3% 초과 주식'이라 한다)은 이에 포함시키지 않고 있고, 제2항에서 '출석한 주주의 의결권 수에 산입하지 않는 주식' 에 대하여 정하면서는 3% 초과 주식을 이에 포함시키고 있다.

그런데 만약 3% 초과 주식이 상법 제368조 제1항에서 말하는 '발행주식총수'에 산입된다고 보게 되면, 어느 한 주주가 발행주식총수의 78%를 초과하여 소유하는 경우와 같이 3% 초과 주식의 수가 발행주식총수의 75%를 넘는 경우에는 상법 제368조 제1항에서 말하는 '발행주식총수의 4분의 1 이상의 수'라는 요건을 충족시키는 것이 원천적으로 불가능하게 되는데, 이러한 결과는 감사를 주식회사의 필요적 상설기관으로 규정하고 있는 상법의 기본입장과 모순된다. 따라서 감사의 선임에서 3% 초과 주식은 상법 제371조의 규정에도 불구하고 상법 제368조 제1항에서 말하는 '발행주식총수'에 산입되지 않는다. 그리고 이는 자본금 총액이 10억 원 미만이어서 감사를 반드시 선임하지 않아도 되는 주식회사라고 하여 달리 볼 것도 아니다.

(2) 감사의 원수

감사의 원수에는 특별한 규정이 없으므로, 1인 이상으로 하면 되고 상근이든 비상근이든 관계없다. 다만, 상장회사로서 대통령령이 정하는 경우에는 감사위원회를 설치하지 않은 이상 1인 이상의 상근감사를 두어야 한다(542조의10 1항).

(3) 감사의 종임

감사는 사망·파산·피성년후견인, 임기 만료, 정관에 정한 자격의 상실 등과 같은 위임의 법정종료사유나 감사의 사임 또는 해임으로 종료한다. 주주총회의 특별결의에 의하여 해임되는 감사는 그 주주총회에서 해임에 관한 자신의 의견을 진술할 수 있는데, 이는 감사의 지위 안정과 강화를 도모하기 위한 것이다. 따라서 주주총회에서 의견을 진술할 수 있는 자는 당해 감사뿐만 아니라 동료 감사도 포함하며, 의견진술은 감사해임안이 위법하거나 현저하게 부당한 경우가 아니더라도 가능하다고 할 것이다. 회사 해산으로 이사는 종임하지만, 감사는 그렇지 않다.

4. 감사의 직무권한

(1) 업무 및 회계감사권

감사는 이사와 집행임원의 직무집행을 감사한다(412조 1항). 이사의 직무집행이란 회사의 경영활동이라는 본래의 이사 직무에 한정하지 않고, 이사 내지 이사회가 행하는 일체의 사항을 말한다. 감사는 업무감사를 위하여 언제든지 이사에게 영업에 관한 보고를 요구하거나 회사의 업무와 재산상태를 조사할 수 있다(412조 2항). 이것은 감사가 회계감사권 외에 업무감사권도 가짐을 명문으로 규정한 것이다. 감사의 조사권을 효율적으로 행사하기 위하여 감사는 회사의 비용으로 전문가의 도움을 구할 수 있다(412조 3항).

감사의 업무감사권이 미치는 범위에 관하여 이사회의 감독권과 비교하여 논란이 있다. 즉, 감사가 이사의 직무집행에 대한 적법성을 감사한다는 데 대해서는 견해가 일치하나, 타당성까지도 감사할 수 있는가에 관하여는 학설은 제한설과 무제한설로 갈려 있다.

제한설의 논거는 다음과 같다. ① 감사의 감사권한이 타당성에까지 미친다고 하면 이사의 업무집행에 관한 자유로운 판단을 구속하게 되고, 또 상법은 타당성 감사를 위하여 이사회를 두고 있으므로, 감사의 감사는 원칙적으로 적법성 감사에 한정되어야 하고, ② 이것이 기관의 분화와 권한의 재분배라는 주식회사의 기본취지에도 적합하며, ③ 업무집행의 타당성과 합리성은 경영판단원칙(business judgement rule)에 속하는 사항일 뿐만 아니라, 업무감사의 실효성은 궁극적으로 감사의 유지청구권에 의하여(402조) 보장되는 것인 바, 유지청구권의 행사요건이 위법성으로 제한되어 있으므로 업무는 적법성 여부에 한정하는 것이 옳다고 한다[徐 403, 孫 873, 鄭(東) 479, 鄭(燦) 480]. 다만 타당성 감사는 상법이 명문으로 규정하고 있는 경우에만(413조, 447조 2항 5호, 447조의4 2항 8호) 인정되며, 그 규정은 타당성 감사의 한계를 명시한 것으로 본다. 한편, 제한설에 따르면서도 누가 보아도 업무집행이 현저하게 타당성을 결하는 것으로 인정되는 경우에는 그 타당성 감사를 할 수 있다고 하는 견해도 있다[鄭(熙) 506].

이에 대하여 무제한설은 ① 1984년 개정법에서 감사의 업무감사권을 부활시킨 입법취지에서 볼 때, 타당성 감사를 포함하는 것으로 보는 것이 옳고, ② 또한 타당성의 여부를 감사하지 않고서도 현저하게 부당한 사항을 가려낸다는 것은 불가능한 일이며, ③ 상법에서 타당성 감사를 해야 할 사항을 규정한 것은 타당성 감사의 한계를 명시한 것이 아니라, 오히려 감사에게 타당성 감사권이 있음을 전제로 하여 주의적으로 특히 부당한 사항에 대하여 의견을 진술하거나 감사보고서에 기재하도록 정하고 있는 점을 논거로 내세우고 있다(崔 652).

생각건대, 감사의 감사가 타당성 감사에까지 미친다고 하면, 주식회사의 기관의 분화와 권한의 분배라는 기본적 취지에 어긋나게 되고, 이사회의 경영에 관한 판단의 자유를 부당하게 구속하게 되어 업무집행기관의 독자성과 자발성을 위축시킬 위험이 있다. 예컨대, 경영판단의 가운데에는 보통의 경제인에게는 현저하게 부당하게 보일지라도 선견적·독창적인 경영자에게는 그 나름대로 논리가 있을 수 있으므로, 이에 대한 제동은 선각자적인 경영의 싹을 잘라 버리는 결과를 초래할 수도 있다. 따라서 감사의 업무감사권은 명문의 규정이 있는 경우 외에는 적법성 감사로 제한된다고 본다.

(2) 이사에 대한 영업보고 요구·조사권

감사는 언제든지 이사 및 집행임원에 대하여 영업에 관한 보고를 요구하거나 회사의 업무와 재산상태를 조사할 수 있다(412조 2항). 이 때의 이사 및 집행임원의 영업보고는 감사의 요구에 따른 소극적 보고의무이다. 그러나 이사 및 집행임원은 회사에 현저한 손해를 미칠 염려가 있는 사실을 발견한 때에는 감사의 요구가 없더라도 즉시 감사에게 이를 보고하여야 하는(412조의2) 적극적 보고의무도 진다. 여기서 현저한 손해라 함은 회복할 수 없는 손해는 아니더라도 당해 회사에 있어서 중요하다고 인정되는 손해를 말하는 것으로, 상법 제402조의 회복할 수 없는 손해와는 구별되는 것으로 본다.

보고의무를 지는 이사 및 집행임원은 회사에 현저한 손해를 미칠 염려가 있다는 사실을 발견한 이사 및 집행임원이다. 그리고 이사로부터 이러한 사실을 인지하고도 아직 그 이사 및 집행임원이 감사에 대하여 그 사실을 보고하지 아니하였다는 것을 알고 있는 이사 및 집행임원도 이 보고의무를 부담한다고 보아야 할 것이다. 또한 그 사실을 감사에게 보고하기에 앞서 이사회에 보고하였으나, 감사가 이사회에 출석하지 아니한 경우에는 그 이사회에 출석하였던 이사전원이 이 보고의무를 부담한다. 보고의 방법은 묻지 않으며, 감사가 2인 이상인 때에는 그 중의 1인에게 보고하여도 무방하다.

이사 및 집행임원으로부터 회사에 현저한 손해를 미칠 염려가 있다는 사실을 보고 받은 감사는 그 보고를 기초로 하여 사실을 확인하고, 그 사실이 이사 및 집행임원의 법령 또는 정관위반의 행위에 해당하는 것이라면 이를 이사회에 보고하여야 하며, 또한 그러한 이사 및 집행임원의 행위로 인하여 회사에 회복할 수 없는 손해가 생길 염려가 있을 때에는 감사는 당해 이사 및 집행임원에 대하여 그 행위의 유지를 청구할 수 있다(402조).

이사 및 집행임원이 감사의 요구를 거부하거나 조사를 방해한 때에는 과태료의 제재가 있고(635조 1항 3호 · 4호), 감사는 필요한 조사를 할 수 없었다는 뜻 및 그 이유를 감사보고서에 기재하여야 한다(447조의4 11호).

(3) 임시주주총회소집권

감사는 총회의 목적사항과 소집의 이유를 기재한 서면을 이사회에 제출하여 임시총회의 소집을 청구할 수 있다(412조의3). 감사의 주주총회소집청구가 있은 후 이사회가 지체없이 총회의 소집절차를 밟지 아니한 때에는 법원의 허가를 얻어 임시총회를 소집할 수 있다(412조의3 2항). 감사는 업무집행에 관한 감독권을 가지고 있으나, 감사가 감사(監査) 결과를 이사회에 보고하여도 이를 이사회가 받아들이지 않으면 감사(監査)는 실효를 거두지 못하게 된다. 이 경우에 감사에게 임시주주총회를 소집하여 감사의 결과에 관하여 직접 주주에게 의견진술을 할 수 있게 함으로써, 궁극적으로는 주주총회의 의사결정에 의하여 감사의 실효성을 확보할 수 있도록 한 것이다.

감사가 총회소집의 허가를 신청한 때에는 법원은 이유를 붙인 결정으로써 재판을 하며(非訟 81조 1항), 그 신청이 법정요건을 결한 경우, 회의의 목적사항이 총회의 권한에 속하지 아니하는 경우, 신청이 권리남용으로 인정되는 경우에는 법원은 그 신청을 기각할 수 있다.

감사가 총회의 소집에 관하여 법원의 허가를 얻은 때에는 상당한 기간 내에 소집하여야 하며, 부당하게 장기간 동안 주주총회를 소집하지 아니한 때에는 그 소집권은 소멸하는 것으로 보아야 한다. 감사가 주주총회를 소집한 경우에 그 주주총회의 의장은 정관의 규정에도 불구하고 그 총회에서 선임하여야 한다고 본다. 그리고 총회의 결의사항은 법원의 허가를 얻은 의제에 한한다.

(4) 이사회 소집청구권

감사는 필요하면 회의의 목적사항과 소집이유를 서면에 적어 이사(소집권자가 있는 경우에는 소집권자)에게 제출하여 이사회 소집을 청구할 수 있다(412조의4 1항). 또한 감사의 청구에도 불구하고 이사가 지체 없이 이사회를 소집하지 아니하면 그 청구한 감사가 이사회를 소집할 수 있다. 종래 상법은 감사에게 임시주주총회 소집청구권을 인정하면서도(412조의3) 이사회 소집청구권은 인정하지 않았으나, 감사의 감사기능의 실효성을 높이고 회사의 손해 등을 미연에 방지할 수 있도록 하기 위해 2011년 개정법에서 감사에게 이사회 소집청구권을 부여하였다.

(5) 자회사의 업무와 재산상태 조사권

1) 입법취지

모회사의 감사는 그 직무를 수행하기 위하여 필요한 때에는 자회사에 대하여 영업의 보고를 요구할 수 있고(412조의5 1항), 자회사가 보고를 지체하거나 자회사가 보고한 내용을 확인할 필요가 있는 경우에는 모회사의 감사가 자회사의 업무와 재산 상태를 조사할 수 있다(412조의5 2항).

종래에는 자회사도 별개의 독립된 법인격을 가지고 있고 개개의 업무집행에 대하여 모회사의 구체적인 지시를 받아야 하는 것은 아니기 때문에, 모회사의 감사에게 자회사에 대한 조사권이 없다고 해석되었다. 그러나 현실적으로 모회사가 자회사를 이용하여 가공거래(架空去來)와 부당한 거래를 함으로써 각기 부정회계와 분식결산(粉飾決算)을 할 우려가 있었다. 모회사에 대한 철저한 감사를 위해서 자회사에 대한 조사권이 필요하였던 것을 입법화 한 것이다.

2) 영업보고요구권

모회사의 감사는 그 직무를 수행하기 위하여 필요한 경우에 자회사에 대하여 영업의 보고를 요구할 수 있다(412조의5 1항). 자회사에 대한 영업보고요구권은 모회사의 감사로서 직무를 수행하기 위하여 필요한 경우에 한하여 인정된다. 그러므로 모회사에 대한 감사와 같이 일반적이고도 포괄적인 영업상태의 보고를 요구하는 것은 허용되지 않는다.

3) 업무 · 재산상태 조사권

모회사의 감사가 자회사의 조사권을 행사하기 위해서는 먼저 영업보고를 요구하여야 한다. 즉, 모회사의 감사가 자회사에 대하여 영업에 관한 보고를 요구하였으나, 자회사가 지체없이 보고하지 않거나 또는 그 보고의 내용을 확인할 필요가 있는 때에만 자회사의 업무와 재산상태를 조사할 수 있다(412조의5 2항). 자회사도 독립한 법인격을 갖고 있기 때문이다.

4) 자회사의 조사거부

자회사는 정당한 이유가 없는 한 모회사의 감사의 영업보고요구 또는 조사권을 거부하지 못한다(412조의5 3항). 여기서 정당한 이유란 모회사의 감사에 의한 보고청구가 그 직무수행에 필요가 없는 권한남용이 되거나 보고와 무관하게 직접 조사를 하고자 하는 등 자회사조사권의 행사가 위법한 경우를 말한다고 할 것이다. 자회사의 대표이사 등이 모회사의 감사의 조사를 정당한 이유없이 거부한 때에는 과태료의 제재를 받는다(635조 1항 21의2호).

(6) 이사회출석 · 의견진술권

감사는 이사회에 출석하여 의견을 진술할 수 있다(391조의2 1항). 감사가 감사업무(監査業務)를 수행하기 위해서는 이사회의 결의내용을 알 필요가 있고, 또 감사의견을 이사회에 표시할 필요가 있다. 따라서 감사는 이사회에 출석함으로써 업무감사에 필요한 정보를 얻을 수 있으며, 이사회에서 이사가 위법한 결의를 하려고 할 경우에 의견을 진술하여 이를 저지할 수 있고, 이미 위법한 결의가 이루어진 경우에는 신속하게 그 집행을 유지시킬 수 있게 된다. 이사회를 소집하는 경우에는 감사에게도 소집통지를 하여야 하며(390조 2항), 소집통지를 생략하고자 할 때에는 감사의 동의도 받아야 한다(390조 3항).

감사는 이사회에 출석하여 의견을 진술할 뿐, 토의에 참가하여 찬반의 의사표시를 하거나 표결에 참가할 수는 없다. 이사회가 감사의 의견을 무시하여 위법한 결의를 하고, 그에 따라 주주총회제출서류 및 의안을 작성한 때에는 일차적으로 이사회에서 그러한 위법의안 등의 철회를 요구하여야 하고, 또한 이러한 철회 요청에도 불구하고 이사회가 이를 주주총회에 제출한 때에는 감사는 직접 주주총회에서 그 뜻을 보고하여야 한다(413조).

(7) 이사회 의사록에 대한 기명날인 또는 서명권

이사회의 의사에 관하여는 의사록을 작성하여야 하는데, 의사록에는 의사의 안건, 경과요령, 그 결과, 반대하는 자와 그 반대이유를 기재하고 출석한 이사 및 감사가 기명날인 또는 서명하여야 한다(391조의3 2항). 이것은 감사가 이사회에 출석한 사실과 감사가 진술한 의견의 내용을 명확히 하고, 이사회의 결의내용을 확인할 수 있도록 감사에게도 기명날인 또는 서명하도록 한 것이다.

(8) 감사해임에 관한 의견진술권

감사는 주주총회에서 감사의 해임에 관하여 의견을 진술할 수 있다(409조의2). 이는 감사의 지위안정과 강화를 도모하기 위한 것이다. 감사는 임기 중이라도 주주총회의 특별결의에 의하여 언제든지 해임될 수 있다. 그런데 주주총회에 제출할 의안은 먼저 이사회에서 심의되고, 감사는 이사회에 출석하여 자신의 해임에 관한 의견을 진술할 수는 있으나, 의결권은 없으므로 이사회에서 감사의 의견이 받아들여지지 않는 경우가 허다하다. 이 경우에 감사의 해임을 결의하는 주주총회에서 감사가 의견을 진술할 수 있도록 하여 주주총회에서 감사의 의견이 반영되도록 한 것이다.

(9) 이사의 위법행위유지청구권

이사가 법령 또는 정관에 위반한 행위를 하여 이로 인하여 회사에 회복할 수 없는 손해가 생길 염려가 있는 경우에는 소수주주만이 아니라 감사도 회사를 위하여 이사에 대하여 그 행위를 유지할 것을 청구할 수 있다(402조).

(10) 회사대표권

회사가 이사에 대하여 또는 이사가 회사에 대하여 소를 제기하는 경우에는 감사는 그 소에 관하여 회사를 대표한다(394조). 또한 회사가 주주로부터 이사에 대한 소의 청구를 받은 경우에도 마찬가지이다(394조, 403조 1항). 이 규정의 취지는 회사와 이사 간의 소에 관하여, 이사가 회사를 대표한다면 소송이 공정하게 수행되지 못할 위험성이 있기 때문에 업무집행기관이 아닌 독립된 기관인 감사로 하여금, 회사를 대표하여 소송을 진행하도록 한 것이다.

자본금 총액이 10억 원 미만인 소규모 회사의 경우 감사를 선임하지 않았을 때, 회사가 이사에 대하여 또는 이사가 회사에 대하여 소를 제기하는 경우에 회사, 이사 또는 이해관계인은 법원에 회사를 대표할 자를 선임하여 줄 것을 신청하여야 한다(409조 5항).

회사의 이사에 대한 소송에 관하여는 소제기와 소송수행은 물론 소의 취하와 포기 및 화해도 감사의 권한에 속한다고 본다. 따라서 감사는 자신의 판단에 따라

소를 취하할 수 있으며, 소송의 합리적인 종료를 위하여 그것이 적당하다고 인정되는 경우에는 청구의 포기나 화해를 할 수도 있다.

(11) 각종의 소권

감사는 각종의 소에 관하여 원고가 될 수 있다. 즉, 총회결의최소의 소(376조), 회사설립무효의 소(328조), 신주발행무효의 소(429조), 자본금 감소무효의 소(445조), 합병무효의 소(529조) 등에 있어서 소제기권을 가진다.

감사가 총회결의취소의 소, 신주발행무효의 소, 감자무효의 소를 제기한 때에는 담보제공의무가 면제된다(377조, 430조, 446조).

5. 감사의 의무

(1) 감사의 선관주의의무

감사와 회사의 관계는 이사와 마찬가지로 위임관계이므로, 감사는 직무를 행함에 있어서 선관주의의무를 다하여야 한다. 감사는 업무집행에 관여하지 않으므로 회사와 이익이 충돌할 염려가 없기 때문에 이사의 충실의무는 물론 경업금지의무가 없고 자기거래도 제한되지 않는다.

(2) 이사회에 대한 보고의무

감사는 이사가 법령 또는 정관에 위반한 행위를 하거나 그 행위를 할 염려가 있다고 인정한 때에는, 이사회에 이를 보고하여야 한다(391조의2 2항). 이 의무는 유지청구권과 유사하나, 이사회의 자주적인 시정조치를 촉구하는 것이므로 위법행위를 초기에 방지하는데 알맞은 제도라 할 수 있다.

감사가 이사의 위법행위를 알면서도 이를 이사회에 보고하지 아니하면 감사의 임무해태가 된다. 감사가 과실로 인하여 알지 못한 때에도 마찬가지이다. 그러나 감사는 이사의 위법행위를 세세한 것까지 보고할 필요는 없다. 이사의 위법행위가 보고를 요하는 정도인가 아닌가에 대한 것도 감사의 선관주의의무에 따라서 판단하여야 한다.

(3) 감사록 작성의무

감사는 감사에 관하여 감사록을 작성하여야 한다(413조의2 1항). 감사록에는 감사의 실시요령과 그 결과를 기재하고 감사를 실시한 감사가 기명날인 또는 서명하여야 한다(413조의2 2항). 감사록은 감사가 감사를 실시하였음을 입증하기 위한 자료가 될 뿐만 아니라, 감사보고서를 작성하기 위한 기초자료가 된다. 감사가 감사록에 기재하여야 할 사항을 기재하지 아니하거나 부실 기재를 한 경우에는 500만 원 이하의 과태료의 제재를 받는다(635조 1항 9호).

(4) 주주총회에 대한 보고의무

감사는 이사가 주주총회에 제출할 의안 및 서류를 조사하여 법령 또는 정관에 위반하거나 현저하게 부당한 사항이 있는지의 여부에 관하여 주주총회에서 그 의견을 진술하여야 한다(413조). 감사가 총회에 제출될 의안 또는 서류를 위법 또는 현저하게 부당하다고 인정하였음에도 불구하고 그 의견의 진술없이 총회의 결의가 행하여진 때에는 결의의 방법이 법령에 위반한 것으로 되어 결의취소의 소의 원인이 된다.

(5) 감사보고서의 작성·제출의무

감사는 이사로부터 정기총회회일의 6주 전에 대차대조표와 그 부속명세서(447조), 영업보고서(447조의2)를 제출받아, 이를 받은 날로부터 4주 내에 감사보고서를 작성하여 이사에게 제출하여야 한다(447조의4 1항). 그러나 상장회사의 감사는 감사보고서를 주주총회 회일의 1주 전까지 제출하도록 하여 감사의 충실화를 도모하고 있다(542조의12 6항). 이는 외부감사인이 감사보고서를 주주총회일의 1주 전에 제출하도록 한 것(外監 8조, 外監令 7조)과도 그 맥을 같이 한다.

6. 감사의 책임

(1) 회사에 대한 책임

감사가 상근이든 비상근이든 그 임무를 해태한 때에는 회사에 대하여 연대하여 손해배상의 책임을 진다(414조 1항). 이 책임은 총주주의 동의가 있는 경우에만 면제될 수 있다(415조). 감사의 책임추궁에 관하여는 이사와 마찬가지로 주주대표소송이 인정되어 있다(415조, 400조, 403조~406조).

【판례】 대법원 2008. 7. 10. 선고, 2006다39935 판결

신용협동조합의 감사가 분식결산 등과 관련하여 그 임무를 해태한 데 중대한 과실이 있는지 여부는 분식회계의 내용, 분식의 정도와 방법, 그 노출의 정도와 발견가능성, 업무수행의 실태 등 여러 가지 사항을 고려하여 종합적으로 판단하여야 하고, 감사가 당해 분식결산 등의 행위를 알았거나 조합의 장부 또는 회계관련 서류상으로 분식결산임이 명백하여 조금만 주

의를 기울였다면 이를 알 수 있었을 것임에도 그러한 주의를 현저히 게을리 한 경우에는 감사로서의 임무를 해태한 데 중대한 과실이 있다고 할 것이며, 감사의 지위가 비상근, 무보수의 명예직으로 전문가가 아니고 형식적이었다 하더라도 그러한 사정만으로 위와 같은 주의의무를 면할 수는 없다.

(2) 제3자에 대한 책임

감사가 악의 또는 중과실로 그 임무를 해태한 때에는 제3자에 대하여도 연대하여 손해배상책임을 부담한다(414조 2항). 방만한 경영·부정경리 등에 의하여 회사가 도산한 경우에 감사도 이사와 함께 제3자에 대한 책임을 부담하는 경우가 있을 수 있다. 이것은 감사의 업무감사를 위한 권한이 강화됨에 따라서 엄격한 책임을 지운 것이다. 또한 감사보고서에 기재해야 할 중요사항에 관하여 허위의 기재를 한 때에는 감사가 무과실을 입증하지 않는 한, 그것에 따라 손해를 입은 제3자에 대하여 책임을 진다.

【판례】 대법원 1988. 10. 25. 선고, 87다카1370 판결

「회사의 감사가 회사의 사정에 비추어 회계감사 등의 필요성이 있음을 충분히 인식하고 있었고 또 경리업무담당자의 부정행위의 수법이 교묘하게 저질러진 것이 아닌 것이어서 어음용지의 수량과 발행매수를 조사하거나 은행의 어음결제량을 확인하는 정도의 조사만이라도 했다면 위 경리업무담당자의 부정행위를 쉽게 발견할 수 있었을 것인데도 아무런 조사도 하지 아니하였다면, 이는 감사로서의 중대한 과실로 인하여 그 임무를 해태한 것이 되므로 위 경리업무담당자의 부정행위로 발행된 어음을 취득함으로써 손해를 입은 어음소지인들에 대하여 위 감사는 상법 제414조 제2항, 제3항에 의해 손해를 배상할 책임이 있다」.

(3) 이사와의 연대책임

감사가 회사 또는 제3자에 대하여 손해배상책임을 지는 경우에, 이사도 그 책임을 부담하는 때는 그 감사·이사는 연대책임을 진다(414조 3항).

Ⅲ. 監査委員會

1. 감사위원회의 의의

1962년 상법을 제정한 후 끊임없이 감사의 지위와 권한을 강화하여 왔는데 감사에 의한 감사(監査)가 실효를 거두지 못하여 왔으며, 이에 기존의 감사제도(監事制度)의 개혁을 주장하는 견해가 많았다. 특히 1997년말 IMF관리체제를 겪으면서 경영진에 대한 효과적인 감독체계를 정비하는 것이 중요한 과제로 떠올랐다.

감독체계를 정비하는 방안으로서 독일식의 이원제로 나아가는 방안과, 영미식의 일원제로 나아가는 방안이 논란되었으나, IBRD와 같은 국제기구에서 영미식의 감사위원회제도를 도입할 것을 정부에 강력히 권고하였고, 정부는 외자유치 등을 감안하여 감사위원회제도를 도입하기로 하였다. 그리하여 1999년 개정법에서는 감사위원회제도를 도입하되, 회사는 기존의 감사제도(監事制度)와 감사위원회제도(監査委員會制度) 중에서 택일할 수 있도록 하였다. 상장회사의 경우 자산규모가 2조원 이상인 회사는 감사위원회를 의무적으로 설치하여야 한다(542조의11 1항).

감사위원회는 경영진의 업무 및 회계감사를 함으로써 이사회의 감독기능을 보충하고 지원하는 이사회 내의 위원회이다.[41] 감사위원회의 발생초기에는 주로 회계감사와 관련된 업무를 전담하였으나, 점차 그 권한범위를 확대하고 있다.

【미국에서의 감사위원회제도】

1) **감사위원회제도의 생성과 발전** 미국에서 이사회내의 감사위원회 설치에 관한 최초의 기운은 1930년대 후반에 발생했던 Mckesson & Robbins회사의 분식결산사건 때부터라고 할 수 있다. 즉, 1939년에 뉴욕증권거래소(New York Stock Exchange: NYSE)는 이 사건과 유사한 사건의 재발을 방지하기 위하여「獨立監査와 監査節次」(Independent Audits and Audit Procedures)라는 보고서를 공표하였는데, 그 보고서의 주요 내용은 분식결산을 막기 위하여 이사회가 외부감사인을 지명하거나 선임할 것, 만약 이사회가 외부감사인을 지명하거나 선임한다면 당해 회사의 임원이 아닌 사외이사로 구성되는「특별 이사회위원회」(a special Committee of the Board)[42]가 외부감사인을 선임하는 것이 더욱 바람직하다는 것이다. 또한 SEC도 1940년에 Mckesson & Robbins회사의 사건보고서 중에서 NYSE의 제안에 동의하면서, 더 나아가 사외이사로 구성되는「특별 이사회위원회」의 의무로서 감사계약에 관한 상세한 내용을 결정 및 조정할 것을 권고하였다. 그러나 감사위원회는 그 후 오랫동안 기업의 관심을 모으지 못하였다. 그것

41) Stephen W. Mayson · Derek French & Christopher Ryan, *op. cit.*, p. 505.
42) 당시에는 아직 監査委員會라는 명칭을 사용하지 않았다.

은 이사회와 외부감사인 간의 직접적인 의사전달이 감사위원회를 경유하는 것보다 더욱 효율적이라고 생각했기 때문이다.

1960년대에 들어 와서는 바쿠리스회사(Barchris Construction Co.)사건 등에서 분식결산이 재차 발견되었다. 이에 법원은 판례를 통하여 회사의 이사에 대한 업무감독책임의 강화 및 재무제표의 허위기재에 대한 이사의 법적 책임을 강화할 것을 요구하였다. 그리고 이 사건은 회사임원의 법적 책임문제에 그치지 않고, 당해 회사를 감사했던 외부감사인의 법적 책임문제에 관해서도 문제제기를 하였는데, 이로 인하여 외부감사인의 독립성 문제를 재검토해야 한다는 일반적인 인식이 고양되었다는 점에서 그 의의가 있다. 이러한 상황을 반영하여 미국공인회계사협회(The American Certificate Public Accountants Association: AICPA)는 1969년에 감사위원회의 설치를 권고한 「이사회의 감사위원회에 관한 보고서」(Statement on Audit Committees of Board of Directors)를 공표했다. 동보고서는 감사위원회가 외부감사인을 지명하며, 감사의 범위, 재무제표, 감사보고서 및 내부통제에 관하여 외부감사인과 함께 검토할 임무가 있다는 것을 권고하고 있다. 또한 동보고서는 외부감사인의 책무로서 경영자에게 있어서 아직 해결되지 않은 중요한 사항에 관하여는 이를 감사위원회에 보고하여야 한다고 권고하고 있다.

1969년부터 1970년에 걸쳐서 기업의 사회적 책임에 관한 논의가 활발해지고 미국의 국민에게는 기업불신감의 풍조가 광범위하게 퍼지게 되었다. 그러므로 외부감사인이 진정코 독립적인 감사를 행하고 있는지, CEO와 타협적이지는 않은지에 대한 논의가 행하여졌다. 또한 독립사외이사에 대하여도 단순한 명예직으로서 인식하고 있지는 않은지에 대하여 논란이 일어났다. 이에 1972년에 SEC는 「사외이사로 구성되는 감사위원회의 설치」(Standing Audit Committees Composed of Outside Directors)라는 표제하의 보고서 중에서 투자자 보호의 견지에서부터 재차 감사위원회를 설치하도록 권고하였다. 그러나 이 시점에서도 감사위원회의 역할은 외부독립감사인의 후원자기능을 다하는데 그쳤다.

1973년에 들어와서는 회사의 부정·위법행위가 연이어 발각되었다. 에퀴티펀딩생명보험회사(Equity Funding Life Insurance)의 임원에 의한 가공거래사건, 펜센트럴회사(The Penn Central Company)의 도산, 워터게이트(Watergate)사건에서 나타난 걸프(Gulf)석유회사에 의한 부정한 정치헌금사건, 록키드항공회사(The Lockeed Aircraft Corporation)에 의한 해외뇌물사건 등에서 나타난 분식결산과 이에 따른 회사도산은 회사의 재무제표의 신빙성에 대하여 불신감을 초래하였고, 이에 대한 개선요구가 높아졌다. 특히 에퀴티펀딩생명보험회사와 관련하여서 NYSE는 이제 감사위원회가 필수품이 되었다고 하면서 그 설치를 강력히 권고하였다. 1974년에 SEC는 회계연속통첩 제165호(SEC, Accounting Series Release No. 165)에 있어서 위임장권유규칙 14A의 항목 8을 개정하여 회사가 이사회 내부에 감사위원회를 설치하고 있는 경우에는 그 구성원의 성명을 기재하도록 하고, 감사위원회를 두고 있지 않은 회사는 그러한 내용을 기재하도록 하여 감사위원회의 설치유무와 구성원의 성명을 공시하도록 하였다. 한편, 1974년의 SEC *v.* Mattel회사 사건에서는 법원이 사외이사 3명 이상으로 구성된 감사위원회를 설치할 것을 기업에 명령하는가 하면, 감사위원회의 역할과 기능까지도 구체적으로 제시하도록 요구하였다.

1974년 NYSE의 조사에 의하면 1,130사 중에서 88%의 회사가 감사위원회를 설치하고 있고, 그 감사위원회의 84%는 사외이사로 구성되어 있는 것으로 나타났다.

그러나 감사위원회의 정착은 1977년 NYSE에 의한 감사위원회설치의 의무화 때부터라고 할 수 있다. 즉, NYSE는 1978년 7월 1일부터 감사위원회의 설치를 상장신청을 할 때 또는 상장계속의 요건으로 하였고, 그 구성은 경영집행자로부터 독립한 이사로 하여야 하는데, 그 독립성을 담보하기 위하여서는 이사는 경영집행자와 어떠한 관계도 없는 자이어야 한다는 규칙을 정하였다. 그리고 그 구성원의 자격에 관하여는 회사 또는 자회사의 전직 임직원으로서 회사로부터 연금을 받는 자라고 하더라도 이사회가 독립적인 업무수행이 가능하다고 판단하는 자는 감사위원회의 위원이 될 수는 있지만, 그 수는 위원회 구성원의 과반수 미만이어야 한다는 것이다. 한편 SEC도 1978년 위임장권유규칙을 개정하여 모든 등록회사에 감사위원회, 추천위원회, 보수위원회가 설치되어 있는지의 여부, 구성원의 성명과 약력, 각위원회가 수행하고 있는 역할에 관한 설명까지도 공시하도록 하였다.

미국 법률가협회(American Law Institute: ALI)는 1992년에 대규모 공개회사에 있어서는 감사위원회의 설치를 법으로 강제할 것을 촉구하고, 소규모공개회사에 있어서도 감사위원회를 설치할 것을 권고하고 있다.

현재는 미국의 Connecticut州 회사법(Conn. Gen. Stat. §33~318(b))에서만 감사위원회의 설치를 강제하고 있다. 그러나 전술한 바와 같이 SEC, NYSE, NASDAQ에서 감사위원회의 설치를 강제하고 있으며, ALI에서도 대규모 공개기업에 대해서는 감사위원회 설치를 강제할 것을 권고하고 있다. 다만, ASE (American Stock Exchange)는 감사위원회의 설치를 상장요건으로 정하고 있지는 않다.

2) 감사위원회의 기능 감사위원회의 초기 기능은 경영진이 외부감사인을 선임할 때의 승인과 외부감사인이 제출하는 감사보고서를 접수하고 검토하는 등, 주로 외부감사인의 독립성 확보에 관련되어 있었다. 그러나 기업의 규모가 확대됨에 따라 감사위원회의 기능과 역할은 내부통제에 대한 감독, 내부감사의 검토·감독 및 법령준수여부의 검토, 특별검사의 시행 등으로 확대되어 왔다. 그렇다고 하여 감사위원회의 기능이 법적으로 명확히 정해져 있는 것은 아니고, 기업의 규모와 특성에 따라 그 수행역할도 다르다.

ALI가 제안한 감사위원회의 직무와 권한은 다음과 같다. 즉, ① 회사의 외부감사인으로서 임용되어야 할 회계사무소의 제안과 해임제안의 심사, ② 외부감사인의 보수, 제안된 임용조건 및 그 독립성의 심사, ③ 상급내부감사임원을 두는 경우에는 그 임명 및 해임에 관한 심사, ④ 외부감사인과 이사회 간의 의사소통을 도모하는 활동 및 상급내부감사임원이 있는 경우에는 그 자와 이사회 간의 의사소통을 도모하기 위한 활동, ⑤ 회사의 각외부회계감사의 결과, 감사보고서, 관련되는 경영자의 통지, 감사과정에서 외부감사인에 의하여 이루어진 권고에 대한 경영자의 반응, 회사에 있어서 중요한 내부감사부문의 보고서 및 이러한 보고서에 대한 경영자의 반응에 관한 심사, ⑥ 회사의 연차재무제표 또는 증명서류, 보고서, 의견 및 검토에 대한 심사와 이러한 재무제표와의 관계에서 외부감사인에 의하여 이루어진 감사의 심사 및 이러한 재무제표의 작성에 관하여 경영자와 외부감사인과의 사이에서 생겨난 중요한 의견의 대립에 대한 심사, ⑦ 외부감사인 및 상급내부감사임원이 있는 경우에는 그 자와의 협의에 있어서 회사의 내부통제의 검토, ⑧ 회사의 재무제표의 작성에 이용되는 적절한 감사 및 회계의 원칙 및 관행에 관한 중요한 변경 및 선택에 관한 중요한 문제가 외부감사인, 주요 상급임원(1.30조) 또는 다른 자로부터 제시된 경우에는 이러한 문제들을 검토하도록 규정하고 있다.

3) 감사위원회 위원의 자격　감사위원회가 충분한 역할을 하기 위해서는 감사위원회의 구성원들이 CEO로부터 독립한 입장에 있는 자로 구성되어져야 한다는 것이다. 따라서 종래부터 감사위원회는 사외이사(Outside Directors)에 의하여 구성되어져야 한다고 주장되어 왔다. 사외이사의 개념은 반드시 명확한 것은 아니다. 일반적으로는 이사로 선임되는 회사와의 사이에 고용관계가 존재하지 않을 것과 주식소유나 이사로서 보수를 받는 이외에는 고용관계가 존재하지 않을 것, 주식소유나 이사로서 보수를 받는 이외에는 그 회사와의 사이에 중요한 경제적 관계를 가지지 않을 것을 조건으로 하고 있다. 이 조건하에서 회사와 거래관계가 있는 은행, 공급업자 등은 사외이사가 될 수 없고, 내부출신이사의 직계친족이나 그 회사의 퇴직한 경영자 등도 독립성의 관점에서 사외이사로서 적절하지 못하다. 주요한 주주와 주요한 채권자의 경우에는 주식의 소유 또는 신용의 공여행위 그 자체가 경영진의 직무의 이행, 또는 경영진의 이해관계가 있는 사항을 객관적으로 검토하는 이사의 능력을 방해하는 것은 아니므로 사외이사의 결격사유로 되지는 않는다. 한편 ALI에서 사용하는 사외이사의 개념도 이와 유사하다. 즉, 감사위원회는 회사에 의하여 고용되지 않고 또한 최근 2년간 고용되지 않았던 이사만으로 구성되며 그 과반수 이상은 CEO 등과 중요한 관계를 가지지 않는 자이어야 한다는 것이다. ALI는 이사가 상급집행임원과 중요한 관계를 가진 경우로서, ① 당해회사에 고용되어 있는 경우 또는 최근 2년내 당해회사에 고용된 적이 있었던 경우(§1.34a 1호), ② 회사의 현재의 임원 또는 최근 2년내 상급집행임원이었던 자의 직계친족(배우자, 자손, 형제자매, 부모 등)인 경우(2호), ③ 최근 2년간 회사와 20만 달러를 초과하여 거래한 이사(3호), ④ 다른 영업조직이 최근 2년간에 이 영업조직의 총수입의 50% 또는 20만 달러를 초과하는 거래에서 어느 것이든 많은 쪽의 거래를 당해 회사와 한 영업조직의 주요한 경영자(4호), ⑤ 최근 2년 이내에 회사의 법률고문인 법률사무소 및 투자은행업자와 관계를 가진 이사(5호)를 열거하고 있다. 그리고 ③~⑤를 적용하는 경우에는 이사의 지위에 있는 자의 판단이 영향을 받아서 회사를 해할려고 하는 것으로 되는 특별한 사정이 없다면, 그 이사는 상급집행임원과 중요한 관계를 가지지 않는다고 한다(§1.34b). 또한 여기서 회사라 함은 당해회사를 지배하는 회사 및 당해회사에 의하여 지배되는 자회사 또는 영업조직을 포함한다(§1.34c). 그러나 이러한 조건을 만족시키는

사외이사를 찾는 것은 대단히 어려우며, 그러한 자격요건을 갖춘 사외이사를 선임하여도 사외이사로서 충분히 제역할을 수행할 것인지에 대하여는 여전히 의문이 있다.

4) 감사위원회 위원의 책임 위원회의 구성원이 아닌 사외이사는 각종 위원회가 제공하는 정보와 보고 등을 신뢰하는 것이 당연하다. 따라서 위원회의 구성원인 사외이사는 당해위원회의 직무범위 내의 사항에 관하여 위원이 아닌 사외이사보다도 엄격한 기준의 책임을 부담한다는 것이 선례이다. 이에 대하여 회사의 일상의 경영을 담당하고 있는 사내이사는 회사업무에 관하여 정통하므로 위원인 사외이사의 책임기준은 그와 같은 사내이사의 것보다는 낮다고 할 수 있다. 그러나 오늘날은 감사위원회가 담당하는 역할이 더 한층 기대되고 있고, 감사위원회의 구성원의 책임을 묻는 경우가 많아질 것으로 예상된다. 그래서 감사위원회의 직무범위를 현실에서 달성가능한 것에 한정하면서 상세히 그것을 공적서면에 명기할 것을 제안하고 있고, 이에 의하여 법원은 위원의 책임유무를 판단한다는 것이다.

2. 감사위원회위원의 선임과 해임

감사위원회 위원의 전제조건이 이사자격이므로, 감사위원회 위원의 선임과 해임은 이사로서의 선임과 해임 및 감사위원회 위원으로서의 선임과 해임으로 나눌 수 있다.

이사는 주주총회에서 선임하고, 감사위원회 위원은 이사회가 이사 중에서 선임한다.[43] 선임 결의는 이사 과반수의 출석과 출석이사 과반수의 찬성으로 한다(391조). 그러나 상장회사의 감사위원회 위원을 선임하는 권한은 주주총회에 있다(542조의12 1항). 상장회사가 이사·감사의 선임에 관한 사항을 목적으로 하는 주주총회를 소집통지 또는 공고하는 경우에는 이사·감사 후보자의 성명, 약력, 추천인 그 밖에 대통령령으로 정하는 후보자에 관한 사항을 통지하거나 공고한다(542조의4 2항). 상장회사는 주주총회에서 이사를 선임한 후 별도의 의안 상정을 하여 선임된 이사 중에서 감사위원회 위원을 선임하여야 한다(542조의12 2항, 5항). 선임 결의 시 최대주주와 그 특수관계인 기타 대통령령이 정하는 자가 소유하는 상장회사의 의결권 있는 주식의 합계가 당해 법인의 의결권 있는 발행주식총수의 100분의 3을 초과하는 경우 그 주주는 그 초과하는 주식에 관하여 감사위원회 위원의 선임 및 해임에 있어서 의결권을 행사할 수 없다(542조의12 3항). 뿐만 아니라 그러한 주주는 사외이사인 감사위원회 위원을 선임할 때에도 의결권을 행사할 수 없다(542조의12 5항).

43) 감사위원회제도의 도입시 위원의 선임기관을 이사회로 할 것인가, 아니면 주주총회로 할 것인가에 관한 논란은, 金建植, "상법개정요강안에 대한 발표의견(Ⅱ)", 상법개정공청회자료, 1999. 9. 14, 38쪽.

한편, 발기설립의 경우 발기인이(296조), 모집설립의 경우에 창립총회에서(312조) 이사와 감사를 선임하도록 하고 있는데, 이 규정을 감사위원회에 준용(415조의2 6항) 하도록 한 것은 잘못이다(李 652). 왜냐하면 발기인이나 창립총회는 이사만을 선임하면 족하고, 감사위원회 위원은 이사회에서 선임하기 때문이다.

감사위원회 위원은 이사이므로, 감사위원의 임기는 이사의 임기가 그 최대한이다. 다만, 이사의 임기가 만료되거나 사임하는 경우 그로 인하여 법률 또는 정관에서 정한 감사위원회의 최소 인원보다 감사위원의 수가 적게 되는 경우에는 퇴임한 위원은 새로 선임된 위원이 취임할 때까지 위원으로서의 권리・의무가 있다(393조의2 5항, 386조 1항).

감사위원회 위원의 해임에 관한 이사회의 결의는 이사총수의 3분의 2 이상의 결의로써 하여야 한다(415조의2 3항). 이사회의 해임결의는 단순히 감사위원회 위원의 해임결의에 불과하므로, 해임된 위원도 이사의 지위는 유지된다. 상장회사의 감사위원회 위원의 해임권은 주주총회에 있다(542조의12 1항).

> **【旣存 監事의 처리문제】** 감사위원회를 도입하기 위하여는 현재 감사로 재직하고 있는 자를 어떻게 처리할 것인지가 문제이다. 일정 규모 이상의 회사에 감사위원회 도입을 강제하여, 현존 감사의 임기 내에 감사위원회를 설치하는 경우에는 임기가 종료되지 않은 감사의 처리를 어떻게 하여야 하느냐가 문제될 수 있다. 이 경우에 자진해서 사퇴하는 경우와 자진사퇴를 거부하는 경우에 주주총회에서 해임하는 방안, 감사의 잔존임기 동안 감사위원회와 감사를 병존시키는 방안, 감사를 감사위원회 위원으로 편입시키는 방안(이 경우에도 감사지위를 유지하는 방안과 이사로 지위를 변경하는 방안으로 나눌 수 있다) 등을 상정해 볼 수 있다.
>
> 감사위원회를 도입한다면 감사위원회에도 회계전문가가 필요하고 기존의 감사의 감사기법 등과 정보를 활용한다는 측면에서 기존의 감사를 사외이사로 지위변경하는 경과규정을 두는 방안이 가장 타당하다고 본다. 그러나 당해 회사에 감사가 3인 이상 있는 경우에는 기존의 감사를 모두 사외이사로 지위변경하는 것은 감사위원회 도입취지에 맞지 않으므로 역시 문제로 남는다. 한편, 감사위원회를 일정규모 이상의 회사에 대하여 강제한다면 감사위원회 강제당시에 그 대상이 아니었다가 나중에 대상 기업으로 되는 경우에 당해 회사의 감사로 재직하고 있는 자에게도 위와 동일한 문제가 발생한다.

3. 감사위원회의 구성

감사위원회는 3인 이상의 이사로 구성하는데 이 중 사외이사가 3분의 2 이상이어야 한다(415조의2 2항). 사외이사는 상무에 종사하지 않는 이사로서 ① 회사의 상무에 종사하는 이사 및 피용자 또는 최근 2년 이내에 회사의 상무에 종사한 이사 · 감사 및 피용자, ② 최대주주가 자연인인 경우 본인, 배우자 및 직계존비속, ③ 최대주주가 법인인 경우에 그 법인의 이사 · 감사 및 피용자, ④ 이사 · 감사의 배우자 및 직계 존속 · 비속, ⑤ 회사의 모회사 또는 자회사의 이사 · 감사 및 피용자, ⑥ 회사와 거래관계 등 중요한 이해관계에 있는 법인의 이사 · 감사 및 피용자, ⑦ 회사의 이사 및 피용자가 이사로 있는 다른 회사의 이사 · 감사 및 피용자에 해당하지 않아야 한다(382조 3항). 상장회사의 사외이사는 미성년자 · 피성년후견인 또는 피한정후견인, 파산자로서 복권되지 아니한 자 등, 별도의 결격사유에 해당하지 않아야 한다(542조의8 2항). 또한 상장회사의 감사위원회는 위원 중 1명 이상은 대통령령으로 정하는 회계 또는 재무전문가이어야 하고, 감사위원회의 대표는 사외이사이어야 한다(542조의11 2항).

감사위원회 위원인 사외이사가 결격사유의 어느 하나에 해당하면 그 직을 상실한다(382조 3항 단서).

4. 감사위원회의 운영

감사위원회는 이사회와 같이 3인 이상으로 구성되는 회의체이기 때문에 감사위원회를 대표할 자를 선정하여야 한다. 이 경우에 수인이 공동으로 위원회를 대표할 것을 정할 수도 있다(415조의2 4항). 다만, 상장회사의 감사위원회의 대표자(代表者)는 사외이사이어야 한다(542조의11 2항). 이사회 내 위원회가 설치된 경우 그 위원회에서 결의한 사항을 이사회에서 번복할 수 있도록 규정하고 있다(393조의2 4항 후단). 그러나 이 조항을 감사위원회에도 그대로 적용하면 감사의 독립성을 심각하게 훼손하게 된다. 따라서 2009년 1월 개정법은 감사위원회의 결의사항은 이사회에서 번복할 수 없도록 규정하고 있다(415조의2 6항).

감사위원회가 감독기능을 실질적으로 수행하기 위하여 외부전문가로부터 조력을 얻어야 하는 경우가 있을 수 있다. 그 경우에 감사위원회는 회사의 비용으로 전문가의 조력을 구할 수 있도록 명시하고 있다(415조의2 5항).

5. 감사위원회위원의 권한과 의무

(1) 감사위원회의 권한

1) 직무감사권

감사위원회는 이사의 직무의 집행을 감사한다(415조의2 6항, 412조). 업무감사를 위하여 감사위원회는 언제든지 이사에 대하여 영업에 관한 보고를 요구하거나 회사의 재산상태를 조사할 수 있다(415조의2, 412조 2항). 감사위원회의 감사결과에 대한 의견은 이사회에서의 보고(415조의2, 391조의2 2항), 유지청구(415조의2, 402조), 주주총회에서의 의견진술(415조의2, 413조), 감사록작성(415조의2, 413조의2), 감사보고서(415조의2, 447조의4)의 작성과 제출로 구체화된다.

감사의 감사권한이 타당성감사에까지 미친다는 견해도 있으나(崔 667), 다수설은 이사의 업무집행의 적법성에만 미친다고 본다[孫 873, 鄭(燦) 506, 鄭(東) 479]. 이에 대하여 감사위원회의 감사권한은 타당성감사에까지 미친다고 한다. 그러나 미국에서의 감사위원회의 監査權은 원칙적으로 회계감사를 중심으로 이루어진다.

2) 자회사 조사권

모회사의 감사위원회는 그 직무를 수행하기 위하여 필요한 때에는 자회사에 대하여 영업의 보고를 요구할 수 있다(415조의2 6항, 412조의5 1항). 자회사가 모회사 감사위원회의 보고요구에 지체 없이 응하지 아니할 때 또는 보고의 내용을 확인할 필요가 있는 때에는 자회사의 업무와 재산상태를 조사할 수 있다(415조의2 6항, 412조의5 2항). 자회사는 정당한 이유가 없는 한 위의 보고요구 및 조사를 거부할 수 없다(412조의5 3항). 정당한 이유 없이 모회사의 감사위원회의 조사에 응하지 아니한 때에는 과태료에 처한다(635조 1항 21조의2).

3) 이사의 보고수령권

이사는 회사에 현저한 손해를 미칠 염려가 있는 사실을 발견한 때에는 즉시 감사위원회에 이를 보고하여야 한다(415조의2 6항, 412조의2). 보고를 받은 감사위원회는 당해 사실을 조사하여 적절한 조치를 취하여야 한다.

4) 임시총회소집청구권

감사위원회는 회의의 목적사항과 소집의 이유를 기재한 서면을 이사회에 제출하여 임시총회의 소집을 청구할 수 있다(415조의2 7항, 412조의3). 이 청구가 있은 후 이사회가 지체 없이 총회소집절차를 밟지 않는 경우에는 감사위원회는 법원의 허가를 얻어 총회를 소집할 수 있다(415조의2 7항, 412조의3 2항, 366조 2항).

5) 기 타

감사위원회는 이사와 회사 간의 소에 관한 대표권(394조 1항), 유지청구권(402조) 등의 권리가 있다.

(2) 감사위원회의 의무

1) 이사회에 대한 보고의무

감사위원회는 이사가 법령 또는 정관에 위반하는 행위를 하거나 그 행위를 할 염려가 있다고 인정한 때에는 이사회에 이를 보고하여야 한다(415조의2 7항, 391조의2 2항).

2) 주주총회에서의 의견진술

감사위원회는 이사가 주주총회에서 제출할 의안 및 서류를 조사하여 법령 또는 정관에 위반하거나 현저하게 부당한 사항이 있는지의 여부에 관하여 주주총회에서 그 의견을 진술하여야 한다(415조의2 7항, 413조).

3) 기 타

감사위원회는 감사록 작성의무(415조의2 7항, 413조의2), 감사보고서 작성·제출의무(415조의2 7항, 447조의4 1항)를 부담한다.

6. 감사위원회위원의 책임

감사위원회의 위원이 그 임무를 해태한 때에는 회사에 대하여 연대하여 손해를 배상할 책임을 진다(415조의2 7항, 414조 1항). 감사위원회 위원이 악의 또는 중대한 과실로 그 임무를 해태한 때에는 제3자에 대하여도 손해를 배상할 책임이 있다(415조의2 항, 414조 2항).

Ⅳ. 검사인과 외부감사인

1. 검사인

(1) 검사인의 의의

검사인(Prüfer)은 일정한 경우에 법정사항을 조사하기 위하여 선임되는 회사의 임시기관이다. 그 임무는 선임의 목적에 따라 범위와 내용이 다르지만, 일반적으로 계산서류의 정부(正否) 및 발기인·이사·청산인의 직무수행의 적법여부를 조사하는 기관이라는 점에서 감사의 지위와 유사하다. 그러나 검사인은 감사제도의 결함을 보충할 목적으로 일정한 법정사항을 조사하기 위하여 선임되는 임시기관이라는 점에서 감사와 구별된다.

(2) 검사인과 회사와의 관계

창립총회나 주주총회에서 선임되는 검사인과 회사의 관계는 위임관계이다. 법원에 의하여 검사인이 선임되는 때에는 회사와 검사인 사이에 아무런 계약관계도 존재하지 않고, 그 권한도 법률의 규정에 의하여 정해지므로 위임관계를 부정하는 견해도 있다[鄭(東) 459]. 그러나 법원이 검사인을 선임하는 관계는 주주총회에서 검사인을 선임하는 관계와 유사하므로 위임에 관한 규정을 유추적용하여야 할 것이다(李 636, 崔 598).

(3) 검사인의 자격

검사인의 자격에는 제한이 없으나, 그 성질상 이사·감사 또는 회사의 사용인은 검사인으로 되지 못하며, 또 현물출자나 재산인수의 경우에 그 조사사항에 관련된 당사자도 당연히 검사인이 될 수 없다. 그리고 검사인은 의사능력이 있는 자연인에 한정된다는 견해(孫 795)도 있으나, 법인도 검사인이 될 수 있다고 본다(李 636).

(4) 검사인의 선임과 직무

검사인은 창립총회 또는 주주총회에 의하여 선임되는 경우와 법원에 의하여 선임되는 경우가 있다.

1) 창립총회 또는 주주총회에서 선임하는 경우

(가) 모집설립의 경우에 이사와 감사의 전원이 발기인 중에서 선임된 때에는 설립경과조사를 하기 위하여 창립총회는 검사인을 선임하여야 한다(313조 3항).

(나) 소수주주의 청구에 의하여 소집된 임시주주총회에서 회사의 업무와 재산상태를 조사하기 위하여 검사인을 선임할 수 있다(366조 3항).

(다) 주주총회는 이사가 제출한 서류와 감사의 보고서를 조사하게 하기 위하여 검사인을 선임할 수 있으며(367조), 청산중의 회사의 주주총회에서는 청산인이 제출한 서류와 감사보고서를 조사하게 하기 위하여 검사인을 선임할 수 있다(542조 2항, 367조).

2) 법원이 선임하는 경우

(가) 발기설립의 경우에 정관에 변태설립사항을 기재한 때에는 그 조사를 하게 하기 위하여 이사의 청구에 따라 법원이 검사인을 선임하게 된다(298조 4항 본문).

(나) 모집설립방법에 의하는 경우에 발기인의 특별이익이나 현물출자 등의 변태설립사항이 있는 때에는 발기인은 이에 관한 조사를 하게 하기 위하여 검사인의 선임을 법원에 청구하여야 한다(310조 1항).

(다) 회사가 성립한 날로부터 2년을 경과한 후에 신주를 액면 미달로 발행하는 경우에는 주주총회의 특별결의와 법원의 허가를 얻어야 하고(417조 1항), 이 경우에 총회의 결의에서는 주식의 최저발행가액을 정하여야 하며(417조 2항), 또한 법원은 이 최저발행가액의 변경을 허가할 수 있다(417조 3항 1문). 이때 법원은 회사의 재산상태 기타 필요한 사항을 조사하게 하기 위하여 직권으로 검사인을 선임할 수 있다(417조 3항 2문).

(라) 신주발행 시 현물출자를 하는 자가 있는 경우에는 이사는 현물출자를 하는 자의 성명과 그 목적인 재산의 종류·수량·가액과 이에 부여할 주식의 종류와 수를 조사하게 하기 위하여 검사인의 선임을 법원에 청구하여야 한다(422조 1항).

(마) 회사의 업무집행에 관하여 부정행위 또는 법령이나 정관에 위반한 중대한 사실이 있음을 의심할 사유가 있는 때에는 소수주주는 회사의 업무와 재산상태를 조사하게 하기 위하여 검사인의 선임을 법원에 청구할 수 있다(467조 1항).

이상의 어느 경우이든 검사인의 선임은 등기할 필요가 없다.

(바) 회사 또는 발행주식총수의 100분의 1 이상에 해당하는 주식을 가진 주주는 총회의 소집절차나 결의방법의 적법성을 조사하기 위하여 총회 전에 법원에 검사인의 선임을 청구할 수 있다(367조 2). 이것은 2011년 개정상법에서 도입한 제도이다.

(5) 검사인의 보수

창립총회 또는 주주총회에서 선임한 검사인의 보수는 그 총회에서 이를 정하지 않으면 무보수이다(686조 1항). 그러나 법원이 선임한 검사인에 대하여는 법원이 회사의 부담으로 보수를 지급할 것을 정할 수 있다(非訟 77조).

(6) 검사인의 종임

총회에서 선임된 검사인은 위임관계의 종료사유로써 종임된다(民 689조, 690조). 검사인의 해임과 관련하여서는 총회에서 선임된 경우에는 총회의 결의로, 법원이 선임한 경우에는 법원의 해임결정으로 검사인을 해임할 수 있다. 다만, 주주총회의 결의에 의하여 검사인을 해임하는 경우에는 부득이한 사유가 없으면, 회사는 검사인이었던 자에 대하여 손해배상을 하여야 한다(689조 2항).

(7) 검사인의 의무와 책임

검사인은 총회에 의하여 선임된 경우에는 회사에 대하여 수임인의 지위에 있으므로, 선관주의의무를 다하여야 한다. 그리고 법원에 의하여 선임된 검사인도, 법원이 직권으로 선임한 경우를 제외하고는 총회에서 선임된 검사인과 동일한 의무를 부담한다고 본다. 선관주의의무에 위반한 검사인은 회사에 대하여는 채무불이행책임을 지고, 제3자에 대하여는 불법행위의 요건을 구비한 때에는 손해배상책임을 지게 된다.

회사의 설립경과에 관한 사항을 조사하기 위하여 법원이 선임한 검사인이 악의 또는 중대한 과실로 인하여 그 임무를 해태한 때에는 회사 또는 제3자에 대하여 손해배상책임을 부담한다(325조). 이처럼 검사인의 회사에 대한 손해배상책임은 악의 또는 중대한 과실로 인한 임무해태를 요건으로 하므로, 이 점에서 발기인·이사·감사 등의 회사에 대한 손해배상책임보다 까다롭게 되어 있다.

검사인이 상법 제625조상의 회사재산을 위태롭게 하는 죄나 제630조상의 독직죄(瀆職罪)를 범한 때에는 5년 이하의 징역 또는 1,500만 원 이하의 벌금에 처하며, 일정한 경우에 500만 원 이하의 과태료 처분을 받게 된다(635조).

2. 외부감사인

(1) 외부감사의 필요성

대규모 주식회사에 있어서는 다수의 이해관계자가 존재하며, 그 재무내용도 복잡하기 때문에 적정하고 공정한 회계처리가 특히 요구된다. 따라서 주식회사로부터 독립된 외부감사인으로 하여금 그 주식회사에 대하여 회계감사(會計監査)를 실시하게 하고 회계처리의 적정을 도모하게 함으로써, 이해관계인의 보호와 기업의 건전한 발전을 기하게 할 필요성이 있다. 그리하여 「주식회사의 외부감사에 관한 법률」을 제정하고 자산총액이 일정한 기준액 이상의 주식회사에서는 독립된 외부감사인에 의한 회계감사를 받도록 하고 있다(外監 2조 본문).

(2) 감사대상기업

외감법에 의하여 외부감사를 받아야 하는 회사는 직전사업연도 말을 기준으로 자산총액이 120억 원 이상인 주식회사, 주권상장법인 및 다음 사업연도 중에 상장회사가 되고자 하는 주식회사이다(外監 4조, 동법시행령 2조 1항).

(3) 외부감사인의 자격

외부감사인으로 될 수 있는 자는 회계법인, 한국공인회계사회에 등록된 감사반이어야 한다(外監 2조 7호).

(4) 외부감사인의 선임

회사는 매 사업연도 개시일부터 45일 이내에 감사인을 선임하여야 한다(外監 10조 1항 본문). 상장회사의 경우에는 연속하는 3개 사업연도의 감사인은 동일 감사인이어야 한다((外監 10조 3항).

(5) 외부감사인의 권한과 의무

1) 외부감사인의 권한

감사인의 권한은 회계감사권이다((外監 1조). 감사인은 언제든지 회사 및 해당

회사의 주식 또는 지분을 일정 비율 이상 소유하고 있는 등 대통령령으로 정하는 관계에 있는 회사(이하 "관계회사"라 한다)의 회계에 관한 장부와 서류를 열람 또는 복사하거나 회계에 관한 자료의 제출을 요구할 수 있으며, 그 직무를 수행하기 위하여 특히 필요하면 회사 및 관계회사의 업무와 재산상태를 조사할 수 있다(外監 21조 1항). 이 경우 회사 및 관계회사는 지체 없이 감사인의 자료 제출 요구에 따라야 한다. 연결재무제표를 감사하는 감사인은 그 직무의 수행을 위하여 필요하면 회사 또는 관계회사의 감사인에게 감사 관련 자료의 제출 등 필요한 협조를 요청할 수 있다. 이 경우 회사 또는 관계회사의 감사인은 지체 없이 이에 따라야 한다(外監 21조 2항).

2) 외부감사인의 의무

감사인은 일반적으로 공정·타당하다고 인정되는 감사기준에 따라 감사를 실시하여야 한다(外監 16조). 그 밖에 감사인은 감사보고서 작성의무, 감사조서 작성 및 보관의무, 부정행위보고의무, 감사보고서 제출의무, 주주총회 출석의무, 비밀엄수 등이 있다(外監 18조, 19조, 20조, 22조, 23조, 24조).

(6) 외부감사인의 책임

1) 회사에 대한 책임

감사인이 그 임무를 게을리하여 회사에 대하여 손해를 발생하게 한 때에는 그 감사인은 회사에 대하여 손해를 배상할 책임이 있다. 이 경우에 감사반인 감사인의 경우에는 당해 회사에 대한 감사에 참여한 공인회계사가 연대하여 손해를 배상할 책임을 진다(外監 31조 1항).

2) 제3자에 대한 책임

감사인이 중요한 사항에 관하여 감사보고서에 기재하지 아니하거나 허위의 기재를 함으로써 이를 믿고 이용한 제3자에게 손해를 발생하게 한 경우에는 그 감사인은 제3자에 대하여 손해를 배상할 책임이 있다(外監 31조 2항). 감사인이 회사 또는 제3자에 대하여 손해를 배상할 책임이 있는 경우에 당해 회사의 이사 또는 감사도 그 책임이 있는 때에는 그 감사인과 당해 회사의 이사 및 감사는 연대하여 손해를 배상할 책임이 있다(外監 31조 3항). 다만, 손해를 배상할 책임이 있는 자가 고의가 없는 경우에 그 자는 법원이 귀책사유에 따라 정하는 책임비율에 따라 손해를 배상할 책임이 있다.

감사인의 손해배상책임은 그 청구권자가 해당 사실을 안 날부터 1년 이내 또는 감사보고서를 제출한 날부터 8년 이내에 청구권을 행사하지 아니하면 소멸한다

(外監 17조 7항 본문).

감사인은 회사 또는 제3자에 대한 손해배상책임을 보장하기 위하여 손해배상공동기금의 적립 또는 보험가입 등 필요한 조치를 하여야 한다(外監 32조).

(7) 외부감사인의 감독

증권선물위원회에 감독업무의 공정성을 보장하기 위하여 감사보고서의 감리 등 외부감사인의 감독권을 부여하고 있다(外監 26조). 또한 감사인의 부정을 처벌하기 위한 벌칙을 두고 있다(外監 39조 내지 48조).

Ⅴ. 내부통제제도

1. 내부통제제도의 의의

내부통제제도란 일반적으로 회사가 각종 경영계획의 수립 · 조정과 실행과정에서 발생할 수 있는 위험을 최소화하기 위한 목적으로 두는 제도적인 절차나 장치를 말한다.

자본단체인 주식회사의 내부통제는 준법통제 외에 업무위험통제, 재무회계통제와 함께 어우러져야 한다. 그러나 우리나라는 이 중 준법통제와 재무회계통제에 대해서만 부분적으로 도입하고 있다. 즉 우리 상법은 준법통제를 위한 제도로서 준법지원인제도(542조의13)를 두고 있다. 또한 금융회사의 지배구조에 관한 법률에서 준법감시인제도를 두고 있다(동법 24조).

2. 준법지원인

(1) 준법지원인의 의의

준법지원인은 회사의 업무계획 및 집행에 있어서 상법상 준법통제기준의 준수에 관한 업무를 담당하는 자이다(542조의13). 준법지원인은 자본시장과 금융투자업에 관한 법률상 준법감시인과 동일한 개념이므로, 이미 준법감시인을 둔 회사는 준법지원인을 따로 둘 필요는 없다고 본다.

(2) 준법통제기준

자산 규모 등을 고려하여 대통령령으로 정하는 상장회사는 법령을 준수하고 회사경영을 적정하게 하기 위하여 임직원이 그 직무를 수행할 때 따라야 할 준법통제에 관한 기준 및 절차(준법통제기준)를 마련하여야 한다(542조의13 1항). 준법통제기준에 관하여 필요한 사항은 대통령령으로 정한다.

(3) 준법지원인의 선임과 임기

상장회사는 준법통제기준의 준수에 관한 업무를 담당하는 사람(준법지원인)을 1명 이상 두어야 한다(542조의13 2항). 준법지원인은 이사회의 결의로 임면한다(542조의13 4항).

준법지원인의 임기는 3년으로 하고, 준법지원인은 상근으로 한다(542조의13 6항). 준법지원인에 관하여 다른 법률에 특별한 규정이 있는 경우를 제외하고는 상법에서 정하는 바에 따른다. 다만, 다른 법률의 규정이 준법지원인의 임기를 3년보다 단기로 정하고 있는 경우에는 상법을 다른 법률에 우선하여 적용한다(542조의13 11항). 이는 준법지원인의 임기를 보장하여 회사 내부통제의 실효성을 도모하기 위한 것이나, 그럼에도 불구하고 임면권자인 이사회는 준법지원인의 임명뿐만 아니라 임기 중에 면직도 할 수 있다고 본다.

(4) 준법지원인의 자격

준법지원인이 될 수 있는 자는 ① 변호사 자격을 가진 사람, ② 고등교육법 제2조에 따른 학교에서 법률학을 가르치는 조교수 이상의 직에 5년 이상 근무한 사람, ③ 그 밖에 법률적 지식과 경험이 풍부한 사람으로서 대통령령으로 정하는 사람이다(542조의13 5항).

(5) 준법지원인의 직무

준법지원인은 준법통제기준의 준수여부를 점검하여 그 결과를 이사회에 보고하여야 한다(542조의13 3항). 그런데 준법지원인의 직무범위가 기존의 감사 또는 감사위원회의 적법성 감사, 내부회계관리제도에 대한 운용실태 평가 · 보고, 외부감사인의 종합검토, 공시책임자의 내부정보관리 등과 중복되므로 이를 회사 내규 등으로 조정할 필요가 있다고 본다.

(6) 준법지원인의 의무

준법지원인은 선량한 관리자의 주의로 그 직무를 수행하여야 한다(542조의13 7항). 준법지원인은 재임 중뿐만 아니라 퇴임 후에도 직무상 알게 된 회사의 영업상 비밀을 누설하여서는 아니 된다(542조의13 8항).

준법지원인의 의무에 대응하여 회사는 준법지원인이 그 직무를 독립적으로 수행할 수 있도록 하여야 하고, 회사의 임직원은 준법지원인이 그 직무를 수행할 때 자료나 정보의 제출을 요구하는 경우 이에 성실하게 응하여야 한다(542조의13 9항). 회사는 준법지원인이었던 사람에 대하여 그 직무수행과 관련된 사유로 부당한 인사상의 불이익을 주어서는 아니 된다(542조의13 10항).

(7) 준법지원인을 둔 회사의 혜택

회사가 준법통제기준 및 준법지원인제도에 따른 의무를 성실히 이행한 경우 양벌규정(주요주주 등 이해관계자와의 거래 위반의 죄) 중 회사의 벌금형을 면제한다(634조의3). 준법지원인을 설치해야 할 회사가 이를 두지 않은 경우에 형사적 벌칙조항이 없으나, 이 경우에는 법령위반이 되어 이사가 회사 또는 제3자에 대하여 책임을 지게 되거나 해임청구소송의 대상이 되는 등 법적 책임이 따른다.

3. 준법감시인

(1) 준법감시인의 의의

금융회사의 지배구조에 관한 법률에서는 금융투자업무가 건전하게 운용될 수 있도록 하기 위해 내부통제기준을 두고 있다(동법 24조, 동시행령 31조). 내부통제기준이란 법령을 준수하고 자산을 건전하게 운용하며, 이해상충 방지 등과 관련하여 투자자를 보호하기 위하여 금융투자업자로서의 금융회사의 임직원이 자신의 직무를 수행함에 있어서 따라야 할 기본적 기준 및 절차를 말한다.

금융관련 회사(은행, 상호저축은행, 증권회사, 보험회사, 여신전문금융회사, 자산운용회사 등)가 내부통제기준의 준수 여부를 점검하고 내부통제기준을 위반하는 경우 이를 조사하여 감사위원회 또는 감사에게 보고하는 자를 1인 이상 두어야 하는데 이를 준법감시인이라 한다(금융회사지배법 25조 1항).

(2) 준법감시인의 임면

금융관련 회사는 준법감시인을 임면하고자 하는 경우에는 이사회 결의를 거쳐야 한다(금융회사지배법 25조 3항).

(3) 준법감시인의 의무

준법감시인은 선량한 관리자의 주의로 그 직무를 수행하여야 하며, 일정한 행위를 하여서는 안된다(금융회사지배법 29조).

제 5 장 株式會社의 資金調達

제 1 절 총 설

주식회사의 기업활동이 본궤도에 올라 발전을 거듭하면 할수록 그만큼 자금의 수요가 커진다. 즉, 회사설립시에 주금액의 납입을 통하여 집적된 자본금만으로는 계속되는 자금의 수요를 충족시킬 수 없고, 회사가 양적 · 질적으로 성장하기 위해서는 기동성 있게 원활히 필요한 자금조달을 할 수 있어야 한다.

회사가 자금을 조달하는 방법은 간접시장(은행 등 금융권)을 통한 타인자금에 의한 조달과 직접시장(증권시장)을 통한 자기자본에 의한 조달로 분류할 수 있다. 전자의 경우는 개별적인 금전소비대차계약에 의한 차입과 사채의 발행에 의한 조달로 다시 분류되고, 후자의 경우는 바로 신주발행에 의한 조달책이 된다. 그런데 타인자본에 의한 자금조달은 구체적인 절차상의 제약뿐만 아니라, 금리부담이라는 비용부담 때문에 계속적인 자금조달책으로서는 부적당하게 된다. 따라서 신주발행을 통한 자금조달이 편의성과 기동성으로 인하여 주로 이용되고 있다.

제 2 절 新株發行

Ⅰ. 신주발행의 의의

본래 신주발행이란 회사가 성립 후에 새로 주식을 발행하는 것을 말한다. 신주발행은 다시 통상의 신주발행과 특수한 신주발행으로 구분할 수 있다. 통상의 신주발행은 자금의 조달책으로 신주를 발행하는 것이므로 액면주식의 경우 신주수에 액면금액을 곱한 만큼 자본금이 증가하며, 또한 회사재산도 증가하기 마련이다. 다만, 할인발행을 하는 경우에는 그 예외이다. 회사가 무액면주식을 발행하는 경우 회사의 자본금은 신주식발행가액의 2분의 1이상의 금액으로서 이사회가 자본금으로 계상하기로 한 금액의 총액이 자본금이 된다(451조 2항, 416조 2의2호).

특수한 신주발행은 그 목적이 운영자금의 조달에 있는 것이 아니라, 다른 특수한 요청(자본구성의 시정, 현금의 사외유출방지 등)에 따른 것이므로 자본금이나 회사재산의 증감관계가 일률적이지는 않다. 특수한 신주발행으로는 ① 전환종류주식의 전환에 의한 신주발행(346조 이하), ② 주식분할에 의한 신주발행(329조의2), ③ 자본금감소를 위한 주식병합에 의한 신주발행(440조~444조), ④ 준비금의 자본금전입에 의한 신주발행(461조), ⑤ 주식배당에 의한 신주발행(462조의2), ⑥ 주식매수선택권 행사에 의한 신주발행(340조의4), ⑦ 전환사채의 전환에 의한 신주발행(515조, 516조), ⑧ 신주인수권부사채권자의 청구에 의한 신주발행(516조의8), ⑨ 주식의 포괄적 교환을 위한 신주발행(360조의2), ⑩ 합병에 의한 존속회사의 신주발행(523조 3호), ⑪ 회사의 분할·합병의 경우 신주발행(530조의5, 530조의6) 등을 들 수 있다.

Ⅱ. 신주인수권

1. 신주인수권의 의의

신주인수권(preemptive right; Bezugsrecht)이란 회사의 성립 후 신주를 발행하는 경우에 그 신주를 우선적으로 인수하는 권리를 말한다. 신주인수권을 누구에게 줄 것이냐 하는 문제는 주주의 이익보장과 자금조달의 기동성·편의성의 확보라는 요청과 관계되는 것인데, 상법은 주주의 이익을 보호하기 위해서 주주의 신주인수권을 원칙적으로 인정하고 있다(418조). 다만, 예외적으로 정관으로 제3자에게도 신주를 배정할 수 있게 하였다(418조, 420조 5호). 즉, 제3자에게 신주를 배정할 경우에는 정관에 이에 관한 규정이 있어야 하고, 그 경우에도 신기술의 도입, 재무구조 개선 등 회사의 경영상 목적을 달성하기 위하여 필요한 경우에 한한다(418조 2항).

한편, 회사가 한국거래소에 상장하거나 코스닥시장에 등록하는 경우에는 주식분산요건을 갖추어야 할 뿐만 아니라, 대량의 자금조달도 하여야 하기 때문에 광범위하게 제3자에게 신주를 배정하게 된다. 그러나 이것은 상장 또는 등록됨으로써 주식의 양도가 자유로워지고, 주주의 이윤창출기회가 보장되기 때문에 주주이익보호에도 문제가 되지 않는다.

2. 주주의 신주인수권

(1) 주주 신주인수권의 의의

주주 신주인수권이란 주주가 종래 가지고 있던 주식의 수에 비례하여 신주의 우선적 배정을 받을 권리를 말한다(418조 1항). 주주의 신주인수권은 정관이나 이사회의 결정에 의해서 비로소 생기는 것이 아니라, 법률의 규정에 의하여 주주에게 당연히 주어지는 권리이며, 이 추상적인 신주인수권은 이로부터 구체화·현실화된 구체적인 신주인수권과는 구별할 필요가 있다.

(2) 주주 신주인수권의 법적 성질 및 양도성

추상적 신주인수권은 주식을 보유하고 있음으로써 장래에 신주가 발행될 때, 이를 인수할 수 있다는 기대권을 말한다. 추상적 신주인수권은 아직 구체화된 권리는 아니므로 주식과 분리하여 양도 기타의 처분을 하지 못할 뿐만 아니라 주식이 양도됨에 따라서 당연히 이전된다. 또한 추상적 신주인수권의 법적 성질은 비고유권이므로 원시정관에서, 또는 정관변경에 의하여 일정한 한도 내에서 이를 배제 또는 제한할 수 있다.

구체적 신주인수권은 추상적 신주인수권으로부터 유출된 지분권(持分權)으로서, 이사회의 신주발행결의에 의하여 구체화된 권리이다. 이것은 주식과는 독립된 채권적 권리이므로 주식과 별도로 양도할 수 있다. 다만 이사회의 결의에 따라 신주인수권증서를 교부받아 그 증서로써 양도하거나 신주인수권의 전자등록부에 양도를 등록함으로써 이루어진다(420조의3 1항, 420조의4).

(3) 신주 배정과 주주평등의 원칙

주주는 정관에 다른 정함이 없는 한, 지주수에 따라 평등하게 신주의 배정을 받을 권리가 있다. 하지만 다음과 같은 예외가 인정된다. 즉, ① 수종의 주식을 발행하고 있는 경우에는 정관에 정함이 없더라도 신주의 인수로 인한 주식의 배정에 관하여 주식의 종류에 따라 특수한 정함을 할 수 있으며(344조 3항), ② 자기주식을 가지고 있는 회사는 그 주식에 대한 신주인수권이 없다고 보아야 할 것이다(이 경우 일반주주는 더 많은 무상주를 받게 될 때 과세문제[1])가 발생한다). ③ 단주(端株)에

1) 李泰魯·安慶峰, 租稅法講義, 博英社, 2001, 162쪽.

관하여는 자본금감소의 경우와 같은 단주의 처리에 관한 명문규정(443조)이 없지만 주주평등의 원칙상 단주를 시가로 처분하여 발행가액과의 차액을 단주주에게 분배하는 것이 타당하리라고 본다. 또 상장법인이 신주를 발행하는 경우에는 일정한 범위 내에서 종업원에게 우선적으로 배정하여야 한다(자시법 165조의7 2항).

(4) 주주에게 신주인수권이 없는 경우

주주는 원칙적으로 장래에 발행되는 모든 주식(현재의 미발행주식 뿐만 아니라 정관변경 후의 미발행주식도 포함)에 대하여 신주인수권을 갖게 되지만, 다음과 같은 경우에 발행되는 주식은 신주인수권의 대상이 될 수 없다. 즉, ① 준비금의 자본금전입에 의한 경우(461조), ② 전환종류주식·전환사채의 전환에 의한 경우(348조, 516조), ③ 주식배당의 경우(462조의2), ④ 주식병합의 경우(440조, 442조), ⑤ 회사합병의 경우(523조 3호), ⑥ 주식교환의 경우(360조의2 2항), ⑦ 실권주 처리의 경우(419조 참조), ⑧ 신주인수권부사채권자의 청구의 경우(516조의8), ⑨ 종업원에게 배정되는 주식의 경우(자시법 165조의7 2항)에는 신주인수권의 문제가 생기지 않는다. 또한 회사회생절차상 회생계획에 의한 신주발행의 경우에도 주주의 신주인수권은 없다(회파 265조 2항, 266조 3항).

(5) 주주 신주인수권의 효력

회사가 주주의 신주인수권을 무시하여 신주를 발행한 경우, 주주는 신주발행의 유지(留止)를 청구할 수 있고(424조), 회사 또는 이사를 상대로 손해배상을 청구할 수 있다(399조, 210조, 401조). 이때 발행된 신주의 효력은 ① 주주의 신주인수권이 대부분 무시된 경우 무효라는 설[孫 812, 鄭(燦) 492]과, ② 지배권에 영향을 미칠 때만 무효라는 설(李 776), ③ 신주인수권의 일부라도 무시되면 무효라는 설(徐 424, 崔 802)이 있으나 ③설이 옳다고 본다. 그것은 ①설은 그 한계가 모호하고, ②설은 지배권에만 영향이 없으면 상관없다는 것도 부당하기 때문이다.

【실기주(또는 失念株)】 실기주란 좁은 의미로는 신주인수권이 부착된 주식의 양수인(실질주주)이 신주의 배정일까지 명의개서를 하지 아니하여 주주명부상의 주주인 주식의 양도인(명의주주)에게 배정된 신주를 말하고, 넓은 의미에서는 이러한 경우뿐 아니라 널리 주주총회·이익배당금·주식배당·합병교부금·청산금 등에 관하여 일정한 기일 내에 명의개서를 하지 아니하여 권리행사를 할 수 없게 된 주식을 말한다. 신주발행의 경우에 생기는 실기주에 관한 법률관계를 통설에 따라 정리하면 다음과 같다.

(i) 구주주가 회사에 대하여 신주인수의 청약을 한 경우, 회사는 그 청약에 대하여 배정을 하면 면책된다[기명주식의 이전은 취득자의 성명과 주소를 주주명부에 기재하

지 않으면 회사에 대하여 대항할 수 없다(337조 1항)는 데 대한 반대해석].

(ii) 신주주가 회사에 대하여 신주배정을 요구할 권리는 없다(337조 1항). 그러나 회사는 권리를 입증한 신주주에게 배정할 수 있다.

(iii) 회사는 신주주에게 형식적인 권리가 없다는 이유로, 또 구주주에게는 실질적인 권리가 없다는 이유로 양자 모두의 권리행사를 부인할 수는 없다.

(iv) 구주주는 회사가 신주주의 주식을 인수시키지 않는 경우 자신에게 신주배정을 요구할 권리가 있다. 구주주의 채권자는 이 권리를 압류할 수 있다(대판 1988. 6. 14, 87다카2599, 2600).

(v) 위 (i)과 (iv)의 경우에 구주주에게 배정된 실기주가 주식양도당사자 사이에서 누구에게 귀속되는가에 관해서는 양도인에게 귀속된다는 견해(대판 1995. 7. 28, 94다25753; 日最判 1960. 9. 15, 民集 14.11.2146)와 양수인에게 귀속된다는 견해[鄭(東) 508]로 나뉜다. 전자는 ① 실기주가 양수인에게 귀속된다고 하면 신주의 주가의 등락에 따라 양수인이 유리한 경우에만 청구를 하게 되며, 이것은 신의칙에 반할 뿐만 아니라 거래의 안정을 해하는 결과를 초래하며, ② 이사회에서 배정일을 정하고, 그 날짜의 주주명부상의 주주에게 배정하기로 한 것은 적법하기 때문이라고 주장한다. 그러나 신주인수권은 주주권의 하나이므로 이미 주주권이 주식양도와 함께 양도된 이상, 이를 단순히 형식적인 문제로 처리하는 것은 타당하지 못하다. 따라서 후자의 견해가 타당하다고 본다.

(vi) 한편 실기주가 내부적으로 양수인에게 귀속된다는 학설에 있어서도, 그 권리의 근거에 관하여 다시 견해가 나뉜다.

(a) **부당이득설** : 이 학설은 양도인은 부당이득의 법리에 따라 양수인에게 그가 취득한 이익(즉, 신주발행가액과 시가의 차액)을 양수인에게 반환하면 되고 신주는 인도할 의무가 없다고 한다[孫 814, 鄭(東) 262~263]. 그러나 신주 자체의 반환이 인정되지 않으므로 양수인은 종래의 양도인이 갖고 있던 회사에 대한 지위를 갖지 못하고, 양도인의 이득과 양수인의 손해 사이의 인과관계를 인정한다는 것도 곤란한 점을 보면 문제가 있다고 본다.

(b) **사무관리설** : 이 학설은 양도인은 실질적 권리자인 양수인의 사무관리자로서 이익 또는 신주를 취득한 것이므로 사무관리의 법리에 의하여 양수인에게 이를 반환하여야 한다는 견해이다[鄭(燦) 773]. 그러나 이 법리에 의하면 양도인은 양수인에게 타인을 위한 의사가 있어야 하는데 보통은 양도인 본인을 위한 의사에 기하므로 문제가 있다.

(c) **준사무관리설** : 준사무관리설은 양도인에게 사무관리의 의사가 없어서 민법상의 사무관리로 보기는 어렵지만 구주주(양도인)는 신주주를 위하여 신주청약을 한 것으로 법적 의제는 가능하므로, 구주주를 준사무관리의 관리자로 보고 그에 따른 의무를 부담한다고 보는 견해이다(崔 623, 李 334, 權 393). 즉, 신주주는 구주주에게 유익비를 상환하고 신주 또는 그 매각대금의 반환을 청구할 수 있다고 한다. 생각건대, 구주주가 신주인수권을 행사하지 않았더라면 신주주의 손해에 관하여는 더 이상 구제방법이 없었을 터이므로 구주주의 이득과 신주주의 손해 사이에 인과관계가 있다고 할 수 없고, 신주 자체의 양도를 허용하지 않는 것도 주식양도

로 인한 주주의 모든 추상적 권리이전의 원칙과도 맞지 않으므로 준사무관리설이 가장 타당하다고 본다.

(6) 주주 신주인수권의 양도

1) 신주인수권의 양도성

추상적 신주인수권은 주식과 분리하여 타인에게 양도할 수 없으나, 구체적 신주인수권은 이를 양도할 수 있다. 주주에게 신주가 배정되었는데도 불구하고, 신주인수대금이 없어서 신주인수를 포기해야 되는 경우 포기한 주주는 어떠한 손해를 입을 수 있을까? 신주의 배정 후에는(주식의 물타기가 발생하기 때문에) 권리락이 이루어져 주가가 그만큼 하락하게 되고, 신주인수를 포기한 주주는 그 만큼의 손해가 발생할 수 있다. 따라서 구체적 신주인수권에 있어서 신주인수의 자력이 없는 주주를 보호할 필요성이 제기되고, 이에 신주인수권을 양도할 수 있도록 보호장치를 마련한 것이다.

2) 신주인수권양도의 요건

주주의 신주인수권은 정관의 규정이나 정관에 의한 주주총회의 결의 또는 이사회 결의가 있어야 그 양도가 인정된다(416조 5호). 이와 같은 정함이 없는 경우에는 그 신주인수권은 양도성이 없다는 것이 다수설의 입장이다(徐 415, 孫 808, 崔 810). 다수설의 근거는 ① 신주인수권의 양도에 관한 사항은 이사회 등에서 결정하도록 법정되어 있고, ② 신주인수권은 신주인수권증서의 교부에 의하여서 양도할 수 있는데(420조의3), ③ 신주인수권증서는 이 결의가 있을 때에만 발행하기 때문(429조의2)이라고 한다. 그리하여 이를 양도하더라도 회사에 대하여는 효력이 없고, 다만 권리주양도의 효력만 있다고 한다. ④ 또한 상법은 신주인수권의 양도방법을 신주인수권증서의 교부에 의하도록 하였는 바(420조의3 1항), 이는 주식의 양도방법을 주권의 교부에 의하도록 한 것(336조 1항)과 균형을 이루고 있다고 볼 수도 있다. 또한 ⑤ 소수설과 같이 해석하면 상법 제416조 제5호가 무의미하게 되고, 또 ⑥ 신주인수권의 양도방법을 정한 상법 제420조의3은 강행규정으로 보아야 하므로, 이 경우 신주인수권의 양도는 회사에 대하여는 효력이 없다고 보아야 한다는 것이다.

【판례】 대법원 1995. 5. 23. 선고, 94다36421 판결

「상법 제416조 제5호에 의하면, 회사의 정관 또는 이사회의 결의로 주주가 가지는 신주인수권을 양도할 수 있는 것에 관한 사항을 결정하도록 되어 있는바, 신주인수권의 양도성을 제한할 필요성은 주로 회사측의 신주발행

> 사무의 편의를 위한 것에서 비롯된 것으로 볼 수 있고, 또 상법이 주권발행 전 주식의 양도는 회사에 대하여 효력이 없다고 엄격하게 규정한 것과는 달리 신주인수권의 양도에 대하여는 정관이나 이사회의 결의를 통하여 자유롭게 결정할 수 있도록 한 점에 비추어 보면, 회사가 정관이나 이사회의 결의로 신주인수권의 양도에 관한 사항을 결정하지 아니하였다 하여 신주인수권의 양도가 전혀 허용되지 아니하는 것은 아니고, 회사가 그와 같은 양도를 승낙한 경우에는 회사에 대하여도 그 효력이 있다. … 주권발행 전의 주식의 양도는 지명채권 양도의 일반원칙에 따르는 것이고, 신주인수권증서가 발행되지 아니한 신주인수권의 양도 또한 주권발행 전의 주식양도에 준하여 지명채권양도의 일반원칙에 따른다고 보아야 하므로, 주권발행 전의 주식양도나 신주인수권증서가 발행되지 아니한 신주인수권 양도의 제3자에 대한 대항요건으로는 지명채권의 양도와 마찬가지로 확정일자 있는 증서에 의한 양도통지 또는 회사의 승낙이라고 보는 것이 상당하고, 주주명부상의 명의개서는 주식 또는 신주인수권의 양수인들 상호간의 대항요건이 아니라 적법한 양수인이 회사에 대한 관계에서 주주의 권리를 행사하기 위한 행사요건에 지나지 아니한다」.

3) 신주인수권증서의 발행 및 전자등록

신주인수권은 신주인수권증서의 발행·교부에 의하여 양도할 수 있다(420조의2 1항, 420조의3 1항). 신주인수권증서(option warrant, stock purchase warrant)는 신주인수권을 표창하는 유가증권이다. 회사는 신주인수권증서를 발행하는 대신에 정관의 정함에 따라 전자등록기관의 전자등록부에 신주인수권을 등록할 수 있고, 이때 신주인수권의 양도는 전자등록부에 양도를 등록함으로써 효력이 생긴다(420조의4, 356조의2).

회사는 신주인수권만의 분리 양도를 인정한 경우 신주인수권증서의 발행청구기간을 정한 때에는 그 기간 내에 청구한 株主에 대하여 이를 발행하고(416조 6호), 청구기간을 정하지 아니한 때에는 신주청약기일의 2주 전에 청구에 관계없이 모든 주주에게 이를 발행하여야 한다(420조의2 1항). 이에 위반하면 과태료의 제재가 있다(635조 1항 16호). 청구기간 내에 청구를 하지 않은 주주는 신주인수권증서가 없으므로 주권과 분리하여 신주인수권만을 양도할 수는 없으나, 당연히 신주를 인수할 수 있고, 주권발행 후 이를 양도할 수 있음은 물론이다.

신주인수권증서에는 ① 신주인수권증서라는 뜻의 표시, ② 주식청약서의 기재사항(420조), ③ 신주인수권의 목적인 주식의 종류와 수, ④ 일정기일까지 주식을 청구하지 않으면 그 권리를 잃는다는 뜻을 기재하고 이사가 기명날인 또는 서명을 하여야 한다(420조의2 2항). 그러나 신주인수권증서는 엄격한 요식증권이 아니므로 법정기재사항 외에 가감이 있더라도 상관없다. 또 중요한 기재사항이 흠결된 경우라도 신주발행의 변경등기를 한 날로부터 1년이 지나거나 주주의 권리를 행사한 후에는 신주인수의 무효를 주장할 수 없다(427조).

4) 신주인수권양도의 효력

신주인수권증서에 의하지 아니한 신주인수권의 양도는 회사에 대하여서는 효력이 없으나, 회사가 이를 승낙하면 회사에 대하여는 유효한 것이 된다. 전자등록부에 신주인수권을 등록한 경우는 등록함으로써 양도의 효력이 생긴다.

신주인수권증서의 점유자 또는 전자등록자는 적법한 소지인으로 추정되고, 이러한 소지인으로부터 악의·중과실 없이 이를 양수한 경우에는 선의취득이 인정된다(356조의2 3항, 420조의3 2항, 336조 2항, 手 21조).

3. 제3자 신주인수권

(1) 제3자 신주인수권의 의의

제3자 신주인수권이란 신주발행의 경우에 주주 이외의 제3자가 우선적으로 신주를 배정받을 수 있는 권리를 말한다. 공모에 의하여 일반인이 주식인수의 청약을 하고 이에 대하여 회사가 배정을 하는 경우에는, 청약자(제3자)에게 우선적으로 배정받을 권리를 인정하는 것이 아니므로 제3자의 신주인수권에 해당하지 않는다.

제3자에게 신주인수권을 주게 되면 회사의 지배관계 등에 변동을 가져올 수 있다. 또한 회사가 자금조달에 급급하여 제3자에게 지나치게 유리한 조건으로 신주를 발행하게 되면, 주주의 권리를 해치게 된다. 그럼에도 불구하고 회사의 자금조달의 기동성을 도모하거나, 종업원·거래처 등과의 유대관계를 강화하기 위해서 제3자에게 신주인수권을 부여할 필요성이 있기도 하다. 따라서 제3자에게 신주인수권의 부여를 허용하고 있다. 다만, 그 남용을 방지할 대책은 있어야 한다. 2001년 개정상법은 이런 점을 고려하여 정관의 규정에 따른 제3자의 신주배정을 허용하되, 신기술의 도입, 재무구조의 개선 등 회사의 경영상 목적을 달성하기 위하여 필요한 경우로 한정 하였다(418조 2항 단서).

【판례】 대법원 2009. 1. 30. 선고, 2008다50776 판결

① 원고는 피고 회사의 주식 24.25%를 보유하게 된 2007. 1.경 피고 회사의 정기주주총회에 원고 및 원고측 인사를 이사와 감사로 추가하는 안건이 상정되게 한 바 있고, 2007. 2. 9. 주주로서 피고 회사에 회계장부 등의 열람, 등사를 신청하였다가 거절되자 법원에 회계장부열람 및 등사 가처분 신청을 하여 인용결정을 받은 바 있는 등 원고와 피고 회사의 현 경영진 사이에 회사 경영 등에 관한 분쟁이 발생한 점, ② 이에 피고 회사는 정관상 긴급한 자금의 조달을 위하여 국내외 금융기관에게 신주를 발행하거나 기술도입의 필요상 그 제휴회사에게 신주를 발행하는 경우에만 주주의 신주인수권을 배제하고 제3자에게 신주를 배정할 수 있도록 규정되어 있고, 당시 피고 회사에는 소외 1 주식회사(이하 '소외 회사'라 한다)로부터 기술을 도입할 필요성이 별달리 없었을 뿐 아니라 제3자 배정방식의 신주발행을 통하여 재무구조를 개선할 긴급한 필요성 또한 없었음에도, 2007. 4. 19. 이사회를 개최하여 기 발행 주식의 약 30%를 납입기일을 그 다음날로 정하여 발행하기로 결의하면서 그 주식 전부를 소외 회사에 배정하였으며, 소외 회사는 그 납입기일에 인수대금 전액을 납입하여 피고 회사 발행주식 총수의 23.08%를 보유한 최대주주가 되었고 이로써 원고의 지분율은 18.65%로 감소한 점, ③ 피고 회사는 위 신주발행으로부터 얼마 지나지 않은 2007. 6. 9. 주주총회를 개최하여 원고에게 우호적이던 이사 소외 2, 감사 소외 3 등을 해임하는 내용 등의 안건을 상정하였다가 특별결의에 필요한 의결정족수가 약간 미달한다는 이유로 안건이 부결되었는바, 만약 그 주주총회 직전에 위와 같이 발행된 신주에 기한 의결권행사금지가처분신청이 법원에 의해 받아들여지지 아니하였다면 위 안건 등은 현 경영진의 의사대로 가결되어 피고 회사에 대한 원고의 경영참여를 배제시키는 결과를 낳을 가능성이 높았던 점 등을 종합하여 보면, 위 신주발행 당시 피고 회사에는 경영권 분쟁이 있었고, 위 신주발행은 상법 제418조 제2항과 피고 회사의 정관이 정한 재무구조 개선이나 신기술도입을 위하여 이루어진 것이 아니라 현 경영진의 경영권을 방어할 목적으로 이루어진 것이라고 보이는바, 위와 같은 취지의 원심 판단은 정당하고, 거기에 심리미진 또는 채증법칙 위배나 경영권 다툼에 관한 법리오해의 위법이 있다고 할 수 없다.

(2) 제3자 신주인수권의 근거

1) 법률에 의한 부여

제3자의 신주인수권이 상법 및 그 특별법에 의하여 부여되는 경우가 있다. 즉, 상법상 전환사채 또는 신주인수권부사채를 제3자 배정의 방법으로 발행한 경우(이

때에는 주주총회의 특별결의를 요한다. 516조의2 4항)에는 제3자가 신주인수권을 갖는다. 또한 자본시장법상 주권상장법인이 유상증자에 의하여 신주를 발행하는 경우에 당해 법인의 우리사주조합원(종업원)은 신주의 100분의 20을 초과하지 않는 범위 내에서 신주를 우선적으로 배정받을 권리가 있다(자시법 165조의7 1항). 또한 주식매수선택권제도에 의하여 신주발행형으로 주식매수선택권을 부여받은 자는 배타적으로 신주인수권을 갖는다(340조의2).

2) 정관에 의한 부여

제3자에 대한 신주인수권의 부여는 곧 기존주주의 신주인수권에 대한 제한을 의미하므로, 위와 같은 법률에 의한 경우 이외에는 정관에 의해 부여할 수 있을 뿐이다(418조 1항). 그러나 정관에 정하는 바에 따라 주주 외의 자에게 신주를 배정하더라도 신기술의 도입, 재무구조의 개선 등 회사의 경영상 목적을 달성하기 위하여 필요한 경우에 한한다(418조 2항). 또한 정관에 제3자에게 신주인수권을 부여하는 근거규정을 둘 경우에도 부여대상·주식의 종류와 수 등을 확정하여 기존주주들이 예측할 수 있도록 해야 한다.

(3) 제3자 신주인수권의 법적 성질 및 양도성

제3자의 신주인수권은 정관에 기재한 것만으로 발생하는 것이 아니고, 계약이 있어야만 비로소 발생한다. 신주인수권계약을 체결한 제3자가 그 신주인수권을 양도할 수 있을까? 이에 대하여 회사가 인정하면 양도할 수 있다는 설(梁·朴 352)과 제3자에 대한 신주인수권의 부여를 정관의 상대적 기재사항으로 한 법의 취지에 어긋나므로 양도할 수 없다는 설이 있다[孫 810, 鄭(東) 478, 崔 803]).

생각건대, 법률에 의하여 제3자에게 신주인수권이 인정된 경우로서 우리사주조합원에게 인정된 신주인수권은 그 입법취지상 신주인수권의 이익을 받을 자의 범위를 정한 것으로 보며, 신주인수권의 이익에는 그 양도·처분의 이익까지도 포함하는 것으로 보는 것이 옳을 것이다[同旨 : 徐 417, 鄭(燦) 778].

Ⅲ. 신주발행의 절차

1. 신주발행사항의 결정

신주발행에 관한 다음의 사항은 원칙적으로 이사회에서 결정하여야 한다(416조). 그러나 정관의 규정에 의하여 주주총회에서 신주발행결정을 하기로 한 경우에는 주주총회 결의로 발행한다(416조 본문 단서).

(1) 신주의 종류와 수

회사는 정관의 규정으로 여러 가지 종류의 주식을 발행할 수 있다(344조~351조). 그러나 여러 종류주식 중에서 어떤 종류주식을 몇 주 발행할 것인지는 그때 그때 회사의 사정에 따라 다르므로, 우선 이사회에서 이에 대한 결정을 한다. 이때 이사회는 정관에 다른 정함이 없는 경우에도 주식의 종류에 따라 신주의 인수, 주식의 병합, 소각 또는 합병으로 인한 주식의 배정에 관하여 특수한 정함을 할 수 있고(344조 3항), 새로 전환종류주식을 발행하는 경우에는 전환의 조건·청구기간 및 전환으로 인하여 발행할 주식의 수와 내용도 결정하여야 한다(346조).

(2) 신주 발행가액과 납입기일

1) 신주 발행가액

이사회는 신주 발행(예정)가액을 정하여야 한다. 액면주식의 경우 폐쇄회사는 신주인수권자에게 신주를 발행하는 때 그 발행가액을「액면가액」으로 하는 경우가 많으나, 공개회사의 경우에는 시가가 액면가보다 고가인데도 불구하고 액면가액으로 신주를 발행하면 구주주의 이익을 해치게 되므로 시가발행을 한다. 시가발행의 경우에 신주의 발행가액은 회사의 자산상태, 수익력, 배당상황, 주가동향, 신주의 소화전망 등 제반사정을 참작하여 결정하게 된다. 증권의 발행 및 공시 등에 관한 규정은 주권상장회사가 공모에 의하여 신주발행을 하는 경우 일정한 경우를 제외하고는 시가발행을 할 수 있도록 규정하고 있고, 적정한 시가의 산정방법에 관하여도 상세히 규정하고 있다(동 규정 5조 내지 18조).

2) 신주의 할인발행

(가) 의의　액면주식의 경우 액면초과발행을 하거나 액면가액으로 발행하는 경우는 별문제가 없으나, 액면미달발행(割引發行 : issue of shares at a discount)을 하는 경우는 자본금충실의 원칙에 위배되므로 원칙적으로 허용할 수 없다. 따라서 회사설립의 경우에는 주식의 액면미달발행이 금지된다. 그러나 시중의 주가가 주금액을 밑도는 경우에는 신주발행을 하려면 액면미달발행을 하지 않을 수 없다. 상법은 엄격한 요건 하에서 액면미달발행을 허용하고 있다.

(나) 할인발행의 요건　주식할인 발행을 하려면 ① 회사가 성립한 날로부터 2년이 경과한 후이어야 하고(417조 1항), ② 할인발행의 여부와 최저발행가액에 대한 주주총회 특별결의가 있어야 하며(417조 2항), ③ 법원 인가를 얻어야 한다(417조 1항). 최저발행가액은 주주총회 특별결의로 정하여지는데(417조 2항), 법원은 할인발

행을 인가함에 있어 회사의 현황과 제반사정을 참작하여 최저발행가액을 변경하여 인가할 수 있다(417조 3항 1문). 이 경우에 법원은 회사의 재산상태 기타 필요한 사항을 조사하게 하기 위하여 검사인을 선임할 수 있다(417조 3항 2문). 뿐만 아니라 ④ 법원의 인가를 얻은 날로부터 1월 내 또는 법원이 특별히 연장한 기간 내에 주식을 발행하여야 한다(417조 4항). 주식할인발행에 따른 발행조건과 미상각액은 주식청약서에 기재된다(420조 4호).

상장법인의 경우에는 법원의 인가를 받지 아니하고도 주주총회의 특별결의만으로 주식을 액면미달가액으로 발행할 수 있다. 다만 전회의 액면미달금의 상각이 완료되지 아니한 경우에는 그러하지 아니하다(자시법 165조의8 1항, 455조 2항). 이때 주주총회결의에서는 주식의 최저발행가액을 정하여야 한다. 이 경우 최저발행가액은 대통령령이 정하는 방법에 따라 산정한 가격 이상으로 하여야 한다(자시법 165조의8 2항). 액면미달가액으로 주식을 발행하고자 하는 경우에는, 주주총회에서 달리 정하는 경우를 제외하고, 주주총회 결의일로부터 1월 이내에 이를 발행하여야 한다(자시법 165조의8 3항).

(다) 회사채권자 보호절차　회사가 신주할인발행의 경우, 회사채권자를 보호하기 위하여 주식청약서와 신주발행으로 인한 변경등기에 권면액과 발행가액의 차액 중 미상각액을 기재 및 등기하여야 한다(420조 4호, 426조).

3) 무액면주식의 자본금

무액면주식을 신주로 발행하는 경우 이사회 또는 주주총회에서 신주식발행가액의 2분의 1 이상의 금액으로서 자본금으로 계상하는 금액을 결정하여야 한다(416조 2의2호). 무액면주식의 경우 할인발행이라는 개념은 아예 존재하지 않는다.

4) 신주금액의 납입기일

이사회에서는 신주금액의 납일기일도 정하여야 하는데, 이것은 납일기일에 인수와 납입이 완료된 주식에 대해서만 신주발행의 효력이 발생하도록 하기 위한 것이다(423조).

(3) 현물출자에 관한 사항

현물출자를 하는 자의 성명과 그 목적인 재산의 종류・수량・가액과 이에 대하여 부여할 주식의 종류와 수를 이사회에서 결정하여야 한다. 현물출자자는 이사회의 결의가 있는 때가 아니라 회사와 현물출자의 계약이 성립한 때 주식인수인이 된다. 회사설립시와는 달리 현물출자에 관한 사항은 정관의 기재사항이 아니다.

(4) 신주인수권의 양도에 관한 사항

이사회는 정관에 다른 정함이 없는 한, 신주발행시에 신주인수권의 양도에 관한 사항을 정하여야 한다(416조 5호). 이사회가 아무런 결정을 하지 않은 때 에는 주주의 신주인수권은 양도성이 없다는 것이 다수설의 입장이다.

(5) 신주인수권증서의 발행청구 등에 관한 사항

신주인수권증서(option warrant, stock purchase warrant)는 신주인수권을 표창하는 유가증권이다. 상법은 신주인수권의 양도방법으로 신주인수권증서제도를 채택하였으나(420조의3 1항), 회사의 사무번잡과 신주인수권증서의 상실에 대비하기 위하여 신주인수권증서의 발행을 일반적으로 강제하지 아니하고, 이사회의 결의로 주주의 청구가 있는 때에만 발행한다는 것과 그 청구기간을 정할 수 있도록 하였다(416조 6호).

2011년 개정법은 신주인수권증서의 전자등록제도를 도입하여 증서발행에 따른 비용을 줄이고 회사 사무의 간편성을 높여 신주인수권의 활성화를 도모하고 있다.

2. 신주배정일의 지정 · 공고

주식양수도에 따라 신주인수권행사의 기회를 놓치는 일이 없도록 하기 위하여, 신주발행시에는 반드시 신주배정일을 정하고 그 2주 전에 이를 공고하도록 하고 있다(418조 2항 본문). 다만, 신주배정일이 주주명부폐쇄기간 중인 경우에는 폐쇄기간 초일의 2주 전에 공고하여야 한다(418조 2항 단서). 그리고 신주인수권을 양도할 수 있는 경우에는 그 뜻도 내용에 포함시켜야 한다(418조 2항 본문).

주주외의 자에게 신주를 배정하는 경우 기존 주주의 이익침해가 우려되기 때문에 2011년 개정법은 신주발행사항에 대하여 주주에게 통지하거나 공고하도록 하였다(418조 4항). 즉 주주외의 자에게 신주를 배정하는 경우 회사는, ① 신주의 종류와 수, ② 신주의 발행가액과 납입기일, ③ 무액면주식의 경우에는 신주의 발행가액 중 자본금으로 계상하는 금액, ④ 신주의 인수방법, ⑤ 현물출자를 하는 자의 성명과 그 목적인 재산의 종류, 수량, 가액과 이에 대하여 부여할 주식의 종류와 수에 관해 그 납입기일의 2주 전까지 주주에게 통지하거나 공고하여야 한다(418조 4항, 416조). 주주는 통지와 공고를 통하여 제3자 신주배정이 불합리하다고 판단하면 신주발행유지를 청구할 수 있을 것이다.

【판례】 대법원 1995. 7. 28. 선고, 94다25735 판결

「상법 제416조에 의하여 주식회사가 주주총회나 이사회의 결의로 신주를 발행할 경우에 발생하는 구체적 신주인수권은 주주의 고유권에 속하는 것이 아니고 위 상법의 규정에 의하여 주주총회나 이사회의 결의에 의하여 발생하는 구체적 권리에 불과하므로, 그 신주인수권은 주주권의 이전에 수반되어 이전되지 아니하는 바, 회사가 신주를 발행하면서 그 권리의 귀속자를 주주로 한정할 경우, 그 신주인수권은 그 일정 시점에 있어서의 실질상의 주주인가의 여부와 관계없이 회사에 대하여 법적으로 대항할 수 있는 주주, 즉 주주명부에 기재된 주주에게 귀속된다」.

3. 신주인수권자에 대한 청약최고

회사는 일정한 기일(請約期日)을 정하여 그 기일의 2주 전에 신주인수권자에게 그 자가 인수권을 가지는 주식의 종류와 수 및 그 기일까지 주식인수의 청약을 하지 아니하면 그 권리를 잃는다는 뜻의 통지(失權豫告附請約催告)를 하여야 한다(419조 1항, 3항). 회사가 위에 말한 통지를 하였음에도 불구하고 신주인수권자가 그 기일까지 주식인수의 청약을 않은 때에는 그 권리를 잃게 된다(419조 4항).

4. 신주인수의 청약

신주인수 청약을 하고자 하는 자는 현물출자자의 경우를 제외하고는 대표이사가 작성한 주식청약서 2통에 법정사항을 기재하여 청약을 하여야 한다(420조, 425조, 302조 3항). 주식청약서에는 ① 상호, 발행예정주식총수, 1주의 금액, ② 이익소각을 정한 때에는 그 규정, 납입을 맡은 금융기관과 납입장소, ③ 신주의 종류와 수, 발행가액과 납입기일, 인수방법, 현물출자에 관한 사항, ④ 액면미달발행을 한 경우에는 발행조건과 미상각액, ⑤ 주주의 신주인수권에 대한 제한이 있을 때에는 그 내용과 특정의 제3자에게 신주인수권을 부여할 경우에는 그 사항, ⑥ 주식발행결의의 年月日 등을 기재하여야 한다.

신주인수권증서를 발행한 경우에는 신주인수권증서에 의해서 주식의 청약을 한다(420조의4 1항). 전자등록부에 신주인수권을 등록한 경우 신주의 청약은 신주인수권을 증명할 수 있는 자료를 첨부하여 회사에 제출하여야 한다(516조의9 2항 유추적용). 신주인수권증서를 상실한 경우에는 주식청약서에 의해 청약을 할 수 있으나, 이 청

약은 신주인수권증서에 의한 청약이 있은 때에는 그 효력을 잃는다(420조의4 2항).

5. 신주의 배정

신주인수권자의 청약에 대하여 대표이사가 주식의 배정을 하여야 하는데, 주주나 제3자의 신주인수권 배정은 대표이사의 재량권이 허용되지 않지만, 일반대중의 공모청약에 대하여는 대표이사의 재량에 의하여 배정을 할 수 있다. 대표이사의 배정에 의하여 신주인수는 완결되므로, 신주인수권자는 배정된 주식수가 청약한 주식수에 미달한다고 하여 이의를 제기할 수는 없다.

6. 주금액의 납입

신주청약에 대한 배정이 끝나면 청약자는 주식인수인으로서 배정된 주식수에 따라 주금 납입의무를 부담한다(425조, 421조, 303조). 이때 주금납입장소, 납입금보관자의 증명과 책임, 현물출자의 이행방법은 모집설립시의 경우와 같다. 다만, 신주인수권증서에 의해 청약한 경우 납입은 신주인수권증서에 기재된 주금납입장소에서 납입하여야 한다(425조 2항, 305조 2항).

종래 주금납입에 관하여 상계로써 회사에 대항하지 못하도록 하였으나, 금융기관 등의 대출채권의 출자전환이 허용되어야 할 필요성이 있었다. 이에 2011년 개정법은 회사의 동의로 주금납입채무와 회사에 대한 채권을 상계할 수 있도록 하였다(421조 2항).

신주인수인이 납입기일에 납입하지 아니한 때에는 인수인으로서의 권리를 잃는다(423조 2항). 따라서 회사설립의 경우(307조)와는 달리 실권절차를 밟을 필요 없이 납입기일의 경과로 신주인수권은 당연히 실권한다. 실권된 부분에 대하여는 다시 인수인을 모집할 수도 있고, 발행을 포기하고 발행예정주식총수의 미발행분으로 남겨두어 나중에 발행할 수도 있다.

신주인수의 법적 성질은 신주인수의 청약과 배정에 의하여 성립하는 신주청약인과 회사 사이의 입사계약(入社契約)이다. 그러므로 실권한 신주인수인에 대하여는 손해배상을 청구할 수 있다(423조 3항). 실제로는 이러한 번거로움을 피하기 위하여 청약시에 청약인으로부터 발행가액 전액에 상당하는 청약증거금을 예납받아 납입기일에 이를 납입금에 충당하는 것이 관행으로 되어 있다.

현물출자를 하는 자는 납입기일에 지체없이 출자의 목적인 재산을 인도하고, 등기·등록 기타 권리의 설정 또는 이전을 필요로 하는 경우에는 그에 필요한 서류를 완비하여 교부하여야 한다(425조, 305조 3항, 295조 2항). 이 경우 납입장소·납입금보관자 등의 변경, 납입금보관자의 납입금보관증명과 책임 등은 모집설립에 관한 규정을 준용한다(425조, 305조 2항, 306조, 318조).

7. 현물출자의 검사

현물출자를 하는 경우에는 이사는 이를 조사하기 위하여 법원에 검사인의 선임을 청구하여야 한다(422조 1항). 이때 검사인의 조사는 공인된 감정인의 감정으로 갈음할 수 있다(422조 1항 단서). 그러나 ① 공정한 시가가 형성된 유가증권의 경우, ② 회사 자본금에서 현물출자 재산이 5분의 1을 초과하지 않는 경우(5천만원 초과하지 않은 경우, 상시행령 13조 1항), ③ 변제기가 돌아 온 금전채권의 장부가액만큼의 상계의 경우(출자전환), ④ 그 밖에 ①에서 ③에 준하는 경우로서 대통령령으로 정하는 경우에는 검사인에 의한 조사를 생략할 수 있다(422조 2항).

법원이 검사인의 조사보고서 또는 감정인의 감정결과를 심사하여 현물출자에 관한 사항을 부당하다고 인정하는 때에는 이를 변경하여 이사와 현물출자자에게 통고할 수 있다(422조 2항). 이 경우 현물출자자는 이에 불복하여 주식의 인수를 취소할 수 있다(422조 3항). 그러나 법원의 통고가 있은 후 2주간 내에 취소한 현물출자자가 없으면 법원이 통고한 내용대로 변경된 것으로 본다(422조 4항).

판례는 「현물출자에 관하여 이와 같은 검사절차를 거치지 않더라도 신주발행이나 이로 인한 변경등기가 무효로 되는 것은 아니다」고 한다(대판 1980. 2. 12, 79다509).

9. 신주발행의 효력발생시기

신주인수인이 납입기일에 납입 또는 현물출자의 이행을 하면 그 날의 다음날로부터 신주발행의 효력이 생긴다(423조 1항 1문). 이에 따라 신주인수인은 납입기일의 다음날로부터 권리주의 상태(신주인수인의 지위)를 벗어나 신주주로 된다. 그리고 이때부터 회사의 자본금도 증가한다. 그러나 그 신주에 대한 이익이나 이자의 배당에 관하여는 정관이 정하는 바에 따라 그 영업연도의 직전 영업연도말에 발행된 것으로 하여 배당기산일을 소급시킬 수 있다(423조 1항 2문, 350조 3항).

만일 납입기일까지 출자의 이행을 하지 못한 경우에는 회사의 설립시와는 달리, 실권절차(307조) 없이도 당연히 신주인수권은 상실하고(423조 2항), 실권된 주식은 미발행주식으로 처리하게 된다. 왜냐하면 신주발행은 자금조달의 수단이므로 이사회에서 결의한 발행주식수의 일부라도 인수·납입이 이루어지면 그 부분에 한해서는 신주발행의 목적을 달성한 셈이 되기 때문이다. 이 경우 회사는 실권한 신주인수인에 손해배상을 청구할 수 있다(423조 3항). 또한 회사는 실권한 주식에 대하여 다시 주주를 모집할 수 있다.

한편, 신주의 납입기일 다음날로부터 신주의 효력이 발생하므로 회사는 지체없이 주권을 발행하여야 한다(355조 1항). 납입기일 후가 아니면 주권을 발행하지 못한다(355조 2항). 따라서 납입기일 전에 발행한 주권은 無效이고, 이때 이를 발행한 자는 손해배상책임을 진다(355조 3항). 또 신주의 경우에도 납입기일 후 6월이 경과하지 않는 한, 주권발행 전에 한 주식의 양도는 회사에 대하여 효력이 없다(355조 3항).

10. 실권주와 단주의 처리

(1) 실권주의 의의

실권주란 신주인수권이 있는 주주 또는 신주인수권증서의 취득자가 청약을 하지 않아서 생긴 주식(419조 4항)과 청약은 하였으나 납입기일에 납입 또는 현물출자의 이행을 하지 않아서 주식인수인의 권리를 상실한(423조 2항) 주식을 말한다.

실권주는 납입기일이 종료한 때에 확정되는데, 실제에 있어서는 이미 청약을 받을 때 납입금 전액을 청약증거금으로 예납을 받고 있는 실정이므로 이러한 경우에는 청약기일이 종료한 때에 확정된다고 볼 수 있다. 이에 대하여 회사설립의 경우에는 납입기일까지 납입되지 않은 주식에 대하여 다시 실권예고부최고라는 절차(307조)에 의하여 주식인수인이 재차 납입을 하지 않은 때에 실권한다는 점에서 서로 다르다.

(2) 실권주의 처리

신주발행시에는 회사설립시와는 달리 자본금의 전액확정을 요하지 않으므로 실권주는 미발행부분으로 유보하여도 된다. 그리고 이사는 실권한 주식에 대하여 인수담보책임이나 납입담보책임을 지지 아니한다. 그러나 회사는 실권주에 대하여 주주를 다시 모집할 수도 있다. 이 경우 최근에 많은 회사들은 관행상 실권주를 이사회의 결의에 의하여 처리하고 있는 실정이다. 즉, 실권주는 이사회의 결의에 의하여 대주주나 2세 경영자의 지분을 확대하거나 주식의 매매차익을 실현시키기 위하여 특정인에게 인수시키거나, 임원들에 대한 공로주 등으로 배정하기도 한다.

그러나 이와 같이 이사회의 결의에 의하여 실권주를 처리할 수 있다고 하더라도 실권주를 액면 이하의 발행가액으로 배정할 수는 없다. 또한 당초의 신주발행의 경우보다 유리한 조건으로 배정하는 때에는 주주평등의 원칙에 어긋날 수 있으므로 모든 주주에게 공평하게 실권주 인수의 기회가 주어져야 할 것이다. 만일 이사회가 특정인의 지주율의 확대나 매매차익을 위하여 실권주의 처리를 결의하는 것은 이사의 수임자로서의 권리남용이 된다고 볼 것이다(同旨: 崔 999).

한편, 지배주주가 소위 2세 경영을 위하여 증여를 목적으로 실권을 이용하는 수가 있다. 예컨대 지배주주와 2세가 각각 발행주식총수의 50%씩 소유하고 있는 경우에 지배주주가 신주인수를 포기하고 이를 2세에게 전부 인수시킨다면, 지배주주의 자산이 2세에게 이전되는 효과가 있다. 또한 지배주주가 포기한 부분을 발행하지 않는다면 발행 후 1주당 순자산가치가 감소되고 그만큼 지배주주의 자산이 2세에게 이전되는 효과가 있다. 이러한 경우에 상속세법 및 증여세법은 이를 증여로 보고 증여세를 과세한다(상속세법 39조 1항 2호).

(3) 단주의 처리

단주는 1주 미만의 주식을 말한다. 신주발행시의 단주는 보통 신주인수권자의 지주수에 비례하여 신주를 배정하는 과정에서 생기게 된다. 예컨대 10주를 가진 주주가 주당 12%의 신주인수권을 갖는다면 그의 신주는 1.2주(10×0.12=1.2)가 되어 결국 0.2주의 단주가 발생한다. 이 경우 주식불가분의 원칙상 단주를 그대로 배정할 수 없게 된다. 그렇다고 단주의 처리에 관하여 자본금감소에서와 같은 규정(443조)이 있는 것도 아니다.

11. 신주발행의 변경등기

신주발행의 효력이 발생하면 회사의 발행주식의 총수 및 자본금이 증가하는 등의 등기변동사항이 생기므로 회사는 변경등기를 하여야 한다(317조 4항, 183조). 따라서 회사는 납입기일로부터 본점소재지에서는 2주간 내에, 지점소재지에서는 3주간 내에 변경등기를 하여야 한다. 만일 회사가 액면미달발행을 한 경우에는 그 미상각액도 등기하여야 한다(426조).

신주발행의 변경등기는 신주발행 및 이에 따른 자본증가 등을 公示하는 기능을 한다. 나아가 신주발행의 변경등기를 한 날로부터 1년이 경과하면 주식청약서 또는 신주인수권증서의 요건흠결을 이유로 그 인수의 무효를 주장하거나 사기, 강박 또는 착오를 이유로 인수를 취소하지 못한다.

[그림] 신주발행의 절차

신주발행사항의 결정(416조)

↓

배정기준일공고(418조 2항)

↓ (2주 이상)

배정기준일(418조 2항)

↓

신주인수권자에 대한 최고(419조)

↓ (2주 이상)

주식인수의 청약

주식청약서에 의한 청약(425조, 302조 1항)
신주인수권증서에 의한 청약(420조의4 1항)

↓

신주의 배정(421조)

↓

출자의 이행(421조, 425조, 305조 3항, 295조 2항)

↓ (1일)

신주의 효력발생(423조 1항)

↓

변경등기(317조 2항 2호·3호)

Ⅳ. 신주발행과 이사의 책임

1. 이사의 자본금충실책임[引受擔保責任]

(1) 의 의

신주발행으로 인한 변경등기가 있은 후에 아직 인수되지 아니한 주식이 있거나 신주인수의 청약이 취소된 때에는 이사가 이를 공동으로 인수한 것으로 본다(428조 1항). 이것은 회사설립시에 자본금구성에 결함이 생기면 발기인이 담보책임을 지는 것과 마찬가지로 신주발행시에는 이사에게 담보책임을 지게 하는 것이다. 그러나 발기인이 인수되지 않거나 인수가 취소된 주식에 대하여 인수담보책임을 지고 납입이 완료되지 않은 주식에 대해서는 납입담보책임을 지는데 반해서(321조),

이사는 인수담보책임만 질 뿐 납입담보책임은 지지 아니한다. 왜냐하면 신주발행시에는 납입기일에 납입이 되지 않으면 인수자체가 실효되고 인수인의 지위마저도 상실하기 때문이다(423조 2항).

(2) 인수담보책임의 취지

이사의 이러한 책임은 회사의 자본금충실을 도모하기 위한 것으로 회사설립시의 발기인의 자본금충실책임과 그 뜻을 같이 하지만, 회사설립시에는 설립무효를 피하기 위한 목적도 있으나, 신주발행의 경우에는 신주발행의 무효를 피하려는 목적으로 인정하는 것은 아니다. 따라서 신주발행으로 자본금이 증가하여 변경등기를 하였더라도 신주발행이 부존재인 경우에는 이사는 인수담보책임을 지지 않는다고 할 것이다.

원래 신주발행에서는 자본금확정의 원칙이 엄격히 적용되는 회사설립의 경우와는 달리, 인수가 일부 失效된 경우에도 나머지 부분에 대해서는 신주발행의 효력이 발생하므로 명확히 본다면 이사가 공동으로 인수담보책임을 질 일은 아니다. 그러나 일단 인수가 된 것 같이 변경등기가 된 이상 그 공시에 부합하는 자본금충실을 기하기 위하여 이사에게 인수담보책임을 지우는 것이다.

(3) 인수담보책임의 성질

신주발행시의 이사의 인수담보책임은 회사의 자본금충실책임과 법률관계의 안정을 도모하기 위한 법정의 특별책임으로서 무과실책임이다. 따라서 총주주의 동의로써도 그 책임을 면제할 수 없다.

(4) 인수담보책임의 대상

인수하지 않은 주식이란 처음부터 인수되지 않은 주식뿐만 아니라 주식청약서를 위조하여 인수를 가장한 경우와 같이 실제로는 인수가 되지 않은 주식이 포함된다. 그리고 신주인수청약이 취소된 주식도 이사의 공동인수가 의제된다. 이때의 주식청약의 취소는 신주발행의 변경등기 후 1년이 경과한 후나 그 이전이라도 주주의 권리를 행사한 때에는 취소할 수 없다(427조). 또한 변경등기 후 1년이 경과하기 전에 주식청약서 또는 신주인수권증서의 요건흠결을 이유로 인수가 무효화된 주식도 인수하지 아니한 주식에 포함된다.

한편, 신주발행의 변경등기 후 현물출자가 불이행된 부분에 대하여 배정된 주식도 이사가 인수담보책임을 지나, 이 경우에 이사는 현물출자 그 자체의 이행의무를 지는 것이 아니라 금전출자의 주식인수인으로 의제되어 현물출자의 가액에 대한 금전의 납입의무(납입담보의무가 아님)를 진다고 할 것이다(崔 1001).

(5) 인수담보책임 효과

인수담보책임에 의한 납입의무의 확정시기는 신주의 납입기일이라고 본다(崔 1001). 따라서 이사는 다른 주식인수인과 마찬가지로 납입기일 다음날로부터 신주의 주주가 된다. 그러나 납입의무를 이행하지 않는 한 주주의 권리를 행사할 수 없다.

2. 이사의 손해배상책임

이사가 인수담보책임을 지는 경우에도 회사에 손해가 생긴 때에는 회사는 이사에 대하여 그 손해배상을 청구할 수 있다(428조 2항). 이것은 과실책임이다.

Ⅴ. 통모인수인의 차액지급책임

1. 의 의

통모인수란 신주인수인이 이사와 통모하여 현저하게 불공정한 발행가액으로 주식을 인수하는 것을 말한다.

회사가 신주를 불공정한 가액(저액)으로 발행하면 회사는 공정한 가액으로 발행하였더라면 얻을 수 있었던 이익을 잃게 되고, 구주주는 주식의 가치를 희석당하여(株式 물타기) 소지하고 있던 주가가 떨어지는 불이익을 입는다. 이 경우 이사는 게을리한 임무를 이유로 회사 또는 주주(제3자)에 대하여 손해배상책임을 지지만(399조 1항, 401조), 주식인수인으로서는 회사가 정한 가액으로 주식을 인수한 것이므로 별도의 손해배상책임을 지지는 않으며, 다만 불법행위책임만을 물을 수 있게 된다. 이에 상법은 통모인수인의 차액지급책임을 규정하였다(424조의2 1항). 이는 회사의 자본금충실을 꾀하고 주주의 이익보호에 기여할 뿐만 아니라 이사회의 신중한 단주·실권주처리를 도모하며, 총회꾼의 횡포에 대처하기 위함이다.

2. 성 질

통모인수인의 차액지급책임은 주식인수인과 이사와의 통모를 요건으로 하므로 회사에 대한 일종의 불법행위에 기한 손해배상책임이다. 그러나 실질적으로는 불공정한 발행가액과 공정한 발행가액과의 차액을 지급하는 것이므로 회사의 자본금충실을 위한 추가출자의무로서의 성질을 가진다. 또한 이 책임은 주주는 인수된 가액을 한도로 하는 주주의 유한책임의 원칙(331조)에 대한 예외가 된다고 보는 것이 다수설이나[鄭(東) 498, 李 653], 당연히 출자하였어야 할 것을 출자할 뿐이므로 주주유한책임원칙의 예외라고 볼 수는 없다고 본다(同旨: 崔 739).

3. 요 건

(1) 주주에게만 신주를 발행하는 경우

주주에게만 신주를 발행하는 경우에는 통모인수인의 차액지급책임이 생기지 아니한다는 견해가 있으나[鄭(燦) 790], 주주에게만 신주를 발행하는 경우에도 이사와 대주주가 통모할 수 있고, 이때에도 회사의 자본금충실을 위해서 차액지급책임을 인정하여야 할 것이다[崔 738, 鄭(燦) 527, 鄭(東) 498, 李 528]. 제3자 배정에 의한 신주발행과 공모에 의한 신주발행의 경우에는 이 책임이 발생함은 의문의 여지가 없다.

(2) 발행가액의 현저한 불공정

발행가액이 현저하게 불공정하여야 한다. 발행가액의 의미는 두 가지가 있다. 하나는 이사회가 결정한 발행가액(발행예정가액)이고, 다른 하나는 신주 배정시에 있어 실제의 발행가액이다. ① 발행예정가액과 실제의 인수가액 모두가 현저하게 불공정한 경우에는 본조(424조의2)가 적용됨에는 의문의 여지가 없다. 또한 ② 발행예정가액은 현저하게 불공정하였으나, 실제의 인수가액은 공정한 경우에는 본조가 적용되지 않는다. 그리고 ③ 발행예정가액은 공정하였는데, 실제의 인수가액이 현저하게 불공정한 경우에도 본조가 적용된다[鄭(東) 497, 李 527, 鄭(燦) 791]. 다만 ③의 경우, 자본금충실의 원칙에 정면으로 위배되므로 본조가 적용되지 않고 신주발행무효의 소의 원인이 된다고 보는 견해도(李 652) 있다. 그러나 이 경우에는 본조를 적용하여 그 차액을 지급하도록 함으로써 자본금충실을 기하는 것이 타당할 것이다. 결국은 이사회가 정한 발행예정가액이 아닌 실제의 인수가액이 중요한 것이다.

여기서 현저하게 불공정한 발행가액이냐의 여부는 주식의 시장가액을 중심으로 회사의 재산상태, 수익력, 시황 등을 참작하여 판단하여야 할 것이다. 실무에서는 여기다 발행주식수량과 청약일까지의 주가의 변동 등을 감안하여 시가보다 약간 낮게 정하는 것이 상례이다.

(3) 통 모

통모인수인의 차액지급책임은 이사와 통모(모의)한 인수인에 대하여서만 인정된다. 이사와 통모가 없으면 설사 발행가액이 현저하게 불공정하여도 주식인수인은 책임을 지지 않는다. 주식인수인이 통모함으로써 이사의 임무해태행위에 가담하여 위법성이 있게 되고, 불법행위가 성립하며 본조의 책임이 인정된다.

(4) 입증책임

이상의 요건에 해당하는 사실은 원고인 회사, 또는 대표소송을 제기하는 주주가 입증하여야 한다.

4. 통모인수책임의 발생시점

통모인수인의 책임은 소에 의하여 확정되기는 하지만, 신주를 인수한 때에 이미 발생하고, 후에 그 주식을 양도하더라도 그 책임이 당연히 양수인에게 이전하지는 않는다.

5. 통모인수책임의 내용

(1) 차액지급의무

통모인수인은 납입기일에 공정한 가액과 실제의 인수가액과의 차액을 지급하여야 한다. 지급일은 납입기일이므로, 訴에 의하여 책임여부를 다투게 되면 납입기일의 다음 날부터 지연손해금을 가산하여야 하고, 그 이율은 연 5푼이다. 차액지급의무의 소멸시효기간은 10년이다.

(2) 손해배상책임

통모인수인의 차액지급책임은 이사의 회사 또는 주주에 대한 손해배상책임에 영향을 미치지 않는다(424조의2 3항). 이때 이사의 손해배상책임과 통모인수인의 차액지급책임은 부진정연대채무이다.

6. 차액의 처리

차액은 추가출자의 성격을 가지므로 상계·지급의무의 면제·지급금의 환급 등은 금지되고, 현실로 납입하여야 하기 때문에 대물변제도 금지된다.

통모인수인으로부터 지급받은 금액은 실질적으로 추가출자이므로 이익배당의 재원이 될 수 없음은 당연한데, 그 처리에 관하여 상법에 아무런 규정이 없다. 이는 자본거래에서 발생한 것이므로 자본준비금으로 적립하여야 한다.

7. 책임추궁방법

통모인수인에 대한 책임은 회사가 추궁하여야 할 것이나, 이사와 통모한 자에 대하여 회사가 그 책임을 추궁하는 것은 사실상 기대할 수 없다. 따라서 상법은 불공정가액에 의한 주식인수인의 차액지급의무이행을 확보하기 위하여 대표소송제도(403조, 406조)를 준용하도록 하였다(424조의2 2항). 또한 불공정가액에 의한 차액지급이 있더라도 회사와 주주에 대한 이사의 손해배상책임(399조, 401조)이 면제되는 것은 아니다(424조의2 3항).

Ⅵ. 신주발행유지청구권

1. 의 의

회사가 법령 또는 정관에 위반하거나 현저하게 불공정한 방법에 의하여 신주를 발행함으로써 주주가 불이익을 입을 염려가 있는 경우에는, 그 주주는 단독으로 회사에 대하여 그 발행을 유지할 것을 청구할 수 있다(424조). 상법이 신주발행유지청구제도를 둔 것은 신주발행은 현재 주주의 비례적 이익에 중대한 영향을 미치므로 회사의 위법·불공정한 신주발행에 대하여 개별주주의 이익을 보호하기 위함이다.

2. 이사의 위법행위유지청구권과의 관계

이사의 위법행위유지청구권(402조)과 신주발행유지청구권(424조)은 모두 일정한 행위를 사전에 저지하기 위하여 주주에게 인정된 권리라는 점에서는 유사하다. 그러나 그 권리를 행사하는 요건에 있어서 차이가 있다. 즉 첫째, 전자는 회사에 손해가 생길 염려가 있는 때에 행사할 수 있는데 반하여, 후자는 회사에는 직접 손해가 없더라도 주주의 손해가 있으면 행사할 수 있다. 둘째, 전자는 소수주주권자에 한하여 행사할 수 있는데 반하여, 후자는 신주발행으로 인하여 개인적으로 불이익을 받을 염려가 있는 주주라면 누구라도 행사할 수 있는 단독주주권이다. 셋째, 전자는 이사의 법령·정관에 위반한 행위를 대상으로 하는데 반하여, 후자는 회사의 신주발행만을 대상으로 하면서 법령·정관에 위반한 경우뿐만 아니라 현저하게 불공정한 경우도 대상으로 하는 점에서 다르다.

3. 신주발행유지청구권의 원인

(1) 법령·정관의 위반

회사가 법령·정관에 위반하여 주식을 발행하였어야 한다.

법령에 위반한 예로는 ① 이사회의 결의가 없는 경우 또는 위법한 결의에 의한 경우, ② 법정요건에 반하는 신주의 할인발행의 경우(417조), ③ 주주의 신주인수권을 무시하고 제3자에게 배정하거나 주주간에 불공평하게 주식을 배정한 경우(418조 1항), ④ 신주인수권자에 대한 최고절차 없이 청약지체를 이유로 실권시킨 경우(419조 4항) 등이다.

정관에 위반한 예로는 ① 발행예정주식총수를 초과하여 신주를 발행하는 경우, ② 정관에서 정하지 아니한 종류의 주식을 발행하는 경우, ③ 정관에 신주발행을 주주총회의 결의사항으로 규정하였으나 이사회결의만으로 신주발행을 한 경우, ④ 정관에서 정한 방법과 다른 방법으로 단주를 처리한 경우 등이다.

(2) 현저하게 불공정한 경우

회사가 현저하게 불공정한 방법으로 주식을 발행하였어야 한다. 현저하게 불공정한 예로는 ① 주주총회에서 다수의 의결권을 획득하기 위하여 특정한 자에게만 부당하게 많은 주식을 배정하거나 부당한 결산서류의 통과를 위하여 경영진의 동조자에게 신주를 발행하는 경우, ② 주가가 액면가를 밑돌 때 액면가로 신주를 발행하거나 시가보다 현저하게 높은 가액으로 발행하여 다량의 실권주의 발생을 유도하는 경우, ③ 신주청약증거금을 청약자들간에 차별을 두어 납부하게 하는 경우, ④ 현물출자를 과대하게 평가한 경우 등을 들 수 있다.

(3) 특정주주의 불이익

신주발행이 위법·불공정한 방법으로 인하여 특정주주가 불이익을 받을 염려가 있어야 한다(424조). 따라서 신주발행이 위에서 말한 위법·불공정한 예에 해당한다고 하더라도 모든 주주에게 있어 신주발행유지청구의 대상이 되는 것은 아니다. 즉, 신주인수권을 불공정하게 부여한 경우에는 이로 인해 불이익을 받는 특정주주가 생길 것이고, 이때 그 특정주주는 신주발행유지청구권을 행사할 수 있는 것이다. 그러나 정관에서 신주발행을 주주총회의 결의사항으로 하는 경우에 이사회의 결의만으로 신주를 발행한 경우 반드시 특정주주에게 불이익이 생긴 것은 아니므로 그 대상이 될 수 없다.

한편, 신주발행이 위법하여 회사 전체에 손해가 발생하고 이로 인해 주주가 간접적으로 불이익을 입는 경우에는 개별 주주는 신주발행유지청구를 할 수 없다. 이때에는 이사의 위법행위유지청구(402조) 또는 신주발행무효의 訴(429조)나 이사의 책임추궁(399조)에 의하여 구제되어야 할 것이다.

4. 신주발행유지청구의 절차

(1) 신주발행유지청구권자와 상대방

신주발행의 유지청구는 법령 또는 정관에 위반하거나 현저하게 불공정한 방법에 의하여 신주를 발행함으로써 직접 불이익을 받을 염려가 있는 주주만이 할 수 있다. 따라서 신주인수권의 유무나 의결권의 유무와는 관계없이 단독주주도 청구할 수 있다. 그리고 그 상대방은 이사의 위법행위유지청구와는 달리 이사가 아니라 회사이다.

(2) 신주발행유지청구의 내용

신주발행의 유지청구를 하는 경우 그 청구내용은 신주발행 전부를 무위로 돌리는 것이 아니라, 법령·정관에 위반한 사항 또는 불공정한 방법이나 내용을 시정할 것을 청구하는 것이다. 따라서 회사가 그 청구내용을 시정하면 신주발행을 속행할 수 있다고 본다(同旨: 李 691, 林 606).

(3) 신주발행유지청구의 방법

청구방법에 대하여는 상법상 특별한 규정이 없으나, 불이익을 받을 염려가 있는 주주는 재판외의 방법으로 그 발행의 유지를 청구할 수 있고, 또한 필요에 따라 회사를 피고로 하여 신주발행유지의 소를 제기할 수도 있으며, 가처분을 구하여 訴의 실효성을 보강할 수도 있다(민집 300조, 301조).

(4) 신주발행유지청구의 시기

신주발행의 유지청구는 사전적인 구제방법이므로 신주발행의 효력이 발생하기 전인 신주의 납입기일까지만 할 수 있다. 이와는 달리 신주발행에 무효원인이 있을 경우에는 신주발행의 효력이 발생한 후에도 신주발행을 유지할 수 있다는 견해가 있으나[鄭(東) 490], 형성의 소인 신주발행무효의 소의 원인이 되는 하자를 訴

이외의 방법으로 주장하게 하는 결과가 되므로 부당하다고 할 것이다(林 606, 李 691, 崔 1003).

5. 신주발행유지청구의 효과

주주에 의한 신주발행의 유지청구에도 불구하고 신주를 발행한 경우에 법률관계의 안전을 위하여 이를 유효라고 해석하고, 다만 이사의 책임이 발생할 뿐이라고 보는 견해도 있으나(李 692), 유지의 가처분을 무시한 신주발행 및 신주발행유지의 訴에서 원고가 승소한 경우에는 무효라고 볼 것이다[同旨: 林 606, 孫 822, 鄭(東) 529, 崔 1003]. 그러나 재판 외의 유지청구를 무시한 경우는 단지 이사의 책임이 생길 뿐이라고 본다.

한편, 회사의 신주발행이 위법·불공정하지 않음에도 불구하고 주주의 청구에 의하여 신주발행을 유지한 경우에는 대표이사 등의 과실이 있다고 볼 것이므로, 이로 인해 회사가 손해를 입었다면 이사들이 회사에 대하여 그 손해를 배상하여야 한다(399조).

Ⅶ. 신주발행무효의 소

1. 의 의

신주발행무효는 새로 발행되는 주식의 전부를 무효로 하는 것으로서 개별적인 신주인수의 무효와는 구별된다. 신주가 발행되면 회사의 자본금과 자산이 증가하여 회사채권자나 주주들에게 새로운 이해관계가 생긴다. 그런데 비록 신주발행에 대하여 무효의 원인이 있다고 하여 누구나 언제든지 아무런 제한 없이 그 무효를 주장하게 되면, 이미 신주발행이 유효함을 전제로 하여 진전된 모든 법률관계의 안정을 해칠 뿐만 아니라 회사관계의 단체성·획일성도 기대할 수 없게 된다. 따라서 상법은 신주발행의 하자는 신주발행무효의 訴로써만 주장하게 하고(429조), 무효판결에 대세적 효력을 인정하는 한편 소급효를 제한하는 등 특수한 효과를 부여하여 법률관계의 안정을 기하고 있다.

신주발행무효의 訴는 형성의 訴로서 상법상 신주발행의 효력을 다투는 유일한 방법이다. 따라서 신주발행의 무효는 신주발행의 부존재나 개별적인 신주인수인의 무효·취소의 주장과 구별된다.

2. 소의 원인

신주발행이 법령이나 정관을 위반한 경우 신주발행의 효력이 생기기 전에는 신주발행의 유지청구를 인정하더라도 특별히 법률관계의 혼란이 야기될 염려는 없다. 그러나 신주발행의 효력이 생긴 후에는 신주발행을 무효로 하게 되면 법률관계의 혼란이 야기되고, 거래의 안전을 해칠 염려가 있다. 따라서 신주발행의 무효는 그 하자의 경중을 고려하여 신중을 기해야 한다. 그 결과 상법은 개개의 신주인수의 무효·취소가 있는 경우에는 이사에게 자본금충실 책임과 손해배상책임을 지게 할 뿐(428조), 이를 신주발행의 무효원인으로 하지 않는다. 또한 이사가 주식인수인과 통모하여 현저하게 불공정한 가액으로 신주를 발행한 경우에도 인수인에 대하여 그 차액을 지급하도록 하고(424조의2 1항), 이사에게는 회사 또는 주주에 대한 손해배상책임만 인정한 것은(424조의2 3항) 여러 이해관계인과 법률관계의 안정을 위하여 신주발행 자체를 무효로 하지 않으려는 취지라고 볼 수 있다. 그러나 신주발행이 중대한 하자가 있는 경우나 회사와 주주의 중요한 이익이 침해된 때에는 무효의 원인이 될 것이다.

상법은 신주발행의 무효사유를 규정하고 있지 않다. 따라서 신주발행의 무효를 주장하기 위해서는 회사, 구주주, 신주주, 신주의 거래당사자, 회사채권자 등 여러 이해관계자의 이익을 비교형량하여야 하며, 무효가 되었을 때의 법률관계의 혼란을 고려하여 가급적 무효원인을 엄격히 인정하여야 할 것이다(서울고판 1996. 11. 29, 95나45653). 일반적으로 신주발행의 무효사유로는 이사회결의 없는 신주발행, 수권자본제도와 자본금충실의 위반, 그리고 주주의 신주인수권을 무시한 경우를 들 수 있다. 또한 판례는 신주발생이 현저하게 불공정한 경우에도 무효사유가 된다고 한다(대판 2003. 2. 26, 2000다42786).

한편, 이사회결의를 결한 신주발행의 경우 판례는 「주식회사의 신주발행은 주식회사의 업무집행에 준하는 것으로서 대표이사가 그 권한에 기하여 신주를 발행한 이상 신주발행은 유효하고, 설령 신주발행에 관한 이사회의 결의가 없거나 이사회의 결의에 하자가 있더라도 이사회의 결의는 회사의 내부적 의사결정에 불과하므로 신주발행의 효력에는 영향이 없다고 할 것이다」라고 판시하고 있다(대판 2007. 2. 22, 2005다77060).

(1) 이사회결의 없는 신주발행

이사회의 결의 없이 대표이사가 신주를 발행한 경우에 일부학설은 신주발행을 회사의 업무집행에 준하는 것으로 보아 유효하다고 보기도 한다[鄭(東) 531, 鄭(燦)

518, 姜 652]. 그러나 물적회사인 주식회사에 있어서 신주발행은 회사의 인적·물적인 기초를 확대하는 행위로서 일상의 업무집행과 같이 취급할 수는 없다고 할 것이다. 따라서 이사회의 결의가 없으면 회사에 신주발행의 의사가 없는 것으로 보아 무효라고 할 것이다(同旨: 林 611, 崔 1005, 李 696).

(2) 수권자본금제도 위반

발행예정주식총수의 증가는 주주총회의 특별결의에 의한 정관변경사항(289조 1항, 434조)이므로, 수권범위를 초과한 신주발행은 그 전부를 무효로 본다. 그러나 그 후(신주발행무효의 소가 제기된 경우에는 구두변론 종결 전) 정관변경을 하여 발행예정주식총수를 증가시킨 때에는 이사의 손해배상책임은 별론으로 하고 신주발행의 무효원인은 치유된다고 본다[同旨: 李 696, 崔 1006, 鄭(東) 530].

한편, 정관에 기재되지 아니한 주식(예컨대 우선주식, 상환종류주식, 전환종류주식)을 발행한 경우에도 신주발행의 무효원인이 된다.

(3) 자본금충실 위반

신주를 소정의 절차를 거치지 않고 액면미달발행을 한 경우에는 이 신주발행은 무효이다(통설). 그러나 그 미달금액이 근소하여 이사의 손해배상책임으로 전보가 가능할 경우에는 이를 유효하다고 보는 견해도 있다[李 696, 鄭(東) 531]. 그렇지만 상법상 액면미달발행의 금지는 자본금충실을 위한 중요한 원칙이고, 액면미달발행을 위해서는 소정의 엄격한 절차를 거쳐야 한다. 따라서 액면미달금액이 근소한가 현저한가 하는 것보다도 주식이 액면미달로 발행되었다는 사실은 회사의 자본금충실을 해칠 뿐만 아니라, 이해관계인에게 중대한 사항이 아닐 수 없다. 그러므로 그 액면미달금액이 비록 근소하더라도 무효로 보아야 할 것이다(同旨: 崔 1007).

3. 소의 절차

신주발행무효의 소가 제기된 경우 소의 관할, 소제기의 공고, 소의 병합심리, 법원의 청구기각, 판결의 효과, 패소원고의 책임, 무효의 등기 등에 관하여는 합명회사의 설립무효의 소에 관한 규정이 준용되고(430조, 186~189조, 191조 본문, 192조), 제소주주의 담보제공의무에 관하여는 주주총회결의취소의 訴에 관한 규정이 준용된다(430조, 377조).

신주발행을 위한 이사회결의가 무효이거나, 주주총회결의 취소 또는 부존재나 무효의 원인이 있는 경우 신주발행무효의 소와 동시에 이사회결의·주주총회결의

하자의 소를 제기할 수 있을까. 이 경우 양자의 관계를 어떻게 볼 것인가에 관해 학설은 흡수설, 양소병존설, 취소소송설로 나뉜다. 판례는 이사회나 주주총회의 신주발행결의에 취소 또는 무효의 하자가 있다고 하더라도 그 하자가 극히 중대하여 신주발행이 존재하지 아니하는 정도에 이르는 등 특별한 사정이 없는 한 이사회결의하자나 주주총회결의하자의 소로는 다툴 수 없고 신주발행무효의 소에 의해서만 다툴 수 있다고 한다(대판 2004. 8. 20, 2003다20060; 흡수설).

4. 판결 효과

무효의 판결이 확정되면 신주는 장래에 대하여 그 효력을 잃게 되기 때문에(대세적 · 비소급적 효력, 431조 1항), 신주발행이 유효함을 전제로 하여 행하여졌던 행위, 예컨대 이익 또는 이자의 배당, 의결권의 행사, 주식의 양도 · 입질 등의 행위는 무효판결의 영향을 받지 않는다. 그러나 회사는 신주의 주주에 대하여 납입한 주금액을 반환해 주어야 하며(432조 1항), 신주무효의 뜻을 공고하여 주권회수절차를 밟아야 한다(431조 2항). 그리고 반환하는 납입금액이 회사의 재산상태에 비추어 현저하게 부당한 때에는, 법원은 회사 또는 신주의 주주의 청구에 의하여 그 증감을 명할 수 있다(432조 2항). 주주가 납입주금액을 환급받는 경우에 신주에 대한 질권자는 주주가 받는 금액에 대하여 물상대위권을 갖는다(432조 3항, 339조, 340조 1항 · 2항).

무효판결이 확정되어 신주가 효력을 상실하게 되면, 회사의 발행주식총수는 감소하고 미발행주식수는 그만큼 증가하게 된다. 그리고 발행주식의 총수와 자본금이 감소하므로 그 변경등기를 할 필요가 있다.

한편, 원고가 패소한 경우에는 다른 회사관계소송에서와 같이 원고패소판결의 효과는 당사자간에만 미치고, 원고는 손해배상책임을 질 수가 있다(430조, 191조).

Ⅷ. 신주발행의 부존재

1. 의 의

신주발행의 절차가 전혀 존재하지 아니하는데, 신주발행의 등기가 되어 있는 등 신주발행의 외관만이 존재하는 경우 이를 신주발행의 부존재라 한다.

2. 신주발행무효소와의 차이점

신주발행의 부존재의 소는 신주발행무효의 소와는 달리 반드시 訴에 의하여 주장할 필요는 없다. 비록 소에 의하여 주장하더라도 그 소의 판결은 그 효력이 신주발행의 무효의 판결과는 달리 대세적 효력이 없으며, 당연히 그 소급효가 제한되지 않는다.

3. 신주발행부존재의 원인

신주발행의 부존재가 되기 위해서는 신주발행의 실체가 없이 신주가 발행된 것 같은 외관만이 존재해야 한다. 즉, 신주발행을 위한 절차가 전혀 취해진 바가 없거나, 신주발행의 결의가 있더라도 실제 주식의 인수·납입과 같은 실체적 요건이 따르지 아니한 채 자본금증가의 변경등기가 되어 있는 경우이다. 또한 비록 신주발행의 결의와 이에 따른 신주인수와 납입 등이 이루어졌더라도 이것이 회사의 적법한 기관(이사회, 대표이사)에 의해 이루어진 것이 아닌 경우에도 신주발행의 실체가 부존재한 경우이다.

판례는 주주가 아니면서 위조된 주권을 소유한 자들이 대다수 참석하고 개최된 주주총회에서 이사들이 새로이 선임되고, 그 이사들로 구성된 이사회의 결의에 의하여 신주발행이 이루어진 경우에 신주발행의 부존재를 인정한다(대판 2006. 6. 2, 2006도48). 또한 신주발행의 부존의 경우에는 주주의 주금납입의무도 발생하지 않으므로 상법상 가장납입죄도 성립하지 않는다고 판시하고 있다(대판 2006. 6. 2, 2006도48).

4. 신주발행부존재의 주장

신주발행의 실체가 전혀 존재하지 않는 등 그 하자의 정도가 신주발행무효인 경우에 비하여 현저한 때에는, 신주발행무효의 소와는 달리 신주발행의 부존재를 일반원칙에 따라 언제든지, 누구든지, 어떠한 방법으로든(즉, 소송 외의 방법으로도) 주장할 수 있다. 소로써 주장하고자 할 때에는 민사소송법상 일반확인의 소로써도 신주발행부존재확인의 소를 제기할 수 있으며(대판 1989. 7. 25, 87다카2316), 그 판결의 효력은 신주발행무효판결과 달리 대세적 효력은 없으나 소급효가 인정된다.

제3절 社 債

I. 서 설

1. 의 의

사채(Schuldverschreibung, obligation, bond, debenture)란 주식회사가 채권발행의 방법에 의하여 직접 또는 간접으로 일반대중으로부터 자금을 조달하는 채무를 말한다. 사채는 공채인 국채·지방채와 구별된다.

일반적으로 사채라고 할 때에는 주식회사가 발행하는 것만을 말하며, 상법도 주식회사의 사채발행에 대해서만 규정하고 있다.

인적회사의 경우에는 상법에 아무런 규정이 없으나, 이는 사원의 전부 또는 일부가 회사의 채무에 대하여 직접·연대·무한책임을 지기 때문에 채권자보호에 관한 규정 등 간섭적 규정을 둘 필요가 없기 때문이라고 생각된다. 따라서 인적회사의 경우도 사채발행이 가능하다고 본다.

유한회사의 경우는 각 사원의 책임이 유한책임임에도 불구하고 채권자보호를 위한 아무런 규정이 없는 점 및 상법 제600조 제2항과 제604조 제1항에서 사채의 상환을 완료하지 아니한 주식회사는 유한회사를 존속회사 또는 신설회사로 하는 회사합병 및 유한회사로의 조직변경을 금하고 있는 것으로 미루어 볼 때 사채를 발행할 수 없다고 해석된다.

2. 사채와 주식 비교

사채와 주식은 양자간의 본질적인 차이에도 불구하고, 주식회사의 자금조달방법으로서 이사회의 결의에 의하여 발행을 결정하고(469조, 416조), 일반대중으로부터 청약서에 의하여 모집하되 유가증권(社債券, 株券)을 발행하며, 이를 관리하기 위한 장부(사채원부, 주주명부)를 작성하고, 권리자 단체(사채권자집회, 주주총회)를 법정하고 있다는 점 등 서로 유사점이 있다. 그러나 자본금 구성의 면에 있어서나 귀속자의 지위에 있어서 다음과 같은 차이점이 있지만, 서로 접근해 가는 경향도 엿볼 수 있다.

(1) 사채와 주식의 차이점

1) 자본금 구성

주식은 자기자본(내부자본), 사채는 타인자금(외부자금)이다. 회사는 사채에 대하여 자금을 취득하는 동시에 이것을 반환할 채무를 부담하기 때문이다. 주식에 대하여는 주권이, 사채에 대하여는 사채권이 발행된다. 따라서 ① 액면주식은 자본금충실 원칙상 액면미달발행이 허용되지 않으나(330조), 사채는 이러한 제한이 없다. ② 주금의 납입은 회사의 동의없이 상계로써 회사에 대항하지 못하고(334조), 전액을 납입하여야 하며(305조), 현물출자가 인정되나, 사채의 납입은 원칙적으로 상계로써 회사에 대항할 수 있고, 분할납입이 가능하며(476조 1항), 금전납입만이 인정된다(476조). ③ 주식은 자본금을 구성하는 인자이므로 원칙적으로 상환할 수 없으나, 사채는 상환기한이 도래하면 당연히 상환된다. ④ 주식은 자기주식취득금액이나 목적에 제한이 있으나(341조, 341조의2), 사채는 자기사채의 취득이 가능하다.

2) 귀속자의 지위

주식의 귀속자는 회사내부의 구성원인 주주인 데 반하여, 사채의 귀속자는 회사외부의 국외자인 채권자이다. 따라서 ① 주주는 회사의 경영에 참여할 권리(공익권)가 있으나, 사채권자는 회사의 채권자에 지나지 않으므로 경영에 참여할 수 없다. ② 주주는 공익권 이외에 자익권으로서 이익배당청구권이 있으나(이익이 있는 경우에 한하여), 사채권자는 이익의 유무·다과와 관계없이 일정한 이자의 지급을 받는다(따라서 주권은 투기증권, 채권은 이식증권이다). ③ 회사가 해산을 하는 경우에는 주주는 잔여재산분배청구권을 가지나, 회사의 일반채권자가 변제를 받은 후에나 재산의 분배를 받는데(542조 2항, 260조), 사채권자는 일반회사채권자와 같은 순위이므로 결국, 주주의 잔여재산분배청구권보다 사채권자의 채권이 우선한다.

(2) 사채와 주식의 접근현상

1) 주식의 사채화

① 의결권배제·제한종류주식은 의결권 없는 사채와 비슷하다. ② 상환종류주식은 상환조건에 따라서 주금액을 상환하는 것이므로 원본을 상환하는 사채와 비슷하다.

2) 사채의 주식화

① 전환사채는 사채이면서도 회사사업이 호황인 때에는 주식으로 전환하게 된다. ② 이익참가부사채(일정률의 이자지급뿐만 아니라 이익배당에도 참가하는 사채)는 이익배당에 참가할 수 있다는 점에서, 교환사채는 주식으로 교환가능하다는 점에

서, 신주인수권부사채는 신주인수권을 행사하여 주주가 될 수 있다는 점에서 주식의 성질을 띠고 있다.

3. 사채의 종류

(1) 일반사채 · 특수사채

일반사채와 특수사채는 사채권자에게 부여된 권리의 내용에 따른 분류이다. 사채권자에게 특수한 권리가 부여되지 않은 사채를 일반(보통)사채라고 하고, 특수한 권리가 부여되어 있는 사채를 특수사채라고 한다.

특수사채에는 전환사채 · 신주인수권부사채 · 이익참가부사채 · 교환사채 · 담보부사채 · 파생결합증권(통화, 자산, 지수연계사채) 등이 있다(469조 2항).

(2) 기명사채 · 무기명사채

기명사채와 무기명사채는 사채권에 사채권자의 성명이 기재되어 있는지 여부에 따른 분류이다. 사채권에 사채권자의 성명이 기재되어 있는 社債를 기명사채라 하고, 그 기재가 없는 사채를 무기명사채라 한다. 양자는 양도와 入質의 대항요건에서 차이가 있다. 그러나 양자 사이에는 상호전환이 인정된다(480조).

(3) 무담보부사채 · 담보부사채

무담보사채와 담보부사채는 사채를 위하여 물상담보가 설정되어 있는지 여부에 따른 분류이다. 사채를 위하여 물상담보가 설정되어 있지 않는 사채를 무담보사채라 하고, 물상담보가 설정되어 있는 사채를 담보부사채라 한다.

(4) 현물사채 · 등록사채

현물사채와 등록사채는 사채의 등록여부에 따른 분류이다. 사채를 등록기관에 등록하지 않고 현실로 사채권이 발생된 사채를 현물사채라 하고, 공사채등록법에 따라 등록기관에 등록한 사채를 등록사채라 한다.

등록사채는 채권이 발행되지 않으므로(공사채등록법 5조 1항) 발행이 간편하고 사채권자의 권리보전이 확실하다는 장점이 있다. 등록사채의 경우 채권이 이미 발행된 경우에는 이를 회수하여야 한다(공사채등록법 5조 2항). 등록한 기명사채를 이전하거나 담보권의 목적으로 하거나 신탁재산으로 위탁한 때에는 이를 등록하고, 발행자가 비치하는 사채원부에 그 뜻을 기재하여야 발행자 및 기타 제3자에게 대항할 수 있다(공사채등록법 6조 2항). 등록한 무기명사채의 이전은 등록기관에 등록만 하면 발행자 및 제3자에게 대항할 수 있다(공사채등록법 6조 1항).

등록사채는 한국예탁결제원이 전문등록기관으로서 등록업무를 취급하고 있다.

4. 사채계약의 성질

사채계약의 법률적 성질에 대하여는 소비대차설·무명계약설·구분설·채권매매설 등 여러 학설이 나누어지고 있다.

1) 소비대차설(李 763)은 사채계약의 성립에는 납입이 요구되지 않는 점, 분할 납입이 가능한 점, 액면미달발행이나 액면초과상환의 경우 납입금액과 상환금액이 반드시 일치하지 않는 경우가 많은 점 등에서 부당한 학설이라 생각된다.

2) 무명계약설(崔 738)은 사채계약은 소비대차계약과 유사한 무명계약이라고 하나, 매출발행의 경우를 설명하지 못한다.

3) 구분설(姜 736, 林 617, 孫 894, 權 827)은 사채계약은 일반적으로 소비대차와 유사한 무명계약이지만 매출발행의 경우는 채권의 매매로 보는 이원적 설명을 하고 있다.

4) 채권매매설[李·崔 713, 徐 462, 鄭(燦) 868]은 어떤 방법으로 발행하든 사채권자는 사채금을 납입하고 사채권을 취득하는 것이라고 한다. 그러나 사채가 매출발행(국공채발행시 이용됨)의 형태로 발행되는 경우에는 타당하나, 상법이 규정하는 원칙적인 형태인 사채계약이 먼저 성립하고 채권이 나중에 발행되는 경우를 무리없이 설명하지 못한다.

5) 생각건대, 구분설이 타당하다고 본다. 다만, 상법상으로는 매출발행이 허용되지 아니하므로(478조 참조), 적어도 상법상의 사채계약에 관한 한 이를 소비대차에 유사한 무명계약으로, 그리고 그 사채권을 요인증권·문언증권으로 보는 것이 무리가 없을 것이다(同旨 : 權 827). 사채계약은 집단성·정형성·계속성이란 특색을 지니고 있으므로 부합계약이 되고 있다.

Ⅱ. 사채 발행

1. 사채 발행 의의

회사는 이사회의 결의로 사채를 발행할 수 있다(469조 1항). 그렇지만 정관의 정함으로 이사회는 대표이사에게 사채의 금액 및 종류를 정하여 1년을 초과하지 아니하는 기간 내에 사채를 발행할 것을 위임할 수 있다(469조 4항). 발행하는 사채에는 이익배당참가부사채, 교환사채, 파생결합사채를 포함한다(469조 2항).

2. 사채 발행방법

(1) 총액인수

총액인수의 방법은 특정인에게 사채의 총액을 일괄하여 인수시키는 방법인데(475조), 인수인은 그 인수한 사채를 매출하여 그 차액을 이득하게 된다.

(2) 공모발행

공모발행의 방법은 일반대중으로부터 사채권자를 모집하는 방법인데, 다음의 네 가지 방법으로 나뉜다.

1) 직접모집 방법은 회사가 직접 사채의 발행사무를 보는 것인데, 우리 상법은 이를 중심으로 규정하고 있다. 이 방법은 중개자에 대한 수수료를 절감할 수 있다는 장점이 있으나, 오늘날 사채발행사무처리는 전문화되었기 때문에 이를 직접 처리한다는 것은 많은 인력을 소모하고 비능률적이어서 이 방법에 의하여 발행하는 경우는 거의 없다.

2) 수탁모집 방법은 회사가 다른 회사에 사채의 발행사무를 위탁하는 것이다. 이때 수탁회사는 무담보사채의 경우는 은행·신탁회사 또는 증권회사(商附 6조)이며, 담보부사채인 경우에는 담보의 수탁회사이다. 이들 수탁회사는 사채모집절차의 진행, 채권의 발행·사채의 상환·이자의 지급 등에 관하여 광범위한 권한을 갖는다(擔社信 18조).

3) 인수모집(都給募集) 방법은 수탁모집의 한 형태로서 수급인인 인수모집자가 응모액이 사채총액에 미달하는 경우 그 부족액을 인수하는 것이다.

4) 매출발행 방법은 사채총액을 확정하지 않고 일정기간 중 사채권을 대중에게 매출하는 것이다. 그러나 채권은 사채금액의 납입이 완료된 후가 아니면 발행할 수 없도록 되어 있으므로(478조), 일반 주식회사의 경우에는 매출발행을 할 수 없고, 특별법(한국산업은행법시행령 27조)에 의한 예외적인 경우에 한하여 발행할 수 있다.

3. 사채 발행절차

(1) 이사회의 결의

사채 발행에는 먼저 이사회의 결의가 있어야 한다(469조). 이사회의 결의에서는 사채의 총액·각 사채의 금액·이율·발행가액·상환방법 및 기한 등 사채의 주요 내용을 정하여야 한다. 그럼에도 불구하고 정관으로 정하는 바에 따라 이사회는 대표이사에게 사채의 금액 및 종류를 정하여 1년을 초과하지 아니하는 기간 내에 사채를 발행할 것을 위임할 수 있다(469조 4항).

이사가 1인 또는 2인인 소규모주식회사의 경우에는 주주총회의 결의를 요한다(383조 4항).

(2) 사채계약의 성립

공모발행의 경우에는 기채회사 또는 수탁회사가 법정사항을 기재하여 작성한 사채청약서(474조 2항 · 3항) 2통에 응모자가 인수할 사채의 수와 주소를 기재하고 기명날인 또는 서명을 함으로써 청약을 한다(474조 1항). 이에 대하여 기채회사 또는 수탁회사가 배정을 함으로써 사채계약이 성립한다. 적법한 사채청약서를 작성하지 아니하면 과태료의 제재를 받는다(635조 1항 16호). 그러나 총액인수의 경우와 사채모집의 수탁회사가 인수하는 일부에 대해서는 사채청약서에 의할 필요가 없다(475조). 사채는 주식과 달리 인수권자가 따로 없기 때문에 기채회사 또는 수탁회사는 청약자에게 자유로이 배정할 수 있다.

(3) 사채의 납입

사채모집이 끝나면 이사(위탁모집의 경우는 수탁회사)는 지체 없이 인수인에게 사채금의 전액납입 또는 제1회 납입을 시켜야 한다(476조 1항). 사채금의 납입에는 반드시 전액납입을 요하지 않고 상계도 금지되지 않는다.

(4) 등기 불요

전환사채, 신주인수권부사채 및 이익참가부사채를 제외한 일반사채의 경우에는 등기가 필요 없다.

Ⅲ. 사채 유통과 상환

1. 사채의 유통

사채의 상환기간은 보통 장기이므로 만기 이전에도 사채권자로 하여금 투하자금을 회수할 수 있는 길을 열어 주어야 한다. 이를 위해 상법은 주식과 마찬가지로 사채를 유가증권화하고 사채원부를 갖추도록 하여 사채의 유통을 도모하고 있다.

(1) 사채권

사채에 대하여는 그 원활한 유통을 위하여 사채권이 발행된다. 사채권은 사채권자의 권리를 표창하는 요식의 유가증권이다(478조 2항). 사채권은 사채총액의 납입이 완료되지 않으면 발행할 수 없다(478조 1항). 그러므로 사채권자는 사채금액의 납입이 완료된 후에만 채권발행청구권이 있다. 사채권은 기명식과 무기명식이 있으며, 어느 하나로 한정할 것으로 정하지 않은 이상 기명식에서 무기명식 또는 그 반대로 전환해 줄 것을 회사에 청구할 수 있다(480조). 일반적으로 무기명식이 주로 이용된다.

사채권도 금전의 지급을 목적으로 하는 유가증권이므로 상법 제65조에 의하여, 특히 무기명채권에 대하여는 민법 제514조와 제524조가 준용되어 선의취득이 인정된다[崔 1085, 鄭(東) 513]. 사채권을 상실한 때에는 공시최고의 신청을 할 수 있으며(민소 463조, 467조, 468조), 제권판결을 받지 못하면 사채권의 재발행을 청구할 수 없다고 본다(360조 2항 참조).

회사는 사채권을 발행하는 대신 정관의 규정으로 전자등록기관의 전자등록부에 채권을 등록할 수 있다(478조 3항).

(2) 사채원부

사채원부라 함은 사채권자 및 채권에 관한 사항을 기재한 장부로서 주주명부에 상응하는 것이다. 사채권을 발행하는 대신 전자등록부에 채권을 등록하는 경우에는 전자등록부를 사채원부로 본다(488조 2항, 478조 3항). 사채원부에는 일정한 법정사항(488조)을 기재하고 비치(396조)하여야 한다. 그리고 회사채권자와 주주는 영업시간 내에는 언제든지 그 열람 또는 등사를 청구할 수 있다(396조 2항). 사채원부는 기명사채이전의 대항요건(479조), 사채권자에 대한 통지 및 최고(489조 1항, 353조), 신탁의 공시(信 3조 2항) 등에 관해서 법률상 그 의의를 갖는다.

(3) 사채등록부

공사채등록법에 의한 사채의 등록을 위하여 등록기관이 비치하여야 할 장부로서 사채등록부가 있다(동법 9조). 등록기관(한국예탁결제원)은 등록사채권자 및 이해관계인의 열람·등초본의 교부청구에 응하여야 한다. 등록사채의 이전·입질·신탁의 대항요건을 갖추려면 사채등록부에 기재하여야 한다(동법 6조).

(4) 사채의 양도와 입질

1) 기명사채

기명사채의 양도는 의사표시와 채권의 교부로써 할 수 있다. 채권의 교부는 단순한 대항요건이 아니라 효력발생요건이다. 기명사채의 이전은 취득자의 성명과 주소를 사채원부에 기재하고 그 성명을 채권에 기재하지 아니하면 회사 기타의 제3자에게 대항하지 못한다(479조 1항). 정관의 규정에 의하여 명의개서대리인을 둔 경우 명의개서대리인의 영업소에 비치한 사채원부 또는 그 복본에 명의개서를 한 때에는 회사에 비치한 사채원부에 명의개서를 한 것과 같은 효력이 인정된다(479조 2항, 337조 2항).

한편, 기명사채는 지명채권이므로 당사자간의 의사표시에 의하여 질권설정이 가능하지만(民 346조), 채권이 발행된 때에는 채권을 질권자에게 교부함으로써 질권설정의 효력이 생긴다(民 347조). 그리고 회사 기타 제3자에게 대항하기 위하여는 민법 제450조의 규정에 의하여 회사에 질권설정의 사실을 통지하거나 회사가 이를 승낙하여야 한다(民 349조).

2) 무기명사채

무기명사채의 양도는 그 채권을 양수인에게 교부함으로써 양도의 효력이 생긴다(民 523조). 그리고 무기명사채의 입질은 그 채권을 채권자에게 교부함으로써 효력이 생긴다(民 351조). 질권자가 회사 기타의 제3자에게 대항하려면 채권을 계속 점유하여야 한다.

3) 선의취득

무기명사채권은 유가증권이고, 이를 점유하면 적법한 권리자로 추정되므로 선의취득이 인정된다(65조, 民 524조 · 514조). 그러나 기명사채권은 기명증권으로서 그 점유에 자격수여적 효력이 없으므로 선의취득이 인정되지 않는다[崔 758, 鄭(東) 516, 李 545].

2. 이자지급과 상환

(1) 사채 이자지급

사채의 이율 · 이자지급의 방법과 기한은 사채발행조건이 정하는 바에 따르는데, 이 조건은 사채청약서 · 사채권 · 사채원부의 기재사항이다(474조 2항 7호 · 8호, 478조 2항, 488조 3호). 흔히 볼 수 있는 무기명채권에는 이권(利券)이 붙어 있는데, 이권(Talon, interest coupon, coupon d'interet)은 이자지급청구권을 표창하는 사채권으로부터 독립된 유가증권이므로[孫 914, 李(基) 772, 鄭(燦) 878, 崔 1087, 權 838], 이자 지급시마다 이권과 상환하여 이자를 지급하게 되는데, 이때 사채권 자체는 제시할 필요가 없다.

사채권자는 사채관리회사에 사채 상환 및 이자 지급을 청구할 수 있다. 이 경우

사채권이 발행된 때에는 사채권과 상환하여 상환액지급청구를 하고, 이권과 상환하여 이자지급청구를 하여야 한다(484조 3항).

사채의 이자지급청구권과 이권소지인의 공제액지급청구권의 소멸시효기간은 5년이다(487조 3항).

(2) 사채 상환

1) 의 의

사채 상환이란 기채회사가 사채권자에게 채무를 변제하여 법률관계를 종료시키는 것을 말한다. 회사가 이권 있는 무기명사채를 상환하는 경우에 이권이 흠결된 때에는 이권의 권면액에 상당한 금액을 사채상환액에서 공제하여 상환한다(486조 1항). 이권은 독립해서 유통될 수 있고, 이권소지인을 보호하기 위해서 이권이 흠결된 경우 이권의 권면액에 상당한 금액을 사채상환액에서 공제하도록 한 것이다.

2) 사채상환 기한

상환방법과 기한은 사채의 발행조건으로 정해져서 사채청약서 · 사채권 · 사채원부에 기재되는데(474조 2항 8호, 478조 2항, 488조 3호), 일정한 기간 거치한 후 매년 일정한 금액을 상환하는 것이 보통이다.

3) 사채상환 방법

(가) 사채 상환은 채권과의 상환으로 한다.

(나) 사채의 시장가격이 상환금액보다 낮은 경우에는 회사가 사채를 사들여서 소각할 수도 있다(매입소각). 사채권은 유가증권으로서 독립한 유가물이므로 회사가 자기의 사채를 취득하였다고 하여 혼동에 의하여 소멸하지 않으며, 사채권을 소각함으로써 비로소 소멸한다.

(다) 사채권자가 각자 직접적 · 개별적으로 기채회사에 대하여 그 권리를 행사하는 것은 기채회사는 물론 사채권자에게도 불편하기 때문에 사채관리회사가 이를 대행한다. 즉, 사채관리회사는 사채권자를 위하여 사채에 관한 채권을 변제받거나 채권의 실현을 보전하기 위하여 필요한 재판상 또는 재판외의 모든 행위를 할 수 있다(484조 1항). 둘 이상의 사채관리회사가 있는 경우에는 그 권한에 속한 행위는 공동으로 하여야 하고, 변제를 받은 때에는 사채관리회사는 사채권자에 대하여 연대하여 변제액을 지급할 의무를 진다(485조 1항, 2항). 사채권자는 사채관리회사에 사채 상환액 및 이자 지급을 청구할 수 있다(484조 3항). 사채관리회사가 회사로부터 변제를 받으면 지체없이 그 뜻을 공고하고, 알고 있는 사채권자에게 통지하여야 한다(484조 2항).

4) 사채상환금액

만기에 회사가 상환하는 금액은 권면액이 원칙이나 권면액을 초과하여 상환할 수도 있다. 사채는 특정일 1회에 전액 상환할 수도 있으나, 수회에 걸쳐 분할 상환할 수도 있다.

5) 발행회사의 불공정행위에 대한 사채관리회사의 취소의 소

발행회사가 어느 사채권자에게 한 변제·화해 기타의 행위가 현저하게 불공정한 경우에는, 사채관리회사는 취소의 원인인 사실을 안 때로부터 6개월, 행위가 있은 때부터 1년 내에 소로써만 취소를 청구할 수 있다(511조). 또한 사채권자집회의 대표자 또는 집행자는 집회의 결의에 의하여 취소의 소권을 갖는다(512조). 이 소는 발행회사의 본점소재지의 지방법원의 관할에 전속한다. 취소의 효력은 총사채권자를 위하여 발생한다(511조 3항, 民 407조).

6) 상환청구권의 소멸시효기간

사채권자의 기채회사에 대한 상환청구권과 사채관리회사에 대한 상환액지급청구권은 10년간 행사하지 않으면 소멸시효가 완성한다(487조 1항). 이는 사채의 공중성과 계속성을 고려하여 상사채권의 소멸시효기간에 관한 일반원칙을 배제한 것이다.

Ⅳ. 사채권자의 단체성

사채권자는 여러 대중이므로 개개인이 자신의 이익과 권리를 수호하기에는 어려움이 있지만, 상호간에는 이해관계를 같이하므로 일종의 이익공동체를 이룩하여 단체행동을 할 수 있는 소지가 있다. 이런 점을 고려하여 상법은 사채관리회사와 사채권자집회에 관한 특별규정을 두어 사채권자를 보호하고 있다.

1. 사채관리회사

(1) 개 요

사채관리회사란 사채를 발행하는 회사로부터 지정되고 사채변제의 수령, 채권의 보전, 기타 사채 관리를 위탁받은 회사를 말한다(480조의2). 사채관리회사는 은행, 신탁회사, 기타 대통령령으로 정하는 자가 아니면 사채관리회사가 될 수 없고(480조 1항), 사채 인수인은 그 사채의 사채관리회사가 될 수 없으며, 사채를 발행한

회사와 특수한 이해관계가 있는 자로서 대통령령으로 정하는 자는 사채관리회사가 될 수 없다(480조의3 3항).

(2) 사채관리회사의 임면

사채관리회사는 사채를 발행하는 회사의 위임계약에 의하여 선임된다. 따라서 사채권자와는 특별한 관계가 없다.

사채관리회사는 사채를 발행한 회사와 사채권자집회의 동의를 받아야 사임할 수 있다. 또한 부득이한 사유가 있는 경우 법원의 허가를 받아 사임할 수도 있다(481조).

사채관리회사가 그 사무를 처리하기에 적임이 아니거나 기타 정당한 사유가 있을 때에는 법원은 사채를 발행하는 회사 또는 사채권자집회의 청구에 의하여 사채관리회사를 해임할 수 있다(482조). 이때 사채관리회사의 사임 또는 해임으로 사채관리회사가 없게 된 때에는 사채를 발행한 회사는 그 사무를 승계할 사채관리회사를 정하여 사채권자를 위하여 사채관리를 위탁하여야 한다. 이 경우 회사는 지체없이 사채권자집회를 소집하여 동의를 받아야 한다(483조 1항).

(3) 사채관리회사의 권한

사채관리회사는 사채권자를 위하여 사채에 관한 채권을 변제받거나 채권의 실현을 보전하기 위하여 필요한 재판상 또는 재판외의 모든 행위를 할 수 있다(484조 1항). 사채관리회사가 변제를 받으면 지체없이 그 뜻을 공고하고 알고 있는 사채권자에게 통지하여야 한다(484조 2항).

사채관리회사는 ① 해당 사채 전부에 대한 지급유예, 그 채무불이행으로 발생한 책임의 면제 또는 화해, ② 해당 사채 전부에 관한 소송행위 또는 채무자회생 및 파산에 관한 절차에 속하는 행위(사채에 관한 채권을 변제받거나 채권의 실현을 보전하기 위한 행위는 제외)를 하는 경우에는 사채권자집회의 결의에 의하여야 한다(484조 4항). 다만 위 ②의 행위를 사채관리회사가 사채권자집회결의에 의하지 아니하고 할 수 있음을 정할 수 있다.

사채관리회사는 자신의 권한내의 행위를 하기 위하여 필요하면 법원의 허가를 받아 사채를 발행한 회사의 업무와 재산상태를 조사할 수 있다(484조 7항).

사채관리회사는 사채발행회사의 불공정행위에 대한 취소청구의 소를 제기할 수 있고(511조 1항), 사채권자집회소집(491조 1항) 및 사채권자집회에서의 대표자 출석 등의 권리를 행사할 수 있다(491조, 493조, 494조, 501조).

사채관리회사가 둘 이상 있는 때에는 그 권한에 속하는 행위는 공동으로 하여야 한다(485조 1항).

(4) 사채관리회사의 의무와 책임

사채권자는 사채관리회사에 사채 상환액 및 이자 지급을 청구할 수 있다(484조 3항). 그리하여 사채관리회사는 사채권자를 위하여 공평하고 성실하게 사채를 관리하여야 하고, 선량한 관리자의 주의로 사채를 관리하여야 한다(484조 2항).

사채관리회사가 상법이나 사채권자집회결의를 위반한 행위를 한 때에는 사채권자에 대하여 연대하여 이로 인하여 발생한 손해를 배상할 책임을 진다(484조의2 3항).

(5) 사채관리회사의 보수 · 비용

사채관리회사, 대표자 또는 집행자에게 줄 보수와 그 사무처리에 필요한 비용은 사채를 발행한 회사와의 계약에 약정된 경우 외에는 법원의 허가를 받아 사채를 발행한 회사로 하여금 부담하게 할 수 있다(507조 1항). 사채관리회사, 대표자 또는 집행자는 사채에 관한 채권을 변제받은 금액에서 사채권자보다 우선하여 보수와 비용을 변제받을 수 있다(507조 2항).

2. 사채권자집회

(1) 사채권자집회의 의의

사채권자집회란 사채권자의 이익을 보호하기 위하여 동일 종류의 사채권자로써 조직되어 사채에 관한 일정한 중요사항을 결의하는 임시적 의결단체이다. 사채권자집회는 회사의 기관은 아니나, 주식회사의 타인자본에 대한 법적 기구로서 중요한 의의가 있다. 이것은 회의체이고, 다수결에 의한 결의는 총사채권자를 구속하는 점에서 주주총회와 비슷하여 주주총회에 관한 규정(363조, 368조 3항 · 4항, 369조 2항, 371조~373조)이 준용된다(510조). 그러나 ① 주주총회가 회사 내부의 상설기관임에 비하여, 사채권자집회는 회사 외부의 임시기관이란 점, ② 회사가 수종의 사채를 발행한 경우 각 종류 사채별로 사채권자집회가 있으나(509조), 각종의 사채에 공통된 사채권자집회는 없다는 점에서 차이가 있다.

(2) 사채권자집회의 소집

사채권자집회는 필요한 때에 수시로 소집되며, 그 소집권자는 원칙적으로 발행회사 또는 사채관리회사이나(491조 1항), 사채의 종류별로 해당 종류의 사채 총액(상환받은 액은 제외)의 10분의 1 이상에 해당하는 사채를 가진 사채권자는 회의목적사항과 소집이유를 적은 서면 또는 전자문서를 사채발행회사 또는 사채관리회사에 제출하여 사채권자집회의 소집을 청구할 수 있다(491조 2항).

(3) 사채권자집회의 결의

각 사채권자는 그가 가지는 해당 종류의 사채 금액의 합계액(상환받은 액은 제외)에 따라 의결권을 가진다(492조 1항). 무기명채권자는 회일로부터 1주간전에 채권을 공탁하지 아니하면 그 의결권을 행사하지 못한다(492조 2항). 의결권의 대리행사(510조 1항, 368조 3항), 회사가 소유하는 자기사채 의결권행사 제한(510조 1항, 369조 2항), 특별이해관계인의 의결권 행사제한(510조 1항, 368조 4항), 정족수 및 의결권 수의 계산(510조 1항, 371조) 등은 주주총회에 관한 규정을 준용한다. 자기사채 등 의결권이 없는 사채는 발행사채총수에 산입하지 아니하고, 특별이해관계인이 가진 사채도 출석한 사채권자의 의결권의 수에 산입하지 않는다(510조 1항, 371조).

사채권자집회의 결의사항은 법률이 규정한 것으로서 사채관리회사의 사임동의 및 해임(481조, 482조), 사채관리회사의 사무승계자의 선정(483조), 사채발행회사의 대표자의 출석요구(494조), 사채권자집회의 대표자선임(500조 1항), 결의의 집행자 선정(501조 단서), 대표자 및 집행자의 해임·위임사항의 변경(504조), 기한이익의 상실(505조 제1항), 자본금감소·합병의 경우의 이의제기(439조 3항, 530조 2항), 발행회사의 불공정한 행위를 취소하기 위한 소제기(512조) 등과 사채권자의 이해에 중대한 관계가 있는 사항으로서 법원의 허가를 받은 것(490조)에 한한다.

사채권자집회의 결의는 원칙적으로 주주총회 특별결의를 준용한다(495조 1항). 그러나 사채관리회사의 사임에 관한 사항(481조), 사채관리회사의 해임에 관한 사항(482조), 사채관리회사의 사무승계에 관한 사항(483조), 사채발행회사 대표자의 출석청구에 관한 사항(494조)의 동의 또는 청구는 출석한 사채권자 의결권의 과반수로 결정할 수 있다(495조 2항).

사채권자집회에 출석하지 않은 사채권자는 서면에 의하여 의결권을 행사할 수 있다(495조 3항). 서면에 의한 의결권행사는 의결권행사서면에 필요한 사항을 적어 사채권자집회전일까지 의결권행사서면을 소집자에게 제출하여야 하고(495조 4항), 서면에 의하여 행사한 의결권의 수는 출석한 의결권자의 의결권 수에 포함한다(495조 5항). 뿐만 아니라 사채권자집회에 출석하지 아니하고 전자적 방법으로 의결권을 행사할 수도 있다(495조 6항, 368조의4).

사채권자집회의 의사에 관하여는 의사록을 작성하여 회사 본점에 비치하여야 하고, 사채관리회사와 사채권자는 영업시간 내에 언제든지 의사록 열람을 청구할 수 있다(510조).

(4) 사채권자집회 결의의 효력

사채권자집회의 결의는 법원의 인가를 얻어야 그 효력이 생긴다(498조 1항 전단). 다만 그 종류의 사채권자 전원이 동의한 결의는 법원의 인가가 필요 없다(498조 1항 단서).

사채권자집회의 소집자는 결의한 날로부터 1주 내에 결의의 인가를 법원에 청구하여야 하고(496조), 법원은 ① 사채권자집회소집절차 또는 그 결의방법이 법령이나 사채모집계획서의 기재에 위반한 때, ② 결의가 부당한 방법에 의하여 성립한 때, ③ 결의가 현저하게 불공정한 때, ④ 결의가 사채권자 일반의 이익에 반하는 때 등에는 이를 인가하지 못한다(497조 1항). 다만 위 ①과 ②의 경우에는 결의의 내용 기타 모든 사정을 참작하여 이를 인가할 수도 있다(497조 2항). 사채를 발행한 회사는 법원 결정을 공고하여야 한다(499조).

사채권자집회 결의에 관하여는 법원의 인가제도가 있기 때문에 결의의 하자에 관한 별도의 소제도가 없다.

사채권자집회 결의는 그 종류의 사채를 가진 모든 사채권자에게 효력이 있다(498조 2항).

사채권자집회는 해당 종류의 사채 총액(상환받은 금액은 제외)의 500분의 1 이상을 가진 사채권자 중에서 1명 또는 여러 명의 대표자를 선임하여 그 결의할 사항의 결정을 위임할 수 있다(500조 1항). 대표자가 수인인 때에는 그 결정은 과반수로 한다(500조 2항).

(5) 사채권자집회 결의집행

사채권자집회의 결의는 사채관리회사가 집행하고, 사채관리회사가 없는 때에는 사채권자집회의 대표자가 집행한다. 다만 사채권자집회의 결의로써 따로 집행자를 정한 때에는 그러하지 아니하다(501조).

(6) 사채권자집회의 비용과 보수의 부담

사채권자집회에 관한 비용은 원칙적으로 사채발행회사가 부담한다(508조 1항).

법원 결의의 인가를 청구하는 비용도 발행회사가 부담하여야 하나, 법원은 이해관계인의 신청 또는 직권으로 그 전부 또는 일부에 관하여 따로 부담자를 정할 수 있다(508조 2항).

Ⅴ. 특수한 사채

1. 전환사채

(1) 전환사채의 의의

전환사채(convertible bond(CB); Wandelschuldverschreibung)란 발행회사의 주식으로 전환할 수 있는 권리가 인정된 사채를 말한다. 전환사채는 사채의 확실성과 주식의 투기성을 비교·형량하여 선택할 수 있는 장점이 있다. 즉, 회사의 영업성적이 부진한 때에는 사채로서의 확정이자를 받되, 회사가 좋은 영업실적을 내어 이익배당을 받는 것이 유리하다고 판단될 때에는 주식으로 전환함으로써 회사로서는 사채상환의 효과를 누리는 한편, 자금조달비용이 저렴하다는 장점이 있어 사채모집이 용이하다. 이러한 이유로 우리나라에서도 1990년대 이후 국내외로부터의 자금조달을 위해 전환사채가 많이 발행되고 있다.

전환사채의 발행은 사채권자와 주주의 권리보호가 문제될 수 있다. 이에 따라 상법은 원칙적으로 전환사채의 발행을 일반사채와 같이 이사회가 결정하도록 하면서 주주에게 우선적으로 사채의 인수권을 부여하고 있다. 만일 주주 아닌 제3자에게 전환사채를 발행할 경우에는 주주총회의 특별결의를 요하게 함으로써 사채발행에 관한 이사회 결정권(469조)과 주주 신주인수권(418조 1항)을 조화시키고 있다.

전환사채의 법적 성질은 그 발행 이후 전환권을 행사하기 전까지는 채권적 유가증권이라고 할 수 있고, 그 이후에는 사원권적 유가증권이라고 할 수 있다.

(2) 전환사채의 발행

1) 발행 결정

전환사채는 단순한 사채에 그치지 않고 장차 주식으로의 전환이 가능하므로 전환사채의 발행은 구주주들의 지분권에 직접적인 영향을 미친다는 점에서 실질적으로 신주발행과 같다(林 642). 따라서 상법은 주주에게 전환사채를 발행하는 경우에 정관에 규정이 없으면, 이사회의 결의에 의하도록 하였다(513조). 그러나 정관에 의하여 주주총회의 결의에 의하도록 한 경우는 그러하지 아니하다. 그러나 이는 신주발행을 이사회결의만으로 할 수 있게 한 상법 제416조와 균형을 맞춘 것이므로 신주발행이 정관에 의해 주주총회의 권한사항으로 되어 있는 경우(416조 단서규정)에는 전환사채의 발행에도 이사회결의만으로는 발행할 수 없고, 주주총회의 보통결의를 거쳐야 한다(대판 1999. 6. 25, 99다18435).

전환사채를 발행하는 경우 이사회는 전환사채를 발행한다는 취지 외에 ① 전환사채의 총액, ② 전환의 조건, ③ 전환으로 인하여 발행할 주식의 내용, ④ 전환청구기간, ⑤ 주주에게 전환사채의 인수권을 준다는 뜻과 인수권의 목적인 전환사채의 액과, ⑥ 주주 아닌 자에게 인수권을 부여할 경우에는 주주 이외의 자에게 전환사채를 발행하는 것과 이에 대하여 발행할 전환사채액을 정한다(513조의3). 위 ②의 경우는 전환가액으로서 전환사채와 전환에 의해 발행되는 주식의 비율을 뜻한다. ④의 경우는 사채권자가 전환청구권을 행사할 수 있는 시기와 종기를 정하는 것이다. 예컨대 「발행 1년 후부터 2년 내」라는 식이다. ⑤의 경우에는 반드시 주주에게 인수권을 주어야 하는 것은 아니다. 다만 주주의 인수권의 일부 또는 전부를 박탈하기 위하여는 제3자 인수의 경우와 같은 특별한 절차를 요한다. ⑥의 경우는 주주 아닌 제3자에게 전환사채의 인수권을 부여할 경우에 필요한 사항이다.

2) 전환사채의 제3자에 대한 발행

회사가 주주 이외의 자에 대하여 전환사채를 발행하는 경우에는 실질적으로 주주 이외의 자에게 신주인수권을 부여하는 경우와 같다. 따라서 주주 아닌 제3자에게 전환사채를 발행할 경우(513조 2항 6호)에는 정관에 근거를 두거나 주주총회의 특별결의를 필요로 한다. 또한 정관의 규정이나 주주총회의 특별결의에 의한다 하더라도 신기술의 도입, 재무구조의 개선 등 회사의 경영상 목적을 달성하기 위하여 필요한 경우에 한하여 주주 아닌 제3자에게 전환사채를 발행할 수 있다(513조 3항 2문, 418조 2항 단서). 그리고 정관과 주주총회의 특별결의에서 제3자에게 발행할 수 있는 전환사채의 액, 전환의 조건, 전환으로 인하여 발행할 주식의 내용과 전환을 청구할 수 있는 기간도 정하여야 할 것이다(513조 3항). 전환사채의 발행을 결의하기 위해 주주총회를 소집할 경우에는 소집통지와 공고에 전환사채의 발행에 관한 의안의 요령도 기재하여야 한다(513조 4항). 또한 정관이나 주주총회의 결의로 제3자의 전환사채 인수권을 정할 때에는 그 내용이 구체적이고 확정적이어야 한다. 따라서 「사채총액의 2분의 1의 범위에서 주주가 아닌 자에게 인수권을 부여한다」든지, 「전환가액은 주식의 액면가 이상으로 이사회가 정한다」는 식의 포괄위임은 허용되지 않는다.

【에버랜드 전환사채 발행사건; 대법원 2009. 5. 29, 2007도4949판결】

1. 사실관계

삼성에버랜드(주)는 1996년 10월 30일 총 17명의 이사 중 8명이 참석한 상태에서 이사회를 개최하고 무기명식 이권부 무보증전환사채의 발행을 결의하였다. 이사회에서는 전환사채의 총액은 99억 5천 4백 59만원, 자금의 사용목적은 시설

자금, 사채의 배정방법은 1996년 11월 4일 기준으로 주주에게 우선 배당하되 실권시에는 이사회의 결의에 의하여 제3자에게 배정한다는 것이다. 전환조건은 전환사채 총액을 전환가액으로 나눈 주식수를 기명식 보통주식으로 발행하며 그 전환가액은 1주당 7,700원으로 정하였다. 그런데 삼성에버랜드(주)의 총주주 26명 중 제일제당만 배정된 2.94%의 전환사채를 인수하였을 뿐 나머지 주주들은 인수하지 않아 97.06%에 해당하는 전환사채가 실권되었으며, 1996년 12월 3일 이사회는 이 실권된 전환사채를 4명의 제3자에게 배정하기로 의결하였고, 그에 따라 제3자는 같은 날 인수청약 및 인수대금 납입을 완료하고 1996년 12월 17일 그 전환사채를 1주당 7,700원의 전환가격에 주식으로 각 전환하여 삼성에버랜드 주식의 약 64%를 취득하게 되었다.

1996년 1월경부터 그 당시 정부가 신종 금융상품인 전환사채 등을 이용한 변칙증여 등 정상적인 거래를 통하지 아니한 경우 이를 증여로 보고 그에 대한 증여의제과세제도를 마련하는 방안으로 구상속세법의 개정을 추진하였고, 1996년 10월 2일경 개정안이 국회에 제출된 상태이었다.

한편 그 당시 삼성에버랜드의 자본금 규모는 35억여원에 불과하지만 당시 자산총액이 8,000억원을 상회하고 있었고, 이사회 개최 당시 장외거래로 1주당 85,000원 내지 89,290원에 거래된 사례도 있었다. 이런 사정으로 삼성에버랜드의 대표이사 등이 업무상 배임죄로 기소된 사건이다.

2. 판결요지

[1] **[다수의견]** 주주는 회사에 대하여 주식의 인수가액에 대한 납입의무를 부담할 뿐 인수가액 전액을 납입하여 주식을 취득한 후에는 주주 유한책임의 원칙에 따라 회사에 대하여 추가 출자의무를 부담하지 않는 점, 회사가 준비금을 자본으로 전입하거나 이익을 주식으로 배당할 경우에는 주주들에게 지분비율에 따라 무상으로 신주를 발행할 수 있는 점 등에 비추어 볼 때, 회사가 주주 배정의 방법, 즉 주주가 가진 주식 수에 따라 신주, 전환사채나 신주인수권부사채(이하 '신주 등'이라 한다)의 배정을 하는 방법으로 신주 등을 발행하는 경우에는 발행가액 등을 반드시 시가에 의하여야 하는 것은 아니다. 따라서, 회사의 이사로서는 주주배정의 방법으로 신주를 발행하는 경우 원칙적으로 액면가를 하회하여서는 아니된다는 제약 외에는 주주 전체의 이익, 회사의 자금조달의 필요성, 급박성 등을 감안하여 경영판단에 따라 자유로이 그 발행조건을 정할 수 있다고 보아야 하므로, 시가보다 낮게 발행가액 등을 정함으로써 주주들로부터 가능한 최대한의 자금을 유치하지 못하였다고 하여 배임죄의 구성요건인 임무위배, 즉 회사의 재산보호의무를 위반하였다고 볼 것은 아니다. 그러나 주주배정의 방법이 아니라 제3자에게 인수권을 부여하는 제3자 배정방법의 경우, 제3자는 신주 등을 인수함으로써 회사의 지분을 새로 취득하게 되므로 그 제3자와 회사와의 관계를 주주의 경우와 동일하게 볼 수는 없다. 제3자에게 시가보다 현저하게 낮은 가액으로 신주 등을 발행하는 경우에는 시가를 적정하게 반영하여 발행조건을 정하거나 또는 주식의 실질가액을 고려한 적정한 가격에 의하여 발행하는 경우와 비교하여 그

차이에 상당한 만큼 회사의 자산을 증가시키지 못하게 되는 결과가 발생하는데, 이 경우에는 회사법상 공정한 발행가액과 실제 발행가액과의 차액에 발행주식수를 곱하여 산출된 액수만큼 회사가 손해를 입은 것으로 보아야 한다. 이와 같이 현저하게 불공정한 가액으로 제3자 배정방식에 의하여 신주 등을 발행하는 행위는 이사의 임무위배행위에 해당하는 것으로서 그로 인하여 회사에 공정한 발행가액과의 차액에 상당하는 자금을 취득하지 못하게 되는 손해를 입힌 이상 이사에 대하여 배임죄의 죄책을 물을 수 있다. 다만, 회사가 제3자 배정의 방법으로 신주 등을 발행하는 경우에는 회사의 재무구조, 영업전망과 그에 대한 시장의 평가, 주식의 실질가액, 금융시장의 상황, 신주의 인수가능성 등 여러 사정을 종합적으로 고려하여, 이사가 그 임무에 위배하여 신주의 발행가액 등을 공정한 가액보다 현저히 낮추어 발행한 경우에 해당하는지를 살펴 이사의 업무상배임죄의 성립 여부를 판단하여야 한다.

[별개의견] 회사에 자금이 필요한 때에는 이사는 가능한 방법을 동원하여 그 자금을 형성할 의무가 있다 할 것이나, 이사는 회사에 필요한 만큼의 자금을 형성하면 될 뿐 그 이상 가능한 한 많은 자금을 형성하여야 할 의무를 지는 것은 아니고, 또 회사에 어느 정도 규모의 자금이 필요한지, 어떠한 방법으로 이를 형성할 것인지는 원칙적으로 이사의 경영판단에 속하는 사항이다. 그런데 신주발행에 의한 자금형성의 과정에서 신주를 저가 발행하여 제3자에게 배정하게 되면 기존 주주의 지분율이 떨어지고 주식가치의 희석화로 말미암아 구 주식의 가치도 하락하게 되어 기존 주주의 회사에 대한 지배력이 그만큼 약화되므로 기존 주주에게 손해가 발생하나, 신주발행을 통하여 회사에 필요한 자금을 형성하였다면 회사에 대한 관계에서는 임무를 위배하였다고 할 수 없고, 신주발행으로 인해 종전 주식의 가격이 하락한다 하여 회사에 손해가 있다고 볼 수도 없으며, 주주의 이익과 회사의 이익을 분리하여 평가하는 배임죄의 원칙상 이를 회사에 대한 임무위배로 볼 수 없어, 배임죄가 성립한다고 볼 수 없다.

[2] **[다수의견]** 신주 등의 발행에서 주주 배정방식과 제3자 배정방식을 구별하는 기준은 회사가 신주 등을 발행하는 때에 주주들에게 그들의 지분비율에 따라 신주 등을 우선적으로 인수할 기회를 부여하였는지 여부에 따라 객관적으로 결정되어야 할 성질의 것이지, 신주 등의 인수권을 부여받은 주주들이 실제로 인수권을 행사함으로써 신주 등을 배정받았는지 여부에 좌우되는 것은 아니다. 회사가 기존 주주들에게 지분비율대로 신주 등을 인수할 기회를 부여하였는데도 주주들이 그 인수를 포기함에 따라 발생한 실권주 등을 제3자에게 배정한 결과 회사 지분비율에 변화가 생기고, 이 경우 신주 등의 발행가액이 시가보다 현저하게 낮아 그 인수권을 행사하지 아니한 주주들이 보유한 주식의 가치가 희석되어 기존 주주들의 부(부)가 새로이 주주가 된 사람들에게 이전되는 효과가 발생하더라도, 그로 인한 불이익은 기존 주주들 자신의 선택에 의한 것일 뿐이다. 또한, 회사의 입장에서 보더라도 기존 주주들이 신주 등을 인수하여 이를 제3자에게 양도한 경우와 이사회가 기존 주주들이 인수하지 아니한 신주 등을 제3자에게 배정한 경우를 비교하여 보면 회사에 유입되는 자금의 규모에 아무런 차이가 없을 것이므

로, 이사가 회사에 대한 관계에서 어떠한 임무에 위배하여 손해를 끼쳤다고 볼 수는 없다.

[반대의견] 신주 등의 발행이 주주 배정방식인지 여부는, 발행되는 모든 신주 등을 모든 주주가 그 가진 주식 수에 따라서 배정받아 이를 인수할 기회가 부여되었는지 여부에 따라 결정되어야 하고, 주주에게 배정된 신주 등을 주주가 인수하지 아니함으로써 생기는 실권주의 처리에 관하여는 상법에 특별한 규정이 없으므로 이사는 그 부분에 해당하는 신주 등의 발행을 중단하거나 동일한 발행가액으로 제3자에게 배정할 수 있다. 그러나 주주 배정방식으로 발행되는 것을 전제로 하여 신주 등의 발행가액을 시가보다 현저히 저가로 발행한 경우에, 그 신주 등의 상당 부분이 주주에 의하여 인수되지 아니하고 실권되는 것과 같은 특별한 사정이 있는 때에는, 그와 달리 보아야 한다. 주주 배정방식인지 제3자 배정방식인지에 따라 회사의 이해관계 및 이사의 임무 내용이 달라지는 것이므로, 회사에 대한 관계에서 위임의 본지에 따른 선관의무상 제3자 배정방식의 신주 등 발행에 있어 시가발행의무를 지는 이사로서는, 위와 같이 대량으로 발생한 실권주에 대하여 발행을 중단하고 추후에 그 부분에 관하여 새로이 제3자 배정방식에 의한 발행을 모색할 의무가 있고, 그렇게 하지 아니하고 그 실권주를 제3자에게 배정하여 발행을 계속할 경우에는 그 실권주를 처음부터 제3자 배정방식으로 발행하였을 경우와 마찬가지로 취급하여 발행가액을 시가로 변경할 의무가 있다고 봄이 상당하다. 이와 같이 대량으로 발생한 실권주를 제3자에게 배정하는 것은, 비록 그것이 주주 배정방식으로 발행한 결과라고 하더라도, 그 실질에 있어 당초부터 제3자 배정방식으로 발행하는 것과 다를 바 없고, 이를 구별할 이유도 없기 때문이다. 그러므로 신주 등을 주주 배정방식으로 발행하였다고 하더라도, 상당 부분이 실권되었음에도, 이사가 그 실권된 부분에 관한 신주 등의 발행을 중단하지도 아니하고 그 발행가액 등의 발행조건을 제3자 배정방식으로 발행하는 경우와 마찬가지로 취급하여 시가로 변경하지도 아니한 채 발행을 계속하여 그 실권주 해당부분을 제3자에게 배정하고 인수되도록 하였다면, 이는 이사가 회사에 대한 관계에서 선관의무를 다하지 아니한 것에 해당하고, 그로 인하여 회사에 자금이 덜 유입되는 손해가 발행하였다면 업무상배임죄가 성립한다.

[3] **[다수의견]** 상법상 전환사채를 주주 배정방식에 의하여 발행하는 경우에도 주주가 그 인수권을 잃은 때에는 회사는 이사회의 결의에 의하여 그 인수가 없는 부분에 대하여 자유로이 이를 제3자에게 처분할 수 있는 것인데, 단일한 기회에 발행되는 전환사채의 발행조건은 동일하여야 하므로, 주주배정으로 전환사채를 발행하는 경우에 주주가 인수하지 아니하여 실권된 부분에 관하여 이를 주주가 인수한 부분과 별도로 취급하여 전환가액 등 발행조건을 변경하여 발행할 여지가 없다. 주주배정의 방법으로 주주에게 전환사채인수권을 부여하였지만 주주들이 인수청약하지 아니하여 실권된 부분을 제3자에게 발행하더라도 주주의 경우와 같은 조건으로 발행할 수밖에 없고, 이러한 법리는 주주들이 전환사채의 인수청약을 하지 아니함으로써 발생하는 실권의 규모에 따라 달라지는 것은 아니다.

[반대의견] 상법에 특별한 규정은 없지만, 일반적으로 동일한 기회에 발행되

는 전환사채의 발행조건은 균등하여야 한다고 해석된다. 그러나 주주에게 배정하여 인수된 전환사채와 실권되어 제3자에게 배정되는 전환사채를 '동일한 기회에 발행되는 전환사채'로 보아야 할 논리필연적인 이유나 근거는 없다. 실권된 부분의 제3자 배정에 관하여는 다시 이사회 결의를 거쳐야 하는 것이므로, 당초의 발행결의와는 동일한 기회가 아니라고 볼 수 있다. 그 실권된 전환사채에 대하여는 발행을 중단하였다가 추후에 새로이 제3자 배정방식으로 발행할 수도 있는 것이므로, 이 경우와 달리 볼 것은 아니다. 그리고 주주 각자가 신주 등의 인수권을 행사하지 아니하고 포기하여 실권하는 것과 주주총회에서 집단적 의사결정 방법으로 의결권을 행사하여 의결하는 것을 동일하게 평가할 수는 없는 것이므로, 대량의 실권이 발생하였다고 하여 이를 전환사채 등의 제3자 배정방식의 발행에 있어서 요구되는 주주총회의 특별결의가 있었던 것으로 간주할 수도 없다.

[4] 전환사채 발행을 위한 이사회 결의에는 하자가 있었다 하더라도 실권된 전환사채를 제3자에게 배정하기로 의결한 이사회 결의에는 하자가 없는 경우, 전환사채의 발행절차를 진행한 것이 재산보호의무 위반으로서의 임무위배에 해당하지 않는다고 한 사례.

[5] 이사가 주식회사의 지배권을 기존 주주의 의사에 반하여 제3자에게 이전하는 것은 기존 주주의 이익을 침해하는 행위일 뿐 지배권의 객체인 주식회사의 이익을 침해하는 것으로 볼 수는 없는데, 주식회사의 이사는 주식회사의 사무를 처리하는 자의 지위에 있다고 할 수 있지만 주식회사와 별개인 주주들에 대한 관계에서 직접 그들의 사무를 처리하는 자의 지위에 있는 것은 아니고, 더욱이 경영권의 이전은 지배주식을 확보하는 데 따르는 부수적인 효과에 불과한 것이어서, 회사 지분비율의 변화가 기존 주주 자신의 선택에 기인한 것이라면 지배권 이전과 관련하여 이사에게 임무위배가 있다고 할 수 없다.

3) 전환사채 배정일의 지정・공고

주주가 인수할 전환사채액이 결정되면 주주는 그가 가진 주식의 수에 따라서 전환사채를 배정받을 권리를 가진다(513조의2 1항 본문). 따라서 신주발행에서와 같이 인수권을 행사할 주주를 확정하기 위하여 회사는 배정기준일을 정하고, 그 2주간 전에 공고하여야 한다(513조의2 2항).

배정기준일의 경과로 전환사채인수권을 갖는 주주 및 각 주주가 인수권을 갖는 사채총액이 확정되는데, 이때 전환사채의 최저액에 미달하는 단수에 대하여는 인수권이 없다(513조의2 1항 단서).

4) 주주에 대한 최고・실권

회사는 배정기준일에 의해 인수권이 확정된 주주에 대해 인수권을 가지는 전환사채의 액, 발행가액, 전환의 조건, 전환으로 인하여 발행할 주식의 내용, 전환을 청구할 수 있는 기간과 일정한 기일(청약일)까지 전환사채의 청약을 하지 아니하면 권리를 잃는다는 뜻을 청약일의 2주간 전에 통지하여야 한다(513조의3 1항 · 2항, 419조 3항). 만약 회사가 정한 청약기일에 청약을 하지 아니하면 실권한다(513조의3 2항, 419조 4항).

주주 이외의 자가 신주인수권을 가지는 경우에는 이러한 공고나 통지가 필요 없다.

5) 사채청약서 · 채권 · 사채원부의 기재사항

전환사채의 인수권을 가진 자는 사채청약서에 의하여 청약을 하되, 청약서에는 보통의 사채청약서의 기재사항 외에도 ① 주식으로 전환할 수 있다는 뜻, ② 전환조건, ③ 발행할 주식의 내용, ④ 전환기간, ⑤ 주식의 양도에 관하여 이사회의 승인을 얻도록 정한 때에는 그 규정 등을 기재하여야 한다(514조). 또한 이들 사항은 채권 및 사채원부에도 기재하여야 한다.

6) 전환사채의 인수 · 납입

사채의 모집이 완료되면 이사는 지체 없이 납입을 시켜야 하고(476조 1항), 사채금액이 납입되면 회사는 지체 없이 채권을 발행하여야 한다(478조 1항).

7) 전환사채와 수권주식과의 관계

발행예정주식총수에 미발행부분이 있어야 전환이 가능하므로 이 경우에만 전환사채를 발행할 수 있고, 이 부분은 전환청구기간 동안 발행을 유보하여야 한다(516조 1항, 346조 2항). 따라서 장차 정관변경에 의해 발행예정주식총수를 늘릴 것을 예정하고 전환사채를 발행할 수 없다.

(3) 전환 청구

전환의 청구는 전환기간 중 언제든지 할 수 있는데, 2통의 청구서에 소정사항을 기재하고 채권을 첨부하여 회사에 제출하여야 한다(515조). 다만 채권을 발행하는 대신 전자등록부에 채권을 등록한 경우에는 그 채권을 증명할 수 있는 자료를 첨부하여 회사에 제출하여야 한다(515조 1항 후단). 전환사채의 전환에 관하여는 전환주식에 관한 규정이 대폭 준용된다(516조 2항, 350조, 339조).

전환권은 형성권이므로 전환은 그 청구를 한 때에 효력이 발생하여(516조 2항, 350조 1항), 사채권자는 주주가 된다. 따라서 전환사채의 전환에 의한 신주발행의 효력발생시기는 전환권자가 전환을 청구한 때이다.

이 경우 전환권을 행사하여 발행된 주식의 이익이나 이자의 배당에 관하여는 정관이 정하는 바에 따라 그 청구를 한 때가 속하는 영업연도의 직전 영업연도말에 전환된 것으로 할 수 있다(516조 2항, 350조 3항 2문). 사채권자가 주주가 됨으로써 새로 주식이 발행되는데, 이 경우 전환 전의 사채의 발행가액을 신주식의 발행가액으로 한다(516조 2항, 348조).

전환사채에 질권이 설정된 경우에는 질권자는 전환으로 인하여 사채권자가 받을 주식에 대해서도 질권을 행사할 수 있다(物上代位)(516조 2항, 359조).

(4) 전환사채의 등기

전환사채의 전액 또는 제1회의 납입이 완료되면 그 날로부터 2주 내에 본점 소재지에서 소정의 등기를 하여야 한다(514조의2). 그리고 전환권을 행사하여 전환의 효력이 생기면 사채의 수가 감소하고 발행주식총수와 자본금이 증가하므로 소정 기간 내에 변경등기를 하여야 한다(516조 2항, 351조).

(5) 전환사채발행의 하자

1) 전환사채발행의 유지청구

회사가 법령 또는 정관에 위반하거나 현저하게 불공정한 방법으로 전환사채를 발행함으로써 주주가 불이익을 받을 염려가 있는 경우에는 신주발행에서와 같이 주주는 전환사채의 발행을 유지할 것을 청구할 수 있다(516조 1항, 424조).

2) 통모 전환사채 인수자의 책임

이사와 통모하여 현저하게 불공정한 가액으로 전환사채를 인수한 자는 공정한 발행가액과의 차액에 상당한 금액을 회사에 지급할 의무가 있다(516조 1항, 424조, 424조의2).

이때의 지급청구에 대한 대표소송이나 이사의 손해배상책임 등에 관한 사항은 신주를 불공정하게 인수한 경우의 문제와 같다.

3) 전환사채발행의 무효

상법은 전환사채발행의 무효원인에 관한 명문규정을 두고 있지 않은데, 판례는 전환사채의 발행이 신주를 발행한 것과 같다는 점에서 전환사채 발행에 무효원인이 있는 경우 신주발행무효의 소에 관한 규정을 유추 적용하여 전환사채발행무효의 소를 제기할 수 있다고 한다(대판 2004. 6. 25, 200037326).

2. 신주인수권부사채

(1) 신주인수권부사채의 의의

신주인수권부사채(bond with warrants; BW)란 사채권자에게 신주의 발행을 청구할 수 있는 권리가 부여된 사채를 말한다. 신주인수권부사채는 사채권자가 신주인수권을 행사하면 결국 주주가 될 수 있다는 점에서 전환사채와 유사하나, ① 신주인수권을 행사하여도 사채가 소멸하지 아니하고 사채권자의 지위도 상실되지 않는 점, ② 신주발행의 대가로 별도의 출자를 필요로 하는 점, ③ 새로 발행하는 주식의 발행가액의 합계액이 각 신주인수권부사채의 금액을 초과할 수 없는 점, ④ 분리형의 경우 사채권과 신주인수권증권이 따로 발행되는 점 등이 전환사채와 다른 점이다.

(2) 신주인수권부사채의 유형

1) 신주인수권부사채에는 비분리형(bond with nondetachable warrants)과 분리형(bond with detachable warrants) 두 가지 형태가 있다. 비분리형은 1매의 채권이 사채권과 신주인수권을 함께 표창하여 항상 함께 양도되는 것이고, 분리형은 사채권과 신주인수권을 각각 별개의 증권(즉, 사채권과 신주인수증권)이 표창하므로(516조의2 2항 4호, 516조의5 1항), 각각 독립하여 양도할 수 있는 것(516조의6)을 말한다. 우리 상법은 비분리형을 원칙으로 하고 분리형을 예외로 하고 있으나, 실제로는 분리형으로 발행되는 경우도 적지 않다.

2) 사채권자가 신주인수권을 행사할 경우에 발행되는 신주의 발행가액에 대하여 대용납입이 인정되는 것과, 대용납입이 인정되지 않는 것이 있다. 대용납입이 인정된다 함은 신주인수권부사채의 상환에 갈음하여 그 발행가액으로 신주의 납입을 의제하는 것이고(516조의2 2항 5호), 이것이 인정되지 않는다 함은 별도로 신주의 발행가액의 전액을 현실로 납입하여야 하는 것이다(516조의8 1항).

(3) 신주인수권부사채의 발행

1) 발행사항의 결정

신주인수권부사채의 발행사항에 관한 결정은 정관에 규정이 없거나 주주총회에서 결정하기로 규정하지 아니하였으면 이사회에서 한다(516조의2 2항). 이사회는 ① 신주인수권부사채의 총액, ② 각 신주인수권부사채에 부여된 신주인수권의 내용, ③ 신주인수권의 행사기간, ④ 신주인수권만을 양도할 수 있는 것에 관한 사항, ⑤ 사채상환에 갈음하여 신주의 납입이 있는 것으로 본다는 대용납입에 관한 사항, ⑥ 주주에게 신주인수권부사채의 인수권을 준다는 뜻과 인수권의 목적인 신주인수권부사채의 액, ⑦ 주주 이외의 자에게 신주인수권부사채를 발행하는 것과 이에 대하여 발행할 신주인수권부사채의 액 등을 정한다(516조의2 2항).

주주 외의 자에게 신주인수권부사채를 발행하려면 정관 또는 주주총회의 특별결의로써 그 발행할 수 있는 신주인수권부사채의 액, 신주인수권의 내용과 신주인수권을 행사할 수 있는 기간을 정하여야 한다(516조의2 4항).

2) 발행가액의 제한

각 신주인수권부사채에 부여된 신주인수권의 행사로 인하여 발행할 주식의 합계액은 각 신주인수권부사채의 금액을 초과할 수 없다(516조의2 3항). 이러한 제한을 둔 이유는 사채액에 비하여 과대한 신주인수권을 부여하는 것을 방지함으로써 주주의 이익을 보호하기 위한 것이다. 전환사채의 경우는 사채발행액만큼 신주가 발행되므로 전환되는 주식의 수가 적을수록 전환가액이 높아져야 한다. 그러나 신주인수권부사채의 경우에는 신주의 발행가액 총액을 사채의 금액범위 내에서 자유로이 조절할 수 있으므로 신주의 발행가액총액과 발행주식수 및 주식시가와의 균형을 맞출 수 있다.

3) 발행절차

새로 발행할 주식의 수는 신주인수권의 행사기간 중에는 발행예정주식총수 중에 유보하여 두어야 한다(516조의10, 516조 1항, 346조 2항).

그 밖에 주주의 신주인수권부사채의 인수권 및 단수에 대한 예외(513조의2 1항), 배정일의 결정과 그 공고(513조의2 2항), 발행절차에 하자가 있는 경우의 유지청구(516조 1항, 424조), 통모인수인의 책임(516조 1항, 424조의2) 등은 전환사채에서 설명한 것과 같다(516조의10 참조).

다만 신주인수권부사채의 특수성으로 인한 특칙으로서 신주인수권의 분리양도나 대용납입에 관한 사항의 결정이 있는 때는 이를 통지 및 공고하여야 하며, 신주인수권부사채의 인수권을 가진 주주에 대하여는 실권예고부청약최고의 통지를 하여야 한다(516조의3). 또 사채청약권 · 채권 · 사채원부에는 일반사채청약서의 기재사항 외에도 신주인수권부사채라는 뜻, 신주인수권의 내용, 행사기간, 분리양도성, 대용납입 등에 관한 이사회의 결정사항을 기재하여야 하되(516조의4 본문), 신주인수권증권을 발행하는 경우에는 채권에 이를 기재할 필요가 없다(516조의4 단서). 신주인수권증권에는 법정기재사항과 번호를 기재하고 대표이사가 기명날인 또는 서명을 하여야 한다(516조의5 2항).

(4) 신주인수권 행사

1) 행사시기

신주인수권을 행사하려는 자는 신주인수권의 행사기간 중 언제든지 행사할 수 있다. 주주명부폐쇄기간 중에도 이를 할 수 있으나, 이 때에는 주주명부폐쇄기간 중의 총회의 결의에 관하여 의결권을 행사할 수 없다(516조의9, 350조 2항).

2) 행사방법

신주인수권을 행사하려는 자는 2통의 청구서에 소정사항을 기재하여 회사에 제출하고, 신주의 발행가액의 전액을 납입하여야 한다(516조의8 1항). 다만 신주인수권증권을 발행하는 대신 전자등록기관의 전자등록부에 채권이나 신주인수권을 등록한 경우에는 그 채권이나 신주인수권을 증명할 수 있는 자료를 첨부하여 회사에 제출하여야 한다(516조의9 2항).

3) 납 입

신주인수권을 행사한 자는 원칙적으로 신주의 발행가액의 전액을 납입하여야 한다(516조의8 1항 후단). 이때의 납입은 채권 또는 신주인수권증권에 기재된 납입장소인 은행 기타 금융기관에 하여야 하며(516조의8 3항), 이러한 납입금보관은행의 변경 및 증명과 책임에 관하여는 회사설립(모집설립)의 경우와 같다(516조의8 4항, 306조, 318조).

그러나 예외적으로 신주인수권을 행사하려는 자의 청구가 있는 때에는 신주인수권부사채의 상환에 갈음하여 신주인수권의 행사에 의한 신주의 발행가액의 납입이 있는 것으로 본다(代用納入)(516조의2 2항 5호). 이 대용납입의 법적 성질은 사채의 상환청구권과 납입의무와의 상계라 본다(516조의8 1항)(崔 791, 李 772).

4) 신주의 효력발생시기

신주의 효력발생시기는 원칙적으로 신주의 발행가액의 전액을 납입한 때이다(516조의9 본문). 다만 이사회 또는 주주총회에서 대용납입을 결의한 경우에는(516조의2 2항 5호) 그 결의한 때이다. 그러나 이익이나 이자의 배당에 관하여는 회사의 사무적인 편의를 위하여 신주인수권을 행사한 때가 속하는 영업연도말에 신주발행의 효력이 생긴 것으로 본다(516조의9 단서, 350조 3항 1문). 이 경우 신주인수권부사채의 신주인수권의 행사에 의하여 발행된 신주에 대한 이익이나 이자의 배당에 관하여는, 전환사채의 경우와 같이 정관의 정하는 바에 의하여 신주의 발행가액의 전액이 납입된 때가 속하는 영업연도의 직전영업연도말에 신주가 발행된 것으로 할 수 있다(516조의9 단서, 350조 3항 2문). 다만 주금액의 대용납입에 관한 정함이 있는 경우(516조의2 2항 5호)에는 신주인수권자는 현실적인 주금납입을 하지 않고, 분리형이든 비분리형이든 신주발행청구서에 채권(債券)을 첨부하여야 하므로, 신주인수권을 행사하는 자가 회사에(신주인수권증권이나 사채를 첨부하여) 신주발행의 청구서를 제출한 때에 신주발행의 효력이 발생한다. 이 경우에는 자본금은 증가하나 재산은 증가하지 않는다.

5) 기타의 절차

신주발행시의 납입금 보관자변경을 위한 법원의 인가(306조), 납입금보관증명의 효력(318조) 등에 관한 규정은 준용된다(516조의8 4항). 그리고 그 청구서를 제출할 때에는 분리형인 경우에는 신주인수권증권을 첨부하고, 비분리형인 경우에는 채권을 제시하여야 한다(516조의8 2항).

(5) 신주인수권의 양도

1) 비분리형인 경우에는 사채권과 신주인수권이 항상 함께 이전하게 된다. 따라서 신주인수권부사채의 신주인수권은 채권의 교부에 의하여 사채와 더불어 양도된다.

2) 분리형인 경우에는 신주인수권의 양도는 신주인수권증권의 교부에 의하여서만 하게 된다(516조의6 1항). 따라서 신주인수권증권의 점유자는 적법한 소지인으로 추정되고, 선의취득이 인정된다(516조의6 2항, 336조 2항, 手 21조). 또 이 증권을 상실한 자는 제권판결을 받아 재발행을 받게 된다(516조의6 2항, 360조).

3) 신주인수권을 전자등록기관에 등록한 경우에는 등록된 신주인수권의 양도나 입질은 전자등록부에 등록하여야 효력이 발생한다(516조의7, 356조의2 2항).

(6) 신주인수권행사의 효과

신주인수권을 행사한 자는 신주발행가액의 전액을 납입한 때에 주주가 된다(516조의9). 다만 대용납입의 경우(516조의2 2항 5호)에는 현실적인 납입이 없으므로 신주발행청구서를 회사에 제출한 때에 주주로 된다(516조의8 1항·2항). 그러나 신주식에 관한 권리행사와 이익배당에 관하여는 전환주식의 경우와 같다(516조의9 2문, 350조 2항·3항).

(7) 등 기

신주인수권부사채의 납입이 완료되면 그 날로부터 본점소재지에서 2주 내에 소정의 등기를 하여야 한다(516조의7, 514조의2 1항). 그리고 신주인수권을 행사하여 신주의 효력이 생기면 발행주식총수와 자본금(317조 2항 2호·3호)이 증가하므로 소정기간 내에 그 뜻의 변경등기를 하여야 한다(516조의7 2항, 514조의2, 183조).

(8) 신주인수권부사채 발행의 무효

신주인수권부사채 발행이 법령에 위반하거나 주주의 사채인수권을 침해한 경우에는 신주발행무효의 소를 유추 적용하여 신주인수권부사채 발행무효의 소를 제기할 수 있다.

3. 이익참가부사채

(1) 의 의

이익참가부사채(participating bond)란 사채권자가 일정한 원리금을 받을 권리 이외에 이익배당에도 참가할 수 있는 권리가 있는 사채를 말한다(469조 2항 1호).

이익참가부사채는 전환사채와 신주인수권부사채와 같이 주식과 사채의 중간형태이나, 특히 이익참가부사채의 경우에는 소정의 이자 외에 이익배당에도 참가할 수 있다는 점에서 처음부터 주식으로서의 성질을 겸하고 있다. 이것은 주식(투자성)과 사채(안전성)의 양 성질을 겸하고 있는 명실상부한 주식과 사채의 혼합형태이다.

(2) 발 행

1) **발행사항 결정** 이익참가부사채도 전환사채나 신주인수권부사채와 같이 주주에게 배정하는 경우와 주주 외의 자에 대하여 발행하는 경우로 나누어진다.

(i) 주주에게 배정하는 이익참가부사채발행에 관하여 정관에 규정이 없는 것은 ① 이익참가부사채의 총액, ② 이익배당참가의 조건 및 내용, ③ 주주에게 이익참가부사채의 인수권을 준다는 뜻과 인수권의 목적이 되는 이익참가부사채의 액 등의 발행사항을 이사회에서 결정하여야 한다. 그러나 정관으로 주주총회에서 이를 결정하도록 정한 경우에는 그러하지 아니하다(상시행령 20조 1항).

(ii) 주주 외의 자에 대한 이익참가부사채발행에 관하여 정관에 규정이 없는 한 위 ①과 ②의 발행사항 및 주주 외의 자에게 이익참가부사채를 발행하는 것과 이에 대하여 발행할 이익참가부사채의 액에 관하여 이사회의 결의가 있어야 한다(상시행령 20조 1항). 주주 외의 자에 대하여 발행할 수 있는 이익참가부사채의 가액과 이익배당참가의 내용에 관하여 정관에 규정이 없으면 주주총회의 특별결의로 정하여야 한다(상시행령 20조 2항). 이때에는 주주 외의 자에게 이익참가부사채를 발행한다는 내용의 의안의 요령을 주주총회의 소집에 관한 통지 또는 공고에 기재하여야 한다(상시행령 20조 3항).

2) **발행절차** (i) 이익참가부사채를 발행하는 경우에는 사채청약서·채권과 사채원부에 ① 이익배당에 참가할 수 있다는 뜻과, ② 이익배당참가의 조건과 내용을 기재하여 공시하여야 한다(상시행령 20조 4항).

(ii) 주주가 이익참가부사채의 인수권을 갖는 경우 그 권리의 내용은 전환사채에 관한 상법 제513조의2를 준용한다(상시행령 20조 4항). 따라서 이익참가부사채의 인수권을 가진 주주는 그가 가진 주식 수에 따라 이익참가부사채의 배정을 받을 권리가 있다. 그러나 각 이익참가부사채의 금액 중 최저액에 미달하는 단수에 대

하여는 회사가 이를 절기(切棄)할 수 있다. 최저액이란 이익참가부사채의 액면가액을 뜻한다. 회사는 일정한 날을 정하여 그 날에 주주명부에 기재된 주주가 이익참가부사채의 인수권이 있다는 뜻을 그 날의 2주전에 공고하여야 한다.

(iii) 실권예고부청약최고에 관하여도 전환사채에 관한 상법 제513조의3을 준용한다(상시행령 20조 5항). 즉, 주주가 이익참가부사채의 인수권을 갖는 경우에는 회사는 각 주주에 대하여 인수권을 갖는 이익참가부사채의 액, 발행가액 및 일정한 기일까지 이익참가부사채의 청약을 하지 아니하면 그 권리를 잃는다는 뜻을 통지하여야 한다. 이 통지나 공고는 청약기일의 2주전에 하여야 한다. 이익참가부사채권의 인수권을 가진 주주가 청약기일까지 사채의 청약을 하지 아니하면 그 인수권을 상실한다.

(iv) 주주의 유지청구권과 불공정 가액으로 사채를 인수한 자의 책임에 관한 상법 제424조의2의 규정도 이 경우에 준용된다(상시행령 20조 6항).

(v) 주주 외의 자에 대하여 이익참가부사채를 발행하는 경우에는 모집발행과 제3자 배정에 의한 발행이 있다. 이 경우에는 앞에서 본 주주총회의 특별결의에 따라 모집발행의 경우에는 일반사채와 동일한 방법의 모집절차를 밟아 이익참가부사채를 배정하고, 제3자 배정의 경우에는 제3자에게 소정의 이익참가부사채를 배정한다.

3) 등기 회사가 이익참가부사채를 발행한 경우에는 상법 제476조의 규정에 의한 납입이 완료된 날로부터 2주 내에 본점소재지에서 ① 이익참가부사채의 총액, ② 각 이익참가부사채의 금액, ③ 각 이익참가부사채의 납입금액, ④ 이익배당에 참가할 수 있다는 뜻, ⑤ 이익참가의 조건 및 내용 등을 등기하여야 한다(상시행령 20조 6항).

(4) 이익배당참가의 내용

이익참가부사채권자도 보통의 사채권자와 같이 사채계약에 의한 소정의 비율에 따라 이자를 받는다. 그 밖에도 회사의 이익배당에 참가하여 그 배당을 받을 수 있다는 점이 특색이 있다. 이익배당참가의 내용은 주주배정의 경우에는 원칙적으로 이사회에서 결정되나, 주주 외의 자에 대하여 발행하는 경우에는 정관에서 정함이 없으면 주주총회의 특별결의에 의하여 결정한다. 그 결정하는 조건의 내용에 관하여는 아무런 제한이 없으므로, 회사가 증권시장과 회사의 재무구조 기타 자금사정을 참작하여 정한다. 그러나 성질상 주식배당에는 참가할 수 없다고 본다[鄭(東) 543, 李 563, 鄭(燦) 905].

4. 교환사채

(1) 의 의

교환사채란 사채발행회사가 주식이나 그 밖의 다른 유가증권으로 교환 또는 상환할 수 있는 사채를 말한다(469조 2항 2호). 전환사채는 사채권자의 전환청구가 있는 경우에 신주를 발행·교부하나, 교환사채의 경우에는 교환청구가 있으면 기존의 주식·사채 등으로 교환 또는 상환된다는 점에서 차이가 있다.

(2) 발 행

1) 발행사항의 결정 교환사채의 발행사항도 정관에 규정이 없으면 이사회 決議에 의한다. 사채청약서·채권 및 사채원부에는 ① 교환사채의 발행여부, ② 교환할 유가증권의 내용, ③ 교환의 조건, ④ 교환을 청구할 수 있는 기간을 기재하여야 한다(상시행령 21조 1항).

2) 발행가액 교환사채의 발행가액에 대하여는 특별한 규정이 없으나, 교환할 주식의 액면가액 이상이어야 한다고 본다[鄭(燦) 907].

(3) 교환절차

교환사채를 발행하는 회사는 교환에 필요한 유가증권을 예탁결제원에 교환청구기간이 만료하는 때까지 예탁하여야 한다(상시행령 21조 2항). 교환청구자가 다른 유가증권과의 교환을 청구하려면 교환청구의 기간 내에 청구서 2통에 기명날인 또는 서명하고 교환사채권을 첨부하여 회사에 제출하여야 한다(349조 1항, 상시행령 21조 3항). 주주명부폐쇄기간 중에도 교환청구가 가능하다(同旨: 崔 713). 교환사채는 주주명부와 무관하기 때문이다.

(4) 교환의 효력

교환사채의 교환은 그 청구를 한 때에 효력이 생긴다(350조 1항). 교환청구는 주주명부폐쇄기간 중에도 할 수는 있으나, 주식을 교환받은 경우에는 그 폐쇄기간 중의 주주총회 결의에 관하여는 의결권을 행사할 수 없다(350조 2항). 교환권을 행사한 주식에 대한 이익 또는 이자의 배당에 관하여는 그 청구를 한 때가 속하는 영업연도의 직전영업연도 말에 전환된 것으로 한다는 규정이 있는 때에는 교환청구를 한 때가 속하는 영업연도의 직전영업연도말에 교환된 것으로 본다(350조 3항).

5. 상환사채

(1) 의 의

상환사채란 회사가 그 선택에 따라 소유하는 주식이나 그 밖의 유가증권으로 상환할 수 있는 사채를 말한다(상시행령 22조 1항).

(2) 발행사항 및 발행결정

상환사채의 발행은 정관에 근거를 두거나 주주총회의 결의를 거칠 필요없이 이사회의 결의만으로 발행할 수 있다(상시행령 22조 1항).

이사회는 ① 상환의 목적인 주식이나 유가증권의 종류 및 내용, ② 상환의 조건, ③ 회사의 선택 또는 일정한 조건이나 기한의 도래에 따라 주식이나 그 밖의 유가증권으로 상환한다는 뜻, ④ 주주외의 자에게 발행회사의 자기주식으로 상환할 수 있는 사채를 발행하는 경우에는 그 상대방 및 처분방법을 결정하여야 하며(상시행령 22조 1항 각호), 이를 사채청약서, 채권, 사채원부에도 기재하여야 한다(상시행령 22조 1항, 24조 3호).

6. 파생결합사채

상법은 「유가증권이나 통화 또는 그 밖에 대통령령으로 정하는 자산이나 지표 등의 변동과 연계하여 미리 정하여진 방법에 따라 상환 또는 지급금액이 결정되는 사채」(469조 2항 3호), 즉 파생결합사채를 규정하고 있다.

제4절 증권의 발행시장과 유통시장

Ⅰ. 생각의 실마리

가전제품 같은 상품은 백화점, 재래시장 등 일정한 형태의 시장에서 가격이 형성되어 매매가 이루어지는데, 주식과 같은 증권은 어느 시장에서 매매가 이루어질까? 신주발행회사(또는 주식양도인)와 신주인수자(또는 주식양수인) 간의 직접적인 교섭을 통해서 성립되는 상대거래(私募發行)도 있을 수 있으나, 대규모의 매매를 필요로 하는 자본거래에서는 반드시 시장이 형성되어 있어야 한다.

증권이 매매되는 시스템을 증권시장(securities market)이라 하는데, 대체로 발행시장(primary market)과 유통시장(secondary market)으로 대별할 수 있다.[2] 발행시장이란 증권이 발행되거나 分賣되는 시장을 말하는데, 기업의 자금조달의 장이 됨과 동시에 투자가가 새로운 기업, 새로운 프로젝트에 참가하는 장이 되기도 한다. 발행시장에서 새롭게 발행된 증권의 가격이 발행자나 그 신규사업의 정보를 반영하여 경쟁적으로 결정되도록 하는 것은 희소한 금융자원을 효율적으로 분배하기 위한 중요한 전제조건이다. 즉, 자원의 효율적 분배를 달성하는 것이 발행시장의 궁극적인 목적인 것이다. 한편, 유통시장은 투자자의 자본형성의 장이 된다. 주식과 같이 출자액을 회사로부터 환급받을 수 없는 증권이나 상환기한이 장기간인 사채에 투자한 자는 유통시장에서 그 증권을 매각함으로써 자금을 회수할 수 있다.

건물이나 자동차 등과 같은 상품은 수요자가 육안으로 봄으로써 어느 정도 그 가치를 판단할 수 있다. 그 반면 주식, 사채와 같은 증권의 경우 권리를 표창하고 있는 증권 그 자체를 봐서는 종이의 질만 확인할 수 있을 뿐 진정한 가치를 알 수는 없다. 증권의 가치는 그 이면에 숨어 있는 발행회사의 자산상태, 성장전망, 수익성 등에 의해서만 판단할 수 있을 것이다. 즉, 증권의 가격은 회사의 자산상태나 수익성, 성장전망에 대한 정보에 따라 결정된다. 만약 정보가 조작되어 사기(fraud)의 수단으로 이용되거나 정보전달의 불균형이 이루어지거나 적시 정보전달(timely disclosure)이 되지 않을 경우 올바른 가격이 형성될 리 없고, 불공정거래만 행해질 것이다. 이를 규제하고 시장참여자인 투자자를 보호하기 위하여 자본시장법이 제정되어 있다.

Ⅱ. 증권 발행시장

1. 발행시장의 흐름

투자가가 발행시장을 통하여 주식을 처음으로 취득한다. 주식의 발행은 공모(public offering or public placement)와 사모(private offering)로 나누어진다.[3] 자본

2) Stephen W. Mayson · Derek French & Christopher Ryan, *Company Law*, Blackstone P. Lit., 1996, p. 187.

3) 인터넷상의 공모와 사모에 관하여는 James D. Cox · Robert W. Hillman · Donald C. Langevoort, *Securities regulation: cases and materials*, Aspen Law & Business,

시장법상의 주된 규제대상은 공모이다. 특히 공모를 통하여 상장되거나 협회중개시장(Kosdaq)에 등록되는 것이(직상장을 제외하곤) 일반적이다. 공모발행은 발행인이 인수인의 도움 없이 직접 투자자를 상대로 공모하는 직접발행(direct public offering)과 인수인에게 인수(underwriting)[4)]시키는 등 인수인의 도움을 받는 간접발행으로 구분된다. 직접발행은 거의 불가능하다.

주식인수업무는 금융투자업자가 담당하는데, 주권발행물량에 따라 인수인이 인수단을 구성하고 주간사회사를 선정하여 인수업무와 판매업무를 행한다. 인수의 형태는 총액인수(firm commitment underwriting), 잔액인수(stand-by underwriting) 및 모집주선(best efforts underwriting)으로 나뉜다. 총액인수란 인수단이 발행증권 전량을 자신의 명의로 매입하여 투자자들에게 분매하는 경우이고, 잔액인수란 유가증권을 발행함에 있어서 이를 취득하는 자가 없을 시엔 그 잔액을 인수단이 인수하는 경우이며, 모집주선이란 수수료를 받고 발행인을 위하여 유가증권의 모집 또는 매출을 주선하거나 기타 직접 또는 간접으로 모집 또는 매출을 분담하는 경우를 뜻한다.

우리나라에서는 일반적으로 모집주선이 행하여지고 있다. 인수인에게는 투자자 보호를 위하여 여러 가지 의무와 책임이 부여된다.

2. 발행시장에 대한 규제

발행시장에서는 모집·매출에 의해 투자자에게 주권 등을 판매하는 것이 목적인데, 발행회사의 개황, 재무구조, 성장전망 등에 대해서 일반대중에게 정보를 알릴(公示) 필요성이 있다.[5)] 이에 자본시장법은 모집과 매출시 일정한 절차를 밟도록 하는 등 금융위원회가 개입하여 감독을 하고 있다. 이하에서 발행시장의 공시제도를 중심으로 서술한다.

(1) 증권신고서제도

증권의 모집가액 또는 매출가액 각각의 총액이 일정 금액 이상인 경우에 발행인이 그 모집 또는 매출에 관한 신고서(증권신고서)를 금융위원회에 제출하고 이것

1999, p. 50 이하.

4) 상법에서의 「인수」라는 용어는 신주를 취득하는 행위(subscription)를 뜻하지만, 자본시장법에서는 모집과 매출을 용이하게 하기 위하여 필요한 업무를 떠맡거나 발행된 증권이 매도되지 않은 경우 그 위험을 부담하는 행위를 말한다(林 657).

5) Jesse H. Choper · John C. Coffee, Jr · Ronald J. Gilson, *Cases and Materials on Corporations*, Aspen Publishers, INC. 2000, p. 303.

이 수리되어야만 그 증권의 모집 또는 매출을 할 수 있다(자시법 119조 1항). 이와 같이 모집 또는 매출을 위하여 증권신고서 제출을 요구하는 것은 그 발행되는 증권에 대한 정보를 공시하여 투자자를 보호하기 위한 목적이다. 투자자는 그 신고서의 기재내용을 투자판단의 자료로 삼아 투자자 자신의 자유로운 판단과 책임(자기책임의 원칙)하에 가장 합리적으로 투자하게 된다. 그러나 금융투자상품 중 파생상품은 원칙적으로 증권신고서 제출의무가 없다.

(2) 투자설명서

증권을 모집하거나 매출하는 경우 발행인은 대통령령으로 정하는 방법에 따라 작성한 투자설명서를 증권신고의 효력이 발생하는 날 또는 일괄신고추가서류를 제출하는 날에 금융위원회에 제출하여야 하고, 총리령으로 정하는 장소에 이를 비치하고 일반인이 열람할 수 있도록 하여야 한다(자시법 123조 1항).

투자설명서를 제출하지 않으면 형사책임을 지게 되고(자시법 446조), 투자설명서 중 중요사항에 관하여 거짓의 기재 또는 표시가 있거나 중요사항이 기재 또는 표시되지 아니함으로써 증권의 취득자가 손해를 입은 경우에는 손해배상책임 및 형사책임을 지게 된다(자시법 125조, 444조).

Ⅲ. 증권 유통시장

1. 유통시장 구조

투자자가 보유하고 있는 증권을 거래하는 시장을 유통시장이라 한다. 유통시장에는 한국거래소의 정규시장과 장외시장(over the counter market)인 비정규시장으로 나뉜다. 자본시장법 등에서는 정규시장에 관해서는 엄격한 규제장치를 마련하고 있으나, 장외거래에 관해서는 당사자의 판단에 맡기는 편이다(장외거래에 대한 규율을 위해 비상장·비등록주식의 장외거래에 관한규칙, 유가증권의 장외거래에 관한 규정 등이 있다).

정규시장참여자는 금융투자업자, 기관투자자, 일반투자자 등이 있는데, 금융투자업자나 기관투자자쪽이 일반투자자보다 전문적인 지식을 가졌을 뿐만 아니라, 정보획득에서도 상당히 유리하다. 또한 기관투자자 등은 대규모 자금을 이용하여 시세조종(時勢操縱, market manipulation) 등 불공정 거래를 행할 소지도 크다.

이에 한국거래소의 회원들이 사적기관인 자율규제기관(self-regulatory organization,

SRO)을 만들어 자율규제·감독함으로써 투자자를 보호하기도 한다. 그러나 증권거래가 이윤추구와 직결되기 때문에 각국은 제도적으로 엄격한 공정경쟁의 룰(Rule)을 만들어 불성실공시, 내부자거래 및 시세조종행위(이를 증권 3대 범죄라 함)에 대처해 오고 있다.

2. 유통시장 규제

(1) 정보공시

상장회사(listed company) 또는 코스닥등록회사(registered company)는 증권발행시에만 공시하는 것이 아니라, 정기적으로 한국거래소와 금융위원회에 보고서를 제출하여야 하며, 수시공시의무도 부담한다. 증권은 계속 유통되기 때문에 투자자가 회사의 실태를 파악할 필요성이 있기 때문이다.

정기공시에는 사업년도마다 제출해야 하는 사업보고서(자시법 159조, 동시행령 167조 1항)와 반기보고서(자시법 160)가 있으며, 투자자의 투자판단에 영향을 줄 수 있는 내용이 있으면 그때 그때 공시하게 하는 수시공시가 있다. 수시공시사항에 관해서는 자본시장법 제391조에서 상세히 규정하고 있다. 또한 공시의 진실성을 확보하기 위하여 부실공시 등에 관해서는 엄격한 제재장치를 마련하고 있다(주권등 상장법인 공시규정 32조).

(2) 시세조종

시세조종(market manipulation)이란 증권의 가격, 거래량 등을 인위적으로 조작하는 행위를 말한다. 시세조종은 일종의 사기행위로서 공정한 가격형성을 저해한다.

자본시장법은 누구든지 상장증권 또는 장내파생상품의 매매에 관하여 그 매매가 성황을 이루고 있는 듯이 잘못 알게 하거나, 그 밖에 타인에게 그릇된 판단을 하게 할 목적으로, ① 자기가 매도하는 같은 시기에 그와 같은 가격 또는 약정수치로 타인이 그 증권 또는 장내파생상품을 매수할 것을 사전에 그 자와 서로 짠 후 매도하는 행위, ② 자기가 매수하는 같은 시기에 그와 같은 가격 또는 약정수치로 타인이 그 증권 또는 장내파생상품을 매도할 것을 사전에 그 자와 서로 짠 후 매수하는 행위, ③ 그 증권 또는 장내파생상품의 매매를 함에 있어서 그 권리의 이전을 목적으로 하지 아니하는 거짓으로 꾸민 매매를 하는 행위, ④ ①~③의 행위의 위탁 또는 수탁을 하는 행위를 하지 못한다고 규정하고 있다(자시법 176조 1항).

(3) 내부자거래

내부자거래(insider trading)란 증권의 가치에 관한 중요한 미공개정보를 가진 자가 행하는 위법한 거래를 말한다. 내부자거래에 관해서는 주권부분을 참조하기 바란다.

제6장 株式會社의 計算

제1절 총 설

I. 회계의 목적과 기능

회사는 영리법인이므로 일정한 사업을 영위하여 이익을 얻고 이를 주주에게 분배하는 데 그 본래의 목적이 있다. 따라서 회사가 계속해서 존속하는 한(계속기업 going concern) 그 존속기간을 일정기간의 인위적 단위로 분할하고(영업연도), 그 기간별 회사의 재무상태와 경영성적을 명확히 할 필요성이 있다.

일반적으로 기업회계(accounts)는 회사의 내부정보이용자인 경영자가 합리적이고 효과적인 경영의사를 결정하는데 필요한 회계정보를 제공할 목적으로 작성되는 관리회계(managerial accounting; management accounting)와 기업과 이해관계를 가진 자(주주, 채권자, 투자자) 등에게 기업의 재산상황이나 수익상태 등에 관한 정보를 제공할 목적으로 작성되는 재무회계(financial accounting)로 대별할 수 있다.[1] 그런데 전자는 기업내부의 필요성에 의해서 자발적으로 작성하는 것이므로 회계정보의 진실성 담보가 크게 요구되지 않으나, 후자의 경우에는 이해관계자가 많으므로 법률이나 회계관행에 의하여 진실되고 적정하며 명료하게 작성하도록 요구하고 있다. 특히, 자본금 단체인 주식회사의 경우에는 회사 자산이 회사채권자에 있어서 유일한 담보이기 때문에 이들을 보호하기 위해서 더욱 그러하다.

1) Stephen W. Mayson · Derek French & Christopher Ryan, *Company Law*, Blackstone P. Lit., 1996, p. 237.

Ⅱ. 회사의 회계

상법상의 회계규정은 총칙편의 상업장부에 관한 규정(29조)과 회사편의 주식회사의 계산에 관한 규정(447조~450조)이 있다. 그리고 자본금이 일정금액 이상인 주식회사는 「주식회사의 외부감사에 관한 법률」에 따라 금융위원회가 증권선물위원회의 심의를 거쳐 제정한 「기업회계기준」에 따른다.

소상인의 경우 상업장부의 작성의무가 없으므로(9조), 상법상 계산규정의 적용을 받지 않고, 소상인이 아닌 개인기업·공동기업·회사의 경우에는 상업장부의 규정이 적용되지만, 유한회사와 주식회사에서는 회사편의 계산규정이 우선하여 적용된다. 그리고 「주식회사의 외부감사에 관한 법률」에 따라 외부감사를 받는 주식회사는 「기업회계기준」의 적용을 상법보다 우선적으로 적용받게 되는데(外監시행령 2조), 2011년부터 외부감사의 대상이 되는 회사 중 주권상장법인 등은 한국채택국제회계기준(International Financial Reporting Standards; K-IFRS)을 적용받는다. 외부감사를 받지 않는 주식회사라도 상법 제29조 제2항의 상업장부에 관하여는 「일반적으로 공정·타당한 회계관행」에 의한다는 점과 기업회계기준 제91조의 외부감사대상 이외의 기업의 회계처리에도 이 기준을 준용할 수 있다는 규정에 따라 기업회계기준에 따른 회계처리를 할 수도 있다.

한편 2011년 개정상법은 기업결합이 증가하는데 맞추어서 연결재무제표작성관련 규정을 마련하였다(447조 2항).

제2절 재무제표 및 영업보고서

Ⅰ. 재무제표

재무제표(financial statements)란 기업의 회계기간말(결산일)의 재무상태와 회계기간의 경영성과를 표시하는 회계보고서로서 결산보고서라고도 하고, 1년에 한 번 회계기간 말에 정규의 재무제표를 보고한다는 뜻에서 연차보고서(annual reports)라고도 한다. 재무제표는 기업이 그 이해관계자에 대하여 재무상태 및 경영성적에 관한 회계정보를 제공하기 위한 수단으로서 매결산기에 작성되어 주주총회의 승인을 얻어 확정된다. 상법상 재무제표에는 대차대조표, 손익계산서, 기타 회사의 재무상태와 경영성과를 표시하는 것으로서 대통령령이 정하는 서류와 그 부속서류를 말한다(447조 1항). 기업회계기준상의 재무제표는 재무상태표, 손익계산서, 현금흐름표, 자본변동표, 주석으로 구성되어 있다(일반기업회계기준 2.4, 한국채택기업회계기준서 1001호 3문).

【대차대조표 등 작성 예시】

〈예제〉

갑은 2009년 1월 1일 8천만원을 출자하고, 을로부터 2천만원을 차입하여 IT관련 사인 주식회사를 설립하였다고 하자. 이를 대차대조표로 나타내면 다음과 같다.

대차대조표

<table>
<tr><td rowspan="2">자 산(1억원)</td><td>부 채(2천만원)</td></tr>
<tr><td>자본금(8천만원)</td></tr>
</table>

갑의 결산기는 2009년 12월 31일이라고 하자. 결산기에 갑이 3천만원의 당기순이익을 얻은 경우와 2천만원의 순손실을 입은 경우를 나누어서 대차대조표를 작성하면 다음과 같다.

(당기순이익의 경우)
대차대조표

<table>
<tr><td rowspan="3">자 산
(1억 3천만원)</td><td>부 채(2천만원)</td></tr>
<tr><td>자본금(8천만원)</td></tr>
<tr><td>순이익(3천만원)</td></tr>
</table>

(당기순손실의 경우)
대차대조표

<table>
<tr><td>자 산
(8천만원)</td><td>부 채(2천만원)</td></tr>
<tr><td>순손실(2천만원)</td><td>자본금(8천만원)</td></tr>
</table>

한편, 주식교환과 주식이전 등으로 기업결합이 증가하였는데, 종래 개별회사의 재무제표로는 당해 회사의 재무상태와 경영성과를 정확히 파악할 수 없기 때문에 이를 고려하여 2011년 개정상법에서는 연결재무제표의 근거규정을 마련하였다. 즉, 대통령령으로 정하는 회사의 이사는 연결재무제표를 작성하여 이사회의 승인을 받도록 하고 있다(447조 2항). 상법시행령상으로는 외감법의 적용대상회사로서 지배회사는 연결재무제표를 작성하여야 한다(상시행령 16조 2항, 3항). 외감법상 연결재무제표는 연결재무상태표, 연결손익계산서(또는 연결포괄손익계산서) 등으로 구성된다(외감법 2조 3호).

재무제표와 구별해야 하는 것으로서 상업장부가 있다. 상업장부란 상인이 그 영업상의 재산 및 손익을 명백히 하기 위하여 상법상의 의무로서 작성하는 장부를 말한다. 재무제표와 상업장부의 차이점은 첫째 상업장부는 모든 상인이 작성하여야 하는 서류이나 재무제표는 주식회사와 유한회사만이 작성의무를 지고, 둘째 대차대조표는 재무제표와 상업장부 양자에 속하나, 회계장부는 상업장부에만 속하고 재무제표에는 포함되지 않는다는 점이다.

Ⅱ. 영업보고서

영업보고서(business report, Geschäftsbericht)란 당해 영업연도내에 있어서 회사의 영업개황(營業槪況)을 기재하여 보고하는 서류를 말하며, 그 기재사항은 대통령령으로 정한다(447조의2 2항, 상시행령 16조). 상법시행령 제16조는 영업보고서에 기재할 사항으로서 11가지를 열거하고 있다.

대표이사는 매결산기에 영업보고서를 작성하여 이사회의 승인을 얻고(447조의2 1항), 주주총회에 보고하여야 한다(449조 2항). 그러나 주주총회의 승인을 요하지는 않는다.

제3절 재무제표 등의 제출 · 공시 · 승인

Ⅰ. 재무제표의 제출

대표이사는 재무제표와 그 부속명세서(447조), 영업보고서(447조의2)를 정기총회 회일의 6주전에 작성하여 이사회의 승인을 얻은 후 감사 또는 감사위원회에 제출하여야 한다(447조의3).

감사 또는 감사위원회는 재무제표 등의 서류를 받은 날로부터 4주 내에 감사보고서(監査報告書)를 대표이사에게 제출하여야 한다(447조의4 1항).

【감사보고서의 기재사항】 감사보고서에는 ① 감사방법의 개요, ② 회계장부에 기재할 사항이 기재되지 않거나 부실기재된 경우 또는 대차대조표나 손익계산서

의 기재 내용이 회계장부와 맞지 아니하는 경우에는 그 뜻, ③ 대차대조표 및 손익계산서가 법령 및 정관에 따라 회사의 재산 및 손익상태를 정확하게 표시하고 있는 경우에는 그 뜻, ④ 대차대조표 또는 손익계산서가 법령 또는 정관을 위반하여 회사의 재무상태와 경영성과를 적정하게 표시하지 아니하는 경우에는 그 뜻과 이유, ⑤ 대차대조표 또는 손익계산서의 작성에 관한 회계방침의 변경이 타당한지의 여부와 그 이유, ⑥ 영업보고서가 법령 및 정관에 따라 회사의 상황을 정확하게 표시하고 있는지의 여부, ⑦ 이익잉여금의 처분 또는 결손금의 처리가 법령 또는 정관에 맞는지 여부, ⑧ 이익잉여금의 처분 또는 결손금의 처리가 회사의 재무상태나 그 밖의 사정에 비추어 현저하게 부당한 경우에는 그 뜻, ⑨ 재무제표의 부속명세서에 기재할 사항이 기재되지 아니하거나 부실기재된 경우 또는 회계장부, 대차대조표, 손익계산서나 영업보고서의 기재 내용과 맞지 아니하게 기재된 경우에는 그 뜻, ⑩ 이사의 직무수행에 관하여 부정한 행위 또는 법령이나 정관의 규정에 위반하는 중대한 사실이 있는 경우에는 그 사실, 그리고 ⑪ 감사가 감사를 하기 위하여 필요한 조사를 할 수 없었던 경우에는 감사보고서에 그 뜻과 이유를 기재하여야 한다(447조의4 2항, 3항).

상장법인이나 외부감사를 받아야 할 회사는 재무제표와 재무상태변동표에 대하여 외부감사인의 감사를 받기 위하여 주주총회 6주 전(연결재무제표의 경우 4주 전)에 이를 외부감사인에게 제출하여야 하고(자시법 169조, 외감법 6조), 외부감사인은 감사보고서를 작성하여 회사에 대해서는 정기주주총회 1주전에, 금융위원회 및 한국공인회계사회에 대해서는 정기총회종료 후 2주 내에 제출하여야 한다(외감법 8조, 동시행령 7조).

Ⅱ. 재무제표의 공시

대표이사는 정기총회회일의 1주전부터 재무제표 등의 서류에 감사가 제출한 감사보고서를 첨부하여 본점에 5년간, 그 등본을 지점에 3년간 비치하여야 한다(448조 1항). 2009년 5월 개정법상 재무제표를 전자적 방법으로 공고하는 경우에는 제450조에서 정하는 기간(2년)까지 계속 공고하여야 한다(289조 4항). 이 경우에 주주와 회사채권자는 영업시간 내에 언제든지 위의 비치서류를 열람할 수 있으며, 회사가 정한 비용을 지급하고 그 서류의 등본이나 초본의 교부를 청구할 수 있다(448조 2항).

Ⅲ. 재무제표의 승인과 그 효과

1. 재무제표의 승인방법

대표이사는 재무제표 등의 서류를 정기총회에 제출하여 그 승인을 얻어야 한다(449조 1항). 회사는 정관의 규정으로 재무제표의 각 서류를 다음 요건을 전제로 이사회 승인결의로 갈음할 수 있다. 즉 재무제표의 각 서류가 법령 또는 정관에 따라 회사의 재무상태 및 경영성과를 적정하게 표시하고 있다는 외부감사인의 의견이 있을 것과 감사(감사위원회) 전원의 동의가 있을 때 정관이 정하는 바에 따라 이사회의 결의로 승인할 수 있다(449조의2 1항). 재무제표를 이사회가 승인한 경우에는 이사는 재무제표 각 서류의 내용을 주주총회에 보고하여야 한다(449조의2 2항).

영업보고서는 정기총회에 그 내용을 보고하기만 하면 된다(449조). 이러한 영업보고서는 서증(書證)으로서의 신빙성이 인정된다(대판 1990. 9. 28, 89후2281). 주주총회는 이사가 제출한 서류와 감사의 보고서를 조사하게 하기 위하여 검사인을 선임할 수 있다(367조).

재무제표의 승인방법은 주주총회의 보통결의에 의하고, 주주총회에서는 이사가 제출한 재무제표를 단순히 가결 또는 부결할 수 있을 뿐만 아니라, 그 내용을 수정하여 결의할 수도 있다. 또한 대차대조표, 손익계산서 등의 재무제표는 그 중 일부만 승인할 수도 있다.

2. 재무제표의 승인효과

정기총회에서 재무제표를 승인하면 그 회계년도의 재무제표는 확정되고 이익 또는 손실의 처분이 결정된다.

정기총회에서 재무제표의 승인을 한 후 2년 내에 다른 결의가 없으면 회사는 이사와 감사의 책임을 해제한 것으로 본다(450조 본문). 이는 이사와 감사의 책임이 총주주의 동의로만 면제할 수 있도록 엄격화한 것을 완화시켜 이사와 감사가 회사경영에 전념할 수 있도록 하자는 형평적 견지에서 규정한 것이다. 따라서 2년의 기간은 제척기간이다.

이사·감사의 책임해제가 미치는 범위는 재무제표에 기재되었거나 그로부터 알 수 있는 사항에 한한다(대판 1969. 1. 28, 68다305). 그러나 이사 또는 감사의 부정행위에 대하여는 그러하지 아니하다(450조 단서). 부정행위란 회사에 대하여 악의 또는 중과실로 인하여 가해행위를 한 경우뿐만 아니라, 이사의 권한 내의 행위라 할지라도 당해 사정하에서 정당시 될 수 없는 모든 행위를 말한다(서울고판 1977. 1. 28, 75나2885). 그리고 이사 또는 감사의 손해배상책임이 부정한 행위를 원인으로 발생한 경우뿐만 아니라, 이사 또는 감사가 재무제표의 승인요구에 있어서 부정행위를 한 경우도 포함한다[李 715, 崔 833, 鄭(東) 559].

책임해제의 입증책임은 이사와 감사에게 있다. 즉, 이사와 감사는 문제된 사항이 재무제표에 기재되었으면 총회의 승인을 받았다는 사실을 입증하여야 한다[鄭(東) 559, 李 715].

Ⅳ. 대차대조표의 공고

이사는 재무제표에 대한 총회의 승인을 얻은 때에는 지체 없이 대차대조표를 公告하여야 한다(449조 3항).

제4절 준 비 금

Ⅰ. 총 설

1. 준비금의 의의

준비금(reserve, Rücklage)이란 회사의 순자산액이 자본금을 초과하는 경우에 일정한 목적을 위하여 이익배당 등으로 처분하지 않고 회사내에 유보해 두는 계산상의 수액을 말하며, 적립금이라고도 한다. 준비금은 대차대조표상 자본금이 기재된 쪽에 기재되고 이익산출을 함에 있어서 공제항목이 되어 재산의 사외유출을 억제하는 기능을 한다. 준비금제도의 목적은 회사의 자본금을 충실히 하고, 그 재산적 기초를 공고히 함과 동시에 회사채권자의 보호를 도모하기 위함이다. 즉, 자본금을 초과하는 일정금액을 사내에 유보하여 둠으로써 장래의 경기침체, 영업성적의 부진, 재난 등에 대비하고, 사업의 장기적인 계획수행을 가능하게 하여 회사의 건전한 발전을 도모한다.

2. 준비금의 성질

준비금은 자본금과 같이 계산상의 수액에 불과하므로 금전 기타 특정형태의 재산으로 회사에 별도로 예치·보관하는 것을 뜻하는 것은 아니며, 준비금에 상당하는 재산이 회사에 보유되어 있기만 하면 된다. 따라서 준비금의 사용이나 자본금전입도 준비금계정상의 수액을 감소시키거나 준비금계정을 자본금계정으로 장부상 이체시키는 것에 불과하다.

3. 준비금의 종류

준비금에는 법률의 규정에 의하여 그 적립이 강제되는 법정준비금(gesetzliche Rücklage)과 회사가 정관이나 주주총회의 결의에 의하여 자율적으로 적립하는 임의준비금(freie Rücklage)이 있다. 법정준비금은 다시 이익준비금과 자본준비금으로 구분된다. 이 밖에도 실질적으로는 준비금의 성질을 가지면서 형식상은 준비금으로 계상되어 있지 않은 비밀준비금(예를 들면 자산을 實價 이하로 평가하거나 부채를 실가 이상으로 평가한 경우의 차액)과 형식상으로는 준비금의 명목으로 계상되지만 이익의 유보가 아니라 그 실질은 대손충당금, 감가상각충당금 등의 광정항목(匡正項目)에 불과한 의사준비금(不眞正準備金)이 있다.

Ⅱ. 법정준비금

법정준비금이란 자본금의 결손전보 목적을 위하여 법률이 적립할 것을 강제한 준비금이다. 법정준비금은 그 적립의 재원에 따라 이익준비금과 자본준비금으로 구분된다. 또한 특별법상의 법정준비금으로서는 자산재평가법에 의한 재평가적립금, 세법에 의한 기업합리화적립금이 있으며, 상장법인에 한하여 적용되는 상장법인재무관리규정에 의한 재무구조개선적립금(동규정 10조)이 있다.

1. 이익준비금

이익준비금은 매결산기의 이익을 재원으로 하여 그 일부를 적립하는 준비금을 말하며, 주로 자본금의 결손을 전보할 목적으로 적립한다. 이익준비금은 본래 주주에게 배당할 것이지만 장래의 손실에 대비해서 회사의 재산적 기초를 견실하게 한 것이다.

회사는 그 자본금의 2분의 1에 달할 때까지 매결산기 이익배당액의 10분의 1 이상의 금액을 이익준비금으로 적립하여야 한다(458조). 다만 주식배당의 경우에는 적립하지 않아도 된다. 이익준비금의 적립한도는 자본금의 2분의 1에 달할 때까지이고, 이 한도를 초과하여 적립한 금액은 임의준비금에 속한다. 그러나 신주의 발행, 법정준비금의 자본금전입, 전환사채의 전환 등에 의하여 자본금이 증가한 경우에는 그 증가한 자본금의 2분의 1에 달할 때까지 이익준비금을 적립하여야 한다. 이익배당액의 10분의 1 이상의 금액을 이익준비금으로 적립하여야 한다는 뜻은 금전배당을 할 경우의 준비금의 최저한도를 정한 것이지, 금전배당을 하지 않을 경우에 이익준비금을 적립하지 않는다는 뜻은 아니다. 즉, 배당여부에 관계없이 자본금의 2분의 1에 달할 때까지는 이익준비금으로 적립할 수 있다.

2. 자본준비금

자본준비금이란 자본거래에서 생긴 잉여금을 재원으로 하여 적립한 준비금을 말한다(459조 1항). 자본준비금은 본질적으로 납입자본금의 일부이고 영업과 관계없이 발생한 이익으로서 주주에게 배당할 수 있는 성질의 것은 아니기 때문에, 그 전액을 제한 없이 적립하도록 하고 있다.

2011년 개정상법은 종래 자본준비금의 종류를 열거하고 있던 것을 삭제하고 「자본거래에서 발생한 잉여금」이라는 포괄적 규정을 두면서 구체적인 범위는 기업회계기준에서 정하도록 하고 있다(459조 1항, 상시행령 17조).

합병이나 분할 또는 분할합병의 경우 소멸 또는 분할되는 회사의 이익준비금이나 그 밖의 법정준비금은 합병, 분할, 분할합병 후 존속되거나 새로 설립되는 회사가 승계할 수 있다(459조 2항). 이에 따라 합병이나 분할에 의한 자본준비금의 승계가 가능하다.

3. 법정준비금의 사용

법정준비금은 자본금의 결손보전에 충당하는 경우(460조 1항)와 자본금으로 전입하는 경우(461조 1항)에 사용한다.

(1) 결손 보전

법정준비금은 원칙적으로 자본금의 결손 보전에 충당할 목적으로 사용한다(460조 1항). 자본금의 결손이란 회사의 대차대조표상의 순자산액이 자본금과 법정준비금의 합계액에 미달하는 경우이다. 결손을 보전한다는 뜻은 법정준비금액의 수치를 변경하여 그 차액분만큼 감소시키는 것이다.

회사에 임의준비금이 적립된 경우에 법정준비금과 임의준비금 중에서 어느 쪽을 먼저 사용하느냐에 관하여 다수설은 임의준비금을 먼저 사용하여야 한다고 해석하고 있다[徐 445, 鄭(燦) 833, 鄭(東) 581, 崔 828]. 그 이유는 이익준비금에 관하여는 적립기준이 있기 때문에 이를 먼저 사용한다면 다음 연도에 주주가 받을 이익배당에 영향을 주고, 또한 법정준비금을 가급적으로 유지하는 것이 자본금충실원칙에 합치하기 때문이라 한다(加美 368).

법정준비금의 사용여부에 관하여 상법이 강제하는 것은 아니기 때문에 회사는 결손보전을 하지 않고 이월결손금으로 처리하여도 무방하다.

【법정준비금의 사용에 따른 결손보전】

(단위 : 백만원)

자 산 800	부채 500
	자본금 200
결 손 200	법정준비금 300

→

자 산 800	부채 500
	자본금 200
	법정준비금 100

(2) 자본금 전입

1) 의 의

법정준비금은 원칙적으로 자본금의 결손보전을 위해서 충당할 수 있으나, 이를 자본금의 전입에도 사용할 수 있도록 허용하고 있다. 법정준비금의 자본금전입이란 회사의 계산상의 준비금계정에 속하는 금액을 자본금계정으로 이체하는 것을 말한다. 즉, 준비금의 자본금전입은 계정과목간의 이체로서 계수상의 조작에 불과하지, 회사의 자산이 증가하는 것은 아니다. 그러나 자본금의 증가로 자본금충실의 규범적 기준이 상향되므로 순자산의 사외유출을 억제하는 효과가 있어 회사채권자를 보호할 수 있다.

법정준비금 중에서 자본준비금은 그 적립한도가 없기 때문에(459조), 경우에 따라서는 자본금보다 법정준비금이 지나치게 과대한 경우가 있을 수 있다. 자본금전입의 목적은 이러한 불균형을 시정하고 자본금구성의 정상화를 기하려는 데 있으며, 또한 준비금의 자본전입에 의하여 무상으로 신주를 발행함으로써(무상증자) 높은 주가를 낮출 수 있으므로 주가조정에도 도움이 된다

【준비금의 자본전입】

자 산 1억원	부 채 5천만원	→	자 산 1억원	부 채 5천만원
	자본금 2천만원			자본금 4천만원
	법정준비금 3천만원			법정준비금 1천만원

2) 자본금 전입 절차

회사가 준비금의 전부 또는 일부를 자본금에 전입하기 위해서는 이사회의 결의를 요한다(461조 1항 단서). 이사회의 결의에 있어서는 이익준비금 또는 자본준비금의 어느 것을 전입할 것인지와 그 구체적인 액수도 정하여야 한다.

임의준비금도 자본금전입할 수 있다는 주장이 있으나[李(院) 512], 자본금전입할 수 있는 준비금은 법정준비금에 한한다고 본다[李 721, 鄭(東) 584, 崔 828]. 그것은 자본금 전입에 의하여 자본구성의 정상화를 기하고자 하는 것은 법정준비금에 한하고, 임의준비금은 특정목적에 따라 정관이나 주주총회의 결의에 의하여 적립한 것인데, 이사회의 결의로 자본금 전입을 한다는 것은 부당하기 때문이다. 그러나 실무에서는 임의준비금을 법정준비금으로 항목변경하는 총회결의를 하고 자본금전입을 하는 예도 있다고 한다(李 721).

3) 자본금 전입의 효력발생시기

자본금전입의 효력발생일은 이사회에서 정한 신주배정일 또는 주주총회에서 결의한 경우에는 그 결의가 있은 때가 된다. 다만, 그 결의에 조건이나 기한을 붙인 경우에는 조건의 성취 또는 기한의 도래로 인하여 그 효력이 발생한다.

4) 자본금 전입의 효력

(가) 신주발행　　회사가 법정준비금을 자본금에 전입하면 자본금이 증가하므로 증가된 자본금만큼 신주를 발행하여야 한다. 신주의 발행가액은 액면가액이어야 하고, 액면미달발행이나 액면초과발행은 허용되지 않는다. 신주는 무상으로 주주에게 교부되는 것이고, 액면초과발행을 하더라도 액면초과액은 다시 자본준비금으로 적립하여야 하므로 무의미하기 때문이다. 또한 발행되는 주식은 정관에 규정된 발행예정주식총수 중에서 미발행된 주식이 남아 있는 한도 내이어야 한다(289조 1항 3호). 신주가 발행된 경우에 각 주주는 주주평등의 원칙에 의하여 그가 가진 주식의 수에 따라 주식을 배정받게 된다. 그러므로 제3자는 신주인수권을 가질 수가 없다. 왜냐하면 주주는 자본금으로 전입된 준비금에 해당하는 회사재산에 대하여

지분을 가지고 있었고, 이 지분이 주주로부터 분리되어 신주로 변했기 때문이다. 그러나 예외적으로 공공적 법인이 준비금을 자본금전입하는 경우에는 정부에게 발행할 주식의 전부 또는 일부를 공공적 법인의 발행주식을 대통령령이 정하는 일정기간 소유하는 자에게 발행할 수도 있다(자시법 165조의14 2항).

(나) 신주배정일의 지정·공고 법정준비금의 자본금 전입에 관하여 이사회의 결의가 있은 때에는 회사는 일정한 날을 정하여 그 날의 주주명부에 기재된 주주가 신주의 주주가 된다는 뜻을 그 날의 2주 전에 공고하여야 한다(461조 3항 전단). 그러나 그 배정일이 주주명부폐쇄기간 중인 때에는 그 기간의 초일의 2주 전에 공고하여야 한다(461조 3항 후단). 이와 같이 이사회의 결의에 대하여 신주배정일을 지정·공고하게 한 것은 이사회의 결의내용은 주주가 즉시 알 수 없고, 자본금전입으로 인한 신주발행은 주주에게 중대한 이해관계가 있기 때문에 자본금전입을 예고해 줌으로써 명의개서의 기회를 주고 주식의 양도에 신중을 기하게 하기 위함이다.

정관의 규정에 따라 주주총회에서 준비금의 자본금전입을 결정하는 경우에는 주주는 총회의 결의가 있은 때에 신주의 주주가 된다(461조 4항).

주주에게 배정된 신주에 단주가 생기는 경우에는 각 주주에게 배정되는 단주를 합하여 매각하고, 그 매각대금을 단주주에게 분배한다. 매각하는 방법은 단주를 경매하여 그 대금을 주주에게 지급하되, 거래소의 시세 있는 주식은 거래소를 통하여 매각하고, 거래소의 시세 없는 주식은 법원의 허가를 얻어 경매 이외의 방법으로 매각할 수 있다(461조 2항, 443조 1항).

신주에 대한 이익이나 이자의 배당에 관하여는 정관의 정하는 바에 따라 자본금전입결의가 있은 때가 속하는 영업연도의 직전영업연도말에 신주를 발행한 것으로 할 수 있다(461조 6항, 350조 3항 후단).

(다) 통지·공고 신주의 효력이 발생한 때에는 이사는 지체 없이 신주를 받은 주주와 주주명부에 기재된 질권자에 대하여 그 주주가 받은 주식의 종류와 수를 통지하여야 한다(461조 5항).

(라) 질권의 물상대위 준비금의 자본금전입에 의한 신주의 발행은 주식의 분할이므로 주식수가 증가하는 만큼 각 주식의 실질적인 가치는 반비례하여 감소한다. 따라서 주주의 질권자는 주주가 받을 신주나 단주의 처분에 따른 매득금에 대하여도 질권을 행사할 수 있다(461조 6항, 339조).

(마) 위법한 자본금전입의 효과 이사회의 결의 없이 자본금전입을 한 경우나 이사회의 결의가 있더라도 이사회의 결의가 무효인 경우(예컨대 준비금이 없는데도 불구하고 자본금전입의 결의를 한 경우)에 그에 기한 신주발행이 있는 때에는 그 자

본금전입은 당연히 무효이다. 위법한 자본금전입에 의하여 신주를 발행하는 경우에는 신주발행의 유지청구(424조), 신주발행무효의 소(429조 이하)를 유추적용할 수 있다.

(바) 변경등기 자본금전입에 의하여 신주를 발행하면 자본금과 발행주식총수가 증가하므로 이에 따른 변경등기를 하여야 한다(317조 4항, 183조).

5) 무액면주식을 발행한 회사의 자본금 전입

무액면주식을 발행한 회사에서 준비금을 자본금 전입하는 경우 신주발행을 수반하지 않고 자본금 전입을 행할 수 있다. 이 경우 준비금을 자본금에 전입한다는 이사회 또는 주주총회결의만으로 자본금 전입이 이루어진다.

4. 준비금의 감소

법정준비금은 회사의 재산을 사외로 유출되는 것을 방지하여 영업성적부진이나 재난, 경기침체 또는 장래 대규모투자 등에 대비하기 위함이나, 이는 어디까지나 회계상 수치에 불과하고 회사에 준비금으로 유보되는 재산이 특정되는 것도 아니며, 더욱이 온전히 예치되어 있는 것도 아니다. 그런데 현실은 주식의 시가발행이 일반화되어 있어서 주식발행초과금 등의 자본준비금이 과도하게 적립된 것으로 보이는 현상도 있다. 따라서 2011년 개정상법은 자본준비금과 법정준비금의 사용순서나 용도구별을 폐지함과 동시에 준비금을 감액하고 배당 등에도 사용할 수 있도록 조치하였다. 즉, 회사는 적립된 자본준비금 및 이익준비금의 총액이 자본금의 1.5배를 초과하는 경우에 주주총회의 결의에 따라 그 초과한 금액 범위에서 자본준비금과 이익준비금을 감액할 수 있다(461조의2).

Ⅲ. 임의준비금

임의준비금(voluntary reserve, freiwilliger Reservefonds)은 정관의 규정 또는 주주총회의 결의에 의하여 법정준비금을 공제한 잔여이익을 재원으로 하여 적립하는 준비금이다. 적립의 목적 · 금액 · 방법 등도 정관 또는 주주총회의 결의로써 자유롭게 정할 수 있다. 그 목적은 결손의 전보 · 배당의 평준화 · 설비의 확장 또는 개량 · 퇴직수당준비 · 사채 또는 주식의 상환 등 다양하다.

임의준비금은 정관 또는 주주총회의 결의에 의하여 적립한 것이므로 정관에 의하여 적립한 것은 정관변경에 의하여, 주주총회의 결의에 의하여 적립한 것은 총회의 결의에 의하여 자유롭게 이를 변경·폐지할 수 있고, 소정목적 이외로 유용할 수도 있다. 준비금은 계산상의 수액에 지나지 않는다.

Ⅳ. 비밀준비금

비밀준비금(stille Reserven)이란 대차대조표상 준비금의 명목으로 적립되어 있지는 않으나, 실질상 준비금의 성질을 가진 것이다. 적극적 재산을 실가 이하로 평가하거나 채무를 실가 이상으로 표시한 경우에 있어서의 차액이 그것이다.

비밀준비금은 회사의 재산적 기초를 공고히 하고, 회사신용을 제고하는 등의 장점도 있으나, 회사의 손익계산을 불명확하게 하고 株主의 이익배당청구권을 해하며, 경영자에 의한 방만한 경영, 주가조작 등 부정한 이익추구에 이용될 소지도 있다. 그러므로 비밀준비금의 적립이 위법하다는 설[鄭(燦) 935, 金(容) 434, 孫 959]도 있고, 일반의 관행에 비추어 합리적이라고 인정되는 범위 내에서는 적법하다는 설[徐 449, 李 745, 姜 700, 崔 826, 鄭(東) 611]도 있다.

제5절 배당제도

Ⅰ. 이익배당

1. 이익배당의 의의

주식회사는 영리법인이므로 대외적인 영리활동에 의하여 얻은 이익을 주주에게 배분하여야 한다. 주주에 대한 이익분배는 회사를 해산하는 경우에 잔여재산을 배분하는 방법으로 할 수도 있으나, 오늘날 주식회사는 대개 존속기간을 예정하지 않고 영속적으로 활동하는 존재이므로, 회사는 정기적으로 손익을 계산하고 이익이 있으면 주주에게 배당하기 마련이다. 이를 이익배당(dividends, distributions, Gewinnverteilung)이라 한다.[2)]

---

2) Stephen W. Mayson · Derek French & Christopher Ryan, *op. cit.*, p. 283.

주주의 이익배당청구권은 주주가 주식회사에 출자하는 궁극적인 목적이므로 주주의 권리 중에서도 가장 본질적인 고유권이다. 따라서 이것을 박탈하거나 전혀 이익을 분배하지 않음은 물론, 장기간 이익배당을 중지하는 것은 위법이다(李·崔 763, 李 744, 林 712). 다만, 주주가 이를 포기하거나 정관 또는 주주총회의 결의로 회사의 경영상 합리적인 범위 내에서 이익배당을 제한하는 것은 무방하다. 한편, 이익 없이 배당하면 주식회사의 부실화를 초래하므로, 상법은 이익배당에 관하여 자본금충실의 원칙에 따라 엄격한 규제를 하고 있다.

2. 이익배당의 요건

(1) 실질적 요건

회사가 이익배당을 하려면 배당가능이익이 있어야 한다. 배당가능이익은 대차대조표상의 순자산액으로부터 ① 자본금, ② 그 결산기까지 적립된 자본준비금과 이익준비금의 합계액, ③ 그 결산기에 적립하여야 할 이익준비금의 액(이익배당액의 10분의 1 이상에 해당하는 금액, 단 이미 자본금의 2분의 1에 달했거나 주식배당을 할 때는 불필요), ④ 대통령령으로 정하는 미실현이익을 공제한 금액의 한도 내이어야 한다(462조 1항). 그 밖에도 법인세와 자산재평가법에 의한 자산재평가적립금, 기타 특별법에 의한 법정준비금을 공제하여야 하며, 정관 또는 주주총회의 결의로 임의준비금을 적립하기로 한 경우에는 이것도 공제하여야 한다.

회사는 사용목적이 특정되어 있지 않은 임의준비금을 배당가능이익으로 환입하여 배당할 수도 있고, 사용목적이 특정된 임의준비금을 용도 변경하여 배당할 수도 있다. 용도변경을 하기 위해서는 정관의 규정으로 특정목적을 위하여 적립된 경우에는 정관변경을 해야 하고, 주주총회의 결의에 의하여 적립된 경우에는 주주총회의 결의가 필요하다.

【배당가능액 산출】

<table>
<tr><td rowspan="4">총자산</td><td colspan="2">부　　채</td></tr>
<tr><td rowspan="3">순자산</td><td>자본금(C)</td></tr>
<tr><td>법정준비금(R)</td></tr>
<tr><td>이익준비금(S)</td></tr>
</table>

잉여금(S)을 전부 배당한다면

$x + x/10 = S$

x: 배당액

x/10: 이익준비금의 당기적립금

$\therefore\ x = 10/11 \times S$

(2) 형식적 요건

이익배당은 주주총회의 결의로 정한다(462조 2항). 다만 정관의 정함에 따라 재무제표의 각 서류가 법령 또는 정관에 따라 회사의 재무상태 및 경영성과를 적정하게 표시하고 있다는 외부감사인의 의견이 있으며, 감사 또는 감사위원회 전원의 동의가 있을 때, 이사회 결의로 재무제표를 승인할 수 있고(449조의2 1항), 재무제표를 이사회가 승인하는 경우에는 이사회의 결의로 정한다(462조 2항).

3. 이익배당의 내용

(1) 주주평등의 원칙과 예외

이익배당은 주주평등의 원칙에 따라 각 주주가 가진 주식수에 비례하여 지급한다(464조 본문). 그 원칙은 배당액뿐만 아니라 배당금지급시기 등도 평등할 것을 요하며, 주식의 발행가액이 다른 경우에도 1주당 배당액은 동일하다. 따라서 동일한 주식간에 주주평등의 원칙에 반하는 이익배당안을 결정한 주주총회의 결의는 무효이다. 그러나 배당내용이 다른 종류주식을 발행한 경우에는 배당에 관하여 차등을 둘 수 있다(464조 단서). 또한 대주주 스스로가 그들에게 배당될 몫의 일부 또는 전부를 소액주주에게 고루 배당하기로 한 결의는 상법 제464조에 위반되지 않으며, 판례도 동일한 입장이다(대판 1980. 8. 26, 80다1263, 반대: 崔 974).

(2) 일할배당(日割配當)

영업연도의 중간에 신주발행을 한 경우에 그 신주에 대한 이익배당은 발행일부터 결산기까지의 일수에 의하여 일할계산을 하는 것이 일할배당이다. 이러한 신주의 일할배당에 관하여 ① 적법하다는 설(崔 975), ② 위법하다는 설(李 734), ③ 일할배당과 균등배당 중 회사가 임의로 선택할 수 있다는 설(姜 707, 孫 875)로 견해가 나뉜다.

1995년 개정법에서는 신주에 대한 이익이나 이자의 배당에 관하여는 정관이 정하는 바에 따라 그 청구를 한 때가 속하는 영업연도의 직전영업연도말에 전환된 것으로 할 수 있도록 하여(350조 3항 후단), 동액배당이 가능하도록 하였다. 그러므로 회사는 신주식에 대하여 일할배당도 할 수 있고, 정관의 규정에 따라 구주, 신주 구별 않고 동액배당도 할 수 있다(同旨: 林 718). 실무에서는 거의 동액배당을 하고 있다.

4. 배당금지급청구권

정기총회에서 이익처분에 관한 의안이 승인되면, 각 주주가 받을 배당액이 결정되고, 이에 주주는 주식과 분리된 구체적인 배당청구권을 갖는다. 이것은 주식을 갖고 있는 이상 이익의 유무에도 불구하고 의결권 등과 함께 주식에 불가분적으로 포함되어 있는 추상적 이익배당청구권과 구별된다. 따라서 구체적 이익배당청구권은 주식에서 분리·독립한 채권으로서 양도, 입질 등의 처분이나 압류, 전부명령의 대상이 될 수 있고, 5년의 시효에도 걸린다(464조의2 2항). 또한 총회의 이익배당결의를 조건으로 사전에 이 권리를 양도할 수도 있다. 실무에서는 정관의 정함에 의하여 배당금지급청구권은 결산기 당일의 주주에게 귀속하도록 하는 것이 일반적이다.

5. 배당금의 지급방법과 시기

(1) 배당금 지급방법

이익배당은 금전과 주식 또는 현물로 배당할 수 있다(462조의4 1항).

1) 이익배당을 금전으로 받는 것이 주주의 입장에서 가장 바람직하다.

2) 2011년 개정법은 회사가 정관으로 금전 이외의 재산으로 배당(현물배당)을 할 수 있음을 정할 수 있도록 하였다(462조의4 1항). 이 경우 주주가 현물배당 대신 금전배당을 청구하는 것을 허용하고 있다(462조의4 2항 1호). 또한 일정 수 미만의 주식을 보유한 주주에게 현물배당 대신에 금전을 지급할 수도 있다(462조의4 2항 2호). 현물은 가분적으로 존재하는 것이어야 하고 평가가 용이해야 할 것이므로 타회사의 주식, 사채 등이 배당의 소재가 될 것이다(李 946).

3) 주식배당을 하는 경우에는 이익배당총액의 2분의 1에 상당하는 금액을 초과하지 못한다(462조의2 1항). 현물배당은 회사가 정관으로 그 뜻을 정할 수 있는데, ① 주주가 배당되는 금전 외의 재산 대신 금전의 지급을 회사에 청구할 수 있도록 한 경우에는 그 금액 및 청구할 수 있는 기간, ② 일정 수 미만의 주식을 보유한 주주에게 금전 외의 재산 대신 금전을 지급하기로 한 경우에는 그 일정 수 및 금액도 정할 수 있도록 하고 있다(462조의4).

(2) 배당금 지급시기

회사는 이익배당금을 주주총회의 재무제표의 승인결의가 있은 날부터 1월 이내에 지급하여야 한다(464조의2 1항). 이것은 회사가 배당금의 지급을 부당하게 지연하는 것을 막기 위함이다. 그러므로 이 기간 내에 배당금을 지급하지 아니한 때에는 이사 등이 과태료의 제재를 받는다(635조 1항 22호의2). 그러나 재무제표의 승인을 얻는 정기총회에서 배당금의 지급시기를 따로 정한 경우에는 1월보다 연장 또는 단축할 수도 있다(464조의2 1항 단서).

6. 위법한 이익배당

(1) 의 의

위법한 이익배당이란 넓게는 법령・정관에 위반하여 이루어진 모든 이익배당을 말하나(예를 들어 이익처분안승인의 결의방법에 하자가 있어 결의가 취소된 경우), 좁게는 배당가능이익이 없이 또는 배당가능이익을 초과하여 이익배당금을 지급하는 것을 말한다. 협의의 이익배당은 자산의 과대평가 또는 부채의 과소평가를 통하여 가공의 이익을 계상하여 행하는 경우가 많다(이를 문어배당 또는 낙지배당이라 한다). 이러한 위법배당은 회사재산을 감소시키고 채권자의 이익을 해하므로 상법은 위법한 회계처리에 대하여 제재 및 책임을 지우고 있다.

(2) 위법배당 효과

1) 회사에 대한 주주의 반환의무

위법한 배당은 무효이므로 회사는 주주에 대하여 부당이득으로서 위법배당액의 반환을 청구할 수 있다(民 741조). 또한 회사채권자도 주주에 대하여 위법배당액을 회사에 반환하도록 청구할 수 있다(462조 3항). 회사채권자의 반환청구는 자기의 채권액에 한하지 않고 위법배당액 전액을 반환 청구할 수 있고, 위법배당 당시의 채권자뿐만 아니라 그 이후의 채권자도 반환 청구할 수 있다.

위법배당은 주주총회의 결의에 의하여 행해지므로, 회사가 반환을 청구하려는 경우에 주주총회결의무효확인의 소를 제기하여 무효판결을 받은 후에나 할 수 있느냐, 아니면 무효판결을 받지 않고 곧바로 청구할 수 있느냐의 문제가 있다. 이는 주주총회결의무효확인의 訴의 성질을 어떻게 보느냐에 따라 그 결과가 달라진다. 즉, 형성의 소로 보면 먼저 무효확인의 소를 제기하여야 하고, 확인의 소로 보면 곧바로 반환청구할 수 있다[崔 917, 李(炳) 442]. 다수설은 주주총회의 결의하자를 먼저 다툴 필요가 없다고 한다.

회사 또는 회사채권자는 주주가 수령한 배당금을 회사에 반환하도록 청구할 수 있는 주주에 대하여, 통설은 주주의 선의・악의를 묻지 않는다[李 965, 姜 710, 崔 917, 孫 876, 鄭(東) 593]. 그 이유는 ① 주주는 주주총회에 제출된 재무제표를 승인하여 스스로 이익배당을 결정할 수 있으며, ② 회사채권자의 반환청구권은 회사의 자본금충실을 목적으로 하고, 회사채권자 전원의 공동담보인 위법배당액 전액에 관하여 모든 주주에 대하여 행사할 수 있기 때문이다.

2) 이사·감사 등의 책임

주주총회에 위법한 배당안을 작성·제출한 이사와 이사회에서 위법배당안의 결의에 찬성한 이사는 회사 및 주주·채권자 등 제3자에 대하여 손해배상책임을 지며(399조, 401조), 위법배당안이 기재되어 있는 이익잉여금의 처분에 대하여 허위의 감사를 한 감사도 손해배상책임을 진다(399조, 414조). 그리고 외감법에 의하여 선임된 외부감사인이 허위의 감사보고서를 작성한 경우에도 회사 및 제3자에 대하여 손해배상책임을 진다(外監 17조).

理事 등이 위법배당을 한 때에는 회사재산을 위태롭게 한 죄로서 형벌에 의한 제재(위법배당죄)를 받는다(625조 3호).

Ⅱ. 주식배당

1. 의 의

주식배당(stock dividend)은 금전배당에 갈음하여 새로이 발행되는 주식으로 하는 이익배당을 말한다. 주식배당은 금전에 갈음하는 이익배당으로, 먼저 배당하여야 할 이익이 금전으로 확정되고, 이를 주식으로 환산하여 배당한다. 배당하는 주식은 새로이 발행하는 신주이어야지 회사가 보유한 자기주식으로 배당하지는 못한다.

2. 법적 성질

주식배당의 법적 성질에 관하여 이익배당의 변형이라고 보는 이익배당설(다수설)과 주식배당도 주식의 무상교부와 같이 잉여금의 자본화를 의미하므로 그 본질은 주식분할이라는 주식분할설로 대립된다.

(1) 이익배당설

이익배당설(통설)의 논거는 다음과 같다. 즉, ① 현금배당과 주식배당 간에는 배당목적물의 차이가 있을 뿐 실질에 있어서는 모두 이익배당의 성질을 가지고 있으며, 이러한 점에서 주식배당은 이익잉여금의 사내유보를 수반하는 특수한 형태의 이익배당이라는 점, ② 주식배당은 현금배당과 주주에게 신주인수권을 부여하여 이루어지는 신주발행의 두 과정이 합하여 하나의 과정으로 이루어진다는 점, ③ 주식배당은 현금배당 대신 행해지는 것이므로 신주의 입장에서 본다면 본래 배당금을 지급받았어야 할 것을 받지 않은 것이고, 會社의 입장에서 본다고 하더라도 배당금을 지급하였더라면 감소하였을 자산이 감소하지 않게 된 것이므로, 단순히 회사자산에 증감이 없다고 할 수 없다는 점, 또한 실질적으로 주주가 받아야 할 배당금을 받지 않은 만큼 출자가 있는 셈이고, 회사로서도 지급하여야 할 금액을 지급하지 않은 것만큼 회사자산이 증가되었다고 볼 수 있다는 점, ④ 주식배당도 현금배당의 경우와 같이 배당가능이익의 존재를 전제로 하기 때문에 이익배당을 할 수 있었던 만큼의 회사자산의 증가가 있고, 그것만큼 주주의 지위가 증가되었으며, 그 증가한 지위를 배당한 것이라는 점 등을 든다. 그 밖에도 주식배당은 이익배당을 할 경우에 한하여 그 이익배당 총액의 2분의 1을 한도로 한다는 점, 단주에 대하여 현금배당을 하도록 한 점 등을 고려할 때 이익배당설이 타당하다고 한다.

(2) 주식분할설

주식분할설은 이익배당설의 논거를 다음과 같이 반박한다. 즉, 이익배당설의 ①에 대하여는 주식배당은 그 실질에 있어서는 기업이윤의 사내유보에 의하여 회사의 자본적 수요를 충족시키는 것이므로, 주식배당의 법적 성질도 배당가능이익의 자본금전입으로 보는 것이 타당한데, 특히 회사의 자본조달의 필요성과 주주의 이익보호의 요청을 조화시키기 위하여 주식배당의 범위를 이익배당의 총액의 2분의 1로 제한하는 상법하에서는 이와 같이 해석하여야 할 합목적적 필요성이 더욱 크게 작용한다고 하고, ②에 대하여는 주식배당의 결의는 확정된 이익을 자본금에 전입한다고 하는 하나의 결의로써 이루어지는 것이지, 일단 현금배당의 결의를 한 후에 다시 신주발행의 결의를 하는 것은 아니라고 한다. ③에 대하여는 주주가 지급받아야 할 것을 받지 아니하고, 또 회사가 지급하였다면 감소되었을 자산이 감소되지 않은 것은 주식배당의 결의가 이루어졌기 때문이 아니라, 현금배당의 결의가 이루어지지 않았기 때문이며, 이익배당설이 주식배당의 효과라고 믿고 있는 것은 실은 현금배당을 하지 않은 효과에 불과하다고 한다. 그 밖에도 객관적인 시장가격이 있는 신주권이 무상배분되는 것은 주식배당에 한하지 않으므로, 이익배당설에 의하면 주식의 무상교부 및 주식분할도 이익배당의 일종이라고 해야 한다는 논거를 들고 있다. 그러면서 주식분할설은 주식배당의 본질을 다음과 같이 설명한다. 즉, 주식배당의 경우에 배당전후를 통하여 회사의 자산은 변동이 없고, 단지 이익 또는 임의준비금으로부터 자본금으로의 항목의 이체만이 있을 뿐이고, 따라서 주식배당도 법정준비금·자산재평가적립금의 자본금전입에 의한 신주의 무상교부도 다같이 주주의 보유주식수에 따라 주식을 추가로 발행하여 분배하는 것으로서 비율적 단위로서의 주식의 세분화, 즉 주식분할이라고 한다[鄭(茂) 540].

(3) 주식배당에 관한 학설 검토

주식배당의 형식적인 절차는 금전배당과 같고 실질적으로는 배당가능한 이익만으로 할 수 있다는 점, 주식배당은 자본금의 증가를 수반하고 형식적인 자본금이 증가하는데 비하여 주식분할은 자본금의 증가없이 주식수만 증가하는 점, 주식배당제도의 목적은 회사자금의 사내유보를 제1의 목적으로 함에 반하여 株式分割의 경우에는 주식의 시가를 인하하여 그 시장성을 높이거나 신주발행을 용이하게 하려는 점 등을 종합적으로 판단해 볼 때, 이익배당설이 타당하다고 본다.

3. 주식배당 요건

(1) 배당가능이익의 존재

주식배당을 하려면 배당가능이익이 있어야 하고, 이익배당총액의 2분의 1을 초과하지 못한다(462조의2 1항 후단). 이것은 금전배당을 기대하고 투자한 주주의 이익을 고려하고, 주식의 남발을 제한하기 위한 것이다. 그러나 상장법인은 주식의 시가가 액면가 이상인 한 이익배당총액에 상당하는 금액까지는 주식배당을 할 수 있다(자시법 165조의13 1항).

(2) 수권주식수의 존재

신주발행을 하려면 유상이든 무상이든 수권주식의 범위 내에서만 가능하므로 주식배당의 경우에도 발행예정주식총수 중에서 미발행주식이 남아 있어야 한다. 뿐만 아니라 전환종류주식이나 전환사채가 발행된 회사의 경우에는 전환권의 행사로 발행될 신주의 수만큼 미발행주식수 중에 남겨 두고 나머지 부분에 대해서만 주식배당을 할 수 있다.

4. 주식배당 절차

(1) 주주총회결의

주식배당을 하려면 주주총회의 보통결의가 있어야 한다(462조의2 1항 본문). 금전배당과는 달리 주식배당의 경우에는 이사회의 승인으로 배당할 수 없다(462조의2 1항). 또한 준비금의 자본금전입에 의한 신주발행 및 일반적인 신주발행의 경우에는 이사회의 결의만으로 할 수 있으나(416조), 주식배당의 경우에 주주총회의 결의에 의하도록 한 것은 배당가능한 이익을 배당하지 않고 자본금으로 전환시킴으로써 실질적으로 주주의 이익배당청구권에 제한을 가하는 결과를 초래하기 때문이다.

(2) 주식배당의 통지 · 공고

주주총회에서 주식배당결의가 성립하면 대표이사는 지체없이 배당을 받을 주주와 주주명부에 기재된 질권자에 대하여 그 주주가 받을 주식의 종류와 수를 통지하고, 무기명주권을 발행한 경우에는 그 결의내용을 공고하여야 한다(462조의2 5항).

5. 주식배당 효과

(1) 신주의 발행 및 자본금 증가

1) 신주배정 및 발행가액

회사는 주주 각자가 소유하는 주식수에 비례하여 평등하게 신주를 배정한다(464조 본문). 즉, 주주는 각 주식에 대하여 평등하게 받을 이익배당액의 총액을 신주의 권면액으로 나눈 수의 주식을 배정받을 수 있다. 주식배당으로 발행될 신주의 발행가액은 주식의 권면액으로 하여야 하므로(462조의2 2항), 주주총회에서 이와 달리 정할 수 없다. 이는 권면액 이하로 발행함으로써 자본금충실을 해하는 것을 방지하고, 권면액 이상으로 발행함으로써 주주의 이익을 해하는 것을 금지하기 위함이다.

2) 신주의 종류 및 효력발생시기

회사가 종류주식을 발행한 경우에는 각기 같은 종류의 주식으로 발행할 수 있도록 하였다(462조의2 2항). 신주발행의 효력은 주식배당결의를 한 주주총회가 종결한 때부터이고, 그 때부터 신주의 주주가 된다(462조의2 4항). 이론상은 이익배당금의 전입결의가 끝난 때에 주주는 신주의 주주가 되어야 하나, 주주총회의 도중에 신주발행의 효력이 발생한다면 출석주주의 보유주식수에 변동이 생겨 의결권의 행사나 주주총회의 의사진행의 절차상 불편을 초래하기 때문에, 주주총회가 종결한 때로부터 주주가 되는 것으로 하였다. 그러나 이익이나 이자의 배당에 관하여는 정관의 규정으로 직전영업연도말에 발행된 것으로 볼 수 있다(462조의2 4항 후단).

신주가 발행되면 자본금이 증가한다.

(2) 단주 처리

주주가 받을 이익배당액이 권면액에 미달하는 단주가 생기는 경우에는 종래 주식배당을 하지 않고 금전으로 배당하도록 하였다(462조의2 3항). 그러나 주가가 액면가 이상으로 형성되는 경우의 금전배당은 단주주에게 불이익이 된다. 그리하여 상법에서는 단주를 경매하여 각 지주수에 따라 그 대금을 주주에게 지급하되, 거래소의 시세 있는 주식은 거래소를 통하여 매각하고, 거래소의 시세 없는 주식은 법원의 허가를 받아 경매 이외의 방법으로 매각할 수 있도록 하였다(462조의2 3항, 443조 1항).

(3) 질권의 효력

기명주식에 있어서 질권자는 주식배당의 경우에 주주가 받을 신주에 대하여도 질권을 행사할 수 있다(462조의2 6항 전단). 이 경우에 질권자는 회사에 대하여 신주권의 교부를 청구할 수 있다(462조의2 6항 후단).

(4) 등 기

주식배당에 의하여 발행주식총수와 자본금이 증가하므로 주주총회의 결의가 있은 날로부터 본점소재지에서는 2주 내에, 지점소재지에서는 3주 내에 변경등기를 하여야 한다(317조 3항, 183조).

6. 위법한 주식배당 효과

위법한 주식배당은 형식적·절차적인 면에서의 위법배당과 실질적인 면에서의 위법배당으로 구분할 수 있다.

형식적·절차적인 면에서의 위법배당이란 주식배당에 의한 신주발행 자체가 위법한 경우로서, 정관에 정함이 없는 주식을 발행한 경우, 수권주식의 한도를 초과하여 발행한 경우, 주주총회결의에 하자가 있었던 경우 등을 예로 들 수 있다. 이 경우에 주식배당을 하기 전이면 신주발행유지청구권(424조)에 관한 규정을, 그 이후에는 신주발행무효의 訴(429조 이하)에 관한 규정을 유추적용한다. 그러나 주주가 주금을 납입한 바가 없으므로 주금을 환급해 줄 필요성은 없다.

실질적인 면에서의 위법배당이란 주식배당이 이익배당의 요건(462조)을 위반한 경우를 말하고, 이는 배당가능이익이 없는 주식배당의 문제라 할 수 있다. 배당가능이익이 없음에도 불구하고 주식배당의 결과 발행된 신주의 효력에 관하여 주식배당으로 자본금이 증가하였을 뿐, 구체적인 회사재산의 유출, 감소가 없기 때문에 회사채권자로서는 불리할 것도 없고, 신주발행을 무효시한다고 하더라도 무효의 소를 제기할 수 있는 자는 이사, 주주 및 감사에 한하므로 유효하다는 견해가 있다[鄭(燦) 851]. 그러나 배당가능이익이 없는 신주발행은 자본금충실을 해하고, 배당가능이익이 부족한 신주발행은 실질적인 액면미달발행이 되므로 무효라고 본다[鄭(東) 603, 崔 419]. 그리고 위법한 신주발행을 받은 주주에 대하여 회사채권자는 상법 제462조 제2항에 따라 반환청구권을 인정하는 견해도 있으나[崔 419, 徐(廷) 654], 회사재산이 사외유출된 것이 아니고, 회사채권자는 아무런 불이익을 받은 것도 아니므로 위법배당된 주식의 반환청구권을 인정할 필요도 없다[鄭(東) 603, 崔 878].

위법배당으로 인하여 회사에 손해가 발생한 때에는 이사, 감사가 손해배상책임을 지고 과태료의 제재를 받는다(399조, 414조, 625조 3호).

Ⅲ. 중간배당

1. 의의 및 성질

(1) 중간배당의 의의

1영업연도에 한번 이익배당을 하게 되면 배당금 마련을 위해 회사가 일시적인 자금압박을 받을 수 있고, 증권시장에의 자본유입의 활성화를 기대할 수도 없다. 이에 1998년 개정법에서는 중간배당제도를 도입하였다. 중간배당제도란 연 1회의 결산기를 정한 회사가 정관의 정함으로 영업연도 중 1회에 한하여 이사회의 결의로 일정한 날을 정하여 그 날의 주주에 대하여 금전으로 이익을 배당하는 것을 말한다.

종래 일본에서는 영업연도를 6개월로 정하고, 연 2회 이익배당을 하는 것이 일반적인 현상이었는데, 이는 결산수수료 및 비용의 부담뿐만 아니라 사업의 성질상 수익에 계절적인 변동이 있는 회사에서는 상반기와 하반기의 이익의 불균형, 기간비용과 기간수익의 대응곤란 등의 문제가 발생하고, 이익배당의 평준화를 위하여 작위적으로 결산정책을 행하는 폐해가 발생하였다. 또한 1974년 개정에서 결산감사의 신중을 기하기 위하여 감사기간을 신장하고, 그에 따라 결산기 다음날부터 정기총회의 종결시까지 3개월간 주주명부를 폐쇄하는 것이 인정되어, 주식의 유통을 보호하기 위해서도 영업연도를 1년으로 연장할 필요성이 있었다. 그러나 종래에 연 2회 행하던 이익배당을 1회로 줄임으로써 株主들의 불만을 초래하고 회사의 자금조달에도 지장을 줄 수 있기 때문에, 영업연도의 중간에 실질적으로 이익배당의 기능을 가진 금전배분을 할 수 있도록 한 것이다.

(2) 중간배당의 성질

중간배당은 이익배당에 해당한다. 그리하여 이익배당에 관한 등록질권자의 권리(460조의3 5항, 340조 1항), 종류주식(460조의3 5항, 344조 1항), 전환종류주식의 전환의 효력발생과의 관계(460조의3 5항, 350조 3항), 신주인수권부사채의 신주인수권의 행사에 의해 발행된 신주(460조의3 5항, 350조 3항), 이익준비금의 표준(460조의3 5항, 458조) 등의 규정이 중간배당에도 준용되고 있다.

2. 중간배당 요건

(1) 1년의 영업연도

연 1회의 결산기를 정한 회사에 한하여 중간배당을 할 수 있다(462조의3 1항). 영업연도가 1년 미만이던 것을 결산기를 변경하여 1년으로 한 경우에는 그 영업연도 중에는 중간배당을 할 수 없다(大隅 · 今井 473). 그러나 상장법인은 사업연도개시일부터 3월말, 6월말, 9월말을 기준일로 하여 분기배당을 할 수 있다(자시법 165조의12 1항).

(2) 정관의 규정

중간배당을 하고자 하는 회사는 정관에 이에 관한 규정을 두어야 한다.

(3) 중간배당의 회수와 시기

중간배당은 영업연도 중 1회에 한하여 할 수 있으며, 그 시기는 정관으로 정할 수도 있고, 이사회의 결의로 중간배당일을 정할 수도 있다.

(4) 중간배당의 방법

중간배당은 이익배당과는 달리 금전이나 현물로 배당하고(462조의3 1항), 주식배당을 할 수 없다.

(5) 중간배당의 재원

회사의 자본충실을 위하여 중간배당의 재원을 직전결산기의 대차대조표상의 순자산액에서 ① 직전결산기의 자본금액, ② 직전결산기까지 적립된 자본준비금과 이익준비금의 합계액, ③ 직전결산기의 정기총회에서 이익으로 배당하거나 또는 지급하기로 정한 금액, ④ 중간배당에 따라 당해 결산기에 적립하여야 할 이익준비금을 공제한 잔액을 한도로 한다(이익배당에는 대통령령으로 정하는 미실현이익을 이익배당에서 공제할 항목으로 되어 있는데 중간배당에서는 이것이 빠져 있다).

그러나 중간배당가능이익의 범위내라 할지라도 당해 결산기의 대차대조표상의 순자산액이 상법 제462조 제1항 각호의 금액에 미치지 못할 우려가 있는 때에는 중간배당을 할 수 없다(462조의3 3항). 이것은 당해 결산기에 손실발생이 예상되는 경우에도 직전결산기의 이익을 가지고 중간배당하면, 상법 제462조 제1항이 정하는 배당요건을 위반하여 이익 없이 배당한 결과가 되기 때문이다.

【직전결산기의 대차대조표】

총자산		
		부 채
총	순자산	자 본 금 액
		기적립자본준비금
자		기적립이익준비금
		직전결산기정기총회에서 배당한 금액
산		중간배당액의 1/10
		중간배당가능액

3. 중간배당의 절차

(1) 이사회 결의

중간배당을 하기 위해서는 이사회 결의를 요하고, 이사회의 결의로써 확정된다. 상장법인이 분기배당금을 지급하려고 할 경우에 이사회는 기준일로부터 45일내에 배당결의를 하여야 하며, 배당금은 결의일로부터 20일내에 지급하여야 한다(자시법 165조의12).

(2) 중간배당금의 지급시기

중간배당금은 이사회의 결의가 있은 날로부터 1월 이내에 지급하여야 한다(464조의2 1항 본문). 상장법인은 분기배당일 기준으로 45일 이내에 이사회의 배당결의를 하도록 규정하고 있고, 배당금은 결의일로부터 20일 내에 지급하도록 규정하고 있다(자시법 165조의12 2항, 3항).

4. 위법한 중간배당의 효과

(1) 위법한 중간배당

중간배당을 위한 법정한도액(462조의3 2항)을 초과하여 중간배당을 한 경우에는 무효이고, 이사나 감사는 회사 및 제3자에 대하여 손해배상책임을 지며(462조의3 5항, 399조, 401조, 414조), 벌금의 제재를 받는다(625조 3호).

(2) 초과배당에 대한 차액배상책임

당해 결산기 대차대조표상의 순자산액이 제462조 제1항 각호의 금액의 합계액에 미치지 못함에도 불구하고 중간배당을 한 경우에 이사는 회사에 대하여 연대하여 그 차액(배당액이 그 차액보다 적을 경우에는 배당액)을 배상할 책임이 있다(462조의3 4항 본문). 총회의 결의에 의한 주식소각의 경우에도 이사에게 동일한 책임을 지우고 있다(343조의2 5항 · 6항). 이는 회사의 재정적 기초를 위태롭게 하는 것을 방지하기 위함이다. 따라서 이사는 중간배당을 실시하기 위해서 최소한 당해 결산기에 損失이 발생하지 않는다는 확신을 가져야 한다. 다만, 이사가 그러한 우려가 없다고 판단함에 있어 주의를 게을리 하지 아니하였음을 증명한 때에는 책임을 면한다(462조의3 4항 단서). 중간배당을 하려는 경우에 이사는 가결산을 하고 이에 기하여 중간배당을 행하였다는 것을 증명한다면, 무과실을 입증하는데 유리할 것이다.

이사회의 중간배당결의에 찬성한 이사도 연대하여 책임을 지며(462조의3 6항, 399조 2항), 이사의 책임을 면제하기 위해서는 총주주의 동의를 요한다(462조의3 6항, 400조).

제 6 절 株主의 회계감독권

주주는 위법행위유지청구권, 대표소송제기권, 이사해임청구권 등에 의하여 이사의 업무집행을 직접적으로 감독 · 시정할 수 있다. 그런데 이러한 권리를 효과적으로 행사하기 위해서는 회사의 업무와 자산상황을 정확하고 상세하게 알아 둘 필요가 있는데, 특히 회계장부에 관해서는 더욱 그러하다. 따라서 상법에서는 주주를 위하여 다음과 같은 권리를 인정하고 있다.

Ⅰ. 재무제표열람권·등사권

주주와 회사채권자는 영업시간 내에 언제든지 재무제표 및 그 부속명세서·연결재무제표·영업보고서·감사보고서를 열람할 수 있으며, 회사가 정한 비용을 지급하고 서류의 등본이나 초본의 교부를 청구할 수 있다(448조 1항, 2항). 또한 정관이나 주주명부, 사채원부, 주주총회나 이사회 의사록도 열람·등사청구할 수 있다(396조 2항). 이러한 권리는 株主가 의결권을 행사하기 위해, 또는 대표소송 등을 행하기 위한 전제조건이다.[3)]

회사는 주주의 이사회의사록의 열람·등사청구에 대하여 이유를 붙여 이를 거절할 수 있으며, 이 경우에 주주는 법원의 허가를 얻어 이사회의사록을 열람·등사할 수 있다(391조의3 4항).

Ⅱ. 회계장부열람청구권

발행주식총수의 100분의 3 이상에 해당하는 주식을 가진 주주(상장법인의 경우에는 6월간 계속해서 발행주식총수의 1,000분의 10 이상을 보유한 주주)는 이유를 붙인 서면으로 회계의 장부와 서류의 열람 또는 등사를 청구할 수 있다(466조 1항). 회계장부란 회사의 회계상황을 보여주는 일체의 장부 및 서류를 말한다. 회계장부의 열람권을 소수주주권으로 한 것은 영업비밀을 침해할 위험을 방지하고자 함이다.

회사는 주주의 청구가 부당함을 증명하지 아니하면 회계장부열람권의 행사를 거부하지 못한다(466조 2항).

Ⅲ. 검사인의 선임청구권

회사의 업무집행에 관하여 부정행위 또는 법령이나 정관에 위반한 중대한 사실이 있음을 의심할 사유가 있는 때에는 발행주식총수의 100분의 3 이상에 해당하는 주식을 가진 주주는 회사의 업무와 자산상태를 조사하게 하기 위하여 법원에 검사인의 선임을 청구할 수 있다(467조 1항). 검사인선임 청구사유인 업무집행에 관한 부정행위 또는 법령이나 정관에 위반한 중대한 사실에 대하여 판례는 「그 내용

---

3) Jesse H. Choper · John C. Coffee, Jr · Ronald J. Gilson, *op. cit.*, p. 622.

을 구체적으로 명확히 적시하여야 하고 단순히 결산보고서의 내용이 실지 재산상태와 일치하는지 여부에 의심이 간다는 정도의 막연한 것으로 그 사유를 삼을 수는 없다」고 판시하고 있다(대결 1985. 7. 31, 85마214).

법원은 검사인의 조사보고에 따라 필요하다고 인정한 때에는 대표이사에게 주주총회의 소집을 명할 수 있는데, 이때에는 검사인도 주주총회에 조사보고서를 제출하여야 하고, 이사·감사도 지체없이 검사인의 보고서의 정확여부를 주주총회에 보고하여야 한다(467조 3항·4항).

제 7 절 사용인의 우선변제권

Ⅰ. 사용인 보호 필요성

종업원인 회사의 사용인과 회사 간에는 고용관계로 인하여 신원보증금을 비롯하여 급여·상여금·퇴직금 등의 채권이 발생하기도 한다. 그래서 회사는 사용인의 퇴직금이나 신원보증금 등을 임의준비금으로 적립해 놓는 경우가 많으나, 임의준비금은 회사에 손실이 있는 때에 언제든지 그 전보에 충당할 수 있으므로, 사용인을 충분하게 보호하지 못한다. 따라서 상법은 사용인 보호를 위한 사회정책적인 견지에서 사용인의 우선변제권에 관한 규정을 두고 있다.

Ⅱ. 사용인 우선변제권의 내용

신원보증금의 반환을 받을 채권 기타 회사와 사용인 간의 고용관계로 인한 채권이 있는 자는 회사의 총재산에 대하여 우선변제를 받을 권리가 있다(468조 전단). 그러나 질권이나 저당권에 우선하지는 못한다(468조 후단).

주식회사 사용인의 우선변제권에 관한 규정은 유한회사와 사용인 간의 고용관계로 인하여 발생한 채권에도 준용된다(583조 2항).

「채무자회생 및 파산에 관한 법률」은 채무자의 근로자의 임금·퇴직금 및 재해보상금은 공익채권으로 규정하고(회파 179조 10호), 이러한 공익채권은 회생절차에 의하지 아니하고 수시로 변제하도록 하고 있다(회파 180조 1항). 공익채권은 회생채권과 회생담보권에 우선하여 변제한다(회파 180조 2항).

제 7 장 株式會社의 규모변경

제 1 절 주식회사의 자본금 감소

Ⅰ. 자본금 감소의 의의

자본금 감소(reduction of capital; Kapitalherabsetzung; 減資)란 법적 절차에 따라 회사의 자본금을 축소시키는 것을 말한다.[1)]

액면주식의 자본금 감소는 자본금의 감소에 따른 순자산액의 감소 여부를 기준으로 통상 실질적인 자본금 감소와 명목상 자본금 감소(계산상의 자본금 감소)로 분류한다. 실질적인 자본금 감소란 자본금의 감소와 더불어 일정한 금액을 주주에게 되돌려 줌으로써 순자산도 같이 감소시키는 것이고, 명목상의 자본금 감소는 순자산은 회사 외에 유출시키지 않고 자본금만 줄이는 것이다.

액면주식의 실질적 자본금 감소의 경우에는 영업규모의 축소 등의 사유로 사업규모상 현재의 자본금이 과잉인 경우, 이를 주주에게 되돌려 주거나 회사해산을 예상하고 청산절차를 간편하게 할 목적으로 행한다. 또한 합병의 경우에 당사회사의 자산상태의 조정(합병하기 전에 소멸예정회사의 재산이 많아 그 주주들이 존속예정회사의 지분을 지나치게 많이 갖게 될 경우, 그 지분을 감소시키기 위하여 소멸예정회사의 자본금을 미리 감소시킬 필요가 있게 된다) 등을 위하여 실행된다. 이에 대해 명목상의 자본금 감소는 주주에게 현실로 되돌려 주는 것이 없이 계산상으로만 자본금을 감소하는 것이다. 이러한 명목상의 자본금 감소는 자본금의 결손으로 오랫동안 이익배당을 할 수 없게 되고, 동시에 주가의 하락으로부터 오는 회사신용도의 추락

---

1) Stephen W. Mayson · Derek French & Christopher Ryan, *Company Law*, Blackstone P. Lit., 1996, p. 273.

을 방지하기 위하여 자본금을 순자산에 접근시키기 위하여 실행하게 된다. 이러한 자본금 감소는 주주와 회사채권자에게 중대한 영향을 미치므로 법적 절차에 의하여야 한다.

무액면주식의 자본금 감소는 발행주식수와 무관하게 자본금을 줄일 수 있으므로 주주에게 주금을 환급하는 실질적 자본금 감소는 존재하지 않는다.

Ⅱ. 자본금 감소의 방법

1. 액면주식의 감자 방법

(1) 주금액의 감소

주금액의 감소는 발행주식총수는 줄이지 않으면서 정관을 변경하여 주식의 액면가액만을 낮추는 방법이다. 그러나 상법상 1주당 금액은 100원 이상이어야 하므로 주금액의 감소는 주금액이 100원 이상인 경우에 가능하다(329조의2 2항). 이러한 주금액의 감소에 의한 자본금 감소의 경우는 주식수에는 변동이 생기지 않는다는 점에서 주식소각이나 주식병합과 다르고, 주금액 감소와 더불어 주식수가 증가하는 주식의 액면분할과도 다르다.

주금액을 감소하는 방법으로 자본금을 감소할 때에는 액면가는 균일하여야 하므로 모든 주주에게 평등하게 적용하여야 한다. 그리고 주금액의 감소에 의하여 감소되는 금액의 처리는 자본금 감소의 목적에 따라 다르다. 즉, 실질적인 자본금 감소를 할 때에는 주주에게 환급할 것이고(납입한 주금액의 일부를 반환하고 나머지 잔액을 새로운 주금액으로 하는 것), 명목상 자본금 감소를 할 때에는 주주의 손실로 처리[切棄]한다.

(2) 주식수의 감소

주식수의 감소에 의한 자본금 감소의 방법으로는 주식의 병합과 주식의 소각 그리고 이들을 병용하는 세 가지 방법이 있다.

1) 주식의 소각

주식의 소각(Einziehung von Aktien)이란 회사가 발행주식 중 일부를 절대적으로 소멸시키는 방법이다. 주식의 소각은 당해 주식의 사원권이 전부 절대적으로 소멸된다는 점에서, 사원권이 소멸됨이 없이 그 내용이 변경되는 데 불과한 주금액의 감소나 주식의 병합과 다르다. 또한 주식의 소각은 주주의 소유주식 중의 일부만이 소멸되는 점에서, 회사가 발행한 모든 주식의 내용이 변경되는 주금액의 감소나 주식의 병합과 차이가 있다.

주식의 소각에는 이를 동의한 주주의 주식에 대해서만 소각할 수 있는 임의소각이 있고, 주주 동의와 관계없이 회사가 일방적으로 할 수 있는 강제소각이 있다. 또한 주식의 소각에 따라 주주에게 주금의 일부를 환급하는 유상소각이 있고, 아무런 대가도 지급하지 않는 무상소각이 있다. 이와 같이 주식의 소각은 임의·강제와 유·무상이 서로 조합을 이루어 실행된다.

2) 주식의 병합

주식의 병합(Zusammenlegung von Aktien)은 수개의 주식을 합하여 그보다 적은 수의 주식으로 바꾸어 발행하는 회사의 행위이다. 예컨대 500원주 3주를 병합하여 500원주 1주로 하는 경우이다.

주식병합의 경우에는 會社는 1월 이상의 기간을 정하여 그 뜻과 그 기간 내에 주권을 회사에 제출할 것을 공고하고 주주명부에 기재된 주주와 질권자에 대해서는 각각 개별적으로 통지를 하여야 한다.

주식병합에 있어서는 주주평등의 원칙에 따라 균등하게 실시하여야 한다.

(3) 양 방법의 병용

자본금의 감소는 주금액 감소와 주식수 감소를 병용하는 방법으로도 할 수 있다. 이 경우에도 주주평등의 원칙을 준수하여야 한다.

2. 무액면주식의 감자 방법

무액면주식의 경우 액면가가 없으므로 주금액의 감소에 의한 자본금 감소는 있을 수 없다. 또한 발행가액을 자본금에 계상한 이후에 발행주식수와 자본금간의 관계는 단절되므로 주식수의 감소에 의해 자본금이 감소되는 것도 아니다. 무액면주식의 자본금 감소는 자본금의 수치를 낮추는데 불과하다.

Ⅲ. 자본금 감소 절차 및 효과

자본금 감소는 주주의 지위를 소멸시키거나 약화시키는 결과를 초래하고, 회사채권자에게는 담보재산이 감소되는 결과를 가져오므로 주주와 회사채권자를 위한 보호절차가 필요하다.

1. 주주총회 결의

자본금 감소는 회사의 자본구조의 변화를 초래하여 주주의 이해관계에 중대한 영향을 미치므로, 정관변경의 경우와 마찬가지로 주주총회의 특별결의를 요한다(438조 1항). 그러나 결손 보전을 위한 자본금 감소는 보통결의로도 가능하다(438조 2항, 368조 1항). 하지만 액면주식의 주금액의 감소로 자본금 감소를 하는 경우에는 정관변경절차를 거쳐야 하므로, 주주총회 특별결의를 요한다. 자본금 감소에 관한 주요 내용은 주주총회소집통지서에 기재하고 통지 또는 공고하여야 한다(438조 3항).

2. 채권자보호절차

(1) 공고와 최고

자본금 감소는 회사채권자를 위한 담보액이 감소되는 결과를 초래하므로 회사는 자본금 감소의 결의일로부터 2주 내에 회사채권자에 대하여 자본금감소에 이의가 있으면 일정한 기간(1개월 이상) 내에 이의를 제출할 것을 공고하고, 알고 있는 채권자에게는 각별로 최고하여야 한다(439조 2항, 232조 1항). 다만 결손의 보전을 위하여 자본금을 감소하는 경우에는 그러하지 아니하다(439조 2항).

사채권자가 자본금 감소에 관하여 이의를 제기하려면 사채권자집회의 결의가 있어야 한다(439조 3항). 이 경우에 법원은 이해관계인의 청구로 사채권자를 위하여 이의제출기간을 연장할 수 있다(439조 3항).

(2) 이의 효과

이의제출기간 내에 이의가 없으면 자본금 감소를 승인한 것으로 보고 감소절차를 속행한다. 그러나 그 기간 내에 이의를 제출한 채권자에 대하여는 회사는 채무를 변제하거나 또는 상당한 담보를 제공하거나 이를 목적으로 하여 상당한 재산을 신탁회사에 신탁하여야 한다(439조 2항, 232조 2항 · 3항). 만일 회사가 이러한 절차를 이행하지 않은 때에는 이의제출채권자는 감자무효의 소를 제기할 수 있다.

3. 자본금 감소의 효력발생

(1) 자본금 감소의 효력발생시기

자본금 감소는 주주총회의 결의와 채권자보호절차, 그리고 자본금 감소의 실행절차가 모두 종료한 때에 그 효력이 생긴다. 그런데 그 실행절차는 주주총회가 결정한 자본금 감소의 방법에 따라(439조 1항) 다르기 때문에 자본금 감소의 효력발생시기도 달라진다. 즉, 주식병합과 강제소각의 경우에는 채권자보호절차가 종료하고 공고 또는 통지에서 정한 주권제출기간이 만료한 때에, 임의소각의 경우에는 회사가 소각을 위하여 취득한 주식을 소멸시킨 때에 자본금 감소의 효력이 생긴다(440조, 441조, 341조, 342조, 343조 2항). 주금액을 감액하는 경우에는 특별한 규정이 없으나 회사의 의사표시가 모든 주주에게 도달한 때(304조 2항 참조)에 자본금 감소의 효력이 생긴다.

무액면주식의 자본금 감소의 경우 주식을 소각하거나 병합하는 절차는 필요가 없으므로 상법 제441조상의 자본금 감소의 효력발생일이 적용되지 않는다. 무액면주식의 자본금 감소는 단지 주주총회에서 감소되는 자본금 규모를 정하고 채권자보호절차를 밟으면 된다.

(2) 자본금 감소 등기

자본금이 감소하면 등기사항에 변경이 생기므로(발행주식총수의 감소 또는 주금액의 감소) 회사는 자본금 감소의 효력이 발생한 때로부터 본점소재지에서는 2주간 내, 지점소재지에서는 3주간 내에 변경등기를 하여야 한다(317조 3항, 183조). 그러나 등기는 자본금 감소의 효력발생요건은 아니고 다만 제3자에 대한 대항요건이 될 뿐이다.

4. 자본금 감소 효과

(1) 질권의 효력

주금액이 감액되더라도 주식의 동일성이 달라지는 것은 아니므로 질권에 영향이 없고, 다만 신주권과 교환하면 된다. 또한 소각·병합으로 인해 받는 주식이나 금액에 대해서도 질권이 미치며, 등록질권자는 그 금전으로 우선하여 변제에 충당할 수 있다(339조, 340조).

(2) 발행예정주식총수와의 관계

주식소각이나 주식병합을 하게 되면 발행주식수가 감소되는데, 이 부분은 이미 이사회가 주식을 발행하였던 것이므로 재발행은 허용되지 않는다. 따라서 자본금 감소에 의하여 회사가 발행한 주식수가 감소하더라도 회사의 발행예정주식총수는 감소하지 않는다.

(3) 감자차익금의 적립

자본금 감소의 경우에 그 감소액이 주식의 소각, 주금의 반환에 필요한 금액과 결손의 전보에 충당한 금액을 초과한 때에는 그 초과금액은 주주에게 이익으로 배당할 수 없는 재원이 되므로 자본준비금으로 적립하여야 한다(459조 1항).

Ⅳ. 감자무효의 소

상법은 다른 회사법상의 소에서와 마찬가지로 법률관계의 획일적인 처리를 위하여 감자무효는 소로써만 주장할 수 있도록 하고, 제소권자와 제소기간을 제한하고 있으며, 판결의 대세적 효력과 소급효를 인정하고 있다.

1. 감자무효의 소의 원인

감자무효원인으로는 ① 자본금 감소에 관한 주주총회의 결의가 없거나 그 결의의 내용 및 절차에 하자가 있는 경우, ② 채권자보호절차를 밟지 않은 경우, ③ 자본금 감소의 방법이 주주평등의 원칙에 반하는 경우, ④ 채권자 이의제출절차를 간과한 경우와 특정한 주주에게 이해관계가 있는 경우, ⑤ 종류주주총회를 개최하지 않은 경우 등을 들 수 있다.

2. 다른 訴와의 관계

감자결의에 하자가 있는 경우에 신주발행무효의 訴에서와 같이 주주총회결의의 하자를 다투는 소와 감자무효의 소와의 관계가 문제된다. 신주발행무효의 소에서 언급한 바와 같은 이유로 주주총회결의하자의 소는 제기할 수 없고 감자무효의 소로써만 다툴 수 있다고 한다(대판 2010. 2. 11, 2009다83599).

3. 소 당사자

감자무효소의 제소권자는 신주발행무효의 소에서보다 범위가 넓다. 따라서 주주, 이사, 감사, 청산인, 파산관재인 또는 자본금감소를 승인하지 아니한 채권자가 제기할 수 있다(445조). 그러나 채권자가 회사로부터 변제를 받았을 경우에는 소의 이익이 없으므로 제소할 수 없다. 또한 이의제출기간이 경과한 후에 채권자가 된 자도 제소권이 없다. 그리고 채권자는 채권자보호절차의 흠결이 있는 경우에만 이를 이유로 무효의 소를 제기할 수 있을 뿐이다.

4. 제소기간

감자무효의 소는 자본금 감소로 인한 변경등기가 있은 날로부터 6월 내에만 제기할 수 있다(445조). 소를 제기할 수 있는 시기는 자본금 감소의 효력이 발생한 때이지 변경등기가 있는 때가 아니다. 후자는 다만 제소기간의 기산일이 될 뿐이다. 그러므로 자본금 감소의 효력이 발생한 때에는 변경등기 전에도 감자무효의 소를 제기할 수 있다.

5. 소 절차

감자무효의 소에 관한 절차는 설립무효의 소에 관한 규정을 준용하며(446조, 186조~189조, 191조, 192조), 채권자나 주주가 소를 제기한 경우 담보제공의무에 관해서는 주주총회결의취소의 소에 관한 규정을 준용한다(446조, 377조).

6. 판결 효과

판결의 확정에 의하여 감자는 무효가 된다. 판결의 효과는 신주발행무효의 소에서와 같이 제3자에게도 미치는 대세적 효력이 있다(446조, 190조 본문). 감자가 무효가 되면 자본금은 감소 이전의 상태로 회복하고, 주금액을 감액한 경우에는 감소전의 주금액으로 회복된다. 그리고 소각된 주식은 부활하며, 병합된 주식은 병합전 주식으로 분할된다.

감자를 유상으로 한 경우, 그리고 무상으로 하였더라도 단주의 대금을 지급한 경우 문제가 생긴다. 만일 현재의 주주로부터 회수한다면 추가출자를 요구하는 결과가 되어 주주유한책임의 원칙에 반한다. 당연히 감자 당시의 주주로부터 회수하여야 할 것이다. 따라서 무효판결의 확정으로 인해 감자 당시의 주주는 회사에 대해 감자대가로 받은 금전을 반환할 의무가 생긴다고 보아야 한다.

감자 무효판결 후 주주로부터 감자대가의 회수가 불가능하여 회사가 손해를 보는 경우에는 이사의 책임이 발생할 것이고(399조), 주주나 회사채권자에게 손해가 생기는 경우에는 회사 또는 이사에 대하여 손해배상을 청구할 수 있다(389조 3항, 210조, 401조).

원고가 패소한 때에는 악의 또는 중대한 과실이 있는 경우에 한하여 회사에 대하여 연대하여 손해를 배상할 책임이 있다(446조, 191조).

무액면주식의 경우 감자는 자본금의 계수를 낮추는데 불과하므로 감자무효판결이 내려지더라도 자본금 계수가 감자전으로 회복되는데 그친다.

제2절 주식회사 정관의 변경

Ⅰ. 총 설

1. 정관변경의 필요성

회사의 정관은 설립당시에는 사업목적, 자본금에 관한 사항 등을 담아 총구성원의 합의에 의하여 성립하는 것이다. 그러나 회사성립 후 여러 경제사정이나 회사의 내부사정에 따라 그 변경의 필요성이 생긴다. 이에 상법은 정관의 변경을 일정한 절차에 따라 변경할 수 있도록 하고 있다. 특히 주식회사의 정관변경은 인적회사와는 달리 총사원의 동의까지는 요하지 않고, 절대다수라 할 수 있는 주주총회의 특별결의로 정관을 변경할 수 있도록 하고 있다. 이는 인적회사는 조합적 성질을 띠고 사원이 소수이어서 총사원의 동의를 얻는 데 큰 어려움이 없지만, 주식회사의 경우에는 사원인 주주가 다수 존재하는 까닭에 총주주의 동의가 현실적으로 불가능하기 때문이다. 더구나 주식회사는 자본금 단체적 성질과 주식의 양도성 등으로 인하여 정관변경을 반대하는 주주가 이에 대처할 수 있는 기회를 보장하고 있기 때문이다.

2. 정관변경의 범위

정관변경의 범위에는 특별한 제한이 없다. 그러므로 공서양속이나 강행법규, 주식회사의 본질에 반하지 않는 한, 목적·상호 등 어떠한 사항이든 변경할 수 있으며, 내용 전부를 변경할 수도 있다. 따라서 원시정관에 정관변경을 불허하거나 특정한 규정만은 변경할 수 없다는 규정을 두었더라도, 그 규정은 무효이므로 이를 무시하고 변경할 수 있다.

Ⅱ. 정관변경 절차

1. 주주총회 특별결의

정관의 변경은 주주총회의 특별결의에 의하여야 한다(433조 1항, 434조). 즉, 정관변경의 결의는 출석한 주주의 의결권의 3분의 2 이상의 수와 발행주식총수의 3분의 1 이상의 수로써 하여야 한다. 정관변경을 위해 주주총회를 소집할 경우에는 정관변경에 관한 의안의 요령도 소집통지와 공고에 기재하여야 한다(433조 2항). 의안의 요령은 정관 제○조를 어떠한 내용으로 변경한다는 식의 구체적인 표시이어야 한다. 따라서 단순히 「정관변경의 건」이라고만 기재한 때에는 주주총회결의취소의 소의 원인이 될 수 있다.

2. 종류주주총회

회사가 수종의 주식을 발행한 경우에 정관을 변경함으로써 어느 종류의 주주에게 손해가 미치게 될 때에는 주주총회의 결의 외에 그 종류주주총회의 결의가 있어야 한다(435조 1항). 그러므로 종류주주총회의 결의가 없거나 결의가 성립되지 않은 때에는 그 정관변경은 무효라고 할 수 있다. 종류주주총회의 결의는 출석한 주주의 의결권의 3분의 2 이상의 수와 그 종류의 발행주식총수의 3분의 1 이상의 수로써 하여야 한다(435조 2항).

3. 정관변경 등기

정관변경 자체는 등기할 필요가 없으나, 정관변경으로 등기사항이 변동된 때에는 본점소재지에서는 2주간 내, 지점소재지에서는 3주간 내에 변경등기를 하여야 한다(317조 3항, 183조).

Ⅲ. 정관변경의 한계

1. 발행예정주식총수 변경

발행예정주식총수는 정관변경의 절차에 따라 그 증가뿐만 아니라 감소도 가능하다. 회사는 발행예정주식총수 중에 미발행주식이 남아 있어도 발행예정주식총수를 변경하여 증가시킬 수 있고, 회사 성립후에는 정관변경을 통하여 발행예정주식총수를 무제한 늘릴 수 있다.

발행예정주식총수를 감소하려는 경우 그 감소는 정관변경으로 가능하다[孫 835, 鄭(東) 616]. 발행주식총수의 감소의 경우 회사는 변경등기를 하여야 한다(417조 2항 · 3항, 183조).

2. 주금액의 변경

(1) 주금액의 인상

정관의 기재사항 중 「1주의 금액」은 절대적 기재사항이기 때문에(289조 1항 4호) 그 변경에는 정관의 변경이 필요하다. 특히 주금액의 인상은 주주에게 추가출자를 요구하게 되므로 주주유한책임의 원칙에 반할 수 있다. 따라서 주금액의 인상은 총주주의 동의로써만 인정되어야 할 것이다. 그러나 준비금을 자본금 전입하여 신주를 발행하는 동시에 신주의 비율대로 신 · 구주를 병합하는 방법이라면 단주가 생기지 않으므로 주주총회의 특별결의로 가능하다고 본다(통설).

(2) 주금액의 인하

주금액의 인하는 첫째로 주식의 분할에 의하여 가능하다. 주식의 분할은 특별히 주주나 회사채권자의 이익을 해하지 않으나, 1주의 금액은 정관의 절대적 기재사항이므로 정관의 변경을 위하여 주주총회의 특별결의가 필요하다. 그러나 단순히 액면만을 인하하는 경우에는 회사의 자본금이 그만큼 감소하므로 자본금 감소의 절차를 밟아야 한다.

Ⅳ. 정관변경의 효력

주식회사의 정관변경의 효력은 주주총회의 결의와 동시에 발생하며, 원시정관의 경우와 달리 공증인의 인증은 필요 없다. 그러므로 정관변경의 결의에 따르는 정관서면의 更正은 사후적 절차에 불과하므로 정관변경의 효력발생을 위한 요건이 아니다(대판 1978. 12. 26, 78누167). 그러나 정관변경의 결의가 조건부인 때에는 조건의 성취 또는 기한의 도래에 의하여 정관변경의 효력이 생긴다. 그러나 제3자의 동의를 조건으로 하는 정관의 변경은 인정되지 않는다. 정관변경의 효력은 주주총회의 결의와 동시에 발생하므로 그 결의의 폐기(변경 전으로의 환원)는 보통결의로는 불가능하고 다시 정관변경의 결의를 하여야 할 것이다.

제 3 절 株式會社의 合倂·分割 및 分割合倂

Ⅰ. 주식회사의 합병

1. 총 설

(1) 합병의 개념

합병(Verschmelzung, amalgamation)이란 2개 이상의 회사가 계약에 의하여 하나의 회사로 합치는 것이다.[2] 합병에 의하여 해산하는 회사는 청산절차를 거치지 않고 소멸하고, 그 재산은 존속회사 또는 신설회사에 포괄적으로 이전함과 동시에 그 사원은 존속회사 또는 신설회사의 사원으로 되는 효과가 발생한다. 합병을 함으로써 ① 동종품목의 상품을 대량으로 집중 생산하여 비용의 절감을 도모할 수 있고(규모의 경제), ② 원재료로부터 반제품, 완제품의 제조, 판매과정을 분담하고 있었던 것을 1社에 집중함으로써 제조공정의 일관성을 도모할 수 있으며, ③ 합병당사회사 각각의 기술적 약점을 상호 보완할 수 있고, ④ 총무·경리부문 등에서 중복되는 인원을 정리하여 비용절감을 꾀할 수 있으며(경영의 합리화), ⑤ 금융력, 판매력 등을 강화할 수 있고, 단독으로 상장할 수 없었던 회사도 상장요건을 갖출 수 있으며, ⑥ 업적이 부진한 회사를 구제할 수도 있는 경제적 기능을 가지고 있다.

합병의 종류에는 합병당사회사 중의 1社가 존속하고 다른 회사가 해산하여 존속회사에 흡수되는 흡수합병과, 합병당사회사의 전부가 해산함과 동시에 새로운 회사로 설립하는 신설합병이 있고, 자회사가 다른 회사와 흡수합병하면서 모회사의 주식을 교부하는 삼각합병이 있다. 그러나 현실적으로 신설합병은, ① 해산하는 합병당사회사 모두가 합병을 계기로 실현되는 자산의 평가차익부분인 청산소득이 과세대상이 되기 때문에 부담이 가중되고, ② 합병당사회사가 취득하고 있었던 영업의 인허가사항이 신설회사에 승계되지 않고 다시 해당 관청에 신청하여야 하며, ③ 합병당사회사가 상장·등록하고 있었던 회사이더라도 신설회사는 다시 상장·등록절차를 밟아야 하는 등 절차와 비용 면에서 흡수합병보다 불리하기 때문에 실무에서는 거의 이용되지 않는다.

---

2) Jesse H. Choper·John C. Coffee, Jr·Ronald J. Gilson, *Cases and Materials on Corporations*, Aspen Publishers, INC. 2000, p. 913 이하.

한편, 회사합병의 경우에는 인적회사 간의 합병, 인적회사와 주식회사 간의 합병, 주식회사간의 합병, 주식회사와 유한회사 간의 합병, 유한회사간의 합병 등이 있을 수 있으나, 여기서는 주식회사간의 합병을 중심으로 살펴보기로 한다.

【合併과 구별되는 개념】

1) **합병과 사실상의 합병** 사실상의 합병이란 회사가 그 영업전부를 다른 회사에 현물출자로 제공하고 그 대가로 주식이나 지분을 취득한 다음 청산절차에 의하여 이를 구성원에게 배분함으로써, 실질적으로 합병과 동일한 경제적 목적을 달성하는 것을 말한다. 이러한 사실상의 합병은 미국 판례법에서 생겨난 개념으로서 회사가 합병을 하면서 합병시 요구되는 합병반대주주의 주식매수청구권의 행사를 회피하기 위하여 이용된다. 그리고 소멸회사의 경우에 청산절차를 거친다는 점에서 합병과 다르다.

2) **합병과 영업양도** 영업양도는 유기적 일체로서의 기능적 재산을 양도한다는 점에서 주식을 양도하는 기업매수와 다르고, 재산을 일괄해서 이전한다는 점에서 흡수합병과 유사하나 구체적으로 다음과 같은 차이점이 있다.

첫째, 합병은 조직법·단체법적 성격이 두드러지고 회사법상의 특유한 제도로서 그 절차가 법정되어 있으나, 영업양도는 일반 개인법상의 채권계약에 불과하기 때문에 영업재산의 이전을 위해서는 개별 재산에 대한 별도의 이행절차를 밟아야 한다. 둘째, 합병은 그 효력발생과 동시에 회사의 재산과 채권·채무가 존속 또는 신설회사에 포괄적으로 승계되나, 영업양도는 특정승계되므로 채권·채무의 양수·도행위가 별도로 필요하다. 셋째, 합병에서는 소멸회사의 사원(주주)이 존속 또는 신설회사의 사원(주주)으로 남는 것이 원칙이고 고용관계도 수용되나, 영업양도에서의 양도인은 양수인으로부터 금전 또는 그 등가물로서의 재산적 급부를 받는데 그치고, 고용관계도 특약이 없는 한 당연히 양수인에게 수용되는 것은 아니다. 넷째, 영업양도는 영업재산의 일부양도가 가능하나 합병에는 일부합병이 없고, 합병은 訴로써만 그 무효를 주장할 수 있으나, 영업양도는 그러한 제한이 없다. 다섯째, 합병의 경우에는 채권자보호절차가 필요하나 영업양도에는 필요 없다.

3) **기업제휴** 기업제휴란 어느 회사가 다른 회사의 주식이나 영업부문을 취득하여 업무·영업 등의 제휴를 하는 것을 말한다. 기업제휴에 의하여 당사회사는 존속하고 지배권의 변동이 생기는 것도 아니며, 기업제휴계약은 양당사자의 합의에 따르므로 법률상의 효과도 그 계약내용에 따른다.

(2) 합병의 본질론

합병의 본질에 관하여 통설은 인격합일설을 취하고 있다. 즉, 합병은 2개 이상의 회사가 1개의 회사로 합일하는 조직법상의 특수한 계약이고 합병에 의하여 합일하는 것은 법인 자신이며, 회사재산의 이전은 오히려 그 효과에 지나지 않는다고 한다(崔 922, 李 97, 姜 88, 孫 476).

이에 대하여 합병이 둘 이상의 회사가 하나로 되는 것이라고 하는 인격합일설은 상식적인 관찰을 그대로 법률적으로 번역한 것으로서 비유적 내지 낭만적인 설명에 불과하다는 비판이 있다. 그래서 현물출자설이 등장하는데, 현물출자설은 소멸회사의 영업전부를 현물출자하여 존속회사의 자본금을 증가하거나 신회사를 설립하는 것이라고 한다[徐(廷) 402, 大偶·今井(下) 39]. 즉, 소멸회사의 자산전부가 존속회사에 이전되고 그와 동시에 당해 자산을 출자로 하여 존속회사의 주식이 발행되며, 이것을 소멸회사의 주주에게 배정한다는 것이다. 이에 대하여 인격합일설 측은 출자자는 회사인데 왜 그 대가인 지분을 사원이 배당받는가를 설명할 수 없다는 비판을 하고 있다.

현물출자설에 수정을 가한 것으로 사원현물출자설이 있는데, 이것은 합병의 본질을 소멸회사의 전주주가 그 주식 또는 지분을 존속회사 또는 신설회사에 현물출자하는 것이라고 한다(服部, 民商法雜誌 39卷 294). 그러나 이에 대하여는 주주가 주식을 현물출자하면 왜 회사의 자산전체가 이전하게 되는가라는 설명을 못한다는 비판을 받고 있다.

【합병의 본질론에 따른 구체적인 검토】 첫째, 채무초과의 회사를 흡수합병할 수 있느냐의 문제에 관하여, 현물출자설 측은 이 경우의 채무초과가 단순히 결산대차대조표상에서 채무초과상태인 경우를 의미한다면 반드시 허용되지 않는 것은 아니나, 회사의 적극재산의 총액이 채무총액에 미달한다는 의미라면 소극재산의 출자는 있을 수 없고 자본금충실의 원칙에서도 이와 같은 합병은 인정할 수 없다고 한다(大偶·今井 2). 그런데 이 경우에 인격합일설도 자본금충실의 원칙상 이를 허용할 수 없다고 본다. 결국 어느 학설을 따르더라도 이러한 경우의 합병은 부정된다.

둘째 무증자합병의 문제인데, 현실적으로 모회사가 완전자회사를 흡수합병하는 경우에는 신주를 발행하지 않는다. 인격합일설에 있어서는 존속회사가 증자를 하든 안하든 이는 합병의 본질과는 관계가 없으나, 현물출자설에서는 존속회사의 자본금증가(신주발행)가 합병의 본질적 요소로 되는 이상, 신주발행을 하지 않는 것은 허용되지 않는다. 그러나 이 경우에 현물출자설측은 존속회사는 합병에 의한 신주배당을 받을 권리를 포기한 것으로 해석하고, 존속회사가 일단 자기주식의 배당을 하면서 동시에 이 자기주식을 무상소각한다고 해석하고 있다. 그러므로 어느 학설에 의하여도 무증자합병이 가능하다. 2015년 개정상법에서는 무증자합병이 가능한 것으로 하였다(360조의 3 3항 2호, 522조의2 1항 2호 등).

2. 합병의 자유와 제한

회사간의 합병은 회사의 종류·목적에 관계없이 원칙적으로 자유이다(174조 1항). 그러나 상법상 기업의 유지 또는 사원 및 제3자의 보호를 위하여 일정한 제한을 가하고 있고, 특별법상의 제한도 있다.

(1) 상법상의 제한

합병을 하는 회사의 일방 또는 쌍방이 주식회사, 유한회사 또는 유한책임회사인 때에는 합병 후에 존속하는 회사 또는 합병으로 인하여 설립되는 회사는 주식회사, 유한회사 또는 유한책임회사이어야 한다(174조 2항). 이것은 주식회사, 유한책임회사 또는 유한회사의 주주 또는 사원이 합병으로 인하여 인적회사의 사원이 됨으로써 제3자에게 무한책임을 지게 하려면, 주주 또는 사원의 개별적인 동의를 받아야 하는 등 복잡한 절차를 거쳐야 하는 번잡을 피하기 위한 것이다. 또한 주식회사와 유한회사가 합병하는 경우에 합병 후의 존속회사 또는 신설회사가 주식회사라면 법원의 인가를 얻어야 하고(600조 1항), 유한회사라면 주식회사의 사채의 상환을 완료하여야 한다(600조 2항). 이것은 현물출자에 관하여 법원의 감독을 받지 않는 유한회사를 설립한 후에 주식회사를 존속회사 또는 신설회사로 하는 합병을 함으로써, 현물출자에 의한 주식회사의 설립이나 신주발행 시 요구되는 엄격한 조사절차를 잠탈하기 위하여 합병을 이용하는 것을 방지하기 위함이다. 그리고 해산 후의 회사는 존립중의 회사를 존속하는 회사로 하는 경우에 한하여 합병을 할 수 있다(174조 3항). 그러나 소멸회사가 파산에 의하여 해산한 경우나 해산명령에 의하여 해산한 경우에는 합병할 수 없다고 본다.

(2) 특별법에 의한 제한

1) 독점금지 및 공정거래에 관한 법률에 의한 제한

일정한 거래분야에서 경쟁을 실질적으로 제한하기 위한 합병은 금지된다(동법 7조 1항 3호). 그리고 경쟁제한의 효과가 있는 합병을 사전에 예방하기 위하여 자산총액 또는 매출액이 1,000억 원 이상인 회사(이를 「기업결합신고대상회사」라고 한다)가 다른 회사와 합병을 하고자 하는 경우 기업결합일(합병등기일)로부터 30일 이내에 이를 공정거래위원회에 신고하도록 하고 있다. 이는 기업결합신고대상 외의 회사가 기업결합신고대상인 회사와 합병을 하는 경우에도 마찬가지이다(동법 12조 1항 3호 및 4항, 동법시행령 18조 1항). 다만, 이 경우 합병당사회사 중 하나 이상의 회사가 대규모회사 또는 시장지배적 사업자인 때에는 합병계약체결에 대한 주주총회 또는 이에 갈음하는 이사회의 결의가 있은 날로부터 30일 이내에 신고하도록 되어 있고(동법 12조 4항), 이러한 신고를 한 후 30일이 경과하기 전에는 원칙적으로 합병등기를 하지 못한다(동법 12조 5항). 그러나 관계중앙행정기관의 장이 다른 법률의 규정에 의하여 미리 당해 기업결합에 관하여 공정거래위원회와 협의한 경우에는 신고를 요하지 않는다(동법 12조 2항).

합병금지규정(동법 7조 1항), 신고규정(12조 4항)에 위반하여 합병을 한 경우에는 공정거래위원회의 고발을 통하여(동법 71조) 엄중한 벌칙이 적용되고 있으며(동법 66조, 67조), 당해법인에 대하여도 벌금형이 과해진다(동법 70조).

2) 자본시장법에 의한 제한

주권상장법인이 합병을 하려면 대통령령으로 정하는 요건·방법 등의 기준에 따라야 한다(자시법 165조의4). 구증권거래법에서는 주권상장법인이 다른 법인과 합병하는 경우에는 금융위원회와 거래소에 신고할 의무를 부과하고 있었으나, 자본시장법은 이러한 신고의무를 폐지하고 합병으로 인하여 증권을 모집 또는 매출하는 경우(신주발행에 의한 합병의 경우)에 증권신고서에 합병에 관한 주요사항을 기재하도록 하였다. 합병에 관한 증권신고서외에도 주요사항보고서를 합병일의 다음날까지 금융위원회에 제출하여야 하고(자시법 161조 1항 6호), 합병가액의 산정도 자본시장법에서 기준을 두고 있다(자시법 시행령 176조의5 1항).

3) 기타 특별법에 의한 제한

은행·신탁회사·보험회사 등은 주무관청의 인가를 받지 않으면 합병을 할 수 없다(은행법 9조, 신탁업법 8조, 보험업법 139조).

3. 합병의 절차

합병절차는 실무상 양당사회사간의 합병각서의 조인으로부터 시작하나, 이것은 합병을 위한 사전합의로서 상법상의 제도는 아니다. 상법상의 합병절차는 합병계약서의 작성에서부터 시작하고 합병등기를 함으로써 종료한다.

(1) 합병계약

회사가 합병을 하기 위해서는 먼저 합병계약을 체결하여 합병기일, 합병비율, 합병교부금 등 합병에 관한 모든 중요한 사항을 정하여야 한다. 합병절차는 법률상 합병계약에서부터 비롯되므로 일련의 합병절차 중에서 합병계약이 가장 기본이 되고 중요한 것이다.

합병계약은 단체법상의 특수한 채권계약인데, ① 이 채권계약의 성질에 관하여 합병계약은 가계약 또는 예약이라는 가계약설, ② 합병계약은 주주총회 또는 사원총회의 승인결의를 정지조건으로 하는 계약이라고 보는 정지조건설, 그리고 ③ 합병계약은 독립계약이고 독자적으로 효력을 발생하므로 승인결의 등과 같이 합병의 효력 발생을 위한 법률요건의 하나로 보는 독립계약설 등으로 견해가 나뉜다.

생각건대, 합병계약은 총사원의 동의 또는 주주총회나 사원총회의 결의를 정지조건으로 하는 합병의 예약 또는 본계약으로 보는 것이 타당하다(崔 114).

상법은 인적회사 상호간의 합병으로서 존속회사 또는 신설회사가 인적회사인 경우에는 합병계약서의 작성 등 특별한 방식을 요하지 않지만, 인적회사가 합병하여 주식회사를 신설하는 경우와 합병당사회사가 주식회사 또는 유한회사인 경우에는 법정사항을 기재한 합병계약서를 작성하여야 한다(525조, 523조, 524조, 603조). 만약 합병계약서에 법정사항의 기재를 결한 때에는 그 계약은 무효로서 주주총회의 승인이 있더라도 효력이 없다.

【법적 감사(Legal Due Diligence)】 미국 등의 선진국에서는 기업을 인수·합병하려는 경우 인수자 또는 매수자가 사전 감사를 실시하는 경우가 일반적이다. 이것을 Due Diligence라 한다.[3] Due Diligence란 매수자가 합병대상회사의 내용을 정밀하게 검사하는 것을 말하며, 대별하면 Business Due Diligence, 會計 Due Diligence, Legal Due Diligence(法的 監査)의 3종류이다. Business Due Diligence란 합병회사의 담당자 스스로 또는 컨설팅회사가 피합병회사의 사업의 수익성, 장래성 등을 검토하기 위한 것이고, 회계 Due Diligence는 공인회계사에 의하여 피합병회사의 재무상태를 검토하는 것이며, Legal Due Diligence는 변호사 등 법률전문가에 의하여 피합병회사가 안고 있는 법적 문제점을 검토하는 것이다.

회사는 수많은 하자가 존재할 수 있고 합병단계에서 드러나지 않는 하자가 있을 수 있다. 하자의 유무는 기업가치 평가와도 관련이 있을 뿐만 아니라, 심한 경우 합병을 포기해야 할 경우도 있다. 물론 합병 후 하자가 있을 때 민법상의 하자담보책임(民 570조 이하)을 지우거나, 피합병회사의 이사 등에게 보증·표명조항(representations and warranties)[4]을 가지고 대처할 수도 있다. 그러나 사후적인 하자담보책임만으로 합병한 목적을 달성할 수 없는 경우가 많을 뿐더러, 손해배상으로 배상되지 않는 손해가 있을 수 있으며, 더구나 기업내용은 당연히 하자담보책임의 범위에 포함되지 않는 등의 문제점이 있다. 따라서 Due Diligence가 중요한 것이다.

---

3) 玉井裕子外 2人, 企業買受とDue Diligence, 自由と正義, 1999. 10, 108쪽.

4) Richard L. Blatt, M&A契約における保證・表明條項と價格調整條項, 國際商事法務 28卷 7號, 2000, 806쪽.

(2) 합병계약서의 작성

주식회사가 합병을 함에는 합병계약서를 작성하여야 하는데(522조 1항), 합병계약서에는 법정기재사항을 반드시 기재하여야 한다.

1) 흡수합병의 경우(523조)

(가) 발행예정주식총수의 증가에 관한 사항　합병으로 인하여 존속회사의 발행할 주식의 총수가 증가하는 때에는 그 증가할 주식의 총수, 종류와 수를 기재하여야 한다. 흡수합병의 경우에 존속회사는 소멸회사의 주주에게 합병신주를 발행하여야 하는데, 존속회사의 발행예정주식총수 중에서 미발행주식의 여분이 없거나 충분하지 못한 경우에 존속회사는 먼저 발행예정주식총수를 증가하여야 한다. 그러나 존속회사의 발행예정주식총수 중에서 미발행주식총수가 합병에 의하여 발행하여야 할 신주총수보다 많은 경우에는 이를 기재할 필요가 없다. 따라서 이는 합병계약서의 상대적 기재사항이라고도 할 수 있다.

(나) 존속회사의 자본금 및 준비금에 관한 사항

(a) 자본금의 증가　합병으로 인하여 존속회사는 소멸회사의 재산을 포괄승계하지만 계산상의 수액에 불과한 자본금 및 준비금은 그대로 승계하지 않는다. 그러므로 존속회사의 자본금 및 준비금의 증가액은 소멸회사로부터 승계한 합병대차대조표상의 순자산액의 가치에 의하여 제한된다. 이것은 존속회사의 자본금 충실을 기하기 위한 것이다. 존속회사에서 증가할 자본금 액수는 액면주식 발행의 경우 존속회사가 합병당시에 발행하는 신주의 총수에 액면가액을 곱하면 된다. 존속회사가 무액면주식을 발행하는 경우 존속회사가 소멸회사로부터 승계하는 순자산액이 소멸회사의 주주들에게 발행하는 신주의 발행가가 되므로, 이 중 2분의 1 이상을 자본금으로 계상하고 그 나머지는 자본준비금으로 적립한다.

존속회사의 자본금 증가가 없는 無增資合併이 가능한가에 관한 문제가 있다. 예컨대, 존속회사가 모회사로서 자회사인 소멸회사의 주식을 100% 소유하고 있거나 또는 존속회사가 합병신주배정에 충분한 자기주식을 보유하고 있는 경우를 들 수 있다. 2015년 개정상법에서는 신주 발행 대신에 자기주식 이전을 하게 하여 명문으로 무증자합병을 인정하고 있다(522조의2 1항 2호 등).

판례는 존속회사의 증가할 자본금 액수가 반드시 소멸회사의 순자산가액의 범위 내로 제한된다고 할 수 없다고 한다(대판 2008. 1. 10, 2007다64136).

【판례】 대법원 2008. 1. 19. 선고, 2007다64136 판결

[1] 상법 제523조 제2호가 흡수합병계약서의 절대적 기재사항으로 '존속하는 회사의 증가할 자본'을 규정한 것은 원칙적으로 자본충실을 도모하기 위하여 존속회사의 증가할 자본액(즉, 소멸회사의 주주들에게 배정·교부할 합병신주의 액면총액)이 소멸회사의 순자산가액 범위 내로 제한되어야 한다는 취지라고 볼 여지가 있기는 하나, 합병당사자의 전부 또는 일방이 주권상장법인인 경우 그 합병가액 및 합병비율의 산정에 있어서는 증권거래법과 그 시행령 등이 특별법으로서 일반법인 상법에 우선하여 적용되고, 증권거래법 시행령 제84조의7 소정의 합병가액 산정기준에 의하면 주권상장법인은 합병가액을 최근 유가증권시장에서의 거래가격을 기준으로 재정경제부령이 정하는 방법에 따라 산정한 가격에 의하므로 경우에 따라 주당 자산가치를 상회하는 가격이 합병가액으로 산정될 수 있고, 주권비상장법인도 합병가액을 자산가치·수익가치 및 상대가치를 종합하여 산정한 가격에 의하는 이상 역시 주당 자산가치를 상회하는 가격이 합병가액으로 산정될 수 있으므로, 결국 소멸회사가 주권상장법인이든 주권비상장법인이든 어느 경우나 존속회사가 발행할 합병신주의 액면총액이 소멸회사의 순자산가액을 초과할 수 있게 된다. 따라서 증권거래법 및 그 시행령이 적용되는 흡수합병의 경우에는 존속회사의 증가할 자본액이 반드시 소멸회사의 순자산가액의 범위 내로 제한된다고 할 수 없다.

[2] 합병비율을 정하는 것은 합병계약의 가장 중요한 내용이고, 그 합병비율은 합병할 각 회사의 재산 상태와 그에 따른 주식의 실제적 가치에 비추어 공정하게 정함이 원칙이며, 만일 그 비율이 합병할 각 회사의 일방에게 불리하게 정해진 경우에는 그 회사의 주주가 합병 전 회사의 재산에 대하여 가지고 있던 지분비율을 합병 후에 유지할 수 없게 됨으로써 실질적으로 주식의 일부를 상실케 되는 결과를 초래하므로, 현저하게 불공정한 합병비율을 정한 합병계약은 사법관계를 지배하는 신의성실의 원칙이나 공평의 원칙 등에 비추어 무효이고, 따라서 합병비율이 현저하게 불공정한 경우 합병할 각 회사의 주주 등은 상법 제529조에 의하여 소로써 합병의 무효를 구할 수 있다.

[3] 흡수합병시 존속회사가 발행하는 합병신주를 소멸회사의 주주에게 배정·교부함에 있어서 적용할 합병비율은 자산가치 이외에 시장가치, 수익가치, 상대가치 등의 다양한 요소를 고려하여 결정되어야 하는 만큼 엄밀한 객관적 정확성에 기하여 유일한 수치로 확정할 수 없고, 그 제반 요소의 고려가 합리적인 범위 내에서 이루어졌다면 결정된 합병비율이 현저하게 부당하다고 할 수 없으므로, 합병당사자 회사의 전부 또는 일부가 주권상장법인인 경우 증권거래법과 그 시행령 등 관련 법령이 정한 요건과 방법 및 절차 등에 기하여 합병가액을 산정하고 그에 따라 합병비율을 정하였다면

그 합병가액 산정이 허위자료에 의한 것이라거나 터무니없는 예상 수치에 근거한 것이라는 등의 특별한 사정이 없는 한, 그 합병비율이 현저하게 불공정하여 합병계약이 무효로 된다고 볼 수 없다.

(b) 준비금의 증가 　준비금도 계산상의 수액일 뿐 현실적인 재산은 아니므로 소멸회사의 준비금이 존속회사에 그대로 승계되지는 않고, 따라서 이를 합병계약서에 기재하여 주주총회의 승인을 받은 경우에만 존속회사의 장부상 준비금으로 계상할 수 있도록 하였다. 존속회사가 준비금을 계상할 수 있는 것은 합병차익(소멸회사의 순자산액으로부터 합병신주의 액면총액과 합병교부금을 차감한 잔액)의 한도 내에서 하여야 한다.

(다) 합병비율 및 합병신주·자기주식의 배정에 관한 사항 　존속하는 회사가 합병당시에 발행하는 신주의 총수, 종류와 수 및 합병으로 인하여 소멸하는 회사의 주주에 대한 신주의 배정에 관한 사항은 합병계약서의 절대적 기재사항이다. 흡수합병에 있어서 중요한 문제는 소멸회사의 1주에 대하여 존속회사의 주식을 몇 株 배정할 것인가, 즉 합병비율의 문제, 수종의 주식이 발행되는 경우에 이에 대한 합병신주의 배정문제 및 합병 시 자기주식의 처리문제이다. 합병비율은 당사회사간의 재산을 기준으로 정하는 것으로서 주주의 입장에서 볼 때 당사회사의 객관적 기업가치 내지 1주의 내재적 가치에 상응하는 공정한 것이어야 한다. 공정한 합병비율의 산정방법에 관하여는 상법상 별다른 규정이 없다. 다만 상장법인의 경우 상장법인 간의 합병과 상장법인과 비상장법인 간의 합병으로 나누고 합병가액산정방법에 관한 기준을 제시하고 있다(자시법 시행령 176조의5 1항). 특히 상장법인이 비상장법인과 합병하는 경우에는 합병가액의 적정성에 관하여 외부평가기관의 평가를 받아야 한다(자시법 시행령 176조의5 3항). 합병비율이 불공정한 때에는 소수주주에게 주식매수청구권이 주어진다고 하더라도 주주총회의 승인결의와 관계없이 합병무효의 소의 대상이 된다고 할 것이다(崔 932, 李 795).

합병 시 존속회사가 합병신주로서 수종의 주식을 발행한 경우에는 이를 합병계약서에 기재하여야 한다. 그런데 소멸회사 또는 존속회사 주식의 전부 또는 일부가 수종의 주식으로 발행되었거나 발행하려고 하는 경우에 합병 신주의 배정을 어떻게 할 것인가? 소멸회사의 우선주에 대하여 존속회사의 보통주를 배정하는 것도 가능하며, 반대로 소멸회사의 보통주에 대하여 내용이 다른 존속회사의 우선주를 배정하는 것도 허용된다고 본다. 왜냐하면 이익을 침해당할 우려가 있는 우선주주는 종류주주총회의 합병승인결의와 합병반대주주의 주식매수청구권행사에 의하여 어느 정도 보호되기 때문이다(435조, 436조, 530조 2항, 374조 2항, 374조의2).[5)]

자기주식이 있는 경우에 신주의 배정도 문제되는데, 이것은 세 가지로 나누어 볼 수 있다. 첫째, 소멸회사가 자기주식을 가지고 있는 경우에는 신주의 귀속주체가 없기 때문에 존속회사는 신주배정을 할 수 없다고 본다. 둘째, 존속회사가 소멸회사의 주식을 갖고 있는 경우 존속회사에게도 비례하여 신주를 배정할 수 있다.

한편 존속회사가 합병대가로 신주를 발행하고 배정하는 대신에 자기주식으로 교부할 수 있다.

(라) **합병교부금에 관한 사항** 존속회사가 합병으로 인하여 소멸회사의 주주에게 그 대가의 전부 또는 일부를 금전이나 그 밖의 재산을 제공하는 경우에는 그 내용과 배정에 관한 사항을 합병계약서에 기재하도록 하고 있다. 합병대가 다양화의 맥락에서 주식 이외에 현금이나 그 밖의 재산을 합병의 대가로 삼는 것을 인정한 것은 2011년 상법 개정을 통해서인데, 합병의 대가로 주식을 배정하는 대신에 금전이나 그 밖의 재산을 배정하는 목적은 주식의 배정비율을 조정하거나 단주에 갈음하기 위한 경우, 소멸회사의 이익배당에 갈음하기 위한 경우, 실질적 감자를 위한 경우 등이 있다. 합병교부금 지급 시기는 합병등기를 종료한 때이다.

삼각합병도 2011년 상법 개정으로 허용되었는데, 삼각합병이란 자회사가 다른 회사를 흡수합병하는 경우 소멸회사 주주에게 모회사 주식을 합병대가로 지급하는 것을 존속회사가 소멸회사 주주들에게 주식소각 대가의 전부나 일부를 존속회사의 모회사의 주식으로 제공하는 경우이다. 존속회사는 이를 위하여 자회사에 의한 모회사 주식 취득의 금지 규정(342조의 2)에도 불구하고 모회사 주식을 취득할 수 있다(523조의2). 뿐만 아니라 2015년 개정상법에서는 역삼각합병을 도입하였다. 그러나 이것은 삼각주식교환제도를 1단계로 한 후 2단계로 흡수합병하는 방식이다.

(마) **합병승인결의의 기일** 각 회사에서 합병의 승인결의를 할 주주총회의 기일을 합병계약서에 기재하여야 한다. 이것은 합병이 궁극적으로 주주총회에서 승인되므로 그 기일을 합병계약서의 기재사항으로 한 것이다. 그러나 그 기일의 기재가 없더라도 합병무효의 원인으로 되지는 않고 합리적인 시기에 총회를 개최하면 그 하자는 치유된다고 할 것이다(崔 122). 또한 이 기일은 확정일이어야 하는 것은 아니고, 일정한 날까지 개최한다는 등의 불확정한 기재도 가능하다.

(바) **합병기일** 합병을 할 날이란 합병당사회사가 합병의 실행을 위하여 실질적으로 합체되는 날이고, 이는 합병등기일과 다르다.

---

5) 權奇範, 「企業構造調整法」, 三知院, 1998, 101쪽.

(사) 존속회사의 정관변경사항 존속회사가 소멸회사의 사업을 승계함에 따라 사업목적이나 상호를 변경할 필요가 있는 경우, 소멸회사의 이사들을 존속회사의 이사로 받아들이기 위하여 정관상의 이사의 정원을 증가할 필요가 있는 경우에는 정관을 변경할 필요가 있다. 이 경우에 합병계약서에 이를 기재하여야 한다.

(아) 소규모합병을 할 때의 그 취지 소규모합병을 하는 때에는 주주총회의 승인을 얻지 아니하고 합병을 한다는 뜻을 합병계약서에 기재하여야 한다(527조의3 2항). 이는 1998년 개정상법에서 도입된 것이다. 주주총회의 합병승인결의를 이사회의 결의로 대체하는 존속회사의 주주와 채권자들의 이익을 보호하려는 데 그 취지가 있다.

(자) 각 회사가 합병을 할 날까지 이익배당 또는 중간배당을 할 때 그 한도액 2001년 개정법에서는 각 회사가 합병을 할 날까지 이익의 배당 또는 중간배당을 할 때에는 그 한도액을 기재하도록 하였다(523조 8호). 합병비율은 합병을 결정할 당시의 각 회사의 자산상황에 따라 결정하는 것이 일반적인데 이익배당이나 중간배당을 하면 회사의 순자산에 변동이 생긴다. 따라서 합병당사회사의 주주에게 합병비율이 적정한 것인지를 검토할 기회를 부여하기 위하여 합병계약서에 기재하고 총회의 승인을 얻도록 한 것이다.

(차) 합병을 할 날에 존속하는 회사에 취임할 이사와 감사 또는 감사위원회 위원의 성명 및 주민등록번호 존속회사에 취임할 이사와 감사 또는 감사위원회 위원의 성명 및 주민등록번호를 기재하도록 한 것은 합병에 의하여 새롭게 구성된 주주들의 의사를 반영하여 이들을 선임하기 위한 것이다(523조 1항 9호).

(카) 합병계약서의 임의적 기재사항 합병계약서에는 위와 같은 법정기재사항 외에도 당사회사의 선관주의의무, 합병조건의 변경, 합병계약의 해제, 재산의 인계, 임원의 퇴직위로금, 종업원의 인계사항 등을 기재하는 것이 상례인데, 이를 임의적 기재사항이라 한다. 임의적 기재사항은 합병계약서에 기재하지 않더라도 합병계약의 효력에는 지장이 없다.

2) 신설합병의 경우(524조)

신설합병의 경우에는 신설회사의 설립목적, 상호, 수권자본금, 1주의 금액, 수종의 주식을 발행할 때에는 그 종류 및 수, 합병으로 인하여 설립되는 회사의 이사와 감사 또는 감사위원회 위원의 성명 및 주민등록번호, 본점소재지를 합병계약서에 기재하여야 하며, 그 밖의 기재사항은 흡수합병의 경우와 같다.

(3) 합병계약서 등의 공시

주식회사에 있어서 이사는 주주총회일의 2주전부터 합병을 한 날 이후 6월이 경과하는 날까지 합병계약서, 합병으로 인하여 소멸하는 회사의 주주에게 발행하는 주식의 배정에 관하여 그 이유를 기재한 서면, 각 회사의 최종의 대차대조표와 손익계산서를 본점에 비치하여야 한다(522조의2 1항). 이는 주주와 회사채권자 등 이해관계자들의 보호를 위하여 사전적 합병정보의 공시를 위한 것이다. 따라서 주주 및 회사채권자는 영업시간 내에는 언제든지 위의 서류의 열람을 청구하거나 회사가 정한 비용을 지급하고 그 등본 또는 초본의 교부를 청구할 수 있다(522조의2 2항).

(4) 합병승인결의

1) 일반원칙

합병은 합병당사회사의 주주의 이해에 중대한 영향을 미치므로 합병계약서에서 정한 기일에 합병당사회사의 합병결의가 있어야 한다. 합병결의는 합명회사와 합자회사의 경우에는 총사원의 동의(230조, 269조), 주식회사의 경우에는 주주총회의 특별결의(522조), 유한회사에서는 사원총회의 특별결의(598조)를 얻어야 한다.

주주명부폐쇄기간 중에는 합병승인을 위한 주주총회를 소집할 수 없다고 본다. 따라서 주주명부를 폐쇄하기 2주 전에 합병을 위한 주주총회의 소집을 통지 또는 공고하지 않은 이상, 폐쇄기간 중에 통지 또는 공고를 하여 합병승인총회를 소집할 수 없다.

2) 합병승인총회의 생략

합병을 함에 있어서 합병당사회사의 주주총회의 특별결의에 의한 승인을 요하는 이유는 합병이 주주들의 이해관계에 중대한 영향을 미치는 사항이고, 합병절차적 측면에서도 주주들이 참여하여 절차적 공정성을 확보할 수 있도록 하기 위함이다. 그런데 합병을 하더라도 기존 주주들의 지위에 별다른 영향을 미치지 아니하는 경우나 주주총회에서 합병통제기능을 기대할 수 없는 경우에까지 시간과 비용이 드는 합병승인결의를 위한 주주총회를 요구할 필요성은 없을 것이다. 그리하여 1995년 개정법에서는 간이합병제도를 신설하고, 1998년 개정법에서 소규모합병제도를 도입하여 절차의 간소화를 꾀하였다.

(가) 간이합병　합병할 회사의 일방이 합병 후 존속하는 경우에 합병으로 인하여 소멸하는 회사의 총주주의 동의가 있거나, 그 회사의 발행주식 총수의 100분의 90 이상을 합병 후 존속하는 회사가 소유하고 있는 때에는 합병으로 인하여 소멸하는 회사의 주주총회의 승인은 이를 이사회의 승인으로 갈음할 수 있다(527조의2

1항). 이 경우에 소멸회사는 합병계약서를 작성한 날부터 2주 내에 주주총회의 승인을 얻지 아니하고 합병을 한다는 뜻을 공고하거나 주주에게 통지하여야 한다(527조의2 2항 전단). 이것은 소수파주주에게 합병사실을 알려 줌으로써 주식매수청구권 행사를 위한 절차를 밟는 계기를 마련해 주기 위한 것이다.

간이합병절차는 흡수합병 시에 소멸회사에게만 적용되는 규정이다.

(나) 소규모합병 합병 후 존속하는 회사가 합병으로 인하여 발행하는 신주의 총수가 그 회사의 발행주식 총수의 100분의 10을 초과하지 아니하는 때에는 그 존속하는 회사의 주주총회의 승인은 이사회의 승인으로 갈음할 수 있다(527조의3 1항 본문). 소멸회사의 주주에게는 존속회사가 소멸회사로부터 인수하는 순자산의 가치를 존속회사의 발행주식가치로 평가하여 신주를 발행한다. 따라서 그 신주가 존속회사의 발생주식총수의 100분의 10을 초과하지 않는다는 것은 순자산의 규모로 보아 존속회사의 10분의 1의 규모에 지나지 않는 회사를 흡수합병하는 것을 의미한다(李 802). 이 정도의 자산취득은 대규모회사에서는 일상적인 영업활동일 수 있으므로 주주총회결의와 주식매수청구권을 생략할 수 있게 한 것이다.

그런데 이 경우에도 두 가지 제한사항이 있다. 즉, 합병으로 인하여 소멸하는 회사의 주주에게 지급할 금액을 정한 경우에는 그 금액이 존속하는 회사의 최종 대차대조표상으로 현존하는 순자산액의 100분의 5를 초과하는 경우(527조의3 1항 단서)와 존속회사의 발행주식 총수의 100분의 20 이상에 해당하는 주식을 소유한 주주가 상법 제527조의3 제3항의 규정에 의한 공고 또는 통지를 한 날부터 2주 내에 회사에 대하여 서면으로 합병에 반대한다는 의사를 통지한 경우(527조의3 4항)에는 주주총회의 결의를 생략할 수 없다.

소규모합병을 하는 경우에 존속회사의 합병계약서에는 주주총회의 승인을 얻지 아니하고 합병을 한다는 뜻을 기재하여야 하고(527조의3 2항), 합병계약서를 작성한 날부터 2주 내에 소멸회사의 상호 및 본점의 소재지, 합병을 할 날, 주주총회의 승인을 얻지 아니하고 합병을 한다는 뜻을 공고하거나 주주에게 통지하여야 한다(527조의3 2항).

(5) 합병반대주주의 주식매수청구권

합병에 반대하는 주주는 회사에 대하여 주식의 매수를 청구할 수 있다(522조의3 1항). 즉, 합병결의사항에 관하여 이사회의 결의가 있는 때에 그 결의에 반대하는 주주는 주주총회 전에 회사에 대하여 서면으로 그 결의에 반대하는 의사를 통지한 경우에는 그 총회의 결의일로부터 20일 이내에 주식의 종류와 수를 기재한 서면으로 회사에 대하여 자기가 소유하고 있는 주식의 매수를 청구할 수 있다. 이러한 주식매수청구권은 다수파주주의 횡포로부터 소수파주주를 보호할 뿐만 아니라, 불공정하게 추진될 우려가 있는 합병을 사전에 억제하는 기능도 갖고 있다.[6)]

간이합병의 경우에는 소멸회사가 주주총회의 승인을 얻지 아니하고 합병을 한다는 뜻을 공고하거나 주주에게 통지한 날부터 2주 내에 회사에 대하여 서면으로 합병에 반대하는 의사를 통지한 주주는 그 기간이 경과한 날부터 20일 이내에 주식의 종류와 수를 기재한 서면으로 회사에 대하여 자기가 소유하고 있는 주식의 매수를 청구할 수 있다(522조의3 2항). 한편, 소규모합병의 경우 존속회사의 주주에 대하여는 주식매수청구권이 인정되지 않는다(527조의3 5항).

(6) 회사채권자의 보호절차

합병은 회사채권자의 이익에 중대한 영향을 미치기 때문에 합병을 하기 위하여는 다음과 같은 채권자보호절차를 거쳐야 한다. 즉, 합병당사회사는 주주총회의 합병결의가 있은 날부터 2주 내에 회사채권자에 대하여 합병에 이의가 있으면 1월내에 제출할 것을 공고하고, 알고 있는 채권자에 대하여는 개별적으로 이를 최고하여야 한다(232조 1항 2문, 527조의5 1항). 이 경우에 합병에 반대한다거나 합병조건에 불만이 있는 회사채권자는 사원(주주)총회의 합병승인결의(간이합병이나 소규모합병의 경우에는 이사회의 합병승인결의)가 있은 날부터 2주내에 채무자인 합병당사회사에 대하여 이의를 제출할 수 있다(232조, 527조의5). 이 기간 내에 이의를 제출하지 않으면 합병을 승인한 것으로 간주한다(232조 2항, 527조의5 3항).

회사채권자가 합병에 관하여 이의제출을 하면, 회사는 그 채권자에 대하여 변제를 하거나 상당한 담보를 제공하거나 이를 목적으로 하여 상당한 재산을 신탁회사에 신탁하여야 한다(232조 3항, 527조의5 3항). 그런데 합병당사회사가 주식회사이고 이 회사가 사채를 발행한 경우에는 개인이 갖고 있는 사채금액이 아무리 많더라도 개별적인 이의제출을 하지 못하고(530조 2항, 439조 3항), 사채권자집회의 결의를 통한 이의제출만이 허용된다. 사채권자집회의 결의를 통한 이의제출이 있으면, 모든 사채권자가 합병에 대하여 이의제출을 한 것으로 보아야 할 것이다.

---

6) 2000. 8. 10일자 중앙일보의 보도에 의하면, LG전자(주)와 합병키로 결의한 LG정보통신(주)가 합병반대주주들의 요구에 따라 매수해야 할 주식 수는 발행주식 총수의 38.6%에 이른다고 한다. 이는 합병결의총회에서 합병반대의사를 표시했던 주식수의 85.8%에 달하고 금액으로는 8,347억 원에 이른다. 매수청구가 몰린 이유는 청구권행사시한이 지난 날 주식의 終價(61,400원)가 매수가(69,902원)보다 낮기 때문에 그 차익실현을 위함이다.

(7) 기타 절차

1) 설립위원의 선임

신설합병의 경우에는 각 합병당사회사에서 설립위원을 선임하고, 그 설립위원이 공동으로 정관의 작성 기타 회사의 설립에 관한 행위를 하여야 한다(175조 1항). 설립위원의 선임은 인적회사에서는 총사원의 동의에 의하고(175조 2항, 230조), 물적회사에서는 주주총회(사원총회)의 특별결의에 의한다(175조 2항, 434조, 585조).

설립위원은 발기인의 역할을 담당하므로, 설립위원에게는 발기인의 벌칙이 적용된다(622조 2항). 그러나 설립위원은 발기인과 달리 합병계약서에 정하여진 바에 따라 형식적으로 실행할 직무권한밖에 없다. 그리하여 발기인의 사법상의 책임에 관한 규정, 즉 발기인의 인수·납입담보책임(321조), 발기인의 손해배상책임(322조), 회사불성립의 경우의 발기인의 책임(326조) 등은 적용되지 아니한다.

2) 주식의 병합과 분할

합병비율을 단순화하여 소멸회사의 주주에게로의 합병신주의 배당을 원활히 하기 위하여 소멸회사에 있어서 주식의 병합 또는 분할의 절차를 행할 수 있다(530조 3항). 즉, 소멸회사의 다수의 주식에 대하여 존속회사 또는 신설회사의 소수의 주식을 배당하는 경우에는 합병기일에 있어서 소멸회사의 주식 1주에 대하여 존속회사 또는 신설회사의 주식 1주를 배당하기 위하여, 소멸회사에 있어서 주식의 병합이 행하여진다.

이에 대하여 소멸회사의 소수의 주식에 대하여 존속회사 또는 신설회사의 다수의 주식을 배당하는 경우에는 소멸회사에 있어서 주식분할이 행하여진다.

3) 합병보고총회 및 창립총회

흡수합병의 경우에 존속회사의 이사는 채권자보호절차의 종료후, 합병으로 인한 주식병합(분할)이 있는 때에는 그 효력이 발생한 후, 그리고 병합으로 단주가 발생한 때에는 그 단주의 처분후, 소규모합병의 경우에는 상법 제527조의3 제3항 및 제4항의 공시절차를 종료한 후 지체 없이 주주총회를 소집하여 합병에 관한 사항을 보고하여야 한다(526조 1항). 이를 합병보고총회라 한다. 합병보고총회에서 합병신주의 인수인은 원칙적으로 합병등기 전에 존속회사의 주주로 되는 것은 아니나, 합병당사회사는 합병기일에 사실상 합체되기 때문에, 존속회사의 주주와 동일한 권리를 인정하고 있다(526조 2항). 또한 합병보고총회에서 존속회사의 대표이사는 합병에 관한 사항을 보고만 하면 되고, 보고사항에 대하여 총회의 승인을 얻을 필요는 없다(崔 131, 李 798).

합병보고총회는 모든 합병절차가 법령과 정관 및 합병계약이 정하는 대로 진행되었는지에 대하여 내부적으로 마무리하는 의미를 갖는다. 그러나 합병승인을 위한 주주총회와 별도로 합병등기 전에 다시 주주총회를 개최할 필요성에 대하여는 의문이 있었다. 그리하여 1995년 개정상법에서는 이사회의 공고로써 합병보고총회를 갈음할 수 있도록 하였다(526조 3항).

신설합병의 경우에 설립위원은 합병에 관한 모든 절차를 밟은 후에 지체없이 창립총회를 소집하여야 한다(527조 1항). 창립총회에 있어서는 주식회사 설립시의 창립총회에 관한 규정이 준용된다. 이에는 소집통지(363조 1항·2항), 소집지(364조), 의결권의 대리행사(368조 3항), 특별한 이해관계인의 의결권제한(368조 4항), 의결권의 수(369조 1항), 연기·속행(372조), 의사록, 결의하자에 관한 소송(376조~381조), 임원선임(527조 3항, 309조, 311조, 312조) 등을 들 수 있다.

1998년 개정법에서는 보고총회와 마찬가지로 이사회의 공고로써 창립총회에 대한 보고에 갈음할 수 있도록 하였다(527조 4항).

4) 합병에 관한 서류의 사후공시

합병 후 존속회사 또는 신설회사의 이사는 채권자보호절차의 경과, 합병을 한 날, 합병으로 인해 소멸한 회사로부터 승계한 재산과 채무액, 기타 합병에 관한 사항을 기재한 서면을 합병을 한 날부터 6월 간 본점에 비치하여야 한다(527조의6 1항). 주주 및 회사채권자는 영업시간 내에는 언제든지 위의 서류의 열람을 청구하거나, 그 등본 또는 초본의 교부를 청구할 수 있다(527조의6 2항, 522조의2 2항).

(8) 합병등기

회사의 합병은 변경등기나 설립등기에 의하여 그 효력이 생긴다. 그러므로 회사가 합병을 한 때에는 본점소재지에서는 2주내에, 지점소재지에서는 3주 내에 존속회사는 변경등기, 소멸회사는 해산등기, 신설회사는 설립등기를 하여야 한다(233조, 269조, 528조 1항, 602조). 존속회사 또는 신설회사가 전환사채 또는 신주인수권부사채를 승계한 때에는 합병등기와 동시에 사채의 등기도 하여야 한다(528조 2항). 합병등기의 신청과 첨부서류는 비송사건절차법에서 규정하고 있다(합명·합자회사의 경우에는 240조·243조, 주식회사의 경우에는 255조·257조, 유한회사의 경우에는 267조·268조).

4. 합병의 효과

(1) 회사의 소멸과 신설

흡수합병의 경우에는 존속회사를 제외한 당사회사, 신설합병의 경우에는 모든 당사회사가 청산절차 없이 합병등기로 인하여 소멸한다(227조 4호, 269조, 517조 1호,

609조 1항 1호). 또한 신설합병의 경우에는 회사가 신설되고, 흡수합병의 경우에는 존속회사의 정관변경이 생긴다.

(2) 권리 · 의무의 포괄승계

합병으로 인하여 소멸회사의 모든 권리 · 의무관계는 별도의 이전절차 없이 법률상 당연히 신설회사 또는 존속회사에 승계된다(530조 2항, 235조). 포괄승계의 대상이 되는 것은 소멸회사의 적극 · 소극재산뿐만 아니라 공법상의 권리 · 의무관계도 포함한다(대판 1980. 3. 25, 77누265). 따라서 소멸회사의 일부재산이나 채무를 제외한다는 취지의 합병계약서 조항이나 이를 승인한 주주총회의 합병결의는 효력이 없다.

소멸회사의 권리 · 의무관계가 포괄승계된다 하더라도 제3자에게 대항하기 위하여는 권리의 종류에 따라 대항요건을 갖추어야 하고, 승계한 권리를 처분하기 위해서는 등기 · 등록 등 공시방법을 갖추어야 할 경우가 있다(民 187조 단서).

(3) 주주의 수용

소멸회사의 주주는 그가 가진 주식의 수에 따라 존속 또는 신설회사의 주주가 된다.

(4) 이사 · 감사 임기의 특례

흡수합병에 있어서 존속회사의 이사 및 감사로서 합병 전에 취임한 자는 합병계약서에 다른 정함이 있는 경우를 제외하고는 합병 후 최초로 도래하는 결산기의 정기총회가 종료하는 때에 퇴임한 것으로 본다(527조의4 1항). 이것은 합병 후 가급적 빨리 이들의 의사를 반영시켜 새로 이사와 감사를 선임하도록 하겠다는 취지이다.

5. 합병의 무효

합병은 복잡한 절차를 필요로 하는 단체법상의 행위이기 때문에 하자가 발생하기 쉽다. 합병절차에 하자가 있어 합병이 무효가 되는 경우에 그 해결은 민법의 무효에 관한 일반원칙에 맡겨야 할 것이나, 이는 법적 안정을 해할 우려가 크다. 따라서 상법은 합병무효는 반드시 소로써만 다툴 수 있도록 하고 있고(形成의 訴), 제소권자, 제소기간, 판결의 효력 등에 많은 특칙을 두고 있다(529조).

(1) 합병무효의 원인

상법은 합병의 무효원인에 관하여는 직접적으로 규정하고 있지 않으므로, 합병무효원인의 유무는 합병절차의 준수를 요구하는 법규정의 취지와 법적 안정 및 거래의 안전보호라는 요청을 비교형량하여 판단하여야 한다. 구체적으로는 ① 합병에 관한 제한규정(600조 1항, 2항)을 위반한 경우, ② 합병계약서의 법정기재사항이 흠결되었거나 합병계약서조차 작성하지 않은 경우, ③ 총회의 합병계약서승인결의에 취소, 무효, 부존재의 원인이 있는 경우, ④ 채권자보호절차를 밟지 않은 경우, ⑤ 합병 후에 창립총회나 보고총회를 소집하지 않은 경우, ⑥ 필요한 종류주주총회의 승인결의를 거치지 않은 경우, ⑦ 신설합병 시 설립위원에 의한 정관작성이 없는 경우 등을 들 수 있다.

그러나 가장 문제가 되는 것은 합병비율이 불공정한 경우에 이를 무효원인으로 할 것인가에 관한 것이다.

일본의 판례는 「합병비율이 부당하다고 하여도 합병계약의 승인결의에 반대한 주주는 회사에 대하여 주식매수청구권을 행사할 수 있으므로 이를 감안한다면 합병비율의 부당 또는 불공정한 그 자체가 합병무효사유로 되는 것은 아니다」라고 판시하고 있다(最高判 平成 5年 10. 5, 東京高判 平成 2年 1. 31, 東京地判 平成 1年 8. 24, 判時 1331~1336, 자료; 石田 351). 이 판례에 대하여 주식매수청구권은 주주로서 잔류하기를 원하고, 불공정한 합병에 대한 구제를 받을려는 자에 대하여는 도움이 되지 않는다는 비판을 하고 있다(末永 248).

일본의 학설은 3설로 대별할 수 있다. 제1설은 합병비율이 현저하게 불공정한 경우에는 합병승인결의가 이루어졌더라도 합병무효원인이 된다고 한다[大隅·今井(下) Ⅱ 90, 鈴木·竹內 510]. 제2설은 주주총회의 합병승인결의에 있어서 특별이해관계를 가진 주주가 의결권을 행사하였기 때문에 현저히 불공정한 합병비율이 승인된 경우에는 결의취소원인이 되고(日商 247조 1항 3호), 그 하자가 합병무효원인이 된다고 한다.[7] 제3설은 합병비율이 불공정하더라도 합병계약서가 주주총회의 특별결의에 의하여 승인되면 합병무효원인으로 되지는 않고, 반대주주는 주식매수청구권만으로 보호하면 족하다고 한다.[8]

한편 우리나라의 경우에는 합병비율이 현저히 불공정한 경우에 합병무효사유로 된다고 보는 긍정설이 다수이고(李 102, 崔 947, 林 806, 權 260~264), 判例도 같은 입장이다(인천지판 1986. 8. 29, 85가합1526).

합병비율은 이론적으로는 합병당사회사의 주식가치에 의하여 결정된다고 하지만, 이러한 주식가치는 주식 1주에 해당하는 순자산액만으로 평가할 수 있는 것은

7) 今井宏, "株式會社の合併", 「會社法演習 Ⅲ」, 有斐閣, 昭和 59年, 204쪽.
8) 上柳克郎, 「會社法·手形法論集」, 有斐閣, 昭和 55年, 194쪽.

아니고, 회사의 수익력도 고려하여 존속하는 회사로서의 가치를 반영하여 평가하여야 할 것이다. 그리하여 합병비율을 결정하기 위해서는 종합적이고 복잡한, 그리고 어느 정도 주관적인 평가작업을 거쳐야 한다. 따라서 당사회사의 이사가 성실히 주식가치를 파악하여 합병비율을 산정하는 한, 그리고 이를 주주총회가 정식으로 승인하는 한, 회사가치의 파악 시에 회피할 수 없는 오차의 발생에 의하여 합병비율의 불공정이 발생하였다 하더라도 이것만으로 합병의 무효원인으로 하기에는 문제가 있다. 그러나 합병비율이 현저히 불공정한 경우, 즉 합병당사회사의 이사가 합리적으로 설명할 수 있는 정책판단을 넘어서 일방에게만 중대한 불이익을 주는 비율로 결정한 경우에는 주주전반에 대한 형평을 기할 수 없기 때문에 이와 같은 합병은 무효라고 생각한다.

(2) 합병무효소의 제소권자

인적회사에서 합병무효의 소를 제기할 수 있는 자는 각 회사의 사원·청산인·파산관재인 또는 합병을 승인하지 않은 회사채권자에 한하며(236조 1항, 269조), 물적회사에서는 각 회사의 사원(주주)·이사·감사·청산인·파산관재인·합병을 승인하지 않은 회사채권자이다(329조 1항, 603조). 그리고 독점금지 및 공정거래에 관한 법률을 위반하여 합병한 경우에는 공정거래위원회가 합병무효의 소를 제기할 수 있다(동법 16조 2항).

회사채권자가 합병무효의 소를 제기한 때에는 회사는 법원에 채권자가 악의임을 소명하여 상당한 담보를 제공할 것을 명하는 청구를 할 수 있다(237조, 176조 3항·4항, 530조 2항). 이는 회사채권자에 의한 남소를 방지하기 위한 것이다.

(3) 합병무효소의 제소기간

합병무효의 소는 합병등기 후 6월내에 제기하여야 한다(236조 2항, 269조, 529조 2항, 603조). 공정거래위원회가 제소하는 경우에는 기간의 제한이 없다고 보는 견해도 있으나(崔 136), 특별한 규정이 없는 한 그렇게 볼 이유는 없다고 생각한다.

(4) 합병무효소의 소송절차

합병무효의 소에는 회사설립무효의 소에 관한 규정들을 준용한다. 따라서 소의 관할, 소제기의 공고, 소의 병합심리, 하자가 보완된 경우의 재량기각, 원고승소판결의 효력, 패소원고의 책임 등은 회사설립무효의 소에서와 같다(240조, 186조~191조, 530조 2항, 603조).

합병무효의 소가 제기된 경우에 법원은 재량기각제도를 활용하는 경우가 있을 수 있다. 예컨대, 합병비율의 불공정함을 이유로 제소한 경우에 공정했을 때와의 차액을 보상하여 소송절차를 기각하는 방안을 들 수 있다.

(5) 합병무효소의 판결효과

1) 원고승소의 경우

합병무효의 판결은 회사설립무효판결과 마찬가지로 제3자에 대하여도 그 효력이 있으나, 소급효는 부정된다(240조, 190조, 269조, 530조 2항, 603조). 따라서 존속회사 및 신설회사는 장래에 향하여 분할되고, 소멸회사는 부활하며, 신설회사는 소멸한다. 그리고 합병무효판결이 확정되면 본점과 지점소재지에서 존속회사는 변경등기를, 소멸회사는 회복등기를, 신설회사는 해산등기를 하여야 한다(238조, 530조 2항).

각 합병당사회사가 합병 전에 가지고 있었던 재산은 현존하는 범위에서 각 합병당사회사에 복귀한다. 이에 대하여 존속회사 또는 신설회사가 합병 후에 부담한 채무는 각 합병당사회사가 연대하여 변제하여야 하고, 존속회사 또는 신설회사가 합병 후에 취득한 재산은 합병당사회사의 共有에 속한다(239조 1항 · 2항, 269조, 530조, 603조). 그러므로 이러한 채무의 부담부분 또는 재산의 지분은 협의에 의하여 정하고, 협의가 되지 않을 경우에는 법원의 청구에 의하여 합병당시의 각 회사의 재산액 기타 일체의 사정을 참작하여 정하게 된다(239조 3항, 269조, 530조, 603조).

2) 원고패소의 경우

합병무효의 소에서 원고가 패소한 경우에는 판결의 기판력이 다른 제소권자에게 미치지 않는다. 패소원고에게 악의나 중과실이 있는 경우에는 회사에 대하여 연대하여 손해를 배상할 책임이 있다(240조, 191조, 530조 2항).

Ⅱ. 주식회사의 분할 및 분할합병

1. 개 설

(1) 분할의 개념

회사의 분할(Divestiture, Spaltung)이란 분할하는 회사의 영업의 전부 또는 일부를 쪼개어 분리하고, 그 분리된 영업재산을 자본금으로 하여 1개 또는 수 개의 회사를 설립하는 것을 말한다(530조의2 1항). 그리고 회사의 분할합병이란 분할하는 회사의 영업의 전부 또는 일부를 분리하고 그 분리된 영업을 존립 중(기존)의 회사와 합병하는 것(530조의2 2항)을 말한다. 형태에 따라서는 분할과 분할합병을 동시에 할 수도 있다. 즉, 회사는 영업의 전부 또는 일부를 2개 이상으로 쪼개어 분리하고, 그 분리된 영업의 일부는 회사를 설립하는 데 사용하고, 그 나머지를 가지고 존립 중의 회사와 합병하는 것이다.

회사분할제도는 1998년 개정상법에서 도입되었다. 회사가 사업재편성을 하거나 경영 다각화를 추구하는 경우, 현물출자에 의하는 방안(290조 2호, 422조), 영업양도에 의하는 방안(290조 3호, 375조) 등을 생각할 수 있으나, 어느 것이나 엄격하고 복잡한 절차를 거쳐야 하며 만만찮은 비용도 문제였다. 이에 1998년 개정상법에서는 각 회사가 조직개편(restructuring)을 쉽게 하여 사업조직을 정비하고 경영의 탄력성을 가질 수 있도록 회사분할제도를 신설한 것이다. 분할 또는 분할합병제도를 이용할 수 있는 회사는 주식회사에 한한다.

【용어정리】 상법상 분할에 관한 용어를 중심으로 다음과 같이 정리한다.
① 분할회사 : 분할하는 회사를 말한다.
② 단순분할신설회사 : 분할하는 회사의 영업을 자본금으로 하여 새롭게 설립되는 회사를 말한다.
③ 분할승계회사 : 분할합병 시 분할흡수합병하는 회사를 말한다.
④ 분할합병신설회사 : 분할회사의 일부가 다른 분할회사의 일부 또는 다른 회사와 분할합병을 하여 회사를 설립하는 경우 그 설립되는 회사를 분할합병신설회사라 한다.
⑤ 소멸회사 : 분할회사가 영업전부를 분할하여 이전함으로써 소멸하는 경우 그 소멸하는 회사(분할회사)를 말한다.

【분할의 입법론】 분할의 입법론으로서는 프랑스를 중심으로 하는 유럽형과 미국형으로 나눌 수 있다. 유럽형에서는 대체로 분할은 합병의 역현상 내지 同質의 법현상으로 이해하고(Gegenstück zur Verschmelzung) 있고, 조직법적으로 회사분할을 구성한다. 이에 대하여 미국형은, ① 회사분할이란 신설회사 또는 승계회사가 분할회사로부터 영업을 양수받고, ② 분할회사 또는 그 주주에게는 신설회사 또는 승계회사의 주식을 분배한다는 2단계의 구성을 하고 있다. 이를 특히 간접분배방식이라고도 한다.

(2) 분할의 경제적 동기

미국에서 회사분할의 붐이 일어 난 것은 1990년대부터라 할 수 있고, 특히 공개회사에서 그 이용이 많았다. 즉, 회사의 어느 사업부문의 자산가치(A)가 회사전체의 자산가치(B)보다도 높은 경우, A사업부문을 분리하여 시장으로부터 평가를 받는 편이 주가상승에도 도움이 되고 주주의 이익에도 합치한다(이때 A사업부문으로 tracking stock을 발행하기도 한다). 또한 서로 상관성도 시너지 효과도 없는 (종래 존재하고 있던 시너지효과가 소멸한 경우를 들 수 있다. 즉, 1+1=2가 아니라 1+1=1.5인 경우 이를 분할하면 다시 1+1의 효과를 나타낼 수 있을 때) 복수의 사업분야가 하나의 회사 또는 경영진에 의하여 운영되고 있는 경우 그 회사의 주가는 낮게 평가되어 거래되기 마련이다. 따라서 이렇게 서로 관련성이 없는 사업이 있다면 별개의 회사로 만들어서 관리·운영하는 것이 더욱 효율적인 경영이 될 것이다.[9] 그 밖에도 회사분할은 ① 위험도가 높은 사업부문이나 실적이 부진한 사업부문을 분리시켜 위험부담의 범위를 한정시키거나 수익을 제고하기 위해서, ② 타회사의 경쟁부문과의 합동에 의해 경쟁관계를 해소시켜 보다 강력한 체제를 구축하기 위해서, ③ 소규모 폐쇄회사에 있어서 주주들간에 이해관계가 첨예하게 대립될 때 내분해결책으로 이용하기 위해서, ④ 사업의 규모 또는 내용이 독점금지법에 저촉되므로 행정명령에 의하거나 또는 회사가 자발적으로 이러한 법규정을 회피하기 위해서, ⑤ 기업결합수단으로 이용하기 위해서, ⑥ 조세감면목적을 위해서 등 다양한 동기에서 활용된다.

(3) 분할의 본질

회사분할을 합병의 반대현상으로 보는 견해에 따르면, 분할의 본질에 대해 인격분할로 보는 견해[李·崔 858, 鄭(燦) 492]와 현물출자로 보는 견해[鄭(東) 840]로 나눠어 진다. 또한 분할은 회사의 영업을 분리하여 그 주체인 법인격을 달리하는 동시에, 분할되는 영업에 상응하여 회사의 주식소유관계를 분리하는 회사법적 법률사실로 보는 견해(李 838, 孫 498)도 있다.

생각건대, 회사분할은 합병의 역방향이긴 하나 인격분할은 아니고, 단순한 회사법적 법률사실도 아닌 회사법에서 인정된 특수한 제도라고 본다.

2. 회사분할의 유형

회사분할의 유형은 분할과 분할합병으로 나눌 수 있다.[10] 단순분할이든 분할합병이든 인적분할과 물적분할로 나눌 수 있다. 분할회사가 분할하여 영업을 이전함으로써 단순분할신설회사, 분할승계회사 또는 분할합병신설회사는 그 대가로 주식(신주 또는 자기주식)을 교부하여야 한다. 이때 인적분할이란 분할의 대가로 받는 주식을 분할회사의 주주에게 양도하는 것을 말하며, 분할회사 자체에 양도하는 경

9) 武井一浩·内間 裕, 美國會社分割制度の實態と日本への示唆[Ⅰ], 商事法務 1525號, 32쪽 이하.
10) 일본 회사법은 법문상에서 신설분할과 흡수분할로 나누어 규정하고 있다(일회 2조 29호, 30호, 757조, 762조). 흡수분할이란 우리의 분할합병에 해당하는 것이다.

우를 물적분할(530조의12)이라 한다(이 경우 모자회사가 된다). 인적분할을 하면 분할회사의 자산은 감소하지만, 물적분할을 하는 경우 이전된 영업의 대가가 고스란히 주식으로 분할회사에 되돌아오므로, 자산은 감소하지 않는다. 따라서 물적분할의 경우에는 원칙적으로 채권자보호절차가 필요 없다고 본다. 이 밖에 분할과 분할합병을 동시에 하는 유형으로서 분할회사가 2개 이상의 영업을 떼어내어 그 일부로써 회사를 신설하고, 나머지로써는 기존의 회사와 합병하는 유형을 들 수 있다. 이 경우에도 분할의 대가를 누구에게 주는가에 따라 인적분할과 물적분할로 나눈다. 물론 대가로 받는 주식의 일부분은 주주에게 교부하고(인적분할), 나머지는 분할회사에 귀속하도록 하는(물적분할) 경우도 있을 수 있다.

그 밖에 분할이든 분할합병이든 분할회사의 입장에서 보아 분할된 후에 소멸 또는 존속하는지의 여부에 따라 소멸분할(완전분할)과 존속분할(불완전분할)로 나눈다.

(1) 단순분할

단순분할은 분할회사의 분리된 영업을 재원으로 하여 새로운 회사를 설립하는 것을 말한다. 단순분할은 분할회사가 하나인 경우이다. 또한 단순분할은 분할의 대가로 받는 주식을 누구에게 교부하느냐에 따라 인적분할과 물적분할로 나눌 수 있다.[11)]

(가) 인적분할의 경우　　분할에서 인적분할은 분할의 대가로 받는 단순분할신설회사의 주식을 분할회사의 주주에게 교부하는 것을 말한다. 이 경우에도 분할회사가 존속하는 경우(존속분할)와 소멸하는 경우(소멸분할)로 나눌 수 있다. 인적분할은 분할회사의 자산이 감소하므로 원칙적으로 채권자보호절차를 밟아야 한다.

(a) 존속분할(불완전분할)　　어느 회사가 사업을 분할하고 그 자신은 존속하면서 그 분리된 사업으로 새로운 회사를 신설하고, 단순분할신설회사가 발행하는 주식은 분할회사의 주주에게 교부하는 방식이다.

(b) 소멸분할(완전분할)　　어느 회사가 사업을 분할하여 소멸하되 두 회사 이상을 신설하면서, 단순분할신설회사 주식은 분할하는 소멸회사 주주에게 교부하는 방식이다. 소멸회사 재산은 청산절차를 거치지 않고 단순분할신설회사에 포괄승계된다.

---

11) 기존의 교과서는 우리 상법이 인적분할의 규정을 물적분할의 경우에도 준용한다고 하고 있음에도 불구하고(530조의12), 주로 인적분할만을 상정하여 분할의 유형을 만든 우를 범하고 있다.

[그림 1] 단순분할의 존속분할

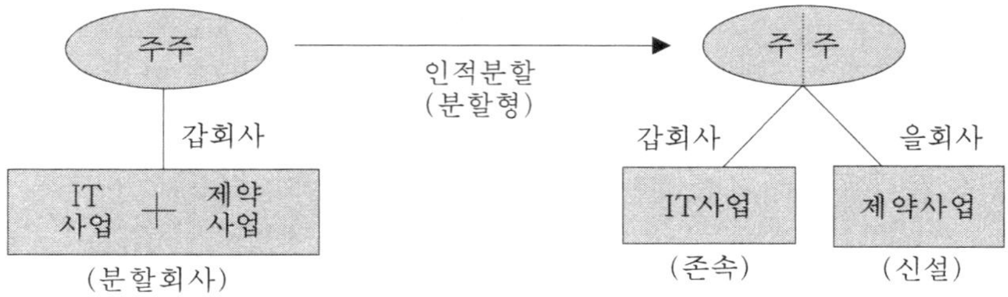

[그림 2] 단순분할의 소멸분할

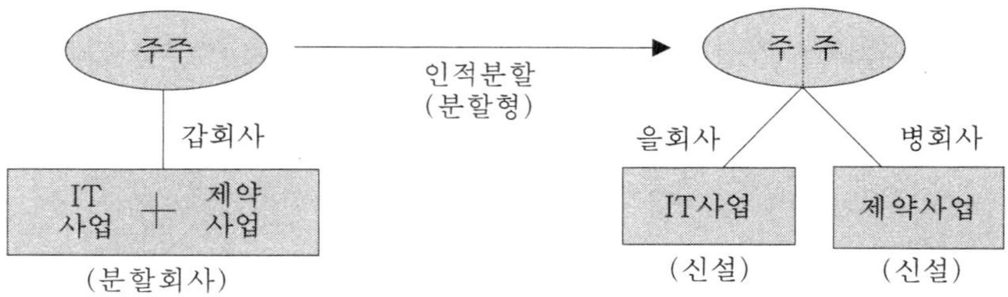

(나) 물적분할의 경우　단순분할에서 물적분할은 분할의 대가로 받는 단순분할신설회사의 주식을 분할회사 자신이 가지는 형태이다. 따라서 분할회사의 주주 구성원에는 변동사항이 전혀 없다. 또한 물적분할에서는 소멸분할이 있을 수 없다. 분할회사는 단순분할신설회사의 주식을 취득함으로써 100%의 지주회사가 된다.

[그림 3] 단순분할의 물적분할

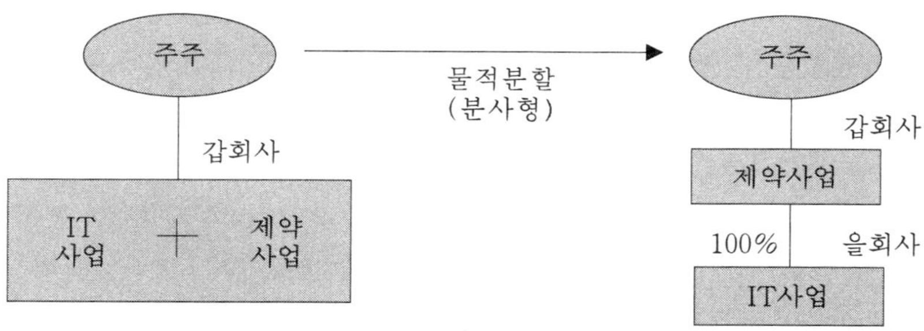

(2) 분할합병

분할합병의 경우에도 분할합병회사의 수에 따라 분할합병과 공동분할합병으로, 주식의 교부대상에 따라 인적분할합병과 물적분할합병으로, 분할회사의 존속여부에 따라 존속분할합병과 소멸분할합병으로 나눌 수 있다.

분할합병은 독점금지 및 공정거래에 관한 법률에 의해 사전에 공정거래위원회에 신고하도록 한 경우가 있으며, 이때 신고 후 30일이 경과하지 아니하면 분할합병등기를 할 수 없다(독금법 12조 1항, 5항).

1) 분할합병

(가) 인적분할합병의 경우

(a) 존속분할합병(흡수)　기존의 2개 이상의 회사 중 1회사가 사업을 분리하고 그 분리된 사업을 가지고 존립중의 분할승계회사와 합병하는 경우로서, 분할승계회사의 합병대가인 신주 또는 자기주식은 분할회사의 주주에게 교부되는 방식이다.

또한 기존의 2사 이상의 회사가 각각 사업을 분할하여 존속하되, 그 분리된 사업을 합쳐 하나의 새로운 분할합병회사를 설립하고, 분할합병신설회사의 발행주식은 분할회사의 주주에게 각각 교부하는 방식이다.

(b) 소멸분할합병(신설)　어느 회사가 사업을 분할하면서 소멸하되, 그 분할된 사업을 가지고 존립중의 2사 이상의 회사와 합병하는 방식이다. 이때 분할승계회사의 합병대가인 주식은 소멸회사의 주주에게 교부된다. 즉, 소멸회사의 주주는 분할승계회사의 주주가 된다.

또한 기존의 다수의 회사 중 적어도 1사가 사업을 분할하여 소멸하고, 기존의 다른 회사도 사업을 분할하되 소멸회사의 사업과 합쳐 새로운 회사를 신설(분할합병신설회사)하는 방식이다.

[그림 4] 존속분할합병(흡수)

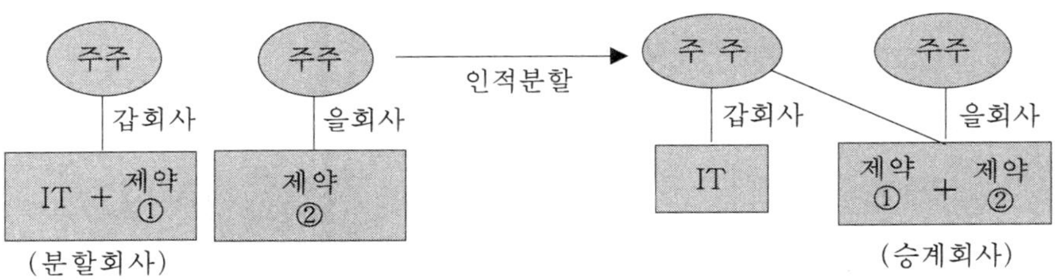

[그림 5] 소멸분할합병(흡수)

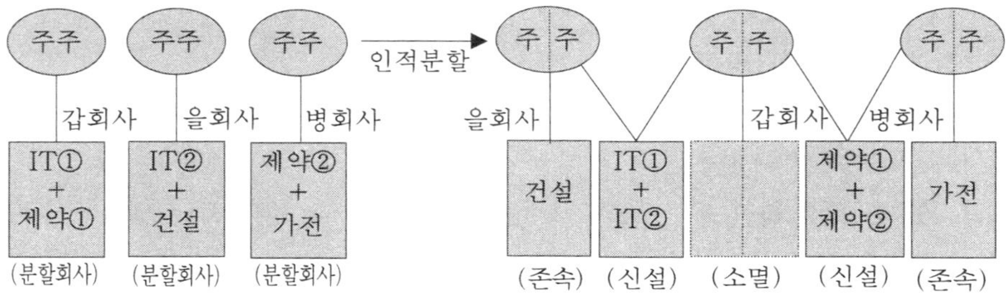

[그림 6] 소멸분할합병(신설)

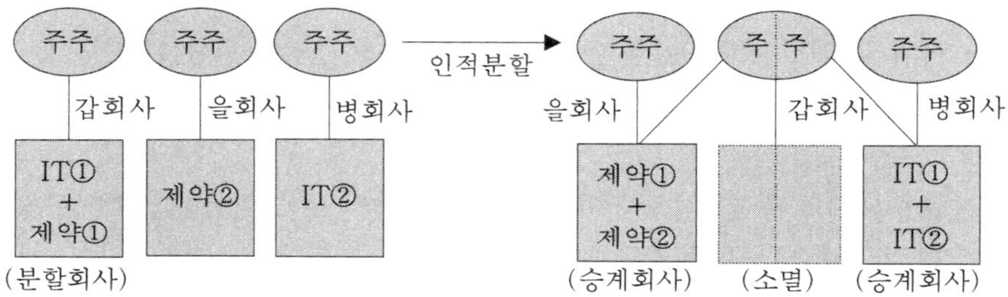

[그림 7] 존속분할합병(신설)

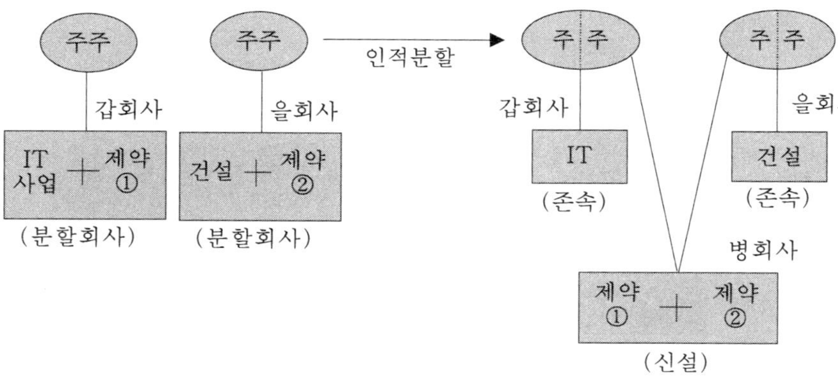

(나) 물적분할합병의 경우 어느 회사의 사업을 분할하여 존립 중의 회사(승계회사)와 합병하되, 그 합병대가인 주식은 분할회사에 귀속되는 방식이다. 그러나 물적분할합병은 새로운 회사를 설립하는 경우에만 허용하므로, 아래 [그림 8]과 같은 형태는 현행 상법상 인정되지 않는다.

[그림 8] 물적분할합병(흡수)

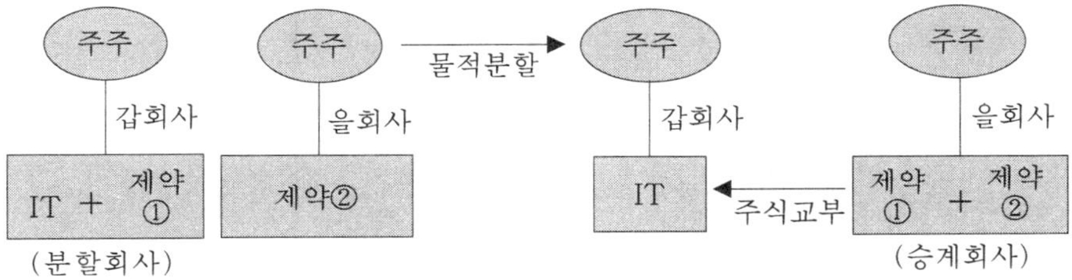

[그림 9] 물적분할합병(신설)

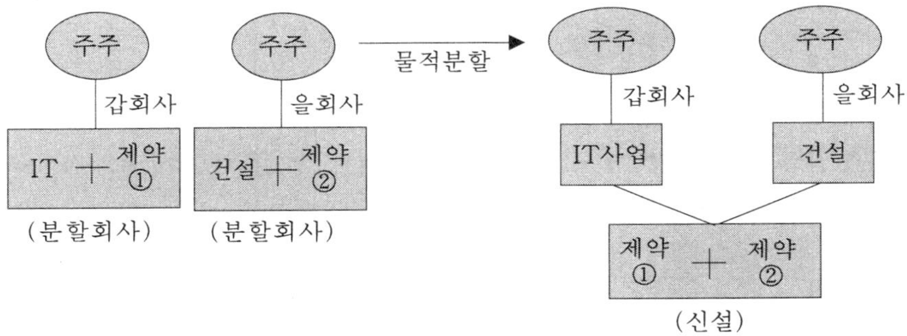

2) 공동분할합병

(가) 인적분할합병 기존의 2개 이상의 회사가 각각 사업을 분할하여 상호간에 교환으로 합병하되, 그 합병대가인 주식은 각 분할회사의 주주에게 교부하는 방식이다.

[그림 10] 공동분할합병의 인적분할합병(흡수)

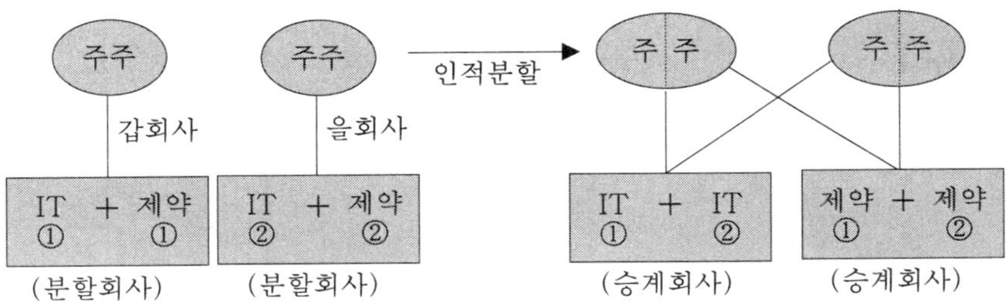

(나) 물적분할합병 기존의 2개 이상의 회사가 각각 사업을 분할하여 상호간에 교환으로 합병하되, 그 합병대가인 주식은 각 분할회사 자체에 귀속되는 방식이다.

[그림 11] 공동분할합병의 물적분할합병

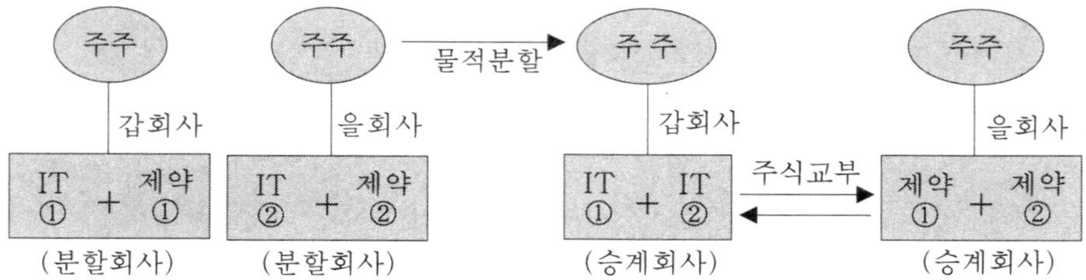

(2) 해산회사의 분할제한

해산후의 회사는 존립 중의 회사를 존속하는 회사로 하거나 새로 회사를 설립하는 경우에 한하여 분할 또는 분할합병할 수 있다(530조의2 4항). 즉, 해산한 회사 자신이 존속하는 신설분할이나 물적분할을 할 수 없다. 또한 해산한 회사가 존속하는 분할합병·물적분할합병도 할 수 없다. 그러나 해산후의 회사도 회사계속이 가능하기 때문에(519조) 이러한 제한규정을 둔 것은 의문이며, 이에 제530조의2 제4항이 회사계속을 동시에 결의하지 않는 한 존속분할이 불가능하다는 뜻으로 해석하는 것에 그친다고 보는 견해(李 837)도 있다.

(4) 분할의 다양한 이용형태

분할제도는 주식이전, 현물출자와 함께 다양한 형태로 사업을 재편성하는데 활용될 수 있다. 이하에서는 분할 및 주식이전제도와의 결합형태를 몇 가지 소개해 두고자 한다.

1) 경영의 다각화를 위한 분사형 경영

[그림 12] 다각화 경영을 위한 분사형 경영

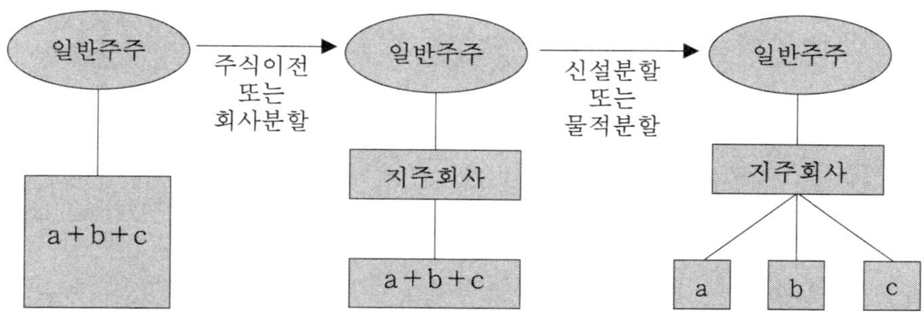

2) 공동지주회사와 그룹내의 자회사 기능별 통합

[그림 13] 공동지주회사와 그룹내의 자회사 기능별 통합

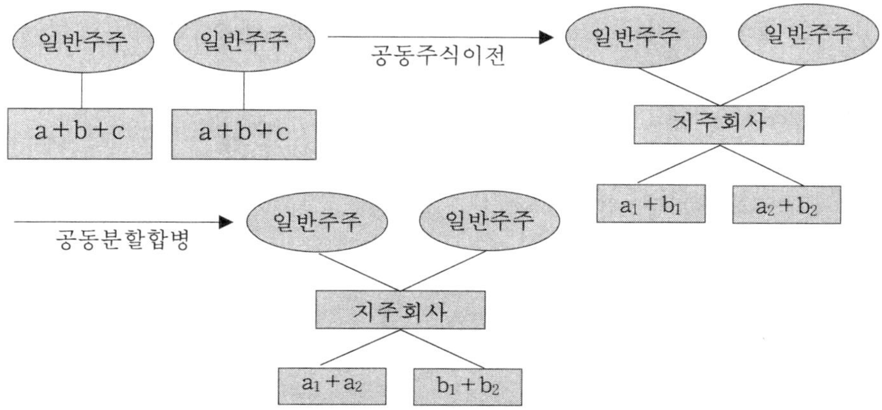

3) 분사와 주식이전에 의한 통합

[그림 14] 분사와 주식이전에 의한 통합

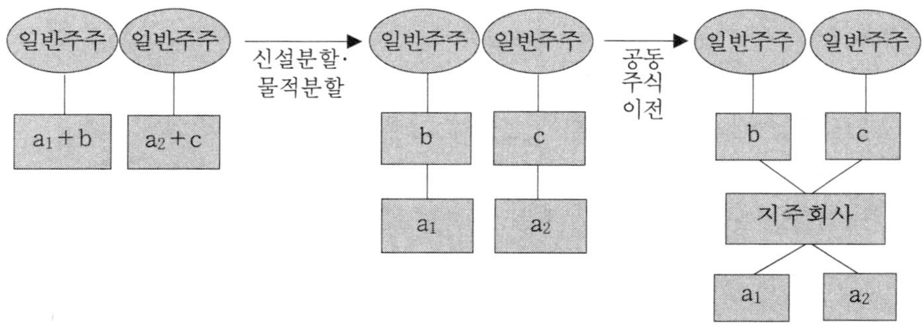

4) 합작회사신설

[그림 15] 합작회사신설

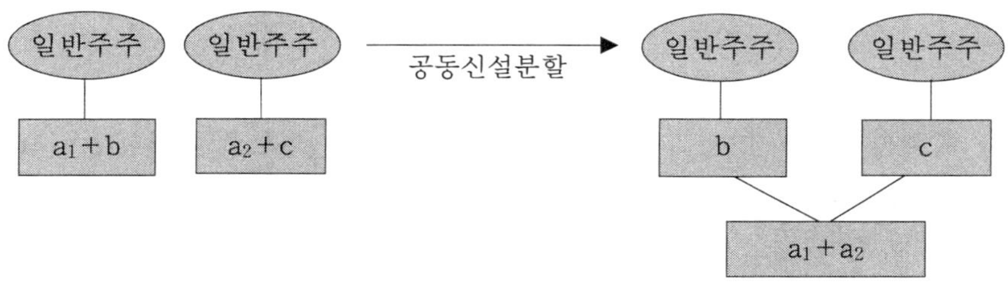

3. 분할·분할합병의 절차

(1) 분할계획서 또는 분할합병계약서의 작성

회사가 분할 또는 분할합병을 하는 때에는 분할계획서 또는 분할합병계약서를 작성하고(530조의3 1항), 주주총회의 승인을 얻어야 한다.

1) 분할계획서작성의 당사자

단순분할의 경우에 분할회사가 분할계획서를 작성함으로써(이 경우에는 분할회사의 상대방회사가 존재하지 않기 때문에 분할회사가 단독으로 분할계획서만 작성하면 된다) 시작된다.

분할합병하는 경우에는 분할합병당사회사간의 분할합병계약서의 작성으로부터 시작된다. 분할 또는 분할합병할 수 있는 회사는 주식회사에 한한다.

2) 분할계획서의 기재사항

분할계획서에는 법정기재사항을 기재하여야 한다(530조의5, 530조의6).

분할계획서의 기재사항은 분할의 유형에 따라 다를 수 있다. 우리 상법은 인적분할의 규정을 물적분할·분할합병에도 준용한다고 하고 있으나(530조의12), 그 성질상 물적분할에 어울리지 않는 기재사항은 제외하여도 무방하다. 또한 법문에서 분할회사의 존속여부에 따라 그 기재사항을 달리 하고 있다.

(가) 단순분할의 신설회사의 경우(530조의5 1항)

① 단순분할신설회사의 상호, 목적, 본점의 소재지 및 공고의 방법(1호)

② 단순분할신설회사가 발행할 주식의 총수 및 액면주식·무액면주식의 구분(2호)

③ 단순분할신설회사가 분할당시에 발행하는 주식의 총수, 종류와 종류주식의 수, 액면주식·무액면주식의 구분(3호) 단순분할신설회사는 분할회사로부터 승계한 순자산을 한도로 하여 주식을 발행하게 되는데, 그에 관한 내용을 기재하도록 한 것이다.

④ 분할회사의 주주에 대한 단순분할신설회사의 주식의 배정에 관한 사항 및 배정에 따른 주식의 병합 또는 분할을 하는 경우에는 그에 관한 사항(4호) 인적분할의 경우 분할회사의 주주들은 단순분할신설회사의 주식을 배정받게 되는데 그 배정에 관한 사항을 기재하게 한 것이다. 즉, 분할회사의 주주들에게 1주당 신설회사의 주식을 몇 주씩 배정하는지를 명확히 기재하라는 것이다. 이러한 분할비율은 분할회사의 주주와 회사채권자 등 이해관계자에게 중대한 영향을 미치므로 공정한 기업가치에 따라 정해져야 할 것이고, 이는 합병에 있어서 합병비율의 산출근거 방법과 동일하다.

물적분할의 경우에는 주주가 아닌 분할회사에 대한 배정내용을 기재하여야 할 것이다.

⑤ 분할회사의 주주에게 제4호에도 불구하고 금전이나 그 밖의 재산을 제공하는 경우에는 그 내용 및 배정에 관한 사항(5호)

⑥ 단순분할신설회사의 자본금과 준비금에 관한 사항(6호)

⑦ 단순분할신설회사에 이전될 재산과 그 가액(7호) 분할의 경우에는 합병과 달리 분할회사의 재산일부만을 이전할 수도 있으므로 이전되는 재산과 권리의무관계를 구체적으로 명시하도록 한 것이다.

⑧ 상법 제530조의9 제2항의 정함이 있는 경우에는 그 내용(8호) 분할 또는 분할합병으로 인하여 설립되는 회사 또는 존속하는 회사는 분할 또는 분할합병전의 회사채무에 관하여 연대하여 변제할 책임이 있다(530조의9 1항). 분할로 인하여 권리의무가 포괄승계되고 순자산이 감소하므로, 회사채권자에게 분할회사와 함께 단순분할신설회사가 책임을 지는 것은 당연한 것인지도 모른다. 그러나 단순분할신설회사가 분할이전의 채무에 관하여 무한대의 책임을 지는 것은 불합리하다. 따라서 원칙적으로 분할회사와 단순분할신설회사가 회사채무에 대하여 책임을 지되, 상법 제530조의9 제2항에서 주주총회의 특별결의로 단순분할신설회사는 출자받은 재산에 관한 채무만을 한도로 하여 부담할 수 있고, 분할회사도 단순분할신설회사가 부담하지 아니하는 채무만을 부담할 수 있는 예외를 인정하였다.

⑨ 분할을 할 날

⑩ 단순분할신설회사의 이사와 감사를 정한 경우에는 그 성명과 주민등록번호(9호) 단순분할신설회사의 최초의 이사와 감사는 창립총회에서 선임하면 되나, 회사분할에서는 설립절차가 필요하지 않고 이사회는 창립총회에 대한 보고를 공고로써 갈음할(530조의11 1항, 527조 4항) 수 있다. 따라서 이러한 경우에 상법은 사전에 임원을 선임할 수 있도록 하고 이를 분할계획서에 기재하도록 한 것이다.

⑪ 단순분할신설회사의 정관에 기재할 그 밖의 사항(10호)

(나) 분할회사가 존속하는 경우(530조의5 2항)

분할 후 회사가 존속하는 경우에는 존속회사는 회사에 관하여 분할계획서에 다음 각호의 사항을 기재하여야 한다(530조의5 2항).

① 감소할 자본금과 준비금의 액(1호)

② 자본금감소의 방법(2호) 분할회사의 자본금감소에 관한 구체적 사항을 기재하도록 한 것이다. 역시 물적분할에는 준용되지 않는 규정이다.

③ 분할로 인하여 이전할 재산과 그 가액(3호)

④ 분할 후의 발행주식의 총수(4호)

⑤ 회사가 발행할 주식의 총수를 감소하는 경우에는 그 감소할 주식의 총수, 종류 및 종류별 주식의 수(5호) 분할회사가 자본금감소를 함으로써 발행예정주식총수를 감소하고자 할 경우에 그에 관한 사항을 기재하게 한 것이다. 그러나 자본금감소를 한다고 하여 반드시 발행예정주식총수를 감소하여야 하는 것은 아니다.

⑥ 정관변경을 가져오게 하는 그 밖의 사항(6호)

(다) 분할계획서의 임의적 기재사항 분할계획서에는 절대적 기재사항 외에도 법령이 허용하는 범위 내에서 기타의 사항을 기재할 수 있다. 실무적으로는 분할회사의 보증·표명조항 등 분할로 인하여 입을 수 있는 여러 가지 하자에 관한 손해배상책임 등이 기재될 소지가 크며, 법정기재사항보다 오히려 더 중요하게 취급될 가능성도 있다.

3) 분할합병계약서의 기재사항

(가) 분할합병후 상대방 회사 존속의 경우(530조의6 2항)

분할회사의 일부가 다른 회사와 합병하여 그 다른 회사(분할합병의 상대방 회사)가 존속하는 경우에는 분할합병계약서에 다음 각 호의 사항을 기재하여야 한다.

① 분할합병의 상대방 회사로서 존속하는 회사(이하 분할승계회사)가 분할합병으로 인하여 발행할 주식의 총수를 증가하는 경우에는 증가할 주식의 총수, 종류 및 종류별 주식의 수(1호)

② 분할승계회사가 분할합병을 하면서 신주를 발행하거나 자기주식을 이전하는 경우에는 그 발행하는 신주 또는 이전하는 자기주식의 총수, 종류 및 종류별 주식의 수(2호)

③ 분할승계회사가 분할합병을 하면서 신주를 발행하거나 자기주식을 이전하는 경우에는 분할회사의 주주에 대한 분할승계회사의 신주배정 또는 자기주식의 이전에 관한 사항 및 주식의 병합 또는 분할을 하는 경우에는 그에 관한 사항(3호)

④ 분할승계회사가 분할회사의 주주에게 제3호에도 불구하고 그 대가의 전부 또는 일부로서 금전이나 그 밖의 재산을 제공하는 경우에는 그 내용 및 배정에 관한 사항(4호)

⑤ 분할승계회사의 자본금 또는 준비금이 증가하는 경우에는 증가할 자본금 또는 준비금에 관한 사항(5호)

⑥ 분할회사가 분할승계회사에 이전할 재산과 그 가액(6호)

⑦ 제530조의9 제3항의 정함이 있는 경우에는 그 내용(7호)

⑧ 각 회사에서 제530조의3 제2항의 결의를 할 주주총회의 기일(8호)

⑨ 분할합병을 할 날(9호)

⑩ 분할승계회사의 이사와 감사를 정한 경우에는 그 성명과 주민등록번호(10호)

⑪ 분할승계회사의 정관변경을 가져오게 하는 그 밖의 사항(11호)

(나) 분할회사의 일부가 다른 분할회사의 일부와 분할합병하는 경우 등

분할회사의 일부가 다른 분할회사의 일부 또는 다른 회사와 분할합병을 하여 회사를 설립하는 경우에는 분할합병계약서에 다음 각 호의 사항을 기재하여야 한다(530조의6 2항).

① 제530조의5 제1항 1호, 2호, 6호, 7호, 8호, 8호의2, 9호, 10호에 규정된 사항(1호)

② 분할합병을 하여 설립되는 회사(분할합병신설회사)가 분할합병을 하면서 발행하는 주식의 총수, 종류 및 종류별 주식의 수(2호)

③ 각 회사의 주주에 대한 주식의 배정에 관한 사항과 배정에 따른 주식의 병합 또는 분할을 하는 경우에는 그 규정(3호)

④ 각 회사가 분할합병신설회사에 이전할 재산과 그 가액(4호)

⑤ 각 회사의 주주에게 지급할 금액을 정한 때에는 그 규정(5호)

⑥ 각 회사에서 제530조의3 제2항의 결의를 할 주주총회의 기일(6호)

⑦ 분할합병을 할 날(7호)

(2) 분할계획서 등의 공시

분할회사의 이사는 분할승인을 위한 주주총회 회일의 2주 전부터 ① 분할계획서 또는 분할합병계약서, ② 분할되는 부분의 대차대조표, ③ 분할합병의 경우 분할합병의 상대방 회사의 대차대조표, ④ 분할 또는 분할합병을 하면서 신주가 발행되거나 자기주식이 이전되는 경우에는 분할회사의 주주에 대한 신주의 배정 또는 자기주식의 이전에 관하여 그 이유를 기재한 서면을 분할의 등기를 한 날 또는 분할합병을 등기한 날 이후 6월간 본점에 비치하여야 한다(530조의7 1항). 그리고 분할합병의 승계회사의 이사는 분할합병을 승인하는 주주총회의 회일의 2주전부터 분할합병의 등기를 한 후 6월간 분할합병계약서, 분할회사의 분할하는 부분의 대차대조표, 분할 또는 분할합병을 하면서 신주가 발행되거나 자기주식이 이전되는 경우에는 분할회사의 주주에 대한 신주의 배정 또는 자기주식의 이전에 관하여 그 이유를 기재한 서면을 본점에 비치하여야 한다(530조의7 2항). 주주 및 회사채권자는 영업시간 내에는 언제든지 위 서류의 열람을 청구하거나, 소정의 비용을 지급하고 그 등본 또는 초본의 교부를 청구할 수 있다(530조의7 3항, 522조의2 2항).

(3) 주주총회의 특별결의

1) 일반원칙

회사가 분할을 하려는 경우 분할계획서 또는 분할합병계약서를 작성하고 주주총회 특별결의를 받아야 한다(530조의3 1항, 2항). 이를 위하여 주주총회를 소집할 때에는 분할계획 또는 분할합병계약의 요령을 소집통지 또는 소집공고에 기재하여

야 한다(530조의3 2항). 이것은 주주들로 하여금 분할조건과 분할절차의 공정성을 자치적으로 통제하도록 하기 위함이고, 주주총회에 참석하여 의결권을 행사할 주주들에게 분할에 대한 정보를 제공하도록 한 것이다. 분할 또는 분할합병승인을 위한 주주총회의 결의에는 의결권 없거나 배제되는 주식을 소유한 주주도 의결권이 있다(530조의3 3항).

분할 또는 분할합병으로 인하여 분할 또는 분할합병에 관련되는 각 회사의 주주의 부담이 가중되는 경우에는 주주총회 및 종류주주총회의 결의 외에 그 주주 전원의 동의가 있어야 한다(530조의3 6항). 주주는 유한책임을 지는 것이 원칙이기 때문에(331조) 주주부담이 가중되는 것은 상정할 수 없는데, 「분할로 인하여 주주의 부담이 가중되는 경우」가 무엇인가에 의문이 제기된다. 이에 대하여 「부담」이라는 말은 프랑스 구회사법 제373조를 오역한 것으로서 「추가출자」(les engagement)의 의미로 해석하는 견해(李 1072)와 분할의 결과 어느 주주가 대주주로 되어 법인격부인의 법리가 적용되거나 독과점 주주의 2차 납세의무를 규정하고 있는 국세기본법 제39조에 의하여 회사의 채무에 대한 직접 책임을 지게 되는 경우 및 주식양도제한이 없는 분할회사의 주주들이 기존회사 또는 신설회사의 주주로 수용되는 때에 이들 회사의 주식양도가 정관에 의하여 제한되는 경우를 염두에 둔 규정이라고 해석하는 견해가 있다[權 314].

2) 총회결의의 생략

1998년 개정법에서 분할제도를 도입하면서도 간이합병(527조의2)과 소규모합병(527조의3)을 준용하는 규정을 두고 있지 않았기 때문에 이를 준용할 수 있는지에 의문이 있었다. 그리하여 1999년 개정법에서 간이합병과 소규모합병의 규정을 회사분할합병 시에도 준용할 수 있도록 하였다(530조의11 2항, 527조의2, 527조의3). 즉, 분할합병의 분할승계회사가 이미 분할회사의 주식을 100분의 90 이상 소유하고 있는 경우 또는 분할회사의 총주주가 동의하는 경우에는 분할회사의 주주총회의 개최 없이 그 이사회의 결의만으로 분할할 수 있고(530조의11 2항, 527조의2)(이 경우 분할승계회사의 주주총회의 결의는 필요하다), 분할승계회사가 분할회사의 일부를 흡수한 결과 발행하는 신주가 분할승계회사의 발행주식총수의 100분의 5를 초과하지 않는 경우에는 분할승계회사(상대방 회사)에서 주주총회의 승인결의를 이사회의 결의로 갈음할 수 있다(530조의11 2항, 527조의3)(이 경우 분할회사의 주주총회의 승인결의는 필요하다).

(4) 채권자보호절차

1) 단순분할의 경우

단순분할의 경우 분할회사가 주주총회 특별결의로 분할에 의하여 회사를 설립하는 경우에는 단순분할신설회사는 분할회사의 채무 중에서 분할계획서에 승계하기로 정한 채무에 대한 책임만을 부담하는 것으로 정할 수 있다. 이 경우 분할회사가 분할 후에 존속하는 경우에는 단순분할신설회사가 부담하지 아니하는 채무에 대한 책임만을 부담한다(530조의9 2항). 이와 같이 단순분할 시 단순분할신설회사가 분할회사와 연대책임을 부담하지 않을 때 채권자이의절차를 거쳐야 한다(530조의9 4항). 이와 반대로 분할회사와 단순분할신설회사가 연대책임을 부담하는 경우에는 채권자이의절차가 필요없게 된다.

2) 분할합병의 경우

분할합병의 경우에는 양 당사회사의 채권자가 책임재산을 공유하게 되므로 양 당사회사의 채권자를 보호할 필요성이 있다. 그리하여 상법은 단순분할과 달리 분할합병의 경우에는 채권자이의권과 연대책임 모두를 인정하고 있다(530조의11 2항). 그러나 물적분할의 경우에는 분할회사의 채권자에 대한 보호절차가 필요 없다고 해석하여야 한다.

(5) 분할반대주주의 주식매수청구권

분할합병의 경우에 분할합병에 반대하는 주주는 합병의 경우와 마찬가지로 주식매수청구권을 행사할 수 있으나(530조의11 2항, 522조의3), 단순분할의 경우에는 주식매수청구권이 인정되지 않는다. 그러나 단순분할의 경우에도 주식매수청구권을 배제할 이유가 없다고 본다. 입법론상 재검토를 요한다. 주식매수청구권을 행사하기 위한 반대절차와 매수절차는 합병의 경우와 같다.

(6) 기타 절차

1) 주식의 병합 · 분할

분할의 경우에도 합병과 마찬가지로 분할신주의 배정과 관련하여 주식의 병합이나 분할을 할 수 있다. 이에 대하여는 합병에서의 규정들을 준용하고 있다(530조의11 1항, 329조의2, 440조 내지 444조).

2) 창립총회

분할로 인하여 설립되는 회사의 창립총회에 대하여는 신설합병의 경우의 창립총회에 관한 규정을 준용하고 있다(530조의11 1항, 527조). 그 결과 창립총회에 대한 보고는 이사회의 공고로 갈음할 수 있다(530조의11 1항, 527조 4항). 그런데 분할의 경우에는 설립위원이 존재하지 않으므로 대표이사가 설립사무를 담당한다(530조의11 1항 단서).

분할회사의 출자만으로 회사가 설립되는 경우에는 검사인의 조사, 보고에 관한 제299조를 적용하지 않는다(530조의4 단서).

3) 분할서류의 사후적 공시

분할이 이루어진 경우에 당사회사의 이사는 채권자이의절차의 경과, 분할로 인하여 소멸하는 회사로부터 승계한 재산의 가액과 채무액 기타 분할에 관한 사항을 기재한 서면을 분할을 한 날부터 6월간 본점에 비치하여야 한다(530조의11 1항, 527조의6). 이는 분할절차의 전 과정에 대한 정보를 공시하게 함으로써 주주와 회사채권자들이 분할무효소송의 제기 여부를 판단하는 자료를 제공해 주는 성격이 짙다. 분할합병의 경우에도 같다.

(7) 분할등기

단순분할의 경우에는 단순분할신설회사의 창립총회가 종료한 날부터, 분할합병의 경우에는 분할합병계약에 관한 주주총회의 결의가 종료한 날부터 기산해서 본점소재지에서는 2주내에, 지점소재지에서는 3주내에 분할 후 존속하는 회사의 경우에는 변경등기를, 분할로 인하여 소멸하는 회사에 있어서는 해산등기를, 분할에 따라 설립되는 회사에 있어서는 설립등기를 하여야 한다(530조의11 1항, 528조 1항). 등기는 분할의 효력발생요건이다(530조의11 1항, 234조).

4. 분할 · 분할합병의 효과

(1) 회사의 소멸과 설립

소멸분할의 경우에는 분할되는 회사는 청산절차 없이 소멸한다(517조 1호의2). 그리고 소멸회사의 일체의 권리의무는 단순분할신설회사 또는 분할합병의 분할 승계회사에 이전된다(530조의10).

(2) 권리와 의무의 포괄적 이전

단순분할신설회사, 분할승계회사 또는 분할합병신설회사는 분할회사의 권리와 의무를 분할계획서 또는 분할합병계약서에서 정하는 바에 따라 승계한다(530조의10). 따라서 합병과 마찬가지로 재산의 개별적인 이전행위를 할 필요성은 없다. 다만 제3자에 대항하기 위해서는 그 대항요건을 갖추어야 한다. 예컨대 분할합병의 경우에 분할회사로부터 분할승계회사가 부동산을 양수받은 경우, 그 등기하기도 전에 분할회사가 다른 제3자에게 이중양도를 했다면 분할승계회사는 당해 제3자에게 대항할 수 없다.

(3) 주주자격의 취득

인적분할의 경우 분할회사의 주주는 단순분할신설회사의 주식을 취득하고, 분할합병의 경우 분할승계회사 또는 분할합병신설회사의 주식을 취득하여 각각 그 회사의 주주가 된다. 그러나 물적분할의 경우에는 분할회사가 주식을 취득하게 된다.

분할회사의 주주에 대하여는 분할계획서 또는 분할합병계약서에서 정하는 경우 분할교부금을 지급한다(530조의5 1항 5호, 530조의6 1항 4호).

(4) 이사 · 감사의 선임

분할계획서 또는 분할합병계약서에 단순분할신설회사의 이사와 감사를 정한 경우 또는 분할합병계약서에 분할승계회사의 이사와 감사를 정한 경우에 이사와 감사는 별도의 선임절차 없이 단순분할신설회사 또는 분할승계회사의 이사 및 감사가 된다(530조의5 1항 10호, 530조의6 2항 1호).

(5) 분할후의 회사의 책임

1) 연대책임의 원칙

분할회사, 단순분할신설회사, 분할승계회사 또는 분할합병신설회사는 분할 또는 분할합병 전의 분할회사 채무에 관하여 연대하여 변제할 책임이 있다(530조의9 1항). 인적분할로 인하여 분할회사의 순자산이 감소되고, 이에 따른 채권자의 보호를 위하여 분할회사와 단순분할신설회사, 분할승계회사 또는 분할합병신설회사가 분 또는 분할합병전의 채무에 관하여 연대책임을 인정한 것이다. 연대책임의 범위는 분할의 효력발생 전에 채무가 발생하였으나, 분할 당시 아직 변제기가 도래하지 않은 채무도 포함된다(대판 2008. 2. 14, 2007다73321).

판례는 단순분할신설회사가 분할되는 회사의 채무 중에서 출자받은 재산에 관한 채무만을 부담할 것을 분할되는 회사의 주주총회의 특별결의로써 정할 수 있게 하고, 그 경우에는 단순분할신설회사가 분할되는 회사의 채무 중에서 그 부분의 채무만을 부담하고, 분할되는 회사는 단순분할신설회사가 부담하지 아니하는 채무만을 부담하게 하여 채무관계가 분할채무관계로 바뀌도록 규정하였다고 해석하고 있다(대판 2004. 8. 30, 2003다25973).

분할 후에 단순분할신설회사에 발생한 채무에 관해서는 연대책임을 부담할 이유가 없다. 사례로는 대우중공업(주)가 분할되면서 대우종합기계(주), 현대중공업

(주) 등이 되었는데, 분할 전 대우중공업(주)가 다른 회사와 담합하여 지게차의 가격을 인상한 일이 있었고, 분할된 후 공정거래위원회가 분할 전 담합행위에 대해 대우종합기계(주)에 과징금을 부과한 적이 있었다. 판례는 분할하는 회사의 분할 전 법 위반행위를 이유로 과징금이 부과되기 전까지는 단순한 사실행위만 존재할 뿐 그 과징금과 관련하여 분할하는 회사에게 승계의 대상이 되는 어떠한 의무가 없다고 판시하여(대판 2007. 11. 29, 2006두18298) 연대책임의 대상이 아니라고 판단하고 있다.

2) 연대책임의 예외

분할회사의 채권자에 대하여 분할회사와 단순분할신설회사, 분할승계회사·분할합병신설회사간에 연대책임을 지는 것이 원칙이지만 단순분할신설회사, 분할승계회사 또는 분할합병신설회사는 무한대로 연대책임을 지는 것이 아니라, 출자받은 순자산의 범위내에서 물적 유한책임을 지는 것이 합리적이고 타당하다. 이에 상법은 분할회사가 주주총회의 특별결의로 분할에 의하여 회사를 설립하는 경우에는 단순분할신설회사는 분할회사의 채무 중에서 분할계획서에 승계하기로 정한 채무에 대한 책임만을 부담하는 것으로 정할 수 있도록 하였다(530조의9 2항). 이 경우 분할회사가 분할 수에 존속하는 경우에는 단순분할신설회사가 부담하지 아니하는 채무에 대한 책임만을 부담한다. 또한 분할합병의 경우 분할회사는 주주총회의 특별결의로 분할합병에 따른 출자를 받는 분할승계회사 또는 분할합병신설회사가 분할회사의 채무 중에서 분할합병계약서에 승계하기로 정한 채무에 대한 책임만을 부담하는 것으로 정할 수 있고, 이 경우 분할회사가 분할 후에 존속하는 경우 분할승계회사 또는 분할합병신설회사가 부담하지 않는 채무에 대한 책임만을 부담한다(530조의9 3항).

(6) 질권자의 권리

분할 또는 분할합병 시 분할회사의 주식에 질권을 갖고 있는 자는 분할로 인하여 그 주식의 주주가 취득하는 단순분할신설회사의 주식 또는 분할승계회사 또는 분할합병신설회사의 주식에 대하여 물상대위권을 가진다.

(7) 회사분할에 관한 계산

분할 또는 분할합병으로 인하여 발생한 분할잉여금은 대통령령에서 정하는 바에 따라 자본준비금으로 적립된다(459조 1항). 다만 분할잉여금 중 분할되는 회사의 이익준비금 기타 법정준비금은 분할 또는 분할합병 후 존속 또는 신설되는 회사가 이를 승계할 수 있다.

【근로계약의 승계문제】 우리 상법은 분할계획서 또는 분할합병계약서에 근로계약의 승계문제에 관한 기재요구를 하지 않고 있다. 따라서 해석상은 분할 또는 분할합병의 권리의무의 이전은 포괄승계이기 때문에 그 사업에 종사하는 종업원은 당연히 분리된 사업과 함께 전직해야 할 것이다. 전직하느냐 안하느냐와는 별개의 문제지만, 근로기준법상 경영악화를 방지하기 위한 사업의 양수, 인수, 합병은 긴박한 경영상의 필요가 있는 것으로 보고 정리해고를 인정하고 있다(근로기준법 31조 1항).

이에 대하여 일본은 회사분할에 따른 근로자의 권리를 보호하는 입법조치를 취하고 있다. 즉, 회사분할제도의 도입과 동시에 「회사분할에 동반하는 노동계약의 승계 등에 관한 법률」(이하 승계특례법이라 한다)을 제정하였는데, 그 내용을 간단히 소개해 둔다.[12]

승계특례법은 상세하게 노동자를 6가지 종류로 구분하고, 그 각각에 관하여 처리방향을 정하고 있다. 즉, 승계되는 영업에 主로 종사한 자(A, B), 승계되는 영업에 從으로 종사한 자(C, D), 그리고 승계되는 영업과 전혀 관계없는 영업에 종사한 자(E, F)로 나눈다. 구체적으로 승계처리를 보면 다음과 같다. 우선 A는 분할계획서 또는 분할합병계약서에 전직이 기재되어 있는 경우로서 포괄승계의 원칙이 그대로 적용되고 따라서 A는 전직을 거부할 수 없다. B는 승계되는 영업에 主로 종사한 자이지만 전직요청을 받지 않았던 자이다. B는 일정한 기한(주주총회 승인전)까지 이의를 제출하면 신설회사 또는 승계회사에 전직할 수 있다. C는 從으로 종사한 자이지만, 영업과 함께 포괄승계되는 범위에 포함된 자이다. 그러나 C는 일정한 기한까지 이의를 제출하고 전직하지 않을 수 있다. D의 경우는 전직을 요청받지 않은 자이고, 따라서 분할되는 영업과 함께 전직해 줄 것을 요청할 수도 없다. 즉, 분할회사에 그대로 잔존한다. 다음 E는 분할된 영업과 전혀 다른 영업부문에 종사한 자이지만, 신설회사 또는 승계회사로 전직한 자이다. E는 포괄승계의 대상외의 자이므로 당연히 전직하는 것은 아니나, 우리 민법 제657조 제1항의 원칙에 따라 E의 동의를 얻어 전직하게 할 수 있다. 마지막으로 F는 분할되는 영업과 전혀 관계없는 營業에 종사한 자일 뿐만 아니라 전직하지도 않는 자이다.

5. 분할 · 분할합병의 무효

상법은 회사분할에 무효의 원인이 있을 경우에 합병무효의 소에 관한 규정을 준용하도록 하고 있다(530조의11 1항, 529조). 따라서 회사분할 또는 분할합병의 무효는 소로써만 주장할 수 있고, 소의 관할, 절차 등에 일정한 제한이 있다.

(1) 무효원인

분할계획서 또는 분할합병계약서의 내용에 하자가 있는 경우, 분할결의에 하자

12) 이하 내용은 安枝英伸, 會社分割と勞動關係, 法學敎室 243號, 2000. 12, 32쪽.

가 있는 경우, 채권자보호절차를 위반한 경우 등 분할절차에 하자가 있으면 분할 또는 분할합병 무효의 소의 원인이 된다.

(2) 제소권자 및 피고

분할 또는 분할합병의 무효는 주주, 이사, 감사, 파산관재인 또는 분할을 승인하지 않은 채권자가 분할등기가 있은 날부터 6월내에 본점소재지의 지방법원에 제기할 수 있다(530조의11 1항 본문, 529조 2항, 528조, 186조).

분할 또는 분할합병 무효의 소는 분할로 인하여 설립되는 회사와 존속하는 회사 모두를 공동피고로 하는 필요적 공동소송이다.

(3) 기타 절차

소의 전속관할, 소제기의 공고, 소의 병합심리, 법원의 재량권 등은 합병무효의 소의 경우와 같다(530조의11 1항, 240조, 186조~191조).

(4) 무효판결의 효력

단순분할신설회사의 경우 분할무효의 판결이 확정되면 단순분할신설회사의 설립이 무효가 되고, 소멸한 회사는 부활한다. 따라서 단순분할신설회사의 재산도 분할회사에 복귀하고, 분할 후에 발생한 채무는 분할회사의 채무가 된다. 그리고 분할합병이 무효가 되는 경우에는 합병무효의 경우를 준용해야 할 것이다.

분할무효의 판결은 대세적 효력이 있으므로 당사자 이외의 제3자에게도 그 효력이 미치나, 소급효가 없으므로 판결확정 전에 생긴 회사와 주주 및 제3자간의 권리의무에는 영향을 미치지 아니한다(530조의11 1항, 240조, 190조 단서). 따라서 분할 후 무효확정판결시까지의 이익배당, 주식의 양도, 회사와 제3자 간의 거래 등 분할의 유효를 전제로 이루어진 모든 행위는 유효하다.

제 4 절 지주회사 및 삼각조직재편

Ⅰ. 개 설

지주회사는 오로지 다른 회사의 지배를 사업목적으로 하는 순수지주회사와 다른 회사의 지배와 더불어 스스로도 고유한 사업을 영위하는 사업지주회사로 나눌 수 있는데(회사법상은 지주회사라는 용어를 사용하지 않고 완전모회사라 한다), 1997년 독금법의 개정에 의해서 그때까지 금지되어 있었던 순수지주회사의 설립은 사업지배력이 과도하게 집중되는 경우를 제외하고 자유화하였다(독금법 8조 1항).

이처럼 지주회사의 설립을 완화한 것은 지주회사의 출현을 원칙적으로 금지하는 입법례가 없다는 점과 지주회사를 금지함으로써 우리 기업의 국제경쟁력을 약화시킬 뿐만 아니라, 기업의 구조조정에도 방해가 됨으로써 득보다 실이 더 많기 때문이다. 그러나 지주회사제도는 종래 회사법이 예상치 못한 또 다른 법률문제를 야기할 수도 있다. 따라서 기업결합에 관한 종합적인 법률검토 작업을 할 필요성이 있다고 본다.

순수지주회사를 설립하는 방안으로는 ① 기존의 회사가 자회사를 설립하면서 영업의 전부를 현물출자하고 그 대가로 기존회사는 자회사의 주식 전부를 이전받아 지주회사를 만드는 방안, ② 미리 완전자회사를 설립해 두고 영업 전부를 양도하는 사후설립에 의한 방안, ③ 회사분할 중 물적분할을 이용하는 방안 등이 있다. 그러나 ①과 ②의 방안은 절차적으로 복잡하고 과세문제도 있어 이용하기 쉽지 않다.

2001년 개정상법은 보다 쉽게 순수지주회사를 설립할 수 있도록 2가지 방안을 강구해 놓고 있다. 즉, 주식의 포괄적 교환과 주식의 포괄적 이전이 그것이다. 주식의 포괄적 교환은 기존의 회사 간에서 완전모자회사관계를 만드는 경우로서 흡수합병에 준하는 조직법적 구성을 갖고 있고, 주식의 포괄적 이전은 기존의 회사가 완전모회사를 신설하는 경우로서 신설합병에 준하는 조직법적 구성을 갖고 있다. 따라서 회사와 개개의 출자자와의 합의에 의하여 이전되는 현물출자와는 달리(그 형태는 현물출자와 유사하다), 개개의 주주의 의사와 관계없이 회사의 행위의 효과로서 개별적인 주주가 가진 주식이 다른 회사에 이전하게 된다.

한편 2015년 개정상법에서는 삼각주식교환제도를 도입하여 모회사가 대상회사를 인수하여 완전자회사하면서도 모회사의 주주총회결의나 반대주주의 주식매수청구권절차를 거치지 않아도 되도록 하였다.

주식의 포괄적 교환과 주식의 포괄적 이전은 주식회사에서만 적용된다.

Ⅱ. 주식의 포괄적 교환

1. 주식의 포괄적 교환의 의의

주식의 포괄적 교환[이하 주식교환(share exchange)이라 한다]이란 기존의 회사 간에 주식의 포괄적 교환계약에 의하여 완전모자회사관계를 창설하는 조직법상의 행위이다(360조의2 1항). 즉, 주식교환계약에 의하여 완전자회사가 되는 회사의 주식을 가진 그 회사의 주식은 주식을 교환하는 날에 완전모회사가 되는 회사에 이전하고 완전자회사가 되는 회사의 주주는 완전모회사로 되는 회사가 주식교환을 위하여 발행하는 신주의 배정을 받거나 그 회사의 자기주식 이전을 받아 완전모회사의 주주가 된다(360조의2 2항). 예컨대, 기존의 A, B회사가 존재하고 있고, B회사(완전자회사가 될 회사)의 주주들은 그들이 가진 모든 주식을 A회사(완전모회사가 될 회사)에 이전하고, 그 대가로 B회사의 주주는 A회사가 주식교환을 함에 있어서 발행하는 신주의 배정 또는 자기주식 이전을 받아서 A회사의 주주로 된다.

2. 주식교환의 절차

(1) 주식교환계약의 체결

주식교환을 하고자 하는 회사는 주식교환계약서를 작성하고, 주주총회의 특별결의에 의한 승인을 얻어야 한다(360조의3 1항).

1) 주식교환계약서의 기재사항

주식교환계약서에는 다음의 사항을 기재하여야 한다(360조의3 3항).

① 완전모회사가 되는 회사가 주식교환으로 인하여 정관을 변경하는 경우에는 그 규정 (동항 1호) 완전모회사가 되는 회사는 주식교환에 의하여 그 목적, 수권주식수 등에 관한 정관의 규정을 변경해야하는 경우가 생긴다. 완전자회사가 되는 회사의 주주는 주식교환에 의하여 완전모회사의 株主가 되지만, 주식교환후의 완전모회사의 기본적 사항을 정하는 정관에 관하여는 당사회사간의 합의로 사전에 정해놓고, 이를 각 회사의 주주총회의 특별결의에 의한 승인을 받게 하는 것이 합리적이므로 주식교환계약서의 기재사항으로 한 것이다. 완전자회사가 되는 회사는 주식교환을 하여도 일반적으로 정관에 변경사항이 생기는 것은 아니고, 주식교환 후에는 완전모회사만이 주주이기 때문에 언제든지 정관변경이 가능하다. 따라서 완전자회사의 정관변경에 관해서는 주식교환계약서의 기재사항으로 하지 않았다. 변경후의 정관규정이 기재되어 있는 주식교환계약서가 완전자회사가 되는 회사 및 완전모회사가 되는 회사 쌍방의 승인총회에서 승인을 받으면 주식을 교환하는 날에 정관변경의 효력이 발생한다.

주식교환에 의하여 완전모자회사관계를 창설하는 경우에 완전자회사의 목적이 완전모회사의 목적과 다를 때 완전모회사는 그 목적을 변경하여 완전자회사의 목적도 포함하여야 할 것이다.

② 완전모회사가 되는 회사가 주식교환을 위하여 신주를 발행하거나 자기주식을 이전하는 경우에는 발행하는 신주 또는 자기주식의 총수, 종류와 종류별 주식의 수 및 완전자회사가 되는 회사의 주주에 대한 신주의 배정에 관한 사항(동항 2호) 완전자회사가 되는 회사의 주주에게는 완전모회사가 되는 회사의 신주 또는 자기주식이 이전되기 때문에 이를 주식교환계약서의 기재사항으로 한 것이다. 이로써 완전자회사가 되는 회사의 주주는 주식교환의 효과로서 당연히 그 지주수에 따라 신주 배정 또는 자기주식을 이전받아 완전모회사가 되는 회사의 주주가 되고, 따라서 일반적인 신주발행의 경우처럼 주식의 청약과 배정의 통지에 관한 절차가 필요 없게 된다. 완전자회사가 되는 회사가 가지고 있는 자기주식에 관하여는 주식교환에 의하여 완전모회사가 되는 회사의 주식이 배정된다.

완전모회사가 될 회사가 가진 완전자회사가 되는 회사의 주식에도 주식교환을 위하여 발행하는 신주를 배정할 것인지 의문이다. 생각건대, 완전모회사가 이미 가지고 있던 완전자회사가 될 회사의 주식에 대하여 완전모회사가 되는 회사의 주식을 배정할 필요는 없다고 본다. 왜냐하면 신주를 배정하게 되면 대량의 자기주식이 발생하기 때문이다. 그러나 완전모회사가 되는 회사의 완전자회사가 가지고 있는 다른 완전자회사가 되는 회사의 주식에 관하여는 완전모회사의 주식을 배정해야 할 것이다. 그렇지 않으면 완전자회사의 자산이 감소하여 채권자의 이익을 해친다.

③ 완전모회사가 되는 회사의 자본금 또는 준비금이 증가하는 경우에는 증가할 자본금과 준비금에 관한 사항(동항 3호) 완전모회사가 되는 회사의 자본금은 주식을 교환하는 날에 완전자회사가 되는 회사에 현존하는 순자산액을 한도로 하여 증가할 수 있고, 이 자본금 증가의 한도액 중 자본금에 전입되지 않는 액은 준비금으로서 적립하여야 한다.

④ 완전자회사가 되는 회사의 주주에게 제2호에도 불구하고 그 대가의 전부 또는 일부로서 금전이나 그 밖의 재산을 제공하는 경우에는 그 내용 및 배정에 관한 사항(동항 4호)

⑤ 각 회사가 주주총회의 특별결의를 할 총회기일(동항 5호) 주식교환의 예정기일을 명확히 하기 위해 각 회사가 주식교환계약서의 승인결의가 이루어지는 기일을 합의하고 주식교환계약서에 기재하도록 한 것이다.

⑥ 주식교환을 할 날(동항 6호) 주식교환을 할 날이 주식교환의 效力이 발생하는 날이다.

⑦ 각 회사가 주식교환을 할 날까지 이익을 배당하거나 상법 제462조의3 제1항(중간배

당)의 규정에 의하여 이익배당을 할 때에는 그 한도액(동항 7호) 주식의 교환비율은 주식교환계약서작성 당시의 각 회사의 자산상황을 기초로 결정하는 것이므로, 그 후에 각 회사의 자산상황에 변동이 생긴다면 이를 기재하고 주식교환비율의 적정성을 검토해 볼 기회를 주어야 한다. 본 호는 이러한 사정을 고려하여 둔 규정이다.

⑧ 완전모회사가 되는 회사에 취임할 이사와 감사 또는 감사위원회의 위원을 정한 때에는 그 성명 및 주민등록번호(동항 8호)

한편 2015년 개정법에서는 삼각주식교환제도를 도입하였다. 즉 완전자회사가 되는 회사의 주주에게 제공하는 재산이 완전모회사가 되는 회사의 모회사 주식을 포함하는 경우에는 완전모회사가 되는 회사는 그 지급을 위하여 그 모회사 주식을 취득할 수 있다(360조의3 6항). 완전모회사가 되는 회사가 취득한 그 회사의 모회사 주식을 주식교환 후에도 계속 보유하고 있는 경우 주식교환의 효력이 발생하는 날부터 6개월 이내에 그 주식을 처분하여야 한다(360조의3 7항).

2) 소규모주식교환의 예외

소규모주식교환을 행하는 경우에는 주식교환계약서의 기재사항에도 예외가 인정된다. 즉, 주식교환계약서에 완전모회사가 되는 회사에 관하여서는 주주총회의 승인결의를 얻지 아니하고 그 주식교환을 할 수 있다는 뜻을 기재하여야 하며(360조의10 3항 전단), 이 경우에는 완전모회사가 되는 회사가 주식교환으로 인하여 정관변경을 하는 경우의 규정을 기재할 수 없다(동항 후단). 왜냐하면 정관변경은 주주총회의 특별결의사항이기 때문이다. 또한 완전모회사가 되는 회사에 있어서는 주식교환계약서의 승인결의를 하는 승인총회가 개최되지 않으므로 승인총회의 기일을 기재할 필요도 없다.

(2) 주주총회의 승인

1) 주주총회의 승인과 공시

이사는 주식교환계약을 체결한 후 주주총회의 승인을 얻어야 한다(360조의3 1항).[13)] 그 승인은 특별결의로 하여야 한다(360조의3 2항). 이는 주식교환은 주주의 이해관계에 중대한 영향을 미칠 뿐만 아니라, 주식교환의 효과와 동일한 결과를 초래하는 흡수합병과 현물출자의 경우에도 주주총회의 특별결의를 얻도록 했기 때문이다. 뿐만 아니라 주식교환으로 인하여 주식교환에 관련되는 각 회사 주주의 부담이 가중되는 경우에는 그 주주 전원의 동의를 얻어야 한다(360조의3 5항).

---

13) Amercian Bar Association, *Model Business Corporation Act*, American Bar Foundation, 1998, pp. 11-10.

완전자회사가 되는 회사가 수종의 주식을 발행하고 있는 경우에는 완전자회사가 되는 회사의 정관에 정함이 없는 때에도 완전모회사로 되는 회사가 주식교환에 의하여 완전자회사가 되는 회사의 주주에게 주식교환신주의 배정을 할 때는 주식의 종류에 따라서 각기 다른 정함을 할 수 있으나, 어느 종류의 주주에게 손해를 입힐 때는 종류주주총회의 승인을 받아야 한다.

수개의 회사가 1개의 주식교환계약을 체결하는 경우에는 각 회사의 승인결의를 받아야 하고, 1개사라도 승인결의를 받을 수 없을 때는 주식교환계약전체가 효력이 발생하지 않는다.

주주총회의 소집통지와 공고에는 ① 주식교환계약서의 주요내용(360조의3 4항 1호), ② 반대주주의 주식매수청구권의 내용 및 행사방법(동항 2호), ③ 일방회사의 정관에 주식양도제한에 관한 규정이 있고 다른 회사의 정관에 그 규정이 없는 경우 그 뜻(동항 3호)을 기재하여야 한다(360조의3 4항 본문). 이는 주주에 대하여 어떠한 내용의 주식교환이 이루어지는가를 명확히 하기 위함이고, 주주가 주주총회에서 의결권행사를 위하여 관계서류의 열람·등사를 가능하게 하기 위해 주식교환계약서의 요령을 주주총회의 소집통지와 공고에 기재하도록 한 것이다(360조의3 4항).

주식교환은 회사의 기본구조를 변경하기 때문에, 또는 주주의 의결권참가 기회를 감소시키기 때문에 주주총회의 승인을 얻도록 한 것이나, 그러한 우려가 없는 경우에는 다음과 같이 주주총회의 승인을 요하지 않는다.[14]

2) 간이주식교환의 예외

완전자회사가 되는 회사의 총주주의 동의가 있거나 그 회사의 발행주식총수의 100분의 90 이상을 완전모회사가 되는 회사가 소유하고 있는 때에는, 완전자회사가 되는 회사의 주주총회의 승인은 이를 이사회의 승인으로 갈음할 수 있다(간이주식교환, 360조의9 1항). 이와 같은 간이주식교환의 경우에는, 완전자회사가 되는 회사는 주식교환계약서를 작성한 날부터 2주 내에 주주총회의 승인을 얻지 아니하고 주식교환을 한다는 뜻을 공고하거나 주주에게 통지하여야 한다(360조의9 2항 본문). 다만, 총주주의 동의가 있는 때에는 그러하지 아니하다(동항 단서).

3) 소규모주식교환의 예외

완전모회사가 되는 회사가 주식교환을 위하여 발행하는 신주 및 이전하는 자기주식의 총수가 그 회사의 발행주식총수의 100분의 10을 초과하지 아니하는 경우에는 완전모회사가 되는 회사의 주주에게 미치는 영향이 경미하므로, 주식교환절차의 간소화, 합리화를 도모하여 주주총회의 승인결의를 생략할 수 있도록 하였다

14) Amercian Bar Association, *op. cit.*, pp. 11-12.

(360조의10 1항 본문). 그러나 완전자회사가 되는 회사의 주주에게 지급할 금액을 정한 경우에 그 금액이 최종의 대차대조표에 의하여 완전모회사가 되는 회사에 현존하는 순자산액의 100분의 5를 초과하는 때에는 주주총회의 특별결의를 거쳐야 한다(360조의10 1항 단서). 이것은 완전자회사가 되는 회사의 주주에게 다액의 주식교환교부금을 지급하고 주식교환신주의 수를 적게 하는 탈법적인 행위를 방지하기 위하여 둔 규정이다.

주식이전에는 소규모주식이전제도를 둘 필요성이 없다.

4) 소규모주식교환의 금지

완전모회사가 되는 회사의 발행주식총수의 100분의 20 이상에 해당하는 주주가 주식교환에 공고나 통지를 한 날부터 2주 내에 회사에 대하여 서면으로 주식교환에 반대하는 의사를 통지한 때에는 소규모주식교환을 할 수 없다(360조의10 5항). 주식교환에 반대하는 비율이 발행주식총수의 100분의 20 이상에 해당하는 경우에는 주주총회를 개최하여도 주식교환계약서의 승인을 얻을 수 있는 가능성이 희박하기 때문에 소규모주식교환을 할 수 없도록 한 것이다. 이 경우에는 주주총회를 개최하든지, 주식교환계약서의 내용을 변경하여야 할 것이다.

(3) 주식교환계약서 등의 공시

1) 관련서류의 비치

이사는 주식교환의 승인을 얻기 위한 주주총회의 회일의 2주전부터 주식교환의 날 이후 6월이 경과하는 날까지 ① 주식교환계약서, ② 완전자회사가 되는 회사가 주식교환을 위하여 신주를 발행하거나 자기주식을 이전하는 경우에는 완전자회사가 되는 회사의 주주에 대한 신주의 배정 또는 자기주식의 이전에 관하여 그 이유를 기재한 서면, ③ 위 주주총회의 회일 전 6월 내의 날에 작성한 주식교환을 하는 각 회사의 대차대조표 및 손익계산서 또는 최종 대차대조표 및 손익계산서를 본점에 비치하여야 한다(360조의4 1항). 이것은 주식교환계약서의 승인총회의 개최 전에는 주주가 주식교환의 가부, 주식교환의 조건의 당부, 주식매수청구권행사의 여부 등을 판단할 수 있도록 하고, 주식교환의 효력발생 후에는 주식교환무효의 소를 제기할지 여부를 판단할 수 있도록 정보공시를 목적으로 하고 있다.

【주식교환시 비치서류】

1) 주식교환계약서(동항 1호) 이는 주식교환의 내용, 조건, 절차 등을 명확히 하기 위한 것이다. 승인총회의 소집통지에는 주식교환계약서의 요령을 기재하여야 하고, 이 요령을 보고 주식교환계약의 내용을 더욱 자세히 알고 싶은 주주를 위

하여 주식교환계약서 자체를 공시하도록 한 것이다.

2) 완전자회사가 되는 회사의 주주에 대한 주식의 배정에 관하여 그 이유를 기재한 서면(동항 2호) 완전자회사가 되는 회사의 주주에 대한 완전모회사가 되는 회사가 발행하는 주식의 배정비율(이하 주식교환비율이라 한다)은 각 회사의 주주의 지주비율이나 주식의 가치에 영향을 미치기 때문에 그 주식교환비율이 적정한지를 판단하기 위한 정보로서 주식교환비율의 산정근거를 기재한 서면을 공시하도록 한 것이다.

3) 승인을 위한 주주총회의 회일(제360조의9의 규정에 의한 간이주식교환의 경우에는 동조 제2항의 규정에 의하여 공고 또는 통지를 한 날)전 6월 이내에 작성한 각 회사의 최종 대차대조표 및 손익계산서(동항 3호) 주식교환비율은 각 회사의 재산상황 등에 의하여 정하여 지고, 각 회사의 주주는 상대방회사의 재산상황을 고려하여 주식교환을 하는 것이 과연 적당한가의 여부를 판단하기 때문에, 각 회사의 재산상황을 나타내는 대차대조표를 공시하도록 한 것이다. 주식교환의 적부나 주식교환비율의 타당성을 판단하기 위해서는 공시되어야 할 대차대조표는 가능한 한 최근의 것이 바람직하므로 승인총회의 회일의 이전 6월내의 날에 작성한 대차대조표(이하 주식교환대차대조표라 한다)를 공시하도록 하였다.

또한 주식교환의 적부, 주식교환비율의 타당성에 관하여 정확한 판단을 하기 위해서는 주식교환을 하는 각 회사의 일시점에서의 재산상황뿐만 아니라, 그 회사의 수익력에 관한 사항을 알 필요성도 있기 때문에 주식교환대차대조표를 작성하는 경우에는 손익계산서도 함께 작성하여 공시하도록 하였다. 주식교환대차대조표를 작성하지 않는 경우에는 최종의 대차대조표와 손익계산서를 공시하도록 하고 있다. 주주는 영업시간 내에는 그 비치서류를 열람하거나 등사할 수 있다(360조의4 2항).

2) 소규모주식교환의 예외

완전모회사가 되는 회사는 주식교환계약서를 작성한 날로부터 2주 내에 완전자회사가 되는 회사의 상호와 본점, 주식교환의 날 및 주주총회의 승인을 얻지 아니하고 주식교환을 한다는 뜻을 공고하거나 주주에게 통지하여야 한다(360조의10 4항).

(4) 주식교환반대주주의 주식매수청구권

1) 주식매수청구권의 행사

서면으로 주식교환에 반대하는 의사를 통지한 주주(의결권이 없거나 제한되는 주주 포함)는 총회의 결의일로부터 20일 내에 주식의 종류와 수를 기재한 서면으로 회사에 대하여 자기가 소유하고 있는 주식의 매수를 청구할 수 있다(360조의5 1항). 주식교환에 의하여 완전모회사가 되는 회사의 주주 또는 완전자회사가 되는 회사의 주주가 주식교환의 조건 등에 따라 불이익을 입을 가능성이 있기 때문에 주식교환에 반대하는 주주에게 주식매수청구권을 인정한 것이다. 주식매수가액의 산정에 관하여는 상법 제374조의2 제2항 내지 제5항의 규정을 준용한다(360조의5 2항). 주식매수청구권을 행사하면 회사는 자기주식을 취득하게 되는데, 상당한 시기에 이를 처분하여야 한다.

2) 소규모주식교환의 예외

소규모주식교환의 경우에는 반대주주의 주식매수청구권행사는 인정되지 아니한다(360조의10 7항).

(5) 완전자회사로 되는 회사주권의 실효절차

완전자회사가 되는 회사는 주식교환의 승인결의를 한 때에는 그 뜻, 주식교환의 날의 전날까지 주권을 회사에 제출할 것과 주식교환의 날에 주권이 무효가 된다는 뜻을 그 날의 1월전에 공고하고, 주주명부에 기재된 주주와 질권자에 대하여 따로 따로 그 통지를 하여야 한다(360조의8 1항). 이는 주식교환신주를 배정해야 할 완전자회사가 되는 회사의 주주를 확정하기 위하여 그가 가진 주권의 제출을 요구하는 것이다. 주식교환일에 주식교환의 효력이 생기면, 본래는 완전자회사의 주주가 가진 주식은 모두 완전모회사가 되는 회사에 이전하기 때문에 제출된 주권은 완전자회사의 주주로 된 완전모회사에 인도하고 제출되지 않은 주권에 한해서만 이를 무효로 하여 무권리자가 주권을 소지하는 것을 방지하면 될 것이나, 주식교환의 경우에는 제출되지 않아 무효로 된 주권과 제출공고에 따라서 제출된 유효한 주권과를 구별할 수가 없다. 즉, 주식의 거래안전을 위하여 주식교환의 날에 제출된 주권인가 아닌가의 여부를 묻지 않고, 완전자회사가 되는 회사의 주권은 모두 무효로 하는 실효절차를 규정한 것이다. 주권교환의 날까지 주권을 제출한 주주에 관하여는 일반적으로 완전자회사가 된 회사에서 작성하는 주주명부에 기재되고 이 명부가 완전모회사로 된 회사에 인도되어, 이에 기하여 완전모회사의 주권이 교부될 것이다. 주권교환의 날까지 제출되지 않은 주권은 완전모회사로 된 회사가 발행하는 신주권의 교부청구권을 표창하는 유가증권으로서 효력을 가지는 것으로 본다.

주권을 회사에 제출할 수 없는 자가 있는 때에는 회사는 그 자의 청구에 의하여 3개월 이상의 기간을 정하고, 이해관계인에 대하여 그 주권에 이의가 있으면 그 기간내에 제출할 뜻을 공고하고, 그 기간이 경과한 후에 신주권을 청구자에게 교부할 수 있다(360조의8 2항, 442조 1항).

(6) 단주 등의 처리

주식교환에 있어서 단주가 생기는 경우에는 자본금감소의 경우(443조)와 같이 처리한다(360조의11 1항). 또한 완전자회사가 되는 회사의 주식을 목적으로 하는 질권자는 주식의 교환으로 인하여 종전의 주주가 받을 금전이나 주식에 대하여 물상대위권(360조의11 2항, 339조)을 행사하고, 등록질권자는 회사에 대하여 종전의 주주가 받을 주식에 대한 주권의 교부를 청구할 수 있다(동항, 340조 3항).

(7) 주식교환정보의 사후공시

이사는 ① 주식교환의 날, ② 주식교환의 날에 완전자회사가 되는 회사에 현존하는 순자산액, ③ 주식교환으로 인하여 완전모회사에 이전한 완전자회사의 주식의 수, ④ 기타 주식교환에 관한 사항을 기재한 서면을 주식교환의 날로부터 6월간 본점에 비치하여야 한다(360조의12).

주주는 영업시간 내에 주식교환경과설명서의 열람 또는 등사를 청구할 수 있다(360조의12 2항, 391조의3 3항). 한편, 주식교환은 각 회사의 주주구성에 변동을 초래할 뿐 각 회사의 자산상황에 변동을 초래하는 것은 아니므로 주식교환에 의하여 채권자를 해할 염려는 없다. 따라서 채권자에게는 비치서류의 열람권을 인정하지 않고 있다.

3. 주식교환의 효과

(1) 완전모회사의 자본금증가

하지만 완전모회사가 되는 회사의 자본금은 주식교환의 날에 완전자회사가 되는 회사에 현존하는 순자산액에서 다음의 금액을 뺀 금액을 초과하여 증가시킬 수 없다. ① 완전자회사가 되는 회사의 주주에게 제공할 금전이나 그 밖의 재산의 가액, ② 상법 제360조의3 제3항 제2호에 따라 완전자회사가 되는 회사의 주주에게 이전하는 자기주식의 장부가액의 합계액(360조의7 1항).

주식교환에 의하여 완전모회사가 되는 회사는 반드시 자본금을 증가시킬 필요는 없으나, 이를 증가할 때는 완전모회사가 되는 회사의 자본금충실을 해하지 않도록 하기 위하여 둔 규정이다.

(3) 완전모회사의 이사·감사의 임기

완전모회사가 되는 회사의 이사 및 감사로서 주식교환 전에 취임한 자는 주식교환계약서에 다른 정함을 기재한 경우가 아니면 주식교환 후 최초로 도래하는 결산기에 관한 정기총회가 종료하는 때에 퇴임한다(360조의13). 이는 새롭게 완전모회사의 주주가 되는 자를 포함하여 완전모회사 주주전원으로 구성된 주주총회에서 새로운 이사·감사를 선임하기 위함이다.

4. 주식교환무효의 소

(1) 주식교환무효소의 원인

주식교환무효의 소의 원인은 주식교환절차에 하자가 있는 경우, 주식교환계약서의 기재사항에 흠결이 있는 경우, 주식교환계약서 등의 서류비치의무를 해태한 경우, 주주총회승인결의에 하자가 있는 경우 등이다.

(2) 주식교환무효소의 절차

1) 소의 제기권자

주식교환무효의 소는 각 회사의 주주, 이사, 감사나 감사위원회 위원 또는 청산인만이 제기할 수 있다(360조의13 1항). 주식교환은 단순히 주주 구성에 변동이 생길 뿐 회사는 존속하고 있고, 따라서 채권자를 보호할 필요성도 없기 때문에 채권자는 주식교환무효의 소의 제기권자에서 제외하였다. 2인 이상이 제소한 경우에는 유사필요적 공동소송이 된다. 주식교환무효의 소의 피고는 쌍방의 회사이고, 이 관계는 고유필요적 공동소송이므로 일방의 회사만을 피고로 하는 소는 부적법하다.

주주가 주식교환무효의 소를 제기한 때에는 법원은 회사의 청구에 의하여 상당한 담보를 제공할 것을 명할 수 있다. 그러나 주주가 이사 또는 감사인 때에는 그러하지 아니하다(360조의13, 377조). 이사나 감사는 회사의 이익을 위하여 주식교환무효의 소의 원인이 있는 때에는 소를 제기할 의무가 있기 때문에 담보제공의무가 없는 것이다.

2) 제소기간

주식교환무효의 소는 주식교환의 날로부터 6월 내에 소로써만 주장할 수 있도록 하였다. 소가 제기되면 회사는 지체없이 이를 공고하여야 한다(360조의13 4항, 187조).

3) 관할법원

주식교환무효의 소는 완전모회사가 되는 회사의 본점소재지의 지방법원의 관할에 전속한다(360조의13 2항). 수개의 주식교환무효의 소가 제기된 때에는 법원은 이를 병합심리하여야 한다(360조의13 4항, 188조).

(3) 판결의 효력

주식교환을 무효로 하는 판결이 확정된 때에는 완전모회사가 된 회사는 주식교환을 위하여 발행한 신주 또는 신주에 갈음하여 이전한 자기주식(360조의6)의 현재 주주에 대하여, 그가 소유하였던 완전자회사가 된 회사의 주식을 이전하여야 한다(360조의13 3항). 그 신주 또는 자기주식에 관한 질권자도 위 단주처리의 경우와 같이 보호받는다(360조의14 4항, 340조 3항).

무효판결의 효력은 제3자에 대하여도 효력이 있다(360조의13 4항, 190조 본문). 주식교환무효의 판결이 확정된 때에는 신주는 장래에 대하여 그 효력을 상실하며(360조의13 4항, 431조 1항), 회사는 지체없이 그 뜻과 일정한 기간 내에 신주의 주권을 회사에 제출할 것을 공고하고 주주명부에 기재된 주주와 질권자에 대하여 각별로 통지하여야 한다(360조의13 4항, 431조 2항).

주식교환무효의 소를 제기한 자가 패소한 경우 악의 또는 중대한 과실이 있는 때에는 회사에 대하여 연대하여 손해를 배상할 책임이 있다(360조의13 4항, 191조).

(4) 변경등기

주식교환무효의 소의 판결이 확정된 때에는 각 회사의 본점과 지점의 소재지에서 등기하여야 한다(360조의13 4항, 192조).

Ⅲ. 주식의 포괄적 이전

1. 의 의

주식의 포괄적 이전(이하 주식이전이라 한다)이란 완전자회사가 되는 회사의 주주가 소유하는 그 회사의 주식은 주식이전에 의하여 설립하는 완전모회사에 이전하고, 완전자회사가 되는 회사의 주주는 완전모회사가 주식이전을 위하여 발행하는 주식의 배정을 받음으로써 그 완전모회사의 주주가 되는 것을 말한다(360조의15 2항). 주식이전제도는 현물출자의 방식으로 지주회사를 설립하는 경우의 문제점을 보완한 조직법상의 행위이다.

2. 주식이전의 절차

(1) 주식이전계획서의 작성

주식을 이전하고자 하는 회사는 주식이전계획서를 작성하여야 한다(360조의16 1항). 주식이전계획서에는 다음의 사항을 기재하여야 한다.

1) 설립하는 완전모회사의 정관규정(동항 1호)

주식이전에 의하여 완전모회사가 설립되므로 그 조직과 활동의 근간을 규정하는 정관규정을 완전자회사가 되는 회사의 주주총회의 특별결의에 의한 승인을 얻도록 했다. 그러나 완전자회사가 되는 회사에 관하여는 주식이전을 하여도 일반적으로 정관의 기재사항이 변경되는 것은 아니고, 주식을 이전한 다음에는 완전모회사만이 주주이고 언제든지 정관변경을 할 수 있기 때문에 주주총회의 승인사항으로 하지 않았다.

2) 설립하는 완전모회사가 주식이전에 있어서 발행하는 주식의 종류와 수 및 완전자회사가 되는 회사의 주주에 대한 주식의 배정에 관한 사항(동항 2호).

완전자회사가 되는 회사의 주주에게는 설립되는 완전모회사의 주식이 배정되므로, 주주총회의 승인사항으로 하였다.

3) 설립하는 완전모회사의 자본금의 액 및 자본준비금에 관한 사항(동항 3호)

완전모회사의 자본금은 주식이전의 날에 완전자회사가 되는 회사에 현존하는 순자산액에서 그 회사의 주주에게 지급할 금액을 공제한 액을 초과하지 못하므로(360조의17), 이 자본금의 한도액 중 자본금에 전입되지 않은 액은 자본준비금으로서 적립하도록 하고 있다.

4) 완전자회사가 되는 회사의 주주에게 제2호에도 불구하고 금전이나 그 밖의 재산을 제공하는 경우에는 그 내용 및 배정에 관한 사항(동항 4호)

본호는 완전모회사가 되는 회사가 주식이전교부금을 지급할 때는 그 금액 등에 관하여 주주총회의 승인을 받도록 한 것이다. 가령 복수의 회사가 공동하여 주식이전에 의한 공동의 완전모회사를 설립하는 경우에는 각 회사의 주주에게 배당하는 완전모회사의 주식비율을 조정하기 위하여 일방 또는 쌍방의 회사 주주에 대하여 일정한 금전이나 그 밖의 재산을 제공할 필요성이 있다.

5) 주식이전을 할 시기(동항 5호)

주식이전의 등기를 제외한 주식이전을 위하여 필요한 모든 법정절차를 종료할 예정일을 의미한다. 주식이전에는 채권자보호절차가 필요 없으므로 구체적으로는 주권제출공고기간의 만료일의 예정일이 주식이전을 할 시기가 될 것이다.

6) 완전자회사가 되는 회사가 주식이전의 날까지 이익배당 또는 중간배당을 하는 경우에는 그 한도액(동항 6호)

주식을 이전할 때까지 이익배당 또는 중간배당을 하는 때에는 각 회사의 자산상황에 변동이 생기므로, 이를 고려하여 각사의 주주에게 배당되는 주식배당비율의 적부를 판단할 필요가 있다.

7) 설립하는 완전모회사의 이사와 감사 또는 감사위원회 위원의 성명과 주민등록번호(동항 7호)

주식이전에 의하여 완전모회사가 설립되므로 모회사의 기관인 이사와 감사에 대하여 주주총회의 승인을 얻도록 한 것이다.

8) 회사가 공동으로 주식이전에 의하여 완전모회사를 설립하는 때에는 그 취지(동항 8호)

주식이전은 완전자회사가 되는 회사가 단독으로 완전모회사를 설립하는 것이 일반적이나, 수개의 회사가 공동으로 완전모회사를 설립할 수도 있다. 본 호는 수개의 회사가 공동으로 주식이전을 하는 경우에는 다른 회사의 주주에 대한 완전모회사의 주식배당비율에 관하여도 주주총회의 승인을 받도록 명확히 할 취지에서 규정된 것이다.

(2) 주식이전의 승인

이사는 주식이전계획서를 가지고 주주총회의 승인을 얻어야 한다(360조의16 1항). 그 승인은 특별결의로 하여야 한다(360조의16 2항). 그 주주총회의 소집통지와 공고에는 ① 주식이전계획서의 주요내용(360조의3 4항 1호), ② 반대주주의 주식매수청구권의 내용 및 행사방법(동항 2호), ③ 일방회사의 정관에 주식양도제한에 관한 규정이 있고 다른 회사의 정관에 그 규정이 없는 경우 그 뜻(동항 3호)을 기재하여야 한다(360조의16 3항). 주주에 대하여 어떠한 조건으로 주식이전이 이루어지는가를 명확히 하기 위하여 주식이전의 의안의 요령은 주주총회의 소집통지에 기재하여야 한다(360조의15 3항, 360조의3 4항).

주식이전으로 인하여 주식이전에 관련되는 각 회사의 주주의 부담이 가중되는 경우에는 위의 주주총회의 승인 외에도 제436에 의한 종류주주총회의 결의를 거쳐야 하고 그 주주 전원의 동의가 있어야 한다(360조의16 4항).

(3) 반대주주의 주식매수청구권

주식이전계획서의 승인사항에 관하여 이사회의 결의가 있는 때에 그 결의에 반대하는 주주(의결권이 없거나 제한되는 주주 포함)는 주주총회 전에 회사에 대하여 서면으로 그 결의에 반대하는 의사를 통지한 경우에 그 총회의 결의일부터 20일 이내에 주식의 종류와 수를 기재한 서면으로 회사에 대하여 자기가 소유하고 있는 주식의 매수를 청구할 수 있다(360조의22, 360조의5).

(4) 주식이전계획서 등 서류의 공시

이사는 주식이전의 승인을 얻기 위한 주주총회 회일의 2주간 전부터 주식이전의 날 이후 6월을 경과하는 날까지 ① 주식이전계획서, ② 완전자회사가 되는 회사의 주주에 대한 주식의 배정에 관하여 그 이유를 기재한 서면, ③ 주식이전을 위한 주주총회의 회일 전 6월 이내의 날에 작성한 완전자회사가 되는 회사의 최종의 대차대조표 및 손익계산서를 본점에 비치하여야 한다(360조의17 1항).

주주는 영업시간 내에 주식이전계획서 등 비치된 서류의 열람 또는 등사를 청구할 수 있다(360조의17 2항, 391조의3 3항).

(5) 완전자회사로 되는 회사주권의 실효절차

주식이전에 의하여 완전자회사가 되는 회사는 주식이전의 승인결의를 한 때에는 그 뜻, 1월을 초과하여 정한 기간 내에 주권을 회사에 제출하여야 한다는 뜻, 주식이전의 날에 주권이 무효가 된다는 뜻을 공고하고, 주주명부에 기재된 주주와 질권자에 대하여 따로 따로 그 통지를 하여야 한다(360조의19 1항). 주권의 실효절차에 관한 규정을 둔 취지는 주식이전을 함에 있어서 설립되는 완전모회사가 발행하는 주식을 배정받는 완전자회사로 되는 회사의 주주를 파악하기 위해 주권제출을 요구하고, 그 요구에 따라 제출된 주권여부를 묻지 않고 완전자회사가 되는 회사의 모든 주권은 무효로 한 것이다.

주권제출공고가 있었던 경우에 완전자회사가 되는 회사의 주권을 제출할 수 없는 자가 있는 때에는, 완전자회사가 되는 회사는 그 자의 청구에 의하여 3월 이상의 기간을 정하고, 이해관계인에 대하여 그 주권에 대한 이의가 있으면 그 기간내에 제출할 뜻을 공고하고, 그 기간내에 이의를 제기하는 자가 없는 경우에는 회사는 신주권을 청구자에게 교부할 수 있다(360조의19 2항, 442조 1항). 이것은 제권판결에 의하지 않는 간이한 방법으로, 주권을 제출할 수 없었던 자를 보호함과 동시에 주식이전의 절차를 원활히 진행하기 위함이다.

(6) 그 밖의 준용절차

단주 등의 처리(360조의11), 주식이전정보의 사후공시(360조의12)에 관한 절차는 주식교환의 경우와 같다(360조의22).

(7) 주식이전의 등기

주식이전을 한 때에는 설립한 완전모회사의 본점의 소재지에서는 2주간 내에, 지점의 소재지에서는 3주간 내에 상법 제317조 제2항에서 정하는 회사설립등기사항을 등기하여야 한다(360조의20).

3. 주식이전의 효력

(1) 주식이전의 효력발생시기

주식이전은 이로 인하여 설립한 완전모회사가 그 본점소재지에서 일정한 기간내에 주식이전의 등기를 함으로써 그 효력이 발생한다(360조의21).

(2) 완전모회사의 자본금의 한도액

설립하는 완전모회사의 자본금은 주식이전의 날에 완전자회사가 되는 회사에 현존하는 순자산액에서 그 회사의 주주에게 제공할 금전 및 그 밖의 재산가액을 공제한 액을 초과하지 못한다(360조의18).

4. 주식이전무효의 소

회사의 주식이전의 무효는 각 회사의 주주, 이사, 감사, 감사위원회의 위원 또는 청산인에 한하여 주식이전의 날로부터 6월내에 소로써만 이를 주장할 수 있다(360조의23 1항). 주식이전무효의 소는 완전모회사가 되는 회사의 본점소재지의 지방법원의 관할에 전속한다(360조의23 2항).

주식이전을 무효로 하는 판결이 확정된 때에는 완전모회사가 된 회사는 주식이전을 위하여 발행한 주식의 주주에 대하여 그가 소유하였던 완전자회사가 된 회사의 주식을 이전하여야 한다(370조의22 3항).

그밖에 소제기의 공고(187조), 병합심리(188조), 하자의 보완 등과 청구기각(189조), 판결의 대세적 효력과 불소급효(190조), 패소원고의 책임(191조), 설립무효의 등기(192조), 설립무효판결의 효력(193조), 제소주주의 담보제공의무(377조), 질권의 물상대위(339조) 및 질권자의 주권교부청구권(340조 3항)에 관한 규정은 모두 주식이전무효의 소에 준용된다(360조의23 4항).

Ⅳ. 삼각조잭재편

1. 개 설

삼각조직재편은 삼각합병, 삼각주식교환 및 역삼각합병을 들 수 있다. 2011년 개정상법에서 순삼각합병제도를 도입하였고, 2015년 개정상법에서 삼각주식교환 및 삼각주식교환을 거친 후 삼각합병을 하는 역삼각합병제도를 도입하였다. 이러한 삼각조직재편제도는 모회사주식을 이용하는 조직재편으로 모회사는 실질적으로 조직재편의 주체이면서도 주주총회결의를 거치지 않아도 되며, 반대주주의 주식매수청구권도 인정되지 않아 자금부담이 없으며, 대상회사의 주주에게는 과세이연이 허용되어 법적, 경제적 측면에서 효용성이 있다.

2. 삼각합병

(1) 삼각합병의 개념

삼각합병이란 어느 회사가 자회사를 설립하고 모자회사관계가 된 다음, 자회사가 다른 회사와 흡수합병하게 되는데, 이때 자회사는 흡수합병으로 소멸되는 회사의 주주에게 모회사의 주식 등을 교부하는 것을 말한다(정삼각합병: straight(or forward) triangular merger). 정삼각합병에서 모회사를 매수모회사(A), 존속자회사(S), 흡수합병후 소멸되는 회사를 매수대상회사(T)라 하면, 다음 그림과 같다.[15)]

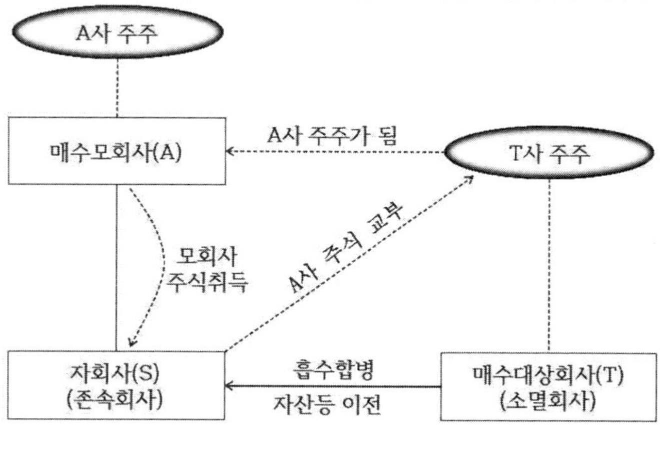

《 정삼각합병 》

존속자회사(S)는 합병의 대가로 소멸하는 매수대상회사(T)의 주주에게 모회사의 주식이나 현금, 기타 유가증권이나 재산 등을 제공할 수 있다.

15) 김지환, "삼각합병의 활용과 법적 과제", 「기업법연구」 제25권 제4호, 2011. 12. 30, 73쪽 이하 참조.

3. 삼각합병의 활용방안

(1) 그룹의 유지 및 그룹 내의 조직재편성

그룹내의 모회사 지배하에 있는 사업자회사가 그룹외의 다른 회사와 합병을 하는 경우에 그 대가로 자기주식을 지급하게 되면 그룹지주회사라는 조직이 붕괴할 수 있다. 삼각합병제도를 활용하면 이러한 문제가 해결된다.

(2) 순수지주회사의 자회사 조직재편성

순수지주회사 그 자체는 구체적인 사업활동을 영위하지 않기 때문에 사업회사와 합병하기 어렵고, 완전자회사와 다른 사업회사간에 합병을 도모하면서 완전모자회사관계를 유지하려 할 때 삼각합병을 활용할 수 있다.

(3) 주주유한책임을 활용한 부실기업 재건

회사의 재무구조가 좋지 않은 회사와 합병하는 경우, 일반 합병에서는 합병후 존속하는 회사가 피합병회사의 위험을 모두 부담하고 법적인 책임도 져야 한다. 삼각합병을 이용하여 자회사와 합병하면 합병모회사는 완전자회사에 대해 유한책임의 이익을 향수하게 된다.

(4) 국제 회사 간의 삼각합병

국내회사가 외국회사와 합병하고자 할 때, 외국에 자회사를 설립한 후에 그 자회사와 외국회사를 합병하면서 국내모회사 주식을 교부하는 삼각합병(cross-border)을 할 수 있다. 다만 외국법제가 삼각합병을 허용하여야 한다. 반대로 외국회사가 국내회사와 합병하고자 할 때, 국내 자회사를 설립하고 자회사와 국내회사를 합병하면서 외국모회사의 주식을 교부하는 삼각합병을 할 수 있다. 이러한 국제간의 삼각합병은 일반합병인 국외 합병회사와 국내 피합병회사간에 초래될 수 있는 저항을 완화할 수도 있다.

4. 삼각흡수합병의 법적 절차

상법은 삼각합병의 절차에 관하여 자회사의 모회사주식취득허용 이외에는 특별한 규정을 두고 있지 않다. 삼각합병은 어디까지나 일반 합병의 절차에 따르지만, 그 특수한 몇 가지 점은 검토가 필요하다.

(1) 자회사의 설립 및 합병각서

이미 자회사가 존재하는 그룹에서의 삼각합병이라면 몰라도 그렇지 않으면 삼각합병을 행하기 위하여 자(손)회사를 설립하여야 한다. 이 경우 자(손)회사는 페이퍼 캄퍼니 형태로 설립하는 경우가 있다. 이 때 모자회사관계를 유지하면서도 모회사가 자(손)회사 주식을 어느 정도 소유할 것인가에 관한 것은 자(손)회사 설립비용자금의 조달능력, 자(손)회사에 소수주주가 존재할 경우의 부담감, 세제혜택 등을 종합 검토하여 결정하여야 할 것이다.

(2) 삼각흡수합병계약체결

(가) 당사자

삼각흡수합병계약의 당사자는 자회사(S)와 매수대상회사(T)이고 매수모회사(A)는 당사자가 아니다. 그럼에도 불구하고 실무적으로는 매수모회사(A)를 포함한 3당사자간에 계약을 체결하고 자회사에 의한 모회사주식취득, 합병의 대가로써 모회사 주식의 내용(보통주식인가 종류주식인가, 종류주식의 경우에 그 권리 내용) 및 수 그리고 그 산정방식 등 제반사항에 관하여 합의를 해 두고 계약서에 기재하는 것이 합리적이다.

(나) 자회사에 의한 모회사주식 취득

삼각합병계약의 당사자는 자회사(S)와 매수대상회사(T)이므로, 매수모회사(A)가 매수대상회사(T)의 주주에게 직접적으로 자회사주식을 교부할 수 없다. 자회사가 모회사 주식을 취득한 후에 매수대상회사(T)의 주주에게 교부한다. 원칙적으로 자본금충실의 원칙과 자본금의 공동화 현상을 방지하기 위해 자회사에 의한 모회사 주식취득은 금지되나(342조의2 1항), 삼각합병시 예외적으로 이를 허용한다(523조의2). 그렇지만 모회사 주식의 취득방법이나 시기, 취득수량 등에 관해서는 규정이 없고 해석에 맡겨져 있다.

(a) 모회사주식 취득시기

자회사가 삼각합병의 대가를 지급하기 위해 모회사 주식을 취득하는 시기에 대하여 의문이 있다. 이에 대해 모회사주식취득은 원칙적으로 금지라는 점, 합병대가로 이용되지 않는 모회사주식의 취득은 허용되지 않는다는 점, 삼각흡수합병계약 전에 모회사 주식을 취득하고 그 후에 흡수합병교섭이 결렬되면 취득한 모회사주식이 공중에 뜨게 된다는 점 때문에 삼각흡수합병계약체결 후에 취득하는 것이 원칙이라는 견해가 일본에서 다수이다. 생각건대, 어짜피 합병대가로써 지급되어야 할 모회사주식 수량 등은 합병비율이나 합병교부금 등의 지급과 관계가 있고, 이것은 합병계약체결시에 윤곽이 드러나므로, 자회사의 모회사 주식취득시작 시점은 합병계약체결을 한 시점 이후라고 해석하는 것이 합리적이다. 또한 이것이

삼각합병에서 자회사의 모회사주식취득을 허용한 입법취지에도 맞고, 남용의 위험도 제거할 수 있다고 생각한다.

(b) 모회사주식취득 수량

삼각합병을 위하여 자회사는 모회사 주식을 어느 정도 취득할 수 있을지가 문제이다. 일본 회사법 제800조 제1항은 「흡수합병시에 소멸회사의 주주에 대하여 교부하는 당해 모회사 주식의 총수를 초과하지 않는 범위에 있어서 당해 모회사 주식을 취득할 수 있다」고 규정하고 있다. 우리 개정 상법은 이에 관한 규정이 없다. 실무상은 최대 필요한도까지 모회사주식을 취득해 둘 필요성이 있다고 한다. 또한 실무상은 합병계약체결시부터 효력발생때 까지 소멸회사에 신주가 발행되는 경우에 그러한 증가분을 정확히 알 수 없으므로 예상 보다 다수를 취득할 수 있다고 한다. 결론적으로는 자회사가 모회사 주식을 초과취득했다고 하더라도 합리적인 범위내라면 문제가 없다고 생각되며, 그 초과취득한 주식은 합병의 효력발생일로부터 6개월내에 처분하여야 할 것이다(342조의2 2항).

(다) 자회사에 의한 모회사 주식취득방법 및 자금조달방안

자회사가 합병대가를 제공하기 위해 모회사 주식을 취득하여야 하는데, 그 취득방법과 주식취득에 따른 자금조달에 관해 상법상 규정은 없다. 모회사가 자회사에 대하여 직접 신주발행이나 자기주식의 처분을 행하고 이를 자회사가 취득하는 방법이 있고, 또 자회사가 시장에서 모회사 주식을 취득하는 방법이 있다. 그러나 후자는 모회사 주식의 시장가격이 폭등하게 되고 필요한 수량만큼 확보하는 것도 곤란하며 시장을 교란시킬 수도 있으므로 그다지 현실적이지 않다. 결론적으로 모회사가 자회사에 대해 신주를 발행하거나 모회사의 자기주식 처분으로 자회사가 취득할 수 밖에 없다고 생각된다.

(3) 삼각합병계약승인

삼각합병의 경우에도 합병당사회사의 주주총회 특별결의를 요한다. 다만 매수모회사(A)의 주주총회결의는 필요 없다. 또한 매수대상회사(T) 총주주의 동의가 있거나 그 회사의 발행주식총수의 100분의 90 이상을 존속자회사(S)가 소유하고 있다면 매수대상회사(T)의 주주총회 승인은 이사회의 승인으로 갈음할 수 있다(527조의2 2항 전단). 나아가 존속자회사(S)가 삼각합병으로 인하여 발행하는 신주의 총수가 존속자회사(S)의 발행주식총수의 100분의 10을 초과하지 않으면 그 존속자회사의 주주총회의 승인은 이사회의 승인으로 갈음할 수 있다(527조의3 1항). 다만 합병으로 인하여 소멸하는 회사의 주주에게 지급할 금액을 정한 경우에 그

금액이 존속자회사의 최종 대차대조표상으로 현존하는 순자산액의 100분의 5를 초과하는 때에는 그러하지 아니하다.

(4) 삼각합병반대주주의 주식매수청구권

삼각합병에 반대하는 주주는 회사에 대하여 주식의 매수를 청구할 수 있다(522조의3 1항). 간이합병의 경우에는 반대주주의 주식매수청구권이 인정되나(522조의3 2항), 소규모합병의 경우에는 주식매수청구권이 인정되지 않는다(527조의3 5항). 물론 완전모자회사의 관계라면 존속자회사의 경우 소수주주가 없기 때문에 반대주주의 주식매수청구권 자체가 필요 없다. 주식매수청구권의 행사가액에 관하여는 협의에 의하되, 30일 이내에 협의가 이루어지지 않으면 법원에 매수가액의 결정을 청구할 수 있다(374조의2 3항). 다만 자본시장법상 주주와 회사간에 협의가 이루어지지 않으면 주식시장의 시가에 따라 산정하되(자시법 165조의5 3항, 동법 시행령 176조의7 2항) 이 가액에도 회사 또는 주주가 반대하면 법원에 매수가액의 결정을 청구할 수 있다(자시법 165조의5 3항 단서).

5. 삼각분할합병

분할합병 시 분할승계회사인 자회사 S는 자신의 모회사인 P주식을 취득하고 흡수분할합병되는 T회사의 주주에게 분할흡수합병의 대가로써 그 모회사 P주식을 지급한다(530조의6 4항). 흡수분할합병되는 T회사는 소멸하고 T회사의 주주는 P회사의 주주로 지위가 바뀐다.

6. 삼각주식교환

삼각주식교환이란 완전모회사가 될 P가 자회사 S(기존의 자회사 또는 신설)로 하여금 주식교환의 대상회사인 T와 주식의 포괄적 교환계약을 체결하도록 하되, 자회사 S는 완전모회사 P의 주식을 취득하여 대상회사 T의 주식전부와 교환하게 하는 것이다(360조의3 6항). 삼각주식교환절차가 종료되면 T는 P의 완전자회사가 되고, 본래 T의 주주는 P의 주주로 그 지위가 바뀐다. 삼각주식교환 시 주식교환의 법적 당사자는 자회사 S와 그 대상회사 T가 되지만, 실질적 경제적 주체는 P가 된다.

7. 역삼각합병

미국에서는 역삼각합병이 허용된다. 미국의 역삼각합병(reverse triangular merger)

이란 삼각합병과 달리 매수모회사(A)의 자회사(S)가 소멸하여 매수대상회사(T)에 흡수합병되는데, 매수대상회사(T)의 주주에게 매수모회사(T)의 주식을 교부하는 것을 말하며, 다음 그림과 같다.

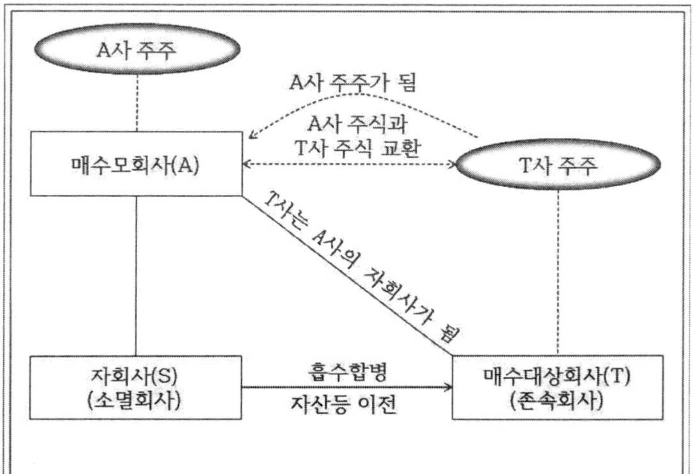

《 역삼각합병 》

매수대상회사(T)가 금융업, 통신업인 경우와 같이 인허가 때문에 그 매수대상회사(T)를 존속시킬 필요성이 있는 경우에 역삼각합병은 유용하다.

그렇지만 우리 상법은 미국과 같은 역삼각합병을 도입하지 않고 있다. 그 대신 우리 상법은 1단계로 주식교환을 한 후에 2단계로 삼각합병을 하여 역삼각합병을 하는 형태를 2015년 개정상법에서 도입하였다. 즉 매수대상회사(T)를 완전자회사 한 후에 매수모회사(A)의 자회사(S)를 소멸회사, 매수대상회사(T)를 존속회사로 합병하면 역삼각합병이 된다.

V. 소수주식 강제매도 · 매수

1. 소수주식의 전부 이전의 필요성과 문제성

주식의 매도청구와 매수 청구에 의한 소수주식 전부 이전은 지배주주가 소수주식의 전부를 취득할 수 있도록 강제매도와 강제매수를 가능하게 한 제도이며, 외국 입법례를 참고하여 2011년 개정에서 신설한 것이다. 소수주식에 대한 관리 비용이 많이 들고 소수주주의 경우도 출자 회수의 길이 막혀 있는 상황에서 어느 일방의 매도나 매수가 강제되어 소수주식 전부 이전이 이루어지는 경우에 동업관계 해소와 투자자금 회수가 용이하게 된다. 이와 같은 배경에서 주식의 매도청구와 매수청구에 관한 규정이 도입된 것이라고 하겠다. 특히 주식의 강제매도 청구의 경우는 발행주식의 95% 이상을 보유하는 경우에는 지배력을 가진 특정 주주가 회사 주식의 대부분을 보유하고 있는 것이어서 한편으로는 대주주와 소수주주 사이의 동업관계 해소의 방식으로서 상당한 의미를 가진다고 여겨진다.

그런데 이러한 강제적인 소수주식 전부 취득 제도는 소수주주 퇴출제도의 다른 이름이며, 특히 주식의 매도청구에 의한 소수주식 전부 이전은 일방 당사자인 지배주주의 일방적 의사로써 상대방인 소수주주에 대한 강제 축출이 이루어짐을 의미하는 것으로서 피축출 당사자의 의사 실현의 제한이라는 문제가 관련되어 있으며, 그 외에도 강제매도와 강제매수 모두 해당하는 문제로 퇴출되는 소수주주의 주식에 대한 공정한 가격의 결정도 문제된다고 할 것이다.

2. 지배주주의 주식매도청구

회사 발행주식총수의 95% 이상을 자기계산으로 보유하는 주주는 회사의 경영상 목적을 달성하기 위하여 필요한 경우에는 회사의 다른 주주에게 그 보유하는 주식의 매도를 청구할 수 있다(360조의24 1항). 지배주주가 회사인 경우에는 그 보유주식 수를 산정할 때 모회사와 자회사가 보유한 주식을 합산한다. 이 경우에 회사가 아닌 주주가 발행주식총수의 100분의 50을 초과하는 주식을 가진 회사가 보유하는 주식도 그 주주가 보유하는 주식과 합산한다(360조의24 2항). 자기 계산이면 족하므로 자기 명의로 보유하고 있어야 하는 것은 아니며, 경영상의 목적을 달성하기 위하여 필요한 경우란 소수주주가 회사의 원만한 운영에 지장을 주는 경우이다.

이러한 주식 매도 청구를 위해서는 주주총회의 승인을 받아야 한다(360조의24 3항). 승인을 위한 주주총회 소집을 통지할 때에 그 통지서에는 지배주주의 회사 주식보유 현황, 매도청구의 목적, 매매가액 산정의 근거와 그 적정성에 관한 공인된 감정인의 평가, 매매가액 지급의 보증 등에 관한 사항을 적어야 하며, 매도청구를 하는 지배주주는 주주총회에서 그 내용을 설명하여야 한다(360조의24 4항). 이는 소수주주에게 미리 정보와 대비할 기회를 제공하기 위한 것이다.

주주총회 승인이 있으면 지배주주는 주주총회 승인 후 매도청구의 날 1개월 전까지 소수주주가 매매가액 수령과 동시에 주권을 지배주주에게 교부하여야 한다는 뜻과 교부하지 않으면 매매가액을 수령하거나 지배주주가 매매가액을 공탁한 날에 주권은 무효가 된다는 뜻을 공고하고, 주주명부에 적힌 주주와 질권자에게 따로 그 통지를 하여야 한다(360조의24 5항).

지배주주가 요건을 구비하여 매도청구를 한 경우 소수주주는 청구를 받은 날로부터 2개월 내에 지배주주에게 매도하여야 한다(360조의24 6항). 매매가격 결정은 당사자의 협의로 하되 결정이 이루어지지 않으면 당사자는 법원에 매매가액 결정을 청구할 수 있다(360조의24 8항). 이에 따라서 법원이 매매가액을 결정하는 경우에는 회사의 재산상태와 그 밖의 사정을 고려하여 공정한 가액으로 하여야 한다(360조의24 9항).

3. 소수주주의 주식매수청구

지배주주가 있는 회사의 소수주주는 언제든지 지배주주에게 그 보유주식의 매수를 청구할 수 있다(360조의25 1항). 주식 매수 청구를 받은 지배주주는 청구한 날을 기준으로 2개월 내에 매수를 청구한 주주들로부터 주식을 매수하여야 한다(360조의25 2항). 이 경우 매매가액은 매수청구를 한 소수주주와 지배주주의 협의로 결정한다(360조의25 3항). 그런데 지배주주가 매수청구를 받은 날로부터 30일 내에 그러한 협의로 매매가액이 결정되지 않으면 당사자 일방이 법원에 그 결정을 청구할 수 있고(360조의25 4항), 법원은 회사의 재산상태와 그 밖의 사정을 고려하여 공정한 매매가액을 산정하여야 한다(360조의25 5항).

4. 주식 이전 시기

지배주주의 매도청구나 소수주주의 매수청구에 의하여 주식 이전이 이루어지는 경우 그 시점이 문제된다. 주식 이전 시기는 어느 경우이든지 지배주주가 소수주주에게 매매가액을 지급한 때로 본다. 누구에게 지급해야 할지를 알 수 없거나 소수주주가 수령을 거부한 경우에는 지배주주는 매매가액을 공탁할 수 있다. 이 경우에 주식을 공탁한 날에 지배주주에게 이전된 것으로 본다(360조의26 2항).

제5절 會社의 組織變更

Ⅰ. 조직변경의 의의와 제한

1. 조직변경의 의의

회사가 다른 종류의 회사로 전환하기를 바라는 경우에 일단 회사를 해산하고 새로운 다른 종류의 회사를 설립하는 것은 노력과 비용 및 기업유지의 관점에서도 바람직하지 않다. 그래서 회사가 법인격의 동일성을 유지하면서 법률상의 조직을 변경하여 다른 종류의 회사로 변경할 수 있도록 한 것이 조직변경(Umwandlung)이다. 회사의 조직변경은 변경 후에도 법률상의 권리·의무의 주체로서 그 동일성이 유지된다는 점에서 다른 회사의 권리의무를 포괄적으로 승계하는 합병과 다르다.

2. 조직변경의 제한

회사의 조직변경은 물적회사간이나 인적회사 간에만 인정되며, 인적회사와 물적회사 간에는 인정되지 않는다. 합명회사와 합자회사, 주식회사와 유한회사, 주식회사와 유한책임회사 간에만 가능하다(242조, 269조, 604조, 607조). 이를 보건대 유한책임회사는 입법자에 의해서 물적회사로 분류되었다고 할 것이다.

판례에 따르면「합자회사가 그 목적, 주소, 대표자 등이 동일한 주식회사를 설립한 다음 합자회사를 흡수합병하는 형식을 밟아 사실상 합자회사를 주식회사로 변경하는 효과를 꾀하였다 하더라도 이를 법률상의 조직변경으로 볼 수는 없다」고 판시하고 있다(대판 1985. 11. 12, 85누69판결).

3 각종 회사의 조직변경

(1) 합명회사→합자회사

합명회사는 총사원의 동의로 일부사원을 유한책임사원으로 하거나 유한책임사원을 새로 가입시켜 그 조직을 합자회사로 변경할 수 있다(242조 1항). 이 경우에 소정의 기간 내에 합명회사는 해산등기, 합자회사는 설립등기를 하여야 한다(243조). 조직변경에 의하여 유한책임사원이 된 자는 본점소재지에서 설립등기를 하기 전에 생긴 회사 채무에 대하여 등기 후 2년 내에는 무한책임사원으로서 책임을 져야 한다(244조).

(2) 합자회사 → 합명회사

합자회사는 존속 중에는 총사원의 동의로, 유한책임사원 전원이 퇴사한 경우에는 무한책임사원 전원의 동의로 그 조직을 합명회사로 변경할 수 있다(286조 1항). 합자회사가 합명회사로 조직변경하면 변경 전보다 사원의 책임이 가중되므로 채권자보호를 위한 규정이 필요 없다.

(3) 주식회사 → 유한회사

주식회사를 유한회사로 조직변경하려면, 총주주의 일치에 의한 총회결의가 있어야 하고(604조 1항), 이 결의에서는 정관변경 기타 조직변경에 필요한 사항을 정하여야 한다(604조 3항). 그러나 사채를 상환하기 전에는 유한회사로 변경하지 못하고(604조 1항 단서), 조직변경 후에 유한회사의 자본금총액은 회사에 현존하는 순자산액보다 많게 하지는 못한다(604조 2항). 이에 위반하여 순자산액이 자본금총액에 부족할 때에는 조직변경 결의 당시의 이사와 주주는 회사에 대하여 연대하여 부족액을 지급할 책임을 지며(605조 1항), 이사의 책임은 총주주의 동의로 면제할 수 있으나(605조 2항, 551조 3항), 주주의 전보책임은 면제하지 못한다(605조 2항, 550조 2항, 551조 2항). 그 밖에 자본금감소의 경우에 준하여 채권자보호절차(232조)를 밟아야 하고(608조), 소정의 등기를 하여야 조직변경의 효력이 생긴다.

종전의 주식에 대한 질권은 변경 후의 지분에 대하여 물상대위의 효력이 있다(604조 4항, 601조 1항).

(4) 유한회사 → 주식회사

유한회사가 주식회사로 조직변경하려면 ① 총사원의 일치에 의한 사원총회의 결의가 있어야 하고(607조 1항), ② 채권자보호를 위한 절차를 밟아야 하며(608조, 232조), ③ 법원의 인가가 있어야 하고(607조 3항), ④ 조직변경에 의하여 발생하는 주식의 발행가액의 총액은 회사에 현존하는 순자산액을 초과하지 못한다(資本金의 制限)(607조 2항).

유한회사를 주식회사로 조직변경하는 경우에 법원의 인가를 얻도록 한 것은 엄격한 주식회사의 설립절차를 피하는 방법으로서 조직변경을 이용하는 것을 막기 위함이다. 또한 자본제한규정에 위반하여 주식의 발행가액이 순자산을 초과할 때에는 조직변경 결의 당시의 이사, 감사·감사위원회 위원과 사원이 전보책임을 지며(607조 4항), 이사·감사·감사위원회 위원의 책임은 총주주의 동의로 면제할 수 있으나, 사원의 책임은 면제할 수 없다(607조 4항, 550조 2항, 551조 2항·3항).

종전의 지분에 대한 질권은 새로 발행되는 주식에 대하여 물상대위의 효력이 있으며, 지분의 등록질권자는 회사에 대하여 주권의 교부를 청구할 수 있다(607조 5항, 601조 1항, 340조 3항).

(5) 주식회사↔유한책임회사

주식회사는 총회에서 총주주의 동의로 결의하는 경우 조직변경으로 유한책임회사가 될 수 있다(287조의43 1항). 이 경우 주식회사가 조직변경으로 유한회사로 되는 경우와 동일한 절차가 적용되며 자본의 제한이 부과되고 채권자보호절차가 요구된다(287조의44).

유한책임회사도 총사원의 동의로써 조직변경을 하여 주식회사가 될 수 있다(287조의43 2항).

Ⅱ. 조직변경의 효력

1. 조직변경의 효력발생

회사가 조직변경의 절차를 종료한 때는 본점소재지에서는 2주 내에, 지점소재지에서는 3주 내에 변경전의 회사는 해산등기, 변경후의 회사는 설립등기를 하여야 한다(243조, 286조 3항, 606조, 607조).

조직변경의 효력발생시기에 관하여 명문의 규정이 없어서 견해가 나뉘어져 있다. 즉, 등기시라는 설[姜 108, 鄭(東) 803, 崔 96, 李 110, 鄭(燦) 450]과 현실적으로 조직이 변경되었을 때라는 설(徐 546)이 있다. 생각건대, 후자의 견해는 그 시기가 불명확하므로 회사설립의 경우에 준해서 조직변경의 등기시에 그 효력이 발생한다고 보는 것이 타당하다.

2. 조직변경의 무효

조직변경의 무효에 관하여는 상법 상 아무런 규정이 없으나, 설립절차에 하자가 있는 경우를 준용하여 처리하여야 할 것이다.

구체적인 무효원인으로는 사채의 상환을 완료하지 않은 경우, 조직변경결의에 취소·무효 또는 부존재의 원인이 있는 경우, 채권자보호절차를 밟지 않고 자본금을 감소한 경우 등이다. 회사에 현존하는 순자산액보다 많은 금액을 자본금으로 한 경우는 결의 당시의 이사 및 주주에게 순자산부족액전보책임이 인정되고 있으므로 무효원인으로는 되지 않으나, 전보책임을 현실적으로 이행할 수 없을 때는 조직변경이 무효가 된다고 해석하여야 할 것이다.

조직변경의 무효에 관하여 무효의 일반원칙에 맡기는 것은 이해관계자가 다수인 관계로 적당하지 않고 획일적 처리를 하는 것이 바람직하므로 회사설립의 무효에 관한 소를 준용해야 할 것이다[姜 109, 李 110, 崔 96, 鄭(東) 803, 李(基) 140].

조직변경무효판결이 확정된 경우에 조직변경 후의 회사는 당연히 조직변경전의 회사로 복귀하는 것으로 해석해야 할 것이다.

제8장 株式會社의 解散·淸算 및 繼續

제 1 절 주식회사의 해산

Ⅰ. 총 설

회사의 해산이란 회사의 법인격의 소멸을 가져오는 원인이 되는 법률사실이다. 회사의 법인격은 합병의 경우를 제외하고, 해산에 의하여 곧바로 소멸하는 것은 아니고, 청산절차에 들어가서 회사가 기존의 법률관계를 끝마칠 때까지 존속하고, 청산절차의 종료에 의하여 비로소 소멸한다. 청산 중의 회사는 청산의 목적범위 내에서 존속하는 것으로 간주된다. 또한 파산에 의하여 회사가 해산하는 경우에는 그 法人格은 파산절차의 종료까지 존속한다. 회사라는 법적 존재를 소멸시킬 사정이 생긴 경우에는 회사의 영업활동은 당연히 정지될 것이나, 법인격을 곧바로 소멸시키는 것은 적당하지 않다. 왜냐하면 회사가 소멸하는 경우는 상속과 같은 기존의 법률관계를 승계하는 제도가 인정되지 않으므로, 회사의 법인격을 소멸시키기 전에 그 기존의 법률관계를 처리할 필요가 있기 때문이다. 이와 같이 회사의 법인격을 소멸시켜야 할 사유가 발생하고, 이를 위해 회사의 영업활동을 정지하여 청산절차에 들어가는 것을 회사의 해산이라 한다.

모든 회사는 해산명령과 해산판결에 의하여 소멸한다. 또한 각 회사에 독특한 해산사유가 존재한다. 여기서는 해산명령과 해산판결을 설명하면서 주식회사의 해산사유를 주로 설명하기로 한다.

Ⅱ. 회사의 해산명령

1. 의 의

회사의 해산명령은 주로 공익적 사유에서 회사의 존속을 허용할 수 없을 때 법원이 이해관계인이나 검사의 청구에 의하여 또는 직권으로 회사의 해산을 명하는 제도이다. 이것은 준칙주의에 의한 회사설립의 남용을 시정하기 위한 것으로서 민법상 인정되는 법원의 설립허가취소제도(民 38조)에 해당하는 제도이다.

2. 해산명령의 사유

(1) 회사의 설립목적이 불법인 경우(176조 1항 1호)

이것은 정관에 기재된 목적이 불법인 경우뿐만 아니라, 목적 그 자체는 불법이 아니나 설립의 의도가 불법인 경우를 포함한다.

(2) 회사가 정당한 사유없이 설립 후 1년 내에 영업을 개시하지 아니하거나 1년 이상 영업을 휴지(休止)하는 때(176조 1항 2호)

이는 휴면회사(休眠會社)를 가리키는 것으로서 법인격을 취득하고도 장기간 영업을 개시하지 않는 경우에 회사에 법인격을 유지하게 할 이유가 없으며, 또 장기간 방치하는 경우 법인격 본래의 목적과는 다르게 남용할 우려도 있으므로 이를 방지하기 위함이다.

영업의 전부를 개시하지 않더라도 중요한 부분을 개업한 때에는 본조의 적용여지가 없다. 정당한 사유없이 영업을 미개시 내지 휴지한 때에 해산시킬 수 있으므로 '정당한 사유'의 유무를 구체적으로 어떻게 판단하여야 하는가에 관한 문제가 발생한다. 일반적으로 사업자금의 부족, 영업실적의 부진 등과 같이 회사내부사정에 의하여 영업을 하지 않은 경우는 정당한 사유가 없다고 볼 것이고, 유전개발 등과 같이 개업의 준비가 1년 이상 소요되는 경우에는 정당한 사유가 있다고 보아야 할 것이다.

> 판례는 「회사가 시장건물 신축 중 그 소유권을 둘러싼 분쟁으로 수년간 그 기능을 사실상 상실하고 정상적인 업무수행을 하지 못하다가, 그 후 확정판결에 기하여 정상적인 업무수행을 할 수 있게 된 경우는 회사가 정당한 사유없이 1년 이상 영업을 휴지하는 때에 해당한다고 볼 수 없다」고 결정한 것이 있고(대결 1978. 7. 26, 78마106), 「회사의 기본재산인 동시에 영업의 근간이 되는 부동산의 소유권 귀속과 등기

절차 등에 관련된 소송이 계속되었기 때문에 부득이 영업을 계속하지 못하였더라도 위 소송이 부당한 것이었다면 그 영업휴지는 정당한 사유가 있는 경우에 해당되지 않는다」고 한 것이 있다(대결 1979. 1. 31, 78마56).

(3) 이사 또는 회사의 업무를 집행하는 사원이 법령 또는 정관에 위반하여 회사의 존속을 허용할 수 없는 행위를 한 때(176조 1항 3호)

이사 또는 사원이 기관의 지위에서 법령 또는 정관을 위반했을 뿐만 아니라 이사 등이 개인적 이익을 위하여 그 지위를 남용하여 문제된 이사 등을 교체하더라도 시정할 수 없는 경우를 말한다(대판 1987. 3. 6, 87마1).

3. 해산명령 절차

법원은 이해관계인이나 검사의 청구에 의하여 또는 직권으로 회사의 해산명령을 할 수 있다(176조 1항). 이해관계인이란 법률상의 이해관계를 가진 자로서 사원·임원뿐만 아니라 회사채권자도 포함한다. 그러나 사용하고자 하는 상호를 휴면회사가 이미 사용하고 있기 때문에 상호사용이 방해된다는 사실만으로는 해산청구를 할 수 있는 이해관계인에 해당하지 아니한다(대판 1995. 9. 12, 95마686). 이해관계인이 해산명령을 청구한 때에는 회사는 이해관계인의 청구가 악의임을 소명하여 법원에 담보제공명령을 청구할 수 있다(176조 4항).

해산명령청구사건에 관한 재판절차는 비송사건절차법에 의한다(동법 90조 이하). 관할은 본점소재지의 지방법원의 합의부에 속하며(동법 72조 1항), 재판은 이유를 붙인 결정으로써 한다(동법 90조 1항, 75조 1항).

해산명령청구가 있는 때에는 법원은 재산의 은닉을 방지하기 위하여 해산명령 전일지라도 관리인의 선임 기타 회사재산의 보전에 필요한 처분을 할 수 있다(176조 2항).

4. 해산명령 효과

해산명령재판의 확정에 의하여 회사는 해산한다(227조 6호, 269조, 517조 1호, 609조 1항 1호). 회사, 이해관계인, 검사는 해산결정에 대하여 즉시항고를 할 수 있다(동법 91조).

Ⅲ. 회사 해산판결

1. 해산판결의 의의

회사의 해산판결이란 이사간의 대립이라든가 사원 상호간의 대립에 의하여 회사운영의 난관을 타개할 수 없는 경우에 주주 또는 사원의 청구에 의하여 법원이 회사를 해산시키는 것이다.

해산명령이 주로 공익유지를 위한 제도라면, 해산판결은 주주나 사원의 이익보호를 위한 제도이다.

2. 해산판결 사유

(1) 인적회사의 해산판결사유

합명회사나 합자회사 社員의 경우에는 부득이한 사유가 있을 때에 법원에 회사의 해산을 청구할 수 있다(241조 1항, 269조). 부득이한 사유란 인적회사의 특성을 고려하여 판단하되 단순한 사원의 일신상의 사유가 아닌 회사의 목적이나 회사의 존속에 영향을 미치는 사유를 의미한다. 예컨대, 사원간의 불화가 극심하여 지분의 양도, 일부사원의 제명, 총사원의 동의에 의한 회사의 해산 등이 곤란한데 인적결합이 그대로 유지될 수밖에 없을 때를 말한다.

(2) 물적회사의 해산판결사유

주식회사와 유한회사의 경우 ① 회사의 업무가 현저한 정돈상태를 계속하여 회복할 수 없는 손해가 생긴 때 또는 생길 염려가 있는 때(예컨대, 1대주주와 2대주주의 대립으로 무엇 하나 회사의 의사결정이 이루어지는 것이 없고 이로 인해 회사에 회복할 수 없는 손해가 발생할 염려가 있는 때), ② 회사재산의 관리 또는 처분의 현저한 실당으로 인하여 회사의 존립을 위태롭게 한 때(대표이사의 자의적인 경영으로 회사의 재산상태를 파탄지경에 이르게 한 때)에, 만약 부득이한 사유가 있으면 발행주식총수의 100분의 10 이상의 주식을 가진 株主 또는 자본의 100분의 10 이상의 출자좌수를 가진 社員이 법원에 회사의 해산판결을 청구할 수 있다(520조, 613조 1항).

3. 해산판결 절차

회사의 해산판결은 해산명령과는 달리 소송사건으로서 그 소는 형성의 소에 해당한다. 따라서 재판은 판결에 의하며, 본점소재지를 관할하는 지방법원에 전속한다(241조 2항, 269조, 520조 2항, 613조, 186조).

4. 해산판결 효과

원고가 승소하여 해산판결이 확정되면 회사는 해산하며 청산절차에 들어가게 된다. 원고가 패소한 경우에 악의 또는 중과실이 있는 때에는 회사에 대하여 연대하여 손해배상책임을 진다(241조 2항, 269조, 520조 2항, 613조, 191조).

Ⅳ. 주식회사 해산사유

주식회사의 해산사유는 ① 존립기간의 만료 기타 정관으로 정한 사유의 발생, ② 합병, 분할 또는 분할합병, ③ 파산, ④ 법원의 명령 또는 판결, ⑤ 주주총회의 해산결의를 들 수 있다(517조). 또한 장기간 휴면상태에 있는 회사는 일정한 절차를 밟아 해산한 것으로 의제(擬制)하고(520조의2), 회사의 최저자본에 미달하게 된 때에도 해산사유가 된다.

> 판례는 「회사의 해산등기는 제3자에 대한 대항요건에 불과하므로 해산결의가 있고 청산인의 선임결의가 있는 이상 그 해산등기가 없다 하여도 청산 중인 회사」라고 해석한다(대판 1981. 9. 8, 80다2511). 또한 「적법한 해산절차를 거쳐 청산을 종결하기까지는 법인의 권리능력이 소멸한 것으로 볼 수 없다」(대판 1985. 6. 25, 84다카1954)고 하여 회사는 청산에 의해서만 소멸한다고 판시하고 있다.
>
> 인적회사의 해산사유는, ① 존립기간의 만료 등 정관으로 정한 사유의 발생, ② 총사원의 동의, ③ 사원이 1人으로 된 때, ④ 합병, ⑤ 파산, ⑥ 법원의 명령 또는 판결의 6가지이다.
>
> 회사가 해산한 때에는 파산의 경우 외에는 이사는 지체 없이 주주에 대하여 그 통지를 하고, 무기명식의 주권을 발행한 경우에는 이를 공고하여야 한다(521조). 또한 해산사유가 있은 날로부터 본점소재지에서는 2주 내에, 지점소재지에서는 3주 내에 해산등기를 하여야 한다(530조 1항, 288조).

V. 휴면회사 처리

1. 휴면회사 해산의제

이미 영업활동을 폐지하여 그 실체가 없고, 다만 등기부상에만 존재하고 있음에 지나지 않는 명목상의 회사를 휴면회사라고 한다. 이 같은 휴면회사를 방치하여 두면 타인의 상호선정의 자유를 침해하고, 사실과 등기의 불치로 등기부관리에 부담을 주며 회사등기를 악용하는 폐해도 생길 수 있다. 그리하여 1984년의 개정상법은 주식회사제도의 남용대책의 일환으로서 휴면회사를 정리하는 입법조치를 강구한 것이다. 즉, 법원행정처장이 최후의 등기후 5년을 경과한 회사는 본점의 소재지를 관할하는 법원에 아직 영업을 폐지하지 아니하였다는 뜻의 신고를 할 것을 관보로써 공고한 경우에, 그 공고한 날에 이미 최후의 등기후 5년을 경과한 회사로서 공고한 날로부터 2월 이내에 대통령령이 정하는 바에 의하여 신고를 하지 아니한 때에는 그 회사는 그 신고기간이 만료된 때에 해산한 것으로 본다(520조의2 1항). 이 공고가 있는 때에는 법원은 해당회사에 대하여 그 공고가 있었다는 뜻의 통지를 발송하여야 한다(520조의2 2항).

해산이 의제되면, 해산등기는 등기소가 직권으로 한다(비송 255조의2). 그러나 그 신고기간 내에 등기를 한 회사는 해산이 의제되지 않는다(520조의2 1항 단서).

2. 휴면회사 청산의제

휴면회사는 해산의제일로부터 3년 내에 주주총회의 특별결의에 의하여 회사를 계속할 수 있다(520조의2 3항). 그러나 회사계속의 결의도 없이 3년을 도과하게 되면 청산한 것으로 의제되어 등기부에서 삭제하게 된다(520조의2 4항).

제2절 주식회사의 청산

I. 청산 의의

청산(liquidation, Abwicklung)이란 해산한 회사의 법률관계를 원활히 종료시키는 제도이다.[1] 즉, 회사가 합병·분할·분할합병 또는 파산 이외의 사유로 인하여 해산한 경우에 그 재산관계를 원만히 처리하고, 회사의 법인격을 소멸시키는 절차를 말한다. 주식회사의 청산의 특징은 합명회사의 경우와 같은 임의적 청산은 인정되지 않고, 법정의 엄격한 청산절차에 의하여야 한다는 것이다. 물적회사인 주식회사에서는 대외적으로는 회사재산이 회사채권자의 유일한 담보이고, 또한 대내적으로는 주주상호간에 인적신뢰관계가 없는 자본다수결의 원리가 행하여지는 결과 회사채권자 및 주주의 이익을 보호할 필요가 크기 때문이다.

해산전의 회사와 청산중의 회사는 동일하고, 다만 그 권리능력의 범위가 청산의 목적에 의하여 축소됨에 그친다. 청산중의 회사에서는 이사는 없고 청산인이 청산사무의 집행을 담당하나, 청산중의 회사도 해산전의 회사와 동일한 상인자격을 가지고 상호도 변함이 없다. 해산 전의 회사에 관한 규정은 청산의 목적에 반하지 않는 한, 모두 청산회사에 적용된다.

Ⅱ. 청산인

상법은 이사, 이사회, 대표이사의 제도를 둔 취지에 준하여 청산인, 청산인회, 대표청산인제도를 인정하고 있다. 청산인은 각자가 청산회사의 기관을 구성하지는 않고, 청산사무의 집행기관으로서의 청산인회의 구성원 지위를 가짐에 그친다.

1. 청산인 선임

회사가 청산에 들어가면 원칙적으로 해산전 회사의 이사가 청산인으로 취임한다(531조 1항 본문, 법정청산인). 그러나 정관에 다른 정함이 있거나 주주총회에서 타인을 선임한 때에는 그 자가 청산인이 된다(531조 1항 단서). 이와 같은 방법에 의하여도 청산인으로 선임된 자가 없는 때에는 법원이 이해관계인의 청구에 의하여 청산인을 선임한다(531조 2항). 또한 회사가 법원의 해산명령에 의하여 해산한 때는 이해관계인의 청구 등에 의하여 법원이 청산인을 선임한다(542조 1항, 252조). 감사는 청산인을 겸할 수 없다(542조 2항, 411조).

---

1) Stephen W. Mayson · Derek French & Christopher Ryan, *Company Law*, Blackstone P. Lit., 1996, p. 619.

2. 청산인 수 및 임기

청산인의 원수에 관하여는 규정이 없는데 판례는 1인이라도 무방하다고 보고, 그 경우에는 그 1인의 청산인이 당연히 대표청산인이 된다고 판시하고 있다(대판 1989. 9. 12, 87다카2691). 그러나 청산인회(淸算人會)라는 합의체기관을 인정하고 있으므로, 청산인은 2인 이상이어야 한다[末永 264, 孫 1064, 崔 870, 徐 490, 鄭(燦) 1030]. 청산인의 임기에 관하여는 특별한 규정이 없다.

3. 청산인 종임

청산인은 위임의 종료사유인 사망 · 파산 · 금치산(民 690), 자격의 상실(非訟 181조), 사임 등으로 종임되는 외에도, 법원이 선임한 경우 외에는 언제든지 주주총회의 보통결의로 해임할 수 있으며(539조 1항), 청산인이 그 업무를 집행함에 현저하게 부적임하거나 중대한 임무위반행위가 있는 때에는 소수주주가 법원에 그 해임을 청구할 수 있다(539조 2항, 613조 2항).

4. 청산인 선임 · 해임의 변경등기

청산인의 선임과 해임에 관하여는 등기를 하여야 한다(542조 1항, 253조, 183조).

5. 청산인과 회사와의 관계

청산인의 회사에 대한 관계는 위임에 관한 규정에 따르고, 회사에 대하여 충실의무를 부담한다. 또한 회사와의 거래에 관하여는 청산인회의 승인을 요하고, 청산인의 회사 또는 제3자에 대한 책임, 유지청구, 대표소송 등에 있어서 모두 이사에 관한 규정을 준용한다(542조 2항).

청산인에 대한 보수는 정관 또는 주주총회의 결의로써 정한다.

Ⅲ. 청산인회 · 대표청산인

청산인회는 청산인들로 구성되는데 청산인회제도는 다른 회사의 경우와 달리 주식회사의 경우에만 인정된다. 청산인회는 청산사무집행에 관한 회사의 의사결정기관으로서, 대표청산인의 청산사무를 감독한다(542조 2항, 393조).

종전의 이사가 청산인으로 된 경우는 종전의 대표이사가 대표청산인이 되고, 법원이 청산인을 선임하는 경우는 법원이 대표청산인을 정하나(542조 1항, 255조), 그 밖의 경우에는 청산인회의 결의에 의하여 선임한다.

대표청산인은 청산사무에 관하여 재판상 또는 재판외의 모든 행위를 할 권한을 가진다(542조 2항, 389조 3항, 209조). 대표청산인이 수인 있는 경우는 각자가 회사를 대표한다.

이사회의 소집, 결의방법, 회사대표 등 이사회와 대표이사에 관한 규정이 청산인회와 대표청산인에도 준용된다(542조 2항, 389조~393조).

Ⅳ. 청산사무

1. 주된 청산사무

주식회사에 있어서 주된 청산사무의 내용은 현존사무의 종결, 채권의 추심과 채무의 변제, 재산의 환가처분, 잔여재산의 분배이다.

(1) 현존 사무의 종결

청산인은 회사의 영업은 물론이고 청산사무 이외의 모든 사무를 종결지어야 하며, 새로운 법률관계를 형성하는 행위(사법관계이든 공법관계이든)를 하지 못한다. 그러나 회사의 해산 전부터 계속되고 있는 사무의 경우에는 새로운 법률행위를 할 수 있으므로 물건의 판매나 계약의 이행 등을 위한 필요한 행위를 할 수 있다. 또한 계속중인 소송은 대표청산인이 수계하여 소송을 수행하여야 한다(민소 213조).

(2) 채권 추심

청산인은 변제기에 있는 회사의 채권을 추심하여야 한다. 변제기에 이르지 않은 회사채권도 추심할 수 있으나 그렇다고 회사채무자가 기한의 이익을 잃는 것은 아니다.

(3) 채무 변제

청산인은 채권신고기간 내에는 채권자에게 변제하지 못한다(536조 1항 전단). 그러나 예외적으로 소액의 채권, 담보있는 채권 기타 변제로 인하여 다른 채권자를 해할 염려가 없는 채권에 대하여는 법원의 허가를 얻어 이를 변제할 수 있다(536조 2항).

청산인은 취임한 날로부터 2월내에 회사채권자에 대하여 일정한 기간내에 그 채권을 신고할 것과 그 기간내에 신고하지 않으면 청산에서 제외될 뜻을 2회 이상 공고로써 최고하여야 한다. 그 신고기간은 2월 이상이어야 한다(535조 1항). 또한 淸算人이 알고 있는 채권자에 대하여는 각별로 그 채권의 신고를 최고하여야 한다(535조 2항).

채권신고기간이 경과하면 신고한 채권자, 신고하지 않은 채권자라도 알고 있는 채권자에 대하여 변제하여야 한다. 만약 회사재산이 채무를 변제하기에 부족한 경우에는 청산인은 지체없이 파산선고를 신청하여야 한다(542조 1항, 254조 4항, 민 93조).

채권신고기간 내에 신고하지 않아 회사가 모르는 채권자는 분배되지 아니한 잔여재산에 대하여서만 변제를 청구할 수 있다(537조). 그러나 일부의 株主에 대하여 재산의 분배를 한 경우에 그와 동일한 비율로 다른 주주에게 분배할 재산만큼 위의 분배되지 않은 잔여재산에서 공제한다(537조 2항). 즉, 일단 잔여재산이 분배되기 시작하면 청산에서 제외된 채권자보다 주주가 우선하는 것이다.

(4) 재산 환가처분

청산인은 채무변제와 잔여재산분배를 위하여 회사재산을 환가처분하여야 한다. 그 일환으로 영업의 전부 또는 일부를 양도할 수도 있다(257조 참조).

(5) 잔여재산분배

잔여재산은 각 주주가 가진 주식의 수에 따라 주주에게 분배하여야 한다(538조 전단). 그러나 잔여재산분배에 관하여 내용이 다른 수종의 주식을 발행한 경우에는 그에 따른다(538조 후단, 344조 1항).

2. 부수적 청산사무

청산사무에 부수해서 청산인은 ① 법원에 대한 신고(532조), ② 회사재산의 조사보고(533조), ③ 주주총회의 소집(542조 2항, 362조, 366조), ④ 재무제표 등의 제출·비치·공시(534조, 542조 2항, 448조, 449조) 등을 하여야 한다.

【淸算과 租稅】 청산에 의하여 채권·채무가 종결되고 재산의 환가가 이루어지므로, 그 결과 자본이득(capital gain)이 발생할 수 있다. 따라서 세법은 그 자본이득에 대하여 청산소득세를 과세하게 된다. 한편, 합병, 분할 및 분할합병의 경우 소멸회사는 청산절차 없이 소멸하므로 재산의 환가처분도 없어 자본이득이 발생할 여지가 없음에도 불구하고, 청산소득이라 하여 과세하고 있다.

회사의 해산에 의한 청산소득금액은 잔여재산의 가액에서 해산일 현재 자기자본금의 총액을 공제한 금액이다(법인세법 79조 1항). 만약 청산중의 회사가 잔여재산의 일부를 주주에게 분배한 후에 사업을 계속하기로 한 때에는 해산일로부터 사업계속등기일까지의 사이에 분배한 잔여재산의 분배액의 총합계액에서 해산일 현재의 자기자본총액을 공제한 금액이 그 회사의 청산소득금액이 된다(법인세법 79조 2항).

V. 청산 종료

청산사무가 종결한 때는 청산인은 지체없이 결산보고서를 작성하고 주주총회에 제출하여 그 승인을 받아야 한다(540조 1항). 이 승인이 있는 때는 청산인에게 부정행위가 없는 한, 회사는 청산인의 책임을 해제한 것으로 본다(540조 2항). 또한 청산이 종료한 때는 청산종결등기를 하여야 한다(542조 1항, 264조). 등기가 되어도 청산이 아직 종료하지 않고 있다면 청산이 종결할 때까지 회사는 존속한다(대판 1968. 6. 18, 67다2528; 대판 1982. 3. 23, 81도1450).

또한 회사의 장부 기타 영업과 청산에 관한 중요한 서류는 본점소재지에서 청산종결의 등기를 한 후 10년간 이를 보존하여야 한다. 다만 전표 또는 이와 유사한 서류는 5년간 이를 보존하면 된다(541조 1항 단서). 이 보존에 관하여는 청산인 기타의 이해관계인의 청구에 의하여 법원이 보존인과 보존방법을 정한다(541조 2항).

제 3 절 株式會社의 계속

I. 의 의

회사의 계속(Fortsetzung einer aufgelösten Gesellschaft)이란 일단 해산된 회사가 청산이 종료되기 전에 다시 해산전의 상태로 복귀하는 것을 말한다. 이 제도는 법원의 해산명령이나 해산판결에 의한 경우와 같은 회사의 강제해산에서는 인정되지 않고, 회사의 존립기간의 만료 기타 정관에 정한 사유의 발생에 의한 경우 등 회사의 존립을 막아야 할 이유가 없고 社員들이 회사의 존속을 원하는 때에 인정되는 것이다. 즉, 회사가 존립기간의 만료, 기타 정관에 정한 사유의 발생 또는 주주총회의 결의에 의하여 해산한 경우에는 주주총회의 특별결의로 회사를 계속할 수 있다(519조). 또 휴면회사로서 해산이 의제된 회사도 그 후 3년 이내에 주주총회의 특별결의에 의하여 회사를 계속할 수 있다(520조의2 3항). 그 밖에 회사가 해산등기를 한 후에도 계속할 수 있으나, 이 경우에는 본점소재지에서는 2주 내, 지점소재지에서는 3주 내에 회사의 계속등기를 하여야 한다(530조 1항).

Ⅱ. 계속 사유

주식회사는 존립기간의 만료 기타 정관에서 정한 사유의 발생 또는 주주총회의 결의에 의하여 해산한 경우에 한하여 주주총회의 특별결의를 거쳐 회사를 계속할 수 있다(519조). 5년 이상 등기한 사실이 없음으로 인해 해산이 간주된 휴면회사도 휴면회사 간주 후 3년 내에 주주총회의 특별결의에 의하여 회사를 계속할 수 있다(520조의2 3항).

Ⅲ. 회사계속이 가능한 시기

회사의 계속을 결의할 수 있는 시기에 관하여는 잔여재산분배가 개시되면 계속결의를 할 수 없다는 설(李 116, 崔 162), 회사가 소멸하기 전 청산종결의 등기가 있기 전에는 가능하다는 설(鄭(東) 642)이 있다. 주식회사와 같은 물적회사에 있어서 잔여재산을 분배한 후에는 사실상 회사의 계속이 곤란할 것이므로 前說이 타당하다고 본다.

Ⅳ. 회사계속 등기

회사의 계속은 회사가 이미 해산등기를 하였을 때에는 본점소재지에서는 2주 내에, 지점소재지에서는 3주 내에 회사계속의 등기를 하여야 한다(229조 3항, 530조 1항, 611조).

V. 회사계속 효과

해산에 의하여 청산의 목적범위내로 축소되었던 회사의 권리능력은 회사의 계속으로 말미암아 장래에 향하여 회복된다. 이 경우에 청산인이 한 청산사무의 행위에는 영향이 없으나, 회사의 계속으로 청산인의 활동은 종료되고 존속중의 회사의 기관들로 교체되어야 한다.

제 9 장 會社의 回生

제 1 절 총 설

Ⅰ. 회사 재건방법

주식회사가 경제적으로 파탄에 직면한 경우(완전자본잠식 등)에 파산절차에 들어가게 된다. 그러나 파산절차에 들어가더라도 회사재산으로써 채무를 완제할 수 없는 경우에 채권자, 종업원 등 이해관계인의 이익을 害할 뿐만 아니라, 국민경제상으로도 적지 않은 사회적 비용이 든다. 그러므로 회사의 청산가치보다 생존가치가 더 큰 경우에는 가능한 한 구조조정(restructuring)을 통하여 이를 更生시키는 것이 바람직하다. 특히 일시적인 자금난으로 도산한 경우나 흑자도산의 경우에는 더욱 그러하다.

회사의 재건을 위한 방법으로는 私的整理, 「채무자 회생 및 파산에 관한 법률」에 의한 회생방안이 있다. 사적정리는 회사채권자 기타 이해관계인 및 회사임원이 자주적으로 협의하여 부채정리 등으로 재건을 도모하는 것이다. 사적정리는 법률상의 제도가 아니고 법원의 감독에 의한 것도 아니어서 유연하게 처리할 수 있지만, 절차의 원활함과 공정성을 缺하기 쉽다.

종래 우리나라의 회사정리제도는 미국연방파산법 제10장(Bankruptcy Act, Chapter X)의 재조직제도(Corporate Reorganization)를 채택한 일본의 회사갱생법을 본받은 것으로 1962년 상법과는 별개의 단행법으로 회사정리법을 제정(법률 1214호, 1963. 1. 1)·시행하고 있었었다. 그런데 회생과 파산이 회사정리법, 화의법, 파산법으로 분산되어 있었고, 이는 각 법률마다 적용대상이 다를 뿐만 아니라 특히 회생절차의 경우 회사정리절차와 화의절차로 이원화하여 그 효율성이 떨어져 상시적인 기업의 회생 및 퇴출에 미흡하다는 지적이 있었다. 이에 2005년 3월 31일에 통합도산법의 일환으로 「채무자의 회생 및 파산에 관한 법률」이 제정·시행되게 되었다.

Ⅱ. 回生節次의 開始

1. 개시원인

회생은, ① 사업의 계속에 현저한 지장을 초래하지 아니하고는 변제기에 있는 채무를 변제할 수 없는 경우, ② 채무자에게 파산의 원인인 사실이 생길 염려가 있는 경우 채무자가 법원에 회생절차개시 신청을 할 수 있다(회파 34조 1항).

2. 개시 신청자

회생절차의 개시는 신청에 의한다. 즉 채무자 스스로가 개시원인사유가 있을 때 회생절차개시의 신청을 할 수 있다(회파 34조 1항). 뿐만 아니라 채무자가 주식회사 또는 유한회사인 경우, ① 자본의 10분의 1 이상에 해당하는 채권을 가진 채권자, ② 자본의 10분의 1 이상에 해당하는 주식 또는 출자지분을 가진 주주·지분권자·채무자가, 주식회사 또는 유한회사가 아닌 경우, ① 5천만원 이상의 금액에 해당하는 채권을 가진 채권자나, 합명회사·합자회사 그 밖의 법인 또는 이에 준하는 자에 대하여는 출자총액의 10분의 1 이상의 출자지분을 가진 지분권자는 회생절차개시신청을 할 수 있다(회파 34조 2항). 회생절차개시의 신청이 있을 때 법원은 채무자에게 경영 및 재산상태에 관한 자료를 제출할 것을 명할 수 있다(회파 34조 3항).

채무자의 청산인은 다른 법률에 의하여 채무자에 대한 파산을 신청하여야 하는 때에도 회생절차개시의 신청을 할 수 있다(회파 35조 1항).

회생절차개시의 신청을 하는 자는 회생절차개시의 원인인 사실을 소명하여야 하고(회파 38조 1항), 회생절차의 비용을 미리 납부하여야 한다(회파 39조 1항).

3. 관할법원

회생사건, 간이회생사건 및 파산사건 또는 개인회생사건은 다음 각 호의 어느 한 곳을 관할하는 회생법원의 관할에 전속한다. ① 채무자의 보통재판적이 있는 곳, ② 채무자의 주된 사무소나 영업소가 있는 곳 또는 채무자가 계속하여 근무하는 사무소나 영업소가 있는 곳, ③ 제1호 또는 제2호에 해당하는 곳이 없는 경우에는 채무자의 재산이 있는 곳(채권의 경우에는 재판상의 청구를 할 수 있는 곳을 말한다). 또한 회생사건 및 파산사건은 채무자의 주된 사무소 또는 영업소의 소재지를 관할하는 고등법원 소재지의 회생법원에도 신청할 수 있다(회파 3조 2항).

4. 처리절차

주식회사인 채무자에 대하여 회생절차개시의 신청의 뜻이 있는 때에는, ① 채무자의 업무를 감독하는 행정청, ② 금융위원회, ③ 채무자의 주된 사무소 또는 영업소 등의 소재지를 관할하는 세무서장에게 그 뜻을 통지하여야 한다(회파 40조 1항). 법원은 필요하다고 인정하는 때에는 채무자의 업무를 감독하는 행정청, 금융위원회, 국세등 징수권자에게 회생절차에 관한 의견의 진술을 요구할 수 있다(회파 40조 2항).

회생절차개시의 신청이 있는 때에는 법원은 채무자 또는 그 대표자를 심문하여야 한다(회파 41조 1항). 다만 ① 채무자 또는 그 대표자가 외국에 거주하여 채무자에 대한 심문이 절차를 현저히 지체시킬 우려가 있는 때, ② 채무자 또는 그 대표자의 소재를 알 수 없는 때에는 심문을 하지 않을 수 있다(회파 41조 2항).

법원은 회생절차개신의 신청이 있는 때에는 이해관계인의 신청에 의하거나 직권으로 회생절차개시신청에 대한 결정이 있을 때까지 채무자의 업무 및 재산에 관하여 가압류·가처분 그 밖에 필요한 보전처분을 명할 수 있는데, 이 경우 법원은 관리위원회의 의견을 들어야 한다(회파 43조 1항). 이해관계인이 보전처분을 신청한 때에는 법원은 신청일로부터 7일 이내에 보전처분여부를 결정하여야 한다(회파 43조 2항).

법원은 회생절차개신의 신청이 있는 경우 필요하다고 인정하는 때에는 이해관계인의 신청에 의하거나 직권으로 회생절차의 개시의 신청에 대한 결정이 있을 때까지 채무자에 대한 파산절차, 회생채권 또는 회생담보권에 기한 강제집행, 가압류, 가처분 또는 담보권실행을 위한 경매절차, 채무자재산에 대한 소송절차, 채무자재산에 관한 행정청에 계속되어 있는 절차, 국세징수법 등의 체납처분 등의 절차의 중지를 명할 수 있다(회파 44조 1항). 중지기간에는 시효가 진행하지 않으며, 법원은 중지명령을 변경하거나 취소할 수 있다(회파 44조 2항, 3항).

5. 회생절차개시의 결정

채무자가 회생절차개시를 신청한 때에는 법원은 회생절차개시의 신청일로부터 1개월 이내에 회생절차개시 여부를 결정하여야 한다(회파 49조 1항). 이때 법원은 회생절차개시결정과 동시에 관리위원회와 채권자협의회의 의견을 들어 1인 또는 여럿의 관리인을 선임하고 다음 사항을 정하여야 한다. 즉, ① 관리인이 제147조제1항에 규정된 목록을 작성하여 제출하여야 하는 기간(제223조제4항에 따른 목록이 제출된 경우는 제외한다). 이 경우 기간은 회생절차개시결정일부터 2주 이상 2월 이하이어야 한다. ② 회생채권 · 회생담보권 · 주식 또는 출자지분의 신고기간(이하 이 편에서 “신고기간”이라 한다). 이 경우 신고기간은 제1호에 따라 정하여 진 제출기간의 말일(제223조제4항에 따른 목록이 제출된 경우에는 회생절차개시결정일)부터 1주 이상 1월 이하이어야 한다. ③ 목록에 기재되어 있거나 신고된 회생채권 · 회생담보권의 조사기간(이하 이 편에서 "조사기간"이라 한다). 이 경우 조사기간은 신고기간의 말일부터 1주 이상 1월 이하이어야 한다. ④ 회생계획안의 제출기간. 이 경우 제출기간은 조사기간의 말일(제223조제1항에 따른 회생계획안이 제출된 경우에는 회생절차개시결정일)부터 4개월 이하(채무자가 개인인 경우에는 조사기간의 말일부터 2개월 이하)여야 한다. 법원은 특별한 사정이 있는 때에는 제1항 제1호부터 제3호까지의 규정에 따른 기일을 늦추거나 기간을 늘일 수 있다(회파 50조 2항).

법원은 회생절차개시의 결정을 한 때에는 지체없이 회생절차개시결정의 주문, 관리인의 성명 또는 명칭 등 일정한 사항을 공고하여야 한다(회파 51조 1항). 또한 법원은 관리인, 채무자, 알고 있는 회생채권자, 회생담보권자, 주주, 지분권자, 회생절차가 개시된 채무자의 재산을 소지하고 있거나 그에게 채무를 부담하는 자에게 위의 서면을 송달하여야 한다(회파 51조 2항). 또한 주식회사인 채무자에 대하여 회생절차개시의 결정을 한 때에 법원은 채무자의 업무를 감독하는 행정청, 법무부장관과 금융위원회에 통지하여야 한다(회파 52조).

회생절차개시의 신청에 관한 재판에 대하여는 즉시 항고를 할 수 있다(회파 53조 1항).

Ⅲ. 회생절차개시결정의 효력

회생절차개시이후부터 그 회생절차가 종료될 때까지는 채무자는 회생절차에 의하지 않고는, ① 자본 또는 출자액의 감소, ② 지분권자의 가입, 신주 또는 사채의 발행, ③ 자본 또는 출자액의 증가, ④ 주식의 포괄적 교환 또는 주식의 포괄적 이전, ⑤ 합병·분할·분할합병 또는 조직변경, ⑥ 해산 또는 회사의 계속, ⑦ 이익 또는 이자의 배당행위를 할 수 없다(회파 55조 1항).

회생절차개시결정이 있는 때에는 채무자의 업무의 수행과 재산의 관리 및 처분을 하는 권한은 관리인에게 전속한다(회파 56조 1항).

관리인이 재산의 처분, 재산의 양수, 자금의 차입 등 차재, 소의 제기, 화해 또는 중재계약 등의 행위를 하고자 하는 때에 법원은 이를 허가받도록 할 수 있다(회파 61조 1항).

제 2 절 회생절차기관

I. 관리인

1. 관리인의 선임·해임

법원은 관리위원회와 채권자협의회의 의견을 들어 1인 또는 여럿의 관리인을 선임한다(회파 50조 1항). 법원은 일정한 사유를 제외하고는 개인 채무자나 개인이 아닌 채무자의 대표자를 관리인으로 선임하여야 한다(회파 74조 2항). 이 경우 채권자협의회는 법원에 관리인 후보자를 추천할 수 있다(74조 7항). 채무자가 개인, 중소기업, 그 밖에 대법원규칙이 정하는 자인 경우에는 관리인을 선임하지 않을 수 있고(회파 74조 3항), 이 경우 채무자를 관리인으로 본다(회파 74조 4항).

관리인이 수인인 경우에는 공동으로 그 직무를 행하고, 이 경우 법원의 허가를 얻어 직무를 분장할 수 있다(회파 75조).

관리인은 정당한 사유가 있는 때에 법원의 허가를 얻어 사임할 수 있다(회파 83조). 뿐만 아니라 법원은 관리인에게 재산의 유용 또는 은닉이나 그에게 중대한 책임이 있는 부실경영이 있는 때, 선관주의의무를 위반한 때, 관리인의 경영능력이 부족한 때, 기타 상당한 이유가 있는 때에는 이해관계인의 신청에 의하거나 직권으로 관리인을 해임할 수 있다(회파 83조 2항). 이때 법원은 해당 관리인을 심문하여야 한다(회파 83조 2항).

2. 관리인의 권한과 책임

관리인은 필요한 때 법원의 허가를 얻어 법률 또는 경영에 관한 전문가를 고문으로 선임할 수 있고(회파 77조), 관리인은 채무자의 재산에 관한 소송에서 당사자가 된다(회파 78조).

관리인은 ① 개인인 채무자나 그 법정대리인, ② 개인이 아닌 채무자의 이사·감사·청산인 및 이에 준하는 자, ③ 채무자의 지배인 또는 피용자 어느 하나에 해당하는 자에 대하여 채무자의 업무와 재산의 상태에 관하여 보고를 요구할 수 있으며, 채무자의 장부·서류·금전 그 밖의 물건을 검사할 수 있다(회파 79조).

관리인은 선관주의의무로써 직무를 수행하여야 하고, 관리인이 이를 게을리한 때에는 이해관계인에게 손해를 배상할 책임을 진다(회파 82조). 이때 수인의 관리인이 있을 때에는 연대하여 손해배상책임을 부담한다.

법원은 채무자의 재산에 관해 보전처분을 명할 수 있고, 이 경우 필요하다고 인정하는 때에는 관리위원회의 의견을 들어 보전관리인에 의한 관리를 명할 수 있다(회파 43조 3항). 또한 법원은 조사위원을 선임할 수 있다(회파 87조 1항).

Ⅱ. 관계인집회

관계인집회란 관리인, 조사위원, 채무자, 목록에 기재되어 있거나 신고한 회생채권자, 회생담보권자, 주주, 지분권자 등이 모여 회생계획안에 관하여 심리·의결하기 위하여 법원에 의하여 소집되는 집회를 말한다(회파 182조).

제3절 채무자재산의 조사 및 확보

Ⅰ. 채무자 재산상황의 조사

관리인은 취임 후 즉시 채무자의 업무와 재산의 관리에 착수하여야 한다(회파 89조). 즉 관리인은 취임 후 지체없이 채무자에게 속하는 모든 재산의 회생절차개시 당시의 가액을 평가하여야 하고(회파 90조), 당시 채무자의 재산목록 및 대차대조표를 작성하여 법원에 제출하여야 하며(회파 91조), 채무자가 회생절차의 개시에 이르게 된 사정 및 채무자의 업무 및 재산에 관한 사항을 관리인은 지체 없이 조사하여 제1회 관계인집회의 기일전까지 법원과 관리위원회에 보고하여야 한다(회파 92조).

Ⅱ. 부인권

관리인은 회생절차개시 이후 채무자의 재산을 위하여 다음 각 호의 행위를 부인할 수 있다(100조). 즉, ① 채무자가 회생채권자 또는 회생담보권자를 해하는 것을 알고 한 행위(다만 이로 인하여 이익을 받은 자가 그 행위 당시 회생채권자 또는 회생담보권자를 해하는 사실을 알지 못한 경우에는 그러하지 아니하다), ② 채무자가 지급의 정지, 회생절차개시의 신청 또는 파산의 신청이 있은 후에 한 회생채권자 또는 회생담보권자를 해하는 행위와 담보의 제공 또는 채무의 소멸에 관한 행위(다만 이로 인하여 이익을 받은 자가 그 행위 당시 지급의 정지 등이 있는 것 또는 회생채권자나 회생담보권자를 해하는 사실을 알고 있는 때에 한한다), ③ 채무자가 지급의 정지 등이 있은 후 또는 그 전 60일 이내에 한 담보의 제공 또는 채무의 소멸에 관한 행위로서 채무자의 의무에 속하지 아니하거나 그 방법이나 시기가 채무자의 의무에 속하지 아니한 것(다만 채권자가 그 행위 당시 채무자가 다른 회생채권자 또는 회생담보권자와의 평등을 해하게 되는 것을 알지 못한 경우(그 행위가 지급의 정지 등이 있은 후에 행한 것인 때에는 지급의 정지 등이 있은 것도 알지 못한 경우에 한한다)에는 그러하지 아니하다), ④ 채무자가 지급의 정지 등이 있은 후 또는 그 전 6월 이내에 한 무상행위 및 이와 동일시할 수 있는 유상행위는 부인할 수 있다. 그러나 어음채무지급은 부인할 수 없다(회파 102조).

부인권은 소, 부인의 청구 또는 항변의 방법으로 관리인이 행사하고(회파 105조 1항), 관리인은 부인의 청구를 하는 때에는 그 원인인 사실을 소명하여야 한다(회파 106조).

부인권은 회생절차개시일로부터 2년이 경과한 때, 부인의 대상이 되는 행위를 한 날로부터 10년이 경과한 때에는 행사할 수 없다(회파 112조).

제4절 회생계획

Ⅰ. 회생계획안의 제출 및 결의

회생계획에는 회생채권자 · 회생담보권자 · 주주 · 지분권자의 권리의 전부 또는 일부의 변경 등 일정한 사항을 정하여야 한다(회파 193조 내지 197조, 199조, 200조, 201조, 202조, 203조, 205조 내지 219조).

법원은 채무자의 사업을 계속할 때의 가치가 채무자의 사업을 청산할 때의 가치보다 크다고 인정하는 때에는 제1회 관계인집회의 기일 또는 그 후 지체 없이 관리인에게 기간을 정하여 채무자의 존속, 주식교환, 주식이전, 합병, 분할, 분할합병, 신회사의 설립 또는 영업의 양도 등에 의한 사업의 계속을 내용으로 하는 회생계획안의 제출을 명하여야 한다(회파 220조).

회생계획안은 조사기간이 종료한 후 관계인집회에서 결의하거나 서면결의에 의하는 때에는 회생채권자 · 회생담보권자 · 주주 · 지분권자는 조별로 결의하여야 한다(회파 236조, 232조 1항, 240조). 이때 각 조별로 회생계획안을 가결하는 결의요건은 달리 규정되어져 있다(회파 237조).

Ⅱ. 회생계획안의 인가

관계인집회에서 회생계획안을 가결한 때에는 법원은 그 기일에 또는 즉시로 선고한 기일에 회생계획의 인가여부에 관하여 결정하여야 한다(회파 242조). 회생계획은 인가의 결정이 있은 때부터 효력이 생긴다(회파 246조). 회생계획의 인가 여부의 결정에 대하여는 즉시 항고를 할 수 있다(회파 247조).

회생계획 불인가의 결정이 확정된 경우 법원은 그 채무자에게 파산의 원인이 되는 사실이 있다고 인정하는 때에는 채무자 또는 관리인의 신청에 의하거나 직권으로 파산을 선고할 수 있다(회파 6조 2항 3호).

제 5 절 회생절차의 폐지와 벌칙

Ⅰ. 회생절차의 폐지

법원은 채무자의 사업을 청산할 때의 가치가 채무자의 사업을 계속할 때의 가치보다 명백히 크다고 인정되는 때에는 제1회 관계인집회 전이라도 회생계획안의 제출을 명하지 아니하고 관리인이나 목록에 기재되어 있거나 신고한 회생채권자 또는 회생담보권자의 신청에 의하거나 직권으로 회생절차폐지의 결정을 하여야 한다(회파 285조).

법원은 일정한 사유가 있는 경우 직권으로 회생절차의 폐지결정을 하여야 하고(회파 286조 1항), 채무자가 목록에 기재되어 있거나 신고한 회생채권자와 회생담보권자에 대한 채무를 완제할 수 있음이 명백하게 된 때에는 법원은 관리인, 채무자 등에 해당하는 자의 신청에 의하여 회생절차폐지의 결정을 할 수 있다(회파 287조 1항).

회생계획인가의 결정이 있은 후 회생계획을 수행할 수 없는 것이 명백하게 된 때에는 법원은 관리인이나 목록에 기재되어 있거나 신고한 회생채권자 또는 회생담보권자의 신청에 의하거나 직권으로 회생절차폐지의 결정을 하여야 한다(회파 288조).

법원이 회생절차폐지의 결정을 한 때에는 그 주문과 이유의 요지를 공고하여야 한다(회파 289조).

Ⅱ. 벌 칙

채무자 회생 및 파산에 관한 법률은 여러 유형의 벌칙규정을 두고 있다. 즉, 사기회생죄(회파 643조, 644조), 회생수뢰조(회파 645조), 회생증뢰죄(회파 646조), 경영참여금지위반죄(회파 647조), 무허가행위 등의 죄(회파 648조), 보고와 검사거절의 죄(회파 649조), 사기파산죄(회파 650조), 과태파산죄(회파 651조), 일정한 지위에 있는 자의 사기파산 및 과태파산죄(회파 652조), 구인불응죄(회파 653조), 제3자의 사기파산죄(회파 654조), 파산수뢰죄(회파 655조), 파산증뢰죄(회파 656조), 재산조회결과의 목적외 사용죄(회파 657조), 설명의무위반죄(회파 658조), 국외범(659조)를 규정하고 있고, 과태료를 부과하기도 한다(회파 660조).

제 3 부
合名會社, 合資會社, 有限責任會社, 有限會社

제 1 장 合名會社

제 1 절 合名會社의 의의와 특색

Ⅰ. 의 의

합명회사(partnership; offene Handelsgesellschaft)는 무한책임사원만으로 구성된 회사이다.[1] 무한책임사원은 회사의 재산으로 회사의 채무를 완제할 수 없을 때 또는 회사재산에 대한 강제집행이 주효하지 못한 때 회사채권자에 대하여 직접·연대·무한의 책임을 진다. 무한책임사원은 이러한 무거운 책임을 지는 데 대응해서 정관에 다른 정함이 없는 한, 회사의 업무를 집행하고 회사를 대표할 권한을 갖는다. 회사의 내부관계에 있어서도 사원의 개성이 중시되고 사원간의 신뢰관계를 바탕으로 결합하고 있기 때문에 사원 지위의 양도가 곤란하며, 회사의 중요사항을 결정할 때에도 두수주의에 따라 전사원의 동의를 필요로 한다. 따라서 합명회사의 사원은 회사기업의 소유자임과 동시에 경영자이고 회사는 개인기업의 공동경영적 색채가 강하며, 전형적인 인적회사이다.

Ⅱ. 특 색

합명회사는 상법상 사단법인으로 규정되어 있으나(169조, 171조), 그것은 기업의 영속성과 법률관계처리의 편의성을 도모하기 위한 것일 뿐 실질적으로는 조합적

---

1) Jesse H. Choper · John C. Coffee, Jr · Ronald J. Gilson, *Cases and Materials on Corporations*, Aspen Publishers, INC. 2000, p. 692.

성격을 가지고 있다. 그리하여 회사와 사원 간의 관계 및 사원 상호간의 관계를 뜻하는 내부관계에 관하여는 정관이나 상법의 규정이 없으면 민법의 조합에 관한 규정을 준용한다(195조).

제 2 절 合名會社의 설립

Ⅰ. 설립의 특색

합명회사의 설립절차는 2인 이상의 사원이 정관을 작성하고 설립등기를 함으로써 종결된다. 물적회사인 주식회사와 비교하면 발기인에 관한 규정도 없고, 정관작성만으로 사원이 확정되며 사원이 원칙적으로 회사의 기관으로 되기 때문에 실체형성절차를 밟을 필요가 없다. 또한 사원이 무한책임을 부담하기 때문에 설립단계에서 출자이행을 완료할 필요도 없으며, 회사채권자보호의 필요성도 적기 때문에 실체형성절차를 검사·감독할 절차도 필요 없다. 그리고 사원이 무한책임을 질 뿐만 아니라 사원상호간에는 신뢰관계를 바탕으로 하고 있기 때문에 재산출자뿐만 아니라 신용·노무출자도 인정되며, 사원의 개성이 중시되므로 그 자격은 자연인에 한하고 공익법인과 회사는 사원이 될 수 없다.

합명회사는 사원의 개성이 중시되기 때문에 사원 개인의 주관적인 하자를 이유로 한 설립무효·취소의 訴를 인정하고 있다.

Ⅱ. 설립절차

1. 정관작성

합명회사를 설립할 시에는 2인 이상의 사원이 공동으로 정관을 작성하고(178조), 총사원이 기명날인 또는 서명하여야 한다(179조).

정관에는 ① 목적, ② 상호, ③ 사원의 성명·주민등록번호와 주소, ④ 사원의 출자목적과 그 가격 또는 평가의 표준, ⑤ 본점의 소재지, ⑥ 정관의 작성연월일을 기재하여야 한다(179조). 그 밖에도 상대적 기재사항으로서 ① 특정사원의 업무집행권의 제한(200조 1항), ② 회사의 존립기간(227조 1호), ③ 퇴사사유, ④ 퇴사사원의 지분환급의 제한(222조), ⑤ 회사의 해산사유(227조 1호) 등이 있다.

정관은 총사원의 기명날인 또는 서명을 받아야 하나, 주식회사와는 달리 공증인의 인증을 받을 필요는 없다.

2. 설립등기

합명회사는 본점소재지에서 설립등기를 함으로써 성립한다(172조).

설립등기사항은 ① 목적, ② 상호, ③ 사원의 성명 · 주민등록번호 및 주소(다만 회사를 대표할 사원을 정한 때에는 그 외의 사원의 주소를 제외한다), ④ 본 · 지점의 소재지, ⑤ 사원의 출자의 목적, 재산출자에는 그 가격과 이행한 부분, ⑥ 존립기간 기타 해산사유를 정한 때에는 그 기간 또는 사유, ⑦ 수인의 사원이 공동으로 회사를 대표할 것을 정한 때에는 그러한 규정이고, 등기는 총사원이 공동으로 신청한다(180조).

등기사항이 변경된 때에는 본점소재지에서는 2주내, 지점소재지에서는 3주내에 변경등기를 하여야 한다(183조).

Ⅲ. 설립의 무효와 취소

설립절차에 위법한 사항이 있다면 주식회사와 마찬가지로 설립무효의 소로 주장할 수 있는 것은 당연하나, 합명회사에서는 사원의 개성이 중시되므로 설립행위에 관한 의사표시의 하자(착오 · 사기 · 강박 등), 즉 사원 개인의 주관적인 하자가 있다면 경우에 따라서 무효원인으로 되기도 하고 취소원인으로 되기도 한다.

설립취소의 소를 인정하고 있다는 점에서 합자회사와 유한회사의 경우와는 같으나 주식회사의 경우와는 다르다.

1. 설립무효 · 취소의 소의 원인

(1) 설립무효소의 원인

합명회사의 설립절차가 법령이나 정관에 위반하는 경우 등 설립절차에 객관적 하자가 있으면 설립무효의 소의 원인이 된다. 뿐만 아니라 설립행위를 한 사원 개개인의 의사무능력, 상대방이 알고 있는 비진의의사표시(民 107조 1항 단서), 허위표시(民 108조 1항) 등의 주관적 하자도 설립무효의 소의 원인이 된다. 이에 대하여 설립행위는 합동행위이며, 합동행위는 성질상 상대방이 없으므로 주관적 하자로 인하여 설립무효가 되는 일은 없다는 소수설(徐 498)도 있다.

(2) 설립취소의 소의 원인

설립취소의 원인으로는 미성년자 또는 한정치산자가 법정대리인의 동의 없이 사원으로서 설립에 관한 의사표시를 한 경우(民 5조), 착오(民 109조) 또는 사기나 강박(民 110조)에 의하여 회사설립행위에 참가한 경우, 사원이 자신의 채권자를 해할 것을 알고 설립에 관한 의사표시를 한 경우(185조) 등을 들 수 있다.

2. 설립무효 · 취소의 소의 절차 및 효력

(1) 절 차

설립무효 · 취소의 주장방법 · 시기 · 판결의 효과 등은 주식회사의 경우와 같다(184조~193조). 즉, 설립의 취소나 무효는 반드시 소로써만 주장할 수 있는데, 회사성립의 날로부터 2년내에 설립무효의 소는 사원에 한하여, 설립취소의 소는 취소권자에 한하여 회사를 상대로 소를 제기할 수 있다(184조). 다만, 사원이 그 채권자를 해할 것을 알고 회사를 설립한 때에는 채권자는 그 사원과 회사를 상대로 소를 제기하여야 한다(185조).

그 밖에도 소의 전속관할(186조) · 병합심리(188조) · 재량기각(189조) 등은 주식회사의 설립무효의 소의 경우와 같다.

(2) 판결의 효력

원고승소판결의 경우에 대세적 효력 · 불소급효(190조) · 등기(192조) · 회사의 계속(194조), 원고패소판결의 경우에 원고가 악의 · 중과실이 있을 경우에만 회사에 대하여 연대하여 손해배상책임을 진다(191조)는 점 등도 주식회사 설립무효의 소의 경우와 같다.

제3절 合名會社의 내부관계

Ⅰ. 회사 내부관계의 성격과 법규범

합명회사의 내부관계는 사원 상호간의 개인적 신뢰를 바탕으로 하고 있기 때문에 당사자의 자치에 맡겨도 무방하다. 따라서 내부관계에 관한 상법의 규정은 정관에 의하여 변경될 수 있는 보충적인 임의규정이므로 정관이 상법보다 우선 적용된다(195조).

한편 합명회사의 내부관계의 본질은 조합이라 할 수 있기 때문에 정관과 상법에 규정이 없으면 민법의 조합에 관한 규정을 보충적으로 준용한다(民 195조).

Ⅱ. 출 자

1. 출자의 의의

사원은 정관에 의해 확정된 출자액을 이행할 의무가 있다(179조). 출자란 사원이 회사사업을 수행함에 있어서 필요한 회사의 고유한 재산을 구성하는 금전 기타 재산, 노무 또는 신용제공을 말한다. 재산출자는 금전출자와 현물출자를 포함하며, 노무출자는 정신노동이든 육체노동이든 일시적인 것이든 영속적인 것이든 무방하다. 신용출자란 사원 자신의 신용을 회사가 이용하게 하는 것을 말하는데, 사원의 성명을 상호로 사용한다든지 회사가 발행한 어음의 인수 또는 배서를 하거나 담보를 제공하는 유형이 그 예이다.

사원이 출자액을 변경할 때에는 정관변경절차를 밟아야 하고, 회사설립후에 입사하는 자의 출자에 관하여는 정관으로 새로이 정하여야 한다.

2. 출자의무의 이행

출자의무의 이행시기는 정관의 정함에 따르고, 그러한 정함이 없으면 업무집행의 방법으로 자유로이 결정할 수 있다. 출자의무의 이행은 일시에 전부 이행하게 할 수도 있고 수회에 분할하게 할 수도 있으나, 사원평등의 원칙에 따라야 한다.

사원이 이러한 출자의무를 해태한 때에는 채무불이행으로 인한 손해배상책임을 지고(民 390조), 채권을 출자의 목적으로 한 사원은 그 채권이 변제기에 변제되지 아니한 때에는 그 채권을 변제할 책임이 있으며, 이자의 지급 외에 이로 인하여 회사에 손해가 생긴 때에는 이를 배상하여야 한다(196조).

출자의무를 해태한 사원에 대하여는 다른 사원 과반수의 결의에 의하여 법원에 제명선고를 청구할 수 있을 뿐만 아니라(220조), 업무집행권 내지 대표권도 상실된다(205조 1항, 216조).

Ⅲ. 회사의 지분과 사원권

1. 지분의 의의

합명회사의 지분에는 주식과 마찬가지로 두 가지의 의미가 있다. 즉, 첫째는 사원이 사원의 자격에서 회사에 대하여 가지는 사원권을 가리키고(197조), 둘째는 사원이 퇴사하거나 회사가 해산하는 경우에 사원자격에서 회사에 대하여 환급받거나(적극지분) 회사에 지급할(소극지분) 계산상의 수액을 가리킨다. 사원권에는 이익배당청구권 · 잔여재산분배청구권 등과 같이 사원의 경제적 이익을 내용으로 하는 자익권과 업무집행권 · 의결권 등 회사의 경영에 참여할 수 있는 共益權이 있다.

지분은 그 대소에 상관없이 각 사원에게 오직 1개가 있고, 동일한 의결권을 갖는다. 이는 주식회사 또는 유한회사 사원의 지위가 균등한 비례적 단위로 구성되어 있다는 점과 다르다.

> 【판례】 대법원 1962. 5. 3. 선고, 4294민상1590 판결
> 「합명회사의 사원은 단지 합명회사의 지분을 가졌음에 불과하고 그 회사재산에 대하여는 직접 아무런 권리가 없으므로 그 재산의 인도를 청구할 수 없는 것이다.」

2. 지분의 양도

지분의 양도란 사원권의 전부 또는 일부를 계약에 의하여 이전하는 것을 말한다. 그런데 지분양도의 효력이 발생하기 위해서는 다른 전사원의 승낙을 얻어야

한다(197조). 이는 합명회사가 사원간의 인적신뢰관계를 바탕으로 하고 있기 때문에 다른 사원의 의사를 존중하기 위해서 둔 제한규정이다. 따라서 전사원의 동의 없이 한 지분양도는 무효이다. 다만, 지분양도에 관한 본조(197조)는 임의법규이기 때문에 정관으로 다른 사원의 과반수의 동의를 요한다는 등의 다른 정함을 할 수 있다. 지분양도에 의하여 입사·퇴사 등 사원구성의 변동이 있을 때에는 정관변경을 하여야 하고, 정관변경의 등기를 하여야만 제3자에게 대항할 수 있다(183조, 37조, 40조). 지분양도의 동의를 한 경우에는 정관변경의 동의도 한 것으로 본다.

지분단일주의를 근거로 지분의 일부양도가 가능한가에 의문을 제기하는 견해도 있으나(姜 164), 상법은 지분의 일부양도도 인정하고 있다(197조). 따라서 지분의 일부양도가 사원들간에 이루어진 때에는 지분의 분량적 증감만 있을 뿐이나, 양수인이 비사원인 때에는 양수인이 사원으로 입사하게 된다. 全持分을 양도한 사원은 퇴사의 경우에 준하여(225조 2항), 入社한 새로운 사원은 신입사원의 경우에 준하여(213조) 각각 책임을 진다.

3. 지분의 입질·압류 및 상속

지분도 민법상의 권리질의 목적이 될 수 있다고 본다. 다만, 지분의 입질에 다른 사원의 동의를 요하는가에 관하여 이를 긍정하는 견해[鄭(熙) 334, 孫 498]와 부정하는 견해[李 137, 鄭(東) 686]로 나뉜다. 부정하는 견해는 만약 질권을 실행해서 지분을 환가하게 되면 사원이 교체되는 결과가 되기 때문이라 한다. 생각건대, 입질의 자유를 허용하되, 합명회사의 지분의 성질상 질권의 효력은 이익배당청구권·지분환급청구권 및 잔여재산분배청구권에만 한정하고 경매권은 인정하지 않는 부정설이 옳다고 본다.

사원의 채권자는 지분을 압류할 수 있다. 지분압류의 효력은 구체적인 사원의 이익배당금지급청구권과 지분환급청구권에도 미친다(223조). 지분압류채권자는 지분환급청구권의 換價를 용이하게 하기 위하여 회사와 당해 사원에게 6월전에 예고하고 영업연도말에 그 사원을 퇴사시킬 수 있다(224조 1항). 다만 그 기간중에 사원이 변제하거나 담보를 제공한 때에는 채권자 예고는 효력을 상실한다(224조 2항).

판례는 담보를 제공한 때란 「압류채권자와의 사이에서 담보물권을 설정하거나 보증계약을 체결한 때를 말하는 것이므로, 실질적으로 보증과 같은 채권확보의 효력이 있는 중첩적 채무인수계약이 압류채권자와의 사이에서 체결되거나 또는 압류채권자가 위 채무인수를 승낙한 때에는 퇴사예고는 그 효력을 잃는다고 보아야 할 것이다」라고 판시하고 있다(대판 1989. 5. 23, 88다카13516).

합명회사 사원의 사망은 퇴사원인으로 되고(218조 3호), 당연히 상속인이 그 지위를 승계하는 것은 아니다. 따라서 상속인은 지분환급청구권만 갖는다. 그러나 정관으로 상속인이 당연히 사원의 지위를 승계하도록 정하여도 무방하다. 이 경우 상속인이 상속의 개시를 안 날로부터 3월내에 회사에 대하여 승계 또는 포기의 통지를 발송하지 아니한 때에는 사원이 될 권리를 포기한 것으로 본다(219조).

Ⅳ. 사원의 입사와 퇴사

1. 사원의 입사

회사성립후에 원시적으로 사원자격을 취득하는 것을 入社라고 하며, 회사와 입사하려는 자간의 입사계약에 의하여 이루어진다. 입사는 정관변경을 초래하므로 총사원의 동의를 요하며(179조 3호, 204조), 변경등기를 하여야 한다(183조).

2. 사원의 퇴사

(1) 퇴사의 의의

회사의 존속중에 특정사원이 사원으로서의 자격을 절대적으로 상실하는 것을 퇴사라 한다. 따라서 지분을 전부양도한 자가 사원지위를 상실하는 것과 회사의 소멸에 의하여 사원지위가 소멸하는 것은 퇴사가 아니다.

(2) 퇴사원인

1) 임의퇴사

정관으로 회사의 존립기간을 정하지 아니하거나 어느 사원의 종신까지 존속할 것을 정한 때에 사원은 6월 전에 퇴사할 것을 예고하고 영업연도말에 퇴사할 수 있다(217조 1항). 또한 사원이 부득이한 사유가 있을 때에는 언제든지 퇴사할 수 있다(217조 2항). 임의퇴사에는 다른 사원의 동의를 필요치 않는다.

2) 강제퇴사

사원의 지분을 압류한 채권자는 회사와 그 사원에 대하여 6월 전에 예고를 하고 영업연도말에 그 사원을 퇴사시킬 수 있다(224조 1항). 그러나 사원이 변제를 하거나 상당한 담보를 제공한 때에는 그러하지 아니하다(224조 2항).

3) 당연퇴사

상법상 당연퇴사사유는 ① 정관에 정한 사유의 발생(218조 1호), ② 총사원의 동의(218조 2호), ③ 사망(218조 3호), ④ 금치산(218조 4호), ⑤ 파산(218조 5호), ⑥ 제명(218조 6호, 220조), ⑦ 회사계속의 부동의(229조 1항 단서) 등이다.

당연퇴사사유 중에서 제명이란 사원의 의사에 반하여 그 사원자격을 박탈하는 것을 뜻한다. 합명회사는 사원간의 고도의 신뢰관계를 바탕으로 하고 있기 때문에 그 신뢰를 파괴하는 행위를 하는 자가 있는 경우에 그러한 자를 배제할 길을 열어주어야 한다. 이것이 제명제도를 인정한 취지이나, 일부의 사원이 이유 없이 다른 사원을 배제하기 위하여 제명제도를 남용할 수도 있다. 이에 상법은 제명사유를 한정하고, 제명에 의한 퇴사절차도 엄격하게 규정하고 있다.

제명사유로는 ① 사원이 출자의무를 이행하지 않은 때(220조 1항 1호), ② 경업금지의무를 위반한 때(동 2호), ③ 회사의 업무집행 또는 대표에 관하여 부정행위가 있는 때, 권한 없이 업무를 집행하거나 회사를 대표한 때(동 3호), ④ 기타 중요한 사유가 있는 때(동 4호)이다. 이와 같은 사유가 있을 때 다른 사원의 과반수의 결의에 의하여 법원에 제명선고를 청구할 수 있다(220조 1항 본문). 제명판결이 확정되면 그 사원은 당연히 퇴사하고 회사는 본점과 지점소재지에서 제명등기를 하여야 한다(220조 2항, 205조 2항). 제명된 사원과 회사 간의 지분환급을 위한 계산은 제명의 소를 제기한 때의 회사재산의 상태에 따라서 하며, 그때로부터 법정이자를 붙여야 한다(221조).

(3) 퇴사의 효과

사원이 퇴사하면 퇴사등기 후 2년간은 퇴사등기 전에 생긴 회사채무에 대하여 다른 사원과 동일한 책임을 진다(225조 1항). 퇴사제도를 이용하여 무한책임을 면탈하는 수단으로 사용하거나 회사채권자에 우선하여 출자를 회수하는 방법으로 악용하는 것을 방지하기 위함이다. 퇴사한 사원은 퇴사 당시의 회사재산상태에 따라서 회사에 대하여 손실분담납입의무를 지거나 지분환급청구권을 행사하게 된다. 정관에 다른 규정이 없는 한 노무·신용을 출자한 사원도 같다(222조). 또한 회사상호 가운데 퇴사원의 성명이 사용된 경우에는 그 사원은 회사에 대하여 그 사용의 금지를 청구할 수 있다(226조).

V. 사원의 업무집행권

1. 업무집행권의 의의

업무집행이란 회사의 사업목적을 달성하기 위하여 하는 대내적 · 대외적 활동을 말하며, 법률행위뿐만 아니라 사실행위도 포함한다. 그러나 업무집행은 영업의 존재를 전제로 하는 것이므로, 정관변경, 영업양도, 해산, 조직변경 등과 같은 영업의 조직 그 자체를 변경하는 회사의 기본적 사항에 관한 행위들은 포함하지 않는다.

2. 업무집행기관

(1) 사원자격과 기관자격의 일치

사원은 무한책임을 지기 때문에 원칙적으로 모든 사원은 회사의 업무를 집행할 권리와 의무가 있다(200조 1항, 자기기관).[2] 다만 정관에 다른 정함이 있거나(201조) 업무집행권이 박탈(205조)되는 경우에는 그러하지 아니하다. 그러나 정관의 규정에 의해서도 전사원의 업무집행권을 박탈하거나 사원 아닌 자를 업무집행사원으로 할 수는 없다.

업무집행사원을 선정한 경우에도 정관에 다른 정함이 없는 한 지배인의 선임과 해임은 총사원의 과반수의 결의를 요한다(203조). 지배인은 영업주를 갈음하여 영업에 관한 모든 대리권을 가지므로, 사원의 이해관계에 중대한 영향을 미치기 때문에 이러한 제한규정을 둔 것이다.

(2) 업무집행권의 박탈

사원이 업무를 집행함에 현저하게 不適任하거나 중대한 업무위반의 행위가 있는 때에는 법원은 다른 사원의 청구에 의하여 업무집행권한의 상실을 선고할 수도 있다(205조 1항). 업무집행권상실선고의 판결이 확정되면 본점과 지점소재지에서 등기하여야 한다(205조 2항).

(3) 업무집행사원과 회사와의 관계

업무집행사원은 선량한 관리자의 주의의무에 따라 회사의 업무를 집행하여야 한다(民 681조~688조).[3] 업무집행사원은 정당한 사유 없이 사임하지 못한다(民 708조).

---

2) Jesse H. Choper · John C. Coffee, Jr · Ronald J. Gilson, *op. cit.*, pp. 701 · 703.

3) 사원은 각각 다른 사원에 대하여도 fiduciary duty를 부담한다(Jesse H. Choper · John C. Coffee, Jr · Ronald J. Gilson, *op. cit.*, p. 703).

3. 업무집행방법

(1) 의사결정

업무집행의 의사결정은 원칙적으로 사원 또는 업무집행사원의 과반수로써 한다(195조, 民 706조 2항). 결정된 업무집행의 실행 및 일상업무의 결정·실행은 업무집행사원이 단독으로 할 수 있다. 이 경우 다른 사원이나 다른 업무집행사원의 이의가 있는 때에는 그 행위를 중지하고 총사원의 과반수 또는 업무집행사원의 과반수결의에 의하여 다시 결정하여야 한다(200조 2항, 201조 2항).

업무집행에 관한 행위를 함에 있어서 정관으로 공동업무집행사원을 정한 때에는 전원의 동의를 요한다(202조 본문). 그러나 지체할 염려가 있는 때에는 그러하지 아니하다(202조 단서).

(2) 의결권

의결권은 사원의 출자액의 크기에 비례하지 않고 1인1의결권주의의 頭數主義에 의한다. 또한 사원의 개성이 중시되기 때문에 의결권의 대리행사도 인정되지 않는다. 그리고 사원총회를 반드시 두어야 할 필요성도 없으므로, 서면결의가 인정되고 각 사원들에 대한 개별적인 동의에 의한 의사결정방법도 가능하다.

(3) 업무감시권

업무집행권이 없는 사원이라 할지라도 회사의 업무와 재산상황을 검사할 업무감시권한은 갖는다(195조, 민 710조). 이는 업무집행권이 없는 사원도 무한책임을 지기 때문에 이들을 보호하기 위함이다. 따라서 업무집행의 감시권은 정관으로도 박탈하거나 제한하지 못하는 강행규정이다.

Ⅵ. 會社와 社員 간의 이익충돌방지

1. 경업금지의무

사원은 다른 사원의 동의가 없으면 자기 또는 제3자의 계산으로 회사의 영업부류에 속하는 거래를 하지 못하며 동종영업을 목적으로 하는 다른 회사의 무한책임사원 또는 이사가 되지 못한다(198조 1항). 경업금지의무는 업무집행권의 유무에 관계없이 모든 사원에게 적용된다. 그러나 경업금지의무에 관한 규정은 임의규정이므로 정관으로 이를 배제할 수도 있다.

사원이 다른 사원의 동의 없이 경업행위를 하여도 그 행위 자체는 유효하다. 다만 회사는 개입권을 행사할 수 있다(198조 2항). 개입권은 다른 사원과반수의 결의에 의하여 행사하여야 하며 다른 사원의 1인이 그 거래를 안 날로부터 2주간을 경과하거나 그 거래가 있은 날로부터 1년을 경과하면 소멸한다(198조 4항). 개입권을 행사하더라도 손해배상청구권의 행사에는 영향을 주지 않는다(198조 3항). 그리고 회사는 다른 사원의 과반수 결의로써 위반행위를 한 사원의 제명(220조 1항 2호)의 선고나 업무집행권 또는 대표권상실의 선고(205조, 216조)를 법원에 청구할 수 있다.

2. 자기거래의 제한

사원은 다른 사원 과반수의 결의가 있는 때에 한하여 자기 또는 제3자의 계산으로 회사와 거래를 할 수 있다(199조 전단). 이 경우에는 민법 제124조의 쌍방대리에 관한 규정을 적용하지 아니한다(199조 후단). 자기거래제한을 위반한 사원에 대한 조치는 경업금지의무위반의 경우와 같다.

Ⅶ. 손익분배

1. 손익분배의 의의

합명회사는 영리법인이므로 영업에서 생긴 이익을 사원에게 분배하는 것은 당연하다. 이익이란 대차대조표상 회사의 자본액을 초과하는 순자산액을 말하며, 손실이란 반대로 회사의 순자산액이 자본액에 미치지 못하는 부족액을 말한다.

노무출자와 신용출자는 회사채권자의 집행대상이 될 수 없으므로 손익계산의 기초가 되는 자본금 중에 산입하지 않는다.

2. 손익분배의 요건

합명회사의 신용의 기초는 사원 개개인에게 있으므로(사원의 직접 · 무한 · 연대책임), 주식회사와 같은 자본유지의 원칙이나 법정준비금제도가 없다. 따라서 이익 없이도 배당할 수 있고, 이 경우에도 회사채권자가 사원으로 하여금 배당금을 회사에 반환하게 할 수 없다(462조 2항 참조).

3. 손익분배의 기준

손익분배의 기준은 정관이나 총사원의 동의로써 자유로이 정할 수 있다. 이러한 정함이 없으면 손익의 분배는 사원의 출자의 가액에 비례한다(195조, 民 711조 1항). 또한 이익 또는 손실의 어느 한쪽에 대해서만 분배의 비율을 정한 때에는 그 비율은 이익과 손실에 공통된 것으로 추정한다(195조, 民 711조 2항).

4. 손익분배의 시기와 방법

합명회사는 매결산기에 대차대조표를 작성하여야 하므로(30조 2항) 정관에 다른 정함이 있는 경우를 제외하고 결산기에 이익을 분배할 수 있다. 이익분배는 일반적으로 금전배당이지만, 정관 또는 총사원의 동의로 분배할 이익의 전부 또는 일부를 사내에 유보하여 사원의 지분을 증가시킬 수도 있다.

반면에 손실의 분배는 계산상 지분평가액이 감소하는데 그칠 뿐 추가출자를 요하지는 않는다. 다만 사원의 퇴사의 경우에는 지분의 정도가 현실적으로 구체화되므로 손실분담액을 납입하여야 한다.

Ⅷ. 정관변경

정관의 변경은 회사의 본질이나 강행규정에 위반되지 않는 한 자유로이 할 수 있다. 정관변경을 위하여는 총사원의 동의를 요한다(204조). 그러나 정관변경에 관한 상법 제204조는 회사의 내부관계에 관한 임의규정이라 할 수 있고, 따라서 정관의 규정으로 그 요건을 완화할 수도 있다.

합명회사에는 사원총회라는 기관이 없으므로 동의는 각 사원의 개별적인 의사표시로도 무방하고, 구두나 서면으로 동의하여도 된다.

정관의 변경에 의하여 등기사항에 변경이 생긴 경우에는 변경등기를 하여야 하고(183조), 등기를 하지 아니하면 선의의 제3자에게 대항하지 못한다(37조).

제4절 合名會社의 外部關係

Ⅰ. 회사의 대표

1. 의 의

합명회사도 법인이므로 자연인으로 구성되는 기관에 의하여 행위하여야 하며, 법률상 그 기관인 자의 행위가 곧바로 회사자신의 행위로 인정된다. 이러한 기관구성자가 외부에 대하여 회사의 의사를 표시하거나 회사에 대하여 의사표시를 수령하는 것을 회사대표라 한다.

2. 대표기관의 구성

합명회사의 대표기관은 업무집행사원으로 구성되는 것이 원칙이다. 즉, 정관으로 따로 업무집행사원을 정한 경우가 아니면 각 사원이 회사를 대표하며(207조 1문), 수인의 업무집행사원을 정한 경우에는 각 업무집행사원이 회사를 대표한다. 그러나 정관 또는 총사원의 동의로 업무집행사원 중 회사를 대표할 자를 정한 경우에는 그 사원만이 회사를 대표한다(207조 2문). 이때 공동대표를 정할 수도 있다. 공동대표의 경우에 단독으로 한 행위는 권한 없는 대표행위가 되나, 상대방이 공동대표 중의 한 사람에게 한 의사표시의 효력(수동대표)은 유효하다(208조 2항). 공동대표는 등기사항이다(180조 5호).

합명회사가 사원에 대하여 또는 사원이 회사에 대하여 소를 제기하는 경우에 회사를 대표할 사원이 없을 때에는 다른 사원과반수의 결의로 임시대표자를 선정하여야 한다(211조).

3. 대표사원의 권한

대표사원은 회사의 영업에 관한 재판상·재판외의 모든 행위를 할 권한이 있다(209조 1항). 정관 또는 총사원의 동의로써 대표권에 제한을 가하더라도 선의의 제3자에게는 대항하지 못한다(209조 2항).

대표사원에 대하여도 일정한 경우에 업무집행사원의 경우와 동일한 권한상실선고를 할 수 있는데, 이 선고를 받은 사원은 대표권을 상실한다(216조, 205조).

Ⅱ. 사원의 책임

1. 총 설

합명회사의 사원은 회사재산으로써 회사의 채무를 완제할 수 없거나 회사재산에 대하여 강제집행이 주효하지 않을 때는 각자 연대하여 변제할 책임을 진다(212조). 합명회사도 법인이므로 사원이 회사의 채무에 관하여 직접 책임을 부담할 이유는 없다. 그러나 상법이 합명회사에 법인격을 인정하고 있는 것은 회사의 대외적 법률관계를 간단히 하기 위한 편의적·법률정책적 견지에서 나온 것이기 때문에, 법인격 부여에 의하여 그 실체인 개인기업적·조합적 성질을 상실하는 것은 아닐 뿐더러, 제3자의 이익을 해할 근거가 될 수도 없다. 따라서 이 책임은 법률적·형식적으로는 예외적·보충적이나, 실제적으로는 합명회사를 조합으로 보는 입법으로 당연한 책임이다.

2. 책임자의 범위

회사채권자에 대하여 직접·연대·무한의 책임을 지는 사원은 업무집행권·회사대표권의 유무, 출자의 종류를 불문하고 사원 전원이다. 회사성립후에 가입한 신입사원도 그 가입전에 생긴 회사채무에 관하여 다른 사원과 동일한 책임을 진다(213조). 퇴사원 또는 지분전부를 양도한 사원도 퇴사 또는 변경의 등기를 하기 전에 생긴 회사채무에 관하여 퇴사등기후 2년간 책임을 진다(225조).

사원이 아닌 자가 타인에게 자기를 社員이라고 오인시키는 행위를 하였을 때에는(자칭사원) 오인으로 인하여 회사와 거래한 자에 대하여 사원과 동일한 책임을 진다(215조). 상법이 외관주의에 따른 表見責任을 인정한 경우이다.

3. 책임의 성질

사원의 책임은 직접·연대·무한책임이고 종속적이다. 「직접」이라 함은 채권자가 회사를 거치지 않고 사원에게 곧바로 변제청구할 수 있다는 뜻이고, 「연대」란 사원상호간의 연대를 말하며, 「무한」이란 회사의 채무전액에 대한 변제책임을 말한다.

사원과 회사 간의 관계에 있어서 사원의 책임이란 회사채무의 존재를 전제로 인정되고(종속성), 회사재산에 의한 회사채무의 완제불능 또는 강제집행의 부주효의 사실을 그 이행조건으로 한다(보충성). 사원은 자기가 가진 일체의 항변을 주장할 수 있을 뿐만 아니라 회사에 속하는 권리불발생(예컨대, 법률행위의 무효)·권리소멸(예컨대, 변제·면제·시효 등) 또는 동시이행 등의 항변으로써 회사채권자에 대항할 수 있다. 회사가 이러한 항변을 포기하여도 사원에 대한 관계에 있어서는 효력이 없다.

4. 책임의 내용

사원의 책임은 회사채무를 변제하는 것이고, 회사채무의 종류와 발생원인은 불문한다. 다만 회사채무가 부대체적인 채무라면 사원은 채무의 불이행으로 말미암은 손해배상책임을 부담할 뿐이다. 사원이 변제하여야 할 액은 회사채무의 전액이지 회사재산으로써 변제받을 수 없는 잔액을 의미하는 것은 아니다.

5. 책임이행의 효과

사원이 회사채무를 변제한 때에는 회사채무가 소멸한다. 회사채무를 변제한 사원은 회사 또는 다른 사원에 대하여 구상권을 가지며(民 425조, 441조), 양권리 중에 선택하여 행사할 수 있으며, 그 중의 어느 쪽의 구상권 행사에 의하여 만족을 얻지 못한 때에는 그 부족한 부분을 위하여 다른 구상권을 행사하여 만족을 얻을 수도 있다.

6. 책임의 소멸

사원의 책임은 해산의 경우에는 등기 후 5년, 퇴사 또는 지분양도의 경우에는 등기 후 2년이 경과하면 소멸한다(267조, 225조). 이 기간은 제척기간이다.

제5절 合名會社의 解散과 清算

I. 해 산

합명회사의 해산사유로는 ① 존립기간의 만료 기타 정관으로 정한 해산사유의 발생, ② 총사원의 동의, ③ 사원이 1인으로 된 때, ④ 합병, ⑤ 파산, ⑥ 법원의 해산명령 또는 해산판결(176조, 241조)을 들고 있다(227조). 주식회사나 유한회사와 달리 합명회사의 경우에 총사원의 동의와 사원이 1인으로 된 때도 해산사유가 된다.

회사가 해산한 때에는 합병과 파산의 경우를 제외하고 해산사유가 있는 날로부터 본점소재지에서는 2주 내에, 지점소재지에서는 3주내에 해산등기를 하여야 한다(228조).

회사채권자에 대한 사원의 책임은 본점소재지에서 해산등기를 한 후 5년이 경과하면 소멸한다(267조 1항). 다만 5년이 경과하더라도 분배하지 아니한 잔여재산이 있으면 회사채권자는 변제를 청구할 수 있다(267조 2항). 이 경우 사원의 책임은 분배하지 아니한 잔여재산을 한도로 한다고 생각한다.

위 해산사유 중 ①, ②, ③의 사유로 해산한 경우에 사원의 전부 또는 일부의 동의로 회사를 계속할 수 있으며, 이때 동의하지 아니한 사원은 퇴사한 것으로 본다(229조 1항). 사원이 1인으로 되어 해산한 때에는 새로 사원을 가입시켜 회사를 계속할 수 있다(229조 2항). 해산등기 후에 회사를 계속하는 경우에는 계속등기를 하여야 한다(229조 3항).

Ⅱ. 청 산

회사가 해산하면 청산의 절차를 밟게 되는데 회사와 사원 간의 재산관계의 처리가 주목적이다. 합명회사의 청산에는 임의청산과 법정청산의 두 가지 방법이 인정되고 있는데, 이는 법정청산만 인정하고 있는 주식회사나 유한회사와 다른 점이다.

1. 임의청산

(1) 의의

임의청산이란 정관 또는 총사원의 동의로 해산한 경우에 그 정한 방법에 따라 회사재산을 처분하는 것을 말한다(247조 1항). 그러나 사원이 1인으로 됨으로써 해산한 경우와 법원의 명령 또는 판결에 의하여 해산한 경우에는 반드시 법정청산에 의하여야 한다. 임의청산을 허용할 경우 재산처분의 공정성을 기대할 수 없기 때문이다.

(2) 채권자보호절차

1) 일반채권자의 보호

임의청산의 경우에 회사는 해산사유가 있는 날로부터 2주간내에 재산목록과 대차대조표를 작성하여야 하고(247조 1항 후단), 그 기간내에 채권자에 대하여 이의가 있으면 1월 이상 일정기간내에 이의를 제출할 것을 공고하고, 알고 있는 채권자에 대하여는 각각 이를 최고하여야 한다(247조 3항, 232조 1항). 채권자가 이 기간내에 이의를 제출하지 않으면 임의청산을 승인한 것으로 본다. 이의를 제출한 채권자가 있는 때에 회사는 그 채권자에 대하여 변제 또는 상당한 담보를 제공하거나 이를 목적으로 하여 상당한 재산을 신탁회사에 신탁하여야 한다(247조 3항, 232조).

위와 같은 절차를 위반하여 회사가 재산을 처분함으로써 회사채권자를 해한 때에 회사채권자는 그 위반함을 안 날로부터 1년내, 재산처분이 있는 날로부터 5년내에 재산처분의 취소를 본점소재지의 지방법원에 청구할 수 있다(248조 1항). 재산처분취소의 소는 채권자취소권과 같이(民 406조) 선의의 수익자 또는 전득자에 대하여 취소를 청구하지 못한다.

2) 지분압류채권자의 보호

지분압류채권자가 있는 경우에 임의청산을 하려면 압류채권자의 동의를 얻어야 하며(247조 4항), 이에 위반하여 그 재산을 처분한 때에 압류채권자는 회사에 대하여 그 지분에 상당하는 금액의 지급을 청구할 수 있다(249조 전단).

2. 법정청산

(1) 청산인의 선임과 해임

청산인의 선임은 회사가 해산한 때에는 총사원의 과반수의 결의로 선임하나(251조 1항), 사원들이 청산인을 선임하지 않은 때에는 업무집행사원이 청산인이 된다(251조 2항). 그러나 사원이 1인으로 된 때, 해산명령 또는 해산판결에 의하여 해산한 때에는 법원에 의하여 청산인이 선임된다(252조).

사원이 선임한 청산인은 총사원 과반수의 결의로 해임할 수 있으며(261조), 직무집행에 부적임하거나 중대한 임무위반행위가 있은 때에는 법원은 사원 기타의 이해관계인의 청구에 의하여 해임할 수도 있다(262조).

(2) 청산인의 자격

사원 과반수의 결의로 청산인을 선임하는 경우에는 사원이 아니라도 청산인이 될 수 있다.

(3) 청산인의 권한

청산인은 청산사무를 집행한다. 즉, 청산인은 주식회사의 법정청산의 경우와 같이 현존사무의 종결, 채권의 추심과 채무의 변제, 재산의 환가처분, 잔여재산의 분배 등의 권한을 행사한다(254조 1항).

(4) 청산의 종결

청산인은 그 임무를 완료한 때에는 지체 없이 계산서를 작성하여 각 사원에게 교부하고 승인을 얻어야 한다. 사원이 계산서를 받고 1월 이내에 이의를 제기하지 않으면 청산인에게 부정행위가 있는 경우를 제외하고 그 계산을 승인한 것으로 본다(263조 2항). 청산이 종결되면 청산인은 계산서에 대한 총사원의 승인이 있은 날로부터 본점소재지에서는 2주간내, 지점소재지에서는 3주간내에 청산종결의 등기를 하여야 한다(264조). 회사의 장부와 영업 및 청산에 관한 중요서류는 본점소재지에서 청산종결등기를 한 후 10년간 이를 보존하여야 하고, 전표 또는 이와 유사한 서류는 5년간 보존하여야 한다(266조 1항).

제 6 절 合名會社의 계속

Ⅰ. 의 의

합명회사의 계속이란 일단 해산된 회사가 청산이 종료되기 전에 다시 해산전의 합명회사 상태로 복귀하는 것을 말한다(제8장 제3절 주식회사의 계속 참조).

Ⅱ. 계속사유

(1) 회사의 존립기간의 만료 기타 정관으로 정한 사유의 발생 또는 총사원의 동의에 의하여 해산한 때(229조 1항, 227조 1호 · 2호)에는 사원의 전부 또는 일부의 동의로 회사를 계속할 수 있다(229조 1항 본문). 이 경우 회사의 계속에 동의하지 않은 사원은 퇴사한 것으로 본다(229조 1항 단서).

(2) 사원이 1인으로 되어 해산한 경우에는 새로 사원을 가입시켜서 회사를 계속할 수 있다(229조 2항). 이 경우 사원가입은 정관변경사항이므로 총사원의 동의가 있어야 하나, 사원이 1인이므로 그 사원의 동의로 정관이 변경된다. 만약 유한책임사원을 가입시킨다면 합자회사로 조직변경을 할 수 있다(242조 2항).

(3) 회사설립의 무효 또는 취소판결이 확정된 때에 그 무효나 최소의 원인이 일부 특정한 사원에 한한 것인 때에는 다른 사원의 동의로써 회사를 계속할 수 있다(194조 1항). 이 경우 무효·취소의 원인이 있는 사원은 퇴사한 것으로 본다(194조 2항).

(4) 파산선고에 의하여 해산한 경우(227조 5호) 파산폐지결정이 있으면 정관변경에 따라 회사를 계속할 수도 있다(회파 540조).

제 2 장 合資會社

제 1 절 合資會社의 意義와 特色

Ⅰ. 개 설

1. 의 의

합자회사란 무한책임사원과 유한책임사원으로 구성된 회사를 말한다(268조). 무한책임사원은 합명회사의 사원과 같고 유한책임사원은 회사채권자에 대하여 출자액을 한도로 직접·연대책임을 지되, 회사의 업무집행권과 대표권은 없고(278조) 감시권(277조)만이 있다.

2. 연 혁

합자회사는 10세기 경부터 지중해 연안에서 널리 이용된 코멘다계약(commenda)에서 유래한다. 코멘다계약은 자본가가 상품 또는 금전을 제공하되 영업자로 하여금 그의 이름으로 해외무역을 행하게 하고 얻은 이익의 일부를 분배하는 형태였으나, 후에 기업가는 노무뿐만 아니라 자본의 일부를 출자하기도 하였다. 이것은 15세기경에 더욱 분화되어 자본가가 외부에 나타나 채권자에 대하여 출자액을 한도로 책임을 지는 합자회사와 자본가가 표면으로 드러나지 않는 익명조합으로 분화되었다.

Ⅱ. 특 색

합자회사는 유한책임사원이 존재한다는 점에서 합명회사와 구별된다. 유한책임사원(limited partnerships)은 회사채권자에 대하여 그 출자가액한도내에서만 책임을 진다.[1] 그러나 회사채권자에 대하여 직접책임을 진다는 점에서 주주의 간접유한책임과 다르다. 유한책임사원은 회사의 경영에는 관여하지 않고 회사의 업무 및 재산상황을 감시함에 그친다.

합자회사도 사단법인이므로 사원간의 개인적 신뢰를 기초로 하지만 실질적으로는 조합적 성질을 가지고, 인적회사에 속한다. 따라서 합자회사는 유한책임사원을 가진 점을 제외하면 합명회사와 차이가 없어 상법은 합자회사에 특유한 점에 관하여만 규정하고 그 이외의 사항은 합명회사의 규정을 준용하고 있다.

제2절 合資會社의 설립

합자회사는 무한책임사원 1인과 유한책임사원 1인 이상이 정관을 작성하고 설립등기를 함으로써 성립한다. 정관에는 각 사원별로 무한책임 또는 유한책임별로 기재하여야 하는 것을 제외하고는 합명회사의 경우와 같다.

제3절 合資會社의 내부관계

Ⅰ. 출 자

무한책임사원은 합명회사의 경우와 같으나, 유한책임사원은 신용과 노무출자를 하지 못한다.

---

1) Jesse H. Choper · John C. Coffee, Jr · Ronald J. Gilson, *Cases and Materials on Corporations*, Aspen Publishers, INC. 2000, p. 790.

Ⅱ. 사원의 지분양도

유한책임사원의 지분양도에는 무한책임사원 전원의 동의가 있으면 되고 다른 유한책임사원의 동의는 필요치 않다. 유한책임사원의 지분은 相續도 가능하다. 상속인이 수인인 때에는 사원의 권리를 행사할 자 1인을 선정하여야 한다. 이를 정하지 아니한 때에는 회사의 통지 또는 최고는 그 중 1인에 대하여 하면 전원에 대하여 효력이 미친다(283조).

【판례】 대법원 1995. 7. 11. 선고, 95다5820 결정

「합자회사는 정관에 특별한 규정이 없는 한 사원총회의 소집절차라든지 결의방법에 특별한 방식이 있을 수 없고, 따라서 사원의 구두 또는 서면에 의한 개별적인 의사표시를 수집하여 본 결과 총사원의 동의나 사원 3분의 2 또는 과반수의 동의 등 법률이나 정관 및 민법의 조합에 관한 규정이 요구하고 있는 결의요건을 갖춘 것으로 판명되면 유효한 결의가 있다고 보아야 한다」.

Ⅲ. 업무집행권과 감시권

업무집행시 정관에 다른 규정이 없는 한, 무한책임사원은 각자가 집행할 권리와 의무를 가진다(273조).

> 판례도 「합자회사에 있어서는 정관 또는 총사원의 동의로써 회사대표자로 될 수 있는 자는 무한책임사원에 한할 것이고, 유한책임사원은 설사 정관 또는 총사원의 동의로써 회사대표자로 지정되어 그와 같은 등기까지 경유되었다 하더라도 회사대표권을 가질 수 없을 것이다」라고 판시하고 있다(대판 1966. 1. 25, 65다2128).

유한책임사원은 회사의 업무집행을 할 수는 없으나, 무한책임사원의 전횡을 방지하기 위하여 감시권을 행사할 수 있다(277조). 유한책임사원은 업무집행, 회사대표를 하지 못한다(278조). 그러나 이 금지규정을 임의법규로 보아서 정관이나 총사

원의 동의로 유한책임사원에게 업무집행권을 부여할 수 있다고 하는 것이 통설이다. 왜냐하면, 업무집행은 대내적 문제에 속하고 또 유한책임사원도 사원인 만큼 업무집행권을 부여하더라도 자기기관의 원칙에 반하는 것은 아니기 때문이다(權 253). 다만, 정관으로 유한책임사원에게 업무집행권을 부여하는 경우에 모든 무한책임사원의 업무집행권을 박탈하는 것은 허용되지 아니한다(孫 576). 또한 유한책임사원에게 업무집행권을 부여한 경우 회사채권자에 대한 책임은 정관상의 책임 한도액까지만 지게 된다.

Ⅳ. 경업허용과 자기거래의 제한

유한책임사원은 업무집행권이 없으므로 경업금지의무가 없다(275조). 그러나 유한책임사원도 자기거래에 대한 제한을 받는다.

Ⅴ. 사원의 입사와 퇴사

입사와 퇴사는 합명회사의 경우와 대체로 같다. 다만, 유한책임사원이 사망하거나 금치산선고를 받은 경우에도 무한책임사원과는 달리 퇴사원인이 되지 않는다(283조, 284조). 유한책임사원이 사망한 경우에는 상속인이 사원으로 된다.

【판례】 대법원 1991. 7. 26. 선고, 90다19206 판결

「상법 제220조 제1항, 제269조는 합자회사에 있어서 사원에게 같은 법조 소정의 제명사유가 있는 경우에는 다른 사원 과반수의 결의에 의하여 그 사원의 제명선고를 법원에 청구할 수 있다고 규정하고 있는 바, 다른 사원 과반수의 결의란 그 문언상 명백한 바와 같이 제명대상인 사원 이외에 다른 사원 2인 이상의 존재를 전제로 하고 있으므로, 무한책임사원과 유한책임사원 각 1인만으로 된 합자회사에 있어서는 한 사원의 의사에 의하여 다른 사원의 제명을 할 수는 없다고 보아야 할 것이다.

그리고 유한책임사원과 무한책임사원의 2인만으로 된 경우에 그 1인의 제명은 상법 제285조 제1항에 의하여 회사가 해산되는 결과가 되는데, 상법 제220조 제1항에서 사원의 제명을 인정하는 이유가 회사를 해산상태로 몰고 가자는 것이 아니고 회사의 존속을 도모하여 회사의 해산 및 신설의 불

이익을 면하도록 하는 데 있음을 감안하여 볼 때, 한 사람의 의사에 의하여 다른 사원을 제명하는 것을 인정하는 것은 위 취지에 어긋나고 또 제명이란 사원자격을 박탈하는 비상수단이므로 신중한 절차를 요하여야 할 것이라는 제도 자체의 성질에도 합치되며, 그와 같이 해석하지 않으면 소수자에 의하여 회사내분이 야기될 위험성이 있게 될 것이다.」

제 4 절 合資會社의 외부관계

Ⅰ. 회사의 대표

유한책임사원은 업무집행권뿐만 아니라 회사대표권도 없고, 정관의 규정이나 총사원의 동의로써도 대표권을 부여할 수 없다(통설). 유한책임사원의 회사대표행위를 금지한 상법 제278조는 회사의 대외관계사항에 관한 강행규정으로 보기 때문이다.

Ⅱ. 사원의 책임

무한책임사원의 책임은 합명회사의 사원과 동일하다.

유한책임사원은 직접·연대의 책임을 진다는 점에서 무한책임사원과 동일하나, 출자가액을 한도로 책임진다는 점에서 다르다. 그 결과 회사에 대하여 출자의무를 전부 또는 일부 이행하면 그 범위에서 회사채권자에 대한 책임이행이 감소한다. 그러나 회사에 이익이 없는데도 불구하고 배당을 받은 경우에는 변제책임을 정함에 있어서 이를 가산한다(279조 2항). 또한 정관변경으로 인하여 유한책임사원의 출자액이 감소하였어도 본점소재지에서 변경등기를 하기 전에 생긴 회사채무에 대하여는 등기 후 2년내에는 그 책임을 면하지 못한다(280조).

유한책임사원이 타인에게 자기를 무한책임사원이라고 오인시키는 행위를 한 때에는 오인으로 인하여 회사와 거래한 자에 대하여 무한책임사원과 동일한 책임을 지며(281조 1항), 이는 유한책임사원이 그 책임한도를 오인시키는 행위를 한 경우에도 마찬가지이다(281조 2항).

【판례】 대법원 1996. 2. 9. 선고, 95다719 판결

「합자회사가 회사재산으로 채무를 완제할 수 없거나 또는 회사재산에 대한 강제집행이 주효하지 못하여 결국 합자회사의 무한책임사원이 근로자들에 대한 회사의 임금채무를 변제할 책임을 지게 되었다 하더라도, 보충적인 위 책임의 성질이나 일반 담보권자의 신뢰보호 및 거래질서에 미치는 영향 등을 고려할 때 이를 회사가 사업주로서 임금채무를 부담하는 경우와 동일하다고 보아 무한책임사원 개인소유의 재산까지 임금 우선변제권의 대상이 되는 '사용자의 총재산'에 포함된다고 해석할 수는 없다」.

Ⅲ. 사원의 책임변경

정관변경에 의하여 유한책임사원을 무한책임사원으로 하거나 이와 반대로 무한책임사원을 유한책임사원으로 변경할 수 있다. 이 경우에 전자에 관하여는 신입사원의 책임에 관한 상법 제213조를, 후자에 관하여는 퇴사원의 책임에 관한 상법 제225조의 규정을 각각 준용한다(282조).

제5절 合資會社의 해산과 청산

Ⅰ. 해 산

합자회사는 무한책임사원과 유한책임사원으로 구성되어 있으므로 어느 한쪽이라도 사원의 전원이 퇴사했을 때에는 해산된다(285조). 이 경우에 잔존한 유한책임사원 또는 무한책임사원 전원의 동의로 유한책임사원 또는 무한책임사원을 새로 가입시켜서 회사를 계속할 수도 있다(285조 2항). 이때 새로 가입한 사원은 그 가입 전에 생긴 회사채무에 대하여 다른 사원과 동일한 책임을 진다(285조 3항, 213조). 또한 유한책임사원 전원이 퇴사하면 잔존한 무한책임사원 전원의 동의로 합명회사로 변경하여 회사를 계속할 수도 있다(286조 2항). 이 경우에는 일정한 기간내에 합자회사는 해산등기를, 합명회사는 설립등기를 하여야 한다(286조 3항).

Ⅱ. 청 산

합자회사의 청산방법도 합명회사와 같이 임의청산과 법정청산이 있으며, 그 내용도 동일하다. 청산인은 원칙적으로 업무집행사원이 되나, 무한책임사원 과반수의 결의로 청산인을 선임할 수도 있다(287조). 즉, 청산인의 선임에 유한책임사원의 동의는 요하지 않는다.

제6절 合資會社의 계속

Ⅰ. 의 의

합자회사의 계속이란 일단 해산된 회사가 청산이 종료되기 전에 다시 해산전의 합자회사 상태로 복귀하는 것을 말한다(제8장 제3절 주식회사의 계속 참조).

Ⅱ. 계속사유

합자회사는 무한책임사원과 유한책임사원으로 구성된 회사이므로 어느 한 종류의 사원이 전원 퇴사하면 회사는 해산하게 되는데(285조 1항), 이 경우에 잔존하는 사원 전원의 동의로 퇴사한 사원과 동일한 종류의 사원을 가입시키거나 잔존하는 사원 중 일부사원이 종류를 변경하여 회사를 계속할 수 있다(285조 2항). 그리고 합명회사의 계속사유에서 설명한 (1), (2), (3)의 방법으로도 회사를 계속할 수도 있다(269조).

제3장 有限責任會社

제1절 유한책임회사의 의의와 특색

Ⅰ. 의 의

유한책임회사는 내부적으로 조합의 실질을 갖는 인적회사이면서 외부적으로는 사원 전원이 유한책임이익을 향수하는 회사이다. 인적회사인 합명회사나 합자회사의 경우 무한책임을 지는 사원이 반드시 존재하지만, 유한책임회사는 인적회사의 성질을 갖고 있으면서도 사원은 유한책임만 부담하면 된다는 점에서 큰 장점을 지니고 있다. 이러한 유한책임회사는 미국의 유한책임회사(Limited Liability Company: LLP)제도와 일본의 합동회사제도를 모델로 하여 2011년 개정법에서 도입한 것이나, 그 내용면에서는 차이가 있다.

Ⅱ. 특 색

유한책임회사는 내부적으로 조합적인 방법으로 운영할 수 있도록 함으로써 합명회사에 가깝고(287조의18), 대외적으로 회사채권자에 대해 사원이 유한책임을 지도록 함으로써 물적회사의 성질을 갖는다(287조의7, 287조의 43).

제2절 유한책임회사의 설립

Ⅰ. 설립 개관

유한책임회사는 사원이 정관에 의하여 확정되는 인적회사이다. 그러나 사원 1인에 의한 설립이 허용되며(287조의2), 사원의 유한책임 때문에 회사채권자를 보호하기 위하여 회사설립시부터 자본금을 확보하여야 하며, 사원의 노무출자나 신용출자는 허용되지 않는다(287조의4).

Ⅱ. 정관 작성

유한책임회사를 설립하기 위하여 사원은 정관을 작성하여야 하는데(287조의2), 정관에는 목적, 상호, 사원의 성명 및 주민등록번호와 주소, 본점의 소재지, 정관의 작성년월일, 사원의 출자의 목적 및 가액, 자본금의 액, 업무집행자의 성명(법인인 경우에는 명칭) 및 주소를 적고 각 사원이 기명날인하거나 서명한다(287조의3, 179조).

유한책임회사의 사원은 법인도 될 수 있으며, 사원 총수에 제한이 없다.

Ⅲ. 사원의 출자와 이행

사원은 유한책임을 지므로 금전이나 현물출자를 해야 하고, 노무나 신용출자를 하지 못한다(287조의4 1항). 회사설립등기를 할 때까지 사원은 금전이나 현물출자를 전부 이행하여야 한다(287조의4 2항, 287조의4 3항).

유한책임회사의 자본금은 사원이 출자한 금전이나 그 밖의 재산의 가액이 된다. 회사는 정관을 변경하여 자본금을 감소할 수 있다(287조의36 1항). 자본금 감소는 회사채권자의 이익에 중대한 영향을 미치므로 채권자보호절차를 거쳐야 한다(287조의36 2항).

Ⅳ. 설립등기

유한책임회사는 본점소재지에서 일정 사항을 등기함으로써 성립한다(287조의5 1항). 사원은 등기사항이 아니나, 업무집행자의 성명 및 주소와 주민등록번호, 대표자를 정한 경우 그 성명과 주소는 등기하여야 한다(287조의5 1항).

Ⅴ. 설립의 무효와 취소

유한책임회사의 설립의 무효와 취소는 합명회사의 설립의 무효와 취소에 관한 규정을 준용하도록 하고 있다(287조의6, 184조 내지 194조). 설립무효의 소는 사원뿐만 아니라 업무집행자도 제기할 수 있다(287조의6 단서).

제3절 유한책임회사의 내부관계

Ⅰ. 업무집행

유한책임회사의 내부관계에 관하여는 정관이나 상법에 다른 규정이 없으면 합명회사에 관한 규정을 준용한다(287조의18). 따라서 내부관계는 폭넓은 정관자치가 가능하지만, 유한책임의 한계 때문에 채권자보호와 관련된 문제에서는 정관자치가 제한된다.

유한책임회사는 정관에서 사원 또는 사원이 아닌 자를 업무집행자로 정하여야 한다(287조의12 1항). 즉, 유한책임사원이 업무집행을 할 수도 있고, 사원이 아닌 자를 업무집행자로 할 수도 있다. 다른 회사 유형과 달리 유한책임사원이 업무집행을 할 수 있다는 점은 유한책임회사의 큰 특징이다.

유한책임회사의 업무집행자는 법인도 될 수 있는데, 이 경우 법인은 해당 업무집행자의 직무를 행할 자를 선임하고, 그 자의 성명과 주소를 다른 사원에게 통지하여야 한다(287조의15 1항).

1명 또는 2인 이상의 업무집행자를 정한 경우 각자가 업무집행을 할 권리와 의무가 있다(287조의12 2항). 2인 이상 업무집행자가 있을 경우 업무집행자간의 의견이 일치하지 않을 경우 그 행위를 중지하고 업무집행자 전원의 과반수 결의에 의한다(287조의12 2항, 201조 2항). 즉 업무집행의 의사결정은 지분에 비례하는 것이 아니라 두수주의에 의하여 정해진다. 뿐만 아니라 사원총회 결의의 필요가 없으므로 사원 각자의 의사를 확인하는 것으로 족하다.

법원의 가처분으로 유한책임회사의 업무집행자의 업무집행을 정지하거나 직무대행자를 선임하는 가처분을 할 수 있으며, 가처분에 의하여 선임된 직무대행자는 가처분명령에 다른 정함이 있는 경우외에는 법원의 허가를 얻지 않는 한 법인의 통상업무에 속하지 않는 행위를 하지 못한다(287조의13, 200조의2).

업무집행자가 업무를 집행함에 현저하게 부적임하거나 중대한 의무에 위반한 행위를 한 때에는 합명회사와 마찬가지로 사원의 청구에 의하여 법원은 업무집행권한의 상실을 선고할 수 있다(287조의17, 205조 1항).

Ⅱ. 사원의 감시권

업무집행자가 아닌 사원은 감시권을 갖는다(287조의14, 277조). 유한책임회사는 감독기관이 필수적이 아니므로, 회사에서 사원 자신의 이익을 지키기 위하여 감시권을 인정한 것이다.

Ⅲ. 이익충돌방지

업무집행자와 회사간의 이익상반행위를 규율하기 위하여 업무집행자의 경업금지(287조의10), 자기거래 제한에 관한 규정(287조의11)을 두고 있다.

업무집행자는 사원 전원의 동의를 받지 않고는 자기 또는 제3자의 계산으로 회사의 영업부류에 속하는 거래를 하지 못하며, 같은 종류의 영업을 목적으로 하는 다른 회사의 업무집행자, 이사 또는 집행임원이 되지 못한다(287조의10 1항). 업무집행자가 이를 위반하여 거래를 한 경우에는 회사가 개입권과 손해배상청구권을 행사할 수 있다(287조의10 2항, 198조 2항, 3항).

업무집행자는 다른 사원 과반수의 결의가 있는 경우에만 자기 또는 제3자의 계산으로 회사와 거래를 할 수 있다(287조의11).

Ⅳ. 업무집행자의 책임

업무집행자는 회사의 수임인이라고 볼 수 있으므로 회사에 대하여 선관주의의무를 부담한다. 그러므로 사원은 업무집행자의 책임을 추궁하기 위하여 대표소송을 제기할 수 있다(287조의22, 403조 내지 406조).

Ⅴ. 사원 및 지분의 변동

1. 사원의 입사 및 지분 양도

사원은 다른 사원의 동의를 받지 않고는 그 지분의 전부 또는 일부를 타인에게 양도하지 못한다(287조의8 1항). 그럼에도 불구하고 업무를 집행하지 않는 사원은 업무를 집행하는 사원 전원의 동의가 있으면 지분의 전부 또는 일부를 타인에게 양도할 수 있다. 다만 업무를 집행하는 사원이 없는 경우 사원 전원의 동의를 받아야 한다(287조의8 2항). 뿐만 아니라 정관에서 사원 지분의 양도 및 양수에 관한 사항을 달리 정할 수 있도록 함으로써 사적 자치를 폭 넓게 허용하고 있다(287조의8 3항).

새로운 사원은 지분의 양도 및 양수에 의하여 가입된다. 이 경우 정관변경절차를 거쳐야 한다(287조의23 2항).

2. 사원의 퇴사 및 지분의 환급

유한책임회사는 채권자 보호를 하면서 사원에게 퇴사를 허용하고 있다는 점에서 그 특색이 있다.

유한책임회사의 사원은 합명회사 사원과 마찬가지로 퇴사의 자유가 인정된다(287조의24, 217조 1항). 뿐만 아니라 사원의 사망과 제명 그리고 강제퇴사도 합명회사의 사원의 그것을 준용한다(287조의26, 287조의27, 287조의29, 219조, 220조, 224조).

퇴사 사원은 그 지분의 환급을 금전으로 받을 수 있는데, 그 환급 금액은 퇴사 시의 회사의 재산 상황에 따라 정하며, 정관에서 달리 정할 수도 있다(287조의28).

한편 사원의 퇴사와 지분의 환급을 허용하면서도 채권자보호를 위한 규정을 두고 있다. 즉 유한책임회사의 채권자는 퇴사하는 사원에게 환급하는 금액이 잉여금을 초과한 경우에는 그 환급에 대하여 회사에 이의를 제기할 수 있으며(287조의30 1항, 287조의37), 채권자의 이의제기에 대하여 회사는 변제나 상당한 담보를 제공하거나 이를 목적으로 하여 상당한 재산을 신탁회사에 신탁하여야 한다(287조의30 2항, 232조). 그러나 지분을 환급하더라도 채권자에게 손해를 끼칠 우려가 없는 경우에는 채권자보호절차는 필히 요구되지 않는다(287조의30 2항 단서).

Ⅵ. 자기지분의 취득금지

유한책임회사는 그 지분의 전부 또는 일부를 양수할 수 없으며, 그 지분을 취득한 경우 그 지분은 취득한 때에 소멸한다(287조의9). 이것은 주식회사의 자기주식취득제한과 유사한 취지이다.

제 4 절 유한책임회사의 외부관계

Ⅰ. 사원의 책임

유한책임회사의 사원은 회사채권자에 대하여 그 출자금액을 한도로 원칙적으로 유한책임을 부담한다(287조의7).

Ⅱ. 회사의 대표

업무집행자는 유한책임회사를 대표하는데, 업무집행자가 둘 이상 있는 경우 정관 또는 총사원의 동의로 유한책임회사를 대표할 업무집행자를 정할 수 있으며, 유한책임회사는 정관 또는 총사원의 동의로 둘 이상의 업무집행자가 공동으로 회사를 대표할 것을 정할 수도 있다(287조의19).

유한책임회사를 대표하는 업무집행자는 회사의 영업에 관한 재판상 또는 재판외의 모든 행위를 대표할 권한을 가지며 그 권한의 제한은 선의의 제3자에게 대항하지 못한다(287조의19 5항, 209조).

Ⅲ. 대표자의 손해배상책임

유한책임회사를 대표하는 업무집행자가 그 업무집행으로 타인에게 손해를 입힌 경우에는 회사는 그 업무집행자와 연대하여 배상할 책임을 진다(287조의20).

Ⅳ. 유한책임회사와 사원 간의 소

사원은 회사에 대하여 업무집행자의 책임을 추궁하는 소의 제기를 청구할 수 있다(287조의22).

유한책임회사가 사원(사원이 아닌 업무집행자를 포함한다)에 대하여 또는 사원이 유한책임회사에 대하여 소를 제기하는 경우에 유한책임회사를 대표할 사원이 없을 때에는 다른 사원 과반수의 결의로 대표할 사원을 선정하여야 한다(287조의21).

제5절 유한책임회사의 회계 및 정관변경

Ⅰ. 회계 및 재무

1. 회계 원칙

유한책임회사의 경우 채권자 보호를 위하여 회계에 관한 강행적 규율이 필요하다. 이에 상법은 유한책임회사의 회계는 상법과 대통령령으로 정하는 것 외에는 일반적으로 공정하고 타당한 회계관행에 따르도록 하여(287조의32), 주식회사의 계산과 같은 취지에 의한다.

2. 재무제표의 작성과 보존

업무집행자는 결산기마다 대차대조표, 손익계산서, 그 밖에 유한책임회사의 재무상태와 경영성과를 표시하는 것으로서 대통령령으로 정하는 서류를 작성하여야 한다(287조의33). 이러한 재무제표는 본점에 5년간 갖추어 두어야 하고, 그 등본을 지점에 3년간 갖추어 두어야 하며, 사원과 유한책임회사의 채권자는 회사의 영업 시간 내에는 언제든지 재무제표의 열람과 등사를 청구할 수 있다(287조의34).

3. 잉여금의 분배

유한책임회사는 대차대조표상의 순자산액으로부터 자본금의 액을 뺀 액을 한도로 하여 잉여금을 분배할 수 있다(287조의37 1항). 잉여금은 정관에 다른 규정이 없으면 각 사원이 출자한 가액에 비례하여 분배하며, 잉여금의 분배를 청구하는 방법이나 그 밖에 잉여금의 분배에 관한 사항은 정관에서 정할 수 있다(287조의37 4항, 5항).

잉여금이 없는데도 불구하고 이를 분배한 경우 유한책임회사의 채권자는 그 잉여금을 분배받은 자에 대하여 회사에 반환할 것을 청구할 수 있다(287조의37 2항).

Ⅱ. 정관변경

회사가 정관을 변경하려면 정관에 다른 규정이 없을 시에는 총사원의 동의를 얻어야 한다(287조의16).

제6절 유한책임회사의 조직변경

Ⅰ. 합 병

유한책임회사의 합병에 관하여는 합명회사의 합병에 관한 규정을 준용한다(287조의41, 230조부터 240조까지).

Ⅱ. 조직변경

유한책임회사는 총사원의 동의에 의하여 주식회사로 조직을 변경할 수 있으며, 주식회사는 총회에서 총주주의 동의로 결의한 경우 그 조직을 변경하여 유한책임회사로 할 수 있다(287조의43). 유한책임회사와 주식회사간의 조직변경을 허용한 점으로 보아 입법자는 유한책임회사를 주식회사와 가까운 개념으로 간주한 듯 하다.

제7절 유한책임회사의 해산과 청산

유한책임회사의 해산 원인은 합명회사의 그것과 같으나, 단 합명회사와 달리 사원이 1인이 된 경우는 해산의 원인이 아니다(287조의38).

유한책임회사가 해산한 경우 사원은 자본금을 기준으로 유한책임을 부담하므로 합명회사의 법정 청산절차에 의하지 임의청산은 허용되지 않는다(287조의45).

유한책임회사에 해산 원인이 있을 경우라도 일정한 경우 회사를 계속할 수 있다(287조의40).

제4장 有限會社

제1절 有限會社의 의의와 연혁

Ⅰ. 의 의

유한회사(Gesellschaft mit beschränkter Haftung)는 다수의 균등액의 출자로써 이루어진 자본금을 가지며(543조, 546조), 사원은 회사에 대하여 출자의무를 부담할 뿐(553조) 회사채권자에 대하여는 아무런 책임을 부담하지 아니하는 회사이다.

유한회사는 사원이 간접유한책임을 지고 회사재산만이 대외적인 신용의 기초가 된다. 따라서 유한회사에 있어서도 자본금확정의 원칙, 자본금유지의 원칙 및 자본금불변의 원칙이 요청되나 수권자본금제도가 채용되어 있지 않고 자본금은 정관에 기재된다. 또한 사원이 적은 폐쇄적인 기업이 이용하기 쉽도록 설립절차나 기관구성이 간략화되어 있고 공시주의도 완화되어 있다. 따라서 유한회사는 물적회사와 인적회사 각각의 장점을 유기적으로 결합한 절충형의 회사로 고안된 것이나, 실질적으로는 주식회사에 근접하는 자본적 결합의 공동기업형태이다. 그리하여 유한회사에 있어서는 주식회사에 관한 규정이 준용되는 경우가 많고, 조직변경도 주식회사로만 허용되고 있다(604조, 607조). 2011년 개정에 의해서 사원 수의 상한을 50인으로 제한했던 규정을 폐지하여 규모가 좀 더 큰 기업에 유한회사 형태가 이용될 수 있는 길을 열었다.

Ⅱ. 연 혁

유한회사는 1892년 독일 有限會社法(Gesetz betreffend die Gesellschaften mit beschränkter Haftung)에 의하여 여러 가지 회사 특히 주식회사의 장점을 따서 제도적으로 창설한 기업형태이고, 유럽 각국에 보급된 것이다. 영국에서는 오래 전부터 유한회사와 유사한 형태인 私會社(private company)가 존재하고 있었다(이는 1908년의 회사법에서 성문화되었다). 그러나 私會社는 주식회사의 형태로서 소수인의 소규모 폐쇄회사라 할 수 있다.

우리나라 상법상의 유한회사규정은 독일 유한회사법을 본 따서 만든 것이다. 그러나 주식회사에 대한 일반인의 선호도가 높은 관계로 현실적으로 유한회사는 잘 활용되지 않는 편이다. 그런데 「자산유동화에 관한 법률」에 의해 설립되는 유동화전문회사는 유한회사이어야 한다(同法 17조 1항).

제2절 有限會社의 설립

Ⅰ. 설립절차

1. 서 설

유한회사의 설립절차는 주식회사에 비하여 간이화되어 있고 모집설립은 인정되지 않는다. 즉, 발기설립에 해당하는 방법만이 인정되나 주식회사와는 달리 발기인 제도가 없으나, 2001년의 개정상법으로 1人의 사원에 의한 설립이 가능해졌음은 주식회사의 경우와 유사하다. 또한 유한회사의 설립절차는 사원과 그 출자액 및 장래의 회사기관이 정관에 의하여 확정된다는 점(543조 2항, 547조) 및 설립무효와 설립취소가 모두 인정된다는 점에서는 인적회사의 설립절차와 비슷하다(552조).

2. 정관작성

유한회사의 설립에는 사원이 정관을 작성하고 각 사원이 기명날인 또는 서명하여야 하며(543조 1항·2항), 공증인의 인증을 받아야 한다(543조 3항, 292조).

(1) 정관의 절대적 기재사항

정관에는 목적·상호·사원의 성명·주민등록번호 및 주소를 기재하여야 한다. 최소자본금에 대한 요구는 없으며(2011년 개정 전에는 1,000만 원)(546조 1항), 출자 1좌의 금액은 100원 이상의 균일액으로 하며(546조 2항), 각 사원의 출자좌수, 본점의 소재지를 기재하여야 한다(543조 2항).

(2) 정관의 상대적 기재사항

상대적 기재사항으로는 변태설립사항(544조), 지분양도제한요건의 가중(556조 1항 2문), 감사의 선임(568조 1항), 사원총회소집기간의 단축(571조 2항 단서), 사원총회의 보통결의요건의 완화(574조), 1좌1의결권 원칙의 예외(575조 1항 2문), 이익배당의 차별(580조), 각 사원에 대한 회계장부열람권(581조 2항), 정관상의 해산사유(609조 1항, 227조 1호), 잔여재산분배기준의 예외(612조) 등을 들 수 있다.

3. 이사·감사의 선임

정관으로 최초의 이사를 정할 수 있으나, 이를 정하지 아니한 때에는 각 사원이 회사성립전에 사원총회를 소집하여 이를 선임하여야 한다(547조 1항). 이 경우 사원총회의 소집절차나 결의방법 등은 회사성립후의 사원총회 규정을 유추적용하여야 할 것이다.

유한회사에 있어서 監事는 임의기관이다. 그러나 정관으로 감사를 두기로 한 때에는 위의 이사를 선임하는 방법과 같은 방법에 따른다.

4. 출자이행

자본적 기초를 확실하게 하기 위하여 이사는 회사성립 전에 사원으로 하여금 출자전액의 납입 또는 현물출자의 목적인 재산전부의 급여를 시켜야 한다(548조 1항). 출자는 재산출자만 인정되고 노무 또는 신용출자는 허용되지 않는다.

5. 설립등기

출자의 이행이 종료된 날로부터 2주내에 본점소재지에서 설립등기를 하여야 하며(549조), 등기함으로써 유한회사는 성립한다.

Ⅱ. 설립에 관한 책임

유한회사에 있어서 설립관여자의 책임은 유한회사의 폐쇄성·비공개성 때문에 자본충실의 책임만 규정하고 있을 뿐, 주식회사에서와 같이 회사 또는 제3자에 대한 손해배상책임(322조)을 두고 있지 않다. 따라서 회사성립후에 사원·이사는 다음의 두 가지 책임이 있을 수 있다.

1. 사원의 재산실가전보책임

현물출자 또는 재산인수의 목적인 재산의 회사성립 당시의 실가가 정관에 정한 가액에 현저하게 부족한 때에는 회사성립 당시의 사원은 회사에 대하여 그 부족액을 연대하여 지급할 책임이 있다(550조 1항). 이러한 전보책임은 무과실책임이며 절대적인 것으로, 총사원의 동의로도 면제할 수 없다(550조 2항, 551조 2항).

2. 사원·이사 및 감사의 출자미필액전보책임

회사성립 후에 출자금액의 납입 또는 현물출자의 이행이 완료되지 아니하였음이 발견된 때에는 회사성립 당시의 사원·이사·감사는 회사에 대하여 그 미납금액이나 이행미필현물의 가액을 지급할 연대책임을 진다(551조 1항). 이것은 무과실책임이며 사원의 책임은 총사원의 동의로도 면제할 수 없다. 다만 이사·감사의 책임은 총사원의 동의로 면제할 수 있다(551조 2항·3항).

Ⅲ. 설립의 무효와 취소

유한회사의 설립하자에 관하여는 인적회사와 같이 설립무효와 취소의 두 가지 경우가 인정되고 있다. 설립무효의 소는 사원·이사·감사에 한하여, 취소는 취소권 있는 자에 한하여 회사가 성립한 날로부터 2년내에 소로써만 주장할 수 있다(552조 1항). 설립무효·취소의 소에 관하여는 합명회사에 관한 규정이 준용된다(552조 2항).

제 3 절 有限會社의 社員

Ⅰ. 사원의 자격 및 원수

사원의 자격에는 특별한 제한이 없다. 따라서 자연인뿐만 아니라 회사 기타 법인도 사원이 될 수 있다. 사원의 수에 대한 제한은 2011년 개정으로 폐지되었다.

Ⅱ. 사원의 권리 · 의무

1. 사원의 권리

사원의 권리는 주식회사 주주의 권리와 같이 자익권과 공익권으로 나눌 수 있다. 자익권에는 이익배당청구권(580조), 잔여재산분배청구권(612조), 증자시의 출자인수권(588조) 등이 있다. 공익권에서 단독사원권에는 의결권(575조), 서류열람청구권(566조), 회사설립의 무효의 소권(552조), 증자무효 · 감자무효 · 합병무효의 소권(595조, 597조, 445조, 236조), 사원총회결의의 취소 · 무효 변경의 소제기권 등이 있으며, 소수사원권으로는 사원총회소집청구권(572조), 이사 · 감사 · 청산인에 대한 대표소송제기권(565조, 570조, 613조), 이사의 위법행위유지청구권(567조, 402조, 613조), 이사 · 청산인의 해임청구권(567조, 385조, 613조 2항, 539조), 회계장부열람권(581조), 업무 · 재무상태감독권(582조), 해산청구권(613조 1항, 520조) 등이 있다. 이러한 소수사원권은 자본의 100분의 3 이상에 해당하는 출자좌수를 가진 사원이 행사할 수 있는데, 주식회사의 경우와는 달리 탄력성을 두어 총회소집권에 관하여는 정관에 다른 정함을 두고 그 요건을 완화할 수 있고(572조 2항), 회계장부열람권은 정관에서 단독사원으로 할 수 있도록 하고 있다(581조 2항).

2. 사원의 의무

사원은 출자금액을 한도로 간접유한책임을 진다(553조). 그러나 예외적으로 회사성립 또는 조직변경 당시의 사원(550조, 551조, 605조), 증자에 동의한 사원(593조)은 일정한 자본금전보책임을 진다. 사원의 책임은 정관 또는 총회의 결의로도 가중시킬 수 없다.

Ⅲ. 사원의 지분

1. 지분의 의의

사원이 회사에 대하여 갖는 법률상의 지위를 지분(Stammeinlagen)이라 한다. 모든 사원은 자본금의 총액이 균일한 단위로 분할된 출자좌수(Geschäftsanteil)에 따라 지분을 갖는다. 지분복수주의라는 측면에서 인적회사 지분과 다르고 주식회사의 주식과 같다. 그러나 유한회사는 소규모의 폐쇄적 성격 때문에 증거증권으로서의 지분증서는 발행할 수 있어도 지분을 표창하는 지시식 또는 무기명식의 유가증권은 발행하지 못한다(555조). 이에 위반하여 발행한 경우에는 과태료의 제재가 있다(635조 1항 27호).

2. 지분의 양도

2011년 상법 개정 이전에는 폐쇄적 성격 유지와 투하자본의 회수를 위하여 지분의 양도를 인정하기는 하되, 사원간의 신뢰관계 파괴를 방지하기 위하여 사원 아닌 타인에게 지분을 양도하는 경우에는 사원총회의 특별결의를 거치도록 하고 있었다(구법 556조 1항). 또한 결의요건을 가중하는 것은 무방하나 감경하는 것은 허용되지 않았고(구법 556조 1항 단서), 社員 상호간의 지분양도에 대해서는 신뢰관계 훼손의 염려가 없기에 정관 규정으로 완화할 수 있도록 했었다(구법 556조 3항). 그러다가 2011년 상법 개정으로 유한회사의 폐쇄성에 대하여 포기하였고 사원은 원칙적으로 그 지분의 전부나 일부를 양도하거나 상속할 수 있지만, 정관에 의한 양도 제한을 도입할 수 있게 하였다.

지분에 대하여 유가증권의 발행을 인정하지 않으므로 그 양도는 意思表示에 의한다. 지분양수인은 자기의 성명·주소와 그 목적이 되는 출자좌수를 사원명부에 기재하지 않으면 양수를 가지고 회사와 제3자에게 대항하지 못한다(557조).

【판례】 대법원 1997. 6. 27. 선고, 95다20140 판결

「유한회사의 지분(사원권)에 관한 명의신탁해지의 경우에도 사원의 변경을 가져오므로, 상법 제556조 제1항을 유추적용하여 사원총회의 특별결의가 있어야 그 효력이 생긴다고 보는 것이 법의 취지에 비추어 상당하고, 따라서 해지의 의사표시만에 의하여 수탁된 지분이 바로 명의신탁자에게 복귀하는 것은 아니라고 할 것이다」.

3. 지분의 입질

지분은 질권의 목적으로 할 수 있으나(559조 1항), 지분양도에 관한 규정(556조)과 그 대항요건에 관한 규정(557조)이 준용되므로(559조 2항) 사원총회의 특별결의를 받아야 하며 대항요건을 갖출 수 없는 약식질은 인정되지 않는다. 회사에 대한 대항요건을 갖춘 등록질권자는 회사로부터 직접 이익배당, 잔여재산의 분배, 지분소각 등에 따른 금전의 지급을 다른 채권자에 우선하여 받아 변제에 충당할 권리가 있다(560조, 339조, 340조 1항·2항).

4. 자기지분의 취득·질취제한

유한회사도 주식회사와 마찬가지로 자기지분을 취득하거나 질취하는 것이 원칙적으로 금지된다(560조). 또한 지분을 소각하는 경우에는 이익소각의 경우를 제외하고 자본감소의 규정에 따라야 한다.

제 4 절 有限會社의 관리

I. 서 설

유한회사에 관하여는 상법 제3절「회사의 관리」라는 제목 하에 기관규정과 계산규정을 함께 다루고 있다. 유한회사의 기관으로는 상설기관으로 사원총회·이사·감사가 있고 임시기관으로 검사인이 있으나, 주식회사의 기관에 비하여 간이화되어 있다. 특히 이사가 2인 이상이어도 이사회를 구성할 필요가 없고, 監事는 임의기관으로 그 설치여부는 회사에 맡겨져 있다.

유한회사도 물적회사란 점에서 회사재산의 합리적 관리를 도모하기 위해 주식회사의 계산관련규정을 대부분 준용하고 있다.

Ⅱ. 회사의 기관

1. 사원총회

(1) 사원총회의 의의

사원총회는 주주총회와 마찬가지로 유한회사의 의사를 결정하는 최고의 필요적 기관이다. 이에 관하여는 대체로 주주총회에 관한 규정을 준용하나, 결의사항에 제한이 없어 법령이나 정관에 위반하지 않는 이상 모든 사항에 관한 회사의 의사를 결정할 수 있고, 소집절차(571조, 362조, 363조)와 결의방법(575조, 577조, 369조, 368조)이 간이화되어 있다는 점이 특징이다.

(2) 사원총회의 소집

1) 소집권자

이사가 사원총회의 소집권한을 갖는다(571조). 그러나 임시총회는 감사도 소집할 수 있으며(571조 1항 단서), 또한 자본의 100분의 3 이상에 해당하는 출자좌수를 가진 사원은 회의의 목적사항과 소집의 이유를 기재한 서면을 이사에게 제출하여 총회의 소집을 청구할 수 있다(572조 1항). 이 경우 지체 없이 소집절차를 밟지 않을 때에는 청구한 사원이 법원의 허가를 얻어 총회를 소집할 수 있다(572조 3항, 366조 2항). 소수사원의 총회소집청구권에 관하여는 정관으로 다른 정함을 할 수 있다(572조 2항).

청산중의 회사에 있어서는 청산인이 소집권자이다(613조 2항, 571조 1항).

2) 소집절차

사원총회를 소집함에는 會日을 정하고 그 1주전에 각 사원에 대하여 서면으로 통지를 발송하여야 하나(571조 2항 본문), 이 기간은 정관으로 단축할 수 있다(571조 2항 단서). 나아가 총사원의 동의가 있을 때에는 이러한 소집절차 없이 총회를 열 수 있다(573조, 全員出席總會).

(3) 의사 · 결의

사원총회의 의사의 진행(372조)과 의사록의 작성(373조)에 관하여는 주주총회에 관한 규정이 대부분 준용된다(578조).

1) 사원의 의결권

각 사원은 출자 1座마다 1개의 의결권을 갖는 것이 원칙이지만, 정관으로 의결권의 수를 달리 정할 수 있다(575조). 의결권의 대리행사(368조 3항), 특별이해관계인의 의결권행사의 제한(368조 4항, 371조 2항), 자기지분의 의결권의 휴지(369조 2항) 등에 관하여는 주주총회의 경우와 같다(578조).

2) 결의방법

결의방법은 보통결의, 특별결의 그리고 총사원의 일치에 의한 결의가 있다.

보통결의는 총사원의 의결권의 과반수를 가지는 사원이 출석하고 그 의결권의 과반수로써 결의하되, 정관으로 달리 정할 수 있다(574조).

특별결의는 출자좌수와는 상관없이 총사원의 반수 이상이며 총사원의 의결권의 4분의 3 이상을 가지는 자의 동의로 결의한다(585조). 특별결의사항으로는 지분의 양도(556조 1항), 정관변경(584조, 585조), 영업양·수도(576조 1항), 사후설립(576조 2항), 사후증자(596조, 576조 2항), 사원의 법정출자인수권의 제한(588조 단서), 설립위원의 선임(599조), 합병(598조), 회사의 해산(609조 2항), 회사의 계속(610조) 등이다.

총사원의 일치에 의한 결의사항은 출자미필액에 대한 이사·감사의 책임면제(551조 3항, 594조 3항), 사원총회의 소집절차생략(573조), 서면결의에 대한 동의(577조 1항), 주식회사로의 조직변경(607조 1항) 등이 있다.

3) 서면결의

상법은 유한회사의 소규모성·간이성을 고려하여 편의주의적 입장에서 서면결의를 인정하고 있다(577조). 서면결의란 사원총회를 개최하지 않고 각 사원의 서면에 의한 의사표시에 의하여 회사의 의사를 결정하는 방법이다. 서면결의는 총사원의 동의가 있는 때와 결의의 목적사항에 대하여 총사원이 서면으로 동의를 한 때(577조 1항·2항)에 한한다.

4) 결의의 하자

총회결의의 무효·취소·변경 등 총회결의의 하자에 관하여는 주주총회결의의 하자에 관한 4종의 소에 관한 규정을 준용한다(578조).

2. 이 사

이사는 회사의 업무를 집행하고 회사를 대표하는 필요상설기관이다. 주식회사와는 달리 업무집행기관이 이사로 일원화되어 있으므로 이사회제도가 마련되어 있지 않다.

(1) 이사의 선임·종임

이사는 사원총회에서 보통결의로 선임하는데, 최초의 이사는 정관으로도 정할 수 있다(567조, 547조 1항). 이사의 수는 1인이라도 무방하다(561조).

이사의 임기에 관해서 법률상 제한은 없다. 이사의 회사에 대한 관계는 위임관계이므로 위임의 종료사유에 의하여 이사는 종임한다. 또한 이사는 언제든지 사원의 특별결의에 의하여 해임할 수 있고, 소수사원의 해임청구의 소에 의하여도 해임될 수 있다(567조, 385조). 이 밖에 이사의 결원 · 이사해임의 소제기 등의 처리에 대해서는 주식회사의 경우와 같다(567조, 386조, 407조, 408조).

(2) 이사의 권한

1) 업무집행권

이사는 각자가 업무집행권이 있다. 그러나 이사가 수인인 경우에는 정관에 다른 정함이 없으면 업무집행과 지배인의 선 · 해임, 지점의 설치 · 이전 · 폐지는 이사 과반수의 결의에 의한다(564조 1항). 이 경우에도 불구하고 사원총회는 지배인을 선임 또는 해임할 수 있다(564조 2항).

이사의 법정된 업무는 정관 · 사원총회의 의사록 · 사원명부 등의 비치(566조 1항), 사원총회의 소집(571조 1항), 재무제표 등의 작성 · 비치 · 공시 · 제출 · 보고(579조 1항 · 2항, 579조의3, 583조, 449조 1항 · 2항) 등이 있다.

2) 대표권

이사는 회사를 대표하나, 수인의 이사가 있는 경우에는 정관에 다른 정함이 없으면 사원총회에서 회사를 대표할 이사를 선정하여야 한다(562조 1항 · 2항). 이때 수인의 이사를 공동대표이사로 할 수도 있다(562조 3항). 이사와 회사 간의 소에 있어서는 당해 소에서 회사를 대표할 자를 선정하여야 한다(563조).

(3) 이사의 의무

이사는 주식회사의 경우와 같이 선관주의의무(570조, 382조 2항), 서류비치의무(566조), 경업금지의무(567조, 397조) 등을 지고, 회사와의 자기거래도 제한(564조 3항)을 받는다.

(4) 이사의 책임

이사의 회사에 대한 책임(399조, 400조)과 제3자에 대한 책임(401조) 및 표현대표이사의 행위에 대한 회사의 책임(395조) 등은 주식회사 이사의 책임에 관한 규정이 준용된다. 다만, 자본금충실책임에 있어서 이사는 회사설립 · 증자 및 조직변경의 경우에 납입담보책임 · 인수담보책임 · 출자미필액전보책임을 지게 된다(551조, 594조, 607조). 이러한 책임은 총사원의 동의로써 면제할 수 있다(567조, 400조, 594조 3항, 607조 4항, 551조 3항).

이사의 책임추궁을 위해서 대표소송(565조)을 제기할 수 있으며, 일정한 경우 이사행위의 유지(564조의2)를 청구할 수도 있다.

3. 감사(監査)와 검사인

(1) 감사

유한회사의 감사는 주식회사와 달리 임의기관이다. 다만, 정관으로 1인 또는 수인의 감사를 두기로 한 때에 감사의 직무권한은 주식회사의 감사와 마찬가지이다.

감사의 선임(382조 1항), 회사와의 관계(382조 2항), 해임(385조 1항), 결원의 처리(386조), 책임(414조), 직무집행정지 및 직무대행자의 선임(407조), 겸임금지(411조), 사원의 대표소송(565조), 사원총회에 대한 의안과 서류의 조사·보고·진술의무(413조) 등에 관하여는 주식회사에 관한 각 규정을 준용한다(570조). 감사는 사원·이사와 함께 회사설립·증자 및 조직변경 시에 인수담보책임·납입담보책임·출자미필액전보책임을 부담한다(551조 1항, 594조 1항·2항, 607조 4항).

(2) 검사인

검사인은 회사의 업무 및 재산상황을 조사하기 위하여 선임하는 임시적 기관이다. 사원총회(578조, 367조)와 법원이 일정한 경우 검사인을 선임할 수 있으나, 회사설립에 있어서는 사원이 전보책임을 지므로 설립경과 조사를 위하여 검사인을 선임할 필요성은 없다.

Ⅲ. 회 계

유한회사도 물적회사이므로 대체로 주식회사의 계산에 관한 규정을 준용한다. 즉, 정기총회에 의한 재무제표의 승인(449조 1항), 재무제표 승인의 효과(450조), 자산의 평가방법(452조), 법정준비금(458조~460조), 이익배당(462조), 사용인의 우선변제권(468조) 등이 그것이다.

유한회사의 소규모성·폐쇄성을 고려하여 유한회사에 준용하지 않는 규정도 있다. 대차대조표의 비치열람에 관한 규정은 있으나(579조의3), 공고의무에 관한 규정은 준용되지 않는다. 중간배당은 인정되지만 주식회사에 특유한 주식배당제도(462조의2)와 현물배당제도(462조의4)는 없다. 사채모집(469조)이 인정되지 않는다. 준비금의 자본금전입에 관한 규정(461조)은 준용되지 않는다.

한편 유한회사에 특유한 계산규정으로서 회계장부열람권을 정관으로 단독사원권으로 할 수 있다는 점(581조 1항, 583조, 466조), 이익의 배당을 정관의 규정으로 출자좌수와 다른 기준에 의할 수 있다는 점(580조) 등을 들 수 있다.

제5절 有限會社의 정관변경

Ⅰ. 서 설

정관은 사원총회의 특별결의에 의하여 변경할 수 있다(585조, 586조). 유한회사에 있어서는 자본의 총액과 각 사원의 출자좌수가 정관의 절대적 기재사항이므로 자본의 변경은 곧 정관변경사항이다. 그러나 총회소집통지에 정관변경에 관한 의안의 요령을 기재할 필요성이 없고, 정관변경도 서면결의로 할 수 있다(577조).

Ⅱ. 자본금증가

1. 자본금증가의 방법

자본금증가의 방법은 ① 출자 1좌의 금액증가, ② 출자좌수의 증가, ③ ①과 ②의 병용 세 가지가 있다. 출자 1좌의 금액을 증가하는 경우에는 유한책임의 원칙상 총사원의 동의가 있어야 한다.

2. 자본금증가의 절차

(1) 사원총회의 결의

자본금의 증가는 정관변경사항인 까닭에 사원총회의 특별결의를 요한다(585조). 증자결의에서 증자방법을 정하여야 하며, 정관에 다른 정함이 없더라도 현물출자·재산인수·출자인수권 등에 관하여 정할 수 있다(586조).

(2) 출자의 인수

출자좌수의 증가에 의하여 자본을 증가할 때 사원은 그가 가진 지분에 따라 출자를 인수할 권리를 가진다(588조). 그러나 정관 또는 증자결의에 의하여 지정인에게 인수권을 부여하는 경우(586조 3항)와 사원총회의 특별결의에 의하여 특정인에게 장래 출자인수권을 부여할 것을 약속하는 경우(587조)에 사원의 인수권은 배제된다.

유한회사는 광고 기타의 방법에 의하여 인수인을 공모하지 못한다(589조 2항).

출자의 인수를 하고자 하는 자는 인수를 증명하는 서면에 그 인수할 출자의 좌수와 주소를 기재하고 기명날인 또는 서명하여야 한다(589조 1항).

(3) 출자의 이행

인수가 끝나면 이사는 인수인으로 하여금 출자전액의 납입 또는 현물출자의 목적재산 전부의 급여를 시켜야 한다(596조, 548조). 이때 인수인은 납입에 관하여 相計로써 대항하지 못한다(596조, 334조).

(4) 자본금증가의 등기

회사는 출자 전액의 납입 또는 현물출자의 이행이 완료된 날로부터 본점소재지에서는 2주내에 증자로 인한 변경등기를 하여야 하는데(591조), 증자의 효력은 증자등기를 한 때에 발생한다(592조). 그러나 출자인수자는 출자이행기일로부터 이익배당에 관하여 사원과 동일한 권리를 가진다(590조).

3. 자본금증가에 관한 책임

자본금증가의 경우에도 자본금충실의 원칙에 따라 설립 시와 같이 전보책임을 지우고 있다.

(1) 현물출자・재산인수시의 부족액에 대한 사원의 책임

현물출자와 재산인수의 목적인 재산의 자본증가 당시의 실가가 자본증가의 결의에 의하여 정한 가격에 현저하게 부족한 때에는 그 결의에 동의한 社員은 회사에 대하여 그 부족액을 연대하여 지급할 책임이 있다(593조 1항, 586조 1호・2호). 이러한 사원의 전보책임은 면제할 수 없다(593조 2항, 550조 2항, 551조 2항).

(2) 인수 또는 이행되지 아니한 出資에 대한 이사・감사의 책임

자본금증가 후에 아직 인수되지 아니한 출자가 있는 때에는 이사와 감사가 공동으로 이를 인수한 것으로 보며(594조 1항), 출자전액의 납입 또는 현물출자의 목적인 재산의 급여가 미필된 출자가 있는 때에는 이사와 감사는 연대하여 그 납입 또는 급여미필재산의 가액을 지급할 책임이 있다(594조 2항). 이러한 이사와 감사의 책임은 총사원의 동의가 없으면 면제할 수 없다(594조 3항, 551조 3항).

4. 사후증자

유한회사가 증자 후 2년 내에 증자 전부터 존재하는 재산으로서 영업을 위하여 계속 사용할 것을 증가자본금의 20분의 1 이상에 상당한 대가로 취득하는 계약을 체결하는 경우에는 사원총회의 특별결의가 있어야 한다(596조, 576조 2항). 이것은 주식회사의 사후설립에 관한 제한규정과 같은 취지이다.

Ⅲ. 자본금감소

자본금감소의 방법에는 증자의 경우와 반대로 출자 1좌의 금액을 감소시키는 방법, 출자좌수를 감소시키는 방법, 양자를 병용하는 방법이 있다.

자본금을 감소하려면 사원총회의 특별결의 · 채권자보호절차 · 감자의 실행절차를 거쳐(597조, 439조 1항 · 2항) 감자등기(549조 4항, 183조)를 하여야 한다. 端持分의 처리는 주식회사에 있어서 단주의 처리(443조)에 관한 규정이 준용된다(597조).

감자의 경우에도 변경등기를 하여야 하나, 증자등기와는 달리 등기는 효력발생요건이 아니므로 감자의 실행절차가 종료된 때에 감자의 효력이 발생한다.

Ⅳ. 증자 · 감자의 무효

증자무효는 사원, 이사 또는 감사에 한하여 증자등기일로부터 6월 이내에 소로써만 주장할 수 있다(595조 1항). 그 밖에는 주식회사의 신주발행무효의 소에 관한 규정이 준용된다(595조, 430조~432조). 감자무효의 소에 관해서도 주식회사의 감자무효의 소에 관한 규정이 준용된다(597조, 445조, 446조).

제 6 절 有限會社의 합병과 조직변경

I. 합 병

1. 합병의 요건 및 절차

유한회사는 사원총회의 특별결의를 거쳐 다른 유한회사 또는 주식회사와 합병할 수 있다. 이 경우 신설회사 또는 존속회사가 주식회사인 때에는 법원의 인가를 얻어야 한다(600조 1항). 주식회사의 설립 및 신주발행에 관한 엄격한 규정의 회피를 방지하기 위하여 둔 규정이다. 그리고 합병 후에 존속회사 또는 신설회사가 유한회사인 경우에는 주식회사는 사채의 상환을 완료하여야 한다(600조 2항). 유한회사는 사채를 발행할 수 없기 때문이다.

2. 물상대위

유한회사가 주식회사와 합병하는 경우에 존속회사 또는 신설회사가 유한회사인 때에는 합병에 의하여 주식회사의 주식은 소멸하고, 종전의 주주들은 유한회사의 지분 또는 금전을 취득하게 된다(601조 1항, 339조). 이 경우에 질권의 목적인 지분에 관하여 출자좌수와 질권자의 성명 및 주소를 사원명부에 기재하지 아니하면 그 질권으로써 회사 기타의 제3자에 대항하지 못한다(601조 2항).

3. 합병등기

합병의 보고총회 또는 창립총회가 종결된 날부터 본점소재지에서는 2주내에, 지점소재지에서는 3주내에 합병등기를 하여야 한다(602조). 합병은 등기를 함으로써 효력이 생긴다(603조, 234조).

4. 준용규정

전술한 이외의 유한회사의 합병에 관하여는 합명회사 및 주식회사의 합병에 관한 규정을 준용한다(603조).

Ⅱ. 조직변경

유한회사는 총사원의 일치에 의한 총회결의와 법원의 인가를 받아 주식회사로 조직변경할 수 있다(607조 1항, 607조 3항). 다만 정관이 정하는 바에 따라서 사원총회 특별결의로 할 수 있다(607조 1항). 조직변경 시 발행하는 주식의 발행가액의 총액은 회사에 현존하는 순자산액을 초과하지 못한다(607조 2항). 만약 會社의 현존 순자산액이 조직변경 시에 발행하는 주식의 발행가액의 총액에 부족한 때에는 조직변경결의 당시의 이사, 감사와 사원은 회사에 대하여 연대하여 그 부족액을 지급할 책임이 있다(607조 4항).

조직변경 시에 유한회사는 해산등기를, 주식회사는 설립등기를 하여야 한다(607조 5항, 606조, 비송 227조).

주식회사는 총주주의 일치에 의한 총회의 결의로 유한회사로 조직변경할 수 있다(604조 1항). 사채를 발행하였을 경우에는 사채의 상환을 완료하여야 조직변경할 수 있다(604조 1항 단서). 또한 회사에 현존하는 순자산액보다 많은 금액을 자본금총액으로 할 수 없고(604조 2항), 이를 위반하여 순자산액이 자본금총액에 부족한 때에는 조직변경결의 당시의 이사와 주주는 회사에 대하여 연대하여 그 부족액을 지급할 책임이 있다(605조 1항).

조직변경은 채권자보호절차를 밟아야 하고(608조, 232조), 조직변경의 등기도 하여야 한다(606조, 비송 218조).

제7절 有限會社의 해산과 청산

Ⅰ. 해 산

유한회사는 주식회사와 거의 동일한 사유에 의하여 해산한다. 즉, ① 존립기간의 만료 기타 정관으로 정한 사유의 발생, ② 합병, ③ 파산, ④ 법원의 해산명령 또는 해산판결, ⑤ 사원총회의 해산결의가 해산사유이다(609조 1항). 존립기간의 만료 기타 정관으로 정한 사유의 발생 또는 사원총회의 특별결의로 해산한 경우에는 사원총회의 특별결의로 회사를 계속할 수 있다(610조 1항).

Ⅱ. 청 산

유한회사의 청산은 주식회사와 마찬가지로 법정청산만 인정되므로, 주식회사의 경우와 대체로 같다(613조). 다만, 주식회사와는 달리 청산인회제도는 이사회제도와 마찬가지로 인정되지 않고 청산인이 청산회사의 업무집행·대표기관이 된다.

잔여재산의 분배는 각 사원의 출자좌수에 의하되, 정관에 다른 정함이 있는 경우에는 이에 따른다(612조).

제 8 절 有限會社의 계속

Ⅰ. 의 의

유한회사의 계속이란 일단 해산된 회사가 청산이 종료되기 전에 다시 해산전의 유한회사 상태로 복귀하는 것을 말한다(제8장 제3절 주식회사의 계속 참조).

Ⅱ. 계속사유

회사의 존립기간의 만료 기타 정관에서 정한 사유의 발생 또는 사원총회의 결의에 의하여 해산한 경우에는 사원총회의 특별결의로써 회사를 계속할 수 있다(610조 1항). 또한 회사가 파산한 경우의 회사의 계속은 주식회사의 경우와 같다(회파 540조).

제 4 부
글로벌企業

제 1 장 外國會社

Ⅰ. 외국회사의 의의

상법은 제6장에서 외국회사에 관하여 8개의 조문을 규정하고 있으나, 그 의의에 관하여는 아무런 규정을 두고 있지 않다. 따라서 외국회사란 무엇인지 그 개념을 정의할 필요가 있다. 외국회사의 구별표준에 관하여 학설이 나누어지는데, 즉 국제사법상 주소지법주의, 설립준거법주의, 설립지주의, 사원의 국적주의, 주식인수지주의 등이 있으며, 주소지법주의는 다시 영업중심지법주의와 본점소재지법주의로 견해가 나누인다. 통설은 설립준거법주의를 따르고 있는데 이에 의하면 상법상 외국회사란 외국의 법에 의하여 설립된 회사를 뜻한다.

상법은 실질적인 국내회사가 국내법을 회피하기 위해 외국법에 따라 설립할 경우도 있을 것을 예상하여 유사외국회사에 관한 규정을 두었다. 이에 따르면 외국회사라 하더라도 대한민국 내에 본점을 설치하거나 대한민국에서 영업할 것을 주된 목적으로 하는 때에는 대한민국에서 설립된 회사와 동일한 규정을 적용하도록 하고 있다(617조).

Ⅱ. 외국회사의 법률관계

외국회사의 조직이나 내부적인 법률관계는 그 준거법에 따라 처리할 것이나, 대외적인 법률관계에 관하여는 일반적으로 國際私法이 적용된다. 그리고 각 법률관계의 성격에 따라 관련 법률이 적용될 것이다(예컨대 민소 4조 2항). 상법은 다음 사항에 관하여 규정을 두고 있다.

1. 외국회사의 권리능력

외국회사의 일반적 권리능력의 유무는 그 설립준거법(屬人法)에 의하여 결정될 문제이다. 그러나 설립준거법상 법인격이 인정된 외국회사가 우리나라의 실정법상 어떠한 범위로 개별적 권리능력을 가질 수 있으며, 또 어떠한 국가적 감독을 받을 것인가 하는 것은 우리나라의 法이 결정할 문제이다.

상법은 이에 관하여 「외국회사는 다른 법률의 적용에 있어서는 법률에 다른 규정이 있는 경우 외에는 대한민국에서 성립된 동종 또는 가장 유사한 회사로 본다」(621조)라고 규정하고 있다. 이것은 자연인에 관한 평등주의에 입각하여 외국회사에 대해서도 내국회사와 동등한 권리능력을 인정한 것이다.

2. 국내영업의 요건

(1) 대표자 선정 · 영업소 설치 등의 필요 조치

외국회사가 국내에서 영업을 하기 위해서는 대표자를 정하고 영업소를 설치하거나 아니면 대표자 중 1인 이상이 대한민국에 그 주소를 두어야 한다(614조 1항). 대표자의 권한은 내국회사의 대표기관과 같고, 그에 의한 불법행위가 있을 때 회사와 대표자가 연대하여 책임을 지는 것도 내국회사와 같다(614조 4항, 209조, 210조).

(2) 등 기

1) 등기사항

외국회사는 영업소의 설치에 관하여 대한민국의 동종회사 또는 가장 유사한 회사의 지점에 관해 법이 요구하는 내용의 등기를 하여야 한다(614조 2항). 이 경우 국내 대표자의 성명과 주소도 같이 등기하여야 한다(614조 3항). 이 등기사항이 외국에서 생긴 때에는 등기의무기간은 그 통지가 도달한 날로부터 기산한다(615조).

2) 등기불이행의 효과

상법 제614조에 따른 등기를 하기 전에는 계속하여 거래를 하지 못하며, 이에 위반하여 거래한 자는 그 거래에 대하여 회사와 연대하여 책임을 진다(616조 1항 · 2항).

3. 외국회사의 주권 또는 사채의 발행과 그 유통

외국회사의 주권 또는 사채의 발행과 그 주식의 이전, 입질 또는 사채의 이전에 대하여는 주식회사법 당해 규정이 준용된다(618조 1항).

4. 대차대조표 등의 공고

외국회사로서 상법에 따라서 등기한 외국회사는 주식회사 재무제표의 승인(449조)과 같은 종류의 절차 혹은 그와 유사한 절차가 종결된 후 지체 없이 대차대조표 또는 이에 상당하는 것으로 대통령령으로 정하는 것을 대한민국에서 공고하여야 한다(616조의2 2항).

5. 유가증권의 법률관계

외국회사가 대한민국 내에서 주권이나 채권을 발행하거나, 주식의 이전이나 입질 또는 사채의 이전이 국내에서 이루어지는 경우에는 상법 제335조 내지 제338조, 제340조 제1항, 제355조 내지 제357조, 제478조 제1항, 제479조, 제480조가 준용된다.

Ⅲ. 외국회사 영업소의 폐쇄와 청산

외국회사는 그 본점이 외국에 있고 또 외국법에 의하여 그 법적 존재가 인정되는 것이므로, 우리나라의 公權이 이에 대하여 해산명령을 하여 법인격을 부인하지는 못한다. 따라서 법원의 해산명령에 갈음하여 영업소 폐쇄명령제도를 두고 있는데(619조), 그 요건은 대체로 해산명령의 경우(176조)와 비슷하다. 다만 그 요건에서 정당한 사유 없는 지급정지(619조 1항 2호 후단) 및 대표자 이외의 업무집행자의 행위에 의한 경우가 포함되어 있는 점(619조 1항 3호)에서 해산명령보다 가중되어 있으나, 정관위반의 경우가 제외된 점(619조 1항 3호)에서는 해산명령보다 완화되어 있다.

1. 외국회사 영업소 폐쇄명령

법원은 일정한 사유가 있는 경우에는 이해관계인이나 검사의 청구에 의하여 외국회사의 국내영업소에 대하여 그 폐쇄를 명할 수 있다. 폐쇄사유는 ① 영업소의 설치목적이 불법인 때, ② 영업소의 설치등기 후 정당한 사유 없이 1년 내에 영업을 개시하지 않거나 1년 이상 영업을 休止하거나 정당한 사유 없이 지급을 정지한 때, ③ 대표자 또는 업무를 집행하는 자가 법령 또는 사회질서에 위반한 행위를 한 때이다(619조 1항).

법원은 폐쇄명령 전이라도 영업소재산의 보전에 필요한 처분을 할 수 있으며(619조 2항, 176조 2항), 외국회사가 이해관계인의 폐쇄명령청구가 악의임을 소명하여 청구한 때에는 이해관계인에게 담보의 제공을 명령할 수 있다(619조 2항, 176조 3항 · 4항).

2. 외국회사의 청산

법원의 명령으로 또는 외국회사가 스스로 영업소를 폐쇄한 경우 법원은 이해관계인의 신청에 의하거나 직권으로 국내에 있는 그 외국회사의 재산 전부에 대하여 청산의 개시를 명할 수 있으며, 이 경우 법원은 청산인을 선임하여야 한다(620조 1항 · 3항). 그 청산절차는 주식회사의 청산에 관한 규정이 성질상 허용하는 범위 내에서 준용된다(620조).

제2장 多國籍企業

Ⅰ. 다국적기업의 의의

다국적기업(multinational corporations, multinational enterprise, transnational corporation)이란 논의의 목적과 상황에 따라 달리 정의되기도 하나,[1] 경영의 효율성을 높이기 위하여 2개국 이상에 영업기반을 갖추고 공통된 소유지분을 통하여 통일된 경영방침에 따라 경제활동을 하는 거대한 규모의 기업이라 할 수 있다. 유엔은 국적과 국경에 의미를 두지 않는 기업이라는 측면에서 이를 '초국적기업'이라고도 한다. 다국적기업이 아무리 많은 국가에서 사업활동을 벌이고 있다 할지라도 다국적기업의 의사결정이 특정 자회사의 상황이나 이익이 아니라 다국적기업 전체의 입장에서 이루어지며, 그 최종적인 의사결정권도 본사에 귀속하기 때문이다. 이런 의미에서 다국적기업이라고 부르기는 해도 실질은 어디까지나 모회사의 국적에 속하는 기업이라 할 수 있다.

다국적기업은 현지국의 고용을 창출하고 선진화된 경영기법과 비교우위에 있는 기술을 이전함으로써 투자 수입국의 경제발전에 기여할 수 있다는 장점을 가지고 있다. 그 반면에 다국적기업은 풍부한 인적·물적자원을 무기로 현지국에 불평등한 투자계약체결을 강요하기도 하고, 현지 합작회사나 협렵업체에게 제품판매나 원자재공급에 있어서 불공정거래를 강요하는 경우도 다수 있으며, 또한 자본철수를 무기로 하여 현지국에 대한 금융세제 특혜를 강요하거나 현지국에 필요한 기술이전을 회피함으로써 현지국 기업의 경영적 자립을 위협하고 종속화시키는 경향도 있다. 뿐만 아니라 저임금, 근로조건위반, 노조탄압, 고용창출회피 등 탈법행위를 자행함으로써 현지국의 부패조장을 할 우려도 있으며, 공업화초기단계에 있

1) 石黑一憲 外, 「多國籍企業の法と政策」, 三省堂, 1986, 278~295쪽.

는 후진국들에게 공해유발, 공해산업이전, 산업폐기물 수출 등을 자행함으로써 현지국에서 환경을 파괴시키고 생활의 질을 저하시키는 경우가 있어, 1970년대 전반부터 UN경제사회이사회, ILO, OECD등의 국제기구에서 이를 감시하려는 움직임을 보이고 있다.

Ⅱ. 다국적기업의 법률문제

다국적기업은 현지국에 자회사를 설립하여 국제적인 기업결합을 꾀하는 경우, 현지국의 기업과 합작하여 회사를 운영하는 경우 및 현지국에 단순히 지사나 사무소 등을 설립하여 운영하는 경우로 나눌 수 있다. 모회사와 각국의 자회사는 각각 그들이 설립 시에 준거한 국가의 법률에 의하여 규율된다. 예컨대 우리나라 기업의 해외 자회사가 모회사의 주식을 취득하는 것은 위법이다. 외국기업의 우리나라 자회사가 모회사주식을 취득할 수 있느냐는 외국모회사의 본국회사법에 따라 결정된다. 또한 모회사의 이사가 자회사에게 불이익한 지시를 한 때 자회사의 소수주주에 대하여 모회사 또는 그 이사가 어떠한 책임을 부담하는가는 자회사의 본국회사법에 따라 판단된다.

다국적기업은 국내법의 적용영역이 한정되어져 있고, 조세회피 기타 국제정치경제의 측면에서도 많은 문제가 발생하고 있기 때문에 국내법 또는 국제적 규제를 어떻게 정비할 것인가가 오늘날 중요한 과제로 등장하였다.

제 5 부

會社의 벌칙

Ⅰ. 총 설

회사제도는 자본의 결합과 인력의 보충을 가장 합리적으로 실현하는 기업형태로서 자본주의사회에 큰 공헌을 하고 있음은 주지하는 바이다. 그러나 이에 못지않게 회사제도가 남용되는 경우에는 그 폐단 또한 무시할 수 없다. 특히 조직이 복잡·방대하고 이해관계인이 많은 주식회사의 경우에는 그 폐단이 더욱 현저하게 나타난다. 따라서 상법은 회사의 운영에 관여하는 임원의 위법행위에 대하여 특수한 민사책임을 지울 뿐만 아니라, 특히 엄격한 벌칙규정을 두고 있다.

Ⅱ. 회사벌칙의 내용

상법은 형벌인 징역·벌금 및 몰수와 행정벌인 과태료에 관한 벌칙규정을 두고 있다(622조 이하). 형사범의 처벌은 형사소송절차에 의하고, 행정범의 처벌은 비송사건절차법의 소정절차(비송 247조 이하)에 의하여 이루어진다.

상법의 벌칙규정은 주로 주식회사를 중심으로 한 것이므로, 유한회사에서는 가벌행위의 종류도 제한되고 제재의 내용도 경감되어 있으며, 인적회사에서는 행정벌의 규정이 있음에 불과하다.

1. 형벌을 과하는 죄

(1) 특별배임·독직죄

회사의 발기인, 업무집행사원, 이사, 집행임원, 임시이사, 임시집행임원, 감사, 감사위원회 위원, 감사의 직무대행자, 지배인, 청산인, 청산인직무대행자, 합병설립위원 기타 회사영업에 관한 어느 종류 또는 특정한 사항의 위임을 받은 사용인이 그 임무에 위배한 행위로써 재산상의 이득을 취득하거나 제3자로 하여금 이를 취득하게 하여 회사에 손해를 가한 때에는 10년 이하의 징역 또는 3천만 원 이하의 벌금에 처한다(622조). 그리고 사채권자집회의 대표자 또는 집행자 등이 이러한 행위를 한 때에도 7년 이하의 징역 또는 2천만 원 이하의 벌금에 처한다(623조).

(2) 회사재산을 위태롭게 하는 죄

발기인, 이사 등 상법 제622조 제1항에 기재된 자, 검사인, 공증인 또는 감정인의 주식 또는 출자의 인수나 납입, 현물출자의 이행, 변태설립사항에 관하여 법원 또는 총회에 부실한 보고를 하거나 사실을 은폐한 때, 누구의 명의로 하거나 불문하고 회사의 계산으로 부정하게 그 주식 또는 지분을 취득하거나 질권의 목적으로 이를 받은 때, 법령이나 정관에 위반하여 이익배당을 한 때, 회사의 영업범위 외에서 투기행위를 위하여 회사재산을 처분한 때 등의 경우에는 5년 이하의 징역 또는 1천 5백만 원 이하의 벌금에 처한다(625조).

(3) 주식취득제한의 위반죄

상법 제635조 제1항에 게기한 자가 제342조의2에 위반하여 자회사가 모회사의 주식을 취득하게 하거나, 예외적으로 취득한 주식을 6개월내에 처분하지 않는 경우에는 2천만원 이하의 벌금에 처한다(625조의2).

(4) 부실보고죄

이사, 집행임원, 감사, 감사위원회 위원 그리고 상법 제386조 제2항 · 제407조 제1항 · 제415조 · 제567조의 직무대행자가 주식회사 또는 유한회사의 조직변경에 있어 회사에 현존하는 순재산액(604조 2항, 607조 2항)에 관하여 법원 또는 총회에 부실한 보고를 하거나 사실을 은폐한 때에는 5년 이하의 징역 또는 1천 5백만 원의 벌금에 처한다(626조).

(5) 부실문서행사죄

상법 제622조 제1항에 게기한 자 및 외국회사의 대표자, 주식 또는 사채의 모집을 위탁받은 자가 주식 또는 사채를 모집함에 있어서 중요한 사항에 관하여 부실한 기재가 있는 주식청약서, 사채청약서, 사업계획서, 주식 또는 사채의 모집에 관한 광고 기타의 문서를 행사하는 것과 주식 또는 사채를 매출하는 자가 매출에 관한 문서로서 중요한 사항에 관하여 부실한 기재가 있는 것을 행사한 때에는 5년 이하의 징역이나 1천 5백만 원 이하의 벌금에 처한다(627조). 이 경우에 죄의 주체가 법인인 때에는 부실문서행사죄(부실문서행사죄)에 관한 규정은 그 행위를 한 이사 · 감사 기타 업무를 집행한 사원 또는 지배인에게 적용한다(637조).

(6) 납입가장죄 · 납입책임면탈의 죄

상법 제622조 제1항에 게기된 자가 납입 또는 현물출자의 이행을 가장하는 행위를 한 때와 구 행위에 응하거나 중개한 자는 5년 이하의 징역이나 1천 5백만 원

이하의 벌금에 처한다(628조). 이러한 행위는 발기인 또는 이사가 금융기관의 간부와 공모하는 예합의 경우를 말한다. 이 경우에 죄의 주체가 법인인 때에는 납입가장죄에 관한 규정은 그 행위를 한 이사 · 감사 기타 업무를 집행한 사원 또는 지배인에게 적용한다(637조).

납입의 책임을 면하기 위하여 타인 또는 가설인의 명의로 주식 또는 출자를 인수한 자는 1년 이하의 징역 또는 3백만 원 이하의 벌금에 처한다(634조).

(7) 주식초과발행죄

발기인, 이사, 집행임원 그리고 상법 제386조 제2항 또는 제407조 제1항의 직무대행자가 회사의 발행예정주식총수를 초과하여 주식을 발행한 때에는 5년 이하의 징역 또는 1천 5백만 원 이하의 벌금에 처한다(629조).

(8) 권리행사방해 등에 관한 증수뢰죄

① 창립총회, 사원총회, 주주총회 또는 사채권자집회에서의 발언 또는 의결권의 행사, ② 상법 제3편에 정하는 소의 제기, 발행주식 총수의 100분의 1 또는 100분의 3 이상에 해당하는 주식을 가진 주주, 사채총액의 100분의 10 이상에 해당하는 사채를 가진 사채권자 또는 자본금의 100분의 3 이상에 해당하는 출자좌수를 가진 사원의 권리행사 등에 관하여 청탁을 받고 재산상의 이익을 수수, 요구 또는 약속한 자는 1년 이하의 징역 또는 3백만 원 이하의 벌금에 처한다(631조 1항). 위의 경우에 이익을 약속, 공여 또는 공여의 의사표시를 한 자도 같다(631조 2항). 위의 두 경우에 범인이 수수한 이익은 이를 몰수한다. 또 그 전부 또는 일부를 몰수하기 불능한 때에는 그 가액을 추징한다(633조).

(9) 독직죄(瀆職罪)

발기인, 업무집행사원, 이사, 집행임원, 감사위원회 위원, 감사 또는 제386조제2항, 제407조제1항, 제415조 또는 제567조의 직무대행자, 지배인 기타 회사영업에 관한 어느 종류 또는 특정한 사항의 위임을 받은 사용인(630조), 사채권자집회의 대표자 또는 그 결의를 집행하는 자 또는 검사인, 공증인, 감정인 등이 그 직무에 관하여 부정한 청탁을 받고 재산상의 이익을 수수 · 요구하거나 약속한 때에는 5년 이하의 징역 또는 1천 5백만 원 이하의 벌금에 처한다. 이러한 이익을 약속, 공여 또는 공여의 의사표시를 한 자도 같다(630조).

(10) 주주의 권리행사에 관한 이익공여의 죄

주식회사의 이사, 집행임원, 감사위원회 위원, 감사 또는 상법 제386조 제2항(일시이사), 제407조 제1항(이사직무대행자) 또는 제415조의 직무대행자, 지배인 기타 사용인이 주주의 권리의 행사와 관련하여 회사의 계산으로 재산상의 이익을 공여한 때에는 1년 이하의 징역 또는 3백만 원 이하의 벌금에 처한다(634조의2 1항). 이때 이익을 수수하거나, 제3자에게 이를 공여하게 한 자도 또한 같다(634조의2 2항).

(11) 기 타

그 외에도 형법, 자본시장과 금융투자업에 관한 법률, 특정 경제범죄 가중처벌 등에 관한 법률 등에 의하여 처벌을 받는 경우도 있다.

2. 행정벌(과태료)에 처하는 죄

상법은 회사법의 각 규정을 위반한 경우에 과태료에 처하는 행위를 상법 제635조에서 열거하고 있다. 그러나 그 행위에 관하여 刑을 과할 때에는 과태료에 처할 수 없다. 행정벌의 대상이 되는 행위주체는 회사의 발기인, 설립위원, 업무집행사원, 이사, 감사, 외국회사의 대표, 검사인, 상법 제289조 제3항 · 제299조의2 · 제310조 제3항 또는 제313조 제2항의 공증인, 제299조의2 · 제310조 제3항 또는 제422조 제1항의 감정인, 지배인, 청산인, 명의개서대리인, 사채모집의 위탁을 받은 회사와 그 사무승계자 또는 상법 제386조 제2항 · 제407조 제1항 · 제415조 · 제542조 제2항 또는 제567조의 직무대행자가 상법 제635조에서 열거하고 있는 행위를 한 때에는 5백만 원 이하의 과태료에 처한다. 그러나 그 행위에 대하여 형벌을 과할 때에는 그러하지 아니하다.

또한 회사의 성립 전에 회사의 명의로 영업을 한 자는 회사설립의 등록세의 배액에 상당하는 과태료에 처하며, 외국회사가 상법 제616조 제1항의 규정을 위반한 때에도 같은 과태료에 처한다(636조).

찾아보기

【저자약력 및 저서】

■ 李範燦의 略歷

서울大學校 法科大學 卒業
서울大學校 大學院 修了(法學碩士)
美國 콜럼비아大學校 法科大學에서 會社法硏究
梨花女子大學校 敎授
商法改正審議委員會 委員
司法試驗委員 · 行政高等考試試驗委員 · 公認會計士試驗委員
成均館大學校 總務處長 및 法科大學長
韓國商事法學會長 歷任
法學博士
現, 成均館大學校 法科大學 名譽敎授
名古屋經濟大學(日本) 名譽敎授

[著書 및 論文]

改訂 商法例解(上)(共著)
增補 商法例解(下)(共著)
改訂 商法講義
株式會社監事制度論
商法槪論(共著)
商法(上)(共著)
商法(下)(共著)
現代株式會社의 機關構造(共著)
會社法의 諸問題
比較企業法講義
商法要解(第10版)
기타 論文多數

■ 任忠熙의 略歷

成均館大學校 法科大學 卒業
成均館大學校 大學院 修了(法學碩士 · 法學博士)
大法院 判例審査委員會 調査委員, 成均館大 講師, KAIST待遇敎授, 가톨릭대학교 겸임교수, 國民權益委員會 首席專門委員 歷任
保險仲介士試驗委員
現, 技術과 法硏究所 硏究委員
韓國航空大學校 講師
법무법인 서울센트럴 고문

[著書 및 論文]

判例損害賠償法(全3卷)
下級審判決要旨集(全8卷)
體系 損害賠償訴訟實務(上 · 下)
法과 現代生活-사례식 법학개론-
벤처企業法論
現代人의 생활법률
株主의 議決權에 관한 硏究(석사학위논문)
自動車對人賠償責任保險法理에 관한 硏究(박사학위 논문)외 다수

■ 李榮鐘의 略歷

연세대학교 경제학과 및 법학과 졸업
연세대학교 대학원 수료(법학석사)
독일 마르부르크대학교 법학석사(LLM) 및 법학박사(Dr.iur.)
연세대 · 단국대 · 명지대 · 강원대 강사
성균관대 법과대학 BK 21 연구교수
가톨릭대학교 법학연구소 소장
현, 가톨릭대학교 법학부 교수/ 법학부장

[著書 및 論文]

주식회사구분입법론 소고
상장주식회사 조직구조 개선에 관한 연구
상장주식회사 조직구조 규율차별화에 관한 고찰
기업과 영업
주식회사의 사회경제적 기능
독일 주식합자회사에 관한 고찰
상법의 적용범위에 관한 비판적 검토
기업범죄연구(공저)

■ **金知煥의 略歷** | **[著書 및 論文]**

成均館大學校 法科大學 卒業
成均館大學校 大學院 修了(學碩士 · 法學博士)
日本 東京大學 法學部 객원연구원
미국 Indiana University Law School Visiting Scholar
서울사이버대학교 법무행정학과 교수
공인회계사 시험출제위원
現, 경남대학교 법학부 교수

株式會社의 支配構造에 관한 研究(박사학위)
삼각합병의 활용과 법적 과제
전자채권제도에 관한 비교법적 고찰
證券投資勸誘와 適合性原則
變額保險과 說明義務
이사해임법제의 유연화에 관한 검토

저자와의
협의하에
인지생략

회사법 [제2판]

2012년 4월 20일 제1판 1쇄 발행
2018년 2월 23일 제2판 1쇄 인쇄
2018년 2월 28일 제2판 1쇄 발행

저 자 이범찬 · 임충희 · 이영종 · 김지환
발행인 고 성 익
조 판 해 인 기 획

05027
발행처 서울특별시 광진구 아차산로 335 삼영빌딩
도서출판 三 英 社
등록 1972년 4월 27일 제2013-21호
전화 737-1052 · 734-8979 FAX 739-2386

정가 : 37,000원
ISBN 978-89-445-0452-5-93360